サンヴァラ系密教の諸相

行者・聖地・身体・時間・死生

杉木恒彦

Aspects of Saṃvara Esoteric Buddhism:
Practitioner, Holy Site, Body, Time, and Death and Life

東信堂

図版1 サンヴァラ（＝ヘールカ）

図版 2 ヴァジュラヴァーラーヒー

図版 3 チャクラサンヴァラ（＝ヘールカ）とヴァジュラヴァーラーヒー

図版 4 ヴァジュラダーカ（＝ヘールカ）とマハーマーヤー

図版 5 サンヴァラ（＝ヘールカ）曼荼羅

図版 6　金剛杵

図版 7 マニ石（マントラの刻まれた聖石）

図版 8 仏教寺院に置かれているシヴァ

図版 9 シヴァリンガとヨーニ（シヴァとその妃を象徴する聖石）

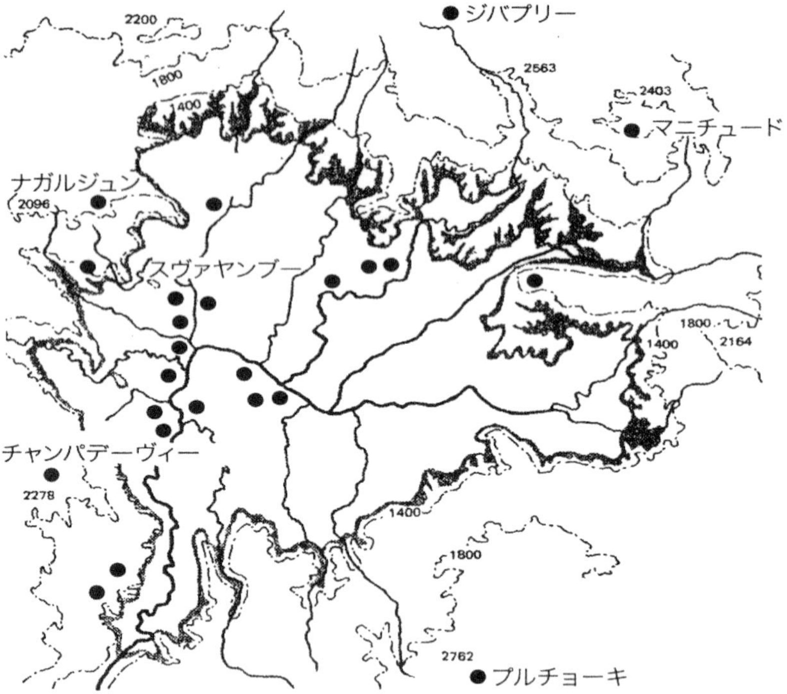

図版 10 カトマンドゥ渓谷の 24 の仏教聖地（ ● が仏教聖地）

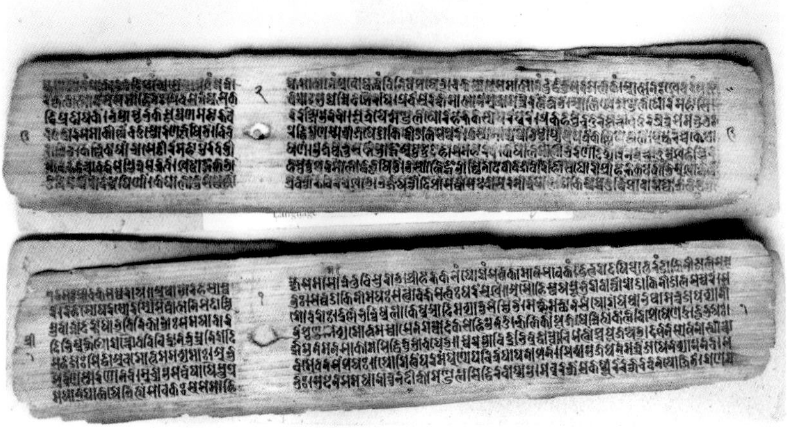

図版 11『チャクラサンヴァラ・タントラ』の貝葉写本

図版 12 ルーイーパ（=ルーイーパーダ）

図版 13 ヴィルーパ

図版 14 ダーリカパ

図版 15 ガンターパ

図版 16 カーンハパ（＝クリシュナーチャーリヤ）

図版 17 ナーローパ

まえがき

およそ9世紀以降、サンヴァラ（saṃvara）と呼ばれる大きな密教伝統がインド仏教界に姿を現す。この伝統名としての「サンヴァラ」という言葉は、一般に〈至福〉という意味で用いられる。〈至福〉とは、出世間的な喜び・安寧という形で得られる真理体験を意味する。

紀元前5世紀のインドに生まれた仏教は、部派仏教と大乗仏教の興隆を経て、大乗仏教の中から密教を生み出す。密教を便宜上、初期密教、中期密教、後期密教に大きく分けることができる。これらは時代的にはそれぞれ7世紀以前、7世紀、8世紀以降に順におおむね対応する。

初期密教は現世利益をもたらす呪法を教えの中心とする。中期密教では、この呪法の体系に大乗仏教の教理が融合し、現世利益に加えて成仏が主な修行目的となる。呪法の体系は、手に仏の印を結び、口に仏のマントラを唱え、意に仏の姿を観想するという、身口心三密の実践へと高められ、この身口心三密の実践により実践者は仏との一体化を図り、それにより得た仏の能力によって護摩などを通して衆生利益を行う。中期密教の代表的聖典は『大日経』と『真実摂教』（日本では『金剛頂経』の名で一般に知られている）であり、中国を経て日本に伝わり、真言宗の代表的聖典となっている。

これら初期密教と中期密教では、聖典は一般に「スートラ」と呼ばれる。これに対し、後期密教では聖典は一般に「タントラ」と呼ばれる。後期密教は空という観点から現象世界を清らかなものとして肯定的にとらえていく傾向を強くする。現象世界を構成する様々な要素、すなわち五蘊・五大や、貪り・怒り・愚かさという三毒等の悪しき心の状態までもが男尊や女尊の姿で表現され、曼荼羅として構成される。曼荼羅の男女の尊格たちはしばしば性的に結合した状態で表現され、真理体験を得る方法の1つとして性的ヨーガも説かれる。

後期密教の内部にも、いくつかの大きな流れがある。一般に日本の研究者は便宜上、チベットの流儀に倣い後期密教を (1) 父タントラ、(2) 母タントラ、(3) 不二タントラと大きく3つに分ける。(1) 父タントラの伝統の代表は『グヒヤサマージャ・タントラ』(Guhyasamājatantra) を中心とするグヒヤサマージャの伝統である。(2) 母タントラの伝統の代表は、『ヘーヴァジュラ・タントラ』(Hevajratantra) を中心とするヘーヴァジュラの伝統と、『チャクラサンヴァラ・タントラ』(Cakrasaṃvaratantra) 等を重要聖典とする、本書が扱うサンヴァラの伝統である。(3) 不二タントラの伝統の代表は『カーラチャクラ・タントラ』(Kālacakratantra) を中心とするカーラチャクラの伝統である。

「母タントラ」と呼ばれることの多いこの伝統は、そこに属する聖典自身の声に忠実であるならば、「ヨーギニータントラ (Yoginītantra)」と呼ばれなければならない。大部分の聖典が自身を「ヨーギニータントラ」と規定しているからである。したがって、より正確に言えば、サンヴァラとは、このヨーギニータントラの伝統の中の1つの伝統である。

このように見ると、サンヴァラとは密教の小さな1つの伝統であるように見えるが、聖典と儀軌の数から判断すれば、この伝統の規模は他の密教伝統と比較して著しく大きい。サンヴァラという伝統には多数の中心があり、重要な聖典だけでも10程度存在する。それらの聖典の周囲に、多数の関連儀軌書が存在する。サンヴァラという伝統は、多数の伝統が多中心的に集まったものである。この伝統の真理観も、実は上述の「サンヴァラ」だけではなく、『グヒヤサマージャ・タントラ』の伝統で育まれた菩提心 (bodhicitta) という真理観や、『ヘーヴァジュラ・タントラ』の伝統で培われた倶生 (sahaja) という真理観も受用されている。サンヴァラは「伝統」というよりも「伝統群」と呼ぶのが実際にはふさわしい。

多数の伝統が多中心的に集まったものであるから、サンヴァラは全体として見るならばあまり体系的な伝統とは言い難い。多数の体系が互いに複雑な交渉をしながら並存しているというのが正しい説明の仕方である。このようなある意味カオス的な状況にあっても、それらの全体を「サンヴァラ」という用語で括り、他伝統と区別することができるのは、それらの間に一定の要素と傾向がなんとか共有されているからである。本書が扱うのは、サンヴァラの伝統のうち、主にこのような部分である。

サンヴァラはインドでの仏教最後の重要拠点であったヴィクラマシーラ僧院の陥落（1302 年）に近い頃まで聖典を生み出し続けていたと考えられる。ヴィクラマシーラ僧院陥落後も、少なくとも 1 世紀から 2 世紀程はインドで何らかの形で受容されていたことが、サンヴァラに精通していたインドの仏教学僧ヴァナラトナ（Vanaratna, 14 世紀〜15 世紀）の存在により知られる。また、インドでの仏教滅亡以降も、サンヴァラはチベット仏教や、ネパールの伝統仏教であるネワール仏教の中に生き続け、特にネワール仏教の基盤を構成する重要要素の 1 つとして現在も生き続けている。インドのサンヴァラの最後期の成就者であったジャヤセーナ（Jayasena）はカトマンドゥ渓谷に居を定めていた。カトマンドゥ渓谷のパタン市はネワール仏教の信仰が今も盛んであるが、その各寺院の 2 階に祀られる秘密尊は、多く場合サンヴァラの最高尊であるヘールカ=チャクラサンヴァラとその妃ヴァジュラヴァーラーヒーである。カトマンドゥ渓谷の全体はヘールカ=チャクラサンヴァラ尊の曼荼羅であると意味付けられることもある。また仏教祭祀夫妻はイニシエーション儀礼である灌頂儀礼の最終段階で自分たちをヘールカ=チャクラサンヴァラ尊およびその妃と同一化する［Gellner 1992: 197, 277、2001:137］。

目次／サンヴァラ系密教の諸相——行者・聖地・身体・時間・死生

まえがき……i

凡例（vii）
図表一覧（viii）
略号（xi）
用語解説（xii）

序　論……3

1　本書の目的……3
2　サンヴァラの思想の概要……4
3　サンヴァラの諸聖典の成立順序——暫定案……12

第1章　初期中世密教界……23

はじめに……23
1　曖昧化する七衆理念……23
2　『八十四成就者伝』の性格と分析方法……27
3　価値典型的な4つの行者型……29
4　比丘と脱俗の行者——比丘僧院内外の専門的現世放棄者……40
5　脱俗の行者と在俗の行者——世事と瞑想……47
6　在俗の行者と比丘……53
7　それぞれの行者の出自……56
結論……59

第2章　多次元的な聖地群の諸伝承……77

はじめに……77
1　聖地体系の3つの次元……77
2　聖地体系の諸伝承……87
3　第1型伝承の聖地群……88
4　第2型伝承の聖地群……96

5　第 3 型伝承の聖地群 103
6　第 4 型伝承の聖地群 109
結論 113

第 3 章　曼荼羅としての身体 135

はじめに 135
1　内的曼荼羅の 5 つの型 137
2　第 1 型内的曼荼羅 137
3　第 2 型内的曼荼羅 142
4　第 3 型内的曼荼羅 146
5　第 4 型内的曼荼羅 154
6　第 5 型内的曼荼羅 161
結論 176

第 4 章　外的な時間の輪 193

はじめに 193
1　時間の輪の体系 194
2　暦と 12 の家主 204
3　出生占いと宿命死の構造 210
結論 225

第 5 章　四輪三脈の多面的身体論 255

はじめに 255
1　内的曼荼羅と四輪三脈 257
2　サンヴァラにおける四輪三脈の展開：概観 257
3　重層・多様化する四輪三脈の形態と意味 263
4　内的な時間の輪 277
結論 282

第 6 章　クリシュナ流の四次第 295

はじめに……………………………………295
1　『四次第』型の四次第……………………………296
2　『ヴァサンタティラカー』型の四次第……………301
結論——四次第の構造……………………………304

第７章　死兆と死のヨーガ……………………………311

はじめに……………………………………311
1　実践者の職業と死兆の性格……………………312
2　サンヴァラの３種の死兆伝承……………………316
3　死のヨーガ——お迎え型と抜魂型……………………330
4　サンヴァラにおける抜魂型の死のヨーガ……………336
5　死のヨーガとは別体系の臨終論……………………343
6　死のヨーガの実践者……………………………344
結論……………………………………345

結論にかえて……………………………………361

資料……………………………………368
初出一覧……………………………………380
あとがき……………………………………381
索引……………………………………384

凡　例

(1) サンスクリット語・チベット語の表記法については、以下の方針を採用する。

a. 資料名は原則的にカタカナ表記あるいは翻訳して『 』で括る。

b. 本文中に登場する固有名詞については、初出の際に原語を提示したうえで、サンスクリット語・チベット語をカナカナで音写表記する。また再出であっても、原語を提示するのがよいと思われるものについては、あらためて原語を提示している。

c. 表や図の中に登場する固有名詞については、それが本文中に頻出するものでなければ、サンスクリット語・チベット語をローマナイズしたものを提示する。

(2) 特に漢訳語に由来する専門用語のうち、旧字体の部分を新字体に改めて記したものもある。

(3) サンスクリット語・チベット語資料からの引用は、原則として原文を注の中に、和訳文を本文の中に掲げる。また理解の便を図るため、その原文および和訳文の中で [ ] で括って語句を補ったり、() で括って簡潔な内容説明を付加したりする。

(4) 原文の掲載に関して、引用する原典に校訂テキストが存在しない場合、写本に基づく仮校訂テキストを異読注を付して作成し、その都度掲載するという方針を採る。

(5) 原文の掲載に関して、それを掲載するまでもないと判断できるものや、あるいは原文が長すぎて掲載が困難と思われるものについては、出典箇所のみを記す。ただし、引用する原典に校訂テキストが存在しないものについては、将来の研究の便宜のためにも、極力原文の仮校訂テキストを掲載する。

(6) 注は各章末に一括して示す。

(7) 一次資料・二次資料からの出典箇所の提示に関しては、以下の方針を採る。なお、略号については次の「図表一覧・略号」を参照頂きたい。

a. 一次資料の場合、たとえば［Skt ms: Matsunami 10, 12a5–13b9、Matsunami 12, 19b8–21a3］といったように、原則として［資料の種類: 写本番号, 引用文の位置、写本番号, 引用文の位置、・・・］という形で提示する。

b. 二次資料の場合、たとえば［杉木 2001a: 13–17］といったように、原則として［筆者等の名字 発表年: ページ番号］という形で提示する。

図表一覧

【白黒口絵】

図版 1　サンヴァラ（＝ヘールカ）　Patna 博物館／森雅秀提供
図版 2　ヴァジュラヴァーラーヒー　『ヴァーラーヒーカルパ・タントラ』東大写本
図版 3　チャクラサンヴァラ（＝ヘールカ）とヴァジュラヴァーラーヒー　正木・森・立川・山口・吉崎『ペンコルチューデ仏塔図版一覧、塔内概念図および図版』（国立民族学博物館研究報告別冊 18 号　1997 年）より転載
図版 4　ヴァジュラダーカ（＝ヘールカ）とマハーマーヤー　正木・森・立川・山口・吉崎上掲書より転載
図版 5　サンヴァラ（＝ヘールカ）曼荼羅　『曼荼羅の世界—玉重コレクション　チベット仏教美術—』（大倉集古館 2005 年）より転載
図版 6　金剛杵　ゴールデンテンプル／著者撮影
図版 7　マニ石（マントラの刻まれた聖石）　ブッダアミデーヴァパーク／著者撮影
図版 8　仏教寺院に置かれているシヴァ　ブッダアミデーヴァパーク／著者撮影
図版 9　シヴァリンガとヨーニ（シヴァとその妃を象徴する聖石）　パシュパティナート／著者撮影
図版 10　カトマンドゥ渓谷の **24** の仏教聖地　杉木 2006b より転載（Gellner 1992: 194 を一部改めたもの）
図版 11　『チャクラサンヴァラ・タントラ』の貝葉写本　Baroda Oriental Institute 所蔵
図版 12　ルーイーパ（＝ルーイーパーダ）　宮坂宥明画／杉木・宮坂・ペマ『八十四人の密教行者』（春秋社 2000 年）より転載
図版 13　ヴィルーパ　宮坂宥明画／杉木・宮坂・ペマ『八十四人の密教行者』（春秋社 2000 年）より転載
図版 14　ダーリカパ　宮坂宥明画／杉木・宮坂・ペマ上掲書より転載
図版 15　ガンターパ　ペマ・リンジン画／杉木・宮坂・ペマ上掲書より転載
図版 16　カーンハパ（＝クリシュナーチャーリヤ）　宮坂宥明画／杉木・宮坂・ペマ上掲書より転載

図版 17 ナーローパ　宮坂宥明画／杉木・宮坂・ペマ上掲書より転載
【本文】
図 1–A カンカナが得た教え
図 1–B クマリパが得た教え
図 1–C 行者の型と出自の関係
図 3 観想法としての菩提心の **3** 種の活動
表 1–1 比丘僧院内の比丘と脱俗の行者の対比
表 1–2 脱俗の行者と在俗の行者の対比
表 2–1 聖地群の諸次元
表 2–2 **3** つの次元の優劣関係
表 2–3 第 **1** 型伝承の聖地群体系
表 2–4 『アビダーノーッタラ・タントラ』の六族主の曼荼羅
表 2–5 『ヘーヴァジュラ・タントラ』の第 **2** 型伝承聖地群
表 2–6 『マハームドラーティラカ・タントラ』の第 **2** 型伝承聖地群
表 2–7 『ダーカールナヴァ・タントラ』の第 **2** 型伝承聖地群
表 2–8 『ダーカールナヴァ・タントラ』のヘールカ曼荼羅の構造
表 2–9 『クブジカーマタ・タントラ』の第 **3** 型伝承聖地群
表 2–10 『ヴァジュラダーカ・タントラ』の第 **3** 型伝承聖地群
表 2–11 『ダーカールナヴァ・タントラ』の第 **4** 型伝承聖地群
表 2–12 聖地実践の諸次元と聖地伝承の対応
表 2–13 『大唐西域記』が告げる聖地の様子
表 2–14 『アビダーノーッタラ・タントラ』の四族曼荼羅
表 2–15 『サンプトードバヴァ・タントラ』の **8** つの聖地
表 3–1 第 **1** 型内的曼荼羅の構造
表 3–2 第 **1** 型内的曼荼羅の具体相
表 3–3 **37** 尊ヘールカ曼荼羅の象徴体系
表 3–4 『アビダーノーッタラ・タントラ』と『チャクラサンヴァラを成就させる甘露の流れ』と『サンヴァラの秘密という成就法』の第 **3** 型内的曼荼羅
表 3–5 『チャクラサンヴァローダヤ曼荼羅法』の内的曼荼羅
表 3–6 第 **4** 型内的曼荼羅
表 3–7 ダーリカパーダの第 **5** 型内的曼荼羅
表 3–8 ガンターパーダの第 **5** 型内的曼荼羅
表 3–9 クリシュナーチャーリヤの第 **5** 型内的曼荼羅
表 3–10 『ジュニャーノーダヤ・タントラ』の第 **5** 型内的曼荼羅

表 3–11 内的曼荼羅を構成する諸要素
表 3–12 各型の内的曼荼羅の比較
表 4–1 チャトゥシュピータの時間の輪
表 4–2 サンヴァラの時間の輪（**I**）
表 4–3 サンヴァラの時間の輪（**II**）
表 4–4 **12** の家主と心の発生
表 4–5 チャトゥシュピータの **12** の家主と暦
表 4–6 サンヴァラの **12** の家主と暦
表 4–7 各暦月の昼と夜の長さ
表 5–1 『ヘーヴァジュラ・タントラにおける』四輪と各種教理の対応
表 5–2 『ダーカールナヴァ・タントラ』『ヨーギニージャーラ・タントラ』が説く、大楽輪の脈管名
表 5–3 『ヘーヴァジュラ・タントラ』が説く、大楽輪の脈管名
表 5–4 『チャトゥシュピータ・タントラ』『ヴァジュラダーカ・タントラ』の **24** 人の女尊たち
表 5–5 『ダーカールナヴァ・タントラ』『ヨーギニージャーラ・タントラ』が説く、報輪の脈管名
表 5–6 『ダーカールナヴァ・タントラ』『ヨーギニージャーラ・タントラ』が説く、法輪の脈管名
表 5–7 『ダーカールナヴァ・タントラ』『ヨーギニージャーラ・タントラ』が説く、応輪の脈管名
表 6–1 『サンヴァローダヤ・タントラ』の死兆
表 6–2 『ヴァジュラダーカ・タントラ』の死兆
表 6–3 『チャトゥシュピータ・タントラ』の死兆
表 6–4 サンヴァラにおける死兆の展開
表 6–5 識の抜け出る穴と来世の境遇
表 6–6 仏教の宇宙論と身体の孔
表 6–7 身体の孔を塞ぐ種字
表 6–8 臨終時の精神状態と来世の境遇

略　号

写本や碑文等の一次資料に関して、本書では以下の略号を用いている。

Skt ms	サンスクリット語写本
Skt ed	サンスクリット語校訂テキスト
Skt ins	サンスクリット語碑文
Tib	チベット語文献
Tib: Toh	チベット大蔵経デルゲ版（東北大学目録）
Tib: Ota	チベット大蔵経北京版（大谷大学目録）
Tib: Rob	『八十四成就者伝』Robinson 版テキスト

用語解説

ヴァジュラヴァーラーヒー

あるいは単にヴァーラーヒー（猪女あるいは豚女という意味）とも呼ばれる。サンヴァラにおける最高尊ヘールカ（あるいはサンヴァラ、あるいはチャクラサンヴァラ）の妃である最高女尊。なお、サンヴァラではヘールカの変化形としてヴァジュラダーカが最高尊とみなされることがあるが、その場合、その妃である最高女尊はヴァジュラヴァーラーヒーの変化形であるマハーマーヤー（大いなる幻という意味）となる。なお、ヘーヴァジュラの伝統では最高尊ヘールカの妃はナイラートムヤー（無我という意味）と呼ばれる。

ヴィシュヌ

ヴィシュヌ教における最高神。

ヴィクラマシーラ比丘僧院

東インドに存在した、仏教最後期の最重要の大学的僧院の１つ。密教の研鑽がさかんに行われたことで知られる。

ヴィディヤーピータ

シヴァ教の伝統の１つで、仏教の後期密教、特にサンヴァラの伝統との関連が深い。

ウマー

女神であり、ヒンドゥー教（シヴァ教）の最高神シヴァの妃の１人。

カーラチャクラ

後期密教の最後期の伝統の１つであり、『カーラチャクラ・タントラ』を根本聖典とする。文字通りの意味は「時間の輪」。そのため、「時輪」（じりん）とも訳される。

カイラーサ山

現在のインド・チベット境にある霊山。シヴァの住居とされ、シヴァ教実践者たちの聖地であるが、仏教実践者も聖地視している。

カリ・ユガ

人々の様々な徳や、正しい教えが失われる時代。インドの時間論の１つに、世界はクレタ・ユガという時代から、トレーター・ユガという時代へ、そしてドヴァーパラ・ユガという時代を経て、カリ・ユガという時代に入るというものがある。後ろの時代になるほど人々の能力や道徳性が衰退し、教えが力を失っていく。

灌頂（かんじょう）

密教のイニシエーション儀礼。灌頂には様々な段階があるが、それらを受けることにより、実践者は密教の実践方法を師より授けられ、密教の実践生活に本格的に参入することになる。

禁戒（きんかい）

実践者が保つべき実践生活規範。

空性（くうしょう）

すべてのものが固定的実体を欠いていること。「空」の中性抽象名詞型。密教を含めた大乗仏教の真理観。

究竟次第（くきょうしだい）

瞑想法の一種。生起次第では、実践者はこの世界の個々のものをコズミックな秩序の中にある尊格たちの清らかな曼荼羅として観想していくのに対し、究竟次第ではそのような個々のものを空という真理の中に没入させていき、無分別の真理そのものを体験しようとする。

倶生（くしょう）

文字通りの意味は「生まれ持った」であり、後期密教の真理観の１つ。全てのものは究極の真理から生じているのだから、全てのものは真理性を帯びており、したがって人が生まれ持つ身体も真理性をもっているとされる。後期密教では身体の構成や身体の生理作用を利用した実践法がしばしば重視されるが、倶生の真理観はこのような身体的実践と結びついている。

グヒヤサマージャ

後期密教の伝統の１つであり、『グヒヤサマージャ・タントラ』を根本聖典とする。文字通りの意味は「秘密の集会」であり、その根本聖典は一般に『秘密集会（ひみつしゅうえ）タントラ』と訳される。

五蘊（ごうん）

仏教における存在論の１つであり、個という存在は５つの要素（色・受・想・行・識）により成立しているというもの。

五甘露（ごかんろ）

後期密教において、真理体験を得たり超能力など特殊能力を得るための特殊食。精液・経血・大便・小便・人肉、あるいはその他何らかの５つの不浄物を材料として作られる。

呼吸（こきゅう）

文字通りの意味である。呼吸活動により鼻の穴から生命風が身体内にとりこまれ、脈管の中を通って身体内をめぐり、再び鼻の穴から身体外へと出て行く。この生命風の循環が個々人の生命を維持させる。仏教・非仏教にかかわらず、人は１日に21600回の呼吸をすると広く考えられている。だがこの呼吸数は（私たち現代人のいう）実際の呼吸回数としての数値というよりも、時間の幅を表わすものとしての呼吸数であり、１呼吸（１シュヴァーサ）は１日を21600で割った時間幅を意味する。

五族（ごぞく）

密教における尊格たちのグルーピング法の１つ。如来族、金剛族、宝族、蓮華族、羯磨族の５つの部族であり、多くの尊格たちはこれらの部族のいずれかに分類される。如来族のリーダーはヴァイローチャナ、金剛族のそれはアクショービャ、宝族のそれはラトナサンバヴァ、蓮華族のそれはアミターバ、羯磨族のそれはアモーガシッディである。

五大（ごだい）

地・水・火・風・空（虚空）という、世界を構成する５種類の物質的原理を五大（五元素）や五界と言う。地・水・火・風のみを指して四大（四元素）や四界と呼んだり、五大に精神的原理である識あるいは智を加えて六大（六元素）や六界と呼ぶこともある。

五智（ごち）、五智如来（ごちにょらい）、五仏（ごぶつ）

仏の５種類の智慧。(1) 極清浄智（清らかな法界を悟る智慧)、(2) 円鏡智（鏡のように万物を顕現する智慧)、(3) 平等性智（もろもろのものが平等であることを観察する智慧)、(4) 妙観察智（もろもろのものの個別相を正しく観察する智慧)、(5) 成所作智（自分および他人のためになすべきことを成し遂げる智慧）を指す。これら五智は順に五族の主であるヴァイローチャナ、アクショービャ、ラトナサンバヴァ、アミターバ、アモーガシッディに配当される。そのため、これら五仏は五智如来とも呼ばれる。

護摩（ごま）

炉を設けて火を焚き、観想によってその火に火神等を生じ、マントラを唱えながら火中に様々な供物を投じる儀礼。原語はホーマ（homa）であり、元来バラモンたちが重視してきた類似儀礼が仏教の中に導入され、密教の重要な儀礼の１つとなった。息災（災い等を取り除く)、増益（利益を生み出す)、敬愛（対象者を意のままに従わせる)、調伏（対象者を征服・教化する）などの種類がある。また、護摩にはこのような現世利益的な意図で行われる外的なものだけでなく、自身の中に潜む煩悩を焼き払うという、内的なものもある。

サンヴァラ

原義は「覆うこと」であるが、後期密教においては「シャンバラ」と同義、すなわち「至福」という意味でしばしば用いられる。大きく以下の３つの事柄を指す。(1) 荼枳尼と勇者が一体となった真理の至福体験。(2) 後期密教最後期の伝統の１つであり、『チャクラサンヴァラ・タントラ』をはじめ、規範の位置をもつ多くの聖典を有する。(3) サンヴァラの伝統の最高尊。ヘールカ、チャクラサンヴァラ、ヴァジュラダーカ、ダーカールナヴァといった別名・変化形をもつ。

三界（さんがい）

宇宙論の１つ。伝統仏教の三界は、(i) 欲界（姿形と欲望のある世界)、(ii) 色界（姿形はあるが、欲望のない世界)、(iii) 無色界（姿形も欲望もない世界）という宇宙の３領域を指す。

だがサンヴァラではこれに加え、ヒンドゥー的な三界、すなわち（i）天空、（ii）地上、（iii）地下の発想も重要であり、これは曼荼羅の意味体系の一端となっている。

三十七菩提分法（さんじゅうしちぼだいぶんぽう）

仏教の伝統教理の 1 つで、悟りに至るための 37 の実践徳目。

三身（さんしん）

仏がもつ 3 種類の身体。法身（悟りそのもの）、報身（修行の報いとして得る仏の身体）、応身（衆生救済のために相手に応じて現われる仏の身体）である。

三昧耶輪（さんまやりん）

合計 5 つの輪から成る 37 尊ヘールカ曼荼羅の最も外側の輪。8 人の荼枳尼たちが配置される。三昧耶とは「誓約」という意味であり、『チャクラサンヴァラ・タントラ』や『アビダーノーッタラ・タントラ』によれば、これら 8 人の荼枳尼たちは 8 つの誓約を象徴する女尊たちである。

三輪（さんりん）

サンヴァラで最も重視される 37 尊ヘールカ曼荼羅は合計 5 つの輪より構成されるが、そのうちの 3 つの輪（心輪、語輪、身輪）をまとめて三輪と呼ぶ。三輪、すなわち心、語輪、身輪はそれぞれ天空、地上、地下に観想される。サンヴァラの最後期になると、それぞれ法身、報身、応身という意味ももつようになる。また、それと同時に、三輪は合計 24 の聖地およびそこにいる荼枳尼と勇者を曼荼羅化したものでもある。

子音字（しいんじ）

密教では文字の観想がしばしば重視される。子音字全体としては、合計 32 のものと合計 34 のものがよく用いられる。32 の子音とは、一般に 34 の子音からṄA 字とÑA 字を除いたものである。

シヴァ

シヴァ教の最高神。仏教では大自在天（マヘーシュヴァラ）として信仰される。

シヴァ教

シヴァを最高神とする教えの伝統。いわゆる「ヒンドゥー教」の一潮流。なお、「ヒンドゥー教」という呼称が広く人々の間で確立するのは近代以降である。

シヴァリンガ

シヴァを象徴する円柱状の石。シヴァの妃を象徴するヨーニと呼ばれる基台の中央にそびえるような形で作成される。

四歓喜（しかんぎ）

仏教の後期密教における、4 段階の体験の体系。(1) 歓喜、(2) 極歓喜、(3) 離歓喜、(4) 倶生歓喜から成り、真理体験を喜びという側面からとらえたもの。歓喜は喜び、極歓喜は増大した喜び、離歓喜は貪欲を離れた喜びであり、この離歓喜をターニング・ポイントとして、実践者は倶生歓喜という真理そのものの体験へと進んでいく。

時間の輪（じかんのわ）

あるいは「時輪」（じりん）。仏教の後期密教の時間論の 1 つ。(1) 外的な時間の輪と、(2) 内的な時間の輪に分けることができる。前者は天体の運行と並行して円環的に進む身体外の時間であり、後者は生命風や各種体内物質の体内循環と並行して進む身体内の時間である。これら外的な時間の輪と内的な時間の輪は並行している。個の存在と宇宙全体の連続性の発想に基づく時間論である。

識（しき）

認識作用。識別作用。密教ではしばしば（いわゆる）魂の機能ももつ。HŪṂ字やヘールカによって象徴され、個々人の心臓にあるとも考えられている。だがアートマンのような不変の実在ではない。五蘊の 1 つでもある。

色究竟天（しきくきょうてん）

仏教の宇宙論における天界の 1 つ。三界（前述）を構成する 3 つの世界のうち、欲望なく姿形をもつことのできる世界である色界の頂点に位置する。そのため、姿形をもつ密教の曼荼羅はここに顕現すると主張される。

四大聖地（しだいせいち）（シヴァ教シャークタ派の）

(i) ジャーランダラ、(ii) ウッディヤーナ、(iii) プールナギリ、(iv) カーマルーパという、シヴァ教の、特にシャークタの伝統（女神崇拝の伝統）で重視される 4 つの代表的聖地。仏教の後期密教の聖地体系にも取り込まれる。

七衆（しちしゅ）

仏教信仰共同体を構成する 7 種類の実践者。(1) 比丘、(2) 比丘尼、(3) 正学女、(4) 沙弥、(5) 沙弥尼、(6) 優婆塞、(7) 優婆夷を指し、(1) と (2) は専門的な出家行者、(3) (4) (5) は見習い出家行者、(6) (7) は在家者である。その他、これらに近住を加えて八衆とすることや、見習い出家行者を除いた (1) (2) (6) (7) を指して四衆とすることもある。

死兆（しちょう）

死が近づくと自分の身体あるいは自分の周囲に現われる兆し。後期密教において、良き死を迎えるための実践である死のヨーガを行うタイミングを見計らうための目安として重視される。

十智（じっち）

10 種類の智慧。(1) 世俗智（世俗の事柄に関する智）、(2) 法智（最初に法の真実を知る智)、(3) 類智 (法地に類似した智)、(4) 苦智 (四諦のうち苦諦を対象とする智)、(5) 集智 (四諦のうち集諦を対象とする智)、(6) 滅智 (四諦のうち滅諦を対象とする智)、(7) 道智 (四諦のうち道諦を対象とする智)、(8) 他心智 (他人の心を知る智)、(9) 尽智 (四諦の教えを成就しつつある智)、(10) 無生智 (四諦の教えを成就した智)、より成る。

十波羅蜜多 (じっぱらみつ)

大乗仏教以来の伝統教理であり、悟りに至るための 10 の実践項目。具体的には、(1) 布施波羅蜜多 (布施行)、(2) 戒波羅蜜多 (戒の遵守)、(3) 精進波羅蜜多 (修行に励むこと)、(4) 忍波羅蜜多 (耐え忍ぶこと)、(5) 禅定波羅蜜多 (心を平穏にし、意識を集中させること)、(6) 般若波羅蜜多 (智慧を得ること)、(7) 方便波羅蜜多 (様々な方法によって智慧を導き出すこと)、(8) 願波羅蜜多 (つねに誓願を保ち、それを実現すること)、(9) 力波羅蜜多 (善行を行う力と正誤を見極める力を養うこと)、(10) 智波羅蜜多 (完全な智慧を得ること)、である。それぞれ順に、十地の各境地と対応するとされる。

四女尊 (しにょそん)

四明妃とも呼ばれ、後期密教で重視される。マーマキー、ブッダローチャナー (あるいはローチャナー)、パーンダラヴァーシニー (あるいはパーンダラー)、ターラーという 4 人の女尊。

死のヨーガ

死兆の現われた実践者が、解脱などの良き死を得るために実践するヨーガ。人生最後の実践である。

種字 (しゅじ)

観想される文字であり、種から芽が出て成長するように、文字が変化して尊格等の姿になると観想する。

十三地 (じゅうさんじ)

後期密教で展開した、13 段階から成る菩薩の境地の階梯の 1 種。大乗仏教に伝統的な十地に、さらに 3 つの地 (境地) を加えたものであり、それら 3 つの内容は文献により異なる。十地はもともと直線的な境地の階梯であるが、この十三地は境地の階梯を円環的にとらえているとも言える。

十地 (じゅうじ)

10 段階から成る、大乗仏教に伝統的な菩薩の境地の階梯。具体的には (1) 歓喜地、(2) 離垢地、(3) 発光地、(4) 焔慧地、(5) 難勝地、(6) 現前地、(7) 遠行地、(8) 不動地、(9) 善慧地、(10) 法雲地、である。最後の法雲地は、空の智慧を完成して慈悲行を余すところなく成し遂げる仏の境地である。十地はもともと直線的な境地の階梯であるが、後期密教においてはそれを円環的に理解される面も見せる。

十二宮（じゅうにきゅう）

黄道（天球上の太陽の通り道）の一周 360 度を 12 等分したものであり、それぞれの区分は羊宮、牛宮、夫婦宮、蟹宮、獅子宮、女宮、秤宮、蠍宮、弓宮、磨竭宮、瓶宮、魚宮とされる。太陽や月やその他の惑星や星は、時間の経過とともにこれら 12 の宮を順に通過（転位）していく。

十二支縁起（じゅうにしえんぎ）

老いと死という苦しみが生じるプロセスを 12 段階の因果関係として説明する、初期仏教以来の伝統教理。(1) 無明（真理を知らないこと）を根本原因として、順に (2) 行、(3) 識、(4) 名色、(5) 六入、(6) 触、(7) 受、(8) 渇愛、(9) 取、(10) 有、(11) 生、(12) 老死という結果が生じる。

十二地（じゅうにじ）

後期密教で展開した、12 段階から成る菩薩の境地の階梯の 1 種。大乗仏教に伝統的な十地に、さらに 2 つの地（境地）を加えたものであり、それら 2 つの内容は文献により異なる。十地はもともと直線的な境地の階梯であるが、この十二地は境地の階梯を円環的にとらえているとも言える。

生起次第（しょうきしだい）

究竟次第を見よ。

尸林（しりん）

葬場のこと。処刑場として機能することもある。後期密教においては実践場としてしばしば好まれた。

四輪三脈（しりんさんみゃく）

後期密教の身体論の 1 つ。人の身体には 72000 本の脈管（管状の組織）が通っており、さらに複数の脈管が収束するチャクラ（原語 cakra の文字通りの意味は「輪」）が多数存在するという身体論が説かれる。これらのチャクラと脈管のうちには主要なものとそうでないものが存在し、主要な 4 つのチャクラを四輪、主要な 3 本の脈管を三脈、それらを合わせて四輪三脈と研究者たちは便宜上呼んでいる。四輪は大楽輪（頭部にある)、報輪（喉部にある)、法輪（心臓部にある)、応輪（臍部にある）であり、三脈はアヴァドゥーティー脈管、ララナー脈管、ラサナー脈管である。

聖地カテゴリー（ピータなど）

「ピータ」をはじめとする、複数の聖地を分類するカテゴリー。10 種類のものと 12 種類のものがあり、聖地を一定の意味秩序のもとに構造化する重要な役割を果たす。

生命風（せいめいふう）

身体の活動、生命を保つ原動力の1つ。呼吸活動を通して身体内を巡る風。イメージとしては、呼吸活動により酸素や二酸化炭素が体内を入出・移動するようなもの。なお、細かく見れば、身体内をめぐる風には多くの種類がある。

誓約（せいやく）

密教の実践に参入するにあたっての誓い。その内容は文献により様々である。なお「三昧耶」という用語は、「誓約」の原語 samaya の音写である。

ソーマプリー比丘僧院

東インドに存在した、仏教最後期の最重要の大学的僧院の1つ。

大楽輪（だいらくりん）

サンヴァラでは、大楽輪という用語により表わされるものは2つあるので、混乱しないよう注意が必要である。(1) 合計5つの輪より構成される37尊ヘールカ曼荼羅の中央に位置する輪。大楽輪の中央には主尊ヘールカと妃ヴァジュラヴァーラーヒーが配置され、その四方に4人の荼枳尼たちが、四維に菩提心の入った髑髏杯が配置される。(2) 四輪三脈における、頭部（額部）のチャクラ。一般に三十二葉蓮華の形をしているとされ、その32枚の葉から合計32本の脈管がのびている。大楽輪の中央にはHAṂ字があり、このHAṂ字から菩提心や甘露が、あるいはこのHAṂ字自身が菩提心や甘露となって、脈管の中を通って身体内を流れるとされる。

荼枳尼（だきに）

シヴァ教におけるカーリー等、異形の姿の女神の女従者たちのことでもあるが、後期密教では女尊、あるいは呪的能力をもつ女性、あるいは女性修行者を一般に指す。荼枳尼は「瑜伽女」とも「女使者」とも「ムドラー」とも「般若」とも呼ばれる。サンヴァラでは「荼枳尼」あるいは「女使者」という呼称が用いられることが多い。だが注釈者たちがいかに思弁を凝らそうと、聖典自身の見解としては、一般にこれらの用語の間には実質的な区別はない。なお、まさに性的ヨーガを行うという場面で、第三者がパートナーとなる女性を指し示す際には、「ムドラー」という呼称が用いられる傾向があると言うことはできる。

チャクラ

文字通りの意味は「輪」。後期密教の身体論においては、身体をめぐる多数の脈管が収束する重要な箇所を指し、一般に蓮華の形をしているとされる。チャクラは身体内に多数存在するが、それらのうち最も重要なのは4つのチャクラ、すなわち四輪（頭部・喉部・心臓部・臍部にある大楽輪・報輪・法輪・応輪）である。

チャトゥシュピータ

後期密教の伝統の1つであり、『チャトゥシュピータ・タントラ』を根本聖典とする。

転位（てんい）

十二宮を見よ。

ナーランダー比丘僧院

東インドに存在した、仏教の最重要の大学的僧院の 1 つ。

二十七宿（にじゅうしちしゅく）

27 の恒星あるいは恒星の集合体、あるいは天球の黄道一周 360 度を 27 等分したもの。天球の黄道一周 360 度を 12 等分した十二宮（前述）とセットで説かれることが多い。

般若と方便（はんにゃとほうべん）

般若とは悟りの智慧を、方便とは修行方法や慈悲・慈悲行を指す。修行を進めることによりこれらを実践者の中で結合すべきことが、大乗仏教以来しばしば重視されてきた。後期密教には、般若を女性修行者や女尊、方便を男性修行者や男尊と同一視し、それらの性的な結合により般若と方便の結合を表現あるいは実現しようとする考えがある。

火（内的な）

密教の観想体系には、自分の下腹部（臍部）に内的で微細な火を観想し、それにより分別の意識を焼き尽くしたり、菩提心の発生を誘発したりするというものがある。この火は「チャンダーリー」や「ヴァーラーヒー」や「マハーマーヤー」や「般若の火」や「智慧の火」や「ブラフマンの火」や「ティラカー」といったように、文献により呼び名は様々である。

ピータなど、ピータをはじめとする

「聖地カテゴリー」を見よ。

ヘーヴァジュラ

後期密教の伝統の 1 つであり、『ヘーヴァジュラ・タントラ』を根本聖典とする。

ヘールカ

後期密教の最高尊の 1 人であるが、ヨーギニータントラの伝統ではヘールカを最高尊と見なすことが多く、この伝統の一角であるサンヴァラにおいても最高尊とされている。また、同伝統ではサンヴァラ、チャクラサンヴァラ、ヴァジュラダーカ、ダーカールナヴァといった最高尊も登場するが、これらはヘールカの別名あるいは変化形である。

ヘールカ曼荼羅（へーるかまんだら）

ヘールカを中心とする曼荼羅を便宜上ヘールカ曼荼羅と呼ぶ。ヘールカ曼荼羅には様々な種類のものがあるが、サンヴァラで最も重要なヘールカ曼荼羅は合計 37 尊（カップルになっている男尊と女尊は 1 組で 1 尊と数える）より構成される、37 尊ヘールカ曼荼羅である。この曼荼羅は 5 つの輪、すわなち中央から外周に向かって大楽輪（5 尊）、三輪（心輪・語輪・身輪：それぞれ 8 尊、合計 24 尊）、三昧耶輪（8 尊）が同心円状に配置されるという構成になっている。

母音字（ぼいんじ）

サンスクリット語の文字は密教の観想法においてしばしば重視される。母音字としては12のものと16のものがよく観想に用いられる。12の母音字とは一般に、A、Ā、I、Ī、U、Ū、E、AI、O、AU、AṂ、AḤを指し、16の母音字とはこれらにṚ、Ṝ、Ḷ、Ḹを加えたものである。

法蔵（ほうぞう）

全てのものの起源。逆三角形で表現される。この逆三角形は女性器あるいは子宮（子宮は存在の起源である）を象徴する。

菩提心（ぼだいしん）

悟りを求める心を元来意味したが、後期密教では悟りの状態を指す用語としても用いられる。精液などの体内物質により象徴されることがある。精液など体内物質の姿をもつ菩提心は、頭部のチャクラで生産され、脈管を通って身体内をめぐる。

曼荼羅（まんだら）

原語maṇḍalaは「円」「輪」という意味であり、「曼荼羅」は音写である。尊格たちを一定の秩序で配置した、尊格たちの集合体。仏教の宇宙論や各種教理を象徴しており、曼荼羅を用いた儀礼を行ったり、それを観想したりすることにより、その曼荼羅が象徴する意味世界を儀礼の場や瞑想者の意識の中に顕現させる。

脈管（みゃくかん）

身体内にはりめぐらされた管状の組織。その中を生命風をはじめとして、さまざまな体内物質が運搬される。文献の記述は概して曖昧であるが、これは物的な身体組織なのかあるいは瞑想者のみが見ることのできる霊的な身体組織なのかというと、後者であると考えられる。しかし実践者にとってはこの霊的な身体組織は生来的なものであり、物的な身体組織以上にリアルであり、現実の生身の身体維持にとって著しく重要な役割をはたすと考えられている。脈管は荼枳尼と同一視され、真理性を帯びており、仏教・非仏教にかかわらず、個々人の身体中に一般に合計72000本存在するとされている。

メール山（あるいはスメール山）

天空高く聳え立つ、この世界の中心の山。漢訳では「須弥山」。実践者はメール山を観想した後、その上に曼荼羅を観想するという方法が一般的である。

家主（やぬし）

(1) ローヒター、(2) モーヒター、(3) バドラ、(4) ヴリシャバ、(5) クールマ、(6) マカラ、(7) ランダー、(8) ミキラ、(9) ビドリカ、(10) ヴァークリ、(11) スヴァプナ、(12) カーマという、12の時間区分の総称。時間の一周期は家主により12区分される。別の言い方をすれば、天球の黄道を 12 等分し、それぞれの区分にあてがわれる一種の標識であり、特に占術体系において重視される。

勇者（ゆうしゃ）

男性尊格あるいは男性行者を指す用語としてしばしば用いられる。

ヨーギニータントラ

後期密教の大きな潮流の 1 つ。ヨーギニーとは女尊あるいは呪的能力のある女性あるいは女性ヨーガ行者を意味し、この伝統では恐ろしい姿の女尊たちが曼荼羅に多く登場する。研究者たちはチベットでの聖典分類法にならってこの伝統を一般に「母タントラ」と呼ぶが、多くのサンスクリット語聖典は「母タントラ」ではなく「ヨーギニータントラ」という呼称で自身を位置付けているため、この伝統を「ヨーギニータントラ」と呼ぶのが適切である。サンヴァラ、そしてチャトゥシュピータおよびヘーヴァジュラは、このヨーギニータントラの伝統のうちの個別伝統である。

六族（ろくぞく）

密教における尊格たちのグルーピング法の 1 つ。後期密教で重視される。(1) ヴァジュラサットヴァ族、(2) ヴァイローチャナ族、(3) ヘールカ族、(4) ヴァジュラスーリヤ族、(5) パドマナルテーシュヴァラ族、(6) パラマーシュヴァ族、という 6 つの部族を指す。

サンヴァラ系密教の諸相

——行者・聖地・身体・時間・死生——

序　論

1　本書の目的

まえがきで述べたように、サンヴァラは大きな密教伝統である。この伝統の大きさという点からも、インド密教の全体像の解明にはサンヴァラという伝統の解明が必要であることは容易に想像できる。だが、この伝統の研究には蓄積が少ない。サンヴァラの本格的研究のパイオニアは津田真一氏である。世界中どこを探してもインドのサンヴァラのことをよく知る研究者がいない中、氏はこの巨大な伝統の解明に奮闘し、この伝統の基礎的部分に関する多くの研究を積み重ね、インド仏教史研究の大きな穴を埋める成果を上げてきた。氏による開拓を経て、近年ではサンヴァラの研究に携わる研究者は国内外で増えてきており、その中でも Alexis Sanderson 氏はシヴァ教とのかかわりからサンヴァラの伝統に関する興味深い指摘を行っている。だが、サンヴァラの伝統に属する諸聖典の多くは未だ翻訳はおろかテキスト校訂すらなされていないというのが現状である。そのため、サンヴァラの全貌を解明するどころか、その基礎的データすら学会に十分には知られていない。先賢たちの研究成果はあるものの、サンヴァラの研究はまだ始まったばかりであると言える。

本書のねらいは、国内外において未発表のサンヴァラに関する基礎データを多く提供・分析しつつ、この伝統のいくつかの側面——行者論、聖地論、身体論、時間論、死生論——を体系的に明らかにすることにある。まず、この序論では、既に学会で明らかになっていることを中心にサンヴァラの思想内容の概要を簡潔にまとめ、本書の理解のための便宜を図り、その後、本書が主に用いるサンヴァラの諸聖典の成立順序に関する暫定的な案を提示しておく。続く本論の第1章では行者論を、第2章では聖地論を、第3章と第5章と第6章では身体論を、第4章と第5章では時間論を、そして第7章では死生論を検討する。これらの考察は単にサンヴァラの伝統だけでなく、その周辺の仏教内外の諸伝統との関連を意識して行われる予定である。サンヴァラという伝統は自伝統内で自己完結する閉じた伝統ではなく、つねに仏教内外に渡る周辺伝統との影響関係を保ちながら展開してきたという面を確かに持つからである。最後の結論にかえてでは、それまでの検討をふまえて、サンヴァラにおける上記テーマのまとめを行う。

それぞれのテーマの検討において採用した分析の視点および手法については各章で述べることにして、今は割愛したい。もとよりこの巨大な伝統の全貌を本書によって理路整然と明らかにすると自負できるだけのことはまだ筆者にはできていない。インドやネパールを訪れ、サンヴァラの伝統に属する多数の文献のサンスクリット語写本を集めるところから研究を始めなければいけないため、その全貌の解明は容易ではない。本書ができることは、現段階で筆者が集めることのできたサンスクリット語写本等の諸資料をもとに、上記の試みを行うに留まらざるを得ない。

2　サンヴァラの思想の概要

議論に先立ってサンヴァラの思想の概要を簡潔に述べておくことは、本書の理解のための便宜となるだろう。導入を目的としてここに掲載する概要は、基本的には研究者の間で既知と見なし得るものを中心に、筆者なりにまとめたものである。話の流れの都合上、本書が新たに論じることを先取りしている箇所もいくつかある。先取りもまた理解の便宜になると考えたからである。ともあれ、本書の論を理解するためのイントロダクションとして読んで頂ければ幸いである。

サンスクリット語資料に限定して考察しよう。まえがきでも簡潔にふれたように、この伝統において、「サンヴァラ」(saṃvara, 中性名詞 saṃvaram として用いられる)という言葉は一般に“〈saṃ＝śaṃ〉＋vara”、すなわち“sukhavaram”あるいは“paraṃ sukham”等、要するに〈至福〉という意味で用いられる[1]。サンヴァラにおける曼荼羅は、男尊と女尊が輪になって互いに性的に結合した姿で表現される。サンヴァラとは、男女の尊格たちが輪となって互いに不二の状態にあるというメタファーにより表現された、無分別の至福体験を指す言葉である。ここには、無分別という真理は至福の状態、つまりこの上ない喜びとして修行者に体験されるという主張が含意されている。この真理の至福は、この曼荼羅の姿の中に何らかの形で自身を参入させることにより、体験される。

なお、「サンヴァラ」という言葉は "saṃ-vṛ" に由来して〈秘すること〉〈守ること〉（saṃvaraṇa, gopana）という意味で解釈されることもある[2]が、〈至福〉という意味で用いられるのが一般的である。

(I) サンヴァラ誕生神話

初期中世期インドに作成され、現代チベットや現代ブータンにも伝わっているとある神話は、サンヴァラという伝統の誕生を以下のように描く。

カリ・ユガという、人々の徳が失われる無宗教の時代に至ると、世界の中心であるメール山頂に現れたシヴァ（Śiva）とその手下たちにより、メール山の南方に位置するジャンブ洲（あるいはジャンブー洲とも）に広がる 24 の聖地は征服され、この世界は血と肉と堕落に満ちたものとなった。この事態に耐えかねた仏はメール山頂のさらに上に位置する色究竟天へと赴き、ヘールカ（Heruka）とその妃ヴァジュラヴァーラーヒー（Vajravārāhī）へと変身し、さらにこの父母尊から 24 組の男女尊および 8 人の女尊たちが生まれた。24 組の男女尊および 8 人の女尊たちはジャンブ洲の 24 聖地へと赴き、シヴァとその手下たちを調伏し、24 の聖地を征服した。24 の聖地を仏教のものにしたとはいえ、彼らにはまだ悟りの智慧がなかった。そこで彼らは色究竟天へと再び赴き、そこにいる仏に教えを求め、その結果、数々のサンヴァラの聖典が誕生した。こうして世界にサンヴァラという仏法がもたらされたのである。

これら 24 の聖地と、ヘールカとヴァジュラヴァーラーヒーおよび 24 組の男女尊と 8 人の女尊たちは、次に述べるサンヴァラの曼荼羅の重要構成要素となっている。

(II) サンヴァラの曼荼羅の象徴世界

一般に中期密教以降のマンダラは、宇宙の理や仏の悟りといった何らかの仏教的コスモスを、尊格たちの姿を用いて表現した象徴の体系である。サンヴァラに説かれる曼荼羅も例外ではない。

サンヴァラには多数の曼荼羅があるが、その中でも、合計62の男女尊で構成される曼荼羅がもっとも重視される。これらの62の男女尊のうちカップルになっているものを1尊と数えれば、この曼荼羅は37尊構成となる。略して37尊曼荼羅とも呼ばれる。この曼荼羅は、サンヴァラの主尊であるヘールカ(サンヴァラあるいはチャクラサンヴァラと呼ばれる場合もある)とその妃ヴァジュラヴァーラーヒーのカップルを中心とし、同心円構造をとる合計5つの男女尊の輪から成る。5つの輪は内側から順にそれぞれ、(1) 大楽輪 (mahāsukhacakra, 大いなる安楽の輪)、(2) 心輪 (cittacakra, 心の輪)、(3) 語輪 (vākcakra, 言葉の輪)、(4) 身輪 (kāyacakra, 身体の輪)、(5) 三昧耶輪 (samayacakra, 誓約の輪) と呼ばれる。

これら5つの輪は全体として、男女の尊格たちが輪となって互いに結びつく様子を表したものであり、サンヴァラ、すなわち至福という無分別の真理体験を表現している。

また、5つの輪のうち、(2) 心輪と (3) 語輪と (4) 身輪は、サンヴァラの合計24の聖地と、それらの地に観念される男女尊たちを曼荼羅として表現したもの、いわば聖地曼荼羅とも言えるものである。これら合計24の聖地は、全体で大乗仏教に伝統的な教義である十地(悟りの深化を表わす10の段階的境地)を表わすとされる。

曼荼羅とは1つの宇宙を様々な姿に映し出したものであり、そのため、視点を変えれば異なった姿をわれわれに見せてくれる。上記とは別の視点から見れば、5つの輪は全体として、初期仏教以来の伝統的な教義である三十七菩提分法(悟りに至るための37の実践徳目)を表現したものとなる。

文献によっては、この曼荼羅はその他いくつかの教義(三身、十智、十三地、8つの誓約など)も象徴する。だが諸文献に幅広く共通して見られる意味解釈の基本は、以上に述べたようなものである。以上を簡潔にまとめれば、次のようになろう。

$$\text{〈至福〉}\left\{\begin{array}{l}\text{(1) 大楽輪}\\ \left.\begin{array}{l}\text{(2) 心輪}\\ \text{(3) 語輪}\\ \text{(4) 身輪}\end{array}\right\} \quad = \text{24の聖地} = \text{〈十地〉}\\ \text{(5) 三昧耶輪}\end{array}\right\}\text{〈三十七菩提分法〉}$$

ところで、ここに登場する24の聖地は、仏陀の足跡をなぞったインド仏教に伝統的な八大聖地とは異なり、シヴァ教に説かれる聖地群と多くの部分が重なる。シヴァ教ではそれらの聖地は曼荼羅化されていない。サンヴァラの修行者たちはシヴァ教の説く聖地を自らの体系の中にとりこみ、整え、十地などの仏教的な意味付けを行い、曼荼羅として体系化したのである。

(III) サンヴァラの実践の解釈学――身体の外と内

サンヴァラの実践体系では、〈外的〉と〈内的〉という分類が重視される。〈外的〉〈内的〉という分類は、インドの宗教に比較的一般的なものであるが、その意味する内容は必ずしも統一されていない。サンヴァラが重視する〈外的〉〈内的〉という概念は、それぞれ〈修行者の身体の外〉と〈修行者の身体の内〉を意味する。曼荼羅を修行者の身体の外に描いたり観想したりする場合、その曼荼羅は「外的曼荼羅」(bāhyamaṇḍala)と呼ばれる。修行者の身体の内に観想する場合、それは「内的曼荼羅」(adhyātmamaṇḍala)と呼ばれる。修行者の身体の外で繰り広げられる実践(たとえば各種の儀礼)は外的な実践であり、修行者の身体の内部に着目した実践(後述する内的曼荼羅の観想や生理的観想)は内的な実践である。

サンヴァラの伝統は、主に修行途上の者たちにとっての有効な実践として、外的な実践に意義を認め、その体系を様々に編み出した。しかし、それのみでは真理に至ることは困難であるとも考え、真理により効果的に接近する有効な修行法として内的な実践の重要性を強調し、その体系化と発展に積極的であった。そのため、サンヴァラの伝統では内的な実践のヴァリエーションが豊富になり、これがサンヴァラ密教運動の大きな特徴となっている。

以下、外的な実践の一例として外的曼荼羅に基づくいくつかの実践を、内的な実践の一例として内的曼荼羅の観想と、生理学的観想を極簡潔に見ていこう。

(IV) 身体の外のマンダラ——外的マンダラの諸実践

(1) 外的曼荼羅を観想する

外的曼荼羅を観想することは、修行者の意識の中で、自分と自分を包みこむ3次元の空間全体が曼荼羅の象徴世界へと変容することを意味する。修行者はまず世界を空であると思念することにより迷いの現象世界を一旦リセットし、その後に空なる状態から現象世界を清らかな外的曼荼羅として主観的に再構成していくのである。修行者は自分が曼荼羅の中央に位置するヘールカ尊になったとイメージし、続いて曼荼羅全体が生じるとイメージする。

このように外的曼荼羅を観想する場合、5層構造の最も内側にある大楽輪と最も外側にある三昧耶輪は地上に観想されるのだが、それらの中間にある3つの輪、すなわち心輪は天空に、語輪は地上に、身輪は地下に観想しなければならない。観想される外的曼荼羅は立体的なのである。このような立体構造の曼荼羅を観想することにより、修行者の意識の中で、自分と自分を包み込む3次元の空間全体が曼荼羅の象徴世界へと変容していく。

この外的曼荼羅の観想は、次に述べる(2)や(3)を実践する際にも行われる。もしこの外的曼荼羅の観想による実践者自身の意識の変容が伴わなければ、(2)や(3)の実践は形骸的なものへと堕してしまうおそれがある。

(2) 外的曼荼羅を描く

たとえばイニシエーション儀礼である灌頂においては、師は弟子に投花得仏の儀式（目隠しをした弟子が曼荼羅の上に花を落とし、花の落ちた場所にしたがって弟子の守護尊を決める儀式）を施したり、続いて弟子に曼荼羅を見せてその意味を説明したりすることにより、弟子を密教の世界へと本格的に参入させる。そのために、師はあらかじめ色粉を用いて、曼荼羅を然るべき地面の上に描かねばならない。

描かれた曼荼羅は、その象徴世界をその場に顕わにする。曼荼羅を描くということは、たとえていえば聖なる尊格たちの世界の扉をその場に設け、それを開くということに等しい。曼荼羅の象徴世界が顕現した場で、灌頂儀礼をはじめとする様々な密教の儀礼が執行されるのである。

(3) 修行者たちが外的曼荼羅の尊格たちの役を演じる

外的曼荼羅は、描かれた尊格たちや観想された尊格たちではなく実際の複数の男女の修行者たちにより構成される場合がある。いわば、マス体操ならぬマス曼荼羅である。男女の修行者たちは聖地など、実践に適切な場所に集い、曼荼羅における男女尊たちの配列にしたがって輪をつくる。ある男性行者はヘールカの位置に坐り、ある女性行者はヴァジュラヴァーラーヒーの位置に坐る。同じように、別の男性行者たちは曼荼羅の残りの男尊の位置に、別の女性行者たちは曼荼羅の残りの女尊の位置に坐る。そして彼らは曼荼羅の男女尊たちのように、互いのパートナーと性的ヨーガを行う。

このとき、女性行者たちは天体の動きに合わせてそれぞれの輪の中を一つずつ隣へ移動し、パートナーを順に変えていく。このマス曼荼羅は天体の動きと連動する、動的な曼荼羅である。こうして、参加した男女の行者たちは宇宙のリズムと連動する形で、曼荼羅の象徴世界の体験を共有することになる。

なお、聖典や関連儀軌における頻出度から判断すると、この (3) のケースは (1)(2) と比較すると実行されることはあまり多くなかったと思われる。

(V) 身体の内のマンダラ——内的マンダラの観想

人間の身体には脈管と呼ばれる細い管状の組織が 72000 本ある。それは体内に整然とはりめぐらされている。イメージとしては、私たちの体内をめぐる血管のようなものである。人間は一日に 21600 回の呼吸を行うとされるが、その回数に合わせて、それぞれの脈管の中を生命風が一定のリズムでめぐり、血をはじめとした様々な体液を体内の各組織に運ぶ。

サンヴァラの体系では、体内にはりめぐらされた脈管は、曼荼羅の女尊たちと同一視される。脈管の中を移動する各種の体液と、脈管とつながった各種の組織は、曼荼羅の男尊たちと同一視される。つまり、脈管とそれに関連する体液・組織の組み合わせが、身体内における男女尊のカップルの姿である。この組み合わせの集合体が人間の身体であり、内的曼荼羅である。端的にいえば、内的曼荼羅とは、修行者自身の人体構成を曼荼羅と見なす、いうなれば人体構成としての曼荼羅である。それゆえ、内的曼荼羅は「身体（kāya, śarīra）曼荼羅」とも呼ばれる。

それぞれの脈管にはその拠り所となる身体部位がそれぞれあるとされる。それらの身体部位は合計で 24 あるいは 37 ある（詳細に見れば 24 や 37 以外の様々な立場がある）。身体部位を 24 とする場合、曼荼羅を構成する 5 つの輪のうち心輪と語輪と身輪の部分（つまり聖地曼荼羅の部分）のみの内的曼荼羅となる。頭・頭頂・右耳・後頭部・左耳・眉間・両眼・両肩・両脇・両胸・臍・鼻の先端・口・胃・心臓・股間・性器・肛門・両腿・両脛・両足の五指・両足の裏・両足の親指・両膝といった 24 の身体部位は、先の 24 の聖地に相当するとされ、サンヴァラの諸文献にほぼ共通した見解である。これら 24 の身体部位は、いわば体内聖地、内的聖地である。身体部位を 37 とする場合は、曼荼羅の 5 つの輪全体の内的曼荼羅となる。37 の身体部位は、24 の内的聖地にさらに 13 の身体部位を加えたものである。これら 13 の身体部位の内容については、文献により大きな相違が見られる。

内的曼荼羅の観想では、これら合計 24 あるいは 37 の身体部位が重要な役割を果たす。修行者は坐して意識をこれらの身体部位に向け、自分の身体がそのまま曼荼羅の象徴世界全体を具現していると強く自覚するのである。

なお、細部の相違こそあれ、脈管という発想自体はサンヴァラ以前の密教経典やシヴァ教などの仏教外の聖典にも見られる、宗教の相違を越えてタントリズム一般に見られるものである。

（VI）身体の内の火と菩提心——生理学的観想

生理学的観想とは、身体に特異な生理的変調を意図的にひき起こすことによって意識の変容をうながし、その変容体験を真理の覚醒へとつなげる実践法である。

内的曼荼羅とは異なる観点から見た人体構成の理論として、四輪三脈（4 つのチャクラと 3 本の脈管）という考え方がある。生理学的観想は、この人体構成論に基づく場合が多い。

チャクラ（cakra、「輪」という意味）とは、体内をめぐる多くの脈管が集まる体内のエネルギー・スポット、身体の最重要箇所であり、一般に蓮華の姿をしている。チャクラは身体内に多数存在するが、特に頭部から下腹部までの中線にそって順に頭、喉、心臓、臍のそれぞれの箇所に１つずつ、合計４つの最重要の輪があるとされる。それらの輪は順に「大楽輪」（mahāsukhacakra）、「報輪」（saṃbhogacakra）、「法輪」（dharmacakra）、「応輪」（nirmāṇacakra）と呼ばれ、それぞれが異なった蓮華の形をしており、それぞれの中央に文字（順にHAṂ字、OṂ字、HŪṂ字、AṂ字）が配置される。

頭 〈大楽輪〉 HAṂ字	喉 〈報輪〉 OṂ字	心臓 〈法輪〉 HŪṂ字	臍 〈応輪〉 AṂ字

これら４つのチャクラを、３本の重要な脈管が互いに平行するように垂直に貫いている。先に述べたように身体内には72000本の脈管があるが、その中でもこれら３本は最重要の脈管である。これら３本のうち、４つのチャクラの中央を垂直に貫く脈管はアヴァドゥーティー脈管（avadhūtī）と呼ばれる。このアヴァドゥーティー脈管の左右を、それぞれララナー脈管（lalanā）とラサナー脈管（rasanā）が４つの輪を垂直に貫いている。

これら４つのチャクラと３本の脈管、つまり四輪三脈の形態の細部は文献により様々であり、またこれが意味するものも多岐にわたる。一般に、４要素で１組となる教理や概念を４つのチャクラが象徴し、二項対立とその止揚を内容とする教理や概念を、３本の脈管が象徴する。曼荼羅同様、四輪三脈とは１つの宇宙を様々な姿に映し出したものであり、そのため、視点を変えれば異なった姿をわれわれに見せるのである。

このような四輪三脈という人体構成論に基づく生理学的観想には様々なものがあるが、最も代表的なものは四輪三脈を場とした火と菩提心の観想である。修行者は、ララナー脈管とラサナー脈管を通る生命風を制御し、応輪における３本の脈管が互いに接合する箇所に生命風を集める。するとあたかも風を送って火を焚くように、その箇所に神秘的で微細な火が生じる。この火はチャンダーリー（Caṇḍālī）あるいはその他様々な呼ばれ方をするが、その性質としてほぼ共通しているのは、分別を焼き滅ぼす智慧の火であり、曼荼羅の中央に位置する最高女尊と同一視されるという点である。この火は応輪からアヴァドゥーティー脈管を通って大楽輪へと上昇する。大楽輪に到達すると、大楽輪のHAṂ字を燃やし、そこから菩提心（bodhicitta）あるいは甘露（amṛta）と呼ばれる体内物質を発生させる。この菩提心あるいは甘露は悟りの心を象徴し、また曼荼羅の中央に位置する最高男尊と同一視され、修行者に真理の至福体験を引き起こす。

四輪三脈を舞台とした、火と菩提心による生理的観想の詳細は文献により様々であるが、最も基本となる骨格は以上のようなものである。この生理的観想により、修行者は真理の至福体験の中に没入する。仏教外の諸伝統に目をやれば、ここでの火は最高神のシャクティ（śakti, 力, シヴァの妃）に、菩提心は最高神に対応すると考えることは可能であるし、その他、火は世界を消滅させる劫火に、菩提心（甘露）は不死をもたらす聖なる飲料である甘露（amṛta）に対応すると考えることも可能である。

3　サンヴァラの諸聖典の成立順序――暫定案

サンヴァラの伝統に属する聖典群が、この伝統の分析の主要材料になることは言うまでもない。ではサンヴァラにはどのような聖典があり、それらの聖典の成立順序はどのようなものであるのか。

3.1　サンヴァラに属する文献

本書はサンヴァラという伝統名のもと、聖典（tantra）として以下の諸書を主な分析の対象としている（50音順）。

『アビダーノーッタラ・タントラ』(Abhidhānottaratantra)
『サンプトードバヴァ・タントラ』(Saṃpuṭodbhavatantra)
『サンヴァローダヤ・タントラ』(Saṃvarodayatantra)
『ジュニャーノーダヤ・タントラ』(Jñānodayatantra)
『ダーカールナヴァ・タントラ』(Ḍākārṇavatantra)

『チャクラサンヴァラ・タントラ』(Cakrasaṃvaratantra)
『ヘールカービュダヤ・タントラ』(Herukābhyudayatantra)
『ヨーギニーサンチャーラ・タントラ』(Yoginīsaṃcāratantra)
『ヨーギニージャーラ・タントラ』(Yoginījālatantra)
『ヴァジュラダーカ・タントラ』(Vajraḍākatantra)
『ヴァーラーヒーカルパ・タントラ』(Vārāhīkalpatantra)

上記以外にもサンヴァラの伝統に属する聖典はあり、それらについても分析の対象にしている。また、聖典以外の文献として、注釈書や関連儀軌書、およびその他関連論書も本書は分析の対象としている。上に挙げたもの以外の聖典や、聖典以外の文献については本書の議論を進める中で逐一触れることにして、今は上記の諸聖典に話題を絞りたい。

サンヴァラの伝統の根本聖典として、10万頌から成る『カサマ・タントラ』(Khasamatantra) や30万あるいは10万頌から成る『アビダーナ・タントラ』あるいは『ヘールカービダーナ・タントラ』([Heruka-] Abhidhānatantra) といった大聖典の存在が上記の聖典の中でしばしば言及される。だがこれらはあくまで伝説上の聖典であって、現実には存在していない。聖典編纂者たちが自分たちの編纂した聖典の権威を確保するために、古から伝わるとされる大聖典を仮想し、自分たちの聖典をそこから略出されたものと位置付けたのである。上記の諸聖典およびその周辺伝統の聖典間の文章の貸借関係を調べれば、10万頌や30万頌から成る『カサマ・タントラ』や『アビダーナ・タントラ』といった大聖典の実在を疑わざるを得ない。

現実に存在した聖典としては、全部で51章から成る『チャクラサンヴァラ・タントラ』が根本聖典の位置をもっていたと見なしたい誘惑に駆られる。実際、他の聖典と比較しても『チャクラサンヴァラ・タントラ』には注釈書の数が圧倒的に多く、その受容の程が推し量られる。また『アビダーノーッタラ・タントラ』は『チャクラサンヴァラ・タントラ』から文章を幅広く貸借している。その他の聖典の中にも多少の文章貸借はされている。だがサンヴァラの諸文献を調査すると、この『チャクラサンヴァラ・タントラ』がサンヴァラの伝統全体の最高の権威としての解釈の起点あるいは基点であり続けたとか、ましてや唯一の中心であったとは言い難いことがわかる。先にも述べたように、サンヴァラの唯一の根本聖典として、その伝統を通して実質的に機能し続けたものは存在しないと理解するのが正しいだろう。サンヴァラには多数の中心があるのだ。

3.2 サンヴァラの諸聖典の成立順序：暫定案

先に挙げたサンヴァラの聖典群の成立順序を確定することは、本書の分析の準備作業として必須である。これらの聖典の成立順序を確定するのは困難である。だが、大まかな成立順序を仮説的に述べることは決して不可能ではないし、今後の議論のたたき台としての意義ももつだろう。ここではチベットの伝承に頼らずに、あくまで聖典やその他の文献自身の内容に即して、本書で分析の及んだ限りの情報に基づいて検討を進めたい。

なお、いずれの聖典も、古いと考えられる伝承をいくつか含んでいる。古い伝承を含んでいるからといって成立が早いと見なすことは危険である。文章の貸借関係から成立順序を明確にできない場合は、思想史の中に位置付けてどれほど新しい教理情報を含んでいるかで成立順序を推定していくことにする。

(I)『チャクラサンヴァラ・タントラ』の成立

『チャクラサンヴァラ・タントラ』は先に挙げた聖典の中で思想的にも実践的にも最も原始的な段階に留まっている。ヘーヴァジュラの伝統の根本聖典である『ヘーヴァジュラ・タントラ』(Hevajratantra) と比較してもその内容は素朴である。この『チャクラサンヴァラ・タントラ』には、サンヴァラの中心的な実践理論の１つであり、多くの聖典に説かれる内的曼荼羅の体系が極めて原始的な状態に留まっており (→本書第３章２節)、また多くの聖典に説かれる重要な身体論である四輪三脈の体系も説かれていない。本書の中でその体系をいくつか扱うように、身体に関する様々な理論と実践の体系の華やかな展開がサンヴァラの１つの重要な傾向であるにも関わらず、『チャクラサンヴァラ・タントラ』にはその要素が極めて乏しい。

この聖典には『真実摂経』(Tattvasaṃgraha)、『サマーヨーガ・タントラ』

(Saṃvara)、『グヒヤ・タントラ』(Guhya)、『ヴァジュラバイラヴァ・タントラ』(Vajrabhairava) といった聖典名が列挙される [Skt ed: 3.24]。したがって、『チャクラサンヴァラ・タントラ』がこれら以降の成立であることは確かである。また、このリストにはサンヴァラの伝統に属する他聖典の名称が含まれていないことにも注目すべきである。

『チャクラサンヴァラ・タントラ』と他のサンヴァラの諸聖典の間には文章の貸借関係がしばしば見られる。特に『チャクラサンヴァラ・タントラ』の位置を明確にするものが『ヴァジュラダーカ・タントラ』との貸借関係であり、後者の第15章は前者の第35章を注釈する形になっている。

その他、『グヒヤサマージャ・タントラ』の流派の1つである聖者流の諸文献とサンヴァラの諸聖典の間の関係も注目に値する。グヒヤサマージャ聖者流の形成は9世紀中頃から10世紀にかけてであるが [羽田野 1987(1958): 81]、『サンプトードバヴァ・タントラ』や『サンヴァローダヤ・タントラ』や『ヴァジュラダーカ・タントラ』には、このグヒヤサマージャ聖者流の文献からの影響が時に見られる。『サンプトードバヴァ・タントラ』と『サンヴァローダヤ・タントラ』はナーガールジュナ (Nāgārjuna) 作『五次第』(Pañcakrama) からの影響がある [Tsuda 1974: 252, 257, 259 等] [野口 1984: 169] [Mimaki and Tomabechi 1994: 1, 4, 5 等]。また『ヴァジュラダーカ・タントラ』にはアーリヤデーヴァ (Āryadeva) 作『行集灯火』(Caryāmelāpakapradīpa) からの影響と疑われる箇所も存在する[3]。これに対し、『チャクラサンヴァラ・タントラ』にはグヒヤサマージャ聖者流からの明らかな影響はない。

以上のいくつかの点から、『チャクラサンヴァラ・タントラ』はサンヴァラの伝統の最古の聖典であると見なせる。

(II)『アビダーノーッタラ・タントラ』と『ヨーギニーサンチャーラ・タントラ』の成立

『アビダーノーッタラ・タントラ』のチベット語訳翻訳作業には、11世紀前半に活躍したディーパンカラシュリージュニャーナ (Dīpaṅkaraśrījñāna) が関わっていること、また彼の内的曼荼羅理論は同聖典のそれよりも一歩進んだものであることから (→本書第3章4節と5節)、『アビダーノーッタラ・

タントラ』の成立はディーパンカラシュリージュニャーナに先行すると考えられる。

ディーパンカラシュリージュニャーナはサンヴァラの大成就者の1人ルーイーパ（Lūyīpa, 9世紀中頃から末頃？に活躍）による『チャクラサンヴァラ現観』（Cakrasaṃvarābhisamaya）の流儀を継承し、同書の内容を深化させた注釈や関連儀軌書を作成している。この『チャクラサンヴァラ現観』のルーイーパと『アビダーノーッタラ・タントラ』の間には密接な関係がある。具体的に言えば、『チャクラサンヴァラ現観』の全体の文章は『アビダーノーッタラ・タントラ』の第14章の一連の文章と近似している（なお、この第14章はサンヴァラの別の大成就者クリシュナーチャーリヤ（Kṛṣṇācārya）の『四次第』（Olicatuṣṭaya）と関係の深い観想法も説いている（→本書第6章1節））。それらの間には文章の貸借関係があった可能性は高い。

では『チャクラサンヴァラ現観』と『アビダーノーッタラ・タントラ』はどちらが先行するかというと、『チャクラサンヴァラ現観』が先行すると推定できる。なぜなら、『アビダーノーッタラ・タントラ』の別の章の内的曼荼羅理論は『チャクラサンヴァラ現観』のそれよりも一歩進んだ内容になっていると見なせるからである（→本書第3章4節）。

『ヨーギニーサンチャーラ・タントラ』も、ルーイーパの『チャクラサンヴァラ現観』との間に密接な関係がある。それらの内容を比較すると、前者の内的曼荼羅理論は後者のそれより発展したものであることが分かる（→本書第3章5節）。ゆえに、『ヨーギニーサンチャーラ・タントラ』も『チャクラサンヴァラ現観』以降の成立であると見なし得る。

(III)『サンプトードバヴァ・タントラ』と『ヴァジュラダーカ・タントラ』の成立

『サンプトードバヴァ・タントラ』と『ヴァジュラダーカ・タントラ』は、その聖典名とともに内容の一部が『ヘーヴァジュラタントラ』の注釈書であるラトナーカラシャーンティ（Ratnākaraśānti, 11世紀前半に活躍）作『ムクターヴァリー』（Muktāvalī）に引用されている [Skt ed: p.18–19]。それら引用された文章は実際に現存『サンプトードバヴァ・タントラ』と『ヴァジュラダーカ・タントラ』に存在する。このことと、先に述べたようにこれらの聖典にはグヒヤサマージャ聖者流からの影響もあることを考え合わせれば、『サンプトードバヴァ・タントラ』と『ヴァジュラダーカ・タントラ』は10世紀頃にその成立を辿ることができる。

(IV) サンヴァラの最後期に分類できる聖典

前田崇氏が既に指摘しているように、『ダーカールナヴァ・タントラ』にはサンヴァラの聖典として『チャクラサンヴァラ・タントラ』、『ヴァジュラダーカ・タントラ』、『ヘールカービュダヤ・タントラ』、『サンプトードバヴァ・タントラ』の名が列挙される。したがって、『ダーカールナヴァ・タントラ』は上記のサンヴァラの諸聖典より成立が遅れると言える［前田 1987: 70–71］[4]。

『ダーカールナヴァ・タントラ』の死兆説（死が迫っていることを知らせる徴に関する理論）は、『サンヴァローダヤ・タントラ』のそれの一部を詳細に改編したものである（→本書第7章2節）。『ヨーギニージャーラ・タントラ』の脈管説（身体内を巡る管状の組織に関する理論）は、『ダーカールナヴァ・タントラ』のそれを継承したものと見なし得る（→本書第2章6節および第5章3節）。『ヴァーラーヒーカルパ・タントラ』が説くヴァジュラヴァーラーヒーの曼荼羅は、『ダーカールナヴァ・タントラ』のヘールカ曼荼羅の一部を改編したものである（→本書第2章4節）。また、『ヴァーラーヒーカルパ・タントラ』が説く内的な時間の輪（身体内の生命風循環のリズム）の理論は、『サンヴァローダヤ・タントラ』のそれをほぼそのまま踏襲したものである（→本書第5章4節）。さらに、『ヴァーラーヒーカルパ・タントラ』に説かれる死兆説は、『サンヴァローダヤ・タントラ』のそれと『ダーカールナヴァ・タントラ』のそれを並列させたものである（→本書第6章2節）。その他、本書の中でたびたびふれるように、『ヴァーラーヒーカルパ・タントラ』と『サンヴァローダヤ・タントラ』の間には、後者から前者への継承と見なせる文章の貸借関係が比較的多い。これらのことから、少なくとも、『サンヴァローダヤ・タントラ』と『ダーカールナヴァ・タントラ』の後に、『ヨーギニージャーラ・タントラ』と『ヴァーラーヒーカルパ・タントラ』が成立したと想定できる。

その他、『ジュニャーノーダヤ・タントラ』にはサンヴァラの他の聖典と比較すると内的実践に関して発展した教理が多々見られる（→本書第3章6節および第5章2節)。このため、同聖典をサンヴァラの最後期の成立に属すると考えることは可能である。

なお、『ヨーギニージャーラ・タントラ』と『ヴァーラーヒーカルパ・タントラ』と『ジュニャーノーダヤ・タントラ』にはチベット訳テキストの存在が確認できない。この点は、これら3つの聖典が最後期に作成されたという事情と関連があるのかもしれない。

(V)『サンヴァローダヤ・タントラ』の成立

上記（IV）で述べた通り、『サンヴァローダヤ・タントラ』は『ダーカールナヴァ・タントラ』に先行する可能性がある。

では他の聖典との関係はどうであろうか。『サンヴァローダヤ・タントラ』が説く四輪三脈の体系は、『アビダーノーッタラ・タントラ』や『サンプトードバヴァ・タントラ』や『ヴァジュラダーカ・タントラ』が説くそれを一歩展開したものになっている（→本書第5章3節)。先にラトナーカラシャーンティ作『ムクターヴァリー』について触れたが、『ムクターヴァリー』が『サンプトードバヴァ・タントラ』と『ヴァジュラダーカ・タントラ』から文章を引用したのは、四輪三脈の体系を説明するためである。ではなぜ、『ムクターヴァリー』は四輪三脈の説明を得るために、一歩展開した説を述べる『サンヴァローダヤ・タントラ』を引用しなかったのだろうか。『サンヴァローダヤ・タントラ』はこのラトナーカラシャーンティをはじめ、あまり早い時期の文献に引用されないという特徴がある[5]。また、上記（IV）で触れたように、『サンヴァローダヤ・タントラ』はサンヴァラの最後期に登場する『ヴァーラーヒーカルパ・タントラ』との関連も強い。

これらのことから、『サンヴァローダヤ・タントラ』は『ダーカールナヴァ・タントラ』同様、サンヴァラの比較的遅い時期に成立した聖典である可能性を否めない[6]

以上の検討から、極めて大枠的ではあるが、サンヴァラの諸聖典の成立順序を以下のように暫定的に定めることができる。第１期が最も古く、それに第２期、第３期が順に続く。『チャクラサンヴァラ現観』を著した、サンヴァラの大成就者ルーイーパは第１期と第２期の中間に位置する。なお、ここで用いた第１期、第２期、第３期という区分はあくまで便宜的なものである。また、サンヴァラの聖典には大部のものが多く、それぞれの聖典が一気に成立したと安易に考えることも危険である。したがって、第２期の聖典も第３期の聖典もその原型となる諸伝承のいくつかはすでに前の時代に形成され伝えられていた可能性を無視してはいけない。ここに記したのは、あくまでそれぞれの聖典の現存の形がほぼ整ったと考えられる時代区分の暫定的案である。

第１期：9世紀頃
　『チャクラサンヴァラ・タントラ』

第２期（五十音順）：10世紀頃
　『アビダーノーッタラ・タントラ』
　『サンプトードバヴァ・タントラ』
　『ヘールカービュダヤ・タントラ』
　『ヨーギニーサンチャーラ・タントラ』
　『ヴァジュラダーカ・タントラ』

第３期（五十音順）：第２期以降
　『サンヴァローダヤ・タントラ』（？）
　『ダーカールナヴァ・タントラ』
　『ヴァーラーヒーカルパ・タントラ』
　『ジュニャーノーダヤ・タントラ』
　『ヨーギニージャーラ・タントラ』

あるいは『サンヴァローダヤ・タントラ』は第２期に属すると見なすことも不可能ではないが、そうであっても第２期の最も遅い時期に成立したと考えられる。

注

1 サンヴァラの伝統以外の文献では、たとえば『サマーヨーガ・タントラ』(Sarvabuddha-samāyogatantra)（*śam* shes bya ba bde bar bśad / saṅs rgyas kun gyi bde chen yin / sgyu ma thams cad rab sbyor ba / *mchog tu bde bas* bde baḥi mchog）や、他には『ヨーガラトナマーラー』(Yogaratnamālā)（Skt ed: 141.25–26 —— ḍākinyo vajraḍākinyaḥ, tāsāṃ jālaṃ samūho maṇḍalacakraṃ, tena *saṃvaraṃ* sukhavaraṃ）がある。

2 たとえば『チャクラサンヴァラ釈』(Cakrasaṃvarapañjikā), Skt ed: 1.5 —— ḍākinījālasaṃvaram iti, ḍākinyaḥ sarvās tricakravyavasthitāḥ, tāsāṃ jālaṃ samūhaḥ, tasya *saṃvaraṃ* saṃvaraṇaṃ gopanam ity arthaḥ //

3 『ヴァジュラダーカ・タントラ』, Skt ed: 1.67–68 と『行集灯火』, Skt ed: p.79, l.4–9。

4 筆者なりのテキストを提示しておこう。Kathmandu D40/6 (=A) 82b3–b6, Kathmandu A142/2(= B) 86a8–a11 —— yakārādinavānāṃ tu akṣarāṇāṃ yathāvidhi /^{i)} skandhadhātukavarṇānām aṅgāni nava *vācatām[= vaktu(?)]（おそらく、yakārādinavākṣarāṇi skandhadhātukavarṇāṇi yathāvidhi aṅgeṣu navasu vaktu という意図だと思われる）//^{ii)} yathākrameṇa vijñeyā navanavāś ca buddhimān[= -matā] /^{iii)} karma teṣu vijñeyā[→-yaṃ] samāje saṃvarottare //^{iv)} saṃvare *vajraḍāke* cābhyudaye tattvasaṃgrahe /^{v)} vajrabhairave saṃpuṭe anyeṣāṃ ca yathāvidhi //^{vi)} evaṃ trilakṣābhidhānād ākṛṣṭaṃ laghusaṃvaram /^{vii)} akārādikṣakārāntaṃ paṭaleṣu yathākramam //^{viii)} ——［注］i) -navānāṃ] navanān — B.: -vidhi] vidhidh — A.B. ii) nava] omits — Tib.: vācatām] vācakām — A. iii) navanavāś] navanāvāś — B. iv) karma] karman — A.: samāje] samoje — B. v) cābyudaye] cabhyudaye — A.B. vi) -vidhi] vidhiḥ — A.B. vii) ākṛṣṭaṃ] ākṛṣṭa — B. viii) paṭaleṣu] paṭale — A.

その他、田中公明氏は『ダーカールナヴァ・タントラ』に説かれるヘールカ曼荼羅が様々な伝統の曼荼羅を総合するような形になっていることから、『ダーカールナヴァ・タントラ』を最後期に属する聖典と見なしている [田中 1987: 229–230]。N.N.Chaudhuri は言語学的観点から、『ダーカールナヴァ・タントラ』に時に用いられるアパブランシャ語がそれ以前のものと比較すると衰退している等を根拠に、同聖典の成立を 13 世紀に設定している [Chaudhuri 1935: 16–18]。

5 『サンヴァローダヤ・タントラ』があまり早い時期の文献に引用されないという点については、Harunaga Isaacson 氏の指摘による示唆を受けた。氏はこれについて特に論文やレジュメ等を書いておらず、筆者がイギリス留学時に氏より口頭で教えられたことであるため、筆者の責任において、参考にする次第である。

6 ところで周知の通り、『サンヴァローダヤ・タントラ』は他の多くのサンヴァラ系諸聖典と異なり、37 尊構成のヘールカ曼荼羅ではなく 13 尊構成のヘールカ曼荼羅をその主要曼荼羅としている。『サンヴァローダヤ・タントラ』をサンヴァラ最古の聖典と見なす津田氏の見解に従い、研究者たちはしばしば漠然とこの 13 尊ヘールカ曼荼羅を古い形態、37 尊ヘールカ曼荼羅をその新しい形態と信じている。だが上述のように『サンヴァローダヤ・タントラ』はむしろ遅い時期に成立した聖典であると判断できるうえに、13 尊曼荼羅を 37 尊曼荼羅の原初形態と判断できる他の積極的な証拠資料もない。最古の聖典である『チャクラサンヴァラ・タントラ』が 37 尊曼荼羅を説くと見なし得ることから判断すれば、むしろ 13 尊曼荼羅は 37 尊曼荼羅の簡略形である可能性が高い。現存の成文化された資料のみから知ることのできる限りでは、このような結論を導かざるを得ない。

第1章　初期中世密教界

はじめに

初期中世期のインド仏教界、特に後期密教聖典が多数誕生する8世紀以降の密教界には、細かく見れば実に多様な姿の実践者たちがいたと予想できる。伝統的な仏教信仰共同体の理念である七衆などもこの時代引き続き機能していたが、この七衆等、伝統的な信仰共同体理念のみでこの時代の仏教界、特にその中の密教界を理解することは困難である。

多様な当時の密教界のあり方を理解可能なものにするために、この七衆などの理念をも包摂するいくつかの理念型としての価値典型的行者型と、これら典型的行者型の間の関係を探ることは有効な方法である。本章では、サンヴァラの実践者たちのみならず、サンヴァラ以外の後期密教の伝統の実践者たちのデータも多く含む『八十四成就者伝』(Caturaśītisiddhapravṛtti) など、いくつかの資料を題材とし、上記の検討を通して、初期中世期インド密教界を知識と実践の担い手という視点から理解するための動態的なモデルの構築を試みたい[1]。

1　曖昧化する七衆理念

七衆という制度それ自体はあくまで比丘僧院が想定する、密教界も含めた仏教信仰共同体の “理念” である。この点は重要である。七衆という理念が存在することと、密教界の全体がその理念通りに厳密に枠付けられ機能することは別問題である。

仏教では伝統的に実践者のあり方として一般に、(i) 比丘、(ii) 比丘尼、(iii) 正学女、(iv) 沙弥、(v) 沙弥尼、(vi) 優婆塞、(vii) 優婆夷、すなわち七衆（近住を加えて八衆とする立場や、あるいは特に (i)(ii)(vi)(vii) のみを抽出して四衆と呼ぶ立場等もある。以下、便宜上、七衆で代表させる）を設定する。七衆理念は、これら７種の実践者像がそれぞれ保つ戒律と７種の実践者像がそれぞれ得る知識・境地の間の連続性、そしてそれぞれの実践者像が有するこの連続性の間のヒエラルキー的な質的非連続性をその内容とする。たとえば比丘には比丘用の戒（具足戒）があり、沙弥には沙弥用の戒（沙弥戒）があり、優婆塞には優婆塞用の戒（優婆塞戒、いわゆる在家五戒等）がある。それぞれの実践者たちが保つ戒の内容に応じて、それぞれの実践者たちが得られる知識・境地の間には深さの差が実質的に生じることが意図されている[2]。全てではないにしろ、インドの解脱志向の宗教の多くがそうなのであるが、仏教でも解脱を得るには一般に現世放棄者になる必要があると伝統的に考えてきた。七衆理念において真の現世放棄とは比丘（女性なら比丘尼、以下略）であることを意味し、現世放棄の “極” はこの比丘というあり方ただ１つに理念上限定される。なるほど沙弥（女性なら正学女や沙弥尼、以下略）も現世放棄者の１つの型と見なすこともできるが、沙弥はいわゆる研修期間中の見習い比丘であり、比丘になるために優婆塞から比丘へと進む過渡期にある実践者である。したがって、七衆理念においては沙弥であることを現世放棄の “極” とは見なせない。もし高い境地を得たいと望むならば、人は比丘になる必要がある。

議論の導入として、初期中世期インドにおけるこのような七衆理念の曖昧化の例をいくつか見ておこう。

『ヴァジュラダーカ・タントラ』は灌頂等を含む「値のつけざる宝」としての教えを授ける器ではない弟子、そして授けるに値する弟子に関して以下のように説明する。

> [もし彼が] 残忍で、思弁に執着し、老年者であり、比丘の状態にあり、臆病で、苦痛に屈伏していたら、値の付けざる宝（教え）は彼に対して説かれるべきではない。これに対し、謙遜で、信頼でき、傲慢でなく、

> 法を喜ぶ者に対して教えが授けられるべきである。さもなくば、彼は堕ちるだろう。[Skt ms: Śāstrī, 69b1–b2、Matsunami, 60b2–b3][3]

密教には相当の老齢になってから教えを授かり生前に成就を得たとされる行者もいる[4]のだが、上記『ヴァジュラダーカ・タントラ』においては教えを授けるべきでない弟子のリストの中に老年者が挙げられている。注釈書であるバヴァヴァジュラ（Bhavavajra）作『ヴァジュラダーカ語釈』によれば、老年者は性的実践において重視される精液が枯渇しているため、精液により象徴される菩提心（bodhicitta、「悟りの心」）を体内に発することができないことがその理由である。

また、比丘の状態にある者がこのリストの中に含まれていることにも注意すべきである。残忍な者や思弁に執着する者等と並んで、比丘の状態にある者は『ヴァジュラダーカ・タントラ』の灌頂を受けることはできないし、その教えを得ることもできない。この部分について注釈書は何も語らないが、おそらく、不淫の規定に固執する比丘たちは、性的要素を含む『ヴァジュラダーカ・タントラ』の灌頂や実践に相応しくないという意図であろう。

伝統的な七衆理念においては、比丘や年長者は尊重される。上記『ヴァジュラダーカ・タントラ』は、性的実践という観点から、これと反対の主張をするのである。

別の例を見よう。『カーラチャクラ・タントラ』の注釈書『ヴィマラプラバー』(Vimalaprabhā) は、密教実践一般における指導者の基準を以下のように設ける。

> ここで、有情たちは、出世間と世間 [的な望み] のために、4[種] の成熟者たちを供養するべきである。これらのうち、(1) 〈智慧による成熟者〉は、神通（超能力）を得、歓喜地を得た、比丘あるいは在家者としての金剛師である。[彼は] 供養されるべきである。[彼は]10 人の比丘に等しいと、世尊は述べたと [言われる]。彼がいないときは、(2) 〈苦行による成熟者〉である、袈裟を着た者（比丘）が [供養されるべきである]。[彼は] 袈裟を着た者たち（比丘たち）の中で最年長であるがゆえに、マントラ保持者たちの灌頂 [を受けているが] ゆえに、在家

の師たちにとってはつねに礼拝に値する者である。なぜなら、[彼は] 苦行により成熟しているからであり、[また、] 在家者たちには神通がないからである。(3) 〈聴聞による成熟者〉とはパンディタ（学者僧）である。[彼は] 供養に値する。[彼は] 教誡に明るく、外道の者たちや悪魔の軍勢を征服する。[以上、(1)〜(3) の] 彼らを、有情たちは出世間のために供養するべきである。(4) 〈弓による成熟者〉は王である。世間的な享受を望む者たちは、[王を] 供養するべきである。このように、有情たちは、4[種] の成熟者たちを供養するべきである。[Skt ed: I, p.54Skt ed: I, p.54][5]

供養対象となる 4 種類の成熟者たちが列挙されている。〈智慧による成熟者〉が最高位であると思われるが、この成熟者は神通を得、歓喜地を得た者ならば比丘であっても在家者（優婆塞）であっても相応しいとされている。比丘と等しく在家者が神通と歓喜地を得るとされていること、このような在家者はそのような能力をもたない比丘 10 人分と等しいとされていることから、七衆理念における比丘の優位性が無条件の前提となっていないことが分かる。だが、もし在家者にそのような能力がない場合、彼は比丘に劣ることは次の〈苦行による成熟者〉と〈聴聞による成熟者〉の内容から推定できる。ここには七衆理念が継承されている。伝統的な七衆理念をある程度維持すると同時に、神通と歓喜地の獲得という、修行がかなり進んだ段階での七衆理念の相対化が主張されているのである。Alexis Sanderson 氏はいち早く、『ヴィマラプラバー』における上記引用文とは別の箇所を用いて、この時代に七衆理念における比丘の優位性がしばしば曖昧化していたことを論じている。比丘たちの中に時に在家の成就者を指導者として仰ぐ者たちがいたのだが、この事態に対して、『ヴィマラプラバー』は——一方では上記引用文のような主張をしつつも——あらためて七衆理念の維持を強く主張し、在家を師として崇めてはならないと王に対しても警告している［Sanderson 1995: 92］。

以上はほんの一例にすぎないが、類似例は他にも多く見られる[6]。本章が主な資料として用いる『八十四成就者伝』は、その全体のトーンが七衆理念の曖昧化を伝えるものとなっている。もちろんこの初期中世期の密教界において七衆理念が完全に崩壊しているわけではないことは、上に挙げた『ヴァジュラダーカ・タントラ』と『ヴィマラプラバー』の例からも読み取ることができる。比丘は教えの器ではないとする『ヴァジュラダーカ・タントラ』にも、比丘という実践者型自体は維持されていた。『ヴィマラプラバー』においては、神通や歓喜地の獲得という段階に達していない限りは在家に対する比丘の優位性が維持されていた。比丘が密教界における重要な 1 つの極であったことは間違いない。しかし、比丘であることの成道上の優位性、すなわち具足戒保持者であることの成道上の優位性は、特定の条件――「値のつけざる宝」を実践する素養や修行の進展――において曖昧化されるのである。

この曖昧化の背後には何があるのか。端的に言えば、七衆理念と部分的には重なりつつも部分的には逸脱する新たな実践者の諸型が密教界内で顕著になり、それを揺るがせるからである。では、この新たな実践者の諸型とは何か。先述したように、伝統的な七衆理念には現世放棄の極は 1 つしかない。つまり、“比丘であること” である。これに対し、この時代に顕在化する実践者の諸型においては、互いに等価の複数の実践者の極が並存するのである。この複数の極のうちには “比丘であること” という極も含まれているが、それが唯一ではなく、他の極と並立する。ゆえに、比丘の成道上の優位性は一定程度保たれるも、それは固定的なものではなく曖昧化することになる。

新たな実践者の諸型は密教文献の様々な箇所に断片的にその姿を表すが、これをまとめて説くのが『八十四成就者伝』である。まとめて説くといっても、実践者の諸型を体系的に論述しているわけではない。『八十四成就者伝』は密教の 84 人の成就者（siddha）たちの伝記の集成であり、この伝記文学の分析から実践者の諸型の全体像を解釈によって導き出すことができるという意味である。

2　『八十四成就者伝』の性格と分析方法

『八十四成就者伝』は、聖典や儀軌類を含む他の文献と比較すると密教界の実践者たちのあり方に関する情報を多分に含んでいる。また、同書に描かれる 84 人の成就者たちの多くは、その所属が明確なものに限定して述べれば、サンヴァラ系、次いでヘーヴァジュラ系等といったヨーギニータントラの伝統の成就者たちであり、それに次いでグヒヤサマージャ系の成就者もしばしば登場する。カーラチャクラ系の成就者は実質的には登場しない[7]。

アバヤダッタシュリーの別の書『ドーハーの注釈付きの 84 人の成就者たちのアヴァダーナ』(Dohāvṛttisahitacaturaśītisiddhāvadāna)によれば、『八十四成就者伝』に登場する 84 人の成就者は民衆語（apabhraṃśa, アパブランシャ語）で教えを説いた宗教詩文学の行者たちのようである。また『八十四成就者伝』を一読すれば理解できるように、彼らはしばしばナーランダー（Nālandā）やヴィクラマシーラ（Vikramaśīla）やソーマプリー（Somapurī）といった当時の名だたる比丘僧院の仏教のあり方に反抗し、比丘僧院の外側で活動を繰り広げた僧院外密教行者たちであった。

以上のことから、『八十四成就者伝』はサンヴァラを始めとするヨーギニータントラの伝統の信仰が盛んだった時代と地域の比丘僧院外密教行者たちの姿を主に描いたものであると言えよう。

従来、研究資料としての『八十四成就者伝』は、個別の成就者のデータを得る参考資料として主に用いられてきた。この使用法が全く誤りであるとは思わないが、同書がどの程度、84 人の成就者たちに関する史実を忠実に伝えているかは定かではない。また、たとえば、同書の最初に登場する成就者であるルーイーパーダ（Lūyīpāda）が、サンヴァラの儀軌を作成したルーイーパーダと同一であるという保証もない。

だが使用法を変えるならば、同書は新たな視野を私たちに提供してくれる。個々の成就者名を括弧に入れたうえで、彼ら成就者たちの実践生活のあり方に関する記述に着目するという方法により読み進めるならば、密教の信仰世界のあり方に関する情報を多分に含むという同書の特徴を大きく生かした研究が可能となる。また、当時のインドの密教行者たちは同書の内容を自分たちが倣うべき先賢の生き様、教訓として受け止めていたであろうから、同書の内容は実践者たちの実践生活の送り方やあるいは少なくとも実践生活上の心構えを何らかの形で再生産する機能ももっていたと考えられる。再生産機能は研究者の間でほとんど無視されてきたが、実際、周知の通り、同書に収録されている成就者の各伝承は様々に流布していたのであり、また既にそのいくつかの例を見たように同書に描かれるような実践者の姿は様々な時代の密教聖典の記述の中に登場し続けているのであり、口伝であれ書写であれ伝承が有する現実創造力としてのこの再生産機能を決して看過してはならない。この点からも、同書が密教界のあり方を知るうえで少なからぬ重要な位置を占める資料であることが理解できよう。

3　価値典型的な 4 つの行者型

3.1　4 つの行者型

分析の出発点として、密教行者たちをいくつかの型に類型化したい。『八十四成就者伝』に登場する密教行者たちのタイプは、彼らの実践生活の様式およびそれに付随する装飾品等のシンボリズムによって、大きく以下の 3 種類、より厳密化するならば 4 種類に分けられる。

<table>
<tr><td rowspan="2">比丘</td><td>(1) 比丘僧院内の比丘</td><td>僧院定住型</td></tr>
<tr><td>(2) 周辺の比丘</td><td rowspan="2">森林住・遊行型</td></tr>
<tr><td colspan="2">(3) 脱俗の行者</td></tr>
<tr><td colspan="2">(4) 在俗の行者</td><td>在俗型</td></tr>
</table>

彼らは解脱（あるいは無住処涅槃あるいは阿羅漢位）の獲得を目的とし、彼らそれぞれの論理からすればその成道が可能な“行者”たちである。密教には大きく 2 種類の成道がある。すなわち、解脱を得ることと神通を得ること（muktibhukti）である。この 2 種類のうち、前者は出世間的な（lokottara, 現世外的すなわち輪廻外的）成道であり、後者は世間的な（laukika, 現世内的すなわち輪廻内的）成道である。ここでは前者、すなわち解脱を得ることに焦点を当てるのである。密教界のあり方に関するモデル構築上、この方針に意義があることは、すぐに明らかになろう。

上記の 4 種類の実践者の型は理念型である。なるほど、『八十四成就者伝』に登場する密教の実践者の中には、上記 4 つの行者の型から少しずれた中途的存在のような者たちもいる。さらに『八十四成就者伝』を離れて考えるならば、実践者の細かな内実は現実には一層様々であり、複雑である。だが、その複雑極まる現状を何とか理解可能なものにするには、上に掲げたような理念型を立てることは有効な方法である。無限に多様な現実から理論的に純粋な概念を引き出し、それを用いながら現実を分析することにより、多様な社会現象に潜む様々な仕組みを明らかにできるというのが理念型という手法の強みである。上記4つの行者の型は、そのような複雑多様な実践者の姿を整理し、理解可能なものにするための“価値典型的な”行者型であり、様々な姿の実践者がそれぞれの性質上その周囲に収まるような行者の型の“極”である。(1)、(2)、(3)、(4) を行者の型の“極”として、これらの“極”の性質と相互関係のあり方を考察することにより、複雑多様な実践者たちの世界の大枠が見えてくるはずである。

以下、この第3節では、それぞれの行者型の内容を説明していきたい。だがその準備として、密教の誓約（samaya）や禁戒（vrata）の性質について簡潔に見ておく必要がある。

3.2　誓約と禁戒

密教の体系には実践生活規定として誓約や禁戒が設けられている。密教の実践者はイニシエーション儀礼としての灌頂儀礼やその後の指導を通して、これら密教の誓約や禁戒を師より授かる。だがこれらの中には、比丘が保つべき具足戒から逸脱する内容を含むものも少なくない。

禁戒の例をいくつか挙げよう。『ブッダカパーラ・タントラ』（Buddhakapālatantra）における行に関する禁戒において、実践者は女性たちとのヨーガに耽る。また、彼は昼夜つねに裸となり、髪の結びを解き（つまり、彼は剃髪を厳守していない）、髑髏杯を手に持ち、施主および施食の浄不浄を気にとめない乞食をしながら各地をさすらうという、完全な裸体遊行者の生活様式を採る［Tib: Ota, 146a2–b1］。『ヘーヴァジュラ・タントラ』における行に関する禁戒において、実践者は裸体ではなく、5つの象徴物（五智如来を象徴する）と灰と虎の皮の衣服とカトヴァーンガ杖とダマル太鼓といった、主尊ヘールカと類似の格好をして、その余は上述『ブッダカパーラ・タントラ』と同様に、施主および施食の浄不浄を気にとめない乞食と性的実践をともなう遊行の生活様式を採る［Skt ed, I.6.1–26］。『チャクラサンヴァラ・タントラ』において、実践者は『ヘーヴァジュラ・タントラ』同様に主尊ヘールカと類似の格好をして、あるいは夜のみ裸体行者となって、やはり施主および施食の浄不浄を気にとめない乞食と性的実践をともなう遊行の生活様式を採る［Skt ed（＝還梵）：27.1–22］。『アビダーノーッタラ・タントラ』にも類似の規定が見られる［Skt ms: 139b3–b4］。彼が乞食行と遊行を行うよう規定されていることから、上記の禁戒に見られる実践者像は現世放棄者である。

具足戒が想定する実践者像、つまり比丘も現世放棄者であるが、上記の禁戒が想定する現世放棄者の場合、時に剃髪の規定が曖昧であったり、性的実践を重視したりする点で、具足戒逸脱的である。その他、五灯明（pañcapradīpa）や五甘露（pañcāmṛta）といった各種動物や人の肉や排泄物や性的な体液から成る飲食物を飲み食いすることも、誓約あるいは禁戒の内容として多くの後期密教聖典に説かれる。この実践が具足戒逸脱的であることは言うまでもない。

上に紹介したような禁戒の内容は、むしろ伝統仏教外のそれと親近性をもつ。たとえば、Sanderson がそのいくつかを検討しているように［Sanderson 1995: 95、2006］、シヴァ教聖典『ブラフマ・ヤーマラ』(Brahmayāmala、あるいは Picumata）の中にそれ例を見出すことができる。「禁戒」(vrata）と名付けられている第 21 章で、『ブラフマ・ヤーマラ』は大きく (i) 9 種の禁戒——「裸の者」(nagna）という名の禁戒、「粗衣を纏う者」(kucailin）という名の禁戒、「花鬘を纏う者（*lit*, 汚れた者)」(malina → mālin?）という名の禁戒、「狂気の者」(unmattaka）という名の禁戒、「髑髏」(kapāla）という名の禁戒、「バイラヴァ（あるいは解脱者バイラヴァ)」([mukta]bhairava）という名の禁戒、「馬鹿者（あるいは子供)」(bālaka）という名の禁戒、「犠牲獣」(kravyāda）という名の禁戒、「繁栄者」(vardhamāna）という名の禁戒——と (ii) 5 種の禁戒と (iii)「偉大な禁戒」(mahāvrata）あるいは「バイラヴァ」(bhairava）という名の禁戒を説く［Skt ms: 98b1–101a5］[8]。実践者はそれぞれの禁戒の名称と関連した格好をしたり、あるいはそれらの名称と関連した生活様式を毎月（māse māse）といったように定期的あるいは恒常的に遵守し、遊行と食事と日々のお勤めの実践を行う。その中で、髪を解いたり、裸体行者となったり、全身に灰を塗ったり、髑髏杯を携えたり、あるいは5つの象徴物を身にまとったり、人血や生肉を食らったり、狂気者や馬鹿者の振る舞いをする等をしながら、祠堂や尸林や森林や大海の岸辺といったリミナルな地点を徘徊することが実践者にしばしば要求される。サンスクリット文化の俗人の価値体系からすれば非世俗的であるばかりでなく、時に死を強くイメージさせるリミナルな領域へと実践者を導く性質ももつものである。内容が完全に一致するというわけではないが、これらシヴァ教の諸禁戒は、仏教における密教の禁戒と構成要素や趣旨において親近性があると言えよう。具足戒逸脱的な密教の誓約や禁戒は、純粋に仏教内で整備されたというよりも、広く伝統仏教内外の諸教団の複雑な交流の中で形成されたと考えるべきである。

以上をふまえたうえで、次に4つの行者型の内容を簡潔に検討していこう。

3.3 比丘僧院内の比丘と周辺の比丘

比丘僧院内の比丘と周辺の比丘は伝統的な七衆理念における比丘に相当する。彼らは、共に具足戒を保持する現世放棄者というアイデンティティーを共有している。具足戒保持者であることが、彼らの現世放棄の様式、実践生活のあり方である。

したがって、比丘僧院内の比丘と周辺の比丘が密教実践者である場合、彼らは特に具足戒逸脱的な内容をもつ密教の誓約や禁戒を、具足戒と極力矛盾しない形で限定的に保持しようとする傾向をもつ。たとえば、ヴァギーシュヴァラキールティ（Vagīśvarakīrti）作『真実宝灯明』(Tattvaratnāvaloka）は、上述の五灯明や五甘露という左道的・具足戒逸脱的実践を非真実であると退ける［Skt ed: 18］［桜井 2001: 149］。この作者ヴァギーシュヴァラキールティはヴィクラマシーラ比丘僧院の六門の1人であり、本章の行者型で言えば比丘僧院内の比丘に相当する密教実践者である。また、Sanderson は『金剛杵の環』(Vajrāvalī）を題材として、カトヴァーンガ杖や髑髏杯などを携える行禁戒を、灌頂といった特定の儀礼の中でのみ行われる限定的なものであると分析している［Sanderson 1995: 90–91］。周知の通り、同書の作者であるアバヤーカラグプタ（Abhayākaragupta）も、比丘僧院内の比丘である。

その他の例として、特にヴィクラマシーラ比丘僧院を舞台とする、性的実践を密教実践者としての比丘たちが受用すべきか、そして受用するならばどのように受用すべきかをめぐる議論の存在を挙げることができる。この議論については、桜井宗信氏の研究が興味深い。性的実践の受用の是非の問題は比丘たちの間でも完全な統一見解が得られておらず、性的実践を全く拒絶する立場もあれば、積極的に受用はしないが特定の条件ある者にのみ限定的・消極的に許容するという立場もあれば、あるいは性的パートナーを唯識思想の観点から合理化——すなわち、全ての存在は自分の心から生じたものなのだから、性的実践の女性パートナーも夢の中に現れる女性や観想の中で現れた想像の女性と同じく幻のような存在であるため、彼女と性的ヨーガを行っても戒律違反にはならないという合理化——したうえで、性的実践の受用を比丘たち一般に認めるという立場もある［桜井 1996: 283–293］。具足戒逸脱的な性的実践を比丘たちに広く許容する最後の立場においても、具足戒と矛盾しないような理論的操作が行われている点は要注意である。

また、密教の禁戒にしばしば見られる恒常的な遊行生活の規定も、特に比丘僧院内の比丘に関しては著しく限定されたものとなっていたろう。比丘たちにとってはあくまで具足戒が実践生活の土台であり、それと矛盾する密教の誓約や禁戒については、受用するにしても限定的に受用する傾向があると考えるべきである。

このように具足戒を保持する現世放棄者であることをアイデンティティーの基盤にするという共通点があるとはいえ、比丘を一枚岩的にとらえずに、比丘僧院内の比丘と周辺の比丘に二分してとらえることに意義はある。比丘僧院内の比丘とは、僧伽（伝統仏教における出家者共同体）において規範的な位置を占め、大学的な比丘僧院にて定住実践を行う比丘たちである。ここでいう比丘僧院とは、七衆の受戒式を実施できるだけの資具や知識や人材を備え、五明の学習が行われ、あるいはそれらを完備していなくてもそれらを部分的には備えた、比丘たちが定住学習・実践を行う教団施設を指す。これに対し、周辺の比丘は、大学的比丘僧院の外を遍歴中の比丘であったり、比丘僧院の外部にある森の庵や洞窟や仏塔や制多や尸林等で瞑想の日々を送る比丘であったり、あるいは必ずしも僧伽において規範的な位置を占めるとは限らない周辺的な僧院施設で実践生活を送る比丘であったりする。周辺の比丘は比丘僧院内の比丘の一時的な姿であることも多いが、実践生活の大半を周辺の比丘として過ごすことを好む比丘もいる。比丘僧院内の比丘と周辺の比丘という比丘の2つの層は、初期仏教から部派・大乗仏教の時代を通して、比丘の多くが比丘僧院定住型の実践者となった後も連綿と続いてきたものであることは、Reginald Ray 氏や下田正弘氏による大乗仏教勃興期の研究［下田 1996: ほぼ全体, 1997: 323–340］[9]および大塚伸夫氏による初・中期密教の研究［大塚 2001: 91–92, 102–105］[10]や、本章が主要資料として扱う後期密教時代の文献『八十四成就者伝』はもちろん、7世紀後半の東インドの仏教の様子を報告する『南海寄帰内法伝』といった旅行記［37章, 宮林・加藤 2004: 388］[11]からもうかがい知ることができる。

比丘僧院内の比丘は実践の場を比丘僧院内に設定することにより、パンディタたちが伝統教理を踏まえつつ鍛え上げた思考法や伝統律に基づく集団的実践生活法を一層重視するよう自らを方向付けることになる。だが、周辺の比丘は実践の場を比丘僧院外に設定することにより、彼らの中にはそれら比丘僧院的思考法・実践生活法から意識的であれ無意識的であれ時に自由となり、次に検討する脱俗の行者と性質が類似してくる者たちもいる。そのいくつかの例を今いくつか挙げておこう。「師ガンターパの伝記」の主人公ガンターパ（Ghaṇṭāpa）はもともと比丘僧院内の比丘として具足戒に忠実な厳格な比丘の実践を行っていたが、ある時比丘僧院の外に出て森で瞑想生活を送り（つまり周辺の比丘として実践生活を送り）、その際に具足戒に違反する性的ヨーガを——違反とは知りながらも——娼婦と行い、その後その娼婦を実践パートナーとして彼女と繰り返しの性的ヨーガを行うに到り、脱俗の行者へと転身している。「師カーンハパの伝記」の主人公カーンハパ（Kāṅhapa）はソーマプリー比丘僧院にて実践生活を送る比丘僧院内の比丘ではあったが、比丘僧院の外を遍歴旅行中に（つまり周辺の比丘として時間を過ごしている間に）、具足戒違反とは知りながらも悟りの可能性を求めて試行錯誤的に人間の死体の肉を食べるに到っている。これらの例に、周辺の比丘が時にもつ逸脱性の一面が現れている。

3.4　脱俗の行者と在俗の行者

脱俗の行者と在俗の行者は伝統的な七衆理念とずれを生じる。後述するように、彼らの中にはかつて比丘の具足戒や優婆塞の在家戒等の七衆理念内に用意された伝統的な戒律を受けた者もいるため、人によっては彼らを比丘や優婆塞等、七衆理念の中のいずれかに分類して見なすこともあったと考えられる。だが彼ら自身の意識に即して考えるならば、具足戒や在家戒等の七衆理念内の戒律制度は、成道のためには今や決定的な意義を有していない。脱俗の行者の姿の例として、ルーイーパの伝記の一部を引用したい。

> [父王は] 子供も 3 人いたが、父王が死んで間もなくして、占星術師に [たずねた。] どの息子の王国が完全か [＝どの息子に王国を継承させるべきか][術師が] 計算し、彼 [＝術師] が『2 番目の息子が王国を継承すれば、国は強固となり、家来や領民たちが幸福になるなどの功徳がある』と言ったので、父の王国は彼 [＝次男] に委ねられ、兄や弟や領民たちまでも皆、[彼を] 王位継承者として即位させた [。その] 時、彼は [王位を] 望まず、逃げようとしたが、兄や弟や領民たちは彼を捕らえ、金の鎖で拘束したので、その王子は家来や看守全員に金銀などの賄賂を与え、夜、ぼろ布をぬい合わせただけの衣をまとい、護衛にも金などの賄賂を与え、ラーマパーラ王の地ラーメーシュヴァラへと赴いた [。その] 時、[彼は] シルクで作られた床座を放棄し、黒羊の皮の床座に坐った。[彼は] 王宮の寝室を放棄し、灰の中で寝た。その王子は美男で見た目が麗しかったので、皆が十分な食物や飲み物などを [彼に] 施した。その後、[彼が] ヴァジュラーサナにやって来ると、荼枳尼が [彼を] 弟子にし、[彼に] 教示を説いた。[次に彼が] 王の居住地シャーリプトラにやって来た時、全ての人々からの施しを食べつつ、[夜は] 尸林（葬場）で寝ていた [。それ] から市場にやって来て、酒売り女のところへ行った [。その] 時、その酒売り女の女将は在俗の荼枳尼であったので、・・・(彼はその荼枳尼からも教示を受ける。中略)・・・[彼は] 分別および相 [への執着] を捨て、地に投げ棄てられた、漁師によりガンジス河より [捕獲され] 殺された魚のもろもろの腸を手に入れて食

べながら、12 年間修行し、・・・(「ルーイーパ」という命名の過程が挿入される。中略)・・・成就を得た。[Tib: Rob, 3.1–5.6、Tib: Ota, 1b6–3a4] [12]

上述の引用文のルーイーパは、世俗の職業および家庭を放棄し、乞食によって生計を立てながら実践生活を送っている。この点で彼は現世放棄者であると言える。だが彼には比丘僧院との接触が描かれず、具足戒を受けた様子が述べられていない。彼の実践生活の拠り所は七衆理念が用意する具足戒や沙弥戒ではなく、比丘僧院外の尸林や河岸や市場の酒売り女たちのところ等をふらふらとさまよい、比丘僧院外で活動する荼枳尼たちから教えを受け、河岸で魚の腸を食べながら瞑想に耽るという形の現世放棄の様式である。この点で彼は比丘(あるいはその前身としての沙弥)ではないと言える。ゆえにルーイーパのような行者は、純粋な優婆塞とは違う、また純粋な比丘や沙弥とも違う "脱俗" の行者として別立しなければならない。『八十四成就者伝』はこのルーイーパを始め、このような極に位置する多くの脱俗の行者たちの伝記を描く。

脱俗の行者とは、現世放棄者ではあるが具足戒を保持せず(あるいはかつて保持していたとしても今やそれに意義を見出さず)、托鉢で生計を立てながら比丘僧院外で実践生活を送っていた行者の型である。別の言い方をすれば、具足戒とは異なる現世放棄の様式、すなわち、密教の誓約や禁戒を自らの実践生活様式の土台とする行者型である。

既に述べたように、伝統的な仏教共同体理念においては、現世放棄的生活様式とは具足戒を保つ比丘としての生活様式に限定されている。ここでは現世放棄的生活様式は具足戒の保持と一体である。だが脱俗の行者たちは現世放棄的生活様式と具足戒の保持の切り離しを試みる。もとより伝統的な仏教共同体理念の外に視線を向ければ、インドのサンスクリット文化には宗教や宗派の相違に基づく様々な現世放棄的生活様式が存在する。現世放棄的生活様式を具足戒の保持と結びつけるのは仏教の比丘たちの特殊な方針なのであって、ここで言う脱俗の行者と呼ばれる者たちはこのような仏教伝統の中に具足戒の保持とは異なる現世放棄的生活様式の可能性を導入しようと試みる者たちである。もちろんこのような脱俗の行者たちは密教以前の時代にも仏教内に出没していたであろうが、特に密教の時代になるとその活動が著しく目立つようになる。このような理由から、具足戒を欠いた現世放棄的生活様式という現世放棄の極が、密教界のあり方のモデル構築上要請される。

なお、この「脱俗の行者」という言葉は筆者の造語である。『八十四成就者伝』および他の聖典群では、「ヨーガ行者」（yogin）あるいは「禁戒保持者」（vratin）と呼ばれることが多い。だが、これら「ヨーガ行者」「禁戒保持者」という呼称はここで言う「脱俗の行者」以外の型の行者に対してもしばしば使われるため（何せヨーガの実践状態にある者は皆「ヨーガ行者」であるし、何らかの禁戒を何らかの形で保持する者は皆「禁戒保持者」であるのだから・・・）、ここでは混乱を避け、この行者型の存在と意義を明確にするために敢えて「脱俗の行者」という造語を用いるのである。

脱俗の行者に反対応する類型が在俗の行者である。在俗の行者の一例として、「師リーラパ（Līlapa）の伝記」の主人公リーラパのエピソードを紹介しよう。

> その（師から教示を受けた）後、王はみずから、玉座に [置かれた、] シルクなどでできた中まで清らかな座布団や長枕などの上で、王妃と大臣の集まりと様々な種類の楽器に囲まれて観想したので、[彼は王の] 特徴も享楽する [がゆえに]、あるいは感覚的な喜びなどのゆえに、「リーラパ」と [いう名前で] 知られた。・・・（観想の具体的な内容が説かれる、中略）・・・[王は] マハームドラーの成就を得、神通などの多くの功徳を手にした。［Tib: Rob, 7.2–8.2、Ota, 3b1–b4］[13]

この文章によると、主人公である王は正規の妻帯をし、王という世俗の職業を維持しながら実践生活を送っていたことが理解できる。このリーラパのように、出自相応の世俗の職業と家庭を維持したまま成就を得た者たちを、ここでは在俗の行者と命名、分類したい。このリーラパのような型の行者もまた『八十四成就者伝』に多く登場する[14]。

在俗の行者は世俗社会に身を置く。この意味で、彼は比丘や脱俗の行者のような専門的現世放棄者ではない。だが、在俗の行者は世俗社会に身を置くものの、（次々節でその詳細を見るように）その意識は現世放棄者と同じ状態にあることを志向する。そして少なくとも理念上は、それにより成就を得るとされている。彼らはその論理——つまり、彼らが保持する密教の誓約・禁戒の論理——において脱俗の行者と同じく成就を得るという理念が確立している。なるほど七衆理念における優婆塞も、世俗に身を置きながらも意識を現世放棄に向けるという姿勢を重視することがある[15]。しかしこれは理想的な優婆塞の姿である以上のものではなく、これにより優婆塞に比丘同様の成道の獲得が理念的に確立しているわけではない。

以上の脱俗の行者と在俗の行者が有するいくつかの特徴、すなわち (i) 比丘僧院外の実践者であり、比丘僧院外の諸伝統との接触を生じやすいこと、(ii) 時に具足戒逸脱的でしばしばシヴァ教など仏教外の伝統と親近性をもつ誓約や禁戒を実践生活の土台に置くこと、(iii) 仏教の伝統的な信仰共同体理念の純粋型からずれを生じる行者型であることは、互いに密接な関係があると考えるべきだろう。

3.5 価値典型的な4つの行者型をたてる意味

ここで注意を促しておきたい。2種類の成道のうち、比丘（比丘僧院内の比丘と周辺の比丘）は出世間的な成道である解脱の獲得を目指し、脱俗の行者と在俗の行者は世間的な成道である神通の獲得等を目指すとか、あるいは比丘は出家であり、在俗の行者は在家であり、脱俗の行者はその中間であるといった、密教界をあくまで伝統的な教団構成理念——具足戒の保持を現世放棄の唯一のあり方と見なす比丘中心史観——「のみ」において理解しようとする視点を、研究者たちは相対化する必要がある。

比丘僧院が権威を喪失したということを言っているのではない。ましてや（近代の現象のように）仏教が大きく民衆化に転じたなどと言っているのではない。比丘僧院はその社会経済的基盤——後述のようにそれは領主階層であり、王権者たちによる大規模寄進の対象であった——に支えられ、また伝統知の保持者であったことにより、密教界においても権威を有する組織であった。サンスクリット語聖典を編纂するのに必要な知識や技術を体系的に保持していたのはやはり他ならぬ比丘僧院であったろう。比丘僧院内の比丘も依

然として “極” なのである。仏教を他の体系と差異化するのに最も熱心であったのは比丘僧院内の比丘であり、比丘僧院の存続こそが、他の体系とは区別される体系としての仏教の存続に必要であった。だが、比丘僧院内の比丘が1つの “極” を形成していることと、密教界を伝統的な仏教の教団構成理念「のみ」によって理解することは別である。これから細かく見ていくように、比丘僧院は密教界においてやはり大きな影響力をもっていたとしても、“極” を独占できていたわけではなかったということである。周知の通り、比丘僧院はその歴史を通して概して比丘僧院外の実践者たちの日常規範の整備や彼らの実践の監督を徹底していたわけではなく、しかも非仏教の諸体系が社会で勢力を強めていたこの時代にあって、特定の者たちが具足戒の保持とは異なる現世放棄の様式——既に述べたように、それはしばしば非伝統仏教的要素をもつ——を、すなわち実践様式の価値の “極” を比丘僧院外にて形成することはむしろ起こり得ることである。本章は、七衆理念といった伝統的な仏教界の構成理念を排除するのではなく、それを包摂する理解の枠組みを提示しようとしているのである。

このように言うこともできよう。現実的観点からすれば、比丘たちの中にも解脱（あるいは無住処涅槃あるいは阿羅漢位）の獲得にはさほど興味がなく来世でよい境遇に生まれること（つまり世間的成道）を目的として実践生活を送っていた者たちは多かったであろうし、出家の動機も様々であったろう。また、時折家族の者たちが彼らに会いに来たりもしていたようである[16]。彼らの全員が俗世との縁を完全に断ち切っているわけではない。だが、比丘という行者型の “価値典型的な” あり方はあくまで出世間的成道を求める現世放棄者たることであり、このような価値典型的な比丘のあり方が、比丘という実践様式の規範となっている。これと同じように、脱俗の行者と在俗の行者の中には世間的な成道を目指す者たちも多数いたであろうが、あくまで出世間的成道を目指す現世放棄者あるいはその要素をもつ者であることが、彼らの “価値典型的な” あり方、つまり実践様式の価値的な “極” に位置している——ゆえに彼らの出世間的成道のストーリーやその方法が多く描かれる——のである。比丘たちにも脱俗の行者にも在俗の行者にも出世間的側面と世間的側面の双方があり、それぞれの行者型の出世間的側面が、それぞれの行者型の価値典型的な極として機能しているのである。解脱という出世間的な状態を得るためには、実践生活上何らかの形での現世放棄をしなくてはならないという、インドの解脱志向の諸宗教に（唯一ではないにしろ）広く見られる実践観がその背後に存在しており、初期中世期密教界もこの大枠的な実践観の中でその姿を展開させている。

以下の数節では、価値典型的な 4 つの行者型のそれぞれの更なる詳細と、これらの行者型の間の関係について検討したい。それにより、これらの行者型が織り成す動態的な密教界の姿が明らかになるだろう。

4　比丘と脱俗の行者——比丘僧院内外の専門的現世放棄者

比丘（比丘僧院内の比丘／周辺の比丘）と脱俗の行者の関係を考察する際、『八十四成就者伝』に描かれるそれらの接触方法という観点から、2 種類の比丘に対応して脱俗の行者を 3 つ、便宜上分けることが目下のところ必要である。

〈脱俗の行者〉		〈比丘〉
[1] 比丘との接触が描かれない者		
[2] 比丘と対立する者	--------	[a] 比丘僧院内の比丘
[3] 比丘と師弟関係をもつ者	--------	[b] 周辺の比丘

脱俗の行者の [1] の型の者は、前節で見たルーイーパがその典型である。伝記中に比丘ないしは比丘僧院との接触が一切描かれていない。それに対し、脱俗の行者の [2] の型の者は、伝記の中で比丘と対立する存在として描かれる。その対立存在としての比丘は、比丘の [a] の型、すなわち比丘僧院内の比丘である。また脱俗の行者の [3] の型の者は、ストーリーの中で比丘に教化されて脱俗の行者となった者、あるいは逆に比丘を教化した者である。彼と師弟関係を結んだ比丘は、比丘の [b] の型、すなわち周辺の比丘である。[2] と [b] 、[3] と [a] のつながりは特に明確には伝記中に描かれない。以下、順に [2] と [a]、[3] と [b] の関係を具体的に検討したい。

4.1　脱俗の行者と比丘僧院内の比丘——[2] と [a] の関係

前節で述べた通り、『八十四成就者伝』に登場する脱俗の行者のうち、ある種の者たちは“比丘僧院内の比丘との対立”というモチーフで描かれる。ここで“比丘僧院”とは（僧院名を明記する場合）特にナーランダー、ヴィクラマシーラ、ソーマプリーといった名だたる大比丘僧院——そこでは部派仏教、大乗波羅蜜多道、および大乗真言道つまり密教の学習と実践が行われている——を指す場合が多い。一例として「師ヴィルーパ（Virūpa）の伝記」の一節を引用しよう。この部分はこの伝記の内容を簡潔にまとめた偈である。

> (A) ソーマプリーの大僧院で、[私ヴィルーパは] 出家し、受戒し、戒律をよく守った。過去の縁の力が変じた灌頂と加持と教示が正しくあらわれた。分別によって12年間修行することにより、夢兆すらも現れず、疲れた心によって悪態をつきつつ、[私は] 数珠を放り投げた。(B) その後、荼枳尼の言葉が [私に] 輝きを与えた。その縁により、界の力が増大し、輪廻の特徴を正しくよく悟り、私は無分別の行を行うことによって、実在論をかかげる僧伽全体もまた誤りを犯していることを悟り、寺を出た。(C) 彼ら全員の分別を破壊するために、水に沈まない禅定（湖の上を沈まずに歩くこと）を行った。ガンジス河を上方にそらせ、さまざまなものを食べ、太陽を [食事代の] 担保に入れ、感覚的な楽しみを味わった。外道の神の像を [念力で] 割り、[信者たちの] 慢心を断ち切った。デーヴィーコータでは鬼女の集団を服従させた。マハーデーヴァは功徳をあらわし、町に姿を変えて私を供養した。［Tib: Rob, 17.2–18.4、Ota, 5b3–b8］[17]

(A) は、ヴィルーパはもともとソーマプリーの僧院で実践生活を送る比丘であったが、そこでの実践生活によって成就を得ることができなかった旨を述べている。だが (B) において、ヴィルーパは比丘僧院外的な存在である荼枳尼から教示を受けることにより、真実を悟ったことが告げられている。なお、上掲の引用文には明確でないが、伝記の本文ではこの際に彼が成就を得たことが告げられている［Tib: Rob, 10.3、Ota, 4a3］[18]。上掲引用文の中で比丘僧院での実践のあり方を「分別・実在論」的として成就を得ることができないものとし、比丘僧院外的な荼枳尼の教示による実践のあり方を「無分別」的として成就に到達させるものとしていることから、この伝記の、比丘僧院に対する批判的態度を読み取ることができる。ヴィルーパが比丘僧院を捨て去ることは、この伝記の反比丘僧院的姿勢をより具体化している。そしてこの際にヴィルーパが具足戒を破棄したことは、彼が酒や肉を飲食したこと［Tib: Rob, 10.3–4、Ota, 4a3］、「ヴィルーパは比丘のしるしを捨て、ヨーガ行者の行をなさり」［Tib: Rob, 12.1–2、Ota, 4b1］[19]という記述が伝記の本文中に記されていることから理解できる。このようにして脱俗の行者となったヴィルーパは (C) で各地を遍歴しながらさまざまな神変を示していったと伝記は描いている。

以上のような、もともとは比丘僧院内の比丘であった者が、比丘僧院内の比丘のままでは成就を得ることができなかったので、比丘僧院およびそこでの比丘の実践生活の様式を何らかの形で捨て、脱俗の行者となることにより成就を得たというストーリーは、ヴィルーパの他にもカルナリパ (Karuṇaripa)、ティローパ (Tilopa)、カンバラ (Kambala) の場合にも見いだすことができる。カルナリパは悟りを得るために［Tib: Rob, 96.2–5、Ota, 23b1–b3］[20]、ティローパは僧院生活での無意味さを感じ悟りを得るために［Tib: Rob, 115.5–116.2、Ota, 27a5–6］[21]、カンバラは俗世とさほど変わらぬ僧院生活の喧騒の無意味さを荼枳尼によって諭されたために［Tib: Rob, 139.4–5、Ota, 31b5–b6］[22]、僧院外的実践者の道を選んでいる。彼らが比丘僧院での生活を捨てた後は、彼らに対して「比丘」の呼称は伝記中に与えられていない。

さて、ここで主に上述の成就者たちの伝記をもとに、比丘僧院内の比丘と脱俗の行者の相違点を様々な側面から挙げてみたい。

ヴィルーパの伝記など、様々な伝記において、比丘はそのまま "比丘 (dge sloṅ)" と呼ばれ、これに対して脱俗の行者は "ヨーガ行者 (rnal ḥbyor pa)" とも呼ばれている[23]。また上述のヴィルーパの伝記をはじめとし、「師シャーンティパ (Śāntipa) の伝記の中で明記されるように、前者は "教学論議を第一とした (smra ba gtso bor byas)" "分別ある状態に安住する (rtog paḥi ṅaṅ la gnas)" 者たちであり、後者は "実践を第一とした (sgrub pa gtso bor byas)" "

無分別の状態に安住する（mi rtog paḥi ṅaṅ la gnas）” 者たちである［Tib: Rob, 61.2–3、Ota, 16a4–a5］。また前者は酒や肉との結びつきが述べられていないのに対し、後者はそれらを飲食していたとの記述が本書内に散見される。また前者が基本的に僧院内に定住する者たちであるのに対し、後者は僧院外的実践者であったことは既に述べた。またヴィルーパやティローパの伝記などの中で確認できるのだが、前者は “上衣（chos gos）” を着用し “托鉢用の鉢（lhuṅ bzed）” を必需品として持つのに対し、後者は “ぼろ布をぬい合わせただけの衣（gos tshem bu）” を着用する者たちである。だがこの “ぼろ布をぬい合わせただけの衣” のみを着用することは脱俗の行者たちの完全に共通なファッションではなく、たとえば「師カンバラの伝記」のカンバラは毛布をまとっている。また「師バドラパ（Bhadrapa）の伝記」に登場するバドラパの師や「師ラクシュミーンカラー（Lakṣmīṅkarā）の伝記」のラクシュミーンカラーは何ら衣服をまとわず裸の行者として実践生活を送っている［Tib: Rob, 120.4, 307.4、Ota, 28a4, 66a3］。だが “ぼろ布をぬい合わせただけの衣” は本書において脱俗の行者のファッションとして一般的である。なお、比丘の必需品として描かれる “托鉢用の鉢” に対する、脱俗の行者たちの必需品は、たとえば「師バドラパの伝記」や「師カンカナ（Kaṅkana）の伝記」の中では、“髑髏杯（snod thod pa）” とされている。また財源について、脱俗の行者たちは托鉢により生計を立てていたことが様々な伝記で告げられる。これに対する比丘たちの財源は上記の諸伝記の中には明記されない。しかし、当時比丘僧院の中には王権者等より土地を寄進され、あるいは比丘僧院間での土地売買により、寄進地内における租税徴収権を得ていたものも多かったので、寄進地からの租税が唯一でないにしても主要財源であったと考えるべきである［『南海寄帰内法伝』（宮林・加藤 2004: 110–111 等）、Bāgh 碑文、Guṇāighar 碑文、Bodh-Gayā 碑文、Ashrāfpur 碑文、Sirpur 碑文 1 および 2、Mallār 碑文、Nālandā 碑文 1 および 2、Gurajāṭ碑文 1 および 2、Vajrayoginī碑文、Ārmā 碑文、Jānībighā 碑文、Saheṭh-Maheṭh 碑文］[24]。また本書には、比丘と神的存在との関りが何ら描かれず、比丘が神通を発揮したという記述もない。これに対して、脱俗の行者たちに関しては、神的存在との関りや神通の発揮が描かれている。神的存在との関りや神通の示現は、当の行者が成就を得たこと

表 1–1　比丘僧院内の比丘と脱俗の行者の対比

〈比丘僧院内の比丘〉	〈脱俗の行者〉
「比丘」と呼ばれる	「ヨーガ行者」と呼ばれる
分別ある教学論議を第一とする	無分別の実践を第一とする
具足戒を保持する	具足戒を保持しない
僧院に居住する	葬場や人気のない場所や各地を遍歴する
上衣を着用する	ぼろ布をぬい合わせただけの衣等を着用する
托鉢用の鉢を持つ	頭蓋骨の鉢を持つ
主な財源は寄進地からの租税	主な財源は托鉢による人々からの施し
神的存在との接触や神通はない	神的存在との接触や神通を有する
真理に到達できない	真理に到達する

の証しとして描かれる傾向が強い。そして以上のような特徴を持った比丘は結果的に真理に到達できず、これに対して脱俗の行者は成就を得ることができたと、特にヴィルーパやシャーンティパの伝記は明確に述べている［Tib: Rob, 61.2–3、Ota, 16a4–a5］[25]。

以上を簡潔に表にまとめれば、表 **1–1** のようになる。
このように、比丘僧院内の比丘と脱俗の行者たちの明瞭な対立は、それぞれが互いに対立する特徴をもつことによっても記されている。

この対照を見ると、比丘と脱俗の行者の間の生活様式の相違が、彼らの実践上の哲学的立場とその実践による結果の相違と結びつけられて描かれていることに気付く。つまり、〈比丘〉の側の生活様式を保持する比丘は“分別ある教学論議を第一とする”実践を行い、その結果“真理に到達できない”のに対し、〈脱俗の行者〉の側の生活様式を保持するヨーガ行者は“無分別の実践を第一とする”実践を行い、その結果“真理に到達する”という図式を見いだすことができる。

実践上の哲学的立場と生活様式のあり方が結びつけられていることから、比丘と脱俗の行者の対立は純粋に哲学的な対立ではない。さらに注意すべきは、確かに当時の比丘たちは教学論議に重要性を見出してはいたのだが、全く瞑想の実践を怠っていたというわけではない。無分別の哲学的見解にしても、脱俗の行者のそれよりも洗練されたものであったろう。ここに描かれた比丘僧院像は、自らを体験第一主義の立場と結びつける脱俗の行者たちの戦略的視点に合わせて描かれたものであることは注意しなければならない。その背後には、脱俗の行者と比丘僧院内の比丘の間に見られる現世放棄に対する考え方の対立のみならず、僧院定住型の実践者を教学重視的、遊行林住型の実践者を瞑想重視的と位置付ける、初期仏教以来の定型的対立構図を『八十四成就者伝』が採用しているという事情が存在するのだろう。

では表 1–1 が示すように、比丘僧院内の比丘たちと脱俗の行者たちは全く対立するものであったのだろうか。

既に見た通り、本節で扱ったタイプの脱俗の行者たちは、もともとは比丘僧院内の比丘であった。彼らは比丘時代、比丘僧院で伝統的につちかわれてきた仏教の知識にふれていたはずである。ならば、彼らが比丘僧院を捨てて脱俗の行者となった際、確かに彼らは比丘僧院に対立する姿勢を見せはしたが、比丘時代に学んだ知の体系をいくぶんなりとも携えて比丘僧院外で実践活動をしたことが予想される。上述のタイプの脱俗の行者たちは、実践様式のあり方というレベルで比丘僧院に対立する行者たちであったと同時に、伝統教理というレベルでは比丘僧院とつながる面ももっていたと思われるのである。

4.2　脱俗の行者と周辺の比丘——[3] と [b] の関係

前節では脱俗の行者との対比において比丘僧院内の比丘が『八十四成就者伝』の中で否定的に描かれていることを見た。しかし本書には、各伝記の主人公たちを成就に導く師として匿名の比丘たちも、脇役としてだが何人か登場する（「師チャマリパ（Camaripa）の伝記」「師タガナパ（Thaganapa）の伝記」「師シャリパ（Śaripa）の伝記」「師パチャリパ（Pacaripa）の伝記」「師サカラ（Sakara）の伝記」「師コーキリパ（Kokilipa）の伝記」「師アナンガ（Anaṅga）の伝記」）。彼らはしばしば「よろしく修行の進んだ [あるいは清められた]（legs par sbyaṅs pa）」という形容句を付されており、さらに「師チャマリパの伝記」の中では「彼 [＝チャマリパ] のところにあるヨーガ行者がやって来た時、彼 [＝チャマリパ] は靴を制作する仕事を止め [＝中断し]、その比丘（ヨーガ行者）のおみ足に敬礼し」（文脈上、「ヨーガ行者」と「その比丘」が同一人物であることは疑いない）[26] といったように、脱俗の行者に付される傾向のある「ヨーガ行者」という呼称が当該比丘に対して与えられている。またパチャリパの伝記とサカラの伝記に登場する当該比丘たちは観自在菩薩の化身である[27]。そして以上の７つの伝記の比丘たちは各伝記の主人公たちに教示を授け、それによって主人公たちは脱俗の行者となり、成就を得ている。これらの比丘たちが肯定的に評価されていることは間違いない。

これらの比丘たちはいずれも比丘僧院外で主人公たちと出逢い、指導を行う、遍歴中の比丘、すなわち（本章の類型を用いるならば）周辺の比丘であるという点である。具体的には、「師チャマリパの伝記」の場合は町にある主人公（靴職人）の仕事場［Tib: Rob, 68.4–5、Ota, 17b6］、「師タガナパの伝記」の場合は木の下［Tib: Rob, 103.2–3、Ota, 24b7］、「師シャリパの伝記」の場合は葬場［Tib: Rob, 112.2–4、Ota, 26b2–b3］、「師パチャリパの伝記」の場合は主人公（練粉菓子販売者）の店［Tib: Rob, 234.5–235.2、Ota, 51a7–a8］、「師サカラの伝記」の場合は道端［Tib: Rob, 278.5–279.1、Ota, 59b8］、「師コーキリパの伝記」の場合は王宮［Tib: Rob, 300.2、Ota, 64b2–b3］、「師アナンガの伝記」の場合は主人公（シュードラ）の自宅［Tib: Rob, 302.5–303.2、Ota, 65a4］で出逢っており、その場で教示を与えている。しかも主人公たちはいずれも教示を授けられた後、僧院外で七衆理念から逸脱する脱俗の行者として実践生活を送っており、摂受後の彼らに対して比丘なる呼称は与えられていない。当該比丘たちが授ける教示は主人公たちに比丘以外の現世放棄者になることを勧めるものであると言える。このように当該比丘たちの活動の場および教示の方向性が僧院外に設定されていることは、脱俗の行者たちと共通している。

逆に周辺の比丘が脱俗の行者の指導を受けるというケースも存在する。「師シャーンティパの伝記」の主人公シャーンティパはヴィクラマシーラ比丘僧院にて実践生活を送る比丘僧院内の比丘であった。だがこのままの状態では成道することができないと悟り、成就を得るために比丘僧院を出て、つまり周辺の比丘の状態となり、脱俗の行者コータリ（Kotali）に指導を求め、人気のない所で彼の教示を受け、成就を得るに到っている［Tib: Rob, 61.2–4、Ota, 16a4–a5］[28]。脱俗の行者コータリの指導を受けた後にシャーンティパがどの型の行者として実践生活を送ったのかは、記述が簡略なために判断がつきかねる。だが、比丘僧院外において周辺の比丘が脱俗の行者に指導を求めるという点に、脱俗の行者と同じく比丘僧院外に向けられた周辺の比丘の意識のあり様がうかがわれる。その他、直接には脱俗の行者ではないが、脱俗の行者同様具足戒を保たず比丘僧院外にて活動を繰り広げる荼枳尼に指導を受ける周辺の比丘の例を、「師カンバラの伝記」の主人公であるカンバラ（Kambala）の姿に見出すことができる。

これら周辺の比丘の実践の場は比丘僧院外である。弟子を伝統的な七衆のいずれかの純粋型として扱うのではなくそこからずれる行者型である脱俗の行者へと導く点に、また比丘であるにも関わらず七衆理念からずれる脱俗の行者に弟子入りして脱俗の行者の知を受け入れる点に、伝統的な比丘僧院の枠組みからの自由さを見出し得る。また、このような師弟関係の構築を通して、周辺の比丘は比丘僧院の伝統的な知をいくぶんなりとも脱俗の行者に伝える媒介者としての役割を、あるいは逆に脱俗の行者から比丘僧院外の知を得る役割をもっていると言える。周辺の比丘は、脱俗の行者とともに比丘僧院外教団の形成に一役買っているのである。

これらのことから、比丘を一枚岩的に扱わずに、比丘僧院内の比丘と周辺の比丘を区別することに意義があることがあらためて理解できよう。『八十四成就者伝』は周辺の比丘を肯定的に評価するに対し、比丘僧院内の比丘を否定的に評価する。このことは、『八十四成就者伝』が比丘の全体を一枚岩的にとらえているのではなく、比丘僧院という実践空間の内部に身を置く比丘と外部に身を置く比丘に分けてとらえていることを意味する。

5　脱俗の行者と在俗の行者——世事と瞑想

既に述べたように、『八十四成就者伝』は、脱俗の行者と対をなす、出自に従った世俗の職業や家庭を維持したまま成就を得た在俗の行者の姿を多く描いている。在俗の行者たちは自分たちの家に住み、自分たちの職業・身分に適した服装をまとい、自分たちの職業収入で生計を立てながら成就を獲得していったのである。本章第 3 節で見た王リーラパは王のさまざまなしるしを享楽しながら王のまま成就者となっていた。彼は脱俗の行者のように「各地を遍歴」したり、「ぼろ布をぬい合わせただけの衣」を着用したりしていない。在俗の行者たちの伝記をもとに、脱俗の行者と在俗の行者の対比をまとめれば、表 **1–2** のようになる。

表 1–2　脱俗の行者と在俗の行者の対比

〈脱俗の行者〉	〈在俗の行者〉
「ヨーガ行者」と呼ばれる	（特に呼称なし）
無分別の実践を第一とする	無分別の実践を第一とする
具足戒を保持しない	具足戒を保持しない
葬場や人気のない場所や各地を遍歴する	（特に規定されない）
ぼろ布をぬい合わせただけの衣を着用する	（特に規定されない）
頭蓋骨の鉢を持つ	（特に規定されない）
主な財源は托鉢による人々からの施し	主な財源は自分の職業収入
神的存在との接触や神通を有する	神的存在との接触や神通を有する
真理に到達する	真理に到達する

このように、風俗や居住方法、収入方法等を含む生活様式の相違を除けば、精神的側面において在俗の行者は脱俗の行者と同種のものとして『八十四成就者伝』では描かれている。在俗の行者は、同書において歓迎されていると言えよう。では、脱俗の行者と在俗の行者の間に見られる生活様式の相違は、双方の精神的側面の共通性とどのようにつながっているのだろうか。

既に述べたように、脱俗の行者は出自に相応する世俗の職業に対し否定的な向きがある。このことは上掲の対照表にも示したが、他にもたとえば「師カンカナ（Kaṅkana）の伝記」に登場する師である脱俗の行者は、王である主人公に対して、「ぼろきれをぬい合わせただけの衣と托鉢は最も優れたものなので、あなたもこのようなものに依拠する必要があります」［Tib: Rob, 135.1、Ota, 30b7–b8］[29]と述べて王をやめることを勧め、また「師カンディ（Khandi）の伝記」に登場する師は古着の裁縫を行う掃除夫である主人公に対して、「あなたはこのような貧困の苦しみをもってどうするのか［＝何の益もない］。それよりも法を実践しないか」［Tib: Rob, 124.3–4、Ota, 28b8］[30]と述べ、彼の仕事をすてて生起次第と究竟次第の瞑想を行うことを勧めている。

しかし現実問題として、脱俗の行者のように世俗の職業を捨てて遍歴の乞食行者となるわけにいかない者もいる。出自相応の仕事を放棄することは生活の保証を失うことでもある。上述の「師カンカナの伝記」や「師カンディの伝記」の主人公たちも、世俗の職業の放棄がかなわない旨をそれぞれの師

図 **1–A**　カンカナが得た教え

指輪の宝石の変化する様々な輝き＝顕現による多くの分別
指輪の宝石の輝きの不変なる自性＝不変なる楽である心そのもの

である脱俗の行者たちに告げている[31]。

このような者たちのために世事と無分別の瞑想を両立させる方法を『八十四成就者伝』は述べる。上述の伝記の主人公たちも、彼らの事情を把握した師である脱俗の行者によって、彼らが携わる世俗の職業をはじめとする世事（趣味も含む）と無分別の瞑想を両立させる瞑想法が与えられている。「師カンカナの伝記」の主人公である王カンカナは以下のような教示を授けられた。

> よろしく発する指輪の輝きを見よ。自身の心そのものは〈楽〉である（つまり、喜びという真理体験の状態にある）。外にある多くの縁によって（つまり、外にある多くのものに反射して）[指輪の宝石は] 多くの色を生じるが、それ本来の性質は不変である。同じように、種々の顕現によって多くの分別が生じはするが、心そのものは [指輪の] 宝石が [そのように] 輝くのと同じである。［Tib: Rob, 136.2–3、Ota, 31a4–a5］[32]

ここには図 **1–A** のような図式を見出せる。ここでは王が王として手放すことができない指輪の特徴が無分別の瞑想の比喩として用いられている。伝記はこれに続けて「[このような瞑想方法を得た] 王は、右手の指輪に集中して観想することにより、感覚的な楽しみ（指輪の宝石の輝き）の上に心性の姿を付し、6ヶ月で成就を得て」［Tib: Rob, 136.5、Ota, 31a5–a6］[33]と述べている。王は王の地位を保持したまま、自分の指輪の輝きを享楽しつつ、その享楽によって成就を得たのである。王という在俗の生活様式と無分別の瞑想が彼の中では両立していたことが理解できよう。指輪の輝きは無分別の瞑想の象徴的代替物としてここでは機能している。

さらに別の例を挙げたい。陶芸業から免れることができない陶器職人クマリパの実践生活を描いた「師クマリパ（Kumaripa）の伝記」では、同種の瞑想の方法が師である脱俗の行者によって以下のように説かれている。

> 彼（クマリパのもとにやってきたヨーガ行者）は [クマリパを] 灌頂し、

図 **1–B**　クマリパが得た教え

土	→	粘土	→	ろくろ	→	陶器	→	加熱
‖		‖		‖		‖		‖
無明	→	煩悩と分別	→	渇愛と取得	→	六族	→	智慧の火による燃焼

> 生起 [次第]（分別としての現象世界が曼荼羅として生起する過程を観想すること）と究竟 [次第]（分別としての現象世界が空という真理の中へ消失していく過程を観想すること）の２つの教示を [クマリパに] お授けになった——無明としての土から、煩悩と分別としての粘土が生じ、渇愛と取得としてのろくろにより [生じる] 六族としての陶器を智慧の火で燃やせ。［Tib: Rob, 247.1–3、Ota, 53b5］[34]

ここには図 **1–B** のような図式を見出せる。通例的に考えれば、六族（の曼荼羅）の成立までが生起次第、智慧の火による燃焼が究竟次第に相当する。上段は陶芸の仕事内容であり、下段は無分別の瞑想の内容である。陶芸の仕事のプロセスと無分別の瞑想のプロセスがパラレルになっていることが理解できよう。陶芸業と無分別の瞑想を両立させるこの実践により、クマリパは６ヶ月で成就を得、その後も彼は陶器を作りつづけた旨を伝記は述べている［Tib: Rob, 247.3–4、Ota, 53b6–b7］。

このように、在俗の行者において、世俗的な営みと無分別の瞑想は何らかの形で両立している（なお、M. ウェーバーの救済類型論に当てはめれば、これは「現世内禁欲」ではなく、「現世内観照」である）[35]。このような瞑想を今は在俗の瞑想と便宜上呼んでおこう。では、この両立の詳細はどのようなものであろうか。在俗の瞑想の性質を以下のように２通りに解釈することができる。

(i) １つ目は、日々携わる世俗の仕事の各過程の中に、無分別の瞑想の各過程の意義を心の中で読み込んで行くことによって、世俗的な営為をすすめると同時に当人の意識が真理に向かって深まって行く、というものである。ここでは世事を構成する諸要素は無分別の瞑想の象徴的代替物としての意義をもつ。彼は世俗的な営為をただ機械的に行うのではない。世事に携わる彼の心は瞑想状態にある。このような在俗の瞑想は決して奇異なものではなく、密教の瞑想論理の延長上に位置している。周知の通り、密教の瞑想は象徴主義的な面がある。象徴は真理の比喩的具象にすぎないというのが密教の論理である。ゆえに瞑想の際に用いる象徴的代替物はつまるところ月輪であろうが指輪の輝きであろうが陶器であろうが問題はないことになる。大事なのはその象徴が意味する内容の自覚である。

(ii) 2つ目は、世俗の仕事はあくまで無分別へと到る瞑想の過程・方法の理解を進めるための例え話として利用されているという面が強く、実際の瞑想は世俗の営みと実質的な一致性を有していない、というものである。別の言い方をすれば、実践者は自身が携わる世事の例え話を通して無分別の瞑想の過程・方法を理解し、さらにその理解の確認をするが、無分別の瞑想の実践は実際には世俗の仕事をしていない間のみ行われる、というものである。『八十四成就者伝』では、たとえば在俗のバラモンであるサラハパはバラモンと仏教の2種類の禁戒を保持し、昼間はバラモンの慣行に従い、夜になると密教の禁戒に従った実践生活を送っていたという［Tib: Rob, 29.1–5、Ota, 8b5–b7］。『八十四成就者伝』を離れれば、たとえばパドマヴァジュラ（Padmavajra）作『秘密成就』（Guhyasiddhi）の中にこの例を見出すことができる。同書は現世放棄をできない在俗の行者がどのように実践すべきかについて、以下のように規定する。

> 狂気の者の禁戒に依拠してから、真実に加持された心をもつ者たちは、秘密の行という最高のものに戯れることによって、まさしく今生で成就する。あるいはもし、とても広い家を捨てることができないならば、彼は家にとどまって、『吉祥なる秘密成就』に説かれた、功徳を生じる行を、数々の誓約を、密かに実践するべきである。世間的な慣習に住する者は、あたかも区別がないかのように、夜に明らかになり、乳の修習に専念する。彼は信頼できるムドラーとともに実践するべきである。他のやり方ではかなわない。［Skt ed: 6.91c–95b］[36]

冒頭の「狂気の者の禁戒」に依拠する実践者とは、同書が説く脱俗の行者たちを指す。だが彼らのような世俗放棄ができない在俗の行者は、日中は彼が所属する世俗集団の慣習に従いつつも、周囲に知れ渡らないように密かに脱俗志向の実践を行う。特に世俗の価値体系が曖昧になる夜が彼の実践の時である。このように時間帯あるいは期間限定的に彼は現世放棄者の行を行う。

カンカナが行った瞑想の場合、先に引用したように「[このような瞑想方法を得た] 王は、右手の指輪に集中して観想することにより、感覚的な楽しみ [＝指輪の宝石の輝き] の上に心そのものの姿を付し、6ヶ月で成就を得て」と明記されている以上、(i) の性質が濃厚である。これに対しクマリパの場合、(ii) の性質が濃厚である。なぜならクマリパに与えられた瞑想の最終段階である「智慧の火による燃焼」は一般に身体の特殊な生理的変調を引き起こす瞑想の一種——実践者自身の身体の下腹部に微細な神秘的火が発し、それが実践者の身体内を移動し、様々な身体内要素を燃やしていくという瞑想（その詳細は第5章を見よ）——であるため、身体外で行われる陶芸作業と全く等価視できるとは思えないからである。その他、当初 (ii) であったものが、修行の進展につれて (i) へとシフトしていくというケースも想定できるが、ともあれこのように、(i) の場合は実質的な一致性という点において、(ii) の場合は理解促進の便宜の面において、世事と無分別の瞑想が在俗の行者の中で両立している。おそらく、現実の在俗の瞑想は (ii) の型の場合が一般的だったであろう。なぜなら、(i) の型の在俗の瞑想を明確に説く他の文献が見当たらないからである。

ここで、なぜ脱俗の行者は世俗の職業を嫌う傾向があるのか、考えてみたい。出自に相応する職業に固執することは、反ヴァルナ的なスタンスをもつ脱俗の行者たちの基本姿勢に合致しないという理由も確かにあるだろう。だがそれだけではない。上述のような、在俗の者たちが行う瞑想に対して、『八十四成就者伝』は“分別を道とする（rtog pa lam ḥkhyer gyi）”（「師カンディの伝記」、「師チャンパカの伝記」、「師カンタリパの伝記」、「師ダフリの伝記」）、“分別を智慧として引き起こす（rtog pa ye śes su sloṅ baḥi）”（「師ダルマパの伝記」）、“分別のイメージと一致する（rnam rtog gi dmigs pa daṅ mthun paḥi）”（「師メーディナの伝記」、「師ゴールラの伝記」）、“執着を道とする（mṅon shen lam ḥkhyer gyi）”（「師パナハの伝記」）、“分別の生起と結び付いた（rtogs pa skyes cig char）”（「師コーキリパの伝記」）といった形容句を与えている。これらから、本書は世俗の職業を分別として把握している——これは仏教に伝統的な職業観と基本線が一致する——ことが理解できる。ゆえに無分別の実践を主張する脱俗の行者はそれに対して否定的なのであろう。

だが脱俗の行者は、その分別としての職業を無分別の瞑想の象徴的代替物として何らかの形で位置づけ直すことにより、在俗の行者というカテゴリーを容認するのである。脱俗の行者と在俗の行者の間に見られた生活様式の相違は、在俗者の生活様式を無分別の瞑想の象徴的代替物としてとらえ直す在俗の瞑想により、双方の精神的側面の共通性へとつながっている。脱俗の行者が無分別の状態にあるのに対し在俗の者は世俗の職業という分別の中にあるという、七衆理念に見られるような成道上の優劣に関する考え方は、ここでは克服されている。七衆理念における優婆塞とは異なり、在俗の行者は「在俗の中に現世放棄をもち込むことにより成道する」という新たな実践様式の極を打ち立てる行者型なのである。

ゆえに脱俗の行者と在俗の行者の間にあるのは“成道上の優劣”ではなく、“成道法の相違”である。ある者は脱俗の様式を選択するのがふさわしく、ある者は在俗の様式を選択するのがふさわしいが、そのいずれも等しく成道できるということである。

また同書においては、在俗の行者の師はほとんど全ての場合（例外は次節で述べよう）、脱俗の行者である。つまり、教示の伝授の方向は、脱俗の行者→在俗の行者というものが一般的である。したがって、脱俗の行者と在俗の行者の関係は、多くの場合、前者が後者の指導者的位置にあったものと言えよう。前節で述べた通り、脱俗の行者はしばしば何らかの形で比丘僧院の伝統知の体系をいくぶんなりとも得ることができた。彼らは専門的行者として、在俗の行者たちに比丘僧院の伝統知を伝える媒介者の役割を果たしているのである。しかもその師弟関係は（繰り返しになるが）脱俗の行者と在俗の行者のどちらかが優れているというヒエラルキー構成のものではなく、各人の性向の相違に基づいて、双方が成就という同一の結果を得ることができるというものであった。

6　在俗の行者と比丘

在俗の行者と比丘僧院内の比丘・周辺の比丘の関係についても考察しなければならない。

まず在俗の行者と比丘僧院内の比丘の関係について、「師ブスク（Bhusuku）の伝記」の内容を簡潔に検討したい。（伝記が長編であるため、内容の要約の

みをここでは挙げよう)

> クシャトリヤ出身のブスク(シャーンティデーヴァ Śāntideva)はナーランダー僧院の比丘であった。彼はある夜、文殊菩薩の体験をきっかけに智慧を得る。その智慧によって王や比丘たちの前で『入菩提行論』の内容を説いた結果、比丘たちはブスクにパンディタとなってナーランダーの比丘たちの指導者となることを願う。しかし彼はそれを拒み、上衣や鉢などを返却して、パンディタや比丘たちに気付かれないように僧院を逃げ去った[37]。その後、彼はデーキリという地の王の兵士として 12 年間務めつつ、瞑想を行い、ある夜、ついに成就を得た。

ブスクは第 4 節で見た脱俗の行者たちと同様、もともとは比丘僧院内の比丘であったが、比丘僧院を捨て、僧院外実践者の道を選んでいる。しかし彼は脱俗の行者とはならず、兵士として在俗の行者の道を選択し、成就を得ている(なお、彼の、兵士としての生活と瞑想の内容の関係については明確な説明が伝記中に与えられていない)。前節では、在俗の行者の師はほとんど全ての場合、脱俗の行者であると述べたが、このブスクの例に関しては、彼は脱俗の行者を師としていない。

比丘僧院を捨てて比丘僧院外的実践者となり成就を得たという点から、このブスクの伝記にも、反比丘僧院的姿勢が現れているのは明白である。また、在俗の行者ブスクはもともとは比丘僧院内の比丘だったことから、転身を通して比丘僧院の伝統的知の体系が在俗の行者の中に直接受け継がれるケースもあることが知れよう。

知の伝達という点に関して、このブスクの例は比丘僧院から在俗の行者へという流れを描くものであった。ではその逆、つまり在俗の行者が比丘僧院内へ何らかの形で知を伝達するという方向はどうであろうか。この知の流れを直接描いたものはない。だが比丘僧院内の比丘ではなく、周辺の比丘と在俗の行者の関係を描いた「師カーンハパの伝記」が、在俗の行者から比丘への知の伝達の様子を伝えてくれる。その伝記中の関連部分を簡潔に検討しよう。(伝記が長編であるため、内容の要約のみをここでは記したい)

> ソーマプリー比丘僧院の比丘であったカーンハパは様々な神変や神通を得たために、自分が成就を得たと思い込み、人々を救済するためにラ

> ンカープリーに従者を引き連れて出発した。その道中、海辺に到るとカーンハパは従者たちを岸辺に残し、海に沈むことなく海の上を歩いた。だが「自分には今や師にすらなかった能力がある」という慢心を生じるや否や、彼の能力は消え、水中に沈んでしまった。何とか水面に顔を出したカーンハパが天空を仰ぎ見ると、そこには彼の師ジャーランダラパーダ（Jālandharapāda）がいた。ジャーランダラパーダはカーンハパに対し、「シャーリプトラの地にいる織物職人のもとへと行き、彼に弟子入りせよ」と告げた。自分が実は未だ成就を得ていないことを悟ったカーンハパは師の言いつけの通り、シャーリプトラにいる在俗の行者である織物職人のもとへと赴き、彼に弟子入りした。

この内容から理解できるように、比丘僧院内の比丘であったカーンハパは、自分の未熟さを自覚することにより、遍歴の最中に、つまり、周辺の比丘という状態において、在俗の行者である織物職人のもとに弟子入りするに到っている。本章第 3 節で述べたようにこの在俗の行者の教えに従ってカーンハパは人間の死体の肉を食らったり大便を食らったり等の具足戒逸脱的な実践を試みるのだが、結局は比丘としてのプライドが邪魔をしてそれらをこなしきることができず、ついに在俗の行者のもとから去ってしまう。ストーリー上はこのようであるが、ここで重要なのは、優れた境地を得ている在俗の行者のもとに、周辺の比丘が弟子入りしているという点である。しかもこの師弟関係の構築は比丘僧院の外において行われており、さらにここで伝達される教示内容も人肉を食らうといった比丘僧院の伝統的な知から逸脱するもの、つまり比丘僧院外の知である点にも注意しなければならない。

カーンハパの例は、師弟関係を通して在俗の行者から周辺の比丘へと比丘僧院外的な知が伝達されるケースを描いたものである。この趣旨を描いた明確な例を他の伝記の中に探し出すことはできないが、本章第 1 節で『ヴィマラプラバー』を扱う際に触れたように、比丘が在俗の行者を師として仰ぐという事態は決して絵空事ではなく、頻繁ではなかったにしろ現実にもしばしば生じていたと推定できる。そしてカーンハパの例が示唆するように、比丘僧院外実践者から知を伝授される比丘は概して周辺の比丘であったと推測できる。なぜなら、比丘たちが主体となる比丘僧院という特殊空間内において、比丘以外の行者型の者たちが比丘たちの指導をするということは現実的に非常に考えにくいからである。比丘が比丘以外の行者型の者たちの指導を受ける場は一般に比丘僧院外であったと考えるのが自然であろう。その比丘が周辺の比丘の状態になった時に起こりえることである。

では、比丘僧院外の知識を得た周辺の比丘たちは、その知識をどうしたのだろうか。『八十四成就者伝』には明確には描かれないが、以下のことを推定できるのである。つまり、周辺の比丘たちは——彼が具足戒を反故にしていない限りにおいてだが——時に比丘僧院を訪れ、その中に滞在することもあるため、結果的に比丘僧院外の知識を比丘僧院内にもたらす役割の重要な一端を担うことになる、という推定である。周辺の比丘が比丘僧院外の知識を比丘僧院内にもたらす唯一の担い手であったかどうかはともかく、その一翼を担う者たちであったのだろう。

7　それぞれの行者の出自

以上は、比丘僧院内の比丘、周辺の比丘、脱俗の行者、在俗の行者、という4つの価値典型的行者型の内容とそれらの間の関係についての検討であった。ここで一転、これら4つの行者型とヴァルナ理念（バラモンを頂点とする儀礼的身分制理念）および他の世俗身分概念の関係を簡潔に問うことにしたい。なぜなら、4つの行者型を極とする初期中世期密教界は当時のインド社会の中に存在した特殊領域であるため、インド社会を意味付けるヴァルナ理念および他の世俗身分概念との交渉が生じるはずだからである。

仏教は伝統的にヴァルナ理念に対する批判の態度をもつが、これは『八十四成就者伝』にも共通する。たとえば「師サラハパ（Sarahapa）の伝記」では、バラモンであるサラハパは夜バラモンの規範に背いて酒を飲むのだが、それにより彼は逆に他のバラモンにない能力を得ている［Tib: Rob, 29.1–32.1、Ota, 8b5–9a8］[38]。また、「師バドラパ（Bhadrapa）の伝記」では、バラモンや王族の生まれであることや、あるいは衣服を着ず、沐浴もせず、髑髏杯を持ち、穢れた食べ物を食べ、シュードラのようであることは真の浄不浄とは別問題であり、大乗の道を歩み心の汚れが清められていることこそ真の清浄であり、それができていないことこそ不浄であるという主張が述べられる［Tib: Rob, 119.5–121.4、Ota, 28a2–a8］[39]。この主張が、初期仏教の文献である『スッタニパータ』における「生まれによって賤しい人となるのではない。生まれによってバラモンとなるのではない。行為によって賤しい人ともなり、行為によってバラモンともなる」(1.136) という主張の延長上にあることは言うまでもない。

だが、『八十四成就者伝』から読み取れる行者の枠組みが、ヴァルナ理念あるいはその他の世俗社会における身分観念から全く切り離されているわけではない。それは、同書に登場する行者たちの出自と彼らが選択した行者の型の関係に着目することにより明らかとなる。

『八十四成就者伝』で出自が明記される者のうち、比丘僧院内の比丘となる道を一度は選んだ者として、シャーンティパ、ナーガールジュナ、カーンハパ、カンバラ、ブスク、サカラ (Sakara) を挙げることができる。『八十四成就者伝』によれば、彼らはそれぞれ順にバラモン家系、バラモン家系、書記官家系、王族、王族、王族を出自としている。これらの社会的身分は、いずれもヴァルナ理念における再生族の上位 2 つ、あるいは社会の最上位クラスの一つと見なされるものである。ソーマプリーの比丘僧院に所属していたカーンハパの出自は書記官家系であるが、書記官は東インドでしばしばバラモンに次ぐ高身分であった[40]。周辺の比丘の出自については同書は多くの場合明確には触れない。だが周辺の比丘とて最初は比丘僧院内で受戒をするのだから、おそらく比丘僧院内の比丘と事情は同じであろう。これに対して、記述上明らかな限りでは、商人や農民や洗濯業などに従事する中・低身分の出自をもつ比丘僧院内比丘は同書に登場しない。世俗社会での中・低身分の者たちは、全員が脱俗の行者あるいは在俗の行者への道を最初から選択している。だが注意すべきは、バラモンや王族やあるいはその他の高身分の者たちの中にも、脱俗の行者や在俗の行者の道を最初から選択している者も多いという点である。以上の傾向をまとめるならば、図 **1–C** のようになる。

ここから以下のことを読み取ることができる。すなわち、世俗社会において高身分の者には比丘僧院内の比丘、周辺の比丘、脱俗の行者、在俗の行者という成道のための 4 つの選択肢があるのに対し、高身分でないものには脱俗の行者と在俗の行者という選択肢のみが実質的に存在しているという傾向である。比丘僧院の比丘と周辺の比丘と脱俗の行者と在俗の行者という 4 つの極からなる初期中世期密教界のあり方は、世俗身分概念と構造上完全に切り離されているわけではない。この全体的傾向は誰かが意図的かつ組織的に

図 1–C　行者の型と出自の関係

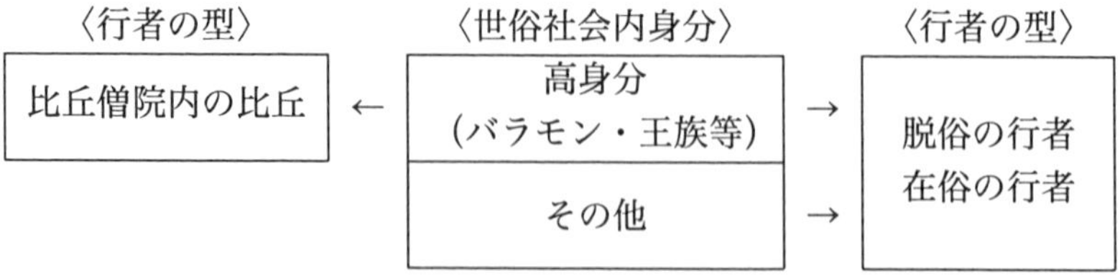

＊ 周辺の比丘は比丘僧院内の比丘と同傾向であると推測できる

作り出しているというよりも、比丘僧院で比丘になる者たちが高身分出自の者であるという傾向が結果的に自然に生み出していると考えられる。

とはいえ、この傾向は『八十四成就者伝』がその出自を明記する実践者たちに関してのみのことであり、現実世界においても比丘僧院の比丘たちが高身分出自の者であると断定できるほどソースが豊富なわけではない。また伝統律が「高身分の出自の者のみに具足戒を授ける」という規定を設けているわけでもない。そもそも、出自が明らかにされる限りにおいて比丘は高身分出自の者ばかりであるという事態は、比丘の権威を演出するための『八十四成就者伝』のレトリックである可能性も否定できない。だがこれほど極端ではないにしても、現実の傾向——あくまで傾向であって、例外も存在したであろうが——もこれに比較的類似したものであり、同書がこの現実をある程度反映し再生産している可能性はある。初期中世期、比丘僧院内には浄不浄観が浸透していた例が見られることや［宮林・加藤 2004: 3–6 章, 433］[41]、比丘僧院はバラモンたちと同じく清らかな存在として、シヴァ教やヴィシュヌ教の信奉者を自称する王権者たちからもシヴァ教やヴィシュヌ教寺院およびバラモンたち同様に大規模な土地寄進を受けている [Guṇāighar 碑文、Mallār 碑文、Vajrayoginī碑文、Saheṭh-Maheṭh 碑文]（なお、逆に、仏教徒を自称する王権者たちが、時に世尊仏陀の名において非仏教徒バラモンたちに対する大規模寄進をする例も多い［Neulpur 碑文、Khalimpur 碑文、Mungir 碑文、Belwa 碑文 1、Bangarh 碑文、Belwa 碑文 2、Āmgāchi 碑文、Bangaon 碑文、Rāmpāl 碑文］）[42]。また、比丘僧院が伝統的に賤民層との接触を嫌ってきたり、初期の密教経典にもその傾向が継承されていることは周知の通りである［松長 1998: 272–273］。比丘僧院はヴァイシャやシュードラやあるいはそれ以下の賤民層出自の者たちが大部分を占める教団であるということは考えにくく、バラモンやクシャトリヤといった高ヴァルナやあるいはその他の身分概念における高身分の出自の者が全てとはいわずとも重要な部分を占めていたというのはあながち見当外れではないように思われる。

結論

『八十四成就者伝』がもつ価値判断的要素――たとえば、比丘僧院内の比丘を成道できない者たちと決め付ける点――を除き、初期中世期密教界のあり方に関する動態的なモデルの構築を目指すという観点から今までの議論をまとめ、さらにそれに基づいた密教聖典編纂の過程に関する小考察を行うことにより、結論としたい。

なおこのモデルにおいては、互いに異なった価値観をもついくつかの実践者の型と、これらの実践者の間に築かれる関係と、この関係が生み出す知識の伝達の流れを、密教界のあり方の骨子的要素と見なしている。またこのモデルは、いくつかの周辺資料も考察の対象にしてはいるものの、『八十四成就者伝』を主な素材としているため、主にそこから見える、サンヴァラの伝統を含むヨーギニータントラの伝統が盛んな時代と地域の密教界のあり方に関するものであることをあることもあらためてことわっておく。また、このモデルはあくまで密教界の（当時の）現状を分析したものであって、このような構造がどのような歴史的変遷を経て形成されるに到ったかという形成史に関する分析は今後の課題としておきたい。

(1) 比丘僧院内の比丘、(2) 周辺の比丘、(3) 脱俗の行者、(4) 在俗の行者という 4 つの理念型が、多様な実践者たちにより構成される密教界における“価値典型的”な行者の型として、主に『八十四成就者伝』から導き出される。これら 4 つの行者型はそれぞれの論理からすればいずれも成道が可能な実践様式である。(1)(2) には優婆塞という信徒がいるように、(3)(4) にもその呪的カリスマに惹かれた信徒たちが――もちろん、(1)(2) の信徒が (3)(4) の信徒を兼ねるということもある――いる。つまり密教界に、成道をもたらす実践様式の“極”が（別の言い方をすれば中心が）4 つ並存するのである。この点で初期中世密教界は、伝統的な七衆理念が想定するような、比丘を唯一の成道の極とし、比丘僧院を唯一の中心とするという、単純な中心周縁構造になっているわけではない。もちろん、王権者たちの庇護を受け、概ね領主階層であり、サンスクリット語聖典編纂の知識と技術をはじめとする伝統知の体系的保持者である (1) が、やはり密教界において大きな影響力をもつ集団としての位置を有していたと考えるべきであるが——この意味で、聖典編纂という観点からすれば、曖昧とはいえ、ある程度の中心周縁構造は保たれていたとも言える——、成道をもたらす価値の極を彼らが独占できていたわけではない。

ここで言う比丘は世俗の職業と家庭を放棄し、具足戒という伝統仏教の出家規律を保持する現世放棄者であり、七衆理念における比丘にそのまま該当する。彼らが時に具足戒から逸脱する密教の誓約や禁戒といった実践生活規律を保持する密教実践者である場合でも、それは具足戒と矛盾しない形で限定的に保持される傾向がある。あくまで具足戒が彼らの実践生活の土台となるよう一般に方向付けられる。だがこのような比丘のあり方は必ずしも一枚岩的ではない。(1) ある比丘たちはパンディタたちが鍛え上げた伝統的思考法と伝統律（具足戒）が支配する比丘僧院内で実践生活を送る、比丘僧院内の比丘たちである。彼らは比丘僧院内の伝統的知識を一層発展させる。また (2) ある比丘たちは比丘僧院外を主な活動の場とする周辺の比丘たちである。周辺の比丘たちは比丘僧院内の比丘たちの一時的な姿であるという場合も多い。周辺の比丘たちもまた比丘僧院内の伝統的知識を発展させる役割を果たす。だがそれと同時に、彼らは活動の場を比丘僧院外の森林や仏塔や制多や、あるいは比較的規模の小さい周辺的な比丘僧院に置くため、それが長期間に渡るほど、(全員がそうであるわけではないが) 時に比丘僧院内の伝統的思考法や伝統律から逸脱した主張をもち、脱俗の行者たちと近似する性格をもつこともある。

これら (1)(2) に対して、(3)(4) は伝統的な七衆理念との間にずれを生じる行者型である。なるほど彼らの中にはかつて比丘の具足戒や優婆塞の在家戒を得ていた者たちもいるので、人によっては彼らの一部を周辺の比丘や優婆塞の一種と見なすこともある。しかし彼ら自身の意識の中では具足戒や在家戒はもはや成道のうえで決定的な意義を有するものではなく、彼らは伝統仏教の現世放棄の様式とは異なる現世放棄の様式、つまりシヴァ教など仏教外の伝統における誓約や禁戒と親近性をもつ密教のそれらを実践生活の土台に置く。彼らは比丘僧院外実践者であるので、シヴァ教など仏教外の諸伝統との接触も生じやすく、比丘僧院外の知識の発展の重要な担い手たちであった。(3) 脱俗の行者は世俗の職業と家庭を放棄し、かつ具足戒を保持せず（あるいはかつて保持していても今やそれに決定的な意義を認めず)、比丘僧院外で実践生活を送る、比丘とは異なる現世放棄者である。(4) 在俗の行者は世俗の職業と家庭を保持しながら自分の家庭ないし職場で実践生活を送る。この意味で、彼らは専門的現世放棄者ではない。だが、彼らは世事と出世間的瞑想を何らかの形で両立させる——おそらく、その多くは、普段は世事に奔走しつつも期間限定的に現世放棄者同様の実践生活を送るという形での両立——ことにより成道を得ることが保証される。この保証は、たとえ彼らがかつて在家戒を受けた者であってもこの在家戒から生じるのではなく、彼らが保持する密教の誓約や禁戒から生じるのである。この意味で彼らは、在家戒を実践生活の土台に置く純粋な優婆塞たちとは異なる。

だが (1) と (2) と (3) と (4) は互いに全く断絶しているわけでもない。それらの間には、つながりが生まれることも多々ある。それらの間には対立と調和を特徴とする複雑な共存関係が成立しているのである。ではこのつながりはどのようなものか。確認できる限りでは、知識の伝達に即して以下のようなつながり（実際には他のつながりの形もあったであろうが・・・）を導き出すことができる。

(a) 脱俗の行者や在俗の行者が師となり、周辺の比丘に比丘僧院外の知識を伝承する。
(b) 周辺の比丘が（その唯一の担い手でないにしても）比丘僧院外の諸要素を比丘僧院内の比丘たちに伝承する。
(c) 比丘僧院内の比丘が脱俗の行者へと転身することにより、脱俗の行者が比丘僧院内の伝統的知識をいくぶんなりとも受け継いでいる。
(d) 周辺の比丘が脱俗の行者へと転身することにより、脱俗の行者が比丘僧院内の伝統的知識をいくぶんなりとも受け継いでいる。
(e) 周辺の比丘が師となり、比丘僧院内の伝統的知識を脱俗の行者に伝承する。
(f) 脱俗の行者が師となり、自分の知識を在俗の行者に伝承する。

(a) と (b) は、比丘僧院外の知識が比丘たちへ、そして比丘僧院内へと伝達される過程に関するものである。(c) から (f) は比丘僧院内の知識が比丘僧院外へと伝達される過程に関するものである。この双方向の知識の伝達は、4種の行者型の間に生じる転身と師弟関係の構築を通して行われる。

こうして、転身、師弟関係の構築を通して、(1) と (2) と (3) と (4) の間には比丘僧院内の知識と比丘僧院外の知識の双方の伝達が生じ、その結果、それらの間には知識のレベルでのある程度の連続性が保たれることになる。そしてこの連続性の中で、比丘僧院内の知識と比丘僧院外の知識は複雑に融合していく。サンヴァラなどの密教の聖典群がシヴァ教など比丘僧院外的要素を多くもちつつも比丘僧院の伝統的教義も同時に多く含んでいること、具足戒逸脱的要素と具足戒迎合的要素を共存させていること——そのバランスは聖典により様々ではあるが——は、(1)(2) と (3)(4) の間に築かれる、対立と調和を特徴とする、動的な共存関係と無関係ではないだろう。密教聖典編纂のまとまった作業の多くは、それが聖典編纂に関する体系的知識を要するがゆえに、おそらく最終的には比丘僧院内の比丘たちにより行われたであろう。だが大枠的に見れば、これは上記のような (1)(2)(3)(4) の間の動的な共存関係における知識の複雑な伝承の果てに、複数の極の並存という密教界の現状を踏まえた比丘僧院内の比丘たちにより、行われたと理解するべきである。

だが以上のような4極構造から成る初期中世密教界のあり方は、それが花開く場である当時のインドの社会の構造と全く切り離されているわけではない。ヴァルナ理念に基づくものであれ、それ以外の世俗身分理念に基づくものであれ、世俗社会において高身分の者には比丘僧院内の比丘、周辺の比丘、脱俗の行者、在俗の行者という成道のための4つの選択肢があるのに対し、高身分でないものには脱俗の行者と在俗の行者という選択肢のみが実質的に存在しているという傾向が——誰かが意図的かつ組織的に作り出しているというわけではなく——結果的に生じていたと考えられる。この傾向は、比丘僧院で受戒し比丘になる者たちには高身分出自の者が多いという傾向と裏腹である。

注

1 このアプローチの示唆となった研究は、Veena Das 氏による『ダルマーラニヤ・プラーナ』(Dharmāraṇyapurāṇa) の研究［Das 1977］である。その後、Kenneth G. Zysk 氏によるインド医学史の研究［Zysk 1991］、下田正弘氏による『涅槃経』の研究［下田 1997］からも示唆を受けている。とはいえ、これら 3 氏の研究は——広い意味でのインド宗教文化を扱うという点においては共通するものの——サンヴァラとは時代も伝統も異なる対象を扱ったものであり、サンヴァラの伝統とは事情が異なる点も多いため、これら 3 氏が導き出した枠組みをそのままサンヴァラの分析に適用することはできない。だがこれら 3 氏に共通して見られる、文献資料を歴史社会学的な視点から分析する手法自体には大きな示唆を得ている。

2 初期中世期の例を挙げるならば、たとえば 7 世紀の著名な大乗学僧シャーンティデーヴァ (Śāntideva) 作『シクシャーサムッチャヤ』(Śikṣāsamuccaya) は、世俗の汚濁を離れた比丘賛美のパラグラフを多く含む『郁伽長者所問経』(Ugraparipṛcchā) 等からの引用を盛んに行い、在家という生活のあり方ではなく比丘という生活のあり方に成道上の優越性を認め、成道を目指すならば在家者も家庭を捨てて森林住者（ここでは比丘を指す）になるべき旨を主張する。また、師のあり方を 50 の頌にまとめた密教論書『師に関する 50 頌』(Gurupañcāśikā) には、正法を備えた実践者である比丘は世間の非難を受けない者であり、その他の優婆塞や沙弥も正法を備える（つまり、比丘になる）ことによりはじめて非難を免れて敬礼を受ける者となる旨を述べる (Skt ed: 4 —— saddharmādīn puraskṛtya gṛhī vā navako 'pi vā / vandyo vratadharair buddhyā lokāvadhyānahānaye //[i) —— ［注］i) lokāvadhyāna-] lokāvadyāva — Skt ed.

3 Skt ms: Śāstrī = C、Matsunami = T —— krūre ca tarkasakte ca vayasātīte ca bhikṣubhāvasthite ca dīne rujābhibhūte ca na bhāṣyam anargharatnaṃ tasya //[i) yaḥ punar agarvaḥ amāyā ca amānī ca dharmatābhiratas tathā /[ii) tasyopadeśo dātavyaḥ anyathā pātakaṃ bhavet //[iii) —— ［注］i) krūre] kūre — C.: -sakte] śakte — C.T.: vayasātīte] vayasāstīte — C.: na bhāṣyam anargha-] manargha — C./ na nāsyam anargha — T.: tasya] tasyā — C. ii) agarvaḥ] agavoṃ — C./ agarva — T.: amāyā] amāyāvī — C.: (second) ca] omits — C.: dharmatābhiratas] dharma abhirattas — C./ dharmatā abhitas — T. iii) tasyopadeśo dātavyo] tasyopadeśa dātavyam — T.: pātakaṃ] mahapātakam — C.

4 『八十四成就者伝』におけるタンティパ (Tantipa) がそうである［Tib: Rob, 62.2–68.2、Ota, 16a8–17b4］。89 歳の老齢に達し、体に不自由をきたしている織物職人タンティパは、老齢であるが故に親族からも厭われつつあったが、遍歴中であった脱俗の行者（後述）であるジャーランダラパーダ (Jārandharapāda) に教示を受けることにより成就を得て、その副作用として 16 歳の姿に若返ったと記されている。この伝記の最後はこの言葉で締めくくられている——「自らが敬い信じ、師の教示を実践するならば、このような年老いた場合であっても、マハームドラーという最も優れた成就を得ることができるのだ」(raṅ

gi dad gus daṅ bla maḥi gdam ṅag ñams su blaṅs nas na tshod rgon pa tshe ḥdi ñid la phyag rgya chen po mchog gi dṅos grub thob du ruṅ ba yin)。

5 atra catvāro vṛddhāḥ paralokehalokārtham ārādhanīyāḥ sattvaiḥ // eṣu jñānavṛddho 'bhijñālābhī muditābhūmiprāpto vajrācāryo bhikṣur gṛhastho vā pūjya daśabhikṣusamo bhagavatokta iti / tasyābhāve tapovṛddhaḥ kāṣāyadhārī, kāṣāyadhāriṇāṃ varṣāgreṇa mantriṇām abhiṣekeṇa gṛhasthācāryāṇāṃ sarvadā vandyaḥ, tapovṛddhatvād gṛhasthānām abhijñābhāvāt / śrutavṛddhaḥ paṇḍitaḥ pūjyaḥ śāsanodyotakaḥ paravādināṃ mārakāyikānāṃ damakaḥ / ete paralokārtham ārādhanīyāḥ sattvair iti // dhanavṛddho rājā ihalokabhogārthibhir ārādhanīyaḥ // evaṃ catvāro vṛddhā ārādhanīyāḥ sattvair iti //

6 仏教実践一般に関する説明ではないが、集会輪儀礼における指導者の選抜基準として説明された以下の『サンヴァローダヤ・タントラ』[Skt ed: 8.5–9] および『ヨーギニージャーラ・タントラ』[Skt ms (Baroda 13253)：18a9–b4] の文章もその一例である（『サンヴァローダヤ・タントラ』の文章をここでは訳そう）——「比丘は在家者（＝優婆塞）と沙弥の師に他ならない。[彼らにとって] 誰であれ比丘は師である。[だが誰であれ] 世間的な教誡に住する者 [も師となり得る]。[すなわち] 誰であれ有徳者は [師と] されるべきである。[誰であれ] 神通を得た者こそ [師とされるべきである]。どこかで、信仰深い施主はこれらのうち最高にして卓越した者を師という上首としてから、麗しい曼荼羅を転じるべきである（＝その師に曼荼羅を転じてもらうべきである）。既に灌頂を受けており、有徳者であり、世間 [の人々] に非難されず、十悪を完全に離れた者が師であり、集会の指導者とされるべきである。哀れみの心なく、怒りっぽく、残忍で、傲慢で、貪欲で、自己制御されてなく、自慢する者は [集会輪の指導者と] されるべきではない。施主はつねに [この点に] 賢くある [べきである]。家長（＝バラモン）、隠遁者（＝現世放棄者）、召し使い（＝賎民層）、農民（＝シュードラ）、商人（＝ヴァイシャ）のうち、正法を売る愚か者は、輪における集会の指導者ではない（gṛhasthacailakayor vāpi bhikṣur ācārya eva ca / ye kecid bhikṣur[= -kṣava] ācāryo laukike śāsane sthitiḥ / ye kecid guṇinaḥ kāryaḥ abhijñāprāpta eva ca //$^{i)}$ etanmadhye varaśreṣṭhaṃ śraddho dānapatiḥ kvacit / ācāryapūrvaṃgamaṃ kṛtvā vartayen maṇḍalaṃ śubham // etanmadhye varaśreṣṭhaṃ śrāddho dānapatiḥ kvacit / ācāryapūrvaṃgamaṃ kṛtvā vartayen maṇḍalaṃ śubham // ācāryo 'bhiṣikto guṇino lokānāṃ ca adūṣitaḥ / daśākuśalaparityaktaḥ kartavyo gaṇanāyakaḥ // niṣkṛpaḥ krodhanaḥ krūraḥ stabdho lubdho 'py asaṃyataḥ / svotkarṣaṇo na kartavyo dātā ca buddhimān sadā // yo gṛhī maṭhikābhoktā sevako lāṅgalī vaṇik /$^{ii)}$ saddharmavikrayī mūrkho na cakre gaṇanāyakaḥ // —— [注]i) -kāryaḥ abhijñā-] kāryo 'bhijñā — Skt ed. 韻律上の理由により、Skt ed に記された異読 BCIDP に従って訂正した。ii) maṭhikā-] naiṣṭhiko — Skt ed. Tib と『ヴィマラプラバー』の各所を参考に、Skt ed に記された異読 I 写本に従って訂正した。注釈は maṭhikābhoktā で「ストゥーパを享受する者」と解釈している。)。比丘が優婆塞と沙弥の師になるというのは、伝統的な〈出家/ 在家〉理念を踏襲した考え方であり、これは基本的に尊重されるべきである。しかし、それと同時に、たとえ彼が世間的な教誡に住する在家者であっても有徳であったり、神通を得た者であるならば、師となり得るのである。逆に「[バラモンの] 家長、隠遁者（＝現世放棄者)、王権者（＝クシャトリヤ)、召し使い（＝賤民層)、農民（＝シュードラ)、商人（＝ヴァイシャ）のうち、正法を売る愚か者は、輪における集会の指導者ではない」(もっとも、現実には必ずしも農民＝シュードラ、商人＝ヴァイシャというわけではないが、当時の慣習的考え方からそう意図されていると推測できる）という文章から理解できるように、たとえ彼が比丘を含めた現世放棄者であったとしても、仏法で商売して私腹を肥やすような輩であるならば、師としては不適切とされるのである。師となる条件として「既に灌頂を受けており、有徳者であり、世間 [の人々] に非難されず、十悪を完全に離れた者」も挙げられている。類似の条件は他の様々な聖典にも登場するが、ここでは七衆理念における比丘の成道上の優位性に基づく指導者性がある程度は保たれつつも、内心の状態の進展の前にそれは時に曖昧化する。比丘という地位ゆえの優位性は客観的な絶対前提とはされておらず、あくまで本人の有徳さが重要とされている。

その他、論書群に記される、集会輪儀礼における指導者の選抜に関する類似趣意のいくつかの文章については静 2002 を見よ。そこにおいて静氏は比丘の優位性を強調する方向で分析をしているが、それらの資料の多くは時に比丘が非比丘に劣位することを主張したものであるという点も強調されるべきだろう。

7 なるほど、同書に登場するナーローパーダ（Nāropāda）が『カーラチャクラ・タントラ』(Kālacakratantra）に関する注釈『セーコーッデーシャ・ティーカー』(Sekoddeśaṭīkā）を書いたとするなら、同書はカーラチャクラ系の成就者を含むことになる。しかし同書の記述自体には『カーラチャクラ・タントラ』を特ににおわせるものはない。

8 これらのうち、本章との関連で重要なのは (i) と (iii) である。Sanderson が引用あるいは内容紹介をしていない部分も含めて、ここでは (i) と (iii) の内容を簡潔に紹介しておきたい。なお原文については、Sanderson 2006 が掲載していないもののみを提供したい。

「裸の者」という名の禁戒［Skt ms: 98b1–b2］—— 実践者はつねに裸で、髪の結びを解き、全身に灰を塗り、甲冑のマントラにより自身の身体を不可視の聖なる甲冑で守る。彼は上衣も5つの象徴物も纏わない。日中、彼は各所を遊行する。その最中、供養場を見つけては神への礼拝を行い、また村を訪れては村の住人から食べ物と飲み物を乞い、得られた施物を飲食する。日中はこのような遊行と食事を行うが、夜になると彼は遊行と食事を止め、日々のお勤めの実践を開始する。彼には夜の遊行と食事は禁止されている。(nagnavrate sadā nagnau[= -gna] uttarīyavarjitaḥ //[i) bhasmoddhūlitadehas tu muktakeśaḥ sadā bhavet /[ii) yāgasthānaṃ sadā pūjyaṃ madhyāhnaṃ bhramaṇaṃ bhavet //[iii) grāme pānagare vāpi avaśyaṃ paryaṭet priye /[vi) kṛtanyāsaḥ sadā maunī pañcamudrāvivarjitaḥ // pūrvāhnikaṃ tadā kṛtvā divā[= -vāyāṃ] bhramaṇam ācaret / madhyāhnikaṃ tataḥ kṛtvā rātrau tu aparāhnikam // nakte na bhojanaṃ kāryaṃ sādhakena vrate sadā / ardharātrāhnikaṃ kāryaṃ pūjādikapuraḥsaraḥ // rātrau tu bhramaṇaṃ nityaṃ varjanīyaṃ na saṃśayaḥ /[v] vidyāvrateṣu deveśi nātra kāryaṃ vicāraṇāt //[vi] —— [注] i) -vivarjitaḥ] vivarjitam — Skt ms. ii) bhasmoddhūlita-] bhasmodhūlita — Skt ms.: muktakeśaḥ] muktakeśa — Skt ms. iii) pūjyaṃ] pūjya — Skt ms. vi) paryaṭet] paryaṭe — Skt ms. v) varjanīyaṃ] varjanīya — Skt ms. vi) kāryaṃ] kārya — Skt ms.)

「粗衣を纏う者」という名の禁戒[Skt ms: 98b2–b3]—— 実践者は道端に落ちているぼろ布を拾い、それを衣服と布冠として纏う。彼はこのようなみすぼらしい衣服をつねに纏う汚らしい者でなければならない。彼は日中各所を遊行し、食事を行う。だが夜時になるとそれらを止め、日々のお勤めの実践を行う。(dvitīyaṃ śṛṇu sāṃpratam / rathyācīraparīdhāno rathyācīrāvṛtaḥ sadā // rathyācīraśiroṣṇīso maladigdhaḥ sadā bhavet / bhramaṇaṃ pūrvam evāsya āhṇikakramam eva ca // bhojanaṃ ca tathaiveha vrate nityakucailine /)「花鬘を纏う者 (*lit*, 汚れた者)」という名の禁戒[Skt ms: 98b3–b4]—— 実践者は黒っぽい赤色の衣服を纏う。さらに、彼は自分の両手と両腕と頭と喉と両腿と両脛に、手に入る限りの花鬘をつねに巻き付ける。それらの花鬘はぼろ布でそれらの箇所に固定されている。日中、彼はこのような格好で各所を遊行し、食事を行う。だが夜になると、彼は裸になり、日々のお勤めの実践を行う。(tṛtīyaṃ tu vrataṃ vakṣye *malinaṃ[→ mālinaṃ?] śṛṇu sāṃpratam // kṛṣṇaraktaparīdhāna uttarīyavivarjitaḥ / nirmālyamālitā[→ to] nityaṃ śivanirmālyavarjitaḥ // anyeṣāṃ devajātīnāṃ nirmālyaṃ na tu varjayet / karayoś caiva bāhubhyāṃ mastake galake tathā //[i] ūrubhyāṃ jaṅghayoś caiva mālyamālī sadā bhavet /[ii] karpaṭāni ca badhnīyāc chobhanāni ca nityaśaḥ //[iii] puṣpāṇi mālayen nityaṃ yathālābhena caiva hi / bhramaṇaṃ pūrvam evoktam āhṇikakramam eva ca // rātrau tu satataṃ nagnau[=-gno] maline tu vrate bhavet / —— [注] i) karayoś] kareyo — Skt ms. ii) jaṅghayoś] jaṅghayo — Skt ms. iii) badhnīyāc cchobhanāni] badhnīyā sobhanāni — Skt ms.)

「狂気の者」という名の禁戒 [Skt ms: 98b4–99a2] [Sanderson 2006: 16 (verse 18c–27)] —— 実践者はつねに裸で、髪の結びを解き、自分の身体の諸関節と頭に糸を巻きつけ、世間の狂気に対して数々の声を発する等、狂人のように振舞いながら彼は各所を遊行する。たとえば、叫んだり、笑ったり、詠ったり、踊ったり、道端に寝たり、立ち上がったり、走ったり等、唐突な振る舞いをする。また、「私はヴィシュヌの姿をもつバラモンである。私は主であり、禁戒保持者である」「神々はすべて私の手中の奴隷となった。私は象に載ったインドラである。私を見よ」「インドラーニーは私の妻である」「私は犬である。私は豚である。私は子馬である。私は馬の体をもつ者である」と口走ったりもする。また、女性たちを見かけたら敬礼し、「あなたは母である」「あなたは姉妹である」と告げる。だがいかに狂人のように振舞うとはいっても、彼は怒ることはない。また、彼は供養の座を踏み越えることもない。彼は供養場を見つけては神への礼拝を心を込めて実践する。日中、彼はこのような遊行を行う。夜時になると彼は日々のお勤めの実践を行う。だが今までの 3 つの禁戒と異なり、彼は日中に食事を摂る事が禁止されている。彼は頭に胡麻をつけて虱を発生させ、その虱を食べる。

「髑髏」という名の禁戒 [Skt ms: 99a2–a3] [Sanderson 2006: 16 (verse 28–30)] —— 実践者は上衣を左肩からかけ、髪の結びを解き、髑髏が取り付けられた杖を携えて各所を遊行する。日中、彼は遊行を行い、瞑想に耽る。食事と日々のお勤めの実践は夜時に行われる。

「バイラヴァ (あるいは解脱者バイラヴァ)」という名の禁戒 [Skt ms: 99a3–a4] [Sanderson 2006: 17 (verse 31–33)] —— 実践者は衣服を纏い、5 つの象徴物を身に付け、髪の結びを解いて日中各所を遊行する。だが夜時になると彼は 5 つの象徴物を取り外し、日々のお勤めの実践を行う。食事も夜時に行われる。

「馬鹿者 (あるいは子供)」という名の禁戒 [Skt ms: 99a4–a5] [Sanderson 2006: 17 (verse 34–39)] —— 実践者は馬鹿者たち (あるいは子供) に囲まれ、衣服を脱いで頭に巻きつけ、粉塵や籠車や泥や杖で戯れたり等をする。彼は衣服を着て、髪を解き、各所を遊行する。日中彼は遊行と瞑想を行うが、日々のお勤めの実践は夜時に行われる。食事に関しては何も説明されていない。

「犠牲獣」という名の禁戒 [Skt ms: 99a5–b1] [Sanderson 2006: 17 (verse 39–40)] —— 実践者は人血とともに生肉のみを、手に入るだけ食べる。他のものを食べてはならない。その他の日常規則については何も言及されていない。

「繁栄者」という名の禁戒 [Skt ms: 99b1–b2] [Sanderson 2006: 17–18 (verse 41–46)] —— 実践者は剃髪し、全身に灰を塗り、5 つの象徴物を身に付け、両腕に骨の破片を付け、槍ほどの長さのカトヴァーンガ杖を左手に持ち、右手に髑髏杯を持つ。夜時、彼はシヴァの叫びを発したり、ダマル太鼓を鳴らしたり、瑜伽女やプータナーといった霊的なあるいは生身の呪的な女性たちに敬礼をしたりしながら、全ての供養場の間を遊行し、各供養場において礼拝を行う。食事も夜時に行われる。先の犠牲獣の禁戒と同様に、生肉が彼の食事の内容である。

「偉大な禁戒」あるいは「バイラヴァ」という名の禁戒 [Skt ms: 101a3–a5] [Sanderson 2006: 20–21 (verse 103–110)] —— 実践者は剃髪し、額に第 3 の眼を描く。そのうえで、彼は巻き毛の冠を被り、さらに髑髏杯で飾られた半月の冠を被る。彼は全身に灰を塗り、また両耳と頭と両腕に骨の破片を散りばめる。さらに動物の尻尾の毛で作った聖紐、花環をつけた腰帯、喉飾、頭頂にはマントラの体、腕輪、足輪を装飾として彼は身に纏う。手には槍と一体になったカトヴァーンガ杖を持つ。あるいはダマル太鼓を持ち、その音を鳴り響かせる。鈴も 1 つ、彼は身に着ける。そして彼はシヴァの叫びを発する。彼の活動区域は尸林や森や大海の岸辺といったリミナルな場所である。

9 ここで比丘僧院内の比丘と周辺の比丘と呼ぶ 2 種類の比丘は、Ray 氏による研究から示唆を受けた下田氏の類型ではそれぞれ比丘僧院で集団定住生活を送る「僧院型」と遊行を実践生活の基本様式とする「林住型」に相当する。前者には〈教義・知・言葉・悟り・官職カリスマ〉といったより制度的・集団形式的特徴が当てはまり、後者には〈経験・瞑想・イコン・救い・個人的カリスマ〉といったより非制度的・個人霊感的特徴が当てはまる。この

2つの類型は初期仏教の段階から生じている「教義に努力する比丘たち」(dhammayogā bhikkhū) と「ヨーガに専念している比丘たち」(jhāyī bhikkhū) の間の対立の延長上にある。とはいえ下田氏は「僧院型」と「林住型」を互いに没交渉のものとはとらえずに、相互に対立しつつも交渉も行われてきたといったように流動的にとらえており、ゆえに〈教義・知・言葉・悟り・官職カリスマ〉や〈経験・瞑想・イコン・救い・個人的カリスマ〉という特徴は「僧院型」と「林住型」の比丘たちそれぞれの本質定義というよりもそれぞれの傾向として理解するのが下田氏の意図である。

10 大塚は初期・中期密教の密教行者の姿を、比丘僧院内の出家の菩薩と比丘僧院外を主な活動の場とした小乗出身の密教グループに分けて考察する。前者はここで言う比丘僧院内の比丘に相当し、後者はここで言う周辺の比丘に相当する。この大塚の見解を踏まえて考察するならば、周辺の比丘同様比丘僧院外を主な活動の拠点にしつつも、彼らと異なり具足戒逸脱的な諸規定を実践生活の土台に自覚的にそえる後述の脱俗の行者たちは初期・中期密教の時代には少なくともまだ顕在的ではなかったことになる。

11 「況や(僧伽に定住せず、)糞掃の三衣にて(篤信者の)家を巡り、乞食し、蘭若では樹(下)に依って、正命で自ら居し、(少欲知足の杜多行の阿蘭若比丘であり、禅)定(と智)慧は(己)内に融(摂)して想いは(波羅提)木叉(戒本)の路に極め、慈悲は(余)外に発して心は普く(救)済の津たらんとするを標している。此(のような生活)を以って終(身)を送るのであるならば、それは上(根の者)なのである。」

12 sras kyaṅ gsum mṅaḥ ba las / yab rgyal po groṅs nas dus re shig gi tshe /$^{i)}$ rtsis mkhan la sras gaṅ gi rgyal srid zin pa rtsis byas pas / de na re / sras bar pas rgyal srid gzuṅ na chab srid brtan pa daṅ ḥkhor ḥbaṅs skyid pa la sogs paḥi yon tan yod do shes zer ba daṅ / yab kyi rgyal srid de la gtad de / gcen daṅ gcuṅ daṅ ḥbaṅs thams cad kyis kyaṅ rgyal tsab du dbaṅ bskyur ba daṅ / des ma ḥdod nas ḥbros par brtsams pa las / gcen gcuṅ ḥbaṅs rnams kyis de gzuṅ nas gser sgrog gi lcags su bcug pa daṅ / rgyal bu des ḥkhor daṅ btson bsruṅs kun la gser daṅ dṅul la sogs paḥi bya dgaḥ sbyin nas / mtshan la gos tshem bu can gyon te /$^{ii)}$ skyel ma la ḥaṅ gser la sogs paḥi brṅan pa byin nas / rgyal po rā ma pā laḥi yul ra me dgaḥ byed dbaṅ phyug śwa rar phyin pa daṅ /$^{iii)}$ stan dar zab las byas pa bor nas kṛ ṣṇa sā raḥi stan la ḥdug / gnas rgyal sa spaṅs nas thal baḥi naṅ du ñal lo // rgyal bu de gzugs bzaṅ shiṅ lta na sdug pas /$^{iv)}$ kun gyis bzaḥ ba daṅ bcaḥ ba la sogs pa mi brel ba sbyin no // de nas rdo rje gdan du byon pas mkhaḥ ḥgro mas rjes su gzuṅ ste gdams pa bstan no // rgyal po raṅ gi bshugs pa sā li pū trar byon pa daṅ / mi kun gyis zas byin pa za shiṅ dur khrod du ñal gyin ḥdug pa las /$^{v)}$ tshoṅ ḥdus su byon nas chaṅ tshoṅ maḥi gnas su phyin pa daṅ / chaṅ tshoṅ maḥi gtso mo de ni ḥjig rten gyi mkhaḥ ḥgro ma gcig yin pas / ・・・(中略)・・・rnam rtog daṅ mtshan ma spaṅs te / ña pas gaṅgā nas ña bsad paḥi rgyu ma sa la [b]skyur ba rnams blaṅs nas / de za shiṅ lo bcu gñis kyi bar du bsgrubs te / ・・・(中略)・・・dṅos grub thob bo // —— [注] i) groṅs nas] groṅ nas —— Ota. ii) gyon te] gyon ste —— Ota. iii) rā ma pā laḥi] lā ma laḥi — Ota.: dbaṅ phyug] dbaṅ phyug de — Ota. iv) lta] blta — Ota. v) ñal gyin] ñal gin — Ota.

13 de nas rgyal po raṅ ñid kyis seṅ geḥi khri la za ḥog la sogs paḥi stan naṅ tshaṅs can daṅ rṅas la sogs paḥi steṅ du btsun mo daṅ blon poḥi tshogs daṅ rol moḥi bye brag sna tshogs pas bskor nas bsgoms pas / mtshan yaṅ loṅs spyod pa ḥam sgeg pa la sogs pas lī la pa shes grags so // ・・・(中略)・・・ phyag rgya chen poḥi dṅos grub thob ste / mṅon par śes pa la sogs paḥi yon tan du ma daṅ ldan no //

14 本稿が脱俗の行者と考えるドーンビーパ（Ḍoṃbīpa）(『八十四成就者伝』には 2 人のドーンビーパ（王族出身のそれ、洗濯人階級のそれ）がいるが、このドーンビーパは前者である。前者の伝記は 4 番目、後者のそれは 28 番目に収録されている）とガンターパ（Ghaṇṭāpa）は妻帯をして実践している。彼らの妻帯に関して、前者には「シュードラの女をめとった (rigs ṅan ma blaṅs so)」[Tib: Rob, 21.4、Ota, 6b4]、後者には「私の妻（ṅaḥi chuṅ ma)」[Tib: Rob, 217.2、Ota, 47b6] という言葉が用いられている。その意味で彼らは在俗の行者とすべきであるようにも思われる。しかし、彼らの妻は基本的に自分たちのもともとの身分（王、比丘）に相応しない者たち（シュードラ、娼婦）であり、彼らは彼女たちと結びつくことによりその社会的地位を失っている。さらに彼らが正規の婚姻（vivāha）の儀式を正式に行っていた痕跡もない。王であるドーンビーパがシュードラの娘と共にしていたことを人々は 12 年間知らなかったという。これは 2 人の結婚が非公式的なものであったことを示している。だが人々がそれを知ると、王は王位を退いている [21.3–5/ 6b3–b4]。また、名の高い比丘であったガンターパが娼婦と結びついたことを娼婦の母や王たちは 3 年間知らなかったというが、これもまた 2 人の結婚が正式なものではなかったことを意味している。そしてこの結婚は（当然だが）「破戒」として位置づけられ、彼は比丘としての人々の尊敬を失っている [Tib: Rob, 215.4–216.1, 220.2、Ota, 47a8–b2, 48b1]。このように彼らの結婚は社会的に正当なものではない。彼らの「妻」は世俗的な意味での妻というよりも密教の実践のパートナーである荼枳尼としての妻として解釈すべきである。彼らはともに彼女たちとの性ヨーガによって成就を得ている。このことに加え、彼らは世俗の職業を放棄し、遍歴ないしは人気のない林中で実践生活を送っており、また特にガンターパはそれらを放棄した脱俗の行者たちと同種の（次節に述べる）ストーリー展開（これは在俗の行者のそれと対比的である）で描かれている。『八十四成就者伝』は彼らを在俗の行者たちとは違う、職業・家庭を放棄した脱俗の行者たちと同意義をもつ、脱俗の行者の一員として扱っているように感じられる。

15 初期中世期のこのような優婆塞の例としては、『南海寄帰内法伝』第 35 章 [宮林・加藤 2004: 369] における在家の篤信者のあり方を挙げることができる——「(在家、すなわちたとえ) 居家に処たとしても、私室（妻の意か？）に染まらず端然しく一体であり（、性的接触を絶ち、心には世間からの）出離を希うのである。」

16 『南海寄帰内法伝』第 10 章［宮林・加藤 2004: 115–116］には、義浄が自分の目で見た比丘ラーフラミトラの実践生活のあり方について、「具（足戒）を受けてからは女人とは曽て（対）面して（ものを）言ったことがなく、（たとえ）母や姉が設し来たとしても（自房から）出ていって、ただ觀る而巳（で言葉は交わさなかったの）であったのである」と説明している。この説明は、比丘の身内のものが時に比丘僧院に訪れ、今や比丘となった身内の者と面会することがこの時期にも度々あったことを示唆している。

17 so ma pū riḥi gtsug lag khaṅ chen du / rab byuṅ bsñen rdsogs ḥdul khrims legs par bskyaṅs / sṅa maḥi las ḥbrel dbaṅ gi sprul pa yi / dbaṅ bskur byin rlabs gdams pa yaṅ dag snaṅ / rnam par rtog pas lo ni bcu gñis su / sgrub pas rmi ltas tsam yaṅ ma byuṅ nas / ṅal baḥi sems kyi[s] gśe shiṅ phreṅ ba skyur /$^{i)}$ de nas *mkhaḥ ḥgroḥi[= mkhaḥ ḥgro maḥi] gsuṅ gis snaṅ ba sbyin / deḥi rkyen gyis khams kyi nus pa brtas / ḥkhor baḥi mtshan ñid yaṅ dag legs rtogs te / rtog med spyod pa bdag gis spyad byas pas / yod par smra baḥi dge ḥdun kun gyis kyaṅ / ḥkhrul bcas dag tu rtogs nas gnas nas phyuṅ / de dag kun kyi rtogs pa ḥjoms slad du / chu la byiṅ ba med par bsam gtan byas / ga ṅgā gyen la bsgyur nas sna tshogs zos / ñi ma gter bar bcug nas ḥdod yon spyad / phyi paḥi lha rten bkas nas ṅa rgyal bcag / de vī ko tir phra men tshogs rnams btul / ma hā de vas yon tan mṅon phyuṅ nas / groṅ khyer sprul nas bdag la bsñen bkur byas / —— ［注］i) gśe shiṅ] śe shiṅ — Rob.

18 de nas yaṅ lo bcu gñis bsgrubs pas dṅos grub thob nas「その後 12 年間の修行により [ヴィルーパは] 成就を得てから・・・」

19 bi rū pas dge sloṅ gi rtags bskyur nas rnal ḥbyor paḥi spyod pa mdsad de。なお、Tib Rob では bskyur nas が bsgyur nas になっている。

20 dpal nā la ndāḥi gtsug lag khaṅ na phar gśegs te / ・・・raṅ ñid kyis slob dpon maṅ po la gdam ṅag shus kyaṅ rtogs pa ma skyes nas / yul lho phyogs kyi rgyud na slob dpon klu sgrub pa shugs paḥi gtam thos nas ・・・phyin pa daṅ /「[カルナリパは] 吉祥ナーランダーへと立ち去り、・・・自ら多くの師に教示を求めたが悟りを生じず、南方地帯の地に師ナーガールジュナがいらっしゃるという話しを聞き、・・・[ナーガールジュナのもとへ] 行った時・・・」

21 bdag gi skye ba ḥdi ḥdra baḥi don med pas ci shig bya sñam nas ・・・slob dpon gyis chos gos bor nas tshem bu gcig bsnams / khyim du yi ge bris nas bor ste /「このような [比丘僧院での] 私 [=ティローパ] の生は無意味なので、どうするべきかと考えてから、・・・師は上衣を捨て、ぼろ布をぬい合わせただけの衣を一着まとい、ご住居に手紙を書いて [=置き手紙をして] から [僧院を] 捨て・・・」

22 khyod rab tu byuṅ yaṅ rgyal poḥi tshul ltar ḥkhor daṅ ḥdu ḥdsiḥi naṅ du bshugs pa ḥdi mi dgaḥ ba yin shes smras pa daṅ / sras kyis(Robinson 版は kyi とする) ḥo na ci tsug bgyi shes shus pas / dgon par ḥdu ḥdsi spoṅs la ḥdug cig zer bas /「あなた [＝カンバラ] は出家したのに、王のあり方のように従者との喧騒の中にいます [が、] このことが嬉しくないのだと [母が] 言ったので、息子 [＝カンバラ] はそれではどうしましょうかとたずねると、[母は] 人気のないところで喧騒を離れていなさいと言ったので・・・」

23 ただし比丘に対して“ヨーガ行者”の呼称を用いている場合が1箇所だけある。「師チャマリパ（Camaripa）の伝記」では一度だけ比丘が「ヨーガ行者」と呼ばれている。この問題については本章第5節で触れる予定である。

24 また、このことは、R.S.Sharma をはじめとする歴史学者たちの間では周知の事柄である。なお、歴史学者たちの間では、比丘僧院への土地寄進はしばしば「インド的封建制」（Indian feudalism）の議論の中で論じられる。「インド的封建制」と仏教の展開をめぐる歴史学者たちの議論について、簡潔にまとめておこう。

グプタ朝後期から徐々に始まる新たな社会経済の構造は、Sharma 氏も含めたインドの歴史学者たちによりしばしば「インド的封建制」と呼ばれる。歴史区分の方法には様々な観点が存在するが、社会経済的な観点から歴史区分を行う姿勢をもつ研究者たちは、この「インド的封建制」の開始をもってインドの中世の始まりと見なす。なぜ「封建制」の頭に「インド的」という言葉をつけるのかというと、西洋で発生した封建制との間に見られる類似性と異質性を意識してのことである。

「インド的封建制」の内容がどのようなものか、それをどのように理解すべきかについては研究者の間に相違が見られる。Sharma 氏が描く「インド的封建制」の内容は以下のようなものである。476年の西ローマ帝国の滅亡によりインドの交易行がダメージを受け、その結果インドの都市経済・貨幣経済が衰退するのと並行して、世俗の支配者層は農村へと着目し、自らが自由に享受できる土地（agrahāra）として多くの農村を支配するようになり、多くの藩侯（sāmanta）あるいは農村群の領主（māṇḍalika、maṇḍaleśa 等）へと成長する。それまで商人や都市経済に基盤を求めていたサンスクリット宗教の聖職者たち（主にバラモンたち）・教団も同様に農村の領有へと目を向けるようになる。経済・人の移動のネットワークは狭められ、領地となる農村の集まり（maṇḍala）毎の閉鎖的かつ自給自足的な経済が中心を占めるようになる。王権者から家臣への報酬、そして世俗の支配者層から聖職者たちへの寄進は、農村等の土地の付与という形をとるようになる。このような、農村を基盤とした新たな地域閉鎖的・自給自足的社会経済の構造が Sharma の描く「インド的封建制」であり [Sharma 1965]、この発想の原型は彼に先行する D.D. Kosambi 氏にある。

歴史学者たちの中には、Sharma 氏が想定する「インド的封建制」が――全く皆無ではなかったにしろ――どの程度普遍的なものであったかが疑問視する者たちもいる。彼らは「インド的封建制」という用語で括れるような、古代の社会経済の体制と初期中世の社会経済の体制を区別し得る大きな構造変化がインドに広く生じたとは見ない。D.C. Sircir 氏はその代表格とも言えるが、氏は「インド的封建制」という用語の代わりに「領主制」（Landlordism）という用語を用い、古代の社会経済のあり方との連続性を保とうとする。果たしてこの時期にインドの交易行や都市経済や貨幣経済が広い範囲で実際に衰退し、それと代替的に農村経済を基盤とする自給自足の経済体制が普遍化していったかどうかは疑問視されるし、報酬形態として農村等の土地の付与が普遍化したかどうかについても疑問視される。仏教が関連している東インド地域、殊にベンガル湾地域の交易行は東南アジアを相手とした地域であるから、Sharma 氏の「インド的封建制」論がどこまで普遍性を保っているかには慎重になる必要がある。

だが Sharma 氏の「インド的封建制」論はやや単純すぎるきらいがあるため、「インド的封建制」論者の中にもより緩やかにそれを理解しようとする者たちも多い。貨幣経済の衰退およびそれに伴う商人たちの没落および都市の衰退から封建制への移行、すなわち古代から初期中世への移行に対し「瓦解」「衰退」といった用語で把握しようとする Sharma の見解に対し、O. Prakash 氏は理解の方向性の転換を主張する。Prakash 氏は経済的変化に関する彼らの見解を受け入れつつも、彼らが都市と農村を対立するものとして理解することにより「都市の衰退と農村への退行」として時代の変化を描く彼らの解釈の方向性を批判し、都市と農村を連続体として把握する旨を主張することによって、古代から初期中世への移行を‘社会経済的な退行減少ではなく、準農村的・農村政治的レベルでの前例なき成長と前進’‘前政治的・準農村的な状態にあった初期中世の人々を封建的な状態へと持ち上げる’ものとして進歩的に理解する方向性を主張している［Prakash 1988–1989］。また B. Chattopadhyaya 氏は、Sharma 氏の“「貨幣経済を中心とする」古代的経済体制の「崩壊」から「農村経済を中心とする」中世的経済体制へ移行”という経済史の描き方、すなわち古き体制が新しい体制に取って代わられるという歴史の描き方を批判し、新たな理解の方法を提示する。確かに貨幣経済は衰え、都市も衰退の傾向を見せはしたが、それはあくまで比較の問題であり、中世の時代においても貨幣経済が依然行われている地域はあったし、また相変わらず繁栄を見せていた都市も少なからずあったことに彼は着目したうえで、初期中世の時代の経済のあり方を“古代的要素を引き継ぎつつ、そこに新たに農村経済という局面が重要事として導入されたもの”と考える［Chattopadhyaya 1994：chap.1］。また B.N. Yadava は彼らよりも一足早く、貨幣経済と都市の衰退および商人の没落という変遷は認めつつも、古代と中世の社会・経済体制の相違は、中世と現在のそれほどは異なってはおらず、古代の伝統の多くが中世にも維持されている旨を主張している［Yadava 1987：93］。

その他、インドの社会経済体制の封建化に関する賛否の議論は V.K.Thakur 氏が詳しくまとめている [Thakur 1979-80]。その中で Thakur 氏は Kosambi 氏や Sharma 氏の封建化論に対して賛意の態度を示し、それに反対する Sircar 氏などの見解を資料の不適切な扱いによる誤解として退けている。

ともあれ、Sharma 氏は自らの「インド的封建制」論のうえに立って、ある有名な仮説を提唱する。それは、「グプタ朝後期から徐々に誕生した新たな社会経済の構造であるインド的封建制がタントラという宗教運動を生み出した」というものである［Sharma 1987a］。「インド的封建制」という新たな社会経済の動向の中で、サンスクリット宗教の聖職者たち・教団は、従来サンスクリット文化の枠外にあったアボリジニ（mleccha）たちが生活する土地を、前時代にも増して一層寄進されることになり、聖職者たち・教団もそれを歓迎する。アボリジニ地帯の領主となった聖職者たち・教団は、それら部族民たちを新たにヴァルナ＝アーシュラマ理念における農民シュードラや賤民階層として儀礼的に農奴として位置付け、アボリジニ地帯の農地開発や農業生産向上を図る。こうして、「インド的封建制」の重要要素である土地寄進の実践を通して、アボリジニたちが生息する周辺地域ではサンスクリット的な社会宗教文化とアボリジニたちの土着の社会宗教文化がダイナミズムを引き起こし、その結果、それら双方の要素を多分に含むタントラの伝統が誕生する。アボリジニたちの間では性的儀礼は農耕儀礼の重要要素を占めていたため、このダイナミズムの産物であるタントラの伝統ではヴェーダ以降のサンスクリット的宇宙論・実践論と性的儀礼の融合がしばしば見られることになる。領主が仏教の比丘僧院の場合、アボリジニたちをヴァルナ＝アーシュラマ理念に基づいて再構成することはしなかったが、仏教もサンスクリット宗教の枠内にある以上、やはりサンスクリット宗教文化とアボリジニたちの宗教文化の融合が生じ、仏教のタントラが発生することになる。

これが Sharma 氏のタントラ発生論である。その内容には再検討すべき点も少なくないが、タントラの発生を社会経済史の変化とのかかわりで説明しようとしたところに大きな意義がある。なお、この Sharma 氏の手法は他の研究者たちにも影響を及ぼしている。たとえばプラーナ聖典（purāṇa）の伝統の発生と展開を「インド的封建制」の発生と関連させて分析を試みたものとして、Gadkari 1996 がある。その他、サンスクリット文献の中にしばしば説かれる「カリ・ユガの到来」の主張を、「インド的封建制」への社会の変化とも関連させて説明を試みたものとして、Sharma 1987b、Singh 1983–1984 がある。

25 ただし比丘は時に主人公たちを導く師としてわき役でいくつかの伝記に登場する。本章第 5 節を見よ。

26 Tib: Rob, 68.5–69.1、Ota, 17b6 —— deḥi gam du rnal ḥbyor pa shig ḥoṅs pa la des lham gyi bzo ḥphro bor nas dge sloṅ deḥi shabs la phyag byas te …

27 Tib: Rob, 235.2、Ota, 51a8。(Tib) Rob, 279.1、Ota, 59b8 —— [パチャリパ] ḥphags pa spyan ras gzigs dbaṅ phyug dge sloṅ shig tu sprul nas deḥi gam du byon pas 「聖観自在はある比丘に変身してから、彼 [＝パチャリパ] のところにやって来て・・・」、[サカラ] lam khar ḥphags pa spyan ras gzigs kyis dge sloṅ shig tu sprul te ḥjal bas ṅo ma śes pa la 「道端で聖観自在がある比丘に変身してから、[その比丘をサカラは見て] よくよく考えたが顔を知らなかった時・・・」

28 ṅas ni smra ba gtso bor byas śiṅ sgrub pa gtso bor ma byas pas don daṅ ma phrad na ・・・tog tse pas dben paḥi sa phyogs su bla ma la chos kyi skuḥi yon tan du ma yaṅ bstan / 「私 [＝シャーンティパ] は教学論議を第一とし、実践を第一としなかったので、目的に到達しなかった。ならば・・・コータリは人気のない所で師 [シャーンティパ] に法身の多くの功徳について再び説いた」。このコータリはシャーンティパのかつての弟子なのだが、いまだ成就を得てないシャーンティパに対して、かつて自分がシャーンティパから受けた教示をシャーンティパに授け返すのである。

29 gos tshen bu daṅ zas bsod sñoms ni mchog yin pas ñid kyaṅ ḥdi ḥdra ba la rten dgos。

30 khyod med paḥi sdug bsṅal ḥdi ḥdra bas ci byed / de bas chos mi byed dam。

31 Tib: Rob, 135.2、Ota, 30b8。Tib: Rob, 124.5–125.1、Ota, 29a1–a2 —— [カンカナ] rgyal po na re / gos tshem bu skyug bro / kha phor thod pa daṅ zas *lhag rol (lhag ma la — Rob) skyug bro bas / ḥdi bdag gis mi nus so shes shus pa daṅ /「王は言った。[すなわち]『ぼろ布をぬい合わせただけの衣には嫌気がさす。頭蓋骨の鉢と残飯には嫌気がさすので、私はこれ [=脱俗の行] を [することが] できない』とお願いした時」。[カンディ] bskyed rdsogs zuṅ ḥjug gi gdam ṅag byin nas / de *bsgoms (sgoms — Ota) pas gos ḥtshem paḥi rtog pas sgom du ma ḥdod pa daṅ / de na re / rnal ḥbyor pa bdag rtog pas gyeṅs nas sgom du mi ḥdod par ḥdug shu ba la /「[師が] 生起 [次第] と究竟 [次第] の教示を授けてから、彼 [=カンディ] は観想したが、裁縫の分別により観想を望まなかった [=できなかった] ので、彼は言った。[すなわち]『ヨーガ行者よ、私は分別により心乱され、観想を望んでいません [=できないでいます]』とお願いした時」

32 gdu bu ḥod zer legs ḥphro ba /[i)] ltos śig raṅ sems ñid kyaṅ bde /[ii)] phyi yi rkyen sogs du ma yis /[iii)] kha dog du ma ḥbyuṅ gyur kyaṅ / de yi raṅ bshin ḥgyur ba med / de bshin sna tshogs snaṅ ba yis / dran rtog du ma ḥbyuṅ gyur yaṅ / sems ñid rin chen ḥbar ba bshin / —— ［注］i) legs ḥphro ba] phags ḥphro ba — Rob.　ii) kyaṅ] omits — Rob.　iii) phyi yi] phyiḥi — Rob.

33 rgyal pos phyag g'yas paḥi gdu bu la sems gtad nas bsgom pas ḥdod yon steṅ du sems ñid ṅo ḥphrod nas zla ba drug na dṅos grub thob te。

34 des dbaṅ bskur nas bskyed rdsogs gñis kyi gdams pa gnaṅ ba ni / ma rig paḥi rdsas las / ñon moṅs rnam rtog ḥdam phyuṅ ste / sred len ḥkhor los rigs drug gi / rdsa byas ye śes me yis bsreg /

35 ここに挙げたカンカナとクマリパ以外の例として面白いのは、琵琶の演奏・鑑賞に没頭し、彼本来の仕事を省みない王子ヴィーナパ (Vīnapa)、嘘をつくことを常としていたシュードラであるタガナパ、さいころ賭博に明け暮れるシュードラであるタンデーパ (Tandhepa) のエピソードである。彼らはそれぞれ、琵琶の鑑賞、嘘をつくこと、さいころ賭博を象徴的代替物として無分別の瞑想と両立させ、成就を得ている ([ヴィーナパ] Tib: Rob, 52.3–4、Ota, 14a5–a7。[タガナパ] Tib: Rob, 106.1–5、Ota, 25a4–b3。[タンデーパ] Tib: Rob, 153.3–5、Ota, 34b1–b4)。なお、タガナパとタンデーパは脱俗の行者である。この種の瞑想は在俗の行者の専売特許ではない。ただ在俗の行者の場合、象徴的代替物が彼が通常携わる世俗的営為になる場合が多いということである。また、脱俗の行者も場合によってはそれを行うからこそ、その技法を在俗の行として在俗の行者に伝授することができるのであると考えられる。

36 unmattavratam āśritya tattvādhiṣṭhitamānasāḥ // sidhyante janmanīhai-va guhyacaryāgralīlayā / yadi vātha na śaknoti tyaktuṃ veśma suvistaram

// śrīguhyasiddhinirdiṣṭāṃ caryāṃ vātha guṇodbhavām / tadā veśmasthito bhūtvā samayān guptam ācaret // lokācārakaniṣṭhas tu yathā bhedo na jāyate / rātrau tu prakaṭo bhūtvā kṣīrābhyāsaikatatparaḥ // mudrayā saha kurvīta viśvāsinyā na cānyathā /

37 Tib: Rob, 176.3–5、Ota, 39a6 —— de dag gi mkhan por shus pas ma gnaṅ bar / chos gos daṅ lhuṅ bzed la sogs pa rab tu byuṅ baḥi yo byad dkon mchog daṅ gtsug lag khaṅ du phul nas / mkhan po *daṅ dge ḥdun (dpaṅ le ḥdun — Tib Rob.) gyis ma tshor bar bros phyin te /「彼ら [=ナーランダーの比丘たち] のパンディタになるようお願いしたが、[ブスクは] 同意せず、上衣と鉢など出家者の必需品を [三] 宝と僧院に渡し [=返却し]、パンディタと僧伽に気付かれないように [ナーランダーを] 逃げ去ってから・・・」

38 酒を飲んだことによりバラモンの高潔さを損ねたとして他のバラモンたちにより訴えられたバラモン家系のサラハパは、王の前で試罪法にかけられる。しかしその中で、サラハパは沸騰したバター油の中に手を入れても火傷せず、水の中に入っても沈まず、どんなに重い重しと秤にかけてもサラハパの方が重かったという不思議な能力を示した。これにより、サラハパを訴えたバラモンたちやそして王もまたサラハパを敬礼し、彼に教示を請うた。

39 バラモン（バドラパ）のもとにある日シュードラのような風貌で髑髏杯を持つヨーガ行者（脱俗の行者）が訪ね、バラモンに対し食べ物を乞うたが、バラモンはそのヨーガ行者を穢れているとして施食を拒んだ。するとヨーガ行者は本文に記したような主張を行い、バラモンを回心させた。

40 Mohapatra 1995: 95, 100 等。東インドの社会構成に与えられた儀礼的身分制の理念としてのヴァルナ制においては、歴史学者たちはしばしばクシャトリヤ階層とヴァイシャ階層の欠如あるいはその稀少さ（つまり、大勢としてはバラモンを頂点にし、シュードラがそれに続く）を指摘する。Mohapatra 氏によれば書記官（karaṇa-kāyastha）は『ブリハッダルマ・プラーナ』(Bṛhaddharmapurāṇa、Mohapatra 氏によれば 12 世紀頃) においてシュードラに位置付けられるが、このプラーナではクシャトリヤとヴァイシャが欠如しており、かつ書記官はシュードラの最高位であるとされているので、書記官はバラモンに告ぐ身分ということになる。

41 だが、この浄不浄観の浸透を以って、ナーランダー比丘僧院内に密教化が進展していた証しとする宮林と加藤の見解には注意を要する。氏らはこの浄不浄観を「正しく密教の原理そのもの」と述べているが、この理解は必ずしも正しくない。また、その他具体的に何か密教の聖典や儀礼その他の実践がナーランダー比丘僧院内で盛んに行われていたかというと、このような跡を『南海寄帰内法伝』に見出すことは難しい。しかし Nālandā 碑文 2 は、極簡潔ではあるが、密教行者たちとナーランダー僧院の何らかの関係を示唆している。このことから、義浄がナーランダー比丘僧院を訪れた時の状況はともあれ、初期中世期のナーランダー僧院に密教化が何らかの形で進展したこと自体は事実であろう。

42 碑文資料を見る限り、王権者による土地寄進という観点からは、いささか単純すぎるきらいはあるが、以下のような宗教間区分の大まかな傾向を導き出せる。便宜上、仏教と非仏教の二項に分けて図式化してみよう。

	〈仏教〉	〈非仏教〉
〈寄進対象〉	比丘僧院	正統派バラモンあるいは 正統派バラモンが指導する教団
〈非寄進対象〉	その他の教団	その他の教団

もちろん比丘と非仏教のバラモン学者たちの間では激しい教義論争が行われ、彼らの視点から見れば〈仏教〉vs〈非仏教〉という対立構図が重要である。だがここにまとめたように、少なくとも土地寄進の実践においては、〈仏教〉vs〈非仏教〉という宗教間の区別よりもむしろ〈比丘僧院・正統派バラモン〉vs〈仏教・非仏教の非正統派教団〉というそれぞれの宗教伝統内部の層の区別の意識の方が、王権者たちに強く働く傾向が見られるのである。

第2章　多次元的な聖地群の諸伝承

はじめに

聖地が宗教の重要構成要素の１つであることは言うまでもない。サンヴァラでは、他の密教伝統と比較しても聖地が様々な局面で重視される。サンヴァラの聖地体系にはいくつかの大きな伝承があり、かつその実践にはいくつかの次元がある。サンヴァラの聖地に関して多くの検討・言及がなされてはきたが、従来の研究はこの聖地体系に関する基礎データの抽出とその意味の理解を部分的にしか行っておらず、本来互いに区別されるべき諸伝承や諸次元がしばしば混乱したものになっている。この章ではサンヴァラの伝統に登場する聖地体系を可能な限り網羅的に抽出し、それらを大きな伝承毎にまとめあげ、そして聖地実践に見られるいくつかの次元を類型化することにより、サンヴァラの聖地体系の全体像を明らかにすることを目的とする。

1　聖地体系の３つの次元

議論の出発点として、個々の聖地名は単に特定の土地を指す地名であるのみならず、象徴作用をもつ特殊な用語でもあると定義することには意義がある。個々の聖地名をそれがもともと指し示す特定の土地から切り離し、別の土地にあてがったり、あるいは特定の土地とは独立した聖地曼荼羅の形態に組織化することが可能である。同様のことは、聖地の尊格名についても言える。聖地名や尊格名が付与された土地や尊像や曼荼羅は、この伝統の実践者たちにとっては、サンヴァラの神性と意味を有する土地あるいは媒体となり得るのである。

表 **2–1**　聖地群の諸次元

<table>
<tr><td rowspan="2">外的聖地群</td><td>(A)〈土地としての外的聖地群〉</td><td>土地としての聖地群</td></tr>
<tr><td>(B)〈土地から分離した外的聖地群〉</td><td rowspan="2">土地から分離した聖地群</td></tr>
<tr><td>内的聖地群</td><td>(C)〈内的聖地群〉</td></tr>
</table>

以下で検討する聖地体系の 3 つの次元は、聖地の性質に関する上記の定義と大いに関係している。

1.1　3 つの次元

実践という観点から聖地体系の諸次元を類型化するならば、表 **2–1** のようになる。聖地には 3 つの次元がある。すなわち、(A)〈土地としての外的聖地群〉、(B)〈土地から分離した外的聖地群〉、(C)〈内的聖地群〉、である。

(A) の次元の聖地群は、特定の霊性と結びついた特定の土地を指す。実践者は自らの足で、あるいは何らかの乗り物を利用して、これらの地を巡礼する。現地ではサンヴァラ系の尊格たちや荼枳尼たち――彼女たちが生身であれ霊的存在であれ――を対象とした供養儀礼や瞑想などの実践を行う。あるいはそこに赴かなくても、その地は霊的に高い地であると観念される。

(B) の次元の聖地群は、描かれたり観想されたりする外的曼荼羅や、あるいは念誦される韻律句という形態をとる。巡礼の効果が、あるいは後述するようにそれ以上のものが、外的な聖地曼荼羅を描いたり観想したりすることや、聖地をたたえる韻律句の念誦に求められるのである。

(C) の次元の聖地群は、人の身体構成と同一視される内的曼荼羅という形態をとる。この次元は、ヘーヴァジュラ系およびサンヴァラ系で展開する倶生（sahaja）という真理観と密接である。倶生の体系によれば、人の生来の身体は成就を得るための手段を完備しており、したがって人は自身の身体を離れて成就を得ることはできないとされる。

これら 3 つの次元のうち、ここでは特に (A) の次元について、その詳細を検討しておこう。

1.2　土地としての外的聖地の状況

ナーローパーダ（Nāropāda）に帰される『チャクラサンヴァラ神変』（Cakrasaṃvaravikurvaṇa）は、サンヴァラの 24 の聖地のそれぞれの地理的位置と現地の具体的様子を記述し、さらにそれらをサンヴァラのコズミック・オーダーの中に位置付ける試みを行っている［Tib: Ota, 126a4–129a5][1]。サンヴァラのコズミック・オーダーについては主に本章第 3 節で検討することにし、ここではこれらの聖地の地理的位置と具体的様子をめぐるいくつかの重要な点に議論を集中したい。

同書によれば、サンヴァラの 24 の聖地の半数には聖地の中核として何らかの石の標識（聖石）があるという。これらの聖地は以下の通りである。（括弧内は同書が述べる各聖地の地理的位置である。曖昧なものが多い。それが付されていない聖地は、同書において地理的位置の説明が与えられていないものである。）――ゴーダーヴァリー（Godāvarī）、マーラヴァ（Mālava）、カーマルーパ（Kāmarūpa）、トリシャクニ（Triśakuni：トルコ系民族が住む地域にある、ガンジス川とヴァクシュ川とインダス川の 3 つが集まっている地）、ランパーカ（Lampāka：蛮族が居住する地の背後にある地）、カーンチー（Kāñcī：トルコ系民族の居住地から 12 ヨージャナ離れた場所にある大きな町）、ヒマーラヤ（Himālaya：カイラーサ山）、プレータプリー（Pretapurī：チベット境）、グリハデーヴァター（Gṛhadevatā：コータン地区）、ナガラ（Nagara：ランカープラ Laṅkāpura あるいはカシュミーラ Kaśmīra）、シンドゥ（Sindhu：聖地ジャーランダラとトルコ系民族居住地域の間に位置するインダス川流域）、マル（Maru：聖地ジャーランダラの北方の、成就者たちが瞑想を行う岩穴のある場所）。これらのうち、ゴーダーヴァリーにある聖石はシヴァリンガ（śivaliṅga）であると明記されている。マーラヴァ、カーマルーパ、トリシャクニの聖石は法蔵（dharmodaya）であるとされている[2]。

Tho liṅ――同一の Tho liṅ という名をもつ地は、11 世紀頃に密教寺院が存在し、翻訳作業が行われた地でもあった［桜井 1996: 29, 45］――の川であるŚa ba ru pa と、Gar shi の川である Byi pa śa と、Śi ka の川である Mer ba という 3 つの川が合流する谷間に大きな町があり、そこから 1 クローシャ外れたところに、かつて成就者たちが坐した 80 の岩穴と 80 の泉と 80 の木の根がある岩山があり、その中央部には流れの激しい、非仏教徒やシカ（Śi ka）の土地の者たちが沐浴する水路がある。『チャクラサンヴァラ神変』はこれを聖地ジャーランダラ（Jālandhara）であると説明する。上記の説明は、ジャーランダラという聖地が異教徒と現地人が雑居する地であったことを示唆する。また、同書は東インドのヴァレーンドラ（Varendra）の町から 4 クローシャ外れに De so pa la 王（パーラ王朝のデーヴァパーラ devapāla を指すかどうかは不明）が創建した神殿があり、そこにはシヴァの妃であるウマー（Umā）の神像があると述べ、その地をデーヴィーコータ（Devīkoṭa）であると説明する。この説明は、同地におけるシヴァ教徒たちの活動を示唆する[3]。

なお、7 世紀——サンヴァラの伝統が形成される 1 世紀半から 2 世紀程前——に編纂された『大唐西域記』は、ランパーカやオーディヤーナ（Oḍyāna）やカシュミーラ（Kaśmīra）やジャーランダラやクラター（Kulatā）やプラヤーガ（Prayāga）やヴァーラーナシー（Vārāṇasī）やパウンドラヴァルナダ（Pauṇḍravardhana）やオードラ（Oḍra）やカリンガ（Kaliṅga）やコーサラ（Kosala）やコーンカナ（Koṅkana）やマーラヴァやサウラーシュトラ（Saurāṣṭra）やウッジャイニー（Ujjayinī）やシンドゥといった、サンヴァラの諸聖地と同名の多くの土地を、仏教徒と異教徒が雑居する土地であると説明している[4]。また、9 世紀頃の編纂とされる『ネーパーラマーハートミヤ』（Nepālamāhātmya）は、カトマンドゥ渓谷内の仏教聖地（buddhasthāna）——おそらくスヴァヤンブー（Svayaṃbhū）を指す——を、同時に現地のシヴァ教徒たちの巡礼地の 1 つとして、彼らの巡礼ルートの中に組み込んでいる [Skt ed: 29.54–57] [Jayaraj 1992: 3–7]。

『チャクラサンヴァラ神変』が述べる以上の情報を以下のように要約することができる。(i) サンヴァラの 24 の聖地の半数には聖石がその地の中核として存在しており、それらのいくつかはシヴァリンガあるいは法蔵である。(ii) しばしばこれらの聖地は、サンヴァラの実践者たちにとっての聖地であると同時に、現地の者たちのみならず異教徒たちも信仰生活を送る共存の地である。各宗派の者たちが他宗派の実践者を排除するということはあったと当然考えるべきだが、それは必ずしも徹底しておらず、寛容性があったとも考えるべきである（もちろん、共存とは異宗教の実践者同士が同じ寺院内で寝食をともにするという意味ではなく、ある程度の住み分けにより同じ聖なる土地をシェアするという意味である）。とはいえ、時代を経て仏教が衰退するにつれ、この共存は異教徒たちに優勢になっていったと考えるべきだろう。よって、同書の編者はこの書の編集により、少なくともこれらの地に観念される仏教的霊性を成文保持しようとしたと解釈することもできる。

1.3　サンヴァラ誕生神話が示唆するもの

『チャクラサンヴァラ神変』には、諸聖地と深く関連したサンヴァラ誕生神話も収録されている。その内容を以下のように要約することができる［Tib: Ota, 124a5–126a4］。

カリ・ユガという、人々の徳が失われる時代に至ると、世界の中心であるメール山上に現れたシヴァとその手下たちにより、プッリーラマラヤ（Pullīramalaya）やジャーランダラなど、ジャンブ州に広がる 24 の聖地は征服され、この世界は血と肉と堕落に満ちたものとなった。この事態に耐えかねた仏はメール山のさらに上にある色究竟天へと赴き、ヘールカとヴァジュラヴァーラーヒーという恐ろしい姿の父母尊へと変身した。この父母尊からさらに 24 組の荼枳尼と勇者のカップルたちおよび 8 人の女尊たちが生まれた。彼らはジャンブ州へと赴き、シヴァとその手下たちを調伏し、24 の聖地を占拠した。24 の土地が仏教のものとなったのである。だが、24 の聖地を仏教のものにしたとはいえ、彼らにはまだ悟りの智慧がなかった。そこで彼らは色究竟天へと赴き、そこにいる仏に真理に関する教えを求めた。すると、仏は 10 万頌から成る『カサマ・タントラ』（Khasamatantra）、10 万句から成る『ダーキニージャーラサンヴァラールナヴァ・タントラ』（Ḍākinījālasaṃvarārṇavatantra）、10 万語から成る 51 章構成のタントラ（＝『チャクラサンヴァラ・タントラ』？）、その他あまたのアビダーナ・タントラを説いた。

この神話は、サンヴァラの聖地がもつ以下の 3 つの性質を、可能性として示唆するものである。

(1) ヘールカの姿の仏が住する色究竟天は 24 の聖地のコズミックな中心として機能している。このことは、24 の聖地がコズミック・オーダーの中にあることを示唆する。本章第 3 節で見るように、これらの聖地は宇宙の 3 つの領域、十地、六族といった意味の体系をそなえた曼荼羅として組織化される。『サンヴァローダヤ・タントラ』[津田 1973b: 98–100] [Skt ed: 9.1–27][5]と『ヴァーラーヒーカルパ・タントラ』[Skt ed: 32a2–33b1][6]が示唆する限りでは、これらの聖地への巡礼はそれらの意味を象徴的に体験することを意味する。

(2) 前述のように、これらの聖地は仏教徒と異教徒が雑居する地であった可能性がある。上記の神話における仏教とシヴァ教の闘争は、この雑居性と関連があるのかもしれない。

(3) 物語はシヴァ教に対する仏教の勝利で幕を閉じるのではあるが、奇妙なことに、シヴァ教の神々による征服以前に誰がこれらの聖地を管理していたかについては、神話は何も語らない。このことは、仏教徒そしておそらくシヴァ教徒も、これらの聖地の主導権を得たいと思う一方、聖地それ自体は中性的・超セクト的であると考えてきた可能性を示唆する。歴史的に見れば聖地の多くはもともとその地に居住する部族たちの聖域であったことが、この宗教的感情と関連があるとも考えられる。また、そうであるからこそ、仏教徒も異教徒も各聖地における異宗教・異宗派間の雑居性を許容してきたとも言える。

1.4　土地としての外的聖地の性質

さらに検討をするならば、聖地をめぐる状況は実際には『チャクラサンヴァラ神変』が描く以上に複雑であったと考えざるを得ない。というのは、それぞれの聖地の地理的位置に関する合意が実践者たちの間で必ずしも得られていたわけではなかったからである。たとえば、サンヴァラの聖地群にリストされるヒマーラヤ（Himālaya）という土地は、『チャクラサンヴァラ神変』ではカイラーサ山を指すが [Tib: Ota, 128a3–a4]、吉崎一美氏などが検討しているように、『スヴァヤンブー・プラーナ』([Skt ed: p.176, l.15–p.177, l.6])およびネワール仏教のいくつかの伝統では、ネーパーラ（Nepāla）という名でカトマンドゥ渓谷を指すことがある [吉崎 1997]。一方、この聖地ネーパーラを『マハームドラーティラカ・タントラ』(Mahāmudrātilakatantra) は仏陀の生誕地（buddhajanani）と述べており、ルンビニー（Lumbinī）を推定させる

[Skt ms: 18b1]。また、北インドの聖地ウッディヤーナ（Uḍḍiyāna）はサンヴァラではオーディヤーナとも表記されるが、『マハームドラーティラカ・タントラ』はこれを東インドのブッダガヤを指すと主張する［後述］。また、やはりサンヴァラの聖地群にリストされるナガラ（Nagara）という土地に関しては、『チャクラサンヴァラ神変』はそれをランカープラ（Laṅkāpura）であると主張するに対し、それをカシュミーラ（Kaśmīra）と同一視する説も同時に紹介している［Tib: Ota, 128b5–b6］。だが、多くの注釈文献はそれを現在の東インドのパトナ付近のパータリプトラ（Pāṭaliputra）を指すとし、タントラの中では『ヨーギニージャーラ・タントラ』がその立場に明確に立つ［Skt ms: Baroda 13253, 23a2、 Matsunami 313, 51b1］。また、Alexis Sanderson 氏が指摘するように、サンヴァラの伝統に先行するシヴァ教の聖典『タントラサドバーヴァ』(Tantrasadbhāva）の聖地リストではグリハデーヴァターはもともと聖地の名称ではなく、聖地サウラーシュトラ（Saurāṣṭra）に祀られる神格の名称であった。だがサンヴァラの多数の文献はこのグリハデーヴァターを聖地の名称としている［Sanderson 1994: 95］。さらに、前述のように、『チャクラサンヴァラ神変』はこのグリハデーヴァターを Li yul（中央アジアのコータン地区？）に実在する聖地であると述べ、その地の柳林には成就座としての聖石があると伝えている［Tib: Ota, 128a7–a8］[7]。

この点について、シャーキャラクシタ（Śākyarakṣita）作『ピータなどの確定』(Pīṭhādinirṇaya）の以下の文章は示唆的である。

> それ（＝聖地の特定が文献によって異なること）はなぜ矛盾ではないのか。[ある文献では特定の聖地を] ピータ（pīṭha）と [したり、また別の文献ではその同じ聖地を] ウパクシェートラ（upakṣetra）[としたりといったこと] は、〈暑い〉と〈寒い〉や、〈存在する〉と〈存在しない〉のように互いに矛盾するものではない。1 つものに対して様々な呼び名があるように、[1 つの土地に対して様々な呼び名があるので] 矛盾ではないと説明される。こ [の体系] では、ナガラやパータリプトラやマーラヴァ（Mālava）といった 3 つ [の呼称] がウパクシェートラ [の特定の土地] に関して語られているのだ。［Tib: Toh, 132a7–b1］[8]［Davidson

2002: 210–211]

さらに、『ピータなどの確定』は聖地の性質について以下のようにも述べる。

> これ（聖地巡礼行の教説）に関して、通常の土地の巡礼のために、ジャーランダラをはじめとする［聖地群］がピータなど［のカテゴリーで構造化される聖地群］として説明されている。だがそれはどこにでも存在するというものではない。バラモンやクシャトリヤやヴァイシャやシュードラの家系に生まれた金剛ダーカたちがとある町にいるという条件で、チベット地域や中国地域などの土地にもピータなど［で構造化される聖地群］が存在しているのだ。[Tib: Toh, 133b6–b7][9]

ここでは、南アジア地域のみならず、チベットや中国地域にも、さらには全ての土地と全ての町にも、「ピータなど」(pīṭhādi)、つまりピータをはじめとする聖地カテゴリーにより構造化される巡礼地としての聖地群あるいは聖域群が存在していることが主張されている。だからといって、無条件にあらゆる土地や町が聖地と見なされ得るわけではない。上記文章はそれに限定を付している。つまり、その出自を問わず「金剛ダーカ」たち（おそらく、自身を成就した密教行者たちあるいはその霊的存在や力を指す）がそれらの土地や町に存する限りにおいて、という限定である。聖地とは単に土地と水場がある場所ではなく、聖なる存在がそこにいてこそ聖地であるという考えは、サンヴァラのみならず、シヴァ教聖典『クブジカーマタ・タントラ』(Kubjikāmatatantra) [Skt ed: 23.104c–109b] および他の多くの文献にも共通して見られる。

上記の聖地観は、サンヴァラの聖地群が『チャクラサンヴァラ神変』の描くような南アジア地域に広く分布する超地域的な聖地群としてだけでなく、特定の地域内のみで完結する地域内完結型の聖地群ともなり得ることを示唆する。その一例に“近い”と見なし得るものを、カトマンドゥのネワール仏教の伝統の中に探ることができる。カトマンドゥ渓谷内の仏教聖地について、先行研究を踏まえつつ吉崎氏は以下のように分析をしている。カトマンドゥ渓谷は超地域的な聖地群としてのサンヴァラの聖地群のうちの1つであるヒマーラヤであると同時に、地域内完結型の聖地群としてのサンヴァラの聖地群全体の意味体系をその内で完結させている。すなわち、カトマンドゥ渓谷内の数々の聖地・聖域のうち 24 の地は、それぞれのローカルな地名や機能を保持すると同時に、サンヴァラの聖地体系が有する象徴的意味（三輪）を付されており、金剛乗の信奉者たちはこれらカトマンドゥ渓谷内で完結する 24 の地を巡礼する。この聖地群の意味付けの典拠の 1 つを、ネワール仏教の聖典『スヴァヤンブー・プラーナ』の中に辿ることができる［吉崎 1997: (13)–(15)］。

以上から、この伝統の聖地の体系に関する 1 つの仮説を以下のように立てることができる。聖地の地理的位置の確定は固定的ではなく、柔軟な解釈が許容されていた。サンヴァラの聖地群の本質は、それぞれの土地そのものというよりも、サンヴァラのコズミックな意味秩序を付与する象徴的枠組みとしての聖地名のリストにある。各地の土地はこのコズミックな枠組みの中に収められた時、そのローカルな機能を一定程度保つと同時に、サンヴァラの霊性が観念された聖地——実際に遠方の行者の皆がそこに巡礼するかどうかはともかく、少なくともその霊性が観念された土地——となり得る。土地そのものは動かないが、この枠組みは可動であり、ゆえにサンヴァラの聖地は可動である。このような意味でサンヴァラの聖地は動く聖地であるため、聖地の現場の状況について複数の主張が生じ得るのであり、『チャクラサンヴァラ神変』が述べるそれはその 1 つのケースである。また、このため、サンヴァラの聖地はサンヴァラの実践者の聖地であると同時に他宗教・他宗派の聖地であったり現地の人々の聖域であったりすることも多々生じ得る。サンヴァラのこのような聖地観は、聖地それ自体は中性的あるいは超セクト的であるという宗教的感性や、聖地における異宗教間雑居という寛容的慣習が育んだものとも考えられる。サンヴァラにおける〈土地としての外的聖地群〉の理解には、この議論の冒頭に述べた、以下のような視点が必要である。すなわち、個々の聖地名は単に特定の土地を指す地名であるのみならず、象徴作用をもつ特殊な用語でもある。個々の聖地名をそれがもともと指し示す特定の土地から切り離し、別の人々が別の呼び方をする他の土地にそれをあてがうことが可能である[10]。本節ではその例を詳しくは扱わなかったが、以下の節の中で逐一見ていくように、同様のことは聖地の尊格名についても言える。聖地に祀られた特定の尊像が宗教や宗派の相違に応じて複数の名称および性格

表 **2–2**　**3** つの次元の優劣関係

劣根	外的な聖地群を巡礼する	(A) に相当
中根	外的な聖地曼荼羅を観想する	(B) に相当
利の劣根	種字の布置により内的聖地群を観想する	(C) に相当
利の中根	種字を用いずに内的聖地群を観想する	(C) に相当
利の利根	空悲無別の菩提心として内的曼荼羅を観想する	(C) に相当

をもつということも、たとえばカトマンドゥ渓谷の現在においてすら頻繁に見られる現象であり（[Owens 2000] 等)、必ずしも奇異なことではない。

1.5　3 つの次元の優劣関係

『ピータなどの確定』は、実践者の資質を劣根、中根、利の劣根、利の中根、利の利根に分け、それぞれに相応しい聖地実践を以下の表 **2–2** のように説明する［Tib: Toh, 136b4–137a4, 133b5–135b7］。右端の縦の列は、本章が 3 つの次元として挙げている (A)〈土地としての外的聖地群〉、(B)〈土地から分離した外的聖地群〉、(C)〈内的聖地群〉との対応を表す。

『ピータなどの確定』は、外的・内的な実践双方に意義を認めると同時に、外的聖地群の巡礼（(A) の次元）よりも外的聖地群の曼荼羅の観想（(B) の次元）を、そしてそれよりも内的聖地群の観想（(C) の次元）を高位の実践として位置付ける。このような見解は、説明方法の相違こそあれ、他のサンヴァラ系文献にも比較的広く共有されていると考えてよい。たとえば、サンヴァラの大成就者の 1 人であるガンターパーダ（Ghaṇṭāpāda）には、内的なものを重視するという観点から、外的である (A)(B) を「人工物」（kṛtrima）として排除し、(C) の次元での実践を専ら主張するという姿勢も見られる［桜井 1996: 300, 307–310］。類似の姿勢は同伝統の別の大成就者であるクリシュナーチャーリヤの『ヴァサンタティラカー』にも見出すことができる。クリシュナーチャーリヤは修行の進展が未熟な段階にある者に対しては外的な次元での諸実践の意義を認めながらも、真理に到達する直接の方法としてはそれらを排除し、内的な次元での実践を主張している［Skt ed: 1.5–7］[11]。

もし特定の聖地体系が (A)(B)(C) の全ての次元を備えたものである場合、(A)(B)(C) がつねに並行して実践されるという方法が予想できる。つまり、(A) の次元での聖地を経巡りつつ、各聖地で (B) と (C) の次元での実践を行うという方法である。だが諸次元の間にしばしば見られる上述の優劣関係により、(A)(B)(C) という 3 つの次元がつねに並存して実践されていたわけではないことも想定できる。上述ガンターパーダやクリシュナーチャーリヤの主張に見られるように、特に修行の進んだ実践者は専ら (C) の次元のみを実践するというのがその例である。

だが諸次元間にしばしば見られるこの傾向は、広く見られる傾向であったとしても、完全に普遍的なものであったわけではない。たとえば、サンヴァラの聖地体系と密接な聖地体系を有するシヴァ教の聖典『クブジカーマタ・タントラ』には、聖地巡礼（つまり (A) の次元）ができない“怠惰な”者は、聖地を賞賛した韻律句を唱える（つまり (B) の次元）ことにより無垢を得る」という立場も説かれている [Skt ed: 22.20–21][12]。この立場においては、(A) が (B) よりも優ることが前提とされていない。

2　聖地体系の諸伝承

個々の聖地群の起源と構造という観点から、以下のように別の類型を立てることも可能である。

(1) 第 1 型伝承：10 の聖地カテゴリーで構造化される 24 の聖地
(2) 第 2 型伝承：12 の聖地カテゴリーで構造化される聖地群
(3) 第 3 型伝承：24 の聖地
(4) 第 4 型伝承：チャクラと内的な時間の輪の理論で構造化される 72 の聖地

これらの伝承は互いに独立性を保ちながらも、時に複雑に交渉し合う。以下、これら聖地体系の 4 つの伝承の内容と、前節での聖地の諸次元に関する諸類型との関連について、検討していきたい。

3　第1型伝承の聖地群

第1型伝承の聖地群を検討する際の主な資料は、『アビダーノーッタラ・タントラ』、『ヴァーラーヒャビダーナタントローッタラ』、『サンプトードバヴァ・タントラ』、『サンヴァローダヤ・タントラ』、『タントラサドバーヴァ』、『チャクラサンヴァラ・タントラ』、『ヨーギニーサンチャーラ・タントラ』、『ヴァジュラダーカ・タントラ』、その他関連論書等である。

3.1　第1型伝承聖地群の形成

Sanderson 氏は『サンヴァローダヤ・タントラ』などサンヴァラ系の諸聖典が説く聖地群（ここで第1型伝承聖地群と呼ぶもの）とシヴァ教ヴィディヤーピータ（Vidyāpīṭha）系トリカ（Trika）崇拝の伝統に立つ『タントラサドバーヴァ』が説くそれを比較し、サンヴァラの聖地リストはシヴァ教のそれに由来すると結論付けている［Sanderson 1994: 95］[13]。

ではこのシヴァ教からサンヴァラへの聖地リストの継承をどのように理解すべきか。Sanderson の分析は、この継承における仏教徒たちの姿勢の消極的側面に焦点を当てているように思われる。すなわち、仏教徒は（前述のように）グリハデーヴァターという固有名に関する誤解を以ってシヴァ教の聖地リストを拝借したという評価である。だが、この承継における積極的側面も無視することはできない。

『タントラサドバーヴァ』の該当箇所では合計22の聖地が説かれる［Sanderson 1994: 100］［Skt ms: 109b4–110a1］[14]。それらは順に、(1) クルター（Kulutā）、(2) アラニェーシャ（Araṇyeśa）、(3) シンドゥ（Sindhu）、(4) ナゲーシュヴァラ（Nageśvara）、(5) サムドラククシ（Samudrakukṣi）、(6) サウラーシュトラ（Saurāṣṭra）、(7) プレータプリー（Pretapurī）、(8) ヒマーラヤ（Himālaya）あるいはヒマギリ（Himagiri）[15]、(9) カーンチー（Kāñcī）、(10) ランパーカ（Lampāka）、(11) カリンガ（Kaliṅga）、(12) カウシャラ（Kauśala）、(13) スタラ（Sthala、あるいは漠然と「砂漠」を指す）、(14) トリシャクニ（Triśakuni）、(15) オードラ（Oḍra）、(16) カーマルーパ（Kāmarūpa）、(17) マーラヴァ（Mālava）、(18) デーヴィーコータ（Devīkoṭa）、(19) スダーラーマ（Sudhārāma）、(20)

ゴーダーヴァリー（Godāvarī）、(21) タタ（Taṭa、あるいは漠然と「岸辺」を指す）、(22) アルブダ（Arbuda）、である。

これに対し、サンヴァラの第 1 型伝承聖地群を構成する 24 の聖地は、順に (1) プッリーラマラヤ（Pullīramalaya）、(2) ジャーランダラ（Jālandhara）、(3) オーディヤーナ（Oḍyāna）、(4) アルブダ（Arbuda）、(5) ゴーダーヴァリー（Godāvarī）、(6) ラーメーシュヴァラ（Rāmeśvara）、(7) デーヴィーコータ（Devīkoṭa）、(8) マーラヴァ（Mālava）、(9) カーマルーパ（Kāmarūpa）、(10) オードラ（Oḍra）、(11) トリシャクニ（Triśakuni）、(12) コーサラ（Kosala）、(13) カリンガ（Kaliṅga）、(14) ランパーカ（Lampāka）、(15) カーンチー（Kāñcī）、(16) ヒマーラヤ（Himālaya）、(17) プレータプリー（Pretapurī, あるいはプレーターディヴァーシニー Pretādhivāsinīとも呼ばれる）、(18) グリハデーヴァター（Gṛhadevatā）、(19) サウラーシュトラ（Saurāṣṭra）、(20) スヴァルナドヴィーパ（Suvarṇadvīpa）、(21) ナガラ（Nagara）、(22) シンドゥ（Sindhu）、(23) マル（Maru）、(24) クラター（Kulatā）、である。

まずサンヴァラの 24 聖地リストはその 3/4 程度をシヴァ教の 22 聖地リストから継承し、残り 1/4 程度を新たに付加したことが分かる。なお、聖地にいる神格たちについては、サンヴァラの 24 聖地と『タントラサドヴァーヴァ』の 22 聖地の間には一致点が全くない[16]。前述の土地としての外的聖地の性格、すなわち、特定の聖地に祀られる、あるいはそこにいるとされる神格は宗派によって様々に異なった呼ばれ方をされ得ることや、特定の聖地名は特定の土地から切り離されて別の土地にあてがわれ得る——したがって聖地名が同じでも神格名が異なることが容易に生じ得る——ことを思い出してもらいたい。

また、聖地リストを継承したとはいえ、シヴァ教の聖地リストに含まれる上述マーラヴァとオードラとコーサラとカリンガとランパーカとサウラーシュトラとシンドゥとマルとクルター（＝クラター）と同名の地は、『大唐西域記』によれば少なくとも 7 世紀半ばにおいては仏教徒と非仏教徒が共住する地であったことを看過してはならない。もしシヴァ教の聖地名とサンヴァラのそれが同一の土地を指しているならば、この共住が、聖地リストの継承の重要な文化的背景の 1 つになっている可能性がある。

さらに、サンヴァラの24聖地リストが、『タントラサドバーヴァ』の22聖地リストの順序を逆転させたものであるという点にも注目すべきである。この順序の逆転に、シヴァ教からの聖地リストの継承に際するサンヴァラの実践者たちの強い主張を見出すことができる。周知の通り、サンヴァラを含む仏教ヨーギニータントラの伝統においては、日常規範を逆転させる逆順が好まれる。この逆順がもつ突破的力により、迷いとしての現象世界のあり方を打破していくのである。サンヴァラ系仏教徒たちは、シヴァ教の聖地の順序を敢えて逆転させることにより、自分たちとシヴァ教実践者の差異化を図ると同時に、シヴァ教の聖地実践の力を凌駕する仏教の聖地実践の力を主張したと解釈することができるのである。

3.2　第1型伝承の聖地群の体系

表 **2–3** にまとめた第1型伝承の聖地群の体系は、『アビダーノーッタラ・タントラ』[17]、『ヨーギニーサンチャーラ・タントラ』[Skt ed: 4.1–4, 5.7–17, 5.20, 11.1][18]、『ヴァジュラダーカ・タントラ』[津田 1973] [拙稿 2003b: (60), (77)–(81)][19]といったサンヴァラ系の最重要な聖典（タントラ）を始めとして、その他の多くの関連実践書にも広く観察できる、サンヴァラの聖地体系の中で最もポピュラーなものである。

第1型伝承聖地群の体系には前述の3つの次元 (A)、(B)、(C) がある。本章第1節で検討した『チャクラサンヴァラ神変』の24の聖地は、この型のものである。この型の次元 (A) の詳細は既に見たので、ここではその (B) と (C) の次元を主として検討したい。なお、(B) の次元に登場するコズミック・オーダーは、(A) の次元の聖地群の意味づけとしても適用される。

(I)　第1型伝承聖地群の (B) 次元

この次元において、第1型伝承の聖地群は、灌頂などの実行のために観想されたりあるいは色粉で描かれたりする曼荼羅の形態をとる。

この曼荼羅は、3つの同心円状の輪、すなわち三輪（tricakra）で構成される。三輪のそれぞれの輪の名称は、順に外側に向かって (1) 心輪（cittacakra)、(2) 語輪（vākcakra)、(3) 身輪（kāyacakra）である。それぞれの輪は8つの聖地から成り、それら8つの聖地にはそれぞれ1組ずつ、合計8組の父母尊

表 **2–3**　第 **1** 型伝承の聖地群の体系

輪	十地 ＝聖地カテゴリー		外的聖地／〈内的聖地〉	外的荼枳尼／〈内的荼枳尼〉	外的勇者／〈内的勇者〉
心輪	歓喜地 ＝ピータ	1	Pullīramalaya〈頭〉	Pracaṇḍā〈abhedyā 脈管〉	Khaṇḍakapālin〈爪と歯〉
		2	Jālandhara〈頭頂〉	Caṇḍākṣī〈sūkṣmarūpā 脈管〉	Mahākaṅkāla〈毛髪と体毛〉
		3	Oḍyāna〈右耳〉	Prabhāvatī〈divyā 脈管〉	Kaṅkāla〈皮と垢〉
		4	Arbuda〈後頭部〉	Mahānāsā〈vāmā 脈管〉	Vikaṭadaṃṣṭrin〈肉〉
	離垢地 ＝ウパピータ	5	Godāvarī〈左耳〉	Vīramatī〈vāminī脈管〉	Surāvairin〈筋肉〉
		6	Rāmeśvara〈眉間〉	Kharvarī〈kūrmajā 脈管〉	Amitābha〈骨〉
		7	Devīkoṭa〈両眼〉	Laṅkeśvara〈bhāvakī脈管〉	Vajraprabha〈肝臓〉
		8	Mālava〈肩〉	Drumacchāyā〈sekā 脈管〉	Vajradeha〈心臓〉
語輪	発光地 ＝クシェートラ	9	Kāmarūpa〈両腋〉	Airāvatī〈doṣavatī脈管〉	Aṅkulika〈両眼〉
		10	Oḍra〈両乳房〉	Mahābhairavā〈mahāviṣṭhā 脈管〉	Vajrajaṭila〈胆汁〉
	焔慧地 ＝ウパクシェートラ	11	Troiśakuni〈臍〉	Vāyuvegā〈mātarā 脈管〉	Mahāvīra〈両肺〉
		12	Kosala〈鼻先〉	Surābhakṣī〈śarvarī脈管〉	Vajrahūṃkāra〈腸〉
	現前地 ＝チャンドーハ	13	Kaliṅga〈口〉	Śyāmādevī〈śītadā 脈管〉	Subhadra〈肋骨部〉
		14	Lampāka〈喉〉	Subhadrā〈ūṣmā 脈管〉	Vajrabhadra〈胃〉
	難勝地 ＝ウパチャンドーハ	15	Kāñcī〈心臓〉	Hayakarṇā〈pravaṇā 脈管〉	Mahābhairava〈大便〉
		16	Himālaya〈陰茎部〉	Khagānanā〈hṛṣṭavadanā 脈管〉	Virūpākṣa〈髪の分目〉
身輪	遠行地 ＝メーラーパカ	17	Pretapurī〈性器基部〉	Cakravegā〈svarūpiṇī脈管〉	Mahābala〈粘液〉
		18	Gṛhadevatā〈肛門〉	Khaṇḍarohā〈sāmānyā 脈管〉	Ratnavajra〈膿汁〉
	不動地 ＝ウパメーラーパカ	19	Saurāṣṭra〈両太腿〉	Śauṇḍinī〈hetudāyikā 脈管〉	Hayagrīva〈血〉
		20	Suvarṇadvīpa〈両脛〉	Cakravarmiṇī〈viyogā 脈管〉	Ākāśagarbha〈汗〉
	善慧地 ＝シュマシャーナ	21	Nagara〈両足の指〉	Suvīrā〈premaṇī脈管〉	Śrīheruka〈脂肪〉
		22	Sindhu〈両足裏〉	Mahābalā〈siddhā 脈管〉	Padmanarteśvara〈涙〉
	法雲地 ＝ウパシュマシャーナ	23	Maru〈両足の親指〉	Cakravartinī〈pāvakī脈管〉	Vairocana〈唾液〉
		24	Kulatā〈両膝〉	Mahāvīryā〈sumanāḥ脈管〉	Vajrasattva〈鼻汁〉

(Pracaṇḍā と Khaṇḍakapāla のカップルなど、荼枳尼と勇者のカップル) が配当される。心輪は天空に、語輪は地上に、そして身輪は地下に位置する。このため、これら心輪、語輪、身輪に住する荼枳尼たちは、それぞれ (1) 天空を行く女 (khecarī)、(2) 地上を行く女 (bhūcarī)、(3) 地下に住む女 (pātālavāsinī) という別名をもつ。天空・地上・地下といった宇宙の 3 領域の発想は、仏教の三界ではなくむしろ前近代ヒンドゥー教における三界の発想に由来する。なお、後代の成立と考えられる『ジュニャーノーダヤ・タントラ』(Jñānodayatantra) [Skt ed: p.3, l.4, l.15, p.4, l.3] および現在のネワール仏教儀礼にも用いらる『チャクラサンヴァラ三三昧』(Cakrasaṃvarasamādhi) [山口 2005: 178–179] は、これら三輪をさらに順に法身、報身、応身に対応するとしている。

聖地はピータをはじめとする (pīṭhādi) 10 のカテゴリーに分類される。10 の聖地カテゴリーとは、(i) ピータ (pīṭha)、(ii) ウパピータ (upapīṭha)、(iii) クシェートラ (kṣetra)、(iv) ウパクシェートラ (upakṣetra)、(v) チャンドーハ (chandoha)、(vi) ウパチャンドーハ (upacchandoha)、(vii) メーラーパカ (melāpaka)、(viii) ウパメーラーパカ (upamelāpaka)、(ix) シュマシャーナ (śmaśāna)、(x) ウパシュマシャーナ (upaśmaśāna) である。これら 10 の聖地カテゴリーは、仏教の発明ではない。M. Dyczkowski 氏が指摘するように、聖地の何らかの側面を指す言葉としてのこれらピータやウパピータ等の呼称はシヴァ教等、仏教に限らず幅広く見出すことが可能である。チャンドーハおよびウパチャンドーハなる呼称も、シヴァ教文献にしばしば見られるサンドーハ (saṃdoha) およびウパサンドーハ (upasaṃdoha) と何らかの関連があるのだろう [Dyczkowski 2001: 55]。だが、この仏教の聖地体系においては、10 の聖地カテゴリーのそれぞれは、たとえばピータが第 1 地としての歓喜地に、ウパピータが第 2 地としての離垢地にといったように、順に十地 (daśabhūmi) のそれぞれに——ただし、現前地と難勝地の順が大乗仏教に伝統的なものとは逆になっている——対応する。また、ピータに分類される 4 つの聖地にいる荼枳尼たちは十波羅蜜多の第 1 である布施波羅蜜多であり、ウパピータに分類される 4 つの聖地にいる荼枳尼たちは十波羅蜜多の第 2 である戒波羅蜜多であるといったように、それぞれの聖地カテゴリーの荼枳尼たちは聖地カテゴリーごとに順に十波羅蜜多と等価視される。これら 10 の聖地カテゴリー (およびそこにいる荼枳尼たち) と十地 (および十波羅蜜多) の対応は、仏教の発明である。さらに、前述『ジュニャーノーダヤ・タントラ』

[Skt ed: p.2, l.22, p.3, l.4, l.6, l.9, l.11–12, l.15, l.17, l.20, l.22, p.4, l.3] および『チャクラサンヴァラ三三昧』[山口 2005: 178–179] では、これら 10 の聖地カテゴリーが十智（順に苦智・集智・滅智・道智・尽智・無生智・法智・類智・世俗智・他心智）に対応するとされている。

以上の聖地曼荼羅の観想や描画は、少なくとも理論のうえでは、実践者の意識や儀礼実行の場を、宇宙の 3 つの領域（すなわち天空、地上、地下）および十地・十波羅蜜多の境涯へと連結すると考えられている。この意味体系が (A) の次元としての聖地群に付与されるとき、これらの聖地が広がる地上世界は、このようなコズミック・オーダーを有するものとなる。

(II) 第 1 型伝承聖地群の (C) 次元

この次元においては、第 1 型伝承の聖地群は内的曼荼羅の形態をとる。外的な 24 の聖地は、頭や頭頂や右耳や後頭部といった 24 の身体部位（sthāna）として実践者の身体内に存する。身体部位としてのこれら内的聖地は、身体の上部・中部・下部におおまかに配置されている。これは、(B) 次元における外的聖地群が天空・地上・地下に位置するとされていることの反映であろう。また、これら内的聖地は十地の意義をもつ。

24 人の外的な荼枳尼たちは、脈管（nāḍī）と呼ばれる管状の組織として身体内に住している。脈管を内的荼枳尼と呼ぶこともできよう。特に『サンプトードバヴァ・タントラ』は、アベーディヤー（abhedyā）など、これらの脈管自体の名称も述べている [Skt ms: 63a1–64a2][20]。これらの脈管は十波羅蜜多の意義をもつ。24 人の外的な勇者たちは、爪や毛髪や皮や筋肉などといった各身体要素（dhātu）として身体内に住している。各身体要素を内的勇者と呼ぶこともできよう。

脈管としての内的荼枳尼たちは、身体部位としての内的聖地につながっており、さらに身体要素としての内的勇者たちを運搬したりあるいはそれらとつながったりしている。このことから、内的な聖地曼荼羅とは人の身体構成であると言うことができる。

このような内的な聖地曼荼羅の観想を通して、少なくとも理論のうえでは、実践者は自分の生来の身体が 3 領域から成る宇宙とパラレルであり、十地・十波羅蜜多が自身に生来的であることを自覚することになる。

なお、サンヴァラの最古の聖典『チャクラサンヴァラ・タントラ』は、24組の父母尊より構成される三輪と、十地の意義をもつ10の聖地カテゴリーの間の対応関係の詳細を説明しない。さらに、内的な聖地曼荼羅を実践すべしとの規定はあるものの、内的な聖地と荼枳尼たちと勇者たちが身体のいかなる部分・要素に対応するかについても説明しない。このことから、表2–3にまとめた体系は同聖典以降に完成したと考えられる。(なお、『チャクラサンヴァラ・タントラ』の聖地体系については本書第3章2節で検討を加える予定である。)

3.3 第1型伝承聖地群体系のヴァリアント

この第1型伝承の聖地群体系は、四族の女尊の曼荼羅や六族主の曼荼羅(ṣaṭcakravartimaṇḍala)など、いくつかのヴァリアントを生み出している。ここでは、六族主の曼荼羅の体系をそれらの代表として検討したい[21]。

この六族主の曼荼羅は『アビダーノーッタラ・タントラ』に説かれる［Skt ms: IASWR I-100, 93b1–94b2、Matsunami 10, 100a3–101a4、Matsumami 12, 117a2–118a5］[22]。この曼荼羅の内的な次元、つまり(C)次元は説明されない。この曼荼羅は(A)および(B)次元のみを有する体系なのだろう。表**2–4**はそれをまとめたものである。表中、(東)、(北)、(西)、(南)は、それぞれの六族の主の四方のうちいずれの方角に配置されるかを示している。これら六族の主、すなわち[1]ヴァジュラサットヴァ(Vajrasattva)、[2]ブッダダーカ(Buddhaḍāka)、[3]ラトナダーカ(Ratnaḍāka)、[4]パドマダーカ(Padmaḍāka)、[5]ヴァジュラダーカ(Vajraḍāka)、[6]ヴィシュヴァダーカ(Viśvaḍāka)は、順に[1]ヘールカ、[2]シャーシュヴァタ(Śāśvata)すなわちヴァイローチャナ(Vairocana)、[3]ヴァジュラスーリヤ(Vajrasūrya)すなわちラトナサンバヴァ(Ratnasaṃbhava)、[4]パドマナルテーシュヴァラ(Padmanarteśvara)すなわちアミターバ(Amitābha)、[5]アクショービヤ(Akṣobhya)、[6]パラマーシュヴァ(Paramāśva)すなわちアモーガシッディ(Amoghasiddhi)と同一である［Skt ms: IASWR I-100, 96b1–b2、Matsunami 10, 99a5–b2および103a3、Matsunami 12, 116a1–a4および120a5–b1］。この六族主の曼荼羅の基本構成要素は、アバヤーカラグプタ(Abhayākaragupta)作『ヴァジュラーヴァリー』に説かれるそれ［森 2001: 246–247］と基本的に同じである。

表 **2–4**　『アビダーノーッタラ・タントラ』の六族主の曼荼羅

十地	聖地		六族の主
歓喜地	(東) Pullīramalaya (西) Oḍyāna	(北) Jālandhara (南) Arbuda	Vajrasattva
離垢地	(東) Godāvarī (西) Devīkoṭa	(北) Rāmeśvara (南) Mālava	Buddhaḍāka
発光地	(東) Kāmarūpa (西) Triśakuni	(北) Oḍra (南) Kosala	Ratnaḍāka
焔慧地	(東) Kaliṅga (西) Kāñcī	(北) Lampāka (南) Himālaya	Padmaḍāka
難勝地	(東) Pretapurī (西) Saurāṣṭra	(北) Gṛhadevatā (南) Suvarṇadvīpa	Vajraḍāka
現前地	(東) Nagara (西) Maru	(北) Sindhu (南) Kulatā	Viśvaḍāka

六族主の曼荼羅の体系は、表 2–3 にまとめた第 1 型伝承の聖地群体系と全く同一の 24 の聖地により構成される。それぞれの聖地にいる荼枳尼と勇者のカップルも、表 2–3 のものと全く同一である。だがそれらの構造は互いに異なる。表 2–3 の聖地曼荼羅に構造を与える基本概念は 10 の聖地カテゴリーであったが、六族主の曼荼羅の体系におけるそれは六族の概念である。10 の聖地カテゴリーは後者には登場しない。

この立場から、六族主の曼荼羅の体系では 24 の聖地は 6 つ（つまり六族）に分類され、これら六族は十地のうちの 6 つの地、すなわち歓喜地、離垢地、発光地、焔慧智、難勝地、現前地に順に対応するとされる。残りの 4 つの地、すなわち遠行地、不動地、善慧地、法雲地は、ダーキニー（Ḍākinī）とラーマー（Lāmā）とカンダローハー（Khaṇḍarohā）とルーピニー（Rūpiṇī）という 4 人の高位の荼枳尼たちに順にあてがわれている［Skt ms: IASWR I-100, 94b2–b6、Matsunami 10, 101a4–b2、Matsumami 12, 118a5–b3］[23]。これら 4 人の荼枳尼たちは特定の聖地とは関連付けられていない。

4　第2型伝承の聖地群

第2型伝承の聖地群を検討する際の主な資料は、『ヘーヴァジュラ・タントラ』、『マハームドラーティラカ・タントラ』、『ダーカールナヴァ・タントラ』、『ヴァーラーヒーカルパ・タントラ』、その他関連論書等である。

第2型伝承の聖地群体系において、聖地群はピータをはじめとする（pīṭhādi）12の聖地カテゴリーに分類される。これら12の大聖地カテゴリーとは、第1型伝承の10のカテゴリーにピーラヴァ（pīlava）とウパピーラヴァ（upapīlava）を加えたものである。この12カテゴリーの順序は文献により異なる。また、聖地の総数も文献によって一様ではない。

第1型伝承がサンヴァラ系の中で育まれたものであるのに対し、第2型伝承はもともとはヘーヴァジュラ系の中でその基本型が整備された。したがって、ここでは『ヘーヴァジュラ・タントラ』における聖地群の検討から出発しなければならない。

4.1　『ヘーヴァジュラ・タントラ』の聖地群

表**2–5**は、『ヘーヴァジュラ・タントラ』に説かれる聖地群の体系［Skt ed: I.7.10–18］[24]を、『ヨーガラトナマーラー』（Yogaratnamālā）［Skt ed: p.122, l.17–19］と『ムクターヴァリー』（Muktāvalī）［Skt ed: p.70, l.21–p.71, l.14］といった注釈書を参照しながらまとめたものである。なお、この箇所に関する『ヨーガラトナマーラー』の注釈内容と『ムクターヴァリー』の注釈内容はほぼ同じである。

ピータという聖地カテゴリーに分類されるジャーランダラ（Jālandhara）、オーッディヤーナ（Oḍḍiyāna = Uḍḍiyāna あるいは Oḍyāna）[25]、プールナギリ（Pūrṇagiri）、カーマルーパ（Kāmarūpa）という4つの聖地名は、シヴァ教シャークタの伝統に広く説かれる4つの代表的聖地（pīṭha）の名称と同じである。この聖地群は、シヴァ教シャークタの伝統の四大聖地をリストの先頭に置いているのである。だが、これら四大聖地のうちジャーランダラとオーッディヤーナと同一名の聖地は、『大唐西域記』によれば少なくとも7世紀半ばにおいて仏教の実践者たちも活動する土地であったことを忘れてはならない。

『ヘーヴァジュラ・タントラ』の聖地群の総体は、サンヴァラの典型である

表 **2–5**　『ヘーヴァジュラ・タントラ』の第 **2** 型伝承聖地群

	12 カテゴリー	外的聖地
(1)	ピータ	Jālandhara. Oḍḍiyāna. Pūrṇagiri i). Kāmarūpa.
(2)	ウパピータ	Mālava. Sindhu. Nagara ii).
(3)	クシェートラ	Munmuni. Kāruṇyapāṭaka. Devīkoṭa. Karmārapāṭaka.
(4)	ウパクシェートラ	Kulatā. Arbuda. Goḍāvarī. Himādri.
(5)	チャンドーハ	塩海の中央に生じた Harikela iii). Lampāka. Kāñcī. Saurāṣṭra.
(6)	ウパチャンドーハ	Kaliṅga. 黄金の島 iv). Koṅkaṇa.
(7)	メーラーパカ	—
(8)	ウパメーラーパカ	—
(9)	ピーラヴァ	村の周縁部. 町の周縁部. Caritra. Kośala. Vindhya 山脈にある Kaumārapaurikā v).
(10)	ウパピーラヴァ	上記ピーラヴァに近い場所.
(11)	シュマシャーナ	死霊たちが集まる場所. 海岸.
(12)	ウパシュマシャーナ	遊園. 湖水の岸辺.

［注］ i) 『ヨーガラトナマーラー』は Kollagiri、そして Pullīramalaya と同一視する。　ii) 2 つの注釈は、Pāṭaliputra と同一視する。　iii) 2 つの注釈は「塩海の中央に生じた」を「Harikela」の単なる修飾句として解釈するのだが、「Harikela」と「塩海の中央に生じた地」というように二分して解釈することも可能である。　iv) 2 つの注釈は、Suvarṇadvīpa（文字通りの意味は「黄金の島」）と同一視する。　v) あるいは、「Vindhya」と「Kumārapura」と解釈することも可能である。

第 1 型伝承の体系と異なり、十地あるいは十二地・十三地といった境地の階梯の体系と明確に結びついているわけではない。より具体的に言えば、ピータに分類される聖地群により歓喜地を成就し、次のウパピータに分類される聖地群により離垢地を成就するといったような、聖地と境地の階梯的な対応関係は意図されていない。

第 1 型伝承の聖地群と異なり、ピータやウパピータなどのカテゴリーに分類整理以上の特別な意味が与えられているわけではない[26]。これらの聖地群は「そのような（荼枳尼たちとの）集会の場所はどのようなものですか」[Skt ed: I.7.10][27]という問いに対する世尊の答えとして挙げられているのだから、『ヘーヴァジュラ・タントラ』自身の意図は、実践者に成就をもたらす、地元の荼枳尼たちとの集会輪の儀礼（melā、gaṇacakra 等）を行うに相応しい場所のリストアップにあると考えるべきである。したがって、実践者はこれらの聖地の全てを巡る必要はない。成就を得るために、それらのうちの１つあるいはいくつかへと赴けばよいのである。

上記の目的は、この体系がもつ以下の３つの特徴とつながっている。(i) 聖地体系の３つの次元のうち、(A) 次元、つまり〈土地としての外的聖地群〉の形態のみをこの体系はもっている。この体系の (B) 次元と (C) 次元は『ヘーヴァジュラ・タントラ』には説かれない。注釈文献はその (C) 次元の存在を示唆するが[28]、それは同聖典のもともとの意図ではない。(ii) この体系では、特定の地名を有する土地だけでなく、「村や町の周縁部」や「死霊たちが集まる場所」や「海岸」や「庭園」といった普通名詞名の場所も聖地リストに混在している。だがこのことをもって、この体系の聖地リストの不整合性と考えるのは早計である。人類学的観点からすれば、これらの場所はいずれも境界状況的であり、集会儀礼の実践を行うに相応しい地であり、『ヘーヴァジュラ・タントラ』自身の上記目的からすれば理に適ったリスティングである。(iii) この体系の聖地リストにおいては、メーラーパカとウパメーラーパカに分類される聖地群が特定されていない。おそらく、これらの聖地カテゴリーは他の聖地カテゴリーに含まれない境界状況的な場所を包摂するものなのだろう。というのは、「メーラーパカ」も「ウパメーラーパカ」も「集会場」という意味をもつ用語だからである[29]。

4.2　第２型伝承聖地群の展開

表 **2–6** はヘーヴァジュラ系の最後期の聖典である『マハームドラーティラカ・タントラ』が説く聖地群の体系 [Skt ms: 17b5–18b1, 18b1–19a2][30]を、表 **2–7** はサンヴァラ系の最後期のタントラである『ダーカールナヴァ・タントラ』が説くそれ [Skt ms: Kathmandu D40/6, 25a5–31b7, 31b7–32a2、Kathmandu A142/2, 27a1–34a6, 34a6–b1][31]をまとめたものである。

第２型伝承の体系の展開には議論すべき点が多くあるのだが[32]、以下の３つの重要な点に焦点を絞ろう。

(i) リストされる聖地群の再編成

表 **2–6**　『マハームドラーティラカ・タントラ』の第 **2** 型伝承聖地群

	12 カテゴリー	外的聖地、および内的聖地としての身体部位
(1)	ピータ	Oḍyāna／Vajrapīṭha〈頭〉. Jālandhara〈冠毛〉. Paurṇagiri／Pullīramalaya〈頭頂〉. Kāmarūpa〈眉間〉.
(2)	ウパピータ	Mālava〈鼻の先端〉. Sindhu〈両眼〉. Nagara〈両耳〉. Siṅghala〈空なる蓮華〉.
(3)	クシェートラ	Munmuni〈顎〉. Devīkoṭa〈喉〉.
(4)	ウパクシェートラ	Kulatā〈後頭部〉. Arbuda〈両乳房〉.
(5)	チャンドーハ	Harikela〈心臓〉. Godāvarī〈臍〉.
(6)	ウパチャンドーハ	Lampāka〈秘密の輪〉. Kāñcī〈生殖器の中央部〉.
(7)	メーラーパカ	Karmārapāṭaka〈生殖器の先端〉. Cāmīkaradvīpa〈肛門〉.
(8)	ウパメーラーパカ	Koṅkaṇa〈両太腿〉. Vindhya〈両膝〉.
(9)	シュマシャーナ	死霊が集まる場所〈両脛〉. 海岸〈両足〉.
(10)	ウパシュマシャーナ	Caritra〈両足の指〉. Kaumārapura〈両足の親指〉.
(11)	ピーラヴァ	Kaśmīra〈全ての体支〉. Kairātakaṇḍala〈両足の裏〉.
(12)	ウパピーラヴァ	Nepāla〈3 本の主要脈管が交わる下腹部〉. Karṇakubja〈腰〉.

表 **2–7**　『ダーカールナヴァ・タントラ』の第 **2** 型伝承聖地群

	12 カテゴリー	聖地
(1)	ピータ	Pūrṇagiri. Jālandhara. Oḍyāyana. Arbuda.
(2)	ウパピータ	Godāvarī. Rāmeśvara. Devīkoṭa. Mālava.
(3)	クシェートラ	Kāmarūpa. Oḍra. Triśakuni. Kosala.
(4)	ウパクシェートラ	Kaliṅga. Lampāka. Kāñcī. Himālaya.
(5)	チャンドーハ	Pretapurī. Gṛhadevī. Saurāṣṭra. Suvarṇadvīpa.
(6)	ウパチャンドーハ	Nagara. Sindhu. Maru. Kulutā.
(7)	メーラーパカ	川岸. 遊園. 海. 四辻.
(8)	ウパメーラーパカ	山頂. 村の中心. 娘の集団がいる山. 自分の部族の土地.
(9)	シュマシャーナ	Munmuni. Caritra. Harikela. Māyāpurī.
(10)	ウパシュマシャーナ	山麓. 廃村. 神殿. Karṇāṭapāṭaka.
(11)	ピーラヴァ	村の周縁部. Kuṅkara. Karmārapāṭaka. 瑜伽女たちが集まる場所.
(12)	ウパピーラヴァ	祖霊の森. 家の脇. 湖. 青蓮華のある池.

表 2–5 と比較すると、表 2–6 と表 2–7 には聖地のリストに新たな出入りが見られる。

表 2–6 の体系は、表 2–5 と同じように、ピータというカテゴリーの下、ジャーランダラ（Jālandhara）、オーディヤーナ（Oḍyāna = Oḍḍiyāna）、パウルナギリ（Paurṇagiri = Pūrṇagiri）、カーマルーパ（Kāmarūpa）というシヴァ教シャークタの伝統の四大聖地を筆頭としつつ（だがオーディヤーナを金剛座Vajrapīṭha、すなわち現在のブッダガヤと同一視するという特異性も見られる）[33]、その他の聖地に関しても表 2–5 の聖地の多くをほぼ同順で継承している。だが、特に「村と町の周縁部」「遊園」といった普通名詞名をもつ場の替わりに、固有の地名を有する聖地を新たにリストに加えている。だが、この新たなリスティングには総じて第 1 型伝承（表 2–3）との深い関連を見出すことはできない。

これに対して、表 2–7 に見られる新たなリスティングには第 1 型伝承との密接な関係を見出すことができる。ピータからウパチャンドーハまでの聖地カテゴリーに属する合計 24 の聖地全てが、第 1 型伝承（表 2–3）でリストされる 24 の聖地と完全に一致する。残りのメーラーパカからウパピーラヴァまでのカテゴリーに属する合計 24 の聖地は、表 2–5 の聖地群リストの延長上にあると見なしてよい[34]。つまり、表 2–7 はヘーヴァジュラ系聖地とサンヴァラ系聖地を 12 の聖地カテゴリーという枠組みによって統合しようとしたものであると解釈することができる。

(ii) 聖地の身体内化

表 2–6 の角括弧内に記したものは、それぞれの聖地の内的な対応箇所、つまり内的聖地としての身体部位である。これらの内的聖地を、各脈管が通っている。内的な荼枳尼としての脈管という発想は『ヘーヴァジュラ・タントラ』にも見られるが［Skt ed: II.4.24–25］、内的な聖地という発想はサンヴァラ系の聖地体系の典型である第 1 型伝承の大きな特徴である。それぞれの身体部位は必ずしも第 1 型伝承のものと一致するわけではないが、表 2–6 の体系の存在は、第 2 型伝承の聖地群が (C) 次元を備えたことを意味する。

(iii) 聖地と境地の階梯的な対応関係

第 1 型伝承の体系（表 2–3）では、10 の聖地カテゴリーは十地と対応してい

表 **2–8**　『ダーカールナヴァ・タントラ』のヘールカ曼荼羅の構造

第 1 層（倶生）	倶生身 / 化生		
(1) 蓮華（あるいは滴輪）		——	——
(2) 金剛輪	ピータ / 歓喜地	無色界	——
(3) 心髄輪	ウパピータ / 無垢地	色界	第 1 の大陸
(4) 功徳輪	クシェートラ / 発光地	欲界	第 2 の大陸
第 2 層（法）	法身 / 卵生		
(5) 虚空輪	ウパクシェートラ / 焔慧地	——	第 3 の大陸
(6) 風輪	チャンドーハ / 難勝地	——	第 4 の大陸
(7) 地輪	ウパチャンドーハ / 現前地	——	第 5 の大陸
第 3 層（報）	報身 / 湿生		
(8) 火輪	メーラーパカ / 遠行地	——	第 6 の大陸
(9) 水輪	ウパメーラーパカ / 不動地	——	第 7 の大陸
(10) 智輪	シュマシャーナ / 善慧地	——	——
第 4 層（応）	応身 / 胎生		
(11) 心輪	ウパシュマシャーナ / 法雲地	——	——
(12) 語輪	ピーラヴァ / 普光地	——	——
(13) 身輪	ウパピーラヴァ / 信解行地	——	——
それぞれの層の四門と四隅	第十三地		
合計 16 の門（四門× 4 つの層）	十六空性		

た。この聖地と境地の間の階梯的な対応関係という発想は、表 2–5 はもちろん、表 2–6 の体系においても明確ではない。これに対し、それらの注釈書である『ヨーガラトナマーラー』［Skt ed: p.122, l.11–14］や『ムクターヴァリー』［Skt ed: p.70, l.17–19］や『ピータなどの確定』［Tib: Toh, 130a5–131b3］は表 2–5 や表 2–6 の体系の解釈の際にこの発想を適用する[35]。また、これから見るように、『ダーカールナヴァ・タントラ』（つまり表 2–7）の体系はこの発想を導入し、ヘールカ曼荼羅という形態で描画されたり観想されたりする。このことは、第 2 型伝承の体系が (B) 次元を備えるに至ったことを意味する。以下、『ダーカールナヴァ・タントラ』のヘールカ曼荼羅の構造を検討しよう。それをまとめたものが表 **2–8** である。

『ダーカールナヴァ・タントラ』が説くヘールカ曼荼羅は大きく 4 つの層

(puṭa）に分かれる。第1層は「倶生」(sahaja)、第2層は「法」(dharma)、第3層は「報」(saṃbhoga)、第4層は「応」(nirmāṇa）と呼ばれ[36]、それぞれ仏の四身（倶生身・法身・報身・応身）および四生（化生・卵生・湿生・胎生）と結び付けられる。これら4つの層は、上記の順番で中心から外側に同心円状に配置される。

第1層の内部も同心円構造になっている。中心には蓮華（padma）がある。『ダーカールナヴァ・タントラ』の成就者ジャヤセーナ（Jayasena）はこの蓮華を滴輪（thig leḥi ḥkhor lo、サンスクリット語に直せばbinducakraあるいはtilakacakra）と呼ぶ[37]。この蓮華（あるいは滴輪）の外を金剛輪（vajracakra）が囲み、それをさらに心髄輪（hṛdayacakra）が、それをさらに功徳輪（guṇacakra）が囲む。功徳輪はその外周部に、四方に位置する四門と四維の部分および八尸林を備えている。

第2層は内側から虚空輪（ākāśacakra)、風輪（vāyucakra)、地輪（medinīcakra）という順で同心円構造になっている。地輪もその外周部に、四方に位置する四門と四維の部分および八尸林を備えている。第3層は内側から火輪（agnicakra)、水輪（jala-/udakacakra)、智輪（jñānacakra）という順で同心円構造になっている。智輪もその外周部に、四方に位置する四門と四維の部分および八尸林を備えている。これら第2層と第3層を構成する6つの輪は、物質的五元素（地・水・火・風・虚空）に精神的要素（智）を加えた六界（ṣaḍdhātu）にその名を由来している。

第4層は内側から心輪（cittacakra)、語輪（vākcakra)、身輪（kāyacakra）という順で同心円構造になっている。この身輪の外周部は円ではなく正方形になっており、四方に位置する四門と四維の部分および八尸林が備わっている。この第4層を構成する3つの輪は、人間の活動の3領域（身・語・心）にその名を由来している。

これら（中央の蓮華を除く）12の輪は、十二地と同一視される12の聖地カテゴリーを象徴する。第十三地は、それぞれの層の外周部にある四門と四維の部分により象徴される。これら12の輪の1つ1つには、36組の父母尊たちが住している。これらの父母尊たちは、表2–7の各聖地にいる父母尊と同一であるとされる[38]。『ダーカールナヴァ・タントラ』および注釈書『ヴォーヒター』(Vohitā）の記述から明らかではないが、1つの聖地カテゴリーが4つの聖地を内包していることを考えれば、1つの聖地に9組の父母尊があてがわれるのかもしれない（36 ÷ 4）。

三界（無色界・色界・欲界）、七洲、十六空性（ṣoḍaśaśūnyatā）も、この曼荼羅により象徴される。この曼荼羅の観想や描画を通して、実践者は自分の意識や儀礼実行の場をこの曼荼羅が象徴する意味の宇宙へと連結させる。この曼荼羅の (C) 次元は説かれない。

なお、曼荼羅の象徴体系は“視点を変えれば曼荼羅は様々な姿を映し出す”という方法で理解されなければならない場合が多々ある。このヘールカ曼荼羅もそうである。この曼荼羅の象徴体系は表 2–8 の縦の列毎に理解する必要がある。たとえば、12 の聖地カテゴリーと十三地という視点から眺めれば、この曼荼羅の各輪はそれぞれピータ / 歓喜地、ウパピータ / 無垢地、等といったこの宇宙の一側面を表現する。三界という別視点から眺めれば、この曼荼羅の第 1 層の各輪は無色界等といったこの宇宙の別側面を表現する。七洲という別視点から眺めれば、この曼荼羅は月州（＝第 1 の大陸）等といったこの宇宙のまた別の側面を表現する。また、仏の四身という別視点からこの曼荼羅を眺めれば、今度はこの曼荼羅の各輪ではなく各層が浮かび上がり、それぞれの層が倶生身等の姿を映し出すことになる。こうして元来互いに別体系である様々な要素が、この曼荼羅の中に多重的に共存する。この多重的共存の拠り所がこの曼荼羅である。この宇宙は視点の数だけ様々な姿をもつ。だが見え方は様々であるにしろ、それらは本来不二であり、この（不二という意味での）“1 つ”という部分を、この曼荼羅という象徴の枠組みが担保しているのである。ヘールカ曼荼羅の象徴体系はこのように多重的共存性あるものとして理解されなければならないだろう。

5　第 3 型伝承の聖地群

第 3 型伝承の聖地群を検討する際の主な資料は、『クブジカーマタ・タントラ』、『ヴァジュラダーカ・タントラ』、『ダーカールナヴァ・タントラ』、その他の関連聖典・論書である。『クブジカーマタ・タントラ』や『ニシサンチャーラ・タントラ』（Niśisaṃcāratantra）や（後述『タントラーローカ』に引用される）『デーヴヤー・ヤーマラ』（Devyāyāmala）といったシヴァ教の重要な聖典は、この型の体系を説く。これから見ていくように、サンヴァラはこのシヴァ教の潮流の中に巻き込まれたと見るべきだろう。

第3型伝承の聖地群の体系は、第1型伝承や第2型伝承と異なり、少なくともその初期の段階においては、ピータをはじめとする10あるいは12の聖地カテゴリーに基づく構成をとらないし、十地などの境地の階梯と聖地の関連も説明されない。

5.1 シヴァ教と仏教のいくつかの聖地群

表**2–9**はシヴァ教クブジカー女神崇拝の伝統に立つ『クブジカーマタ・タントラ』の聖地群［Skt ed: 22.23–46］［Goudriaan and Schoterman 1998: 125–126］［拙稿 2003a: (66)］を、表**2–10**はサンヴァラの『ヴァジュラダーカ・タントラ』の聖地群［Skt ed: 18.10–58］［拙稿 2003a: (65)］をまとめたものである。各聖地には女神（devī）と土地守護神（kṣetrapāla）のカップルがいるとされ、また女神の住居が指定されている。ロングダッシュ（—）の箇所は、文章中に記されていないことを表す。また、各聖典には女神の武器やその外貌やその部族等も記されているが、議論が瑣末になるため、それらについては割愛した。

Dyczkowski氏はシヴァ教クブジカー女神崇拝の伝統に立つ諸文献が説く聖地群の検討を行う中で、表2–9に示した『クブジカーマタ・タントラ』の聖地群に類似するものとして、同じくシヴァ教の『ニシサンチャーラ・タントラ』の聖地群を挙げている［Dyczkowski 2001: 79–83および末尾のMap 5等］。しかし、『ニシサンチャーラ・タントラ』の聖地群は、表2–9の聖地群ほどは表2–10に示した仏教のそれに類似しているわけではない。したがって、ここでは『クブジカーマタ・タントラ』の聖地群を、シヴァ教聖地群の代表として扱うことにする。『クブジカーマタ・タントラ』によれば、この聖地群を巡礼したり、あるいはこの聖地群を説明した韻律句を唱えたりすることにより、実践者は無垢（nirmala）になるという［Skt ed: 22.20–21］。ゆえに、この聖地群は実践者の浄化を目的とした(A)次元および(B)次元のものであると考えられる。

表2–10と同系統の聖地群を、『ダーカールナヴァ・タントラ』［Skt ms: Kathmandu D40/6, 78a5–79b4、Kathmandu A142/2, 82a1–83a7］[39]および『サ

表 **2–9**　『クブジカーマタ・タントラ』の第 **3** 型伝承聖地群

	聖地	女神	土地守護神	女神の住居
1	Aṭṭahāsa	Saumyāsyā	Mahāghaṇṭa	kadamba 樹
2	Caritrā	Kṛṣṇā	Mahābala	karañja 樹
3	Kolāgiri	Mahālakṣmī	Agnika	naga 樹
4	Jayantī	Jvālāmukhī	Mahāpreta	nimba 樹
5	Ujjayinī	Mahāmāyā	Mahākāla	aśvattha 樹
6	Prayāga	Vāyuvegā	Pavana	udumbara 樹
7	Vārāṇasī	Śāṅkarī	Śāṅkara	tāla 樹
8	Śrīkoṭa	Karṇamotī	Hetuka	vaṭa 樹
9	Virajā	Ambikā	Anala	—
10	Airuḍī	Agnivaktrā	Ghaṇṭārava	—
11	Hastināpura	Piṅgākṣī	Mahājaṅgha	—
12	Elāpura	Kharāsyā	Gajakarṇa	—
13	Kāśmarī	Gokarṇā	Taḍijjaṅgha	—
14	Maru	Kramaṇī	Karāla	—
15	Nagara i)	—	Romajaṅgha	—
16	Puṇḍravardhana	Cāmuṇḍā	Kumbhaka	—
17	Parastīra	Prasannāsyā	Trijaṭa	—
18	Pṛṣṭhāpura	Vidyunmukhī	Ghanarava	—
19	Kuhudī	Mahābalā	Ulkāmukha	—
20	Sopāra	Agnivaktrā	Piśitāśa	—
21	Kṣīrika	Lokamātṛ	Mahāmeru	—
22	Māyāpurī	Kampinī	Bhīmānana	—
23	Āmrātikeśvara	Pūtanā	Mahākrodha	—
24	Rājagṛha	Bhagnanāsā	Mahākarṇa	—

［注］ i) あるいは Caitrakaccha。

ンプトードバヴァ・タントラ』の注釈書『アームナーヤマンジャリー』(Āmnāyamañjarī) の中に見出せる［Tib: Ota, 169b7–170b4］［Wayman 1995］［拙稿 2003a: (106)］[40]。なお、『サンプトードバヴァ・タントラ』自身はこのような第 3 型伝承の 24 の聖地を説かない[41]。文献成立の前後関係を考慮すれば、『ダーカールナヴァ・タントラ』や『アームナーヤマンジャリー』が表 2–10 の聖地群を継承したと言うことができる。『ダーカールナヴァ・タントラ』と『アームナーヤマンジャリー』の聖地群は、表 2–10 の聖地群のいくつかの空白箇所を埋めたものになっているのだが、この継承には重要な質的展開は見られない。よって、ここでは表 2–10 の聖地群を仏教聖地群の代表として扱うことにする。『ヴァジュラダーカ・タントラ』は、これらの聖地にいる荼枳

表 2–10 『ヴァジュラダーカ・タントラ』の第 3 型伝承聖地群

	聖地	女神	土地守護神	女神の住居
1	Aṭṭahāsa	Saumyamukhā	Mahāghaṇṭa	kadamba 樹
2	Kollagiri	Mahālakṣmī	Agnimukha	山頂
*	—	Jvālāmukhī	Mahāvrata	nimba 樹
3	Dharaṇī	Śaṃkarī	Ūrdhvakeśa	tāla 樹
4	Devīkoṭa	Karṇamoṭī	Hetuka	vaṭa 樹
5	Virajā	Ambikā	—[i)]	āmra 樹
6	Erudī	Agnimukhī	Ghaṇṭārava	kāñcana 樹
7	Pura	Piṅgalā	Mahājaṅgha	jaṭī樹
8	Elāpura	Kharasthā	Gajakarṇa	—
9	Kaśmīra	Gokarṇī	Nāḍījaṅgha	山頂
10	Maru	Kramaṇī	Karāla	大砂漠
11	Nagara	Vetālā	Romajaṅgha	vetra 樹
12	Pauṇḍravardhana	Cāmuṇḍā	Kumbha	—
13	Jayantī	Prasannāsyā	Trijaṭa	楼閣
14	Pṛṣṭhāpura	Vidyunmukhī	Ghaṇṭārava	—
15	Sopāra	Piśitāśanā[ii)]	—	śālmali 樹
16	Caritra	Karañjavāsinī	Mahāghaṇṭa[iii)]	karañja 樹
17	Oḍyāyana	Guhyā	Mahānāda[iv)]	aśoka 樹
18	Jālandhara	Caṇḍālinī	Janeta	kanaka 樹
19	Kṣīrika	Lokamātṛ	Mahāmeru	sāla 樹
20	Māyāpura	Bhīmā[v)]	Bhīma	bhūta 樹
21	Āmraka	Pūtanā	Mahāvrata	dāru 樹
22	Rājagṛha	Vipannā	Mahākarṇa[vi)]	—
23	Bhoṭa	Sahajā[vii)]	Bhoga[viii)]	山頂
24	Mālava	Sekā	Puṃsasvara	madhu 樹

［注］ i) あるいは Anala。 ii) あるいは Agnivaktrā。 iii) あるいは Mahābala。 iv) あるいは Mahābala。 v) あるいは Kāminī。 vi) あるいは Jhillīrava。 vii) あるいは Bhogā。 viii) あるいは Sudurjaya。

尼たちは夜に集会を行い、実践者に多くの成就をもたらすと述べる［Skt ed: 18.59–60］[42]。よって、この聖地群は第 2 型伝承における『ヘーヴァジュラ・タントラ』の聖地群と（系統は異なるが）同趣旨のもの、つまり (A) 次元のものであるとも推定できる。だが、実践者に対し「これらの地を訪れよ」といった規定が書かれておらず、またこの聖地群は観想されるべき曼荼羅であるとも規定されていないため、この聖地群の実践上の機能は不明瞭である。

『クブジカーマタ・タントラ』の体系（表 2–9）と『ヴァジュラダーカ・タントラ』の体系（表 2–10）は、どちらが古いのだろうか。結論を述べれば、前者が後者に先行し、かつ後者は前者を仏教風に改良したものであると考えるべきである。そうでなければ、以下のいくつかの点を十分に説明することができない。

(i) 女神の住居の補充

『クブジカーマタ・タントラ』の体系では欠けている、ヴィラジャー (Virajā) 以下の聖地における女神の住居の多くを、『ヴァジュラダーカ・タントラ』の体系は補っている。その意図は、もちろんリストの充実であろう。しかし、この補充は、元来の『クブジカーマタ・タントラ』の意図から逸脱する形の補充である。『クブジカーマタ・タントラ』は女神の住居を樹木に限定している。これに対して、『ヴァジュラダーカ・タントラ』が補充する女神の住居は、たとえば「山頂」や「楼閣」等、必ずしも樹木に定められていない。

(ii) 『ヴァジュラダーカ・タントラ』に見られるコラプション

表 2–10 の＊の列をご覧頂きたい。女神ジュヴァーラームキー (Jvālāmukhī) と土地守護神マハーヴラタ (Mahāvrata) と住居であるニンバ (nimba) 樹を告げるこの文は 5 パーダより成る文であり (jvālāmukhīti vikhyātā / khaḍgahastā sthitā ghorā nimbavṛkṣasamāśritā / kṣetrapālo mahākāyo mahāvrateti[= -ta iti] viśrutaḥ)、聖地の名称を述べるべき 1 パーダが欠如している。さらに、この崩れた文は合計 24 の聖地から成る表 2–10 の体系において何ら機能していない。この不完全な文の発生事情を、表 2–9 において一続きになっている聖地コーラーギリ (Kolāgiri) と聖地ジャヤンティー (Jayantī) の各項目 (表 2–9 (3) と (4)) と、表 2–10 において一続きになっている聖地コーッラギリ (Kollagiri) とこの不完全な文の各項目 (表 2–10 (2) と＊) を比較することにより知ることができる。表 2–9 では聖地コーラーギリの一連の説明に続いて、聖地ジャヤンティーの一連の説明がなされる。表 2–10 はこの説明からジャヤンティーという聖地名が抜け落ちた形のものである。したがって、表 2–10 におけるこの不完全な文は、表 2–9 のリストを継承する際に生じたコラプションであると推定することができる。

5.2　第 3 型伝承聖地群の理論面での展開

第 3 型伝承聖地群における理論面での展開について検討しよう。

(i) 聖地分布の変容

『クブジカーマタ・タントラ』から『ヴァジュラダーカ・タントラ』への展開に際して、リストされる聖地にいくつか出入りが見られる。その出入りの中でも比較的明白なものは、表 2–9 の (4)(5)(6)(19) と表 2–10 の (17)(18)(23)(24) である。オーディヤーヤナ（Oḍyāyana = Oḍyāna：表 2–10 の (17)）、ジャーランダラ（Jālandhara：表 2–10 の (18)）、マーラヴァ（Mālava：表 2–10 の (24)）といった聖地はどれもシヴァ教のみならずサンヴァラでも一般的な聖地である。第 1 型伝承聖地群と第 2 型伝承聖地群にもこれらは登場していたし、『大唐西域記』によれば少なくとも 7 世紀半ばの段階では仏教徒たちが活動する土地でもあった。これに対してボータ（Bhoṭa：表 2–10 の (23)）、つまりチベット地域は、インド由来の宗教としては専ら仏教が繁栄した地域である。サンヴァラの諸文献は、このようなチベット地域を新たにリストに加えることにより、仏教風に聖地分布の変容を試みたと解釈できる。当時のインドの諸僧院とチベットのそれらの間のネットワークの発達が、ボータを聖地リストの中に入れる歴史的背景の 1 つになった可能性はある。

(ii) 聖地の身体内化

先に述べたように、表 2–9 と表 2–10 の聖地群は (A) 次元や (B) 次元のものであった。第 3 型伝承の (C) 次元は、アビナヴァグプタ（Abhinavagupta）作『タントラーローカ』(Tantrāloka）に引用されたシヴァ教トリカ崇拝の聖典『デーヴァー・ヤーマラ』のマーダヴァ（Mādhava）族の教義の中に登場する［Skt ed: 29.59–63］［Dyczkowski 2001: 55–56］。その内容は以下の通り。(スラッシュの後に記された身体部位は、それぞれの外的聖地の内的な姿を意味する。等号の後に記された聖地の別名はジャヤラタ (Jayaratha) 注による。) ——［1］アッタハーサ (Aṭṭahāsa) ／頭頂、［2］チャリトラ (Caritra) ／頭頂の穴、［3］カウラギリ (Kaulagiri) ／両耳、［4］ジャヤンティー (Jayantī) ／両鼻穴、［5］ウッジャイニー (Ujjayinī) ／眉間、［6］プラヤーガ (Prayāga) ／口、［7］

ヴァーラーナシー（Vārāṇasī）／心臓、[8] シュリーピータ（Śrīpīṭha）／両肩、[9] ヴィラジャ（Viraja）／喉、[10] エーダービー（Eḍābhī）／腹部、[11] ハーラー（Hālā = Alipura）／臍、[12] ゴーシュルティ（Gośruti = Gokarṇa）／生殖器部、[13] マルコーシャ（Marukośa）／生殖器、[14] ナガラ（Nagara）／右臀部、[15] パウンドラヴァルダナ（Pauṇḍravardhana）／左臀部、[16] エーラープラ（Elāpura）／右腿、[17] プラスティーラ（Purastīra）／左腿、[18] クディヤーケーシー（Kuḍyākeśī）／右膝、[19] ソーパーナ（Sopāna）／左膝、[20] マーヤープー（Māyāpū = Māyāpurī）／右脛、[21] クシーラカ（Kṣīraka）／左脛、[22] アームラータ（Āmrāta =Āmratakeśvara）／右踝、[23] ヌリパサドマニー（Nṛpasadmanī= Rājagṛha）／左踝、[24] ヴァイリンチー（Vairiñcī=Śrīśaila）／足底。

聖地名と聖地の順序に多少の相違があるとはいえ、これら 24 の聖地は表 2–9 の『クブジカーマタ・タントラ』のそれとほぼ一致すると見てよい。これらの聖地はここでは身体内化されている。この体系における内的聖地の位置は、第 1 型伝承のものとも第 2 型伝承のものとも異なる、第 3 型伝承に独自のものである。

一方、ごく一部の注釈文献を除き、仏教側の聖典には第 3 型伝承の (C) 次元のものは登場しない[43]。この型がサンヴァラの大きな聖地伝承の 1 つであることは疑いがないのだが、シヴァ教徒たちほど、仏教徒たちはその理論的発展に熱心でなかったように思われる。どちらかと言えばこの型の伝承はシヴァ教徒たちの中で盛んに展開し、仏教徒たちの間では第 1 型伝承の体系——それはシヴァ教徒たちの間ではむしろマイナーであった——の人気が最も高かったと考えるべきである。

6　第 4 型伝承の聖地群

第 4 型伝承の聖地群を検討する際の主な資料は、『ダーカールナヴァ・タントラ』、『ヨーギニージャーラ・タントラ』、その他関連論書である。これらの聖典がサンヴァラ最後期の聖典であることから、この第 4 型伝承の聖地群はサンヴァラの最後期に整備されたと言ってよい。

第4型伝承の体系は(C)次元のみをもつ、内的な体系である。『ダーカールナヴァ・タントラ』も『ヨーギニージャーラ・タントラ』も、この聖地群の外的な巡礼地としての次元および描かれたり観想されたりする外的な曼荼羅としての次元を説かない。

第4型伝承の体系は、(i) 聖地の理論と、(ii) チャクラ（cakra）の理論と、(iii) 生命風（prāṇa など）の転位（saṃkrānti：あるいは「通過」「移動」）の理論、言い方を変えれば内的な時間の輪（kālacakra）の理論という、3つの理論が組み合わさったものである。このことは、この体系の注目すべき特徴となっている。類似の体系は『カーラチャクラ・タントラ』[Skt ed: 2.2.38–40] とその注釈『ヴィマラプラバー』[Skt ed: p.177, l.25–p.179, l.11] にも登場する。だが、『カーラチャクラ・タントラ』の体系には上記 (i) の要素が含まれていない。

上記3つの要素のうち、最初に (i) と (ii) の組み合わせについて検討し、その後それらと (iii) の組み合わせを見ることにより、第4型伝承聖地群の体系を明らかにしていきたい。

6.1　聖地とチャクラ

表 **2–11** は、『ダーカールナヴァ・タントラ』に説かれる第4型伝承の体系をまとめたものである [Skt ms: Kathmandu D40/6, 14a9–b5, Kathmandu A142/2, 14b9–15a6][44]。類似の体系は『ヨーギニージャーラ・タントラ』にも説かれる [Skt ms: Baroda 13253, 23a9–24a3、Matsunami 313, 52a6–53b5]。『ダーカールナヴァ・タントラ』のこの体系と『ヨーギニージャーラ・タントラ』のそれの間には質的な相違はない。また『ヨーギニージャーラ・タントラ』のその文章は大分崩れており、かつそれらは『ダーカールナヴァ・タントラ』からの書写の際に生じたコラプションと見なし得るので、前者が後者の説を継承したという伝承の過程を推定できる。これらの理由から、ここでは『ダーカールナヴァ・タントラ』の体系を第4型伝承の体系の代表として扱うことにしたい。

人の身体内には多数のチャクラがあり、それらはすべて蓮華の形をしている。チャクラは多数の脈管が収束する、身体の重要組織である。このような

表 **2–11**　『ダーカールナヴァ・タントラ』の第 **4** 型伝承聖地群

(A) 臍部のチャクラ（応輪）を通る 64 本の脈管と聖地の荼枳尼

(1) Madhyadeśī (2) Kaliṅgī (3) Oḍrī (4) Karṇāṭakī (5) Marī (6) Saurāṣṭrī (7) Malayī (8) Vaṅgī (9) Draviḍī (10) Cataliṅgakī (11) Mālavī (12) Mahārabdhī (13) Varendrī (14) Kāmarūpiṇī (15) Ḍāhalī (16) Aṭavideśī (17) Bhaḍārī (18) Rāḍhamāgadhī (19) Tirasuttī (20) Daddaraṇḍī (21) Nepālī (22) Rasavāsinī (23) Rāḍhī (24) Ḍhikkarī (25) Vaṅgālī (26) Khāḍī (27) Harikelakī (28) Suvarṇadvīpī (29) Siṃhalī (30) Ḍāmaḍī (31) Kattorakī (32) Sindhuhimālayī (33) Buḍī (34) Kulūtī (35) Jaḍarī (36) Pathī (37) Jajjabutī (38) Varuṇī (39) Oḍiyānī (40) Lampākakī (41) Jālandharī (42) Arbudī (43) Kaśmīrī (44) Kauśalī (45) Kāñcī (46) Jayantī (47) Triśakunī (48) Cambhī (49) Luharī (50) Purarohikī (51) Munmunī (52) Kāmbojakī (53) Bhaṭṭolikī (54) Gṛhadevatī (55) Pretapurī (56) Babharī (57) Pelavī (58) Upapelavī (59) Śmaśānī (60) Upaśmaśānī (61) Mahodadhitaṭī (62) Khasī (63) Mlecchī (64) Sarvadeśakī

(B) 心臓部のチャクラ（法輪）を通る 8 本の脈管と聖地の荼枳尼

(1) Prayāgī (2) Devīkoṭī (3) Ujjayinī (4) Mahālakṣmī (5) Jvālāmukhī (6) Siddhasimbhalī (7) Māhilī (8) Kaumārīpaurikī

チャクラが第 4 型伝承の体系の枠組みとなる。より具体的には、身体の臍部にあるチャクラ、すなわち応輪（nirmāṇacakra）の 64 枚の葉（花弁、以下同じ）を通る 64 本の脈管と、心臓の箇所にあるチャクラ、すなわち法輪（dharmacakra）の 8 枚の葉を通る 8 本の脈管が、第 4 型伝承の聖地群を構造化する。この体系は 10 あるいは 12 の聖地カテゴリーをその枠組みとはしない。この体系では、ピーラヴァやウパピーラヴァやシュマシャーナやウパシュマシャーナといった聖地カテゴリーは、広範囲の聖域として、個別の聖地と質的には異ならないものとの扱いを受ける（表 2–11 の (A) の (57)(58)(59)(60) を見よ）。

表 2–11 にリストされた合計 72 の名称は、72 の外的聖地にいる 72 人の荼枳尼たちの内的な姿としての 72 本の脈管の名称である。男性尊格はこの体系には登場しない。これらの名称は、それらの荼枳尼たちが住する外的聖地の

名を女性形にしたものである。これらの外的聖地の中には、第1型・第2型・第3型伝承の検討の際に見たように、仏教やその他の体系に属するタントラ聖典やプラーナ聖典の中に頻繁に登場するものも多いし、その他マイナーなものも少なくない。よって、この体系には、サンスクリット聖典等に広く見られる様々な聖地を仏教流のチャクラの体系において統合するという意図があると言える。

上述のように、個々の脈管は荼枳尼たちと同一であり、それぞれの名称は彼女たちが住する外的聖地のそれに由来する。では、どの身体部位がこれら外的聖地の内的な対応物なのであろうか。チャクラの72枚の葉（すなわち、応輪の64枚の葉と法輪の8枚の葉）がそうなのかもしれない。あるいは、後述する身体の12の関節などかもしれない。だが、『ダーカールナヴァ・タントラ』も『ヨーギニージャーラ・タントラ』もそれを明確に定義しない。ゆえに、この第4型伝承の体系においては内的聖地は潜在的であると理解するのが無難であろう。

6.2 第4型伝承の体系を意味づける生命風の転位

前述のように、身体内における生命風の転位の理論も、この体系の枠組みとなっている。身体内における生命風の転位は人の生命を維持する生理作用の1つであり、呼吸によって行われる。『ダーカールナヴァ・タントラ』は、応輪を通る64本の脈管の機能を以下のように説明する。

> こ[の体系]において、手と足には12の関節（両肩・両肘・両手首・両足の付け根・両膝・両足首）が広がっている。12[の関節のそれぞれ]につき5本ずつ、[合計]60本の脈管があると知られるべきである。[12の関節]輪における運搬主体[である脈管]に即して、12サンクラーンティ（saṃkrānti）が理解される。マントラを知る者は、左右[の脈管]に、東の羊[宮]をはじめとする[十二宮]を[理解するべきである]。残りの4本[の脈管]は、臍と生殖器と両肋骨部の孔に[1本ずつつながって]いる。[Skt ms: Kathmandu D40/6, 15b6–b8、Kathmandu A142/2, 16a9–a11][45]。

その詳細の検討は第 4 章にて行う予定であるが、『ダーカールナヴァ・タントラ』の時間の輪の理論によれば、1 日は 60 ガティ（ghaṭi ＝ガティカー ghaṭikā）より成り、それは 12 サンクラーンティと等しい。したがって 1 サンクラーンティは 5 ガティと等しい。（なお、ガティやサンクラーンティは時間の単位である）。

この理論を参考にして、上記の文章を以下のように解釈することができる。応輪から手足の 12 の関節へとつながる 60 本の脈管は 60 ガティ、すなわち 1 日に対応する。ゆえに、1 本の脈管は 1 ガティを表わし、1 つの関節につながる 5 本の脈管は 5 ガティ、すなわち 1 サンクラーンティを表わす。生命風は 1 つの関節につながる 5 本の脈管の中を進み、その関節を 1 サンクラーンティかけて転位する。同じように、生命風は他の 11 の関節を、それらにつながる 55 本の脈管を通して 11 サンクラーンティかけて転位する。こうして、生命風は各人の 12 の関節を、応輪からそれらの関節につながる 60 本の脈管を通して 1 日かけて転位する[46]。（なお、左右の脈管に十二宮を観念するとは、ここで問題となっている 64 本の脈管とは別の脈管であるララナー脈管とラサナー脈管の内部における生命風の移動を、天体の十二宮における惑星の転位とパラレルにとらえようとするものである。詳しくは本書第 5 章 4 節を見よ。）

残りの 4 本の脈管、すなわち応輪から臍と生殖器と両肋骨部の孔につながる合計 4 本の脈管と生命風の転位の間の関係は、同聖典に説明されていない。法輪の 8 本の脈管についても同じである。だが、これら合計 72 本の脈管が聖地に住する荼枳尼たちと同一であること、このような脈管のうちの 60 本が時間の経過と並行して転位する生命風の通路であることを考えれば、第 4 型伝承聖地群の体系には、人の身体内における生命風の規則的な転位は外的聖地への巡礼に対応するという発想があると推定することも可能である。もしこの仮説が正しければ、生命風の内的転位を、生命風の内的巡礼と言い換えることもできよう。

結論

以上の議論をまとめることにより、結論としたい。

個々の聖地名は単に特定の土地を指す地名であるのみならず、象徴作用をもつ特殊な用語でもある。個々の聖地名をそれがもともと指し示す特定の土地から切り離し、別の土地——そこが他宗教や他宗派やあるいは現地人たちの聖域であったとしても——にあてがったり、あるいは特定の土地とは独立した聖地曼荼羅の形態に組織化することが可能である。言い方を変えれば、サンヴァラの聖地の本質は、サンヴァラの意味秩序を付与する象徴の枠組みとしての聖地名のリストにある。同様のことは、聖地の尊格名についても言える。聖地それ自体は中性的あるいは超セクト的であるという宗教的感性や、この感性に基づく聖地における異宗教間雑居の寛容的慣習は、上記のサンヴァラの聖地群の性質と連動していると考えられる。また、このような文化的背景は、サンヴァラとシヴァ教等非サンヴァラの体系の間での聖地リストの継承を比較的容易にしたであろう。

聖地名がもつ上記のような特性は、サンヴァラの伝統において、実践方法という観点から聖地の3つの次元を生み出す。すなわち、(A)〈土地としての外的聖地群〉の次元、(B)〈土地から分離した外的聖地群〉の次元、(C)〈内的聖地群〉の次元である。聖地名のリストという象徴の枠組みが実在の土地にはめこまれた時に (A) 次元が、特定の尊格の集合体や韻律句にはめこまれた時に (B) 次元が、個々人の身体組織構成にはめこまれた時に (C) 次元が切り開かれる。サンヴァラでは、倶生という真理観と相まって、(C) 次元での聖地実践が最も高い評価を得る傾向があった。これに対し、(A) 次元や (B) 次元といった外的実践は、まだ修行の浅い者たちにとって有意義なものである——別の言い方をすれば、外的実践は、実践者のうちの多くを占める修行未熟者にとって必要なものである——と見なされる傾向があった。(ゆえに、サンヴァラが (C) 次元のような内的な実践に高評価を与えつつも、外的な実践の体系の構築にも熱心であったことは決して矛盾ではない。)

サンヴァラには4つの大きな聖地伝承があった。これらの伝承は、互いにある程度独立性を保ちつつも、相互に影響を与え合うこともあった。(1) 第1型伝承の体系は、十地と同一視される10の聖地カテゴリーにより構造化される24の聖地から成る。シヴァ教においてはむしろマイナーな伝承であったが、サンヴァラにおいては最も大きな伝承となった。(2) 第2型伝承の体系で

表 **2–12**　聖地実践の諸次元と聖地伝承の対応

諸伝承	諸次元
第 1 型伝承	(A) と (B) と (C)
第 2 型伝承	(A)、後代になると (B) および (C) も備える
第 3 型伝承	(A)(B)、後代になると (C) も備える *
第 4 型伝承	(C)

* ただしこれらは主にシヴァ教文献において明示され、伝承こそされるものの、仏教側ではこの第 3 型伝承の実践上での機能はつねに明確なわけではない。

は、聖地群は 12 の聖地カテゴリーにより構造化される。聖地の総数と 12 の聖地カテゴリーの機能は聖典により異なる。(3) 第 3 型伝承の体系は 24 の聖地から成る。サンヴァラはこの型の聖地群の伝承を盛んに行うもののその理論面での質的展開に乏しい。仏教よりもシヴァ教において積極的に展開した体系である。(4) 第 4 型伝承の体系は、聖地の理論とチャクラの理論と生命風あるいは内的な時間の輪の理論が結合したものである。

表 **2–12** は、聖地群の 3 つの次元と 4 つの伝承の関係をまとめたものである。第 1 型伝承の体系はその初期の段階から 3 つの次元を全て備えていた。この積極的な体系整備が、この体系をサンヴァラの中で最も人気の高いものにしたと考えることもできる。(C) 次元が最も高い評価を得る傾向があったため、第 2 型伝承の体系と第 3 型伝承の体系もその後期の段階において (C) 次元を備えるようになった。サンヴァラの最後期に登場する第 4 型伝承の体系は、(C) 次元のみをもつ。

注

1　この文献はチベット語訳のみ現存を確認できる。その記述は全体に渡って簡潔である。たとえばアルブダ（arbuda）については「アルブダとは山（どこの山かは説明されない）を登ったところに開ける町タクシャシラー（Ta kṣa śi lā：中央アジアの町タキシラを意図しているのかどうかは不明）のことであり、そこには女性の胸のような密集林があり、家畜飼いをはじめとする多くの人々が生活をし、心喜ばせている」（抄訳）といった記述しか与えられていない。情報に不十分な点もあり、またこの書が帰されるナーローパーダが 11

世紀頃に活躍した同一名の人物と同一であるかどうかも定かではないこともあって、この書の記述が何世紀頃のサンヴァラの諸聖地の様子を伝えているのかも明らかではない。だが、この書はサンヴァラの聖地についてのいくつかの側面を理解する手助けにはなる。

2 やや時代は下るが、シヴァ教シャークタのプラーナである『カーリカー・プラーナ』(Kālikāpurāṇa) によれば、カーマルーパには岩の中にヘールカ (heruka) と呼ばれるシヴァリンガがあるという [Skt ed: 79.172]。この「ヘールカ」という石の標識が『チャクラサンヴァラ神変』が述べるカーマルーパの石の標識と同一であるか否かを知る術は現段階ではなく、その検討も慎重であるべきだが、この「ヘールカ」という石の標識の名称は、ヘールカが仏教内で一般化したことも考慮すれば、カーマルーパにおいてヘールカを奉ずる仏教実践者の活動の何らかの痕跡であるのかもしれない。7 世紀の中国僧玄奘の旅行記である『大唐西域記』ではカーマルーパは専ら異教の地と報告されていたが、これから見ていくように、『大唐西域記』のおよそ 2 世紀後に花開くヨーギニータントラの伝統においてはカーマルーパを密教の聖地と見なす考えが広く見られる。

3 碑文資料には、この『チャクラサンヴァラ神変』と同じ 10 から 11 世紀に、デーヴィーコータ (＝コーティーヴァルシャ Koṭīvarṣa) 内のいくつかの土地がヤジュールヴェーダやヴィシュヌの行を実践するバラモンたちに寄進されたことが記録されている [Bangarh 碑文、Āmgāchi 碑文]。一方、『八十四成就者伝』には、ヴィルーパ (Virūpa) という名の仏教の成就者が異教信仰が盛んな地であるデーヴィーコータの人々を仏教へと回心させた逸話が収録されている [Tib: Rob, 14.2–17.2、Ota, 4b8–5b3]。

4 『大唐西域記』が報告する、サンヴァラの第 1 型伝承を含めた諸伝承に登場する数々の聖地と同名の土地の信仰状況は以下の通り。

表 2–13　『大唐西域記』が告げる聖地の様子

ランパーカ	大乗が学ばれるも、僧徒は多くなく、伽藍は 10 余である。異教の行者・信徒がとても多く、異教の神殿は数十ある。
オーディヤーナ	大乗が学ばれる。かつては僧徒 18000 人、1400 の伽藍を誇ったが、今は伽藍の多くが荒廃し、僧徒も減少している。異教の行者・信徒もおり、異教の神殿は 10 余ある。
カシュミーラ (Kaśmīra)	好学多聞の地で、大乗と小乗 (大衆部) が学ばれる。僧徒は 5000 人余おり、伽藍は 100 余ある。異教の行者・信徒も多くいる。
ジャーランダラ	大乗と小乗が兼学される。2000 人余の僧徒がおり、伽藍は 50 余ある。異教の行者・信徒は 500 人余おり、異教の神殿は 3 つある。
クラター	大乗が多く学ばれる。僧徒は 1000 人余おり、伽藍は 20 余ある。異教の行者・信徒たちもおり、異教の神殿は 15 ある。

プラヤーガ	小乗が学ばれる。だが伽藍は2つ、僧徒も少ない。異教の行者・信徒がとても多く、異教の神殿は数百ある。
ヴァーラーナシー（Vārāṇasī）	小乗（正量部）が学ばれる。僧徒は3000人余おり、伽藍は30余ある。異教の行者・信徒（特にシヴァ教行者・信徒が多い）は1万余おり、異教の神殿は100余ある。
パウンドラヴァルダナ(Pauṇḍravardhana)	大乗と小乗が兼学される。僧徒は3000人余おり、伽藍は20余ある。異教の行者・信徒（多くは露形行者）たちもおり、異教の神殿は100ある。
カーマルーパ	仏教が信仰されていない。伽藍の建築や仏教僧の招集もなされたことがない。異教の行者・信徒が数万人おり、異教の神殿は数百ある。
オードラ	大乗が学ばれる。僧徒は1万人余おり、伽藍は100余ある。異教の行者・信徒もおり、異教の神殿は50ある。
カリンガ	大乗上座部が学ばれる。僧徒は500人余おり、伽藍は10余ある。異教の行者・信徒（多くは露形行者）たちがとても多く、異教の神殿は100余ある。
コーサラ	大乗が学ばれる。伽藍は10余あり、僧徒は1万人程いる。だが、異教行者が雑居しており、異教の神殿は10余ある。
コーンカナ（Koṅkana）	大乗と小乗が兼学される。僧徒は1万人余おり、伽藍は100余ある。異教の行者・信徒たちもおり、異教の神殿は数百ある。
マーラヴァ	小乗（正量部）が学ばれる。僧徒は2万人余おり、伽藍は数百ある。異教の行者・信徒（多くは塗灰行者）たちもとても多い。
サウラーシュトラ	大乗上座部が学ばれる。僧徒は3000人余おり、伽藍は50余ある。異教の行者・信徒たちもおり、異教の神殿は100余ある。
ウッジャイニー（Ujjayinī）	大乗と小乗が兼学される。僧徒は300人余いる。伽藍は数十あるが多くは瓦解し、実質的に機能しているのは35のみである。異教の行者・信徒たちもおり、異教の神殿は数十ある。
シンドゥ	小乗（正量部）が学ばれる。僧徒は1万人余おり、伽藍は数百ある。異教の行者・信徒たちもおり、異教の神殿は30余ある。
コータン	大乗が学ばれる。僧徒は5000人余おり、伽藍は100余ある。

もちろん、聖地名が同一だからといって、上記『大唐西域記』の各土地とサンヴァラの各聖地が同一の場所を指しているとは限らない。だが少なくとも、7世紀の半ば、上記それ

ぞれの土地の多くが仏教実践者と異教実践者が雑居する地であったということは言える。

5 津田は同論文において、『サンヴァローダヤ・タントラ』の第 14 章のいくつかの文章をもとに、以下のようにも述べる。すなわち、聖地巡礼ができない実践者は、瑜伽女を自分の家へと招き、供養するべきである。

6 同聖典のこの箇所は、前述『サンヴァローダヤ・タントラ』の 9.1–27 と基本的に同一であり、『サンヴァラローダや・タントラ』から『ヴァーラーヒーカルパ・タントラ』への文章の継承が推定される。

7 『大唐西域記』の時代（7 世紀半ば）にはコータンは大乗仏教信仰がとても盛んな地域であった。なお、コータンでは少なくとも 10 世紀頃までは仏教が生き残っていた痕跡があることが Rochhill 等により古くから指摘されている［Rochhill 1907 (1884): 231, 247–248］。

8 de ci ltar mi ḥgal she na / gnas daṅ ñe baḥi shiṅ dag tsha graṅ daṅ dṅos po daṅ dṅos med bshin du phan tshun ḥgal ba ni ma yin te / gcig la yaṅ miṅ sna tshogs ji ltar mi ḥgal shes so // ḥ dir na ga ra daṅ pā ṭ li pu ṭra daṅ mā la wa sogs gsum ni ñe baḥi shiṅ du gsuṅs so //

9 ḥdir thun moṅ gi yul du ḥkhyam par bya baḥi don du dsā la ndha ra la sogs pa rnams gnas la sogs pa ñid du gsuṅs so // de yaṅ thams cad du khyab par byed par mi ḥgyur te / bram ze daṅ rgyal rigs daṅ rje rigs daṅ dmaṅ rigs rnams kyi khyim du skyes paḥi rdo rje mkhaḥ ḥgro rnams groṅ kher gcig na yaṅ gnas pas / bod daṅ rgya nag la sogs paḥi yul na yaṅ gnas pa sogs pa yod do //

10 なお、聖地の場所の特定に複数の解釈が生じていることを指して、サンヴァラの聖地の虚構性や、聖典解釈者の無知を結論とすることには慎重にならなければならない。近代的植民地政策あるいは近代国民国家政策に基づく普遍的な地図体系——普遍的な測量基準に基づく地理的位置と地名が一対一で対応し、その知識を強力な中央行政府が管理し、その知識が客観的地図の形で学校教育等を通して人々に共有されるような体系——を有しない初期中世期にあっては、1 つの聖地の地理的位置や名称やその性格が宗派により異なるということは決して奇異ではない。ヒマーラヤという地名はおそらく現在のヒマラヤ山脈地域を漠然と指す聖地名として受用され、カイラーサ山やカトマンドゥ渓谷といった同山脈の様々な場所が聖地ヒマーラヤと同一視されたのだろう。また、グリハデーヴァターの例のように、もともとは予定されていなかったものが時代の流れの中で聖地としての姿を得る方向へと向かうことも決して奇異なことではない。口伝であれ書写であれ、伝承は単に現実を反映するのみならず、実践者たちに新たな現実を創出するよう駆り立てる——それが本当に現実を創出しきれるかどうかはともかく——面もあるという視点も必要である。

11 kṛtrimaṃ maṇḍalaṃ tyaktvā kṛtrimaṃ homakarma ca / kṛtrimāṃ bhāvanāṃ cāpi kṛtrimaṃ japam eva ca // kṛtrimaṃ sarvam ityādi svabhāvayogarūpataḥ / kṛtrimā prakriyā bāhyā svarūpapratipattaye / svarūpapratipattau tu prakriyā naiva kāraṇam / yathā pārārthibhiḥ kaiścit kolo vā suprayujyate / tyajyate pāram āgamya prakriyāpi tathaiva sā // この文章における kṛtrimaṃ maṇḍalaṃ と kṛtrimāṃ bhāvanāṃ の中には、外的な聖地群の観想も含まれている。

12 aṭṭahāsāditaḥ kṛtvā rājagṛham apaścimam / āyudhaiḥ sahitāṃ devīṃ kṣetrapālasamanvitām // kṣetropakṣetrasandohaiḥ sevanān nirmalo bhavet / *athāśaktaḥ pramādī* vā pīṭhasaṅkīrtanāt priye // samyak śuddhim avāpnoti prātar utthāya yaḥ paṭhet /

13 日本の研究者の間には、津田氏の論［津田 1971: (41)］に影響され、サンヴァラの第 1 型伝承の 24 聖地の前段階型を『ヘーヴァジュラ・タントラ』の聖地リストに求めるという態度がしばしば見られるが、これは正しくない（なお、津田氏自身は『ヘーヴァジュラ・タントラ』の聖地リストを発展段階的にサンヴァラのそれに先行すると述べているにすぎないのであって、前者と後者を同系統の聖地リストであるとまでは断言していない）。次節での第 2 型伝承聖地群の検討の際に見るように、『ヘーヴァジュラ・タントラ』の聖地体系はこの第 1 型伝承の聖地体系とは異なる起源・構造・聖地リストをもつ異なる系統のものであり、この第 1 型伝承の聖地体系の形成にあたっては重要かつ密接な影響関係を有しているとは言えない。

14 なお、Sanderson 1994 では『タントラサドバーヴァ』の写本の "godāvaryān taṭe" を "godāvaryās taṭe" と訂正し、「Godāvarī の岸辺」で一つの聖地としているが（この場合、聖地の総数は 21）、ここでは写本のまま、Godāvarī と taṭa を異なる 2 つの聖地とした（つまり、godāvaryāṃ taṭe）。

15 『タントラサドバーヴァ』写本中 109b5 では himālaya、110a1 では himagiri になっているが、どちらも同趣旨である。

16 『タントラサドバーヴァ』が説くそれら呪的な女性たちあるいは神格たちは、順に (1) 6 人の瑜伽女たち（ṣaḍ yoginyaḥ）、(2) 母たち（mātarāḥ＝ mātaraḥ）、(3) 妹たち（bhaginyaḥ）、(4) 部族の女主人たち（kulanāyikāḥ）、(5) カーンピルヤー（Kāmpilyā）たち、(6) 家庭女神たち（gṛhadevatāḥ）、(7) マハーカーリー（Mahākālī）たち、(8) ルーピニー（Rūpiṇī）たち、(9) 母たち（ambāḥ）、(10) 不死の女性たち（amṛtāḥ）、(11) 禁戒を保つ女性たち（vratadhāriṇyaḥ）、(12) 肉食の女性たち（piśitāśanāḥ）、(13) 輪について語る女性たち（cakravākyāḥ）、(14) 不死の女性たち（amarāḥ）、(15) 女主人たち（nāyikāḥ）、(16) 勇者たちの女主人たち（vīranāyikāḥ）、である。(17) のマーラヴァ以下の聖地の女性に関する情報は明記されていない。サンヴァラの伝統における聖地の尊格たちの名称については、表 2–3 を見よ。

17 表 2–3 のような完全型を説くと見なしてよいものとしては、『アビダーノーッタラ・タントラ』第 9 章、第 10 章、第 14 章、第 16〜18 章等。なお、第 14 章はルーイーパーダ（Lūyīpāda）作『チャクラサンヴァラ現観』と大分類似した内容となっている。その他、『アビダーノーッタラ・タントラ』には多くのマイナーヴァリエーションも説かれている。

18 4.1–4 では、後述の内的な勇者たちとしての身体成分が説明され、5.7–17 では、24 の聖地の名称とそれらに配当される荼枳尼たちと勇者たちの名称、三輪の各輪の名称および各輪にいる荼枳尼たちの総称（天空を行く女等）が述べられる。5.20 では、内的な聖地群およびそこにいる荼枳尼と勇者たちを観想するべき旨が述べられる。11.1 では pīṭhādi と十地の対応が述べられる。

19 なお、拙稿 2003 で触れたように、ここでは pīṭhādi と十地および十波羅蜜多との関連が言及されていないが、この関連は前提とされていると見なすべきだろう。

20 『サンプトードバヴァ・タントラ』が述べるこれらの脈管の名称は、『ヘーヴァジュラ・タントラ』[Skt ed: I.1.16–18] に説かれる 32 本の脈管のうち 24 本の名称を継承したものである。『ヘーヴァジュラ・タントラ』に説かれる 32 本の脈管の名称および、その注釈書であるラトナーカラシャーンティ作『ムクターヴァリー』[Skt ed: p.20, l.11–p.21, l.11] によるそれぞれの脈管が拠り所とする身体部位とそれぞれの脈管に関連する身体要素は以下のようになっている（括弧内は『ムクターヴァリー』による説明）――(1) abhedyā（頭、爪と歯）、(2) sūkṣmarūpā（頭頂、毛髪と体毛）、(3) divyā（右耳、皮と垢）、(4) vāmā（後頭部、肉）、(5) vāminī（左耳、筋肉）、(6) kūrmajā（眉間、骨）、(7) bhāvakī（両眼、肝臓）、(8) sekā（両肩、心臓）、(9) doṣā（= doṣavatī、両腋、両眼）、(10) viṣṭā（= mahāviṣṭā、両乳房、胆汁）、(11) mātarā（臍、両肺）、(12) śavarī（鼻の先端、腸）、(13) śītadā（口、肋骨部）、(14) ūṣmā（喉、胃）、(15) lalanā（avadhūtīの左、精液）、(16) avadhūtī（体の中枢、精液と血）、(17) rasanā（avadhūtīの右、血）、(18) pravaṇā（心臓、大便）、(19) kṛṣṇavarṇā（= hṛṣṭavadanā、生殖器の突起部、毛髪の分け目）、(20) surūpiṇī（= svarūpiṇī、生殖器、粘液）、(21) sāmānyā（肛門、膿汁）、(22) hetudāyikā（両太腿、血）、(23) viyogā（両脛、汗）、(24) premaṇī（両足の指、脂肪）、(25) siddhā（両足の裏、涙）、(26) pāvakī（両足の親指、唾液）、(27) sumanāḥ（両膝、鼻汁）、(28) traivṛttā（心臓の蓮華の葯）、(29) kāminī（心臓の蓮華の東の葉）、(30) gehā（心臓の蓮華の南の葉）、(31) caṇḍikā（心臓の蓮華の西の葉）、(32) māradāyikā（心臓の蓮華の北の葉）。なお、(28) から (32) までの脈管に関しては、関連する身体要素が説明されていない。『ムクターヴァリー』による身体部位と身体要素の説明は、明らかにサンヴァラ系の教えに依拠している。ここに、サンヴァラ系の『サンプトードバヴァ・タントラ』は脈管の名称をヘーヴァジュラ系から継承し、ヘーヴァジュラ系は身体部位と身体要素に関する教えをサンヴァラ系から継承するという、相互の密な交渉を見出すことができる。

21 4 人の女尊（マーマキー、ブッダローチャナー、パーンダラヴァーシニー、ターラー）の四族（金剛族、如来族、羯磨族、蓮華族）に基づく聖地群体系は、『アビダーノーッタラ・タントラ』[Skt ms: IASWR I-100, 54a3–55a4、Matsunami 10, 57b5–58b6、Matsunami 12, 66a4–67b1] および『ヴァーラーヒャビダーナタントローッタラ』[Tib: Ota, 218b2–219a5] に説かれる。後者の記述は、いくつかの些細な点を除けば、基本的に前者の記述と同じである。今は『アビダーノーッタラ・タントラ』に基づいてこの聖地群体系をまとめよう。以下の通りである。

表 **2–14**　『アビダーノーッタラ・タントラ』の四族曼荼羅

	聖地	四女尊と部族

東の輪	1 Pullīramalaya 3 Oḍyāna 5 Godāvarī	2 Jālandhara 4 Arbuda 6 Rāmeśvara	Māmakī：金剛族
北の輪	7 Devīkoṭa 9 Kāmarūpa 11 Triśakuni	8 Mālava 10 Oḍra 12 Kosala	Buddhalocanā：如来族
西の輪	13 Kaliṅga 15 Kāñcī 17 Pretapurī	14 Lampāka 16 Himālaya 18 Gṛhadevatā	Tārā：羯磨族
南の輪	19 Saurāṣṭra 21 Nagara 23 Maru	20 Suvarṇadvīpa 22 Sindhu 24 Kulatā	Pāṇḍravāsinī：蓮華族

このように、この体系においては 24 の聖地が 6 つずつに分類され、それら合計 4 分類が 4 人の女尊と彼女たちの部族に関連付けられている。表 2–3 にまとめた第 1 型伝承の聖地群体系とは異なり、その内的な姿は説明されない。

22 IASWR を基本に、Matsunami 10 と Matsumami 12 を補足的使用するという方法でテキスト作成したい—— ṣaṭkulaṃ vinyaset tatra pīṭhādi kramaśo nyaset /$^{i)}$ madhyamaṇḍalake nyastvā vajrasattvaṃ mahāsukham // tatraiva pūrvato dvāre pullīramalaye khaṇḍakapālinaḥ pracaṇḍāḥ /$^{ii)}$ uttare jālandhare mahākaṅkālacaṇḍākṣī / paścime oḍiyānake kaṅkālaprabhāvatī /$^{iii)}$ dakṣiṇe arbude vikaṭadaṃṣṭriṇa[= -ṣṭri]mahānāsā /$^{iv)}$ pramuditāyāṃ bhūmau madhye vajrasattvaḥ // vīrā kṛṣṇāḥ, ḍākinī bhasmābhravarṇā /$^{v)}$ vīrā vajravajraghaṇṭāḥ, ḍākinyā kapālavajratarjanī // —— ［注］i)　i) vinyaset] vinyase — Ms.　ii) pullīramalaye] pullīramalaya — Ms.　iii) prabhāvatī] prabhāmatī — Ms.　iv) -vikaṭadaṃṣṭriṇa-] vikaṭadraṣṭriṇa — Ms.　v) bhasmābhra-] bhasmaśubhra – Ms. Tib “thal ba daṅ sprin” に従う.

—— vairocanacakramadhye bhagavān[= -vantaṃ] buddhaḍākaṃ mahāsukham / pūrvadvārādau goḍāvaryāṃ surāvairiṇa[= -ri]vīramatī / uttare rāmeśvare amitābhakharvarī / paścime devīkoṭe vajraprabhalaṅkeśvarī /$^{i)}$ dakṣiṇe mālave vajradehadrumacchāyā //$^{ii)}$ vīrāḥ sitadehāḥ, ḍākinī pītā //$^{iii)}$ vimalāyāṃ bhūmau //$^{iv)}$ —— ［注］i) devīkoṭe] devikoṭe — Ms.　ii) -drumacchāyā] drumacchāyāḥ — Ms.　iii) pītā] pītāḥ — Ms.　iv) Tib はこの後に saṅs rgyas mkhaḥ ḥgro ma を加える.

—— prabhākarībhūmau madhye ratnaḍākaḥ /$^{i)}$ pūrvadvārādau kāmarūpe aṅkurika-airāvatī / uttare oḍre vajrajaṭilamahābhairavā / paścime triśakunau mahāvīravāyuvegā / dakṣiṇe kośalāyāṃ vajrahūṃkārasurābhakṣī // vīrāḥ pītāḥ, ḍākinī haritā //[ii] —— [注] prabhākarī bhūmau] Matsunami10 と Matsunami12 および Tib より補う. ii) vīrāḥ] vīrā — Ms.

—— arciṣmatyā bhūmadhye padmaḍākaḥ //[i] pūrvadvāre kaliṅge subhadraśyāmādevī / uttare lampāke vajraprabhasubhadrā /[ii] paścime kāñcyāṃ mahābhairavahayakarṇā /[iii] dakṣiṇe himālaye virūpākṣakhagānanā // vīrā raktāḥ, ḍākinyaḥ sitāḥ //[iv] —— [注] i) padmaḍākaḥ] padmaḍākaṃ — Ms. ii) vajraprabha-] vajrabhadra — Ms. iii) kāñcyāṃ] kāñci — Ms. iv) ḍākinyaḥ] ḍākinyā — Ms.

—— sudurjayābhūmadhye vajraḍākaḥ / pūrvadvārādau pretapuryāṃ mahābalacakravegā / uttare gṛhadevatāyāṃ ratnavajrakhaṇḍarohā / paścime saurāṣṭre hayagrīvaśauṇḍinī / dakṣiṇe suvarṇadvīpe ākāśagarbhacakravarmiṇī // vīrāḥ kṛṣṇāḥ, ḍākinī pītā //[i] —— [注] i) vīrāḥ] vīrā — Ms. pītā] pītāḥ — Ms.

—— abhimukhyā bhūmadhye viśvaḍākaḥ /[i] pūrvadvāre nagare śrīherukasuvīrā /[ii] uttare sindhau padmanarteśvaramahābalā / paścime marau vairocanacakravartinī / dakṣiṇe kulatāyāṃ vajrasattvamahāvīryā // vīrā viśvavarṇāḥ, ḍākinyo dhūmradhūsaravarṇāḥ // —— [注] i) abhimukhyā] abhimukhyāyāṃ — Ms. i) -suvīrā] suvīrāḥ — Ms.

23 IASWR を基本に、Matsunami 10 と Matsunami 12 を補足的に用いるという方法でテキスト作成を行いたい—— maṇḍalāni tato bāhye pretāvalyā suveṣṭayet / tato bāhye viśvavajraṃ tu koṇe ḍākinīm ālikhet //[i] ḍākinī ca tathā lāmā khaṇḍarohā tu rūpiṇī / kapāla*caturo likhya[= catvāry ālikhya] madhyamaṇḍalakoṇake // ḍākinī dūraṅgamā bhūmir acalā bhūmi[= -mir] lāmakā / khaṇḍarohā ca sādhumatī rūpiṇī dharmameghayā //[ii] nīlā pītā ca raktā haritavarṇā caturthikā / kākāsyādi tu ḍākinyo viśvavarṇā manoramāḥ // yamaḍāḍhyādiḍākinyaḥ ardhanārīśvaryas tathā /[ii] —— [注] i) ḍākinīm] ḍākinim — Ms. ii) rūpiṇī] rūpiṇye — Ms.: dharmameghayā] dharmameghayāḥ — Ms. iii) -ḍākinyaḥ] ḍākinyā — Ms.: -śvaryas] śvarīs — Ms.

24 vajragarbha uvāca / he bhagavan ke te melāpakasthānāḥ // bhagavān āha / te pīṭhaṃ copapīṭhaṃ ca kṣetropakṣetram eva ca / chandohaṃ copacchandohaṃ melāpakopamelāpakas tathā / pīlavaṃ copapīlavaṃ śmaśānopaśmaśānakam // etā dvādaśa bhūmayaḥ / daśabhūmīśvaro nātha ebhir anyair na kathyate // vajragarbha uvāca / he bhagavan ke te pīṭhādayaḥ // bhagavān āha / pīṭhaṃ jālandharaṃ khyātam oḍḍiyānaṃ tathaiva ca / pīṭhaṃ paurṇagiriś caiva kāmarūpaṃ tathaiva ca // upapīṭhaṃ mālavaṃ proktaṃ sindhur nagaram eva ca / kṣetraṃ munmuni prakhyātaṃ kṣetraṃ karmārapāṭakam // upakṣetraṃ kulatā proktam arbudaś ca tathaiva ca /

godāvarī himādriś ca upakṣetraṃ hi saṃkṣipet // chandohaṃ harikelaṃ ca lavaṇasāgaramadhyajam / lampākaṃ kāñcikaṃ caiva saurāṣṭraṃ ca tathaiva ca // kaliṅgam upacchandohaṃ dvīpaṃ cāmīkarānvitam / koṅkaṇaṃ copacchandohaṃ samāsenābhidhīyate //[i] pīlavaṃ ca grāmāntasthaṃ pīlavaṃ nagarasya ca / caritraṃ kośalaṃ caiva vindhyā kaumārapaurikā / upapīlavaṃ tatsaṃniveśaṃ vajragarbha mahākṛpa // śmaśānaṃ pretasaṃhātaṃ śmaśānaṃ codadhes taṭam / udyānaṃ vāpikātīram upaśmaśānaṃ nigadyate // ―― ［注］ i) koṅkaṇaṃ] kokaṇaṃ — Skt ed, Skt ed が記す ka 写本と kha 写本と gha 写本と ga 写本および他の聖典の記述に基づき訂正.

25 Uḍḍiyāna と Oḍyāna は、仏教では頻繁に同一視される。

26 なるほど『ヘーヴァジュラ・タントラ』は上記ピータなど 12 の聖地カテゴリーをまとめて「それら（つまり、集会の場所）は、・・・（ピータ、ウパピータなどの 12 カテゴリー名が羅列される）・・・といった以上 12 の地である」（te ・・・・・etā dvādaśa bhūmayaḥ）と述べ、「十地の主である庇護者（あるいは、十地の主および庇護者）はこれら（つまり、ピータなど）により [説明され]、他のものによっては説明されない」（daśabhūmīśvaro nātha ebhir anyair na kathyate）と続けている [Skt ed: I.7.10–11]。だが、この「これら十二の地」という表現を、菩薩の修行・境地の階梯としての十二地の体系を指していると解釈する必然性はない。この「地」（bhūmayaḥ）は「聖地」「場所」程度の意味であると読むのが自然であろう。また、「十地の主」という表現は、それら 12 の場所における集会儀礼を通して実践者が十地の主となるという意味か、あるいはそれらの場所における集会儀礼において十地の主が現前するという意味であると解釈するのが自然である。なるほど注釈書群は上記「これら 12 の地」という表現に修行・境地の階梯としての十二地を読み込むのだが（後述）、これはサンヴァラ系の典型である第 1 型伝承の体系に引きずられた解釈であり、『ヘーヴァジュラ・タントラ』自体にその明確な記述はない。

27 ke te melāpakasthānāḥ //

28 注 20 を見よ。

29 研究者たちは表 2–5 の聖地リストを第 1 型伝承（とここで呼んでいる体系）の論理に基づいて眺め、その結果、それを非体系的であるとの評価を下してきた。だが、第 1 型伝承の論理と『ヘーヴァジュラ・タントラ』の第 2 型伝承のそれは互いに異なるものであり、それぞれの論理に基づいてそれぞれの体系を理解しなければならない。それ独自の論理に基づいて（つまり『ヘーヴァジュラ・タントラ』自身の目的に即して）検討するならば、本文で説明したように、表 2–5 の内容もそれなりに理の通ったものと見なせる。

30 Skt ms: 17b5–18b1 ―― bāhyābhyantarayogena pīṭhādikaṃ kathyate 'dhunā / oḍḍiyānaṃ pīṭhaṃ khyātaṃ pīṭhaṃ jālandharaṃ smṛtam /[i] pīṭhaṃ paurṇagiriṃ caiva kāmarūpas tathaiva ca // mālavam upapīṭhaṃ ca nagaraṃ sindhusiṅghalam / munmuni kṣetram ākhyātaṃ devīkoṭaṃ tathaiva ca // upakṣetraṃ kulatā khyātam arbudaṃ ca tathaiva ca /[ii] godāvarī viśālākṣi cchandohaṃ parikīrtitam // harikelaṃ tathā kāñcī upacchandohakaṃ smṛtam /[iii] lampākaṃ cāpi karmārapāṭakaṃ melāpakaṃ smṛtam // dvīpaṃ cāmīkaraṃ tadvan melāpakam ihocyate / upamelāpakaṃ devi koṅkaṇaṃ parikīrtitam // vindhyaṃ cāpi tathā jñeyam upamelāpakaṃ / śmaśānaṃ pretasaṃghātaṃ tathā jalanidhitaṭam // upaśmaśānaṃ caritraṃ kaumārapurakaṃ tathā / kaśmīraṃ pīlavaṃ khyātaṃ tathā kairātakaṇḍalam // nepālaṃ buddhajananir *upamelāpakaṃ[→ upapīlavaṃ] smṛtam /[iv] karṇakubjaṃ tathā jñeyam *upamelāpakam[→ upapīlavam] //[v] —— [注] i) pīṭhaṃ khyātaṃ] rdo rjeḥi gnas — Tib. ii) ca tathaiva ca] de bshin dran — Tib. iii) kāñcī] kāñci — Ms. iv) -jananir] janani — Ms./ omits — Tib.: upamelāpakaṃ] ñe baḥ pi la — Tib. v) upamelāpakam] ñe baḥ pi la — Tib.

Skt ms: 18b1–19a2. —— śirasi sthitaṃ vajrapīṭhaṃ śikhāyām abjādisaṃjñinam / pullīraṃ mastake jñeyam bhrūmadhye kāmarūpakam // mālavaṃ nāsikāgre tu cakṣuṣoḥ sindhumaṇḍalam /[i] nagaraṃ karṇayor jñeyaṃ siṅghalaṃ śūnyapadmakam //[ii] munmuniṃ cibukasthāne kaṇṭhasthāne tathaiva ca /[iii] devīkoṭaḥ samākhyātaḥ kulatā pṛṣṭhavaṃśagā // arbudaṃ stanayugmasthaṃ hṛdaye harikelakam / godāvarī nābhideśe lampākaṃ guhyamaṇḍale //[iv] kāñcisthānaṃ liṅgamadhye sthitaṃ karmāripāṭakam /[v] liṅgaśikhare +devinaṃ+ tathāntargataḥ kvacit /[vi] gude cāmīkaraṃ jñeyam ūrubhyāṃ koṅkaṇaṃ smṛtam // jānudvau ca bhaved vindhyaṃ yathāsaṃkhyena sundari /[vii] jaṅghayoḥ pretasaṃghātaṃ pādayos tv udadhitaṭam //[viii] kaumārapuraṃ cāṅguṣṭhe caritraṃ cāṅguliṣu ca / kaśmīraṃ sarvagātreṣu kairātaṃ pādayos tale //[ix] nepālaṃ trikaṭisthāne karṇakubjaḥ kaṭītaṭe / pīṭhāny etāni yatnena pūjākālena pūjayet // —— [注] i) sindhu-] sindu — Ms. ii) śūnya-] atha — Ms./ mkhaḥ — Tib. iii) ca] cā — Ms. iv) godāvarī] godāvari — Ms. v) -madhye] madhya — Ms.: devinaṃ tathāntargataḥ kvacit] omits — Tib. v) -śikhare] śikhara — Ms. vii) vindhyaṃ] vindhya — Ms. viii) pādayos tv udadhi-] pādayoś tvyadadhas — Ms. ix) tale] tarai — Ms.

31 Skt ms: Kathmandu D40/6 = A、Kathmandu A142/2 = B （なお、Kathmandu D40/6, 25a5–31b7 と Kathmandu A142/2, 27a1–34a6 はヘールカ曼荼羅の詳細を説明する箇所であり、かなりの長文になるのでここではテキストを割愛する。Kathmandu D40/6, 31b7–32a2 と Kathmandu A142/2, 34a6–b1 のみのテキストをここに記す） —— atha pīṭhopapīṭhādi yathākramāṇi ca āha /[i] pīṭhaṃ pūrṇagiriś caiva jālandharam oḍyāyanam //[ii] arbudaś ca tathā pīṭhaṃ godāvaryopapīṭhakam /[iii] rāmeśvara-devīkoṭaṃ mālavaṃ copapīṭhakam //[iv] kāmarūpaṃ tathā oḍraṃ triśakuni-kausalakam /[v] kṣetraṃ kaliṅgopakṣetraṃ lampākaṃ kāñci-himālayam //[vi] pretapurī gṛhadevī saurāṣṭraṃ suva-

rṇadvīpakam /[vii] chandohaṃ copacchandohaṃ nagaraṃ sindhu-marukam //[viii] kulutā copacchandohaṃ nadītīraṃ melāpakam /[ix] udyānaṃ sāgaraṃ proktaṃ catuṣpathaṃ copamelakam //[x] girimūrdhni grāmamadhyaṃ *vṛndakaumāriparvatam[= kumārīvṛndaparvatam] /[xi] kulakṣetropamelakaṃ śmaśānaṃ munmunī yataḥ // caritraṃ harikelaṃ ca māyāpurī śmaśānakam /[xii] upaśmaśānaṃ parvatāntaṃ sannakheṭaṃ surapuram //[xiii] karṇāṭapāṭakaṃ caiva pīlavaṃ tu nigadyate /[xiv] grāmāntaṃ *kuṅkaraṃ[→ koṅkaṇaṃ] caiva karmārapāṭakaṃ vibhuḥ //[xv] yoginīghanapurīṣam upapīlavaṃ tathātra ca /[xvi] pitṛvanaṃ gṛhapārśvaṃ taḍāgaṃ puṣkarīva tu //[xvii] eṣu sthāneṣu yā kanyā sahajāś ca svayonijāḥ /[xviii] deśe deśe vijānīyāj jñānayuktādvayasthitāḥ //[xix] dvādaśānāṃ tu cakrāṇāṃ śarabhedena tu pīṭhajāḥ /[xx] dvādaśapīṭhādayaḥ proktā[→-ktāḥ] ṣaṭtriṃśaddhātukāraṇāt //[xxi] —— [注] i) -papīṭhādi] papīṭhādiṃ — B. ii) oḍyāyanam] oḍyāyana — B. iii) arbudaś] arbudaṃ — B.: pīṭhaṃ] pīṭha — A. iv) -devīkoṭaṃ] devikoṭa — A. v) triśakuni-] triśakuna — A./ triśaku(one letter damaged) — B. vi) -himālayam] -himālaya — B. vii) saurāṣṭraṃ] saurāṣṭre — B. viii) -marukam] murukaṃ — B. ix) kulutā] kulitā — A.B.: nadītīraṃ] nadītīla — B. x) proktaṃ] proktā — B.: -pathaṃ] patheś — A.: copamelakam] copamelakaḥ — A. xi) vṛnda-] vṛndā — A.: -parvatam] parvakaṃ — A. xii) harikelaṃ] harikelaś — A.: māyāpurī] māyāpuri — A. xiii) sannakheṭaṃ] sṅags kyi shiṅ — Tib.: surapuram] suraḥ puraṃ — A./ surrapuraṃ — B. xiv) karṇāṭapāṭakaṃ] karṇātapāṭakaś — A./ karṇatapāṭakaṃ — B. xv) kuṅkaraṃ] kukaraś — A./ koṅ ka na ñid — Tib. xvi) -purīṣam] pārisaṃ — A./ pāristhaṃ — B./ groṅ — Tib.: upapīlavaṃ] upapīla — B. xvii) -pārśvaṃ] pāśve ca — B.: taḍāgaṃ] taḍākaṃ — A./ taḍāga — B.: puṣkarīva] puskaraṇīva — A. xviii) -yonijāḥ] yonikā — B. xix) vijānīyāj] vijānīyā — A.B.: -dvaya-] 'dvayā — B. xx) cakrāṇāṃ] cakrānā — B.: -bhedena] bhedenan — B.: After this, adds dvādaśānān tu cakrānāṃ sarabhedenan tu pīṭhajāḥ — B. xxi) -pīṭhādayaḥ] pīṭhādayeḥ — A.: ṣaṭtriṃśad-] khaṭtriṃśa — A./ ṣaṭtriṃśa — B.

注釈書である『ヴォーヒター』[Tib: Ota, 182a4–a6] は、この文章には 48 の聖地が説かれ、それらは 12 の大聖地カテゴリーに 4 つずつ分類されると述べる。このような『ヴォーヒター』の解釈は、タントラの自然な解釈として妥当である。

なお、『ダーカールナヴァ・タントラ』の関連箇所のうち、Kathmandu D40/6, 25a5–31b7 と Kathmandu A142/2, 27a1–34a6 の文章(つまり、ヘールカ曼荼羅の詳細を説明する文章)とほぼ同じ文章を、『ヴァーラーヒーカルパ・タントラ』[Skt ms: Matsunami346, 74a1–89b7、Matsunami347, 64a3–82b1] に見出すことができる。

32 細かな展開として、以下の 2 点を挙げておこう。

(a) 12 の大聖地カテゴリーの順序の再編成

表 2–5 と比較すると、表 2–6 および表 2–7 の聖地群には、シュマシャーナおよびウパシュマシャーナのカテゴリーの組と、ピーラヴァおよびウパピーラヴァのカテゴリーの組の順序が逆転するという共通の展開が見られる。第 1 型伝承（表 2–3）が有する聖地の大カテゴリーは 10 しかなく、ピーラヴァとウパピーラヴァが含まれていない。この第 1 型伝承に合わせるように、上記の表 2–6 と表 2–7 の聖地群においては、第 1 カテゴリーから第 10 カテゴリーまでを第 1 型伝承と同じくピータで始まりウパシュマシャーナで終わるものにし、第 1 型伝承には含まれないピーラヴァとウパピーラヴァを第 11 カテゴリーと第 12 カテゴリーとして末尾にまわしたと推定できる。

(b) 聖地の配当の調整

表 2–5 では、各大聖地カテゴリーに配当される聖地は 4 つ、3 つ、あるいは 2 つであり、統一されていない。ここには何らかの論理があるのかもしれないが、その論理は不明である。だが表 2–6 ではピータとウパピータに 4 つの聖地が配当され、その他のカテゴリーには聖地が 2 つずつ配当されている。この配当方法は第 1 型伝承（表 2–3）のそれを取り入れたものであろう。表 2–7 はこのような配当を行っていないが、すべてのカテゴリーに 4 つずつ聖地を配当することにより、配当のバランスを試みている。

33 『マハームドラーティラカ・タントラ』がオーディヤーナと金剛座を同一視するには理由がある。表 2–6 に示したように、同聖典において、オーディヤーナは内的には頭である。本書第 3 章で述べる予定だが、頭にある蓮華の形のチャクラである大楽輪は、ヴィクラマシーラ比丘僧院内の特にルーイーパーダ流の伝統において、金剛座の内的な対応物と見なされることがある。このため、オーディヤーナと金剛座を同一視するという理屈が成立するのである。注 30 に掲載した『マハームドラーティラカ・タントラ』の文章（śirasi sthitaṃ vajrapīṭhaṃ śikhāyām abjādisaṃjñinam）も、この経緯を示唆している。

34 なお、「荼枳尼（文字通りの意味は少女）の集団がいる山」（vṛndakaumāriparvatam[=kumārīvṛndaparvatam]）は、表 2–5 の「Vindhya 山脈にある Kaumārapaurikā」（vindhyā kaumārapaurikā）の変形であろう。

35 『ヘーヴァジュラ・タントラ』の注釈書『ヨーガラトナマーラー』の見解では、(1) 歓喜地、(2) 離垢地、(3) 焔慧地、(4) 発光地、(5) 難勝地、(6) 現前地、(7) 遠行地、(8) 不動地、(9) 善慧地、(10) 法雲地、(11) 普光地（samantaprabhā）、(12) 無比地（nirupamā）の順で、表 2–5 の『ヘーヴァジュラ・タントラ』聖地体系における十二カテゴリーに対応する。ここでは焔慧地と発光地の順が逆になっている。なお、第十三地である倶智地（jñānavatī）と呼ばれる持金剛地（vajradharabhūmi）については、それは無住処涅槃（apratiṣṭhitanirvāṇa）の境地であるからここでは説明されないとしている［Skt ed: p.122, l.11–14］。

『ヘーヴァジュラ・タントラ』の注釈書『ムクターヴァリー』は、表 2–5 の『ヘーヴァジュラ・タントラ』の聖地体系に対して、極めて簡潔な記述であるが、(1) 信解行地（adhimukticaryā）、(2) 歓喜地、(3) 離垢地の順で始まり、最後は普光地で終わると説明する［Skt ed: p.70, l.17–19］。

『ヘーヴァジュラ・タントラ』と『マハームドラーティラカ・タントラ』等が説く聖地に関する論書『ピータなどの確定』の見解は、第 1 型伝承聖地体系の影響が一層強く、12 の大聖地カテゴリーを十二地あるいは十三地ではなく十地と対応させる。具体的には、ピーラヴァとウパピーラヴァを除いた 10 のカテゴリーに対し順に (1) 歓喜地、(2) 離垢地、(3) 発光地、(4) 焔慧地、(5) 難勝地、(6) 現前地、(7) 遠行地、(8) 不動地、(9) 善慧地、(10) 法雲地が対応し、ピーラヴァとウパピーラヴァには特定の地が対応しないと主張する。それらピーラヴァとウパピーラヴァについては、菩提心が生み出す喜びや、声聞たちの性質を超克することや、薫習と結びついた道徳的罪の放棄といった実践の効果等が対応すると言う［Tib: Toh, 130a5—131b3］。

36 第 3 層、つまり報は報曼荼羅（saṃbhogamaṇḍala）とも呼ばれていることから、この方法を準用してこれら 4 つの層をそれぞれ倶生曼荼羅、法曼荼羅、報曼荼羅、応曼荼羅と呼ぶこともできる。

37 曼荼羅の中央の蓮華は、『ダーカールナヴァ・タントラ』はもとより、類似曼荼羅を説く『ヴァーラーヒーカルパ・タントラ』においても単に蓮華（padma）とされている。だが、この曼荼羅に基づく実践書群の間には見解の相違が見られる。たとえば、ラトナセーナ（Ratnasena）作『ダーカールナヴァ曼荼羅供養儀軌』（Ḍākārṇavatantroddhṛtamaṇḍalārcanavidhi）では、中央の蓮華は単に蓮華（padma）であるが［Skt ms: A921/3, 7a6、B24/52, 9b6］、ジャヤセーナ作『ダーカールナヴァ曼荼羅成就法』（Ḍākārṇavatantramaṇḍalacakrasādhana）では、thig leḥi ḥkhor lo（この原文が binducakra であるか tilakacakra であるかは不明）と呼ばれ、輪の名称で扱われている［Tib: Ota 10a1］。

38 本章注 31 に提示した『ダーカールナヴァ・タントラ』の文章の最後の 4 パーダを見よ。

39 以下に掲載する『ダーカールナヴァ・タントラ』の文章からそれぞれの聖地にいる女神と土地守護神の名称をそれぞれ 1 つに特定することはしばしば容易でない。注釈書『ヴォーヒター』はこの点の説明を割愛している。各聖地の女神たちと土地守護神たちは様々な呼ばれ方をされると考えるべきだろう。ここではテキストを提供するのみにとどめたい。

Kathmandu D40/6 = A, Kathmandu A142/2 = B —— まず、このタントラは聖地 Aṭṭahāsa の情報の詳細を以下のように説明する：atha kaṅkālayogena deśe deśe svayonijam[→-jāḥ] / jñānayuktā vijānīyād yoginīvīranāyakī[= -kīḥ] //$^{i)}$ aṭṭahāse rajā devī nāyakī sarvayoginī /$^{ii)}$ tasmin sthāne sthitā devī mahāghaṇṭā kadambadrume // tasya devī sadā vīraḥ kṣetrapālo mahānanaḥ /$^{iii)}$ kaṅkālasukhamāyā sā saṃbhavanti[→-ti] mahātmanām //$^{iv)}$ mudraṇaṃ teṣu kaṅkālam oḍyānarandhrato gatam /$^{v)}$ svadhātusthitavijñānaṃ sarvadeśagataṃ kramāt //$^{vi)}$ —— ［注］i) -yuktā] yukto — B.: -nāyakī] nāyikā — A. ii) rajā] ca jā — B. iii) sadā vīraḥ] sadā vīra — A./ sadevī ca — B.: kṣetrapālo] kṣetrapāro — A. iv) sā] sa — B. v) -randhrato gatam] randhratoṅgataṃ — B. vi) svadhātu-] svadhātū — B.

—— 上記の文章に続き、残りの 23 の聖地の名称等が以下のように説明される：kollagirivaruṇyāṃ ca devīkoṭa-virajakam[→-ke] / airuṇyā[→-ṇyāṃ] tata[→-taḥ] pure tu elāpure kaśmīrake // maru-nagare tathā ca puṇḍravardhanakṣekrake / jayantyāṃ pṛṣṭhāpure tu sopāre caritre tathā //[i] oḍyāyane jālandhare kṣīrike tu māyāpure /[ii] ambuke rājagṛhe ca bhoṭaviṣayabhis[= -ye] tathā /[iii] mālave pullīrādye tu caturviṃśatipīṭhake //[iv] —— ［注］ i) jayantyāṃ] jayantyā — B. ii) jālandhare] jāgandhare — B. iii) bhoṭaviṣayabhis] bhogaviṣayabhis — B. iv) pullīrādye] pullīmarādya — B.

—— 上記の文章に続き、上記 23 の聖地にいる女神たちの住居が以下のように説明される：parvatāgra-tālavṛkṣaṃ vaṭā-mra-kāñcanaṃ tathā /[i] jaṭīvṛkṣaparākramā parvatāgre samāśritā //[ii] mahāsthali-vetragarte aśvattha-kūṭāgārakam /[iii] udumbara-śālmalī tu karañjā-śokam āśritā //[iv] kanakavṛkṣa-sālaṃ tu cūta-*dhāru[→ dāru] ca dillakī /[v] śailakūṭa-madhuvṛkṣeṣu ca samāśritā purāt // —— ［注］ i) parvatāgra-] parvatāgre — B.: vaṭāmrakāñcanaṃ] vaṭāmrakāṃcanas — A./ vaṭāṃprakraāṃcanaṃ — B. ii) jaṭī-] kākī — B. iii) -vetragarte] vetragarbhe — A./ vetragarbha — B. iv) udumbara-] ḍondura — A./ odumbara — B.: karañjāśokam āśritā] kalaṃjāśekam āśritāḥ — B. v) -sālaṃ] sāraṃ — B.

—— 上記の文章に続き、23 の聖地にいる女神たちの部族が説明される（ここでは省略する)。この説明に続き、23 の聖地にいる女神と土地守護神等に関する情報の詳細が以下のように説明される：

（聖地 Kollagiri の情報） mahālakṣmy agnimukhī ca kṣetrapālo varānanaḥ /[i] agnimukha-m iti khyātaḥ kaṅkālasukhavedakaḥ //[ii] tasya cyavanagrahaṇo[→-ṇā] yoginī dvayakaṃ sphuret /[iii] tena saṃpuṭayogeṣu[→-geṇa] vīrādvayasamāśritā //[iv] sattveṣu hitahetvarthī[= -rthinī] sthitā ca vajramaṇḍale /[v] saṃcāragatrūpeṇa jāyate sarvadeśako[→-kā] //[vi] —— ［注］ i) agnimukhī] 'gnī mukhī — A.: kṣetra-] kṣatra — B. ii) khyātaḥ] vikhyātaḥ — B.: kaṅkālasukhavedakaḥ] kaṃkārasukhavedakaṃ — B. iii) sphuret] spharet — B. iv) vīrādvayasamāśritā] omits — B. v) omits this line — B. vi) saṃcāragatirūpeṇa] saṃcālagatirūpeṣu — A./ omits — B.

（聖地 Varuṇī と聖地 Devīkoṭa の情報） laṅkeśvarī cordhvakeśī kṣetrapālo mahotkaṭaḥ / ūrdhvakeśa iti khyātaḥ kaṅkālasukhahetukaḥ /[i] śeṣaṃ pūrvokta[= -ktena] vijñeyaṃ viśeṣaṃ varayoginī[=-nyāḥ] //[ii] karṇamoṭī ca raudrā tu kṣetrapālo mahādehaḥ /[iii] hetukaḥ parameśvara[→-ro] mahāraudraḥ athāpi vā / kaṅkālasukhaśūnyeṣu viñeyā[= -yaṃ] paramaṃ padam // —— ［注］ i) kaṅkāla-] kaṃkāra — B.: -hetukaḥ] hetuka — A./ hetukaṃ — B. ii) śeṣaṃ] śeṣa — A. iii) mahādehaḥ] mahodahaḥ — B.

（聖地 Virajā と聖地 Airuṇī の情報） saumyarūpā cānalā ca kṣetrapālo 'ṭṭahāsakam[→-kaḥ] /[i] mahānādo 'pi vijñeyā[= -yo] analā[→-laś] ca maharddhikaḥ

/[ii] kaṅkālacaṇḍālinī tu jvālāmadhye mahāsukham //[iii] agnimukhī mahāvīryā kṣetrapālo ghaṇṭāravaḥ / mahāvīryā[→-rya] iti khyātaḥ kaṅkālasukhasaṃbhavaḥ // ―― [注] i) saumya-] saukhya — A./ saukṣa — B.: -pālo 'ṭṭhahāsakam] pālāṭṭhahāsakaṃ — B. ii) analā] anulā — B.: maharddhikaḥ] maharddhiko — A.B. iii) kaṅkāla] kaṃkālaṃ — B.

（聖地 Pura と聖地 Elāpura の情報）piṅgalākhyā bhīṣaṇākṣī kṣetrapālo mahājaṅghakaḥ / mahābhayalocano vā kaṅkālasukhapūrakaḥ //[i] mahābhīmā mahābalā kṣetrapālo mahāgajaḥ /[ii] athavā gajakarṇā tu kṣetrapālo gajakarṇakaḥ / kaṅkālasukham ārūḍha[→-ḍhaḥ] sarvanāḍīṣu tanmayaḥ // ―― [注] i) -pūrakaḥ] pūrakaṃ — B. ii) -bhīmā] bhīmo — B.: -balā] balo — B.

（聖地 Kaśmīra と聖地 Maru の情報）gokarṇā ca parvatāgrī kṣetrapālo mahābhīmakaḥ /[i] nāḍījaṅghaḥ athāpi vā kaṅkālasukhalīnakam //[ii] kramaṇī bhīmavaktrā ca kṣetrapālaḥ karālakaḥ / mohakaro bṛhanmukhaḥ kaṅkālasukha-m-āśakaḥ //[iii] ―― [注] i) parvatāgrī] parvatobhī — B.: mahābhīmakaḥ] mabhīmakaḥ — B. ii) -jaṅghaḥ] jaṃgham — A./ jaṃghām — B. iii) -mukhaḥ] mukhaṃ — B.

（聖地 Nagara と聖地 Puṇḍravardhana の情報）*vetāḍā[→ vetālā] ca tathā bhadrā kṣetrapālo romajaṅghakaḥ / athavā ca mahotkaṭaḥ kaṅkālasukha-*mastukaḥ[= bhakṣakaḥ] // cāmuṇḍā ca mahādevī kṣetrapālaḥ kumbhāṇḍakaḥ / athavā ca mahādevaḥ kaṅkālasukhanṛtyakaḥ //[i] ―― [注] i) kaṅkāka-] kaṅkālaḥ — B.: sukhanṛtyakaḥ] sukhavāṃ mṛkaḥ — B.

（聖地 Jayantī と聖地 Pṛṣṭhāpura の情報）prasannā ca trijaṭī[→-ṭā] ca kṣetrapālo mahotkaṭaḥ /[i] trijaṭo 'thavā jñeyā[= -yaś] ca kaṅkālasukhapāragaḥ // vidyunmukhī ghaṇṭāravā kṣetra*pālolūkāmukhaḥ[= pāla ulūkamukhaḥ] / ghaṇṭāravo vikhyātas tu kaṅkālasukhabhakṣakaḥ // ―― [注] i) prasannā] pracaṇḍā — B.

（聖地 Sopāra と聖地 Caritra の情報）agnivaktrā mahādevī kṣetrapālo bhayānakaḥ / mahādevo 'thavā jñeyaṃ[→-yaḥ] kaṅkālasukhatejakaḥ //[i] karañjavāsinī tathā mahāghaṇṭā parā smṛtā /[ii] kṣetrapālo mahābalaḥ kaṅkālasukhaśobhanaḥ //[iii] ―― [注] i) kaṅkāla-] kaṅkālaṃ — B. ii) karañjavāsinī] karaṃjaṃ ca vāsinī — B.: smṛtā] smṛtāḥ — B. iii) -balaḥ] bala — A./ balaṃ — B.

（聖地 Oḍyāyana と聖地 Jālandhara の情報）guhyākhyā tu mahādevī ghorarūpā mahābalā /[i] kṣetrapālo mahānādo ghorarūpo mahābalaḥ /[ii] kaṅkālasukhasaṃbhūtaḥ paramākṣarayogavān // caṇḍālinī ca ghorā ca kṣetrapālo jvalitākhyaḥ /[iii] ghorarūpā[→-po] athāpi vā kaṅkālasukhaveṣakaḥ //[iv] ―― [注] i) -balā] balāḥ — B. ii) -pālo] pāla — B.: -rūpo] rūpā — B. iii) caṇḍālinī ca] caṇḍālī nīla — B.: kṣetra-] kṣatra — A. iv) athāpi vā] adho pi vā — B.

（聖地 Kṣīrika と聖地 Māyāpura の情報） lokamātā ūrdhvakeśā kṣetrapālo mahāmeruḥ / ūrdhvakeśo athāpi vā kaṅkālasukhajighrakaḥ //[i] bhīmā ca mahābalā ca kṣetrapālo bhīmas tathā /[ii] mahābalo bhīmarūpaḥ kaṅkālasukhamaṇḍakaḥ //[iii] —— ［注］ i) -keśo] keśām — B.: kaṅkāla-] kaṃkālaḥ — A. ii) -balā ca] balo ca — B. iii) kaṅkāla-] kaṃkālaḥ — A.: -maṇḍakaḥ] maṇḍikaḥ — B.

（聖地 Ambuka と聖地 Rājagṛha の情報） pūtanā ca mahādevī kṣetrapālo mahāvrataḥ / kaṅkālasukhasāmarthya[→-rthyaḥ] sarvendriyasukhas tataḥ // vipannā sā jhillīravā kṣetrapālo mahākarṇaḥ /[i] athavā jhillīravaś ca kaṅkālasukhasyandanam //[ii] —— ［注］ i) jhillīravā] dillīravā — A.: -karṇaḥ] karṇakāḥ — A.: omits this line — B. ii) jhillīravaś] dillīravo — A./ dillīrakaṃvā — B.: -syandanam] syadanaṃ — B.

（聖地 Bhoṭa と聖地 Mālava の情報） sahajākhyā bhogākhyā ca mahāvīras tathā paraḥ /[i] kṣetrapālaḥ sudurjayaḥ kaṅkālasukhagāhakaḥ //[ii] sekā samaḥ puṃseśvaraḥ kṣetrapālo viśveśvaraḥ /[iii] kaṅkālasukham āsīno jāyate sukha[= -khaṃ] svecchayā //[iv] —— ［注］ i) bhogākhyā] bhogākhyo — A. ii) -gāhakaḥ] grāhakaḥ — B. iii) puṃseśvaraḥ] puṣeśvaraḥ — A. iv) āsīno] āsīna — A.: sukha svecchayā] sukhanthasvecchakaḥ — A.

—— 上記の文章に続き、上記 24 の聖地にいる女神たちの武器が以下のように列挙される：vajra-*muṇḍaṃ[→ daṇḍaṃ(?)] gadā śūlaḥ paṭṭiśaṃ vajraśaktikam /[i] muṣalaṃ pāśakas tathā vajraśṛṅkhalā-ṅkuśaṃ ca //[ii] pāśaṃ[= -śo] halakhaṭvāṅgaṃ ca vajraśṛṅkhalahastakā /[iii] daṇḍaśakti-kaṭṭārikam[= -kā] śaktivajraśṛṅkhalikā //[iv] kaṭṭārika[= -kā] khaḍgas tathā vajraśakti-lāṅgalakam /[v] gadā-vajrāṅkuśas tathā makaradhvaja-mudgarakam //[vi] —— ［注］ i) -muṇḍaṃ] muṇḍa — B.:śūlaḥ] śūla — B.: paṭṭiśaṃ] paṭṭīsaṃ — A./ paṭṭīśaṃkha — B. ii) pāśakas] pāśaṃ ca — B.: ca] omits — B. iii) ca] tu — A. iv) -kaṭṭārikam] kapārikaṃ — B. v) khaḍgas] khaḍgis — B.: -lāṅgalakam] laṅgalakaḥ — A./ laṃgālakaḥ — B. vi) gadā] gandha — B.: -mudgarakam] muṃgalakaṃ — B.

—— 上記の文章に続き、女神たちの外貌や呪力や座具等の更なる詳細が説明される（ここでは省略する）。

40 Alex Wayman 氏は、『アームナーヤマンジャリー』の聖地群を検討する際に、その聖地名や女神名や土地守護神名の還梵を試みているが、誤りが多い。これは、Wayman 氏が『アームナーヤマンジャリー』と『ヴァジュラダーカ・タントラ』と『ダーカールナヴァ・タントラ』および『クブジカーマタ・タントラ』の関連を知らなかったことに起因する。

41 『サンプトードバヴァ・タントラ』自身は以下のような 8 つの聖地群を説く［Skt ms:

47b2–b4]。『アームナーヤマンジャリー』の 24 の聖地群は、この 8 つの聖地群に対する解説として登場する。

表 **2–15**　『サンプトードバヴァ・タントラ』の **8** つの聖地

	聖地	聖地の樹木		聖地	聖地の樹木
1	Viraja	cūta 樹	2	Koṅkaṇa	somavarṇa 樹 [i)]
3	Caritra	karañja 樹	4	Aṭṭahāsa	kadamba 樹
5	Devīkoṭa	vaṭa 樹	6	Harikela	hari 樹 [ii)]
7	Oḍyāna	aśoka 樹	8	Jālandhara	kanaka 樹

［注］i)『サンプタティラカ注釈』(Saṃpuṭatilakatantraṭīkā) は、aśvattha 樹と同一視する。　ii)『アームナーヤマンジャリー』は harītakī樹と同一視する。

『ピータなどの確定』は、同様の聖地リストを『サンプタティラカ・タントラ』(Saṃpuṭatilakatantra) など諸聖典の所説として紹介する。そして、Viraja には Ambikā と Anala が、Caritra には Karañjavāsinīと Mahāghaṇṭa が、Devīkoṭa には Karṇamoṭīが、Oḍyāna には Guhyā と Mahābala が、そして Jālandhara には Caṇḍālinīと Janeta が住すと説明する [Tib: Toh, 135b7–136a3]。これら女神たちと土地守護神たちの配当は、表 2–10 にまとめた『ヴァジュラダーカ・タントラ』のそれに基づいていると考えられる。

なお、これら 8 つの聖地を説く『サンプトードバヴァ・タントラ』のもともとの意図は、おそらく八母神の地の紹介にあったのだろう。

42 eṣu kṣetreṣu yā kanyā vīrāṇāṃ siddhidāyikā / melāpakaṃ kurvanti rātrau paryaṭane sadā // dadati vipulāṃ siddhiṃ khecareṣu sudurlabhām / sidhyanti sarvakarmāṇi sādhakasya na saṃśayaḥ //[i)] ——［注］i) sidhyanti] sidhyante — ed. Matsunami 343 により訂正.

43 この第 3 型伝承の (C) 次元を説く注釈文献として、『ピータなどの確定』がある。同書は表 2–10 にまとめた『ヴァジュラダーカ・タントラ』の聖地群を紹介した後、その実践法の一例（利の劣根の者向けの実践）を以下のように簡潔に説明する——「利の劣 [根] の者たちは、曼荼羅輪の観想に関心を向けずに、自分の身体の頭などにそれぞれの [聖地の] 頭文字 [を種字として観想し、そこ] から変化したそれぞれのピータをはじめとする [聖地群]（＝内的聖地群）において、それぞれの座の脈管を [女] 神の姿で観想することに喜ぶべきである。」(gaṅ yaṅ chen poḥi chuṅ du rnams dkyil ḥkhor gyi ḥkhor los sgom pa la mi ltos par / raṅ gi lus ñid kyi spyi bo la sogs pa rnams su raṅ raṅ gi yi ge daṅ po yoṅs su gyur pa las / gnas la sogs pa de daṅ der gnas paḥi rtsa de daṅ der lhaḥi gzugs su bsgom pa la mṅon par dgaḥ bar byed do //) [Tib: Toh, 136b6–b7]

極めて簡潔な説明ではあるが、第 3 型伝承の体系の (C) 次元を、第 1 型伝承のそれと全く同じものとして説明しようとしているのは明白である。つまり、聖地アッタハーサを頭、コーッラギリを頭頂、ダラニー（Dharaṇī）を右耳、といったように観想していくのである。しかし、この観想法においては第 3 型伝承の体系の個性は弱められて第 1 型伝承のそれに準じたものとなっており、またこの『ピータなどの確定』以外に第 3 型伝承の体系の (C) 次元を説く文献を筆者は見出しかねている。

44 A = Kathmandu D40/6、B = Kathmandu A142/2。この箇所の読みに関しては、これらの写本に加え、同タントラの別写本である Kathmandu B113/3 (= C) 16a5–b7 および、『ヨーギニージャーラ・タントラ』の 2 本の写本（Skt ms: Baroda 13253 [= D] 23a9–24a3, Matsunami 313 [= E] 52a6–53b5）も参照した——

catuścakrasarojeṣu nāḍī[= -ḍyaḥ] śataṃ ca viṃśatiḥ /i) *teṣāṃ[= tāsāṃ] nāmaṃ[= -ma] yathānyāyaṃ vakṣyate tattvabhājane //ii) —— [注] i) nāḍī] nāḍi — B.: śataṃ ca viṃśatiḥ] śataś ci viṃśatiṃ — A./ śataṃ ca viṃśati — B.hspace1zwii) teṣāṃ] teṣu — B.: -nyāyaṃ] nyāyyaṃ — A.: -bhājane] bhājanāṃ — B.

—— madhyadeśī kaliṅgī ca oḍrī karṇāṭakī *sarī[→ marī] /i) saurāṣṭrī malayī vaṅgī *dravaḍī[→ draviḍī] cataliṅgakī //ii) mālavī tu mahārabdhī varendrī kāmarūpiṇī /iii) ḍāhalī *ṭavideśī[= aṭavideśī] ca bhaḍārī rāḍhamāgadhī //iv) tirasuttī daddaraṇḍī nepālī rasavāsinī rāḍhī ḍhikkarī /v) vaṅgālī khāḍī ca harikelakī //vi) suvarṇadvīpī *siṅgalī[→ siṃhalī] ca ḍāmaḍī ca kattorakī /vii) sindhuhimālayī buḍī kulūtī jaḍarī pathī //viii) jajjabutī varuṇī ca oḍiyānī lampākakī /ix) jālandharī arbudī ca kaśmīrī kauśalī *kañcī[→ kāñcī] //x) jayantī triśakunī cambhī luharī purarohikī /xi) mummunī kāmbojakī ca bhaṭṭolikī gṛhadevatī //xii) pretapurī babharī ca pelavī copapelavī /xiii) śmaśānī upaśmaśānī mahodadhitaṭī khasī //xiv) mlecchī ca sarvadeśakī devīcatuḥṣaṣṭiḥ kramāt /xv) nābhicakreṣu yoginyaḥ vijñeyā[→-yāḥ] kulanāḍikāḥ //xvi) —— [注] i) kaliṅgī] kaliṅgā — A.: oḍrī] uḍrī — A./ oḍra — B. ii) saurāṣṭrī] saurāstrī — A./ sorāṣṭrī — B.: vaṅgī] viṅgī — A. iii) mālavī] māravī — B.: varendrī] varendī — A./ varandī — B. iv) ḍāhalī] ḍāṃhalī — A./ ḍohalī — B.: bhaḍārī] bhaḍā — B.: rāḍha-] rāḍhī —A./ lā ḍa — Tib. v) tirasuttī] tiraputtī — A. B, C, D, E に従う.: daddaraṇḍī] daddharandī — A./ daddavarṇī — B./ dad da ra ṇa ḍa ma — Tib. C に従う.: nepālī] nepālaṃ — A.: rasavāsinī] saravāsinī — A./ Tib mñan yod ma suggests śrāvastī.: ḍhikkarī] tikkarī — B. vi) harikelakī] harīkelakī — A. vii) siṅgalī] siṅgālī — A.: ḍāmaḍī] ḍomaḍī — B. viii) kulūtī] kulutī — B.: jaḍarī] jaḍadharī — B. ix) varuṇī ca] varuṇā caṃ — B.: oḍiyānī] oḍiyāna — B. x) kaśmīrī] kāśmirī — B.: kauśalī] kaukalā — B. xi) jayantī] jayanti — A./ jayāntī — B.: triśakunī] ḍaśaknī — B.: cambhī] cambha — B.: luharī] rūharī — B.: purarohikī] purarohikā — B. xii) bhaṭṭolikī] bhaṭṭorikī — B. xiii) pelavī copapelavī] pelava(two letters damaged)pelavī — A./ pelava copelavī — B.　xiv) śmaśānī upaśmaśānī] śmaśānanī upasmaśānanī — B.: mahodadhitaṭī] mahodadhībhaṭī — A.: khasī] śasī — A.　xv) -catuḥṣaṣṭiḥ] catuṣaṣṭī — A.　xvi) nābhi-] bhābhi — A.: -nāḍikāḥ] nāḍīkāḥ — A.

—— hṛdayacakre tathāṣṭa *dhūtikā[→ dūtikā] sarvagāminī /[i] prayāgī *devikoṭī[= devīkoṭī] ca ujjayinī mahālakṣmī //[ii] jvālāmukhī siddhasimbhalī māhilī kaumārīpaurikī /[iii] evaṃ sarva[→-rvā] hṛdi sthāne māyākārasukṣetriṇī //[iv] ——　［注］i) -cakre] kre — B.: tathāṣṭa] tathā aṣṭa — B.　ii) prayāgī] prayoga — B.: devikoṭī] devikoṭīś — A./ devīkoṭaś — B.: ujjayinī] ujjayinyāṃ — B.　iii) jvālā-] jālā — A.: siddha-] siddhi — B./ omits — Tib.: kaumārī-] kaumāri — B.　iv) -sukṣetriṇī] kṣatriṇī — B.

なお、この文章の中で出てくる “sindhuhimālayī” はこれで 1 本の脈管を指すと考えられる。Sindhu と Himālaya はそもそも互いに別の聖地であるが、多くの写本の読みおよび注釈書『ヴォーヒター』の説明はそれを示唆する。

45 A = Kathmandu D40/6、B = Kathmandu A142/2. —— sandhidvādaśam evātra hastapādeṣu sarvataḥ /[i] pañca pañca hi vijñeyā dvādaśaiḥ ṣaṣṭinālikā /[ii] maṇḍaleṣu ca vāhinyā saṃkrāntidvādaśaṃ matām[→-tam] //[iii] vāmadakṣiṇataś cāpi meṣapūrvādi mantravit / śeṣacatvāri randhreṣu nābhimeḍhradvipārśvayuḥ[→-yoḥ] /[iv] ——　［注］i) sarvataḥ] sarvvata — B.　ii) dvādaśaiḥ ṣaṣṭinālikā] dvādaśai ṣaṣṭinālinālikā — B.　iii) saṃkrānti-] sagrānti — B.　iv) catvāri randhreṣu] ca catvāri randheṣu — A./ catvāgandheṣu — B.

46 『ヴィマラプラバー』では、手足の 12 の関節と 12 の聖地カテゴリーおよび十二地の対応が主張される ［Skt ed: p.73, l.23–24］。なお、この対応箇所である『カーラチャクラ・タントラ』［Skt ed: 1.7.20］自体には 12 の関節と 12 の聖地カテゴリーと十二地を同一視する明確な記述はない。ここで言う 12 の聖地カテゴリーとは、(1) ピータ、(2) ウパピータ、(3) クシェートラ、(4) ウパクシェートラ、(5) チャンドーハ、(6) ウパチャンドーハ、(7) メーラーパカ、(8) ウパメーラーパカ、(9) ヴェーシュマン (veśman)、(10) ウパヴェーシュマン (upaveśman)、(11) シュマシャーナ、(12) ウパシュマシャーナである。サンヴァラ系およびヘーヴァジュラ系に見られる第 2 型伝承のピーラヴァとウパピーラヴァが、ここではヴェーシュマンとウパヴェーシュマンになっている。

これに対し、この第 4 型伝承においては、手足の 12 の関節と 12 の大聖地カテゴリーの対応が説かれない。だがこのことは、第 4 型伝承の論理からすれば当然のことである。既に述べたように、第 4 型伝承においては聖地カテゴリーの名称は個別の聖地群と同列で扱われる。ゆえに、12 の関節に即して聖地カテゴリーによって個別の聖地群を統括する必要がないのである。

第3章　曼荼羅としての身体

はじめに

サンヴァラは身体に関する諸理論の展開に積極的であった。その1つが、内的（adhyātma, abhyantara）曼荼羅の理論である。実践者の身体の外に描かれたり観想したりする曼荼羅を外的（bāhya）曼荼羅と呼ぶのに対し、実践者の身体構成に即して身体に観想される曼荼羅を内的曼荼羅と呼ぶ。身体に観想されることから、内的曼荼羅は身体（kāya, śarīra）曼荼羅と呼ばれることもある。

“単に”身体上あるいは身体内部に観想される尊格たちの集合体は、厳密な意味ではこの内的曼荼羅と区別されるべきである。なぜなら、内的曼荼羅は心臓や胃や爪といった各組織により成る実践者の“生来の身体構成の功徳性”を主張する理論だからである。とはいえ、この内的曼荼羅に限らず、物事は時が経たり慣れが進んだりするとその本来の意義が忘れられることがある。内的曼荼羅を観想する実践者たちの中には、この内的曼荼羅を他の身体布置の観想と同じように無意識にも解釈する者たちもいたであろう。だが内的曼荼羅の本来の意義は、上述のように、人が生まれもつ身体構成が本来的に功徳を備えたものであることを理解することにある。

内的曼荼羅は思想的には空思想の後期密教版とも言うべき『グヒヤサマージャ・タントラ』の「菩提心」(bodhicitta) という真理観や、特に『ヘーヴァジュラ・タントラ』の「倶生」(sahaja) という真理観と強い関連をもつ。

「菩提心」であれ「倶生」であれ、これらの真理観においては、空なる現象世界は無条件に肯定されることもなければ無条件に否定されることもない。

個々のものが区別されて認識される現象世界、つまり分別を特徴とする輪廻世界は、この時代の密教においても依然として迷いの世界とされるため、それは無条件には肯定されない。だが、個々のものがその本質として空であることは、個々のものが空という真理に刻印された、空という真理へと実践者を導く“方便”（＝実践手段）であることを意味する。ゆえに、空なる認識をもって現象世界を眺める者にとっては、現象世界は無条件には否定されず、尊格たちの清らかな曼荼羅という“方便”として肯定されるものとなる。

「倶生」という真理観において、このような現象世界観は時に人間の身体に焦点を当てて説明される。個々の人に生来的な身体はこのような現象世界の一部であるのだから、人の生来の身体も真理に刻印されており、その人を真理へと導く“方便”である。ゆえに空なる認識をもつ者にとっては、人が生まれもつ身体も尊格たちの清らかな曼荼羅という“方便”として把握され得ることになる。さらに、悟りは身体を持つ実践者の内において生じるのだから、身体こそが真理に最も近い最高の“方便”であると考えられるに到る。

先に「内的曼荼羅は心臓や胃や爪といった各組織により成る実践者の生来の身体構成の功徳性を主張する理論」と述べたが、この「生来の身体構成の功徳性」とは、心臓や爪等の各組織から成る身体の“方便完備性”、つまり生来の身体は悟りを得るための手段を完備していることを意味する。あくまで“方便完備性”なのであるから、実践者にはこの方便としての内的曼荼羅の観想実践が真理到達のために要求されることになる。ありのままの世界を“方便完備性”ではなく真理の世界そのものと見ることによって修行不要論へと向かう日本仏教の本覚思想とはこの点において区別されねばならない[1]。

内的曼荼羅の諸理論のいくつかの側面に関する研究は、既に津田氏や桜井氏等により部分的に行われている[2]。だが、多くの側面はまだ未解明のままであり、サンヴァラの内的曼荼羅理論全般に関する基礎的データの抽出作業も不十分の感を否めない。本章は、先の第２章で検討した第１型伝承の聖地群体系を出発点とする内的曼荼羅理論の展開の包括的研究を目指す。

1　内的曼荼羅の5つの型

サンヴァラの多様な内的曼荼羅理論を、その形態と意義という観点から (1) 第 1 型内的曼荼羅、(2) 第 2 型内的曼荼羅、(3) 第 3 型内的曼荼羅、(4) 第 4 型内的曼荼羅、(5) 第 5 型内的曼荼羅、という 5 つの型に類型化して整理することができる。なお、第 2 型内的曼荼羅は、本書第 2 章 3 節で検討した表 2–3 の第 1 型伝承聖地群体系の内的側面と一致する。第 1 型内的曼荼羅はその原初形態であり、『チャクラサンヴァラ・タントラ』に見ることができる。

以下、第 1 型から順にそれぞれの型の内容検討をしていこう。

2　第1型内的曼荼羅

第 1 型内的曼荼羅は、『チャクラサンヴァラ・タントラ』に登場する。だが、議論の開始に先立って、この第 1 型内的曼荼羅は他の型と比較して “仮説的” な度合いが高い型であることを一言述べておかねばならない。なぜなら、内的曼荼羅が実践法として実際に機能するために必要ないくつかの要素を、『チャクラサンヴァラ・タントラ』は明記しないからである。言うまでもなく、明確な記述の欠如はその要素の欠如をつねに意味するとは限らない。既に先行する聖典等にそれらの要素の記述がある場合、後続する聖典はそれらの要素を意図しつつも、それらの要素の記述を省略するという場合がある。もし『チャクラサンヴァラ・タントラ』が、あくまで記述上は明らかにしていないとしても、それらの要素を意図しているのであるならば、この第 1 型内的曼荼羅は後述第 2 型内的曼荼羅と実質的には同じものとなり、第 1 型内的曼荼羅という類型を特別に設ける必要はなくなる。だが、この『チャクラサンヴァラ・タントラ』がサンヴァラ最古の聖典である（つまり先行する聖典はない）ことを考慮すると、他伝統に見られないこの新しいサンヴァラ系的内的曼荼羅を説く際に、もしそれらの要素を意図しているならば、それらの要素の記述が『チャクラサンヴァラ・タントラ』にあって然るべきである。したがって、この第 1 型内的曼荼羅を第 2 型曼荼羅の元型として別立することも可能となる。この場合、第 1 型内的曼荼羅は、サンヴァラにおける内的曼荼羅理論の未成熟な出発点として重要な存在意義を有することになる。以上の理由から、本章は第1型内的曼荼羅を"仮説的"に設け、その内容の検討を試みる。

『チャクラサンヴァラ・タントラ』によれば、プッリーラマラヤ(Pullīramalaya)を始めとする、実践者の身体の外に広がる外的聖地の総体は、実践者の身体内に内的聖地としても存在している。『チャクラサンヴァラ・タントラ』の文章を見よう。

> さて次に、[十] 地としてのピータなどを、瑜伽女 [すなわち荼枳尼] を、吉祥ヘールカのそれぞれの支分であり、静・動のものを自体とする完全なものを、私は説明しよう。ピータは歓喜地に [対応する]。同様にウパピータは離垢地に [対応する]。クシェートラは発光地であると知られるべきである。ウパクシェートラは焔慧地である。チャンドーハは現前地である。ウパチャンドーハは難勝地である。メーラー [パカ] に関しては、遠行地と呼ばれる。ウパメーラー [パカ] は不動地に [対応する]。シュマシャーナは善慧地である。ウパシュマシャーナは法雲地である。これら [の地] によって吉祥ヘールカが行ぜられるべきである。これら [の地] は内的な地である。十波羅蜜としての瑜伽女は、[それぞれの] 地において異国の言葉を [語る]。静・動のものを自体とする勇者 [ヘールカ] の支分は、天界と人界と地下界に [広がっている]。前述のようなものは外的かつ内的なプッリーラ [マラヤ] をはじめ [諸地] に安住している。吉祥なるヘールカとの偉大なるヨーガを [実行するべきである]。全ての欲望の自在なる主を [知るべきである]。いたるところに手と足の先 [を広げ]、いたるところに眼と頭と口 [を向けている主] を [知るべきである]。[主の声は] 世界中いたるところで聞き取られる。[主は] 全てを覆っている。続いて、禅定の状態の心によって彼は [このような主の] 成就を成し遂げるべきである。実践者たちの利益のために、[以上のように] 秘密の真実が説明された。[Skt ed: 50.20–27、Skt ms: 37a3–b3][3]

上記引用文中の、動・不動のもの(つまり三界全体)を自体とする「ヘー

表 **3–1**　第 **1** 型内的聖地群の構造

〈10 の大聖地カテゴリー〉―――	〈十地〉
｜	｜
〈聖地の荼枳尼たち〉―――	〈十波羅蜜多〉

	10 の大聖地カテゴリー	十地
(1)	ピータ	歓喜地
(2)	ウパピータ	離垢地
(3)	クシェートラ	発光地
(4)	ウパクシェートラ	焔慧地
(5)	チャンドーハ	現前地
(6)	ウパチャンドーハ	難勝地
(7)	メーラー	遠行地
(8)	ウパメーラー	不動地
(9)	シュマシャーナ	善慧地
(10)	ウパシュマシャーナ	法雲地

ルカの支分」「勇者の支分」における「支分」が具体的に何を指すかについてはいくつかの解釈が可能である。それは聖地において荼枳尼たちと対になる勇者を指すと解釈することも可能だし、あるいは聖地とそこにいる荼枳尼を指すという解釈も可能だし、あるいは荼枳尼と勇者を指すという解釈も可能であるし、あるいは聖地と荼枳尼と勇者全てを指すという解釈も可能であるし、あるいはその他のもの、あるいは以上全てを指すという解釈も可能である[4]。この「支分」に関する『チャクラサンヴァラ・タントラ』自身の意図を確定することはできないが、文意が明らかな限りにおいては、上記文章から表 **3–1** のような内的曼荼羅の構造を抽出することができる。

ピータから始まりウパシュマシャーナで終わる 10 の大聖地カテゴリーのそれぞれは、歓喜地を始めとする菩薩の境地の階梯である十地のそれぞれに対応する。このような十地としての各聖地にいる荼枳尼たちは、それぞれ十波羅蜜多と等価視される。たとえばピータにいる荼枳尼たちは布施波羅蜜多

表 3–2　第 1 型内的曼荼羅の具体相

3 領域	荼枳尼	勇者	聖地
天空	Pracaṇḍā	Khaṇḍakapālin	Pullīramalaya
	Caṇḍākṣī	Mahākaṅkāla	Jālandhara
	Prabhāvatī	Kaṅkāla	Oḍyāna
	Mahānāsā	Vikaṭadaṃṣṭrin	Arbuda
	Vīramatī	Surāvarin	Godāvarī
	Kharvarī	Amitābha	Rāmeśvara
	Laṅkeśvarī	Vajraprabha	Devīkoṭa
	Drumacchāyā	Vajradeha	Mālava
地上	Airāvatī	Aṅkurika	Kāmarūpa
	Mahābhairavā	Vajrajaṭila	Oḍra
	Vāyuvegā	Mahāvīra	Triśakuni
	Surābhakṣī	Vajrahūṃkāra	Kosala
	Śyāmādevī	Subhadra	Kaliṅga
	Subhadrā	Vajrabhadra	Lampāka
	Hayakarṇā	Mahābhairava	Kāñcī
	Khagānanā	Virūpākṣa	Himālaya
地下	Cakravegā	Mahābala	Pretapurī
	Khaṇḍarohā	Ratnavajra	Gṛhadevatā
	Śauṇḍinī	Hayagrīva	Saurāṣṭra
	Cakravarmiṇī	Ākāśagarbha	Suvarṇadvīpa
	Suvīrā	Śrīheruka	Nagara
	Mahābalā	Padmanarteśvara	Sindhu
	Cakravartinī	Vairocana	Maru
	Mahāvīryā	Vajrasattva	Kulatā

に、ウパピータにいる荼枳尼たちは戒波羅蜜多に、クシェートラにいる荼枳尼たちは忍波羅蜜多に対応する、といった具合である。このことは、内的側面からすれば、個々の実践者の身体に十地（および十波羅蜜多）が備わっているという主張である。このような聖地に即した内的な実践により、実践者は自身に生来的な潜在的十地（および潜在的十波羅蜜多）の全階梯を開花させ、宇宙全体と等しいヘールカの状態へと到達しようとする。

ではここで言う、ピータをはじめとする大聖地カテゴリーに当てはまる聖地とは具体的にどの聖地を指すのか。また、聖地にいる荼枳尼たちとは具体的にどのような女尊たちなのか。この問いは、表 3–1 が内的曼荼羅の抽象的構造であるならば、その具体相はどのようなものであるかというものである。

『チャクラサンヴァラ・タントラ』は上記文章とは別の箇所（第 2 章[5]、第 4 章[6]、第 41 章[7]、第 48 章[8]）において、表 **3–2** にまとめたような内的曼荼羅の具体相を説く。

だが『チャクラサンヴァラ・タントラ』は、10 の大聖地カテゴリーで構造化される聖地群はプッリーラマラヤ等であると明記はするものの、その詳細、つまり大聖地カテゴリーであるピータやウパピータ等に具体的にどの聖地がどのように分類されるのかを明記しない。したがって、表 3–1 は内的曼荼羅の構造をまとめたものであり、表 3–2 はその肉付けの部分をまとめたものであると言うことはできても、表 3–1 と表 3–2 の細部の対応関係までは同聖典には明かされない。また表 3–2 だけに焦点を合わせても、天空と地上と地下の 3 領域[9]に住する荼枳尼と勇者の 24 カップルと、プッリーラマラヤなどの 24 聖地のリストが具体的にどのように対応するのかも明確には説明されない。このことは、前章で述べたように、3 領域に住する荼枳尼と勇者の 24 カップルの起源と、プッリーラマラヤなどの 24 聖地のリストの起源は互いに異なることと関連していよう。

さらに、同聖典は内的ヘールカに即した実践により十地（および十波羅蜜多）を成就すべきであるとの規定をしているとはいえ、身体内化されたそれぞれの聖地は具体的に身体のどの部位に相当するのか、また身体内化された荼枳尼と勇者のカップルは具体的に身体のどの組織等に相当するのかといった、内的な聖地群を実際に実践するうえで必要な具体的規定を説かない。

この、内的な聖地・瑜伽女・勇者が身体のどの部分に該当するのかが規定されないという点が、第 1 型内的曼荼羅と第 2 型内的曼荼羅の間の質的な相違点である。『チャクラサンヴァラ・タントラ』が説く第 1 型内的曼荼羅は実際の実践法としての体系化までには明確には到っておらず、“理念的な” 内的曼荼羅として、サンヴァラにおけるその後の多くの内的曼荼羅体系の理論的側面の基礎――身体は十地・十波羅蜜多を生来的に備えているという身体観――を用意したものであると理解するのが無難である。倶生の真理観を、生来の身体における潜在的十地・十波羅蜜多という形で理論上方向付けたことにその意義を見出すのが適切である。実際に、これから検討していくように、この “理念的な” 第 1 型内的曼荼羅は、第 2 型のみならず、第 3 型、第 4 型、第 5 型内的曼荼羅の体系の理論的側面の重要部分として継承されていくことになる。内的曼荼羅の体系の理論的側面の基礎を用意したという点に、第 1 型内的曼荼羅の意義はある。

3　第2型内的曼荼羅

第2型内的曼荼羅は、第1型内的曼荼羅が用意した理論を導入しつつ、第1型内的曼荼羅において不明確な要素——身体内化されたそれぞれの聖地は具体的に身体のどの部位に相当するのか、また身体内化された瑜伽女・勇者たちは具体的に身体のどの組織等に相当するのかといった、内的曼荼羅が実践法として実際に機能するために必要な諸要素——等を明確にする。これにより、内的曼荼羅を単なる理論の体系から理論と実践双方の体系へと高めるという意義をもつ。

この第2型内的曼荼羅の内容の多くは、本書第2章3節にて行った検討の中で既に導き出している。したがって、この内容検討については、すでに本書上記箇所で触れたものについては簡潔にとどめるという方針を採りたい。

第2型内的曼荼羅を検討する際の主な資料は、『アビダーノーッタラ・タントラ』、『サンプトードバヴァ・タントラ』[10]、『サンヴァローダヤ・タントラ』[11]、『ヴァジュラダーカ・タントラ』、ルーイーパーダ作『チャクラサンヴァラ現観』、ジャヤバドラ（Jayabhadra）作『チャクラサンヴァラ成就法』（Cakrasaṃvarasādhana）である。これらの文献に説かれる内的曼荼羅には詳細に関して相違点も存在するが[12]、基本構成はほぼ共有されていると見なしてよい。したがって、この共有基本構成を以って、これらの文献に説かれる内的曼荼羅を第2型内的曼荼羅として一括することが可能である。特にこの共有基本構成を中心に、全てではなくても比較的多くの文献に見られる要素を肉付けしてこの第2型内的曼荼羅の内容をまとめると、本書第2章3節の表2–3のようになる。この第2型内的曼荼羅の内容は、それと全く同じである。

実践者は自分の身体を内的曼荼羅であると観想する。その観想には以下のいくつかの方法がある。

(I)　種字から外的な荼枳尼と勇者たちの姿を身体に観想する方法

まず実践者は24の内的聖地の箇所（つまり、頭、頭頂、右耳など）のそれぞれに種字（bīja）を観想する。種字はそれぞれの聖地名の頭文字、あるいはその頭文字にアヌスヴァーラ（Ṃの記号）をつけたものである（たとえば、プッリーラマラヤならば PU あるいは PUṂ、ジャーランダラならば JĀ あるいは JĀṂ）。続いて実践者はこれらの種字が内的な荼枳尼たちと勇者たちに変化すると観想する。上述のように内的な荼枳尼は脈管の姿をしており、内的な勇者は身体要素の姿をしているというのが内的曼荼羅の規定ではあるものの、実際の観想の際にはそれらは外的な荼枳尼と外的な勇者と同じ頭や手や胴体や足を供えた姿で 24 の内的聖地の箇所に観想される[13]。

(II) 脈管と菩提心の流れを内的曼荼羅として観想する方法

茶枳尼を脈管の姿のままに、そしてその中を菩提心という身体要素としてのヘールカないしは勇者がめぐる様子を観想するという方法も多く説かれる。

この型の観想法の具体的な実践法に関して、クリシュナーチャーリヤ（Kṛṣṇācārya）作『四次第』（Olicatuṣṭaya）は、以下のように説明する。

> [プッリーラマラヤに入る。プッリーラマラヤで享楽する。ジャーランダラに入る。] プッリーラマラヤで意のままにする。ジャーランダラを享楽する。オーディヤーナに入る。ジャーランダラで意のままにする。オーディヤーナで享楽する。アルブダに入る。オーディヤーナで意のままにする。アルブダで享楽する。ゴーダーヴァリーに入る。アルブダで意のままにする。・・・(中略)・・・マル地方に入る。シンドゥで意のままにする。マル地方で享楽する。クラターに入る。マル地方で意のままにする。クラターで享楽する。全ての支分で溶解する（クラターでの溶解を以って、24 の内的聖地全てにおいて上記活動が一通り終了する)。これら全ての座に関して、如来たちの大楽の智慧が悠々と法身と報身と応身を順にその姿として生じ、留まり、溶解する。[Tib: Toh, 357a6–b6、Ota, 392a5–b7][14]

同書の注釈書であり、同じクリシュナーチャーリヤに帰される『四次第解題』（Olicatuṣṭayavibhaṅga）は、上記の文章を以下のように注釈する。

> 「プッリーラマラヤに入る」から「全ての支分で溶解する」まで [の文章] によって、菩提心と呼ばれる身体要素が三身のあり方で上記 24 の座に入ることと [そこで] 享楽することと [そこで] 溶解すること、[つ

図 **3**　観想法としての菩提心の **3** 種の活動

プッリーラマラヤ		
[1] 入ること		
↓	ジャーランダラ	
[2] 留まること →	[3] 入ること	
↓	↓	オーディヤーナ
[4] 溶解すること	[5] 留まること →	[6] 入ること
	↓	↓
	[7] 溶解すること	[8] 留まること →
		↓
		[10] 溶解すること

まり]24の座のそれぞれに3つずつ見られる[ことを表す]。［Tib: Toh, 363b1–b2、Ota, 400a8–b1］[15]

その意図は明らかである。実践者は24の内的聖地のそれぞれにつながる脈管を通して、菩提心という身体要素がそれら24の内的聖地それぞれに(i)入り、その後そこに(ii)留まり（＝享楽し)、最後はそこで(iii)溶解する（＝意のままにする）と観想する。この観想は、1つの内的聖地での菩提心のこれら(i)から(iii)の3種の活動が一通り済んでから次の内的聖地にて同じように3種の活動を行うというのではなく、2つの内的聖地での活動が図**3**にまとめたように部分的に並行する形で行われる（図3中の数字は観想の順序を表す。なお、オーディヤーナの次の聖地であるアルブダに菩提心が入ることが[9]になる。同じ過程の繰り返しであるため、アルブダ以下については図式化を省略したい)。

菩提心のこれら3種の活動は如来の三身の意義をもつと、『四次第』からの引用文は述べている。ここではこれら3種の活動のうち「入ること」が法身、「留まること」が報身、「溶解すること」が応身に対応することが暗示されている。サンヴァラでは菩提心は脈管内を通る生命風により脈管内を移動すると概して考えられているが、『サンヴァローダヤ・タントラ』は生命風の3種の活動に関して、上記『四次第』と類似した解釈を述べる。つまり、生命風が入ることは法身であり、生命風が留まることは報身であり、生命風が出て行くことは応身であるという［Skt ed: 5.49］[16]。だが、クリシュナーチャーリヤに帰される別の観想書『サンヴァラ解説』(Saṃvaravyākhyā) は、上記『四次第』と類似の内的曼荼羅観想法を説きながらも、「入ること」を応身、「享楽すること」を報身、「溶解すること」を法身と結びつける［Tib: Toh, 10a4–5、Ota, 12a8–b1］[17]。三身との対応関係に見解の相違はあるものの、菩提心の 3 種の活動が内的曼荼羅の観想方法とされている点は『サンヴァラ解説』も一致している。

この観想法は (I) と以下の 3 点において相違する。(i) PU あるいは PUṂ や、JĀ あるいは JĀṂなどの種字を用いない。(ii) 脈管が実際に特定の役割を果たす。(iii) 荼枳尼・勇者たちの外的な姿は身体に観想されない。特に (ii) と (iii) から、菩提心の 3 種の活動に即したこの観想法は内的曼荼羅の一般的規定（荼枳尼は内的には脈管の姿、勇者は内的には身体要素の姿をしている）をより尊重した観想法であると言える[18]。

(III)『ピータなどの確定』が述べるいくつかの内的曼荼羅観想法

本書第 3 章で見たように、『ピータなどの確定』は実践者の資質を劣根、中根、利根に分けたうえで、実際に足を運ぶ聖地巡礼を劣根者の実践、外的な聖地の観想（すなわち、外的曼荼羅の観想）を中根者の実践、そして内的聖地の観想（すなわち内的曼荼羅の観想）を利根者の観想としている。『ピータなどの確定』はこの利根をさらに利の劣根、利の中根、利の利根に分け、それぞれに対応する内的曼荼羅観想法を以下のように述べる。

> 利の劣 [根] の者たちは、[外的な] 曼荼羅輪の観想に関心を向けずに、自分の身体の頭などにそれぞれの [土地の] 頭文字 [を種字として観想し、そこ] から変化したそれぞれのピータなどにおいて、それぞれの座の脈管を [女] 神の姿で観想することに喜ぶ。利の中 [根] の者たちは、種字に関心を向けずに [内的な] 生起次第を行う。頭などの各座において、それぞれに住する脈管をそれぞれの金剛なる女神であると信解し、観想することに喜ぶ。利の利 [根] の者たちは、生起次第に安住する際に、自分の心のみ [という状態] であり、身体と [その] 享楽などに関し

てそれぞれが光明である空性と慈悲の結合の状態などを自性とし、地と波羅蜜多を自体とする完全無欠な曼荼羅輪を観想する。[Tib: Toh, 136b6–137a3] footnote なお、同趣旨の記述は 134b2–135a4 にも見られる。

この『ピータなどの確定』の基準によれば、上記（I）のような観想は利の劣根者が行う実践ということになる。(II) は、種字を用いずに内的な荼枳尼を脈管の姿のままに観想するという点で、利の中根者が行う実践に相当すると考えてよい。これらに対して利の利根者が行う観想は——その説明は簡潔であるため詳細を知るのは困難であるが——より心的である。

以上、第 2 型内的曼荼羅は、第 1 型内的曼荼羅が用意した理論をその理論的基礎として導入しつつ、内的曼荼羅を単なる理論の体系から理論・実践の体系へと高めたということが理解できよう。

4　第 3 型内的曼荼羅

37 尊（ここでは、カップルになっている荼枳尼と勇者を便宜上 1 尊と数えたい）構成の外的なヘールカ曼荼羅はサンヴァラで最もポピュラーな曼荼羅である。この曼荼羅は 5 つの同心円状の輪より構成される。中心の輪は大楽輪（mahāsukhacakra,「大いなる喜びの輪」）と呼ばれる。それを囲む 3 つの輪が、今まで検討してきた三輪（24 の聖地とそこにいる荼枳尼・勇者のカップルが坐する心輪・語輪・身輪）である。さらにこの三輪を囲み、ヘールカ曼荼羅の最外輪となっているのが三昧耶輪（samayacakra,「誓約の輪」）であり、この輪には 4 つの門が備わっている。三輪の概要は既に説明しているので、ここでは大楽輪と三昧耶輪の概要のみを議論の出発点として簡潔に記そう。

大楽輪の中央には主尊ヘールカとその妃であるヴァジュラヴァーラーヒーがカップルになって坐している。その四方を東から順に左回りでダーキニー（Ḍākinī）、ラーマー（Lāmā）、カンダローハー（Khaṇḍarohā）、ルーピニー（Rūpiṇī）という 4 人の荼枳尼たちが囲む。四維には五甘露（pañcāmṛta）や菩提心の入った髑髏杯（kapāla、あるいは単に瓶 bhāṇḍa とも）がそれぞれ 1

つずつ、合計4つ置かれている。

三昧耶輪は8人の荼枳尼たちから構成される。東から順に左回りでカーカースヤー（Kākāsyā）、ウルーカースヤー（Ulūkāsyā）、シュヴァーナースヤー（Śvānāsyā）、シューカラースヤー（Śūkarāsyā）が坐している。四維には南東から順に右回りでヤマダーディー（Yamadāḍhī）、ヤマドゥーティー（Yamadūtī）、ヤマダンシュトリニー（Yamadaṃṣṭriṇī）、ヤママタニー（Yamamathanī）が坐している。『チャクラサンヴァラ・タントラ』と『アビダーノーッタラ・タントラ』によれば、彼女たちは8つの誓約（samaya, 三昧耶）を象徴する［拙稿 2002b: 981–983］。

サンヴァラの諸文献は、ヘールカ曼荼羅に坐するこれら37尊の荼枳尼（大楽輪の5人＋三輪の24人＋三昧耶輪の8人）のうちヴァジュラヴァーラーヒーを除く36尊に主尊ヘールカを合わせた合計37の尊格は、三十七菩提分法を象徴すると概ね規定する。また、前述のように三輪を構成する24の聖地は十地を、そこにいる24人の荼枳尼たちは十波羅蜜多を象徴する。したがって、37尊構成のヘールカ曼荼羅は十地（および十波羅蜜多）と三十七菩提分法を象徴することになる。これをまとめたものが表**3–3**である。なお、後に分析するように、より後代の作成と考えられるクマーラカラハンサパーダ（Kumārakalahaṃsapāda）作『サンヴァラの秘密という成就法』（Saṃvararahasyanāmasādhana）（第三型に分類できる）はこの37尊ヘールカ曼荼羅を十地・三十七菩提分法ではなく十三地・三十七菩提分法を象徴するとし、また『ジュニャーノーダヤ・タントラ』（第五型に分類できる）と『チャクラサンヴァラ三三昧』（第二型に分類できるが、このことは第二型のものが後述の第三型・第四型・第五型の誕生以降も受用され続けたことを表わす）は三輪に十地・十波羅蜜多に加え三身と十智を対応させている。

このような外的なヘールカ曼荼羅が説かれるようになると、身体内化の範囲の変更が生じるのは自然なことである。つまり、24の聖地の身体内化から、それらを含めた37尊構成のヘールカ曼荼羅全体の身体内化への変更である。別の言い方をすれば、十地・十波羅蜜多の身体内化から、十地・十波羅蜜多および三十七菩提分法の身体内化への変更である。

前節で検討した文献のうち、『アビダーノーッタラ・タントラ』第11、12、14章およびルーイーパーダ作『チャクラサンヴァラ現観』が、このような37尊構成の外的ヘールカ曼荼羅を説く。だが、これらの内的曼荼羅体系はあく

表 3–3　37 尊ヘールカ曼荼羅の象徴体系

	尊格		三十七菩提分法
大楽輪	1　ヘールカ		正定（samyaksamādhi）
	2　ダーキニー		身念住（kāyānusmṛtyupasthāna）
	3　ラーマー		受念住（vedanānusmṛtyupasthāna）
	4　カンダローハー		法念住（dharmānusmṛtyupasthāna）
	5　ルーピニー		心念住（cittānusmṛtyupathāna）
	–　4 つの髑髏杯		—
三輪	6–29　24 人の荼枳尼たち（表 2–4 を見よ）	十地 十波羅蜜多	欲神足（chandarddhyutpāda）
			勤神足（vīryarddhyutpāda）
			観神足（mīmāṃsārddhyutpāda）
			心神足（cittarddhyutpāda）
			信根（śraddhendriya）
			勤根（vīryendriya）
			念根（smṛtīndriya）
			定根（samādhīndriya）
			慧根（prajñendriya）
			信力（śraddhābala）
			勤力（vīryabala）
			念力（smṛtibala）
			定力（samādhibala）
			慧力（prajñābala）
			定覚支（samādhisaṃbodhyaṅga）
			勤覚支（vīryasaṃbodhyaṅga）
			喜覚支（prītisaṃbodhyaṅga）
			軽安覚支（praśrabdhisaṃbodhyaṅga）
			択法覚支（dharmapravicayasaṃbodhyaṅga）
			念覚支（smṛtisaṃbodhyaṅga）
			捨覚支（upekṣāsaṃbodhyaṅga）
			正見（samyagdṛṣṭi）
			正思惟（samyaksaṃkalpa）
			正語（saṃyagvāc）
三昧耶輪	30　カーカースヤー		正業（samyakkarmānta）
	31　ウルーカースヤー		正命（samyagājīva）
	32　シュヴァーナースヤー		正勤（samyagvyāyāma）
	33　シューカラースヤー		正念（samyaksmṛti）
	34　ヤマダーディー		未だ生じていない善法を生じる（anutpannakuśaladharmotpādana）
	35　ヤマドゥーティー		既に生じた善法を守る（utpannakuśaladharmasaṃrakṣaṇa）
	36　ヤマダンシュトリニー		既に生じた悪法を除去する（anutpannākuśaladharmaprahāṇa）
	37　ヤママタニー		未だ生じていない悪法を生じない（anutpannākuśaladharmānutpādana）

まで第 2 型内的曼荼羅にとどまっており、身体内化されるのは 24 の聖地のみ（つまり三輪の部分のみ）である。したがって、曼荼羅の観想という点からすれば、これらの文献には二元性が保持されることになる。つまり、十地・十波羅蜜多は外的にも内的にも成就されるが、三十七菩提分法は外的にのみ成就されるという二元性である。

だがこれらの文献と異なり、十地・十波羅蜜多のみならず三十七菩提分法の身体内化も試みる文献も少なくない。大楽輪・三輪・三昧耶輪から構成される 37 尊ヘールカ曼荼羅のうち、三輪の部分に関しては第 2 型内的曼荼羅の体系を継承しつつ、大楽輪と三昧耶輪の部分を新たに身体内化することにより、上記二元性を克服しようという試みである。このような試みの成果を、第 3 型、第 4 型、第 5 型内的曼荼羅として分類することができる。これらのうち、本節では第 3 型内的曼荼羅の体系を扱うことにする。この体系は『アビダーノーッタラ・タントラ』第 9 章と、ドゥルジャヤチャンドラ（Durjayacandra）作『チャクラサンヴァラを成就させる甘露の流れ』（Cakrasaṃvarasādhanāmṛtadrava）と、『サンヴァラの秘密という成就法』と、ディーマト（Dhīmat）作『チャクラサンヴァローダヤ曼荼羅法』（Cakrasaṃvarodayamaṇḍalopāyikā）に説かれる。

4.1　『アビダーノーッタラ・タントラ』等の内的曼荼羅

『アビダーノーッタラ・タントラ』第 9 章は、内的曼荼羅の説明において、36 尊ヘールカ曼荼羅の大楽輪と三昧耶輪に関して以下の文章を述べる。

> ヴァジュラヴァーラーヒーを抱擁する [ヘールカの]2 本の腕には、先端が開いた五鈷金剛杵（Tib では九鈷金剛杵）と鈴がある。別の 2 本の手には、ガナパティ（＝象）の皮の衣服の把持部（＝足）がある。右の第 3 手には金剛の槍がある。第 4[手] には鉤がある。第 5[手] には金剛のカルトリ包丁がある。第 6[手] には金剛のダマル太鼓がある。聖紐を身に着けた者（＝ヘールカ）は左の第 3 手に、閼伽水が満ちた髑髏杯と、金剛のカトヴァーンガ杖——上部は先端が開いた五鈷金剛杵金剛と鈴になっていて様々な旗が垂れ下がっており、中部は羯磨金剛杵になっており、下部は独鈷杵になっている——を [持つ]。第 4[手] には金剛の縄がある。第 5[手] にはブラフマンの頭部がある。第 6[手] に

表 3–4
『アビダーノーッタラ・タントラ』と『チャクラサンヴァラを成就させる甘露の流れ』と
『サンヴァラの秘密という成就法』の第 3 型内的曼荼羅

1 ヘールカ ヴァーラーヒー	ヘールカ自身 ヴァーラーヒー自身	——
2 ダーキニー	ヘールカの右の第 1 手の五鈷金剛杵	無比地 *
3 ラーマー	ヘールカの左の第 1 手の鈴	
4 カンダローハー	ヘールカの右あるいは左の第 2 手の象の皮についた足の 1 つ	
5 ルーピニー	ヘールカの右あるいは左の第 2 手の象の皮についた足の 1 つ	
4 つの髑髏杯	ヘールカの 4 つの顔	——
6 カーカースヤー	ヘールカの右の第 3 手の槍	倶智地 *
7 ウルーカースヤー	ヘールカの右の第 4 手の鉤	
8 シュヴァーナースヤー	ヘールカの右の第 5 手のカルトリ包丁	
9 シューカラースヤー	ヘールカの右の第 6 手のダマル太鼓	
10 ヤマダーディー	ヘールカの左の第 3 手の髑髏杯とカトヴァーンガ杖	妙楽楽地 *
11 ヤマドゥーティー	ヘールカの左の第 4 手の縄	
12 ヤマダンシュトリニー	ヘールカの左の第 5 手のブラフマンの頭部	
13 ヤママタニー	ヘールカの左の第 6 手の斧	

* =『サンヴァラの秘密という成就法』のみに見られるもの。

は斧がある。[Skt ms: Matsunami 10, 42a5–b4][19]

金剛杵はダーキニーである。鈴はラーマーである。カンダローハーとルーピニーは象の皮の把持部 (=足) [の姿] でいる。 カーカースヤーは金剛の槍にある。ウルーカースヤーは鉤にある。カルトリ包丁はシュヴァーナースヤーである。ダマル太鼓はシューカラースヤーである。髑髏杯とカトヴァーンガ杖はヤマダーディーである。ヤマドゥーティーは縄にある。ヤマダンシュトリニーはブラフマンの頭部にある。斧はヤママタニーである。[ヘールカの]4 つの顔は [四維に置かれた 4 つの]

菩提心の器（＝髑髏杯）にある。[Skt ms: Matsunami 10, 44a3–a5][20]

1 つ目の引用文は主尊であるヘールカの 12 本の手に握られたモノを列挙し、2 つ目の引用文は大楽輪と三昧耶輪の荼枳尼たちがそれらのモノと等しいこと、そしてヘールカの 4 つの顔が大楽輪の四維に置かれる髑髏杯と等しいことを説明している。この『アビダーノーッタラ・タントラ』の内的曼荼羅の三輪の部分の内容は、第 2 型内的曼荼羅をそのまま継承したものなので、上記引用文に説明された大楽輪と三昧耶輪の部分の内容のみを表 **3–4** にまとめよう。表中 1 から 5 および「4 つの髑髏杯」までが大楽輪、6 から 13 までが三昧耶輪の内容である。

『チャクラサンヴァラを成就させる甘露の流れ』も同様の内容を説く [Tib: Toh 15b4–b6]。『アビダーノーッタラ・タントラ』の説を継承したのだろう。『サンヴァラの秘密という成就法』も同様の見解を述べるが、それは意味付けにおいて、『アビダーノーッタラ・タントラ』および『チャクラサンヴァラを成就させる甘露の流れ』と異なる点をもつ。『サンヴァラの秘密という成就法』は、大楽輪の 4 人の荼枳尼たち、すなわち表 3–4 中の 2 から 5 の荼枳尼たちが無比地（anupamā、「匹敵するもののない境地」）を、三昧耶輪の荼枳尼たちのうち 6 から 9 が倶智地（jñānavatī、「智慧ある境地」）を、10 から 13 が妙楽楽地（suratasukhopamā、「性的恍惚の喜びのような境地」）を表し、この 37 尊ヘールカ曼荼羅全体として十地・三十七菩提分法ではなく十三地・三十七菩提分法を象徴するとしている [Skt ed: p.118, l.17–18][21]。『サンヴァラの秘密という成就法』は、『アビダーノーッタラ・タントラ』の説を土台としつつ、そこに十三地の発想を加えたものと判断できる。

4.2　『チャクラサンヴァローダヤ曼荼羅法』

ディーマト作『チャクラサンヴァローダヤ曼荼羅法』は内的曼荼羅を説明する際に、大楽輪と三昧耶輪の身体内化を以下のように試みる。

> ダーキニーは [ヘールカの] 正面の顔にある。ラーマーは左の良き顔にある。カンダローハーは後ろの顔にある。ルーピニーは右の顔にある。さらに、唯一性と多元性を自性とし、最高の楽をなすものであり、永遠さ等を自性とし、不死の姿の最高のものであり、空性の中に立ち上

がるものであり、美しい4つの髑髏杯は、全ての喜びを1つにした精髄として、三界を生み出すものとして、倶生より自ら誕生したものとして、全ての仏たちを1つにした勇者[ヘールカ]のようなものとして、蓮華の葯の[四]隅に置かれるべきである。[Skt ms: 6b2–b3][22]

烏と梟の顔をした2人の女尊たちがいる（＝カーカースヤーとウルーカースヤー）。[その他、]犬の顔[の女尊]と豚の顔[の女尊]がいる（＝シュヴァーナースヤーとシューカラースヤー）。[ヘールカの]4つの顔の清らかさに基づき、[彼女たちはヘールカの4つの]顔に配置されると説明されている。ヤマダーディーとヤマドゥーティーとヤマダンシュトリニーがヤママタニーとともに[四]隅に住すると彼は観想するべきである。[Skt ms: 8b3–b4][23]

上記2つの引用文は、大楽輪内の四方に配置される4人の荼枳尼たちと三昧耶輪内の四方に配置される4人の荼枳尼たちを主尊ヘールカの4つの顔に結びつける旨を述べている。大楽輪の荼枳尼たちが位置する東北西南という方角は、ヘールカの4つの顔が位置する東（＝正面）北（＝左）西（＝後ろ）南（＝右）と対応している。三昧耶輪の荼枳尼たちについてはこの対応が明記されていないが、同様のことが意図されていると解釈するのが自然であろう。これらに対して、大楽輪内の四維に配置される4つの髑髏杯と三昧耶輪内の四維に配置される4人の荼枳尼たちについては、それぞれ「蓮華の葯の[四]隅」「[四]隅」と簡潔に述べられているだけで、その身体内化の規定が曖昧である。

上記引用文は内的曼荼羅の説明という文脈の中に現れるという点を考慮すれば、大楽輪内の四維の4つの髑髏杯が結び付けられる「蓮華の葯の[四]隅」の「蓮華」は身体内のどこかの箇所に想定された蓮華を指すのかもしれない。また、三昧耶輪内の四方の4人の荼枳尼たちがヘールカの4つの顔に結び付けられていることから考慮すれば、三昧耶輪内の四維の4人の荼枳尼たちが結び付けられる「[四]隅」とは、四方を向くヘールカの4つの顔それぞれの間を指すのかもしれない。だが、1つ目の引用文と2つ目の引用文の対応性を考慮すれば、この「[四]隅」は「蓮華の葯の四隅」を意図していると解釈することも可能である。文献は上記引用文以上の説明を行わないので、大楽

表 **3–5**　『チャクラサンヴァローダヤ』曼荼羅法の内的曼荼羅

1 ヘールカ ヴァーラーヒー	ヘールカ自身 ヴァーラーヒー自身
2 ダーキニー	ヘールカの正面の顔
3 ラーマー	ヘールカの左の顔
4 カンダローハー	ヘールカの後ろの顔
5 ルーピニー	ヘールカの右の顔
4 つの髑髏杯	(不明瞭［蓮華の菂の四隅］)
6 カーカースヤー	ヘールカの正面の顔
7 ウルーカースヤー	ヘールカの左の顔
8 シュヴァーナースヤー	ヘールカの後ろの顔
9 シューカラースヤー	ヘールカの右の顔
10 ヤマダーディー	(不明確［四隅］)
11 ヤマドゥーティー	(不明確［四隅］)
12 ヤマダンシュトリニー	(不明確［四隅］)
13 ヤママタニー	(不明確［四隅］)

輪と三昧耶輪内の四維に配置される髑髏杯あるいは荼枳尼については、その詳細は不明確であると結論付けざるを得ない。

したがって、37 尊ヘールカ曼荼羅全体の姿は表 **3–5** のようになろう。(三輪の部分の内容は第 2 型内的曼荼羅をそのまま継承しただけなので、大楽輪と三昧耶輪の部分のみをまとめた。)

4.3　第 3 型内的曼荼羅の意義

以上見てきた『アビダーノーッタラ・タントラ』第 9 章と『サンヴァラの秘密という成就法』と『チャクラサンヴァローダヤ曼荼羅法』の内的曼荼羅の体系を第 2 型内的曼荼羅と比較することにより、第 3 型内的曼荼羅の意義を明らかにしたい。

『アビダーノーッタラ・タントラ』と『サンヴァラの秘密という成就法』は、大楽輪と三昧耶輪の荼枳尼たちと髑髏杯を、ヘールカの手に握られた様々なモノとヘールカの 4 つの顔に対応させた。『チャクラサンヴァローダヤ曼荼羅法』は、大楽輪と三昧耶輪のそれぞれの四方に位置する荼枳尼たちをヘールカの 4 つの顔に対応させはするが、それらの輪の四維に位置する髑髏杯と荼枳尼たちについては明確な規定を与えていなかった。

上記の身体内化の発想は 37 尊ヘールカ曼荼羅全体の完全な身体内化とは言い難い。なぜなら、ヘールカの手に握られた様々なモノは厳密な意味ではヘールカの身体の一部ではないし、特に『チャクラサンヴァローダヤ曼荼羅法』には規定の曖昧さが残るからである。また、実践者は観想の中で 4 つの顔のヘールカに変身することから、ヘールカと実践者を同一視することは可能であるとはいえ、ヘールカの 4 つの顔はあくまで観想により生じるものであって実践者の生来的な身体そのものではない。さらにこれらの問題点とは別に、ヘールカとヴァジュラヴァーラーヒー自身の身体内化が保留されているという問題点もある。要するに、大楽輪と三昧耶輪の合計 13 尊と 4 つの髑髏杯は、実践者の生来的な身体構成として必ずしも体系化されているわけではない。

したがって、厳密に言えば、この第 3 型内的曼荼羅の体系の試みは、大楽輪と三昧耶輪の 13 尊と髑髏杯を身体内化する試みであるというよりも、むしろそれらを外的曼荼羅の中央に位置するヘールカとヴァジュラヴァーラーヒーに集束させる試みであると理解すべきである。だがこれにより、第 2 型内的曼荼羅の体系と第 3 型内的曼荼羅の体系の区別を無視するならば、この第 3 型内的曼荼羅の体系の意義を見失うことになる。というのは、実践者は 13 尊と髑髏杯を集束するヘールカとヴァジュラヴァーラーヒーに観想の中で変身することにより、自分の身体の表面や内部や持ち物において 37 尊全体を、つまり十地・十波羅蜜多のみならず三十七菩提分法全てを体験することに理論上はなるからである。ここにおいて、『チャクラサンヴァラ現観』等で維持されていた前述の二元性が解消され、一元性が実現する。二元性の解消という点に第 3 型内的曼荼羅の意義は存在し、この点こそが、第 3 型内的曼荼羅と第 2 型内的曼荼羅を区別する。

5　第 4 型内的曼荼羅

第 4 型内的曼荼羅は、ディーパンカラシュリージュニャーナ（Dīpaṅkara-śrījñāna）作『現観解題』（Abhisamayavibhaṅga）、プラジュニャーラクシタ

(Prajñārakṣita) 作『現観釈』(Abhisamayapañjikā)、タターガタヴァジュラ (Tathāgatavajra) 作『現観語注』(Abhisamayavṛtti)、アバヤーカラグプタ (Abhayākaragupta) 作『チャクラサンヴァラ現観』(Cakrasaṃvarābhisamaya)、シュバーカラグプタ (Śubhākaragupta) 作『現観の花房』(Abhisamayamañjarī) に説かれる。最後の 2 作品を除けば、それらはルーイーパーダ作『チャクラサンヴァラ現観』の注釈書である。最後の 2 作品は曼荼羅成就法である。

『ヨーギニーサンチャーラ・タントラ』が説く内的曼荼羅もこの第 4 型内的曼荼羅に含まれると見ることも可能である [Skt ed: 5.2–20][24]。しかし、その説明は極めて簡潔であるため、体系の詳細を知るのが困難である。したがって、本節では同聖典の内的曼荼羅を特段に取り上げることはしない。

第 4 型に分類できる流派文献の著者たちがヴィクラマシーラ比丘僧院と関連の強い学僧たちであること、また『ヨーギニーサンチャーラ・タントラ』も含めて上記諸文献の多くがルーイーパーダ作『チャクラサンヴァラ現観』と関連を有するものである[25]ことから、この第 4 型をルーイーパーダ流の伝承の 1 つの発展形であり、ヴィクラマシーラ比丘僧院内における内的曼荼羅理論の 1 つの権威説と見なすことができる。

5.1　第 4 型内的曼荼羅の内容

『現観解題』は内的曼荼羅を以下のように説明する。

> 次に身体曼荼羅が観想されるべきである。ヴァーラーヒーは秘密の蓮華（＝生殖器部）にいる。ヘールカは頭頂にいる。ダーキニーは心臓にいる。ラーマーは喉にいる。カンダローハーは臍部にいる。ルーピニーは額にいる。頭などの 24 の座に、プラチャンダーを始めとする [24 人の荼枳尼たち] を彼は観想するべきである。カーカースヤーは口にいる。ウルーカースヤーは右の鼻穴にいる。シュヴァーナースヤーは肛門にいる。シューカラースヤーは左の鼻穴にいる。ヤマダーディーは左耳にいる。ヤマドゥーティーは右 [耳] にいる。ヤマダンシュトリニーは右眼にいる。ヤママタニーは左眼にいる。[Tib: Toh, 197a1–a3、Ota, 197b4–b7][26]

『現観釈』は内的曼荼羅を以下のように説明する。

> 口と左鼻穴と肛門と右鼻穴といった諸門に、カーカースヤーを始めとする [4 人の] 門衛女たち順にいる。右耳と左 [耳] と右眼と左 [眼] に、ヤマダーディーを始めとする [4 人の荼枳尼] たちが [順に] いる。心臓と喉と臍と額の蓮華の葯部に、ダーキニーを始めとする [4 人の荼枳尼たち] がいる。ヘールカとヴァーラーヒーの座は、教示により知られるべきである。［Tib: Toh, 41a6–b1、Ota, 51a6–a8］[27]

『現観語注』は内的曼荼羅を以下のように説明する。

> 身念住であるダーキニーは心臓にいる。受念住であるラーマーは頭にいる。法念住であるカンダローハーは喉にいる。心念住であるルーピニーは臍にいる。・・・(三輪の内的な姿の説明, 中略)・・・正業であるカーカースヤーは口にいる。正命であるウルーカースヤーは左鼻穴にいる。正勤であるシュヴァーナースヤーは右鼻穴にいる。正念であるシューカラースヤーは肛門にいる。吉祥なるヘールカは [正] 定である。[未だ生じていない] 善法を生じるヤマダーディーは右耳にいる。既に生じた善法を守るヤマドゥーティーは左耳にいる。[既に生じた] 全ての悪法を除去するヤマダンシュトリニーは右眼にいる。未だ生じていない悪法を生じないヤママタニーは左眼にいる。［Tib: Toh, 279a2–b4、Ota, 297a4–298a1］[28]

アバヤーカラグプタ作『チャクラサンヴァラ現観』は内的曼荼羅を以下のように説明する。

> 24 本の脈管が [PUṂや JĀṂ等の] 文字の姿で住すると彼は観想するべきである。カーカースヤーを始めとする 4 人 [の荼枳尼たち] は、口と右鼻穴と左鼻穴と肛門にいる。ヤマダーディーを始めとする 4 人 [の荼枳尼たち] は、右耳と左 [耳] と両眼（＝右眼と左眼）にいる。ダーキニーを始めとする 4 人 [の荼枳尼たち] は、心臓と喉と臍と額にいる。・・・(内的な三輪の勇者たちの説明, 中略)・・・“頭頂の蓮華に坐する父 [なるヘールカ] が、菩提心の自性に基づいて、秘密の蓮華（＝生殖器部）に坐する恐ろしいヴァーラーヒーを抱擁する時、大楽を自性とするものが生じるだろう[29]” という教示を理解した後、繰り返し説明された完

> 全に清浄な身体曼荼羅を信じることにより・・・[Tib: Toh, 226a4–b1、Ota, 231b6–232a2][30]

『現観の花房』は内的曼荼羅を以下のように説明する。

> PUṂ、JĀṂといったように、[三輪の 24 聖地の] 全て [の種字] は、アヌスヴァーラ付きで観察されるべきである。頭をはじめとする [各身体部位] に、PUṂ字などの諸文字となったものが、輻を欠いた輪の姿でピータなどの座として、速やかに観想されるべきである。それぞれの部位にある諸々の脈管は、それぞれの尊格たちの姿となって、それらピータなどに住していると観想されるべきである。・・・(中略)・・・口・左右の鼻穴・肛門には、順にカーカースヤーなどの門衛女たちがいる。右と左の耳・右と左の眼には、ヤマダーディーなどがいる。心臓・額・喉・臍の [蓮華の] 葯には、ダーキニーなどの 4 人がいる。[Skt ed: p.142, l.17–p.143, l.5][31]

第 4 型内的曼荼羅を説く上記 4 つの文献の引用文の内容は明確であり、込み入った解説は不用であろう。それらの内容を、大楽輪と三昧耶輪に焦点を当ててまとめるならば、表 **3–6** のようになる。

さらに、『現観の花房』には以下のような記述が見られる。

> 外的な木などを、[その] 近くを流れる数々の川が [自身の] 水により育むように、身体においても、数々の脈管が爪など [の身体要素] を育てると [言われる]。同じことである。外的にはマハーボーディの名をもつ座である金剛座 (=現在のブッダガヤ) とニランジャナー川がある。金剛座は内的には大楽輪であり、ニランジャナー川は [内的には] アヴァドゥーティー脈管である。[Skt ed: p.142, l.20–p.143, l.3][32]

同様の趣旨の文章は『現観釈』[Tib: Toh, 41a5–a6、Ota, 51a4–a6] や、『現観語注』に対するタターガタヴァジュラ自身による注釈である『現観語注注釈』(Abhisamayavṛttiṭīkā) [Tib: Ota, 319a7–b1]、あるいは本書第 2 章で扱った『ピータなどの確定』[Tib: Toh, 135a2] にも見出すことができる。ピータなどのそれぞれの聖地のそばを流れる川がそれぞれの聖地の土壌を肥沃にす

表 **3–6**　第 **4** 型内的曼荼羅

(A) ディーパンカラシュリージュニャーナ作『現観解題』
(B) アバヤーカラグプタ作『チャクラサンヴァラ現観』
(C) プラジュニャーラクシタ作『現観釈』
(D) タターガタヴァジュラ作『現観語注』
(E) シュバーカラグプタ作『現観の花房』

	(A)	(B)	(C)	(D)	(E)
1 ヘールカ	頭頂		(明記せず)		
ヴァーラーヒー	秘密の蓮華		(明記せず)		
2 ダーキニー	心臓				
3 ラーマー	喉			額	
4 カンダローハー	臍			喉	
5 ルーピニー	額			臍	
6 カーカースヤー	口				
7 ウルーカースヤー	右鼻穴		左鼻穴		
8 シュヴァーナースヤー	肛門	左鼻穴	肛門	右鼻穴	
9 シューカラースヤー	左鼻穴	肛門	右鼻穴	肛門	
10 ヤマダーディー	左耳	右耳			
11 ヤマドゥーティー	右耳	左耳			
12 ヤマダンシュトリニー	右眼				
13 ヤママタニー	左眼				

るように、脈管がそれぞれの身体要素を育むというのである。脈管は身体維持の機能をもつ重要な組織であることがここに明言されている。

また、この文章は、頭部にあるチャクラ（cakra）である大楽輪（mahāsukhacakra）と身体の中央を垂直に貫くアヴァドゥーティー脈管を、仏教の伝統的聖地である金剛座、つまりブッダガヤと近辺を流れるニランジャナー川の内的な姿であると述べている。これらはここで問題となっている 37 尊ヘールカ曼荼羅の構成要素ではないが、古くから仏教信仰が盛んな金剛座とその近辺の川を身体内化した例として指摘しておく意義はあろう。全てではないにしろ第 4 型内的曼荼羅の体系を説く文献に主に登場する説であることから、これを第 4 型の個性を構成する 1 要素であると見なすことができる。

5.2　第４型内的曼荼羅の意義

以上に基づいて、第４型内的曼荼羅の意義を検討したい。まず以下の４つの点から、第４型内的曼荼羅の特徴が浮かび上がる。

(I) 37尊の身体内化と４つの髑髏杯

『現観釈』と『現観語注』と『現観の花房』はヘールカとヴァジュラヴァーラーヒーの内的な対応要素を具体的に説明しないとはいえ、それらを何らかの形で身体内化すること自体は肯定されている。したがって、第４型内的曼荼羅の体系は、ヘールカ曼荼羅を構成する37尊全ての身体内化を意図していると解釈することが可能である。だが、外的にはヘールカ曼荼羅の大楽輪の四維に置かれる４つの髑髏杯の身体内化はここでは意図されていない。おそらくは、これらの髑髏杯が尊格でないことはもとより、十地・十波羅蜜多や三十七菩提分法のいずれの要素も象徴しないことがその理由になっていると推測できる。十地・十波羅蜜多と三十七菩提分法を実質的に身体内化するには、これら４つの髑髏杯の身体内化は論理上必然ではない。

その他、直接にはヘールカ曼荼羅の構成要素ではないが、金剛座とニランジャナー川を身体内化する文献もあることも、第４型の特徴の１つとして挙げることができる。

(II) 尊格たちの内的な対応要素

文献間に細部の相違こそ見られるものの、大楽輪の４人の荼枳尼たちを身体中の脊髄に沿った４つの箇所（額・喉・心臓・臍）に、三昧耶輪の８人の荼枳尼たちを身体の８つの穴（両眼・両耳・両鼻穴・口・肛門）に対応させるという発想が、上記４つの文献に共有されている。

大楽輪の４人の荼枳尼たちの内的な対応要素である、身体のこれら４つの箇所には、４つの主要なチャクラ（cakra：すなわち額の大楽輪 mahāsukhacakra、喉の報輪 saṃbhogacakra、心臓の法輪 dharmacakra、臍部の応輪 nirmāṇacakra）がある。これら４つのチャクラは四元素（地・水・火・虚空）を象徴することがある。大楽輪の４人の荼枳尼たちも四元素を象徴することがあるので、彼女たちはこれら４つのチャクラに配当されたのだろう。また、三昧耶輪の８人の荼枳尼たちの内的な対応要素である身体の８つの穴は、身体の外部と内部をつなぐ８つの門（dvāra）と概して解釈される。三昧耶輪の荼枳尼たちのうち 4 人が外的曼荼羅において門衛女の役割を果たしていることから、三昧耶輪の荼枳尼たちは内的には身体の門に配当されたと推定できる。

(III) 大楽輪の尊格たちの内的な対応要素とカーラチャクラ系の六輪

特に『現観解題』とアバヤーカラグプタ作『チャクラサンヴァラ現観』では、身体中脊髄に沿って 6 つの箇所（生殖器部・臍部・心臓部・喉部・額部・頭頂部）に大楽輪の全ての尊格たちが対応すべき旨が明確に述べられている。身体のこれら 6 つの箇所はカーラチャクラ系（『カーラチャクラ・タントラ』およびその注釈書『ヴィマラプラバー』）が説く身体内の 6 つのチャクラ、すなわち六輪と位置的には一致する。

だがこのことによって、第 4 型内的曼荼羅の説とカーラチャクラ系の説の間に——仮に何らかの影響関係を認めるにしても——緊密な影響関係を見出すことには慎重であるべきだろう。なぜなら、これらチャクラとしての蓮華の葉の数が、第 4 型内的曼荼羅を説く上記文献とカーラチャクラ系文献の間で一致していないと考えられるからである。『カーラチャクラ・タントラ』(『ヴィマラプラバー』）は、額のチャクラ（大楽輪）の葉の数を 16、喉のチャクラ（報輪）の葉の数を 32 とする [Skt ed: 2.2.2.46]。これに対し、『現観解題』とアバヤーカラグプタの『チャクラサンヴァラ現観』は葉の数を明記しないが、サンヴァラは概してそれらの葉の数をそれぞれ 32、16 としており、カーラチャクラ系の説とは一致しない。

(IV) 脈管の本数

第 4 型内的曼荼羅を説く上記諸文献は、大楽輪と三昧耶輪の荼枳尼たちを特定の脈管に関連させていない。したがって、この第 4 型内的曼荼羅を構成する脈管は、第 2 型と第 3 型と同様に、三輪の荼枳尼たちに対応する 24 本の脈管のみということになる。

上記（I）から（IV）のうち、特に（IV）は次節で行う第 5 型内的曼荼羅の意義の検討の際に重要になる。今は、主に（I）から（III）で明らかにした特徴に即して、第 4 型内的曼荼羅の意義を検討したい。

大楽輪の 4 つの髑髏杯の身体内化が保留されているとはいえ、37 尊ヘールカ曼荼羅を構成する 37 尊全てを身体内化することにより、第 4 型内的曼荼羅の体系は、第 2 型内的曼荼羅の体系に存在する曼荼羅観想上の二元論を克服することに成功している。前述のように『現観解題』、『現観釈』、『現観語注』は第 2 型内的曼荼羅の体系をもつルーイーパーダ作『チャクラサンヴァラ現観』の注釈書である。これらの注釈書文献は、このルーイーパーダの観想書に保たれていた曼荼羅観想上の二元性を、注釈を通して一元性の体系へと変更させたという意義をもつ。

だが、二元性から一元性への変更という意義は、既に述べたように第 3 型内的曼荼羅にも見出すことができる。では、第 3 型内的曼荼羅と第 4 型内的曼荼羅の相違点は何か。

ここで第 3 型内的曼荼羅の体系の方針を思い起こす必要がある。第 3 型内的曼荼羅の体系は大楽輪と三昧耶輪の 13 尊を外的なヘールカの 4 つの顔や持ち物や、あるいは外的なヴァジュラヴァーラーヒー自身へと集束させることにより、第 2 型に保たれていた二元性の克服を試みた。だが、ヘールカの持ち物は厳密な意味では身体の一部ではなく、また、ヘールカの 4 つの顔や外的なヴァジュラヴァーラーヒーは実践者の生来的な身体そのものではなかった。これに対し、第 4 型内的曼荼羅の体系は、大楽輪と三昧耶輪の 13 尊を実践者の通常の身体に存在する 4 つあるいは 6 つの主要なチャクラの箇所と 8 つの穴に対応させる。これにより、実践者の生来的な身体そのものの中に 37 尊全てを包摂しようと試みている。第 3 型内的曼荼羅と第 4 型内的曼荼羅はこのような点において区別でき、この点こそが第 4 型内的曼荼羅の意義である。それは 37 尊ヘールカ曼荼羅全体の実説的な身体内化と言うことができよう。

6　第 5 型内的曼荼羅

第 5 型内的曼荼羅は、ダーリカパーダ (Dārikapāda) 作『チャクラサンヴァラ成就法』(Cakrasaṃvarasādhana)、ガンターパーダ (Ghaṇṭāpāda) 作『チャクラサンヴァラ成就法』(Cakrasaṃvarasādhana、同書については桜井 1996 に分析がある)、同じくガンターパーダ作『身体曼荼羅現観』(Kāyamaṇḍalābhisamaya)、クリシュナーチャーリヤ (Kṛṣṇācārya) 作『ヴァサンタティラカー』(Vasantatilakā)、同じくクリシュナーチャーリヤ作『チャクラサンヴァラ成就法』(Cakrasaṃvarasādhana)[33]、そして『ジュニャーノーダヤ・タントラ』に説かれる。三輪の部分に関しては第2型内的曼荼羅の基本体系を継承しつつも、この第5型内的曼荼羅の諸体系は、大楽輪と三昧耶輪の13尊と4つの髑髏杯の身体内化に新しい構想を提示する。『ジュニャーノーダヤ・タントラ』については、三輪の部分についても若干の新しい構想をもっている。

6.1 ダーリカパーダ作『チャクラサンヴァラ成就法』の内的曼荼羅

ダーリカパーダ作『チャクラサンヴァラ成就法』は内的曼荼羅の説明の際に、以下のような概要をまず述べる。ここでは内的曼荼羅は "報 [身] の実践" (loṅs spyod rdsogs paḥi cho ga) と呼ばれる[34]。

> ヘールカを始めとする尊格 [たち] は、脈管の姿で安住している。[Tib: Toh, 200b1、Ota, 225b7][35]

上記の文章は、ヘールカ曼荼羅全体（以下に見るように、実際には曼荼羅の全ての荼枳尼たち）を脈管に基づいて体系化しようという意図を表していると解釈できる。その詳細は以下の引用文で明かされる。

> 臍あるいは心臓 [を通る]4本の脈管には、四元素 [を運搬する] 生命風と五甘露が流れる。彼は9つの大楽を自体とするものを観想するべきである。8本の手あるいは [身体の]8つの門には、カーカースヤーとヤマ等の8人 [の荼枳尼たち] が、業の風、すなわち動作主と共にいる。[Tib: Toh, 201a5–201a6、Ota, 226b8–227a1][36]

具体的な名称こそ明記されていないが、臍 "あるいは" 心臓を通り、四元素と五甘露を運ぶ4本の脈管を、上記引用文は大楽輪の4人の荼枳尼たちおよび4つの髑髏杯と同一視していると考えられる。なぜなら、上記引用文は内的なヘールカ曼荼羅を説明したものであり、かつ、大楽輪の4人の荼枳尼たちは四元素を象徴し、4つの髑髏杯は五甘露で満ちているというのがサンヴァラ系に比較的広く見られる説だからである。臍 "あるいは" 心臓という表現の "あるいは" とは、これら4本の脈管が通る箇所を (i) 臍とする立場と (ii) 心臓とする立場の双方の立場があり、ダーリカパーダ作『チャクラサンヴァラ

表 3–7　ダーリカパーダの第 5 型内的曼荼羅

1	ヘールカ ヴァーラーヒー	（明記されず） いずれかの脈管
2–5	4 人の荼枳尼たちと 4 つの髑髏杯	臍あるいは心臓を通り、四元素と五甘露を運ぶ 4 本の脈管
6–13	8 人の荼枳尼たち	ヘールカの 8 本の手の 8 本の脈管、あるいは身体の 8 つの門につながる 8 本の脈管

成就法』はその双方の立場を継承したことを意味すると考えることも可能である。

この体系では大楽輪の 4 人の荼枳尼たちと 4 つの髑髏杯に対応する脈管が区別されていない[37]。4 人の荼枳尼たちの性質という観点からすればこれら 4 本の脈管は四元素を運び、4 つの髑髏杯の性質という観点からすれば五甘露を運ぶ、ということなのかもしれない。

上記 4 本の脈管の真意を確定することが困難であるのに対し、三昧耶輪の 8 人の荼枳尼たちがヘールカの 8 本の手を通る脈管 “あるいは” 身体の 8 つの穴につながる脈管と同一視されていることは明白である。三昧耶輪とヘールカの手との関連自体は、先に見た『アビダーノーッタラ・タントラ』の第 3 型内的曼荼羅を思い起こさせる（厳密に言えば『アビダーノーッタラ・タントラ』では三昧耶輪の荼枳尼たちは脈管化されておらず、またヘールカの手そのものではなく手に握られているモノが問題となるという相違点がある）。また、三昧耶輪と身体の 8 つの穴との関連は、第 4 型内的曼荼羅の体系を思い起こさせる。これらの文献間の直接の影響関係を想定するのは慎重であるべきだが、以上のことは、ダーリカパーダ作『チャクラサンヴァラ成就法』が、当時流布していた (i) 内的な三昧耶輪をヘールカの手と関連付ける立場と (ii) 身体の穴に関連付ける立場という相異なる 2 つの立場の双方を、“あるいは” という表現を用いながら採用したという過程を推定させる。

以上の議論をまとめたものが表 **3–7** である。脈管の数は合計 37 本である。大楽輪と三昧耶輪の尊格および髑髏杯の種字は説明されていない。

6.2 ガンターパーダ流の内的曼荼羅

以下の 2 つの引用文のうち、前者はガンターパーダ作『チャクラサンヴァラ成就法』、後者は『身体曼荼羅現観』からのものである。ガンターパーダ流の内的曼荼羅の体系を分析するという目的から、これら 2 つの文献を併せて検討することにしたい。

> 心臓のアヴァドゥーティー脈管（avadhūtī）と HŪṂ[字] は、非人工的で内的である。ダーキニーとラーマーとカンダローハーとルーピニーといった 4 人 [の荼枳尼たちの色] は、[ヘールカのそれぞれの方角の] 顔の色と同じである。彼女たちは、カトヴァーンガ杖と [髑髏の] 器とカルトリ包丁 [を持ち]、5 つの象徴物を身に着けている[38]。4 つの供物を自性とする脈管は、四維 [を向く蓮華の葉を通る]。[これが外的な] 大楽輪 [の内的な姿] である。MAṂ、LAṂ、PAṂ、TAṂ[といった 4 つの種字は、これら 4 つの供物の種字である]。また、8 つの HŪṂ[字] は三昧耶 [輪の荼枳尼たち] と等しいと説明される。［Tib: Toh, 223a5–a7、Ota, 258b7–b8］[39]

> 法輪 [の蓮華の内周] には 4 枚の葉がある。[この法輪にある] 明瞭な色の HŪṂから臍に向かって、彼は方便と般若を自体とするものを観想するべきである。[法輪の] 四方の葉 [にある 4 つの] 部族の種字から、心臓の 4 人の瑜伽女たちを彼は生じるべきである。身体の上部から下部に到るまで、三輪を自体とする PU および JĀ 等の 24[の種字] を彼は思念するべきである。法輪の [蓮華の] 外 [周] の 8 枚の葉において、長 [音] である HŪṂ[字] から 8 人の恐ろしい女尊たちを [彼は観想するべきである]。このように、彼は全ての尊格 [たち] を、鏡 [に映る] 像のように、外的な曼荼羅と同じ [姿] で観想するべきである。不可視の脈管としての全ての文字に清浄な尊格性 [の存在] を信じ、思念し、・・・［Tib: Toh, 227a4–a7、Ota, 263b3–b6］[40]

2 つ目の引用文の最後の箇所（「脈管としての全ての文字」）は、内的曼荼羅の観想においては種字が脈管の機能を果たすと示唆しており、かつ、このような種字はヘールカ曼荼羅を構成する尊格たちであることが引用文の全体から推察できる。2 つ目の引用文では大楽輪の 4 つの髑髏杯の存在が明確でないが、1 つ目の引用文はそれら髑髏杯（＝供物）を MAṂ字と LAṂ字と PAṂ字と TAṂ字という 4 つの種字としての脈管である旨を示唆する。上記それぞれの文献の記述は極めて簡潔であるが、これらの文献の主張を併合させれば、少なくともガンターパーダ流には、ヘールカ曼荼羅を構成する 37 人の荼枳尼全てと 4 つの髑髏杯を脈管として身体内化する構想が存在していたと見なすことができる。つまり、合計 41 本の脈管が内的曼荼羅を構成する。

具体的な尊格名こそ記されていないが、上記 2 つの引用文が内的ヘールカ曼荼羅を説明したものであることを考慮すれば、心臓の法輪にある HŪṂ字をヘールカ、アヴァドゥーティー脈管をヴァジュラヴァーラーヒーの内的な姿とする意図を読み取れる。また、特に 2 つ目の引用文は、同じ心臓にある法輪の蓮華の 8 枚の葉のうち、四方を向く 4 枚の葉を通る脈管を大楽輪の 4 人の荼枳尼たちとする旨を述べる。彼女たち 4 人の種字は（特に 2 つ目の引用文で）「部族の種字」とされていることから、如来の五族の種字のうち、HŪṂ字（金剛族）を除いた 4 つの部族の種字――OṂ字（如来族）、TRĀṂ字（宝族）、HRĪḤ字（蓮華族）、KHAṂ字（カツマ族）――と同一であると考えられる。なぜ金剛族を除く 4 つの部族の種字が 4 人の荼枳尼たちと結びつくと判断できるのかというと、法輪としての蓮華の中央に位置する HŪṂ字（＝内的ヘールカ）が、これら五族の種字のうちの HŪṂ字（金剛族）に一致すると考えるのが自然だからである[41]。さらに、特に 1 つ目の引用文において、大楽輪の 4 つの髑髏杯は法輪としての蓮華の四維の 4 枚の葉を通る脈管であるとされ、先程簡潔に触れたように、それらの種字は MAṂ字と LAṂ字と PAṂ字と TAṂ字である。これらの種字はグヒヤサマージャ系等にも広く見られる四女尊の種字――MĀṂ字（＝マーマキー Māmakī）、LĀṂ字（＝ブッダローチャナー Buddhalocanā）、PĀṂ字（＝パーンダラヴァーシニー Pāṇḍaravāsinī）、TĀṂ字（＝ターラー Tārā）――に由来することは想像に難くない[42]。大楽輪の尊格たちと髑髏杯の種字は、如来の五族と四女尊の種字と深い関係があると言えよう。

続いて引用文は、三昧耶輪の 8 人の荼枳尼たちと同一視される 8 本の脈管が心臓の蓮華の 8 枚の葉を通り、それらの種字である 8 つの HŪṂ字がそれら 8 枚の葉に観想されるべき旨を述べる。特に 2 つ目の引用文は、心臓における法輪としての蓮華が二重構造をもつと述べている。つまり、まず 8 枚の

表 **3–8**　ガンターパーダの第 **5** 型内的曼荼羅

1	ヘールカ ヴァーラーヒー	心臓の蓮華（法輪）の HŪṂ字 心臓の蓮華（法輪）を通るアヴァドゥーティー脈管
2–5	4 人の荼枳尼たち	心臓の蓮華（法輪）の、四方を向く葉を通る 4 本の脈管 / それらの種字（OṂ、TRĀṂ、HRĪḤ、KHAṂ）は、金剛族を除く如来の 4 つの部族の種字に由来する
	4 つの髑髏杯	心臓の法輪の、四維を向く 4 つの葉を通る 4 本の脈管 * / それらの種字（MAṂ、LAṂ、PAṂ、TAṂ）は、四女尊の種字に由来する *
6–13	8 人の荼枳尼たち	心臓の法輪の 8 つの葉を通る 8 本の脈管/ それらの種字は、全て HŪṂ字

＊＝『身体曼荼羅現観』には明確には説かれない。

葉をもつ蓮華（三昧耶輪に対応）があり、その蓮華の中に収まる形で、少なくとも 4 枚の葉をもつ蓮華（大楽輪に対応する）がある[43]。

表 **3–8** は上記の内容をまとめたものである。この体系では、大楽輪と三昧耶輪の全ての尊格と髑髏杯が心臓の蓮華（法輪）に配当され、内的な三輪がこの蓮華を取り囲むという構造になっている。脈管は合計 41 本である。

6.3　クリシュナ流の内的曼荼羅

以下の引用文は、クリシュナーチャーリヤ作『チャクラサンヴァラ成就法』（Cakrasaṃvarasādhana）からのものである。同様の記述は、『サンプトードバヴァ・タントラ』[Skt ms: 62a1–a4]、および同じクリシュナーチャーリヤに帰される『ヴァサンタティラカー』[Skt ed: 6.2–6] にも見られる。

> 自分の心臓の中央にある蓮華は、8 枚の葉 [をもち]、蕊を備えている。その中央に、胡麻油 [に点いた] 火のような姿の脈管がある。[この脈管は] 芭蕉樹の花のようであり、下を向き、垂れ下がっている。その（＝心臓の蓮華の）中央に、大きな芥子粒程の大きさの勇者がいる。[この勇者は] 不壊の HŪṂ字という、滴のように流れる種字である。[この勇者は]“ヴァサンタ”（Vasanta）と呼ばれ、身体を有する者たちの心臓における喜び [の要素] である。ヴァダヴァーの火の姿をしたヴァーラー

> ヒーは“ティラカー”（Tilakā）であると見なされる。[ティラカーは] 業の風に煽られて臍の曼荼羅で燃え上がっている。[ティラカーは] ヴァサンタを得た後、[ヴァサンタと] 結合した状態にあって満足している。これ（＝ヴァサンタ）は吉祥なるヘールカという勇者である。[ヘールカと結合したティラカーは]“ヴァサンタティラカー”（Vasantatilakā）と見なされる。[Skt ed: 48–52][44]

ヘールカとヴァジュラヴァーラーヒーの内的な姿がここに説明されている。心臓の蓮華（法輪）に存在する HŪṂ字であり、ヴァサンタと呼ばれる勇者が、内的なヘールカである。この点において、クリシュナーチャーリヤの見解は先のガンターパーダ流のものと一致する。では内的なヴァーラーヒーはどのようなものか。引用文中に説かれる、心臓の蓮華（法輪）の中央を通る脈管は、アヴァドゥーティー脈管を指すのだろう。これが内的なヴァジュラヴァーラーヒーであるとも考えられるが、引用文は臍の曼荼羅（応輪）で燃え上がり、体内を移動するティラカー（具体的には内的な火 jñānajvālā[45]）を内的なヴァジュラヴァーラーヒーとする。

一方、内的なヴァジュラヴァーラーヒーに関して、同じクリシュナーチャーリヤに帰される『ヴァサンタティラカー』は以下のような主張を行う。

> 以上、これらの金剛の瑜伽女たちは、脈管の姿で安住している。[彼女たちは]37 人の心の金剛の瑜伽女たちであると説明される。これら [の女尊たち] は般若波羅蜜多たちとして、身体に安住している。[Skt ed: 6.44][46]

この引用文は、37 人の荼枳尼たち全員が脈管の姿で身体内に存在する旨を述べている。ヴァジュラヴァーラーヒーはこの 37 人の荼枳尼たちの中に含まれるのだから、ヴァジュラヴァーラーヒーも内的には脈管の姿をしているとここでは解するべきである。先の引用文に述べられたアヴァドゥーティー脈管がヴァジュラヴァーラーヒーの内的な姿と考えるのが最も自然であると思われるが、文献はこの点を明確にしない。

ヴァジュラヴァーラーヒーを除く、大楽輪と三昧耶輪の荼枳尼たちと 4 つの髑髏杯の内的な姿について、クリシュナーチャーリヤ作『チャクラサンヴァラ成就法』は以下のように説明する。

> 四方にある4枚の葉に安住する4本の元素の脈管は、胡麻油の火をその姿としている。[四] 維に安住する4本の脈管はそれ[47]に向かっている。それら [の脈管] は五甘露を運び、それへの供養の姿になっている。[それらは] 四供養であると言われる。あり方からしてまさしくその姿をしている。以上のように、身体の心臓の中央に8本の脈管が安住している。他のもろもろ [の脈管] として、身語心の区別に即して、24本 [の脈管] が説明される。ピータなどの区別に即して、それぞれの座に [それらの脈管が] 依拠している。以前のもろもろ [の脈管] と同じように[48]、カーカースヤーなどやパータニー（Pātanī）などとしてのもろもろの清浄な [脈管] が [存在する][49]。［Skt ed: 59–62］[50]

上記引用文は前半から半ばにかけて、大楽輪の4人の荼枳尼たちおよび4つの髑髏杯と同一視される合計8本の脈管について説明している。これら4人の荼枳尼たちは、心臓の蓮華（法輪）における四方の葉を通る、四元素と関連する4本の脈管を内的な姿とする。4つの髑髏杯は、同じ心臓の蓮華（法輪）における四維の葉を通り、五甘露を運ぶ4本の脈管を内的な姿とする。続く「他のもろもろ [の脈管] として、身語心の区別に即して、24本 [の脈管] が説明される。ピータなどの区別に即して、それぞれの座に [それらの脈管が] 依拠している」という文章は、三輪の荼枳尼たちの内的な姿を説明したものであり、第2型内的曼荼羅と同内容の主張である。

引用文の残り「以前のもろもろ [の脈管] と同じように、カーカースヤーなどやパータニーなどとしてのもろもろの清浄な [脈管] が [存在する]」は、まず三昧耶輪の8人の荼枳尼たち（カーカースヤーなど）が何らかの脈管として内的に存在する旨を説明していると理解できる。だがそれらの脈管の詳細（どこを通りどのような性質をもつ脈管なのか等）は不明である。上記引用文よりは簡潔であるが、類似文章を述べる『ヴァサンタティラカー』[51]の注釈書ヴァナラトラ（Vanaratna）作『秘密灯火』（Rahasyadīpikā）は、これら三昧耶輪の8人の荼枳尼たちに対応する8本の脈管を、身体の8つの穴（順に右眼、右耳、右鼻穴、左眼、左耳、左鼻穴、口、肛門）につながる脈管であると規定し、さらにこれら8本の脈管の名称は、そのつながる先にある穴の名称と同じである（つまり、「右眼」「右耳」などがそれぞれの脈管の名称となる）と述べる［Skt ed: p.46, l.8–10］。このような解釈は、先に見たダーリカ

表 **3–9**　クリシュナーチャーリヤの第 **5** 型内的曼荼羅

1	ヘールカ ヴァーラーヒー	心臓の蓮華（法輪）の HŪṂ字 臍の蓮華（応輪）で燃え上がるティラカー、あるいはいずれかの脈管（可能性としては、アヴァドゥーティー脈管）
2–5	4 人の荼枳尼たち	心臓の蓮華（法輪）の、四方を向く葉を通る 4 本の脈管
	4 つの髑髏杯	心臓の蓮華（法輪）の、四維を向く葉を通る 4 本の脈管
6–13	8 人の荼枳尼たち	いずれかの 8 本の脈管 *

* ＝『秘密灯火』によれば、8 つの穴につながる脈管。

パーダ作『チャクラサンヴァラ成就法』の見解と近似している。

なお、この引用文は、パータニーなどの女尊たち（「パータニーなど」）も同様に脈管としての内的な姿をもつと規定している。パータニー、マーラニー（Māraṇī）、アーカルシャニー（Ākarṣaṇī）、ナルテーシュヴァリー（Narteśvarī）、パドマジャーリニー（Padmajālinī）は、サンヴァラ系では一般に五元素を象徴する女尊たちであり、3 種の身体浄化法（五元素の浄化、五蘊の浄化、六処の浄化）の際に観想される[52]。これらの女尊たちは身体を浄化するために身体に観想されるので、その存在自体が身体内化されるという方向性も生じ得よう。これはクリシュナ流の個性として興味深い。だが厳密に言えば、パータニーなどの女尊たちは 37 尊ヘールカ曼荼羅を構成する要素ではない。したがって、ここでは検討の対象外としたい。

以上の議論をまとめたものが表 **3–9** である。脈管の本数は合計 41 本である。

大楽輪・三輪・三昧耶輪の全ての尊格および 4 つの髑髏杯の種字は説明されない。第 2 型内的曼荼羅の体系を検討した際に、クリシュナ流は種字を用いない菩提心の 3 種の活動として内的曼荼羅を観想する方法をもつことを指摘した（本章 3 節の図 3）。この第 5 型内的曼荼羅を説くクリシュナ流の文献に種字の説明が欠けているのは、このような実践方針と関係があるのかもしれない[53]。

なお、クリシュナ流の別の実践体系の中に、心臓にある法輪に配置される種字の説明を見出すことはできる。クリシュナ流の前述『四次第』、『四次第解題』、『サンヴァラ解説』は、心臓の法輪に観想される種字を以下のように説く——『四次第』：（中央）HŪṂ，（四方を向く葉）OṂ TRĀṂ JRĪṂ KHAṂ，（四維を向く葉）LAṂ MAṂ PAṂ HŪṂ[54]。『四次第解題』：（中央）HŪṂ，（四方を向く葉）OṂ TAṂ HAṂ KHAṂ，（四維を向く葉）LĀṂ MĀṂ PĀṂ TĀṂ[55]。『サンヴァラ解説』：（中央）HŪṂ，（四方を向く葉）OṂ TRĀṂ HRĪṂ KHAṂ，（四維を向く葉）LĀṂ MĀṂ PĀṂ TĀṂ[56]。これらの文献の間には些細な相違こそあるが、これらの種字が五智如来と四女尊の種字に由来していることは明白であり、ガンターパーダ流の見解と基本的に一致していると見てよい。だが、種字に関するこの教説は、ヘールカ曼荼羅を構成する大楽輪の荼枳尼たちと髑髏杯を内的曼荼羅として観想するために説かれたものではなく、クリシュナ流の生理的実践法の一環として説かれたものである。したがって、クリシュナ流の内的曼荼羅体系としては、種字の存在は明確でないと結論付けざるを得ない。

6.4 『ジュニャーノーダヤ・タントラ』の内的曼荼羅

『ジュニャーノーダヤ・タントラ』は大楽輪と三昧耶輪の内的な姿を以下のように説く。便宜上、それぞれの文章を〈引用文 1〉〈引用文 2〉〈引用文 3〉としよう。

〈引用文 1〉

次に、誓約に基づく輪を自体とする口蓋の蓮華の東の葉に、世尊の東[に配置される] 体であり、音を運び、円鏡智の姿をもち、シャシャー（śaśā）という名の脈管である、ダーキニーがいる。[北の葉に、世尊の] 北 [に配置される] 体であり、香を運び、平等性智の姿をもち、クシーラヴァハー（kṣīravahā）という名の脈管である、ラーマーがいる。西の葉に、[世尊の] 西 [に配置される] 体であり、味を運び、妙観察智を自性とし、スニグダー（snigdhā）[という名の] 脈管である、カンダローハーがいる。南の葉に、[世尊の] 南 [に配置される] 体であり、触を運び、成所作智の姿をもち、マドゥラー（madhurā）という名の脈管である、ルーピニーがいる。[4 人の内的な荼枳尼たちに関して、]「心臓の蓮華に」とか、[あるいは]「[世尊の]4 つの顔に」とか、世間の者たちは説明する。三角形の葉もろもろに、1000 の準脈管があり、菩提心を運ぶ。[これらの脈管は] 外的には四供養の姿をもつ菩提心の瓶である。以上が、大楽輪である。[それは] 仏地（buddhabhūmi）であり、

金剛なる知性であり、真実であり、三界であり、三身である。[Skt ed: p.2, l.10–l.16][57]

〈引用文 2〉

口である東門のウグラー (ugrā) [という名の] 脈管はカーカースヤーである。右鼻 [穴] である北門のゴーラー (ghorā) [という名の] 脈管はウルーカースヤーである。肛門である西門のアグニヴァダナー (agnivadanā) [という名の] 脈管はシュヴァーナースヤーである。左鼻 [穴] である南門のテージニー (tejinī) [という名の] 脈管はシューカラースヤーである。左耳である東南 [隅] のカドガダーリー (khaḍgadhārī) [という名の] 脈管はヤマダーディーである。右耳である南西 [隅] のチャクリー (cakrī) [という名の] 脈管はヤマドゥーティーである。右眼である西北 [隅] のスーチームカー (sūcīmukhā) [という名の] 脈管はヤマダンシュトリニーである。左眼である北東 [隅] のスヴァバーヴァククシ (svabhāvakukṣi) [という名の] 脈管はヤママタニーである。これに関して、ある者たちは以下のように説明する——左足のつま先と左くるぶしとかかとと右くるぶしに住する女たちが [4 人の] 門衛女たちであり、右足のつま先と右くるぶしとかかとと左くるぶしに住する女たちが [四] 隅にいる瑜伽女たちである、と。[Skt ed: p.4, l.4–l.11][58]

〈引用文 3〉

もし [ヴァジュラ] ヴァーラーヒーの根元を、羯磨金剛をその中央にもつ雑色蓮華——内側は四葉であり外側は八葉である——[にあるもの]、[すなわちその雑色蓮華の中央にある] ビンドゥの形のものとして観想するならば、その中央にある、無所縁であり、3 本の脈管を 1 つにした姿であり、光明 (prabhāsvara) に関するものであり、茎の姿をしたものをヴァジュラヴァーラーヒーとして観想するべきである。それに関して、それぞれの葉に 3 つずつ、ビンドゥの姿の、ダーキニーをはじめとする [大楽輪・三輪・三昧耶輪の合計 36 人の] 荼枳尼たちを自性とするシャシャー (śaśā) など [合計 36 本の] 脈管を観想し、脈管輪の内部を転じ遍満する偉大な智慧として吉祥なるチャクラサンヴァラを望む限り観想するべきである。[Skt ed: p.4, l.12–l.16][59]

上記3つの引用文の内容を総合することにより、『ジュニャーノーダヤ・タントラ』の体系を明らかにしたい。口蓋に、十二葉蓮華——内側が四方を向く四葉で外側が八葉という構成になっている——がある（〈引用文1〉と〈引用文3〉）。『ジュニャーノーダヤ・タントラ』の内的曼荼羅を構成する数々の脈管は、この口蓋の十二葉蓮華を通る脈管である。十二葉蓮華の中央を通る1本の脈管——「無所縁」「3本の脈管を1つにした姿」「光明に関するもの」という表現（〈引用文3〉）から、これはアヴァドゥーティー脈管であると判断できる——が内的なヴァジュラヴァーラーヒーである。内側の四葉と外側の八葉の計12枚の葉にそれぞれ3本ずつ配置される、合計36本の脈管（：12枚の葉×3＝36本の脈管）が、ヴァジュラヴァーラーヒーを除く大楽輪と三輪と三昧耶輪の合計36人の荼枳尼たちの内的な姿である。その他、大楽輪の4つの髑髏杯として、1000本——あるいはこの1000という数字は厳密な数字ではなく、単に「多数」を意味していると解釈することもできる——の脈管もこの十二葉蓮華を通っている。また、「脈管輪の内部を転じ遍満する偉大な智慧として吉祥なるチャクラサンヴァラ」という表現（〈引用文3〉）は、これら各脈管を行き渡る菩提心がヘールカの内的な姿であることを示唆する。

ヴァジュラヴァーラーヒーを除く大楽輪の4人の荼枳尼たちと4つの髑髏杯、三昧耶輪の8人の荼枳尼たちについて、その詳細を見ていこう。

〈引用文1〉によれば、大楽輪の4人の荼枳尼たちとしての脈管は、東・北・西・南の順で、十二葉蓮華の内側の四方を向く四葉を通る。これらの脈管は六境のうち四境を、五智のうち四智を象徴し、またシャシャーなど独自の名称をそれぞれもつ。これら四葉には、菩提心を運ぶ、合計1000本あるいは多数の準脈管（重要度が少し下がる脈管という程度の意味だろう）も通っており、これらの準脈管が大楽輪の四維に置かれる髑髏杯の内的な姿である。このような内的な大楽輪の姿は、筆者の調査した限りでは、他文献に見ることのできない独自のものである。また、上記文章は、大楽輪の4人の荼枳尼たちの内的な姿に関する異説として、「心臓の蓮華（に住する4本の脈管）」、あるいは「世尊の4つの顔」も挙げている。これは既に見たように第5型のダーリカパーダやガンターパーダやクリシュナーチャーリヤの説や、第3型の『チャクラサンヴァローダヤ曼荼羅法』の説を思い起こさせる。

〈引用文2〉によれば、身体の8つの穴につながる8本の脈管が、三昧耶輪の8人の荼枳尼たちの内的な姿である。これらの脈管は、ウグラーなど独自の名称をそれぞれもつ。これらの脈管が十二葉蓮華のどの葉から伸びるものなのかは明記されていない。だが、8という数字に着目すれば、外側の八葉から身体の8つの穴につながる脈管であると推定することも可能である。身体の8つの穴は口、右鼻穴、肛門、左鼻穴、左耳、右耳、右眼、左眼という順で8人の荼枳尼たちに対応するのだが、この対応は既に見た第4型の『現観解題』の説と同じである。だが『現観解題』ではそれらと脈管の対応が説かれていないという点が『ジュニャーノーダヤ・タントラ』と異なる。また、上記文章は異説として、両足の爪先と左右のくるぶしとかかとを三昧耶輪の8人の荼枳尼たちの内的な姿とする説を紹介している。現段階ではこの異説を基本説として説く文献を見出せていないが、この異説は内的曼荼羅理論の1ケースとして当時相当程度に流布していたのかもしれない。

24の内的聖地を通る三輪の24人の荼枳尼たちとしての24本の脈管も、口蓋の十二葉蓮華から伸びている。だが、これら24本の脈管が十二葉のいずれの葉にどのように配分されているのかは明記されていない。だが十二葉のそれぞれの葉に（4つの髑髏杯としての1000本あるいは多数の脈管を除いて）脈管が3本ずつ通っていること、内側の四葉には大楽輪の4人の荼枳尼たちとしての4本の脈管が通っていること、そして外側の八葉には三昧耶輪の8人の荼枳尼たちとしての8本の脈管が通っていることから逆算するならば、十二葉のそれぞれの葉に2本ずつ、三輪の24本の脈管が配分されると推定することも可能である。

同聖典は、内的な大楽輪を「仏地」であり「三身」であると定義している。これは同聖典の説く内的な三輪がもつ性質と関連させて理解すべきである。同聖典の説く内的な三輪は、第2型の説くそれをベースとしつつも、新たに三身および三聖音と十智との対応を加える。具体的に言えば、三輪のうち天空に位置する心輪は法身およびHŪṂ字を、地上に位置する語輪は報身およびĀḤ字を、地下に位置する身輪は応身およびOṂ字を象徴し、三輪を構成するピータをはじめとする10の聖地カテゴリーは十地・十波羅蜜多のみならず十智（ピータから順に［1］苦智,［2］集智,［3］滅智,［4］道智,［5］尽智,［6］無生智,［7］法智,［8］類智,［9］世俗智,［10］他心智）を象徴するのである。このように、三輪の各構成要素が十地や三身のそれぞれを象徴するのだから、ヘールカ曼荼羅の中核である大楽輪は十地の上の境地である仏地を象徴し、さらに三身全体もまとめて象徴する、ということなのだろう。大楽

表 3–10

『ジュニャーノーダヤ・タントラ』の第 5 型内的曼荼羅

1	ヘールカ ヴァーラーヒー	菩提心 口蓋の十二葉蓮華の中央を通るアヴァドゥーティー脈管	仏地／三身／三界
2	ダーキニー	口蓋の蓮華の内側の四葉のうち東を向く葉を通り、音を運び、円鏡智の姿をもつ、シャシャー脈管	
3	ラーマー	口蓋の蓮華の内側の四葉のうち北を向く葉を通り、香を運び、平等性智の姿をもつ、クシーラヴァハー脈管	
4	カンダローハー	口蓋の蓮華の内側の四葉のうち西を向く葉を通り、味を運び、妙観察智の姿をもつ、スニグダー脈管	
5	ルーピニー	口蓋の蓮華の内側の四葉のうち南を向く葉を通り、触を運び、成所作智の姿をもつ、マドゥラー脈管	
	4 つの髑髏杯	口蓋の蓮華の内側の四葉を通り、菩提心を運ぶ、1000 本あるいは多数の準脈管	
6	カーカースヤー	口蓋の蓮華の外側の八葉のいずれかの葉を通り口につながるウグラー脈管	——
7	ウルーカースヤー	口蓋の蓮華の外側の八葉のいずれかの葉を通り右鼻穴につながるゴーラー脈管	
8	シュヴァーナースヤー	口蓋の蓮華の外側の八葉のいずれかの葉を通り肛門につながるアグニヴァダナー脈管	
9	シューカラースヤー	口蓋の蓮華の外側の八葉のいずれかの葉を通り左鼻穴につながるテージニー脈管	
10	ヤマダーディー	口蓋の蓮華の外側の八葉のいずれかの葉を通り左耳につながるカドガダーリー脈管	
11	ヤマドゥーティー	口蓋の蓮華の外側の八葉のいずれかの葉を通り右耳につながるチャクリー脈管	
12	ヤマダンシュトリニー	口蓋の蓮華の外側の八葉のいずれかの葉を通り右眼につながるスーチームカー脈管	
13	ヤママタニー	口蓋の蓮華の外側の八葉のいずれかの葉を通り左眼につながるスヴァバーヴァククシ脈管	

輪がもつこの総合性のゆえに、それは「三界」全体も象徴するのである。

以上のように、『ジュニャーノーダヤ・タントラ』の内的曼荼羅を構成する脈管群は口蓋の十二葉蓮華を通り、三輪の脈管ならば身体の 24 の内的聖地へと、三昧耶輪の脈管ならば身体の 8 つの穴へとつながるという構成になっている。脈管の本数は、大楽輪の 4 つの髑髏杯の内的な姿である脈管 1000 本を厳密な本数と解釈するならば 1037 本、単に多数の脈管と解釈するならば 37 本と多数、である[60]。特に大楽輪と三昧耶輪の内容をまとめたものが、表 **3–10** である。

6.5　第 5 型内的曼荼羅の意義

第 5 型に属する内的曼荼羅の体系間の共通点と相違点、そして他の型との相違点に着目しながら、第 5 型内的曼荼羅の意義を検討しよう。

大楽輪と三昧耶輪の尊格たちおよび髑髏杯を身体内化することにより、第 5 型内的曼荼羅の体系は、第 2 型内的曼荼羅の体系に存在した観想上の二元性を克服することに成功している。これが第 5 型内的曼荼羅の 1 つ目の意義であり、この意義は第 3 型および第 4 型内的曼荼羅の体系と共通である。また、第 5 型内的曼荼羅は、第 3 型のようにヘールカの 12 本の手に握られたモノや 4 つの顔といったような概念に依拠することをせず、実践者の生来的な身体にヘールカ曼荼羅全体を内化させるよう試みている。これが第 5 型内的曼荼羅の 2 つ目の意義であり、この意義は第 4 型内的曼荼羅の体系と共通である。では、第 4 型内的曼荼羅と第 5 型内的曼荼羅の体系間の相違は何か。

第 4 型内的曼荼羅の体系では、大楽輪の尊格たちの内的な姿は脊髄に沿って並ぶ 4 つあるいは 6 つの蓮華（チャクラ）であり、三昧耶輪の尊格たちの内的な姿は身体の 8 つの穴であった。これに対して、上記 (I) で述べたように、第 5 型内的曼荼羅の体系では——ダーリカパーダ作『チャクラサンヴァラ成就法』では一部必ずしも明確でないものの——、それらは脈管として身体内化されると言ってよい。また、第 4 型内的曼荼羅の体系では大楽輪の四維に位置する 4 つの髑髏杯の身体内化は保留されていた。これに対し、第 5 型内的曼荼羅ではそれら 4 つの髑髏杯も、脈管として身体内化する。これらのことから、第 5 型内的曼荼羅はヘールカ曼荼羅を構成する全ての荼枳尼たちと髑髏杯を、脈管という身体組織に基づいて一律に身体内化している点に特徴がある。脈管理論による内的曼荼羅の一律的体系化が、第 5 型内的曼荼羅のみに見出し得る意義であると言えよう。

なお、上記の意義は、脈管の本数に着目するとより鮮明になる。第 3 型および第 4 型内的曼荼羅の体系では、脈管と同一視される荼枳尼たちは三輪の 24 人のみであったため、脈管の本数自体は第 2 型と同じ 24 本であった。三輪のみならず大楽輪と三昧耶輪の荼枳尼たちおよび 4 つの髑髏杯の全てを脈管と同一視する傾向を見せる第 5 型内的曼荼羅の体系では、脈管の本数はそれ以上となる。たとえば、ダーリカパーダの体系——それは大楽輪の 4 人の荼枳尼たちに対応する 4 本の脈管と、4 つの髑髏杯に対応する 4 本の脈管を区別しないがゆえに——は 37 本脈管説の立場に立つ。一方、ガンターパーダとクリシュナーチャーリヤの体系は、41 本脈管説の立場に立つ。また、『ジュニャーノーダヤ・タントラ』は 4 つの髑髏杯に対応する脈管を 1000 本あるいは多数とするため、脈管の本数は 1037 本あるいは 37 本と多数となる。

だが、第 4 型内的曼荼羅の体系に見られた、三昧耶輪の 8 人の荼枳尼たちを身体の 8 つの穴と関連付ける発想は、第 5 型内的曼荼羅の体系にもしばしば見られる点——特にダーリカパーダとヴァナラトナの体系および『ジュニャーノーダヤ・タントラ』——を見落としてはならない。それらは、三昧耶輪の 8 人の荼枳尼たちとしての 8 本の脈管が身体の 8 つの穴につながるという形で、上記発想を取り込んでいる。

結論

内的曼荼羅の意義は、人の身体構成の生来的功徳性の主張を理論的実践的に確立することにある。その確立の歩みの過程で、第 1 型、第 2 型、第 3 型、第 4 型、第 5 型に類型化できるような様々な内的曼荼羅の体系がサンヴァラに誕生した。内的曼荼羅を構成する諸要素という観点から今までの議論をまとめることにより、本章の結論としたい。

表 3–11 は、内的曼荼羅を構成する諸要素を、（現実には細かな個性の相違はあるものの）その大枠の傾向としてまとめたものである。これら諸要素のうち (0) は、理論と実践の双方の面において内的曼荼羅を成立させる基盤としての哲学であるとも言える。全ての型の内的曼荼羅はこの (0) の要素をも

つ。したがって、それぞれの型の個性は、上記諸要素のうち (i) と (ii) と (iii) の扱いの中に現れることになる。それをまとめたものが表 **3–12** である。

第 1 型と第 2 型は、24 の聖地とそこにいる尊格たちを、つまり (i–1) を身体内化する。これにより、十地・十波羅蜜多という教義に焦点を合わせた身体観・実践論の構築が試みられる。だが、第 1 型では (ii) および (iii) が明らかにされない。このため、第 1 型は理念的な内的曼荼羅として、実践の体系というよりも以降のサンヴァラ系内的曼荼羅の諸体系の基礎理論――つまり、人の身体は〈24 の聖地・聖地の荼枳尼＝十地・十波羅蜜多〉を具備しているという発想――を構築した点にその意義を見出すべきである。第 2 型はこの第 1 型に (ii–1) と (iii) の要素を加えることにより、第 1 型が構築した理論としての内的曼荼羅の体系を、理論と観想実践の体系へと高める。

文献の中には、外的には 24 の聖地とそこにいる尊格たちを含めた 37 尊（および 4 つの髑髏杯）より構成されるヘールカ曼荼羅という構想をもちつつも、内的には第 2 型の立場に立つというものもある。このため、これらの文献には、外的には三十七菩提分法と十地・十波羅蜜多を成就し、内的には十地・十波羅蜜多のみを成就するという、観想上の二元性が生じることになる。そこで、第 3 型と第 4 型と第 5 型はヘールカ曼荼羅全体を、つまり (i–2) を身体内化することにより、この二元性を克服し、十地・十波羅蜜多に加えて三十七菩提分法という教義に焦点を合わせた身体観・実践論の構築を試みる。(i–1) を身体内化する第 2 型から (i–2) を身体内化しようとする第 3 型への進展が内的曼荼羅の体系の展開の大きな転換点になっている。また、この進展にともなって、十地を拡大して十三地としたり、あるいは三身や十智を内的曼荼羅の体系に加える動きも生じた。

第 3 型は、ヘールカ曼荼羅の構成要素のうち三輪に関しては (ii–1) の考え方を受け入れ、大楽輪と三昧耶輪に関しては (ii–2) の考え方を採用する（したがって、第 3 型は第 2 型同様に 24 脈管説の立場を採る）。第 3 型は体系構築の際に実践者の生来的身体そのものではない (ii–2) の考え方に依拠しているが、この点は、ヘールカ曼荼羅全体を人間の生来的身体へと完全に内化しようとする第 4 型および第 5 型と異なる。

第 4 型は、三輪に関しては (ii–1) の考え方を採用しつつも、大楽輪と三昧耶輪に関しては、実践者の生来的身体に含まれる (ii–3) の考え方を並行的に用いる。これにより、第 4 型は、ヘールカ曼荼羅全体を人間の生来的身体へ

表 3–11　内的曼荼羅を構成する諸要素

(0) 基本理念：
自分の身体は悟りを得るための手段を生来的に完備しており、それを離れて悟りを得ることはできないという身体理念（倶生）

(i) 身体内化される要素：
(i–1) 24の聖地、およびそこにいる24組の荼枳尼・勇者たち（24の聖地は十地に、24人の荼枳尼たちは十波羅蜜多と等価）
(i–2) 上記24の男女尊を含む37人の尊格たち（三十七菩提分法と等価）

(ii) 身体における対応要素：
(ii–1) 脈管（およびそれと関連する身体要素）、脈管が通る身体部位
(ii–2) ヘールカの非日常的形態（ヘールカの12本の手に握られた様々なモノ、ヘールカの4つの顔）および妃としてのヴァジュラヴァーラーヒー
(ii–3) 身体中の脊髄沿いに並ぶ4つあるいは6つの蓮華（輪）と身体の8つの穴（門）

(iii) 実践方法

表 3–12　各型の内的曼荼羅の比較

	(i)	(ii)	(iii)	脈管の本数
第1型内的曼荼羅	i-1	明記されない	明記されない	明記されない
第2型内的曼荼羅	i-1	ii-1	教示される	24本
第3型内的曼荼羅	i-2	ii-1 および ii-2	教示される	24本
第4型内的曼荼羅	i-2	ii-1 および ii-3	教示される	24本
第5型内的曼荼羅	i-2	ii-1	教示される	37本以上

と実質的に内化することになる（したがって、第 4 型も 24 脈管説の立場を採る）。だが第 4 型は、ヘールカ曼荼羅の構成要素のうち、4 つの髑髏杯の身体内化を行わない。これら 4 つの髑髏杯は尊格ではなく、また十地・十波羅蜜多はもとより、三十七菩提分法のいずれの法も象徴しないことが、その理由として考えられる。

第 5 型は、三輪のみならず大楽輪と三昧耶輪に関しても (ii–1) の考え方を用いることにより、ヘールカ曼荼羅全体を人間の生来的身体へと完全に内化する。脈管の本数は 24 本に限定されず、37 脈管説や 41 脈管説や 1037（あるいは 37 本と多数）脈管説がこの型には見られる。ヘールカ曼荼羅全体を脈管理論に基づき一律に身体内化する点に第 5 型の独自性がある。

既に述べたように、24 聖地を身体内化する第 1 型・第 2 型から、それを包摂する 37 尊ヘールカ曼荼羅全体を身体内化しようとする第 3 型・第 4 型・第 5 型への進展が、内的曼荼羅の体系の展開における大きなパラダイム・シフトである。第 1 型と第 2 型に分類すべき文献には聖典（タントラ）が多く含まれていたのに対し、第 3 型と第 4 型と第 5 型に分類すべき文献には流派文献が多く、聖典としては数が少なく、しかもそれらの聖典のうち、特に『ヨーギニーサンチャーラ・タントラ』と『ジュニャーノーダヤ・タントラ』は比較的成立年代が下ると考えられる。したがって、第 1 型・第 2 型から第 3 型・第 4 型・第 5 型への展開を、諸流派の指導者たちが第 2 型に分類できる各聖典の所説を新たなパラダイムに基づいて発展させ、それがより後代に成立する聖典の編纂にも何らかの形で反映されていく過程として理解することも可能となる。

なお、第 3 型や第 4 型や第 5 型が考案された後も、それらと平行して、第 2 型の考え方も依然として受容されたという点も看過してはならない。第 3 型や第 4 型や第 5 型の登場は第 2 型の伝統の消滅を意味するわけではない。第 2 型は多くの聖典の所説であるのだから、それは聖典に根拠を求めうる権威説の 1 つとして、第 3 型や第 4 型や第 5 型とともに受容されてきたのだろう。

注

1 だが細かく見れば、倶生の解釈にも様々な方向があったようである。たとえば、野口圭也氏は、倶生という真理観が、特に成就者インドラブーティ（Indrabhūti）において日本の本覚思想と類似した方向性へと進んだとの解釈を提示している [野口 1987]。

2 津田 1971 および 1973、桜井 1996, p.297–314。津田はここで『ヘーヴァジュラ・タントラ』、『サンヴァローダヤ・タントラ』、『サンプトードバヴァ・タントラ』、『ヴァジュラダーカ・タントラ』を特に取り上げ、外的なヘールカ曼荼羅の成立過程とともに内的なヘールカ曼荼羅の成立過程を検討している。津田によるこの成立過程の仮説には問題があることは既に述べた通りである。また、津田が扱ったものは本章が第 2 型内的曼荼羅と呼ぶもの（後述）の一部に限定されており、その他の第 1 型、第 3 型、第 4 型、第 5 型内的曼荼羅を抽出するには到っていない。桜井は、津田の研究を踏まえつつ、特にガンターパーダ（Ghaṇṭāpāda）の内的曼荼羅理論を取り上げて検討を加えている。ガンターパーダの内的曼荼羅論は本章が第 5 型内的曼荼羅と呼ぶもの（後述）の一部を構成する重要な体系であるが、同型には他にも重要な体系がある。また、ガンターパーダの内的曼荼羅理論そのものに関しても、筆者と見解の相違点もある。しかし、両者の研究がサンヴァラの内的曼荼羅理論の解明に果たしたパイオニア的成果を決して軽視すべきではない。

3 athāparaṃ pravakṣyāmi bhūmipīṭhādi *yoginī[→-nīm] /$^{i)}$ śrīherukasyāṅgāṅgaṃ sarvāṅgaṃ sthiracalātmakam //$^{ii)}$ pīṭhaṃ pramuditābhūmāv upapīṭhaṃ vimalaṃ tathā /$^{iii)}$ kṣetraṃ prabhākarī jñeyā arciṣmaty upakṣetrakam // chandoham abhimukhī caiva upacchandaṃ sudurjayā / dūraṅgameti melāyām acalasyopamelakam // śmaśānaṃ sādhumatiś caiva dharmameghopaśmaśānakam / śrīherukam ābhiś cāryam eṣā adhyātmabhūmayaḥ //$^{iv)}$ daśapāramitā bhūmau mlecchabhāṣaṃ tu yoginī /$^{v)}$ svarge martyeṣu pātāle vīrāṅgaṃ sthiracalātmakam //$^{vi)}$ pullīrādiṣu yathoddiṣṭaṃ bāhyādhyātme saṃsthitam / śrīherukamahāyogaṃ sarvakāmeśvaraṃ prabhum // sarvataḥ pāṇipādāntaṃ sarvato 'kṣiśiromukham / sarvatra śrūyate loke sarvam āvṛtya tiṣṭhati // tatas tu sādhayet siddhiṃ dhyānayuktena cetasā / sādhakānāṃ hitārthāya guhyatattvam udāhṛtam // —— ［注］i) -pīṭhādi yoginī[→-nīm]] Skt ed: pīṭhādiyoginī. 文脈に基づき訂正. ii) sarvāṅgaṃ] Skt ed: 欠. 写本の sarvāṅga に基づき訂正. iii) upapīṭhaṃ] Skt ed: papīṭhaṃ. 写本により訂正. iv) ābhiś cāryam] Skt ed: abhiścārya. Skt ms: abhiścāyaṃ. 『チャクラサンヴァラ語釈』, avadhārya. Tib, gshuṅ spyod pa. おそらく、これは最初期の頃からのコラプションであろう. 文脈に基づき訂正した. v) *mlecchabhāṣaṃ tu*] Skt ed: mlecchā bhāṣantu. 写本により訂正. vi) vīrāṅgaṃ] Skt ed: vīrāṅga. 文脈に基づき訂正.

なお、“pīṭhaṃ pramuditābhūmāv” から “bāhyādhyātme saṃsthitam” までの部分と類似の文章は『サンヴァローダヤ・タントラ』(Skt ed: 9.22–24)、『サンプトードバヴァ・タントラ』(Skt ms: 47b4–48a1) にも見られる。特に『サンプトードバヴァ・

タントラ』のロンドン写本のそれは『チャクラサンヴァラ・タントラ』のそれと近似しているので、ロンドン写本に基づく『サンプトードバヴァ・タントラ』の該当箇所のテキストを掲示しておこう—— pīṭhaṃ pramuditābhūmāv upapīṭhaṃ vimalaṃ tathā / kṣetraṃ prabhākarī jñeyā arciṣmatyopakṣetrakam // chandoho abhimukhī vai upacchandaḥ sudurjayā /[i] dūraṅgameti melāyām acalasyopamelāyām / śmaśānaṃ sādhumatī caiva dharmameghopaśmaśānakam // daśapāramitā bhāmau mlecchabhāṣaṃ tu yoginyaḥ / pukārādi yathoddiṣṭaṃ bāhyādhyātme cintayet //[ii] —— [注] i) abhimukhī] abhimukhīṃ — Skt ms.: upacchandaḥ] upacchanda — Skt ms.　ii) -dhyātme cintayet] dhyātmiṃ cintayeti — Skt ms.

上掲『チャクラサンヴァラ・タントラ』の該当箇所とこの『サンプトードバヴァ・タントラ』の文章を比較すると、前者で "pullīrādiṣu" となっている箇所が、後者では "pukārādi" に置き換えられている点に注意すべきである。PU 字などは 24 聖地の種字として、観想の際に布置される。この置き換えにより、『サンプトードバヴァ・タントラ』は『チャクラサンヴァラ・タントラ』において不明確な内的曼荼羅の具体的実践法を明らかにしている。

4 なお、後述『チャクラサンヴァローダヤ曼荼羅法』によれば、「動・不動のもの」(sthiracala) および「ヘールカのそれぞれの支分」(herukasyāṅgāṅgam) は荼枳尼（＝瑜伽女）と勇者に対応している［Skt ms: 5b6–6a1］—— sthire vīrā[ḥ] samuddiṣṣā yoginī[= -nyaḥ] ca cale sthitāḥ / dvayor melāpakenaiva herukāṅgāṅgam ucyate //

5 荼枳尼たちの数（下記 1a）と、勇者が荼枳尼たちと同じ輪に住すること (下記 2a) について、Skt ed: 2.18c–20b、Skt ms: 2b7–3a1 —— ḍākinyaś caturviṃśā vārāhyāḥ kulasaṃbhavāḥ / cakragarbhe *tu pūjayed[Skt ed: pūjayet tu. 写本により訂正] diśāsu vidiśāsu ca //(1) vīrāṃś *caiva[Skt ed: ca. 写本により訂正] tathaiveha *cakre saṃsthāpya pūjayet[Skt ed: cakrasaṃsthā tu pūjayet. 写本と Tib により訂正] / pūjayed *vīram advayaṃ[Skt ed: advayaṃ vīraṃ. 写本により訂正] *yad icchet(→ yadīcchet) *siddhi[= -ddhiṃ] sādhakaḥ[Skt ed: siddhisādhakaḥ. 文脈と『チャクラサンヴァラヴィヴリティ』の解釈に基づき訂正] //(2).

24 人の荼枳尼たちと 3 領域の結びつきは、同章の別の箇所で説明される［Skt ed: 2.26–27、Skt ms: 3a5–6］（下記 1–2b）—— ākāśe ḍākinyaḥ sarvā manasā ūrdhvato nyaset / bhūrloke ḍākinyo yāś ca maṇḍale sarvato nyaset //(1) pātāle *ḍākinya(→ḍākinī) yā kācit[Skt ed: ḍākinyo yāḥ kāścit. 写本により訂正] pātāle *tāṃ tu vinyaset[Skt ed: tān parinyaset. 写本により訂正] / diśāsu *mātarāḥ[= mātṝḥ] sarvā vidiśāsu ca niyojayet //(2). 荼枳尼たちは四方と四維の座に坐すと記されているが、このことは、3 領域のそれぞれと結びついたそれぞれの輪が八人の荼枳尼より構成されることを示唆する。

なお、このタントラの注釈書群は上記引用文中の mātarāḥ と sarvā (2cd) を、三昧耶輪の 8 人の女神たちと同一視する。だが、この解釈は妥当でないように思われる。上記引用文を最も自然に読むならば、2cd の文はそれぞれの輪における 24 人の荼枳尼たちの座の場所を説明するものだからである。

6 24 人の荼枳尼たちの名が以下のように列挙される［Skt ed: 4.1–4、Skt ms: 4b4–6］—— tato ḍākinyo bhuvanāni vijṛmbhayanti // mahāvīryā cakravartinī mahābalā suvīrā cakravarmiṇī / śauṇḍinī khaṇḍarohā cakravegā khagānanā // hayavarṇā subhadrā ca śyāmādevī tathaiva ca / surābhakṣī vāyuvegā tathā mahābhairavā // airāvatī drumacchāyā laṅkeśvarī kharvarī tathā / vīramatī mahānāsā // prabhāvatī caiva caṇḍākṣī pracaṇḍā ca *sādhakaḥ(→ sādhikāḥ)[Skt ed: etāḥ siddhās tu sādhakaḥ. 写本により訂正] / *etāḥ siddhās[Skt ed: pracaṇḍādim. 写本により訂正] tu vai pūrvaṃ caturviṃśati[= -tir] ḍākinyaḥ //. ここでは荼枳尼たちの順序は通常のものの逆になっているが、これは第 48 章で定義し直される。次々注引用文中の 7d を見よ。

7 Tib: Ota, 87a6–b3. なお、この箇所のサンスクリット写本は失われており、また Skt ed の還梵テキストは多くの問題をはらんでいるので、今は Tib を参照した。

聖地と匿名の瑜伽女たちおよび勇者たちの結びつきについては、下記の『チャクラサンヴァラ・タントラ』(写本のこの箇所は失われている：Ota.87a6–b2.。なお、Skt ed の還梵には多くの問題がある) からの引用分の 1 と 6ab を見よ—— thams cad bla maḥi gnas la sogs / mkhaḥ ḥgro mas ni thams cad kyab / ye śes ldan paḥi raṅ skye gnas / yul daṅ yul du mṅon par skye //(1) rdo rje dkyil ḥkhor gtso mo yin / de rnams mkhaḥ ḥgro ma ru bśad / ku lu ta daṅ dgon pa daṅ / sin duḥi yul daṅ groṅ khyer dbaṅ //(2) gser gyi gliṅ daṅ soḥu ra ṣṭa / de bshin lhaḥi khyi ma daṅ ni / yi dags groṅ daṅ kha baḥi gnas / kan tsi ḥam lam ba kaḥi yul //(3) ka liṅ ka daṅ ko sa la / tri śa ku ne o tra daṅ / ka ma ru pa ma la wa / lha moḥi mkhar daṅ ra miḥi dbaṅ //(4) go da ba ri ar bu tar / u ḍyan dsā la dha ra daṅ / pu li ra ma la ya sogs //(5) yul ḥdi dag gi bu mo gaṅ / dpaḥ po gñis med rnal ḥbyor ma / de kun ḥdod paḥi gzugs can te / yid kyi śugs kyis ḥjug pa yin //(6).

この文書のサンスクリットテキストの大部分は『ヴァジュラダーカ・タントラ』［Skt ed: 18.2–5］より復元可能である—— sarvottareṣu pīṭhādi ḍākinyas tu sarvavyāpinī[= -nyaḥ] / deśe deśe 'bhijāyante jñānayuktāḥ svayoniṣu / ḍākinyas tāḥ samākhyātā vajramaṇḍalanāyikāḥ // < kulatā maru sindhudeśa nagara suvarṇadvīpa sarāṣṭra gṛhadevatā pretapurī himālaya kāñcī laṃpāka kaliṅga kosala triśakuni oḍra kāmarūpa mālava devīkoṭa rāmeśvara arbuda oḍyāna jālandhara pullīramalayādi //>$^{i)}$ eteṣu deśeṣu yā kanyā vīrādvayayoginī / sarvāḥ tāḥ kāmarūpiṇyo manoveganivṛttayaḥ //. —— ［注］i)『ヴァジュラダーカ・タントラ』には記載されていない。

“pullīramalayādi” 中の “ādi”(“sogs”) という語は、Pullīramalaya が最初の聖地であり、上述の 24 聖地は実際には記述とは逆順で配置されることを示唆する。

8 下記の引用文［Skt ed: 48.8–14、Skt ms: 35a2–b1］では、24 人の勇者たちの名（3c–6）が列挙される—— sarvaḍākinyālayaṃ vakṣye samāsān na tu vistarāt / likhitvā parvataṃ divyaṃ nānāpuṣpaphalodayam //(1) tasyopari bhāvayen nityaṃ ḍākinyo lāmayas tathā / yoginyaḥ khaṇḍarohā vai vīrāṇāṃ vīram eva ca //(2) hā hā he he ti[= iti] caturviṃśativīrāṇāṃ ḍākinījālasamvaram / vajrasattvaṃ vairocanaṃ padmanarteśvaraṃ tathā //(3) śrīvajraherukaṃ caiva ākāśagarbhaṃ hayagrīvam eva ca / ratnavajraṃ mahābalaṃ virūpākṣaṃ bhairavaṃ tathā //(4) vajrabhadraṃ subhadraṃ vai vajrahūṃkāram eva ca / mahāvīraṃ vajrajaṭilaṃ tu *aṅkurikaṃ[Skt ed: aṅkuriṃ. 写本により訂正] vajradehakam //(5) vajraprabham amitābhaṃ surāvairiṇaṃ vikaṭadaṃṣṭriṇam eva ca / kaṅkālaṃ mahākaṅkālaṃ *khaṇḍakapālinādi[Skt ed: khaṇḍakapālinam ādi. 写本により訂正] tu //(6) caturviṃśativīrāṇāṃ sarvaṃ vyāptam akhilaṃ jagat / vīrāṇāṃ ḍākinīś caiva yoginyaḥ pracaṇḍādayas tathā //(7).

“khaṇḍakapālinādi”(7d) 中の “ādi” という語は、最初の勇者が Khaṇḍakapālin であることを示唆する。したがって、24 人の勇者たちは実際には上記の列挙順とは逆の順序で輪に配置されると考えられる。

9 この 3 領域に形成される荼枳尼と勇者たちの輪が「三輪」(tricakra) に相当するのだが、『チャクラサンヴァラ・タントラ』自身はこの「三輪」という名称を用いていない。わずか一箇所ではあるが、『チャクラサンヴァラ・タントラ』の現存写本の 35a7 には tricakra という表現が用いられている（tricakrātmakā[ṃ] bhāvayen nityaṃ siddhikāmaḥ susamāhitaḥ. Skt ed は以下の通り—— cakrātmaṃ bhāvayen nityaṃ siddhikāmaḥ susamāhitaḥ, 48.15cd）。だが、この “tricakrātmā” 中の “tri” は Tib にも『チャクラサンヴァラ語釈』にも支持されておらず、韻律を一層おかしくもする。したがって、この “tri” は疑わしい。

10 『サンプトードバヴァ・タントラ』第 5 章 1 節は 10 の大聖地カテゴリーと十地および十波羅蜜多の対応を説明する。第 6 章 1 節は 24 聖地の名称とその内的な箇所の指定、三輪のそれぞれの名称（心輪・語輪・身輪）および三輪の荼枳尼たちの総称（「天空を行く女」等）を説明する。第 6 章 2 節は 24 本の脈管の名称と、これら 24 本の脈管と関連する 24 の身体要素を説明する。

11 『サンヴァローダヤ・タントラ』第 7 章は 24 本の脈管が通る 24 の内的聖地（身体部位）の具体的箇所、およびその脈管と関連する 24 の身体要素について説明する。第 9 章は 10 の大聖地カテゴリーと十地および十波羅蜜多の対応を説明する。

12 特に以下の 4 つの相違点を指摘できる。

(i)『ヴァジュラダーカ・タントラ』には十地および十波羅蜜多への言及が見られない。だが、同聖典はこれら十地および十波羅蜜多を意図していると考えるべきである。なぜなら、『チャクラサンヴァラ・タントラ』等の先行する聖典が既に内的曼荼羅と十地および十波羅蜜多の関連を説いているからである。『ヴァジュラダーカ・タントラ』の記述上の関心は観想が完了した内的曼荼羅の可視的形態の部分にあることから、内的曼荼羅の理念的な部分である十地や十波羅蜜多には特に言及しなかったのだと推測できる。この問題については、拙稿 2003, pp.59–61 も見よ。

(ii)『サンヴァローダヤ・タントラ』と『ヴァジュラダーカ・タントラ』は内的聖地の種字を説明しない。

(iii)『サンプトードバヴァ・タントラ』と『サンヴァローダヤ・タントラ』は 24 人の荼枳尼たちと勇者たちの名称を述べない。だが『サンヴァローダヤ・タントラ』の場合、その理由は明白である。『サンヴァローダヤ・タントラ』は、37 尊構成のヘールカ曼荼羅のうち、これら 24 人の荼枳尼たちと勇者たちが配置される三輪の部分を除いた 13 尊構成のヘールカ曼荼羅の伝統に立つ聖典だからである。なお、13 尊構成のヘールカ曼荼羅は大楽輪（mahāsukhacakra）と三昧耶輪（samayacakra）という 2 つの輪から構成されるが、『サンヴァローダヤ・タントラ』にはこれら 2 つの輪の名称（「大楽輪」「三昧耶輪」）は説かれない。

(iv)『サンプトードバヴァ・タントラ』は、『ヘーヴァジュラ・タントラ』に説かれる 32 本の脈管の名称に基づいて 24 本の脈管の名称を述べる（前章の表 2–3 および前章の注 20 を見よ）。周知の通り、これはヘーヴァジュラとサンヴァラの折衷を試みる『サンプトードバヴァ・タントラ』の姿勢の現れである。

ルーイーパーダ作『チャクラサンヴァラ現観』とジャヤバドラ作『チャクラサンヴァラ成就法』は、表 2–3 にまとめた諸要素を備えていると見なしてよい。

13 この第 2 型内的曼荼羅を説く文献としてリストしたもの以外では、たとえば『ヨーギニーサンチャーラ・タントラ』の注釈である『ヨーギニーサンチャーラ大要』(Yoginīsaṃcāra-tantranibandha) が同様の趣旨を説く——kathaṃ bhāvayed ity āha — vinyasya caturviṃśatim akṣaram iti / pukārādīni caturviṃśatyakṣarāṇi śiraḥprabhṛtiṣu vinyasya tattadgatā nāḍīḥ pracaṇḍādirūpeṇa bhāvyam[→-vyā] iti bhāvaḥ // ［Skt ed: 9.5］ガンターパーダもその成就法文献（後述）の中で同様の趣旨を述べる。これら『ヨーギニーサンチャーラ大要』とガンターパーダの内的曼荼羅の体系は本章が第 4 型あるいは第 5 型内的曼荼羅と呼ぶ類型に該当するものなので、本節では特に取り上げずに後説で扱うことにする。

14 pu llī ra ma la yar dbaṅ byed do / dsā la ndha rar loṅs spyod do / o ḍi ya na du ḥjug go / dsā la ndha rar dbaṅ byed do / o ḍi ya na du loṅs spyod do / a rbu dar ḥjug go / o ḍi ya na du dbaṅ byed do / a rbu dar loṅs spyod do / go dā ba rir ḥjug go / a rbu dar dbaṅ byed do / ... / ma ruḥi yul du ḥjug go / si ndhur dbaṅ byed do / ma ruḥi yul du loṅs spyod do / ku lu tār ḥjug go / ma ruḥi yul du dbaṅ byed do / ku lu tar loṅs spyod do / yan lag thams cad la ḥjig go // gnas ḥdi dag thams cad du de bshin gśegs pa rnams kyi bde ba chen poḥi ye śes ji ltar bde bar rim pa ji lta ba bshin du chos daṅ loṅs spyod rdsogs pa daṅ sprul paḥi skuḥi raṅ bshin skye shiṅ gnas pa ḥjig paḥo // なお、訳文中ブラケット（[ ]）内は、Pullīramalaya で意のままにする

前に必要な行為であり、またすぐ後に述べる注釈書『四次第解題』では意図されているため、補充した。

15 pu llī ra ma la yar ni mgo zug go ces bya ba ni yan lag thams cad la thim mo shes bya baḥi bar gyis ni / goṅ du bśad paḥi gnas ñi śu rtsa bshi por byaṅ chub kyi sems shes bya baḥi lus kyi khams sku gsum gyi tshul gyis mgo zug pa daṅ loṅs spyod pa daṅ thim pa ni gnas ñi śu rtsa bshi po re re la yaṅ gsum gsum du bltaḥo //

16 kāyatrayaṃ ca nāthasya jānīyāt pavanātmanaḥ / praviśan dharmakāyaḥ syāt tiṣṭhan saṃbhogavigrahaḥ / niryan nirmāṇakāyākhya iti kāyatrayaṃ matam //

17 sprul pa yis ni gaṅ du skyes / loṅs spyod rdsogs paḥi rgyu yi gnas // chos kyi sku yi raṅ bshin gyis / thim par ḥhyur bar the tshom med // 観想法の説明全体の所在は、Tib: Toh, 10a2–a6、Ota, 12a5–b2。

18 なお、『ダーカールナヴァ・タントラ』には、菩提心が 24 の内的聖地に到達するとどのような功徳を得られるかを以下のように簡潔に説明する。すなわち、菩提心がオーディヤーナに到達すると食べ物の成就が、アルブダに到達すると飲み物の成就が、ゴーダーヴァリーに到達すると勝利の成就が、ラーメーシュヴァラに到達すると無敵さの成就が、デーヴィーコータに到達すると恩寵の成就が、マーラヴァに到達すると瑜伽女たちの主の成就が、カーマルーパに到達すると言葉の成就が、オードラに到達すると成就の明瞭な発生が、トリシャクニに到達すると感官の成就が、コーサラに到達すると低位の成就が、ランパーカに到達すると永遠の成就が、カーンチーに到達すると殺害の成就が、ヒマーラヤに到達すると愛着の成就が、プレータプリーに到達すると自らの見解の成就が、グリハデーヴァターに到達すると教戒の成就が、サウラーシュトラに到達すると倶生の不死の成就が、スヴァルナドヴィーパに到達すると財産の成就が、ナガラに到達すると座の成就が、シンドゥに到達すると力の成就が、マルに到達すると不死の成就が、クルターに到達すると自性の成就が生じるという [Skt ms: Kathmandu D40/6, 97a6–b1、Kathmandu A142/2, 101b7–102a3]。プッリーラマラヤとジャーランダラで生じる成就については説明されない。

19 vajravārāhyāliṅgitabhujadvayena pañcaśūkaṃ karālavakraṃ vajraṃ ghaṇṭā /[i) aparabhujadvayena gaṇapaticarmāmbaradharāḥ / tṛtīyadakṣiṇakare vajraśūlam / caturthe aṅkuśam /[ii) pañcame vajrakarttikā /[iii) ṣaṣṭhe vajraḍamarukam /[iv) vāme tṛtīyabhuje kapālam arghaparipūrṇaṃ yajñopavītayogena vajrakhaṭvāṅgam ūrdhve pañcaśūka-karālavajraghaṇṭāvalambitaṃ vicitrapaṭākālambitaṃ madhye viśvavajrāṅkitam adhastād ekaśūkaṃ vajram /[v) caturthe vajrapāśam / pañcame brahmaśiraḥ / ṣaṣṭhe paraśum / ——
[注] i) pañca-] dgu — Tib.: karāla-] kalāla — ms.: vajraṃ] vajra — ms. ii) caturthe] acarthe — ms. iii) pañcame] pañcama — ms. iv) ṣaṣṭhe] ṣaṣṭha — ms. v) arghaparipūrṇaṃ] arjaparipūrṇna — ms.: yajñopavītayogena] yajñopavītaṃ yogena — ms.: -khaṭvāṅgam] khaṭvāṅga — ms.: ūrdhve]

ūrddha — ms. -śūka-] śūka — ms.: karāla] kalāka — ms.

20 ḍākinī vajre / lāmā ghaṇṭā / khaṇḍarohā rūpiṇī gajacarmamuṣṭyā / kākāsyā vajraśūle / ulūkāsyāṅkuśe / śvānāsyā vajrakartti / śūkarāsyā ḍamarukam / yamadāḍhī kapālakhaṭvāṅgam /[i] yamadūtī pāśe / yamadraṣṭrī brahmaśirasi / yamamathanī paraśuḥ /[ii] bodhicittabhāṇḍe caturvaktrāni /[iii] —— [注] i) -khaṭvāṅgam] khaṭvāṅga — ms. ii) *paraśuḥ* /] /Ms. *paraśu.* iii) -vaktrāni] vaktrām — ms.

21 ḍākinī vajre, lāmā ghaṇṭāyām, khaṇḍarohārūpiṇyau gajacarmamuṣṭyoḥ / bhūmir iyam anupamā // kākāsyā vajraśūle, ulūkāsyā vajrāṅkuśe, śvānāsyā kartyām, sūkarāsyā ḍamaruke / bhūmir iyaṃ jñānavatī // yamadāḍhī kapālakhaṭvāṅgayoḥ, yamadūtī pāśe, yamadaṃṣṭriṇī brahmaśirasi, yamamathanī paraśau / bhūmir iyaṃ suratasukhopamā // bodhicittabhāṇḍāni caturvaktre // この文章は前注の『アビダーノーッタラ・タントラ』のそれに anupamā、jñānavatī、suratasukhopamā の説明を加えたものであると判断することは可能だろう。

22 ḍākinī pūrvavaktre tu lāmā vāmasuvaktragā / pṛṣṭhāsye khaṇḍarohā vai rūpinī dakṣiṇānane // ekānekasvabhāvāḥ paramasukhakarāḥ śāśvatādisvarūpāś catvāro ye kapālā amṛtarūpavarāḥ śūnyatotthā vicitrāḥ /[i] sarvānandaikasārās tribhuvanajanakāḥ padmakiñjalkakoṇe nyastavyās te 'pi nityaṃ sahajasvajanitāḥ sarvabuddhaikavīrāḥ // —— [注] i) paramasukhakarāḥ] paramasukhakarā — ms.: amṛtarūpavarāḥ] amṛtarūpavarā — ms.

23 kākolūkamukhe devyau śvānāsyā śūkarānanā /[i] vaktranyāsaḥ samuddiṣṭaś caturmukhaviśuddhitaḥ //[ii] yamadāḍhīṃ yamadūtīṃ ca *yamadraṣṭrīṃ[→ yamadaṃṣṭriṇīṃ] tathaiva ca / *yamamanthyā[→ yamamathanyā] samāyuktāṃ bhāvayet koṇe saṃsthitām // —— [注] i) devyau] devyo — ms. 1c) samuddiṣṭaś] samudiṣṭaś — ms.

24 ādhyātmikaṃ yathā jñeyaṃ bāhyamaṇḍalam uttamam / ・・・(4 つの髑髏杯を除く 37 尊の説明、中略)・・・/ evaṃ bāhyādhyātmam avalambya yāvan nirvṛtigocaram // その説明は詳細に欠けているが、同聖典が大楽輪と三昧耶輪を含めたヘールカ曼荼羅全体の身体内化を何らかの形で意図していることを上記文章から読み取ることは可能である。なぜなら、第 4 型内的曼荼羅に特徴的な以下の要素が上記文章に含まれているからである。(i) 大楽輪の 4 つの髑髏杯の身体内化を除外している。(ii) 大楽輪と三昧耶輪の荼枳尼たちを脈管と結び付ける記述がないことから、この体系では第 2 型と第 3 型と同じく三輪の荼枳尼たちのみが脈管と結びつく 24 本の脈管説に立っている可能性を指摘できる。なお、同聖典の注釈書であるアラカカラシャ (Alakakalaśa) 作『ヨーギニーサンチャーラタントラ解説』(Yoginīsaṃcāratantravyākhyā) は、三昧耶輪の 8 人の荼枳尼のうち 7 人が両眼と両耳と両鼻穴と口に対応すると述べる (Skt ed: 5.18 —— kākāsyādisaptakaṃ cakṣuḥśrotraghrāṇaṣatke mukhe ca bhāvanīyam) が、その他の荼枳尼たちについては依然として詳細が明かされない。

25 『現観の花房』の曼荼羅はヘールカに代わってヴァジュラヴァーラーヒーが主尊となる 37 尊構成のものであるが、ルーイーパーダ作『チャクラサンヴァラ現観』への言及がある［Skt ed: p.132, l.13–16］。

26 de nas lus kyi dkyil ḥkhor *bsgoms[→ bsgom] te / gsaṅ baḥi pa dmar phag mo / spyi gtsug la he ru kaḥo / sñiṅ gar mkhaḥ ḥgro ma / mgrin par lā mā / lte bar kha ṇḍa ro ha / dpral bar gzugs can ma / mgo bo la sogs pa gnas ñi śu rtsa bshir rab tu gtum mo la sogs pa bsgom par byaḥo / kha la khwa gdoṅ ma / sna g'yas par ḥug paḥi gdoṅ can / bśad lam du khyi gdoṅ ma / sna g'yon par phag gdoṅ ma / rna ba g'yon par gśin rje brtan ma / g'yas par pho ña ma / mig g'yas par mche ba ma / g'yon par ḥjoms ma bsam par byaḥo //

27 kha daṅ sna bug g'yon pa daṅ bśad baḥi lam daṅ sna bug g'yas baḥi sgo rnams su rim pa bshin du khwa gdoṅ ma la sogs paḥi sgo skyoṅ ma rnams so / rna ba g'yas pa daṅ g'yon pa daṅ mig g'yas pa daṅ g'yon pa rnams su gśin rje brtan ma la sogs pa rnams so // sñiṅ ga daṅ mgrin ma daṅ lte ba daṅ dpral baḥi pa dmaḥi ze ḥbru rnams la mkhaḥ ḥgro ma la sogs pa bhiḥo // rje btsun daṅ rje btsun maḥi gnas rnams man ṅag las śes par bya ste ...

28 sñiṅ la mkhaḥ ḥgro lus rjes dran / tshor dran mgo bor lā ma ste / chos dran mgrin par dum skyes ma / lte bar sems dran gzugs can maḥo // ... （中略）... las mthaḥ khwa gdoṅ kha la gnas / ḥtsho ba ḥug gdoṅ *rna[→ sna] phug g'yon / brtsol ba khyi gdoṅ *rna[→ sna] phug g'yas / dran pa phag gdoṅ bśad lam du // śrī he ru kaḥi tiṅ ṅe ḥdsin / gśin rje brtan ma rna ba g'yas / dge chos skyed par byed paḥo / skyes paḥi dge ba bsruṅ byed pa / gśin rje pho ña rna ba g'yon // mi dge thams cad spoṅ byed pa / mig g'yas gśin rje mche ba ma / mi dge mi skyed mi skyed pa / gśin rje ḥjoms ma mig g'yon la //

29 このような類の表現はサンヴァラ系の諸文献にしばしば見られるが、大抵の場合その主意は、“下腹部の AṂ字（＝ヴァジュラヴァーラーヒー）の光（あるいは火）を浴びた頭頂の HAṂ字（＝ヘールカ）から菩提心（大楽を自性とするもの）が滴る” というものである。

30 ñi śu rtsa bshiḥi rtsa yi geḥi raṅ bshin du gnas par bsgom par byaḥo // kha daṅ sna g'yas sna g'yon bśad lam du khwa gdoṅ ma la sogs pa bshiḥo // rna ba g'yas g'yon daṅ mig gñis la gśin rje brtan ma la sogs ba bshiḥo // sñiṅ ga mgrin pa lte ba dpral ba dag la mkhaḥ ḥgro ma la sogs pa bshiḥo // ... // spyi boḥi chu skyes la gnas pa yab byaṅ chub sems raṅ bshin las gsaṅ baḥi chu skyes la gnas pa a śad kyi raṅ bshin phag mo lhan cig tu ḥkyud ciṅ bde ba chen poḥi raṅ bshin skye ba ḥgyur ba shes gdam ṅag śes nas yoṅs su dag paḥi lus kyi dkyil ḥkhor yaṅ daṅ yaṅ du bstan paḥi mos pas ...

31 puṃ jāṃ ityādi sarvaṃ sānusvāraṃ nirūpyatām / puṃkārādyakṣaraparigatāny araśūnyatācakrākārāṇi pīṭhādisthānāni śiraḥprabhṛtiṣu jhaṭiti draṣṭavyāni / teṣu pīṭhādiṣu tattatsthānagatā nāḍyas tattaddevatārūpeṇa pariṇamayya vyavasthitā bhāvyāḥ / … / vaktravāmadakṣiṇanāsāpuṭaṃ gudadvāreṣu krameṇa kākāsyādayo dvārapālyaḥ / savyāpasavyaśrotrasavyāpasavyanetreṣu yamadāḍhyādayaḥ / hṛllalāṭakaṇṭhanābhikarṇikāsu ḍākinyādayaś catasraḥ /

32 yathā bāhyavṛkṣādi samīpasthā nadyas toyena poṣaṇaṃ kurvanti tadvad dehe 'pi nāḍyo nakhādīnāṃ poṣaṇaṃ kurvantīti samānatā / bāhye vajrapīṭhaṃ mahābodhisaṃjñakaṃ sthānaṃ nairañjanā ca nadī / dehe mahāsukhacakraṃ vajrapīṭham avadhūtī nirañjanā /

33 『ヴァジュラダーカ・タントラ』から略出した成就法であるカラーカパーダ (Kalākapāda) 作『ヴァジュラダーカ成就法』(Vajraḍākatantroddhṛtasādhanopāyikā) は、このクリシュナーチャーリヤ作『チャクラサンヴァラ成就法』に基づいて作成された面も強い。以下、このクリシュナーチャーリヤ作『チャクラサンヴァラ成就法』について論じることの多くは『ヴァジュラダーカ成就法』にも当てはまる。だが、『ヴァジュラダーカ成就法』はその曼荼羅を『ヴァジュラダーカ・タントラ』に基づいて構成しているため、ダーキニー・ラーマー・カンダローハー・ルーピニーといった大楽輪の 4 人の荼枳尼たちが、それぞれパータニー (Pātanī)・マーラニー (Māraṇī)・アーカルシャニー (Ākarṣaṇī)・ナルテーシュヴァリー (Narteśvarī) になっている。

34 このように、ダーリカパーダ作『チャクラサンヴァラ成就法』では、内的曼荼羅の観想は報身に対応する。外的曼荼羅の観想は応身に [Tib: Toh, 200b1、Ota, 225b7]、三十七菩提分法としての曼荼羅は法身に対応する [Tib: Toh, 202a2、Ota, 227b7]。これら曼荼羅の 3 つの側面を三身に対応させるのはダーリカパーダの特徴である。このような解釈はルーイーパーダ、ガンターパーダ、クリシュナーチャーリヤの書には見られない。

35 he ru ka la sogs paḥi lha / rtsa yi gzugs kyis yaṅ dag gnas //

36 lte ba ḥam sñiṅ gaḥi rtsa bshi ni / ḥbyuṅ lṅaḥi rluṅ daṅ bdud rtsi ḥbab / bde chen dgu yi bdag ñid bsam / phyag brgyad dam ni sgo brgyad du / las kyi rluṅ ṅam byed bdag gis / kwa gdog gśin rje la sogs brgyad // なお、チベット訳文献のḥbyuṅ lṅaḥi rluṅ daṅ bdud rtsi ḥbab (文字通りには、「五元素の風と甘露を運搬する」) は誤訳である可能性がある。“lṅa (= pañca) ” は “bdud rtsi (= amṛta) ” に本来係ると思われる。なぜなら、ここで登場する脈管は 4 本であって四元素と対応すると考えるのが自然であり、外的な大楽輪の 4 人の荼枳尼たちは四元素を象徴する女尊たちであり、また、五甘露 (bdud rtsi lṅa = pañcāmṛta) という用語は外的な大楽輪の髑髏杯の記述の中にも登場する常套的表現だからである。

37 同様の方針を後述『ヴァサンタティラカー』に現れる表現 “5 本の脈管が身体の心臓の中央を通っている” (iti dehasya hṛnmadhye pañcanāḍyo vyavasthitāḥ, Skt ed: 6.16) に見い出すことも不可能ではない。これら 5 本の脈管のうち 1 本はアヴァドゥーティー脈管を指すので、大楽輪の 4 人の荼枳尼たちおよび 4 つの髑髏杯と同一視される脈管の数は 4 となる、というのが文字通りの解釈である。だがこのような言説と対照的に、後述するように同書は実際には 9 本の脈管を心臓に想定している。ここでは、大楽輪の 4 人の荼枳尼たちに対応する 4 本の脈管と、大楽輪の 4 つの髑髏杯に対応する 4 本の脈管が区別されている。ヴァナラトラ（Vanaratna）による注釈書『秘密灯火』（Rahasyadīpikā）は、同書に見える上記矛盾を解消するために、4 つの髑髏杯と同一視される脈管は、4 人の荼枳尼たちと同一視される脈管と一緒くたに数える（つまり、本当は 8 本だが 4 本と数える）と注釈している（『秘密灯火』, Skt ed: p.41, l.9)。

38 この文章は、これらの内的な荼枳尼たちがそれぞれの外的な姿で身体に観想されることを示している。またこれ以外にも、同書は内的曼荼羅の説明を終えた後に、内的な尊格たち全てを外的な姿で身体に観想すべき旨を述べる。つまり、ここでは内的な尊格たちは外的な尊格と同じ姿で観想されるのである（ガンターパーダ作『チャクラサンヴァラ成就法』, Tib: Toh, 223b6–224a1、Ota, 259b1–b4)。なお、これらの文章を外的曼荼羅の説明であると解釈することは全く不可能である。なぜなら、ガンターパーダの観想体系では、ヘールカとヴァジュラヴァーラーヒーを除く尊格たちは外的には観想されないとされているからである（同, Tib: Toh, 223a1–a5、Ota, 258b1–b7)。桜井 1996, p.310 も見よ。桜井は、ガンターパーダが説く内的曼荼羅は、自身が批判する「人造物」としての外的な色粉曼荼羅等の姿形に基づいて観想されると分析している。

39 thugs su a wa dhū tī hūṃ / ma bcos naṅ gi bdag ñid do / mkhaḥ ḥgro lā ma dum skyes ma / gzugs can ma ste bshi rnams kyaṅ / shal mdog daṅ mtshuṅs kha ṭwāṃ snod / gri daṅ phyag lṅa yis brgyan // mchod pa bshi yi raṅ bshin rtsa / phyogs bral bde chen ḥkhor lo ste / maṃ laṃ paṃ taṃ hūṃ brgyad kyaṅ / dam tshig cig car bśad pa yin //　なお、同書の内的曼荼羅については、桜井による先行研究がある（桜井 1996)。桜井は同書の分析を通して、ガンターパーダは 37 本脈管説を説くと述べている。だが筆者の見解では、後に検討するように、同書は 41 本脈管説の立場に立つと考えられる。

40 chos kyi ḥkhor lor ḥdam ma bshi / mdog gsal hūṃ las lte ba ru / thabs daṅ śes rab bdag ñid bsam / phyogs ḥdab rigs kyi sa bon las / sñiṅ poḥi rnal ḥbyor ma bshi bskyed / steṅ ḥog lus kyi cha śas la // pu jā la sogs ñi śu bshis / ḥkhor lo gsum gyi bdag ñid dran / chos ḥkhor phyi yi ḥdab brgyad la / riṅ poḥi hūṃ las khro mo brgyad // de ltar lha rnams thams cad ni / me loṅ naṅ gi gzugs brñan bshin / phyi yi dkyil ḥkhor lta bur dmigs / mi gsal rtsa yig thams cad la // dag paḥi lha ñid mos śiṅ dran / ...

41 アドヴァヤヴァジュラ（Advayavajra）は『五相』（Pañcākāra）の中で［Skt ed: p.123–135]、外的な蓮華における五智如来と四女尊の種字を以下のように述べる。すなわち、蓮華の東の葉には OṂ字（＝ヴァイローチャナ)、南の葉には TRĀṂ字（＝ラトナサンバヴァ)、西の葉には HRĪṂ字（＝アミターバ)、北の葉には KHAṂ字（＝アモーガシッディ）東南の葉には LĀṂ字（＝ブッダローチャナー)、南西の葉には MĀṂ字（＝マーマキー)、西北の葉には PĀṂ字（＝パーンダラヴァーシニー)、北東の葉には TĀṂ字（＝

ターラー）が配置される。

五族の主と大楽輪の尊格たちの結びつきは、ガンターパーダの別の書『チャクラサンヴァラを成就させる如意宝珠』(Cakrasaṃvarasādhanaratnacintāmaṇi) にも見られる［Tib: Toh, 236a1、Ota, 274b3–b4］—— dkyil ḥkhor gtso la rdo rje sems dpaḥi rgya / rdo rje rnal ḥbyor ma la mi bskyod pa / mkhaḥ ḥgro lā ma dum skyes gzugs can ma / rtag pa don grub dpag med rin chen ḥbyuṅ / この書は大楽輪の観想法である。

42 前注も見よ。

43 『サンヴァローダヤ・タントラ』も法輪として多重構成の蓮華を説く。しかし、その内容はガンターパーダの説とは異なっている。『サンヴァローダヤ・タントラ』では、主要な蓮華の上に小さな蓮華が多数あるという構成になっている［Skt ed: 31.25］。

44 svahṛnmadhyagataṃ padmam aṣṭapattraṃ sakarṇikam / tasya madhye sthitā nāḍī tailavahnisvarūpikā // kadalīpuṣpasaṃkāśā lambamānā tv adhomukhī / tasya madhye sthito vīraḥ sarṣapasthūlamātrakaḥ // hūṃkāro 'nāhato bījaṃ sravantaṃ[= sravat] tuṣārasannibham / vasanta iti vikhyāto dehināṃ hṛdi nandanaḥ // vaḍavānalarūpā tu vārāhī tilakā matā / karmamārutanirdhūtā jvalantī nābhimaṇḍale // vasantaṃ prāpya saṃtuṣṭā samāpattyā vyavasthitā / eṣa śrīheruko vīro vasantatilakā matā //

45 『秘密灯火』, (Skt ed) p.38, l.14。

46 ity etā vajrayoginyo nāḍīrūpeṇa saṃsthitāḥ / cittavajrasya yoginyaḥ saptatriṃśad udāhṛtāḥ / prajñāpāramitā hy etāḥ śarīre saṃvyavasthitāḥ //

47 この「それ (tat)」が何を指すかは不明瞭であるが、「それへの供養の姿」という表現から、供養対象すなわち世尊＝ヴァサンタであるとも考えられる。

48 次々注引用梵文における対応箇所 "yathā pūrvāḥ" の "pūrvāḥ"（複数・女性形）は脈管（nāḍyaḥ）を意図していると考えられる。なぜなら、この一連の文章は荼枳尼たちと同一視される脈管を説明したものだからである。

49 次注の引用梵文における対応箇所 "viśuddhikāḥ"（複数・女性形）は、前注と同じ理由により、脈管（nāḍyaḥ）を意図していると解釈するべきである。

50 dalānāṃ catuṣkeṣu caturdikṣu vyavasthitāḥ / catasro bhūtanāḍyas tu tailavahnisvarūpam āśritāḥ // vidikṣu vyavasthitā nāḍyaś catasras tadgatā api / pañcāmṛtavahās tās tu tatpūjārūpatāṃ gatāḥ // catuḥpūjeti vikhyātās tadrūpā eva bhāvataḥ / iti dehasya hṛnmadhye aṣṭa nāḍyo vyavasthitāḥ // aparāḥ kāyavākcittabhedena caturviṃśatiḥ samudāhṛtāḥ / pīṭhādibhedam āśritya sthāne sthāne samāśritāḥ / kākāsyādi yathā pūrvāḥ pātanyādi viśuddhikāḥ //

51 Skt ed: 6.13–17。顕著な相違として、同書では "kākāsyādi yathā pūrvāḥ pātanyādi viśuddhikāḥ" の記載がない点を挙げることができる。

52 詳細については拙稿 2002a, pp.84 を見よ。

53 だが、少なくとも、クリシュナ流はそれらの種字の存在を知らなかったために種字が説かれなかったという解釈は成り立たない。本文でも中心的に採り上げたクリシュナーチャーリヤ作『チャクラサンヴァラ成就法』は、カンバラパーダ（Kambalapāda）作『ヘールカービダーナ釈』（Herukābhidhānapañjikā）とも密接な関連がある［拙稿 2000: 46–47］。文章の貸借関係および、『ヘールカービダーナ釈』の内的曼荼羅は第2型に属するという点から、『ヘールカービダーナ釈』はクリシュナーチャーリヤ作『チャクラサンヴァラ成就法』よりも前に作成されたと考えられる。『ヘールカービダーナ釈』は内的曼荼羅観想のための種字を説いている。つまり、クリシュナ流成立の段階には既にこのような種字の知識は存在したと考えられる。同様のことは、『ヴァサンタティラカー』と『サンプトードバヴァ・タントラ』の間の関係についても言える。

54 『四次第』, Tib: Toh, 356a2、Ota, 390b3。なお、TRĀṂに関して、Ota では TRAṂとなっている。JRĪṂに関して、Ota では JRIṂとなっている。KHAṂに関して、Ota では VAṂとなっている。

55 『四次第解題』, Tib: Toh, 360a3–a4、Ota 395b7–b8。

56 『サンヴァラ解説』, Tib: Toh, 9a5–6、Ota 11a6。なお、TRĀṂに関して、Ota では TRI になっている。HRĪṂに関して、Ota では HRI になっている。LĀṂ MĀṂ PĀṂ TĀṂに関して、Ota では LAṂ MAṂ PAṂ TAṂになっている。

57 tataḥ samayacakrātmake tālukamale pūrvadale bhagavataḥ pūrvamūrtiḥ śabdavahā darśanajñānarūpā śaśā nāma nāḍī ḍākinī / uttaramūrtir gandhavahā samatājñānarūpā kṣīravahā nāma nāḍī lāmā / paścimadale paścimamūrtiḥ rasavahā pratyavekṣajñānasvabhāvā snigdhā nāḍī khaṇḍarohā /[i] dakṣiṇadale dakṣiṇamūrtiḥ sparśavahā kṛtyānuṣṭhānarūpā madhurā nāma nāḍī rūpiṇī // hṛtkamala ity aparaṃ mukhacaturṣv ity eva lokāḥ kathayanti //[ii] trikoṇeṣu patreṣu ca sahasraṃ pranāḍikā bodhicittavahā bāhye catuḥpūjārūpā bodhicittakaroṭakāḥ // iti mahāsukhacakraṃ buddhabhūmivajramatitattvaṃ trilokaṃ trikāyam // —— ［注］i) -svabhāvā] svabhāva — Skt ed. ii) aparaṃ] apara — Skt ed.

58 mukhapūrvadvāra ugrā nāḍī kākāsyā / dakṣiṇanāsottaradvāre ghorā nāḍy ulūkāsyā / gude paścimadvāre 'gnivadanā nāḍī śvānāsyā / vāmanāsādakṣiṇadvāre tejinī nāḍī śūkarāsyā / vāmakarṇa āgneye khaḍgadhārī nāḍī yamadāḍhī /[i] dakṣiṇakarṇe nairṛtye cakrī nāḍī yamadūtī / dakṣiṇanetre vāyavye sūcīmukhā nāḍī yamadaṃṣṭriṇī /[ii] vāmanetra aiśāne svabhāvakukṣināḍī yamamathanī // atra kecid evaṃ vadanti / vāmapādasyāgrottaragulphapārṣṇidakṣiṇagulpheṣu sthitā yā dvārapālinyaḥ, dakṣiṇapādasyāgradakṣiṇagulphapārṣṇivāmagulpheṣu sthitāḥ koṇavāsinyo yoginya iti //[iii] —— ［注］i) yamadāḍhī] yamadātī — Skt ed. ii) yamadaṃṣṭriṇī] yamadaṃṣṭrī — Skt ed. iii) vāmapādasyāgrottaragulphapārṣṇidakṣiṇagulpheṣu] vāmapādasyāgrottaraṃ gulphapārṣṇidakṣiṇagulpheṣu — Skt ed. / dakṣiṇapādasyāgrada-

kṣiṇagulphapārṣṇivāmagulpheṣu] dakṣiṇapādasyāgre dakṣiṇagulphapārṣṇivāmagulpheṣu — Skt ed.

59 yadi vārāhīmūlaṃ viśvavajratanmadhyaviśvapaṅkeruham antaścaturdalaṃ bahiraṣṭadalaṃ bindurūpaṃ vibhāvya tanmadhyagāṃ nirālambāṃ *yāvad(?) nāḍītrayaikarūpāṃ prabhāsvarāṃ nālarūpāṃ vajravārāhīṃ bhāvayet / tatra *tri[→ ekaika]dale bindurūpās tisras tisraḥ śaśādyā nāḍikā ḍākinyādiḍākinīsvabhāvā vibhāvya nāḍīcakrāntarvartivyāpakaṃ mahājñānaṃ śrīcakrasaṃvaraṃ yāvadicchaṃ cintayet // なお、tridale を ekaikadale として読むことには一見無理があるように感じるかもしれない。だが tridale では数が合わず、ekaikadale を意図していると考えるとこの文章全体の論が一貫する。いずれかの書写の段階で、すぐ後に来る tisras tisraḥにつられて tridale と誤写あるいは誤記したのかもしれない。

60 一方、同聖典は以下のような説（おそらく『ヘーヴァジュラ・タントラ』や『サンプトードバヴァ・タントラ』をベースにしたのだろう）も内的曼荼羅の基本説として述べる——「その（＝頭部にあり、三十二葉蓮華の形をした大楽輪の）中央に月輪がある。[さらに] その中央に脈管（＝アヴァドゥーティー脈管）がある。[また、] とても小さい、鳥の嘴の形をした、不壊の、母音（āli）と子音（kāli）から成る HAṂ字であり、ヴァジュラサットヴァを自性とする、32 本の脈管が [そこから] 生えているものを信解するべきである。そこから生じた、月の形の、倶生なる報身を自体とし、子音をその姿とし、方便の姿をもち、極清浄法界智を自体とするものを、吉祥なるヘールカである [と信解するべきである]。次に、倶生なる応 [身を自体とし] 虚空のようであり、全ての支分とそれぞれの支分と全ての望みと虚空を貫く、それ自身の本性としての身体を自体とし、母音をその姿とし、般若の姿をもち、とても清らかな法界を自性とするものを、ヴァジュラヴァーラーヒーであると信解するべきである。」[Skt ed: p.2, l.3–l.9]

この文章には、口蓋の十二葉蓮華とは異なる、中央に HAṂ字を抱く、頭部の三十二葉蓮華（すなわち、四輪の 1 つとしての大楽輪）から伸びる 32 本の脈管が言及されている。この 32 本の脈管と、口蓋の十二葉蓮華を通る 1037 本あるいは 37 本と多数の脈管の関係は不明である。聖典自身がその関係について何ら説明をしようとしないところを見ると、この 32 本の脈管は内的曼荼羅の各荼枳尼たちとは特に関連を有しておらず、単に『ヘーヴァジュラ・タントラ』や『サンプトードバヴァ・タントラ』が大楽輪から伸びる 32 本の脈管に言及するからここでも言及した、というものかもしれない。また、この文章からヘールカの内的な姿をやはり菩提心であると解釈することは可能である。だがヴァジュラヴァーラーヒーの内的な姿は、「倶生なる応身」「母音をその姿とし」という表現から、ここでは臍部にある応輪の AṂ字を意図していると読み取ることも可能である。だが、そのように積極的に説明されているわけでもないし、またこの AṂ字もアヴァドゥーティー脈管の一部（アヴァドゥーティー脈管は応輪の AṂ字につながっている）であるのだから、同聖典が明記する内的なヴァジュラヴァーラーヒーはアヴァドゥーティー脈管であると判断しておくのが無難であろう。

第4章　外的な時間の輪

はじめに

個々の人間存在の誕生、成長、死、そして転生のあり方は時間という原理と密接である。時間の輪（kālacakra）[1]の体系は、前近代インドの科学や宗教の展開のうえでしばしば重要な役割を果たしてきた。従来、『カーラチャクラ・タントラ』がインド密教史への時間の輪の体系の本格的導入を行ったと考えられてきた。だが、これから論じるように、その本格的な導入は既にサンヴァラ系、さらにその素朴な原初形態の導入はチャトゥシュピータ系にまで遡ることができる。

とはいえ、サンヴァラの伝統と時間論の何らかの関係が従来全く無視されていたわけではない［津田 1972, 1987（1976）:145–146］。津田論文は、天体の動きと連動する時間の周期に即して、サンヴァラの37尊ヘールカ曼荼羅の中を女尊たちが自らの位置を変える（転位する）という、時間の経過と連動した動的な曼荼羅の姿を検討している[2]。この研究は曼荼羅の構成とのかかわりでサンヴァラの時間論を考察するものであるが、実はサンヴァラには曼荼羅の意味付けという次元にとどまらない、より実際的かつ幅広い範囲での応用を視野に入れた、個性的な時間論が構築されている。

ここで解明を試みる時間の輪の体系は“外的な”時間の輪の体系、つまり個々の人間存在を含めた世界全体の時間の体系を指す。この外的な時間の輪の体系は暦と関連付けられ、それに基づく占術が行われる。暦と占術は宗教的な生活を送るうえで重要な役割を果たす。祭り、儀礼等の様々な行為は、暦や占術の結果に基づいて実行されることが多いからである。本章ではこのような暦と占術についても、時間の輪の体系との関連からの検討を加える。なお、占術体系の検討については、ここでは特に出生占いに焦点を絞り、その他の占術については簡潔に論じるにとどめたい。特に出生占いに焦点を絞る理由は、この出生占いには独自の死生観が潜んでおり、サンヴァラ的人間存在のあり方の検討へとつながり得るという点にある。

上記の検討を行う際の主な資料は以下の通りである。サンヴァラの検討として、『ヴァジュラダーカ・タントラ』と『ダーカールナヴァ・タントラ』、およびこれら諸聖典の注釈書であるバヴァヴァジュラ（Bhavavajra）作『ヴァジュラダーカ語釈』（Vajraḍākatantravivṛti）、パドマヴァジュラ（Padmavajra）作『ヴォーヒター』を主に使用する。チャトゥシュピータの検討としては、『チャトゥシュピータ・タントラ』（Catuṣpīṭhatantra）、およびその注釈書であるバヴァ（Bhava）作『チャトゥシュピータ大要』（Catuṣpīṭhanibandha）を主に使用し、カルヤーナヴァルマン（Kalyāṇavarman）作『チャトゥシュピータ観照』（Catuṣpīṭhāloka）を補佐的に使用する。ここで特に『チャトゥシュピータ大要』を主要注釈書に定める理由は、この論書が『チャトゥシュピータ・タントラ』の教説に最も詳細な説明を与えてくれるのに加え、時間の輪、暦、占術の体系の展開を知るうえで有益だからである。さらに、インド古典体系内におけるこれら仏教体系の位置を明確にするために、天文暦占術体系の大家であるヴァラーハミヒラ（Varāhamihira）等の前近代ヒンドゥー教の諸聖典に説かれる体系との比較も必要な限り試みる。上記の仏教諸聖典に説かれる諸体系は、ヴァラーハミヒラよりも後の時代に誕生したことを留意して頂きたい。

1　時間の輪の体系

1.1　時間の輪の基本構成単位としての 12 の時間区分

『チャトゥシュピータ・タントラ』、『ヴァジュラダーカ・タントラ』、『ダーカールナヴァ・タントラ』に説かれる時間の輪の体系は、12 の時間区分（つまり、12 年、1 年、半月、1 日、1 時間といった個別の時間の一周期を 12 区分

したもの [15 日から成る半月という時間の一周期を 12 等分する方法については、後に詳述する]）を基本構成単位とする。たとえば 12 年を時間の一周期とするならば、1 つの時間区分の幅は 1 年となり、1 年を時間の一周期とするならば、1 つの時間区分の幅は 1 ヵ月となる。これら 12 の時間区分は、「家主」（bhuvaneśvara）と概称される。なぜなら、それら 12 の家主のそれぞれは、12 の家（bhuvana）――東の地平線上の黄道点を出発点として、天球の日周運動とは逆の方向に、360° の黄道を 12 等分したもの、したがってそれぞれの家は 360° ÷ 12 = 30° の広がりをもつ――に順にあてがわれるからである。これら 12 の家は、ヴァラーハミヒラ等インド古典体系における家（gṛha 等）と同一内容であると考えてよい。これに対して 12 の家主という時間区分は、ヴァラーハミヒラの体系には登場しない。だが、時間の幅を表す家主と、太陽の軌道線である黄道が関連付けられることは、時間の経過が天体の運行とパラレルであることを考えれば理解可能である。

12 の家主のそれぞれには個別の名がある。それらの名は順に (1) ローヒター（rohitā）、(2) モーヒター（mohitā）、(3) バドラ（bhadra）、(4) ヴリシャバ（vṛṣabha）、(5) クールマ（kūrma）、(6) マカラ（makara）、(7) ランダー（raṇḍā）、(8) ミキラ（mikira）、(9) ビドリカ（bhidrika）またはビドリ（bhidri）、(10) ヴャークリ（vyākuli）またはヴャークリー（vyākulī）、(11) スヴァプナ（svapna）またはスヴァプニカー（svapnikā）（前者の個別名は『チャトゥシュピータ・タントラ』で専ら用いられ、後者の個別名は『ダーカールナヴァ・タントラ』で専ら用いられ、『ヴァジュラダーカ・タントラ』では双方の個別名が用いられる）、(12) カーマ（kāma）またはブヴァネーシュヴァラ（bhuvaneśvara）（前者の個別名は『チャトゥシュピータ・タントラ』で専ら用いられ、後者の個別名は『ダーカールナヴァ・タントラ』で専ら用いられ、『ヴァジュラダーカ・タントラ』では双方の個別名が用いられる）である。

上記のように、11 番目と 12 番目の家主の個別名には 2 種類ある。『ヴァジュラダーカ・タントラ』はそれら各々につき双方の個別名を用いているため、『ヴァジュラダーカ語釈』は、『ヴァジュラダーカ・タントラ』と『チャトゥシュピータ・タントラ』の間の整合性を目指して、スヴァプニカー（svapnikā）はスヴァプナ（svapna）を意味し、ブヴァネーシュヴァラ（bhuvaneśvara）はカーマ（kāma）を意味すると注釈している。ではなぜ、11番目と12番目の家主にはこのような2種類の個別名があるのだろうか。写本学の観点からすれば、2種類の個別名の発生過程を以下のように推定することが可能である——“svapnikā”は“svapnakāma”（つまり、11番目の家主である“svapna”と12番目の家主である“kāma”）という表現のコラプションである。ある時、『チャトゥシュピータ・タントラ』に記された“svapnakāma”という表現の最後の文字である“ma”が書き損じられて“svapnakā”となった。その後、この“svapnakā”は“svapnikā”という形に整えられた。その結果、元来12の家主の概称であった“bhuvaneśvara”という語が、12番目の家主の個別名となった。したがって、『ヴァジュラダーカ・タントラ』およびそれに続く『ダーカールナヴァ・タントラ』では、“bhuvaneśvara”という語は12の家主の概称であると同時に12番目の家主の個別名となったのである。

1.2　時間の輪の体系の詳細

上述のように、時間の輪はローヒター、モーヒター、バドラといった12の家主（つまり12の時間の幅）を基本構成単位とする。これら12の家主は早朝を起点とし、黄道の12等分つまり12の家のそれぞれに東からそれぞれ順にあてがわれる。冬至点および冬至日があるパウシャ（Pauṣa）月（本稿で扱う仏教聖典はパウシャ月を冬至日が起こる月としている）が時間の輪の起点および1年の開始月である。これが、本稿で扱う仏教聖典が共通して有する時間の輪の体系の基本構造である。矢野道夫氏が既に指摘しているように、古典ヒンドゥー天文学の聖典である『ヴェーダーンガジョーティシャ』では、冬至点および冬至日があるマーガ（Māgha）月を時間の輪の起点および1年の開始月としていた［矢野 1976］。これに対し、ヴァラーハミヒラの天文体系では、春分点と春分日があるチャイトラ（Caitra）月を時間の輪の起点および1年の開始月としている。この点に関して、上記仏教の体系はヴァラーハミヒラより古い時代に属する『ヴェーダーンガジョーティシャ』に近いと言える。

12の家主は、一昼夜つまり60ガティ（ghaṭi = ghaṭikā：1ガティは私たちの時間単位で言えば24分［24時間 ÷ 60ガティ = 0.4時間］に相当する）、十二宮（rāśi）と二十七宿（nakṣatra）、惑星（graha）、ナーガ（nāga）たち、12 の母音、菩薩の境地の階梯である十二地（dvādaśabhūmi）、十二支 [縁起]（dvādaśāṅga）といった様々な要素と対応する。その対応の仕方は文献によって相違する。**表 4–1**（『チャトゥシュピータ・タントラ』と『チャトゥシュピータ大要』に基づくチャトゥシュピータ系の時間の輪）、**表 4–2**（『ヴァジュラダーカ・タントラ』と『ヴァジュラダーカ語釈』に基づくサンヴァラ系の時間の輪）、**表 4–3**（『ダーカールナヴァ・タントラ』と『ヴォーヒター』に基づくサンヴァラ系の時間の輪）は、パウシャ月における冬至日における 12 の家主と、それらに対応する諸要素をまとめたものである。なお、これら対応諸要素のうち、ナーガたちの機能に関しては本章の検討範囲から外れるため、以下の表では割愛している。また、詳しくは後述するが、第一月であるパウシャ月の第 1 日、つまり冬至日の時間の一周期（つまり 1 日）は、どの聖典もローヒターで始まり、カーマあるいはブヴァネーシュヴァラで終わる。第 2 月（つまり翌月）であるマーガ（Māgha）月の第 1 日は、表 4–1 ではモーヒターで始まりローヒターで終わり、表 4–2 と表 4–3 ではブヴァネーシュヴァラで始まりスヴァプニカーで終わる。第 3 月であるパールグナ（Phālguna）月の第 1 日は、表 4–1 ではバドラで始まりモーヒターで終わり、表 4–2 と表 4–3 ではスヴァプニカーで始まりヴァークリで終わる。このように、1 ヵ月経過する毎に、第 1 日にあてがわれる家主は 1 つずつずれていく。

表 4–1、表 4–2、表 4–3 にまとめた時間の輪の体系を比較すると、以下の 6 つの論点を指摘することができる。

(I) 12 の家主と天文学的要素の関連性

表 4–1 に示したように、『チャトゥシュピータ・タントラ』には、時間の輪の体系と十二宮・二十七宿（および惑星）の間の関連付けを述べる記述が存在しない。この関連は、表 4–1 における『チャトゥシュピータ大要』の解釈と表 4–2 および表 4–3 において明確になる。このことと、『チャトゥシュピータ大要』と『ヴァジュラダーカ・タントラ』および『ダーカールナヴァ・タントラ』が『チャトゥシュピータ・タントラ』より後代に作成された文献であることを考慮するならば、時間の輪の体系と十二宮・二十七宿といった天文

表 4–1：チャトゥシュピータの時間の輪[3]

[▲＝『チャトゥシュピータ・タントラ』では明記されず、『チャトゥシュピータ大要』において明記される要素。]

＊1日 (ahorātra) = 21600 呼吸 (śvāsa) = 60 ガティ = ▲60 ダンダ（daṇḍa)

	12 の家主	ガティ数	十二宮	二十七宿	母音
▲		▲	▲	▲	
(左回り)	ローヒター	3 ガティ	羊宮	aśvinī, bharaṇī, kṛttikā 1/4	A
↓	モーヒター	4 ガティ	牡牛宮	kṛttikā 3/4, rohiṇī, mṛgaśīrṣa 2/4	Ā
↓	バドラ	5 ガティ	夫婦宮	mṛgaśīrṣa 2/4, ārdrā, punarvasu 3/4	I
↓	ヴリシャバ	5 ガティ	蟹宮	punarvasu 1/4, puṣya, āśleṣā	Ī
↓	クールマ	4 ガティ	獅子宮	maghā, pūrvaphālgunī, uttaraphālgunī 1/4	U
↓	マカラ	3 ガティ	娘宮	uttaraphālgunī, hasta, citrā 2/4	Ū
↓	ランダー	5 ガティ	秤宮	citrā 2/4, svāti, viśākhā 3/4	E
↓	ミキラ	7 ガティ	蠍宮	viśākhā 1/4, anurāḍhā, jyeṣṭhā	AI
↓	ビドリカ	6 ガティ	弓宮	mūla, pūrvāṣāḍhā, uttarāṣāḍhā 1/4	O
↓	ヴァークリ	6 ガティ	鹿宮	uttarāṣāḍhā 3/4, śravaṇa, dhaniṣṭhā 2/4	AU
↓	スヴァプナ	7 ガティ	瓶宮	dhaniṣṭhā 2/4, śatabhiṣaj, pūrvabhādrapadā 3/4	AṂ
↓	カーマ	5 ガティ	魚宮	pūrvabhādrapadā 1/4, uttarabhādrapadā, revatī	AḤ

表 **4–2**　サンヴァラの時間の輪（I）[4]

［△＝『ヴァジュラダーカ・タントラ』にはその対応が規定されるが、その個々の対応の詳細は『ヴァジュラダーカ語釈』で明かされる要素。
▲＝『ヴァジュラダーカ・タントラ』には明記されず、『ヴォーヒター』において明記される要素。］

＊ 1 日 = 21600 呼吸= 60 ガティ = ▲ 60 ダンダ

	12 の家主	ガティ数	十二宮	二十七宿	母音
		▲	▲	△	
(右回り)	ローヒター	3 ガティ	羊宮	aśvinī, bharaṇī, kṛttikā 1/4	A
↓	モーヒター	4 ガティ	牡牛宮	kṛttikā 3/4, rohiṇī, mṛgaśīrṣa 2/4	Ā
↓	バドラ	5 ガティ	夫婦宮	mṛgaśīrṣa 2/4, ārdrā, punarvsu 3/4	I
↓	ヴリシャバ	5 ガティ	蟹宮	punarvasu 1/4, puṣya, āśleṣā	Ī
↓	クールマ	4 ガティ	獅子宮	maghā, pūrvaphālgunī, uttaraphālgunī 1/4	U
↓	マカラ	3 ガティ	娘宮	uttaraphālgunī, hasta, citrā 2/4	Ū
↓	ランダー	5 ガティ	秤宮	citrā 2/4, svāti, viśākhā 3/4	E
↓	ミキラ	7 ガティ	蠍宮	viśākhā 1/4, anurādhā, jyeṣṭhā	AI
↓	ビドリカ	6 ガティ	弓宮	mūla, pūrvāṣāḍhā, uttarāṣāḍhā 1/4	O
↓	ヴャークリ	6 ガティ	鹿宮	uttarāṣāḍhā 3/4, śravaṇa, dhaniṣṭhā 2/4	AU
↓	スヴァプニカー i)	7 ガティ	瓶宮	dhaniṣṭhā 2/4, śatabhiṣaj, pūrvabhādrapadā 3/4	AṂ
↓	ブヴァネーシュヴァラ ii)	5 ガティ	魚宮	pūrvabhādrapadā 1/4, uttarabhādrapadā, revatī	AḤ

i) = svapna　　ii) = kāma

▲ 十二地（dvādaśabhūmi）との対応[5]

ローヒター： 信解行地	モーヒター： 歓喜地	バドラ： 離垢地
ヴリシャバ： 発光地	クールマ： 焔慧地	マカラ： 難勝地
ランダー： 現前地	ミキラ： 遠行地	ビドリカ： 不動地
ヴァークリ： 善慧地	スヴァプナ： 法雲地	カーマ： 仏地

表 **4–3** サンヴァラの時間の輪（**II**）[6]

［▲＝『ダーカールナヴァ・タントラ』には明記されないが、『ヴォーヒター』は宿の対応を説く。しかし、個々の対応の詳細は説明されない。］

＊1 日 = 21600 呼吸= 60 ガティ

	12 の家主	十二宮	二十七宿	十二支	母音
			▲		
(右回り)	ローヒター	磨羯宮	(不詳)	無明	A
↓	モーヒター	瓶宮	(不詳)	行	Ā
↓	バドラ	魚宮	(不詳)	識	I
↓	ヴリシャバ	羊宮	(不詳)	名色	Ī
↓	クールマ	牡牛宮	(不詳)	六入	U
↓	マカラ	夫婦宮	(不詳)	触	Ū
↓	ランダー	蟹宮	(不詳)	受	E
↓	ミキラ	獅子宮	(不詳)	渇愛	AI
↓	ビドリカ	娘宮	(不詳)	取	O
↓	ヴァークリ	秤宮	(不詳)	有	AU
↓	スヴァプニカー	蠍宮	(不詳)	生	AṂ
↓	ブヴァネーシュヴァラ	弓宮	(不詳)	老死	AḤ

学的要素の関連性は、『チャトゥシュピータ・タントラ』より後に明確になったことが理解できる。

(II) 60 ガティの配分

ガティ（＝ガティカー）は時間の基本単位の 1 つであり、既に述べたように私たちの 24 分にほぼ相当する。表 4–1、表 4–2、表 4–3 いずれの立場も、1 日は 60 ガティであるという点で同意している。ところで、表 4–1 の『チャトゥシュピータ大要』と表 4–2 の『ヴァジュラダーカ語釈』を見ると、この 60 ガティの配分が不均等であることに気が付く。それぞれの家主におけるガティ数の計算方法を文献から知ることはできない。それぞれの家主において規定されたガティ数は、後に検討するように、昼の長さと夜の長さの計算の際に(完全ではないにしても）うまく機能するものとなっている（→後述表 4–7)。

(III) 最初の宮

表 4–1 の『チャトゥシュピータ大要』と表 4–2 の『ヴァジュラダーカ語釈』は、この時間の輪の体系において、羊宮を十二宮の最初の宮としている。 これに対して、表 4–3 の『ダーカールナヴァ・タントラ』は、磨竭宮を最初の宮としている。上記の仏教体系においては春分が羊宮に含まれ、冬至が磨竭宮に含まれ、また冬至のあるパウシャ月が 1 年の開始月とされていることを考慮すれば、この宮の問題に関しては、表 4–3 の見解が体系としては最も妥当であることになる。表 4–1 と表 4–2 の見解は、羊宮を最初の宮と見なすヴァラーハミヒラ等の古典天文学に単に依拠したものであろう。

(IV) 12 の家主と伝統仏教教理の関連性

表 4–1 と表 4–2 に示したように、『チャトゥシュピータ・タントラ』と『ヴァジュラダーカ・タントラ』における 12 の家主は、伝統的な仏教教理との特別な関連性が想定されていない。

だが表 4–2 に示したように、これらの聖典の後に作成された『ヴァジュラダーカ語釈』は、十二地を 12 の家主と関連付ける試みを行っている。また、表 4–3 に示したように、『ダーカールナヴァ・タントラ』は 12 の家主を十二支縁起と関連付けている。12 の家主と十二支縁起の対応は、『チャトゥシュピータ観照』にも見出せる（だが『チャトゥシュピータ観照』は無明に始まる十二支縁起はローヒターといった特殊な同義語により表現されると簡潔に説明するのみである）[Skt ms: 2b4–b5][7]。このように、比較的後代の文献は、非伝統仏教的な 12 の家主という考え方を、十二地や十二支縁起といった伝統的な仏教教理に関連付ける試みをしたことが理解できる。ではこの関連付けは何を意味するのだろうか。

この意味について、諸文献は詳細な説明を与えてくれない。だが、十二地も十二支縁起も人間存在のあり方を仏教的に説明するものであることを考慮すれば、この関連付けは、それらを時間の輪という、人間存在を支配する原理の中で理解しようという試みであると推定することは可能である。時間の輪は循環的（あるいはスパイラル的）な時間の体系である。端的に言えばそれは輪廻であるが、時間の輪の体系はその性質上大きな時間周期のみならずより小さな時間周期（たとえば 1 日の時間のサイクル）も包摂し得る説明体系である。大きな時間周期も 12 の家主により表現され、同時に小さな時間周期も 12 の家主により表現されるという点を思い起こして頂きたい。大きな時間周期と小さな時間周期は、12 の家主を通して、少なくとも理論上は相互包摂的なのである。したがって、元来際限なく繰り返される死と転生のサイクルの中で一歩一歩進むはずの菩薩の境地の階梯としての十二地全体は、少なくとも理論上は 1 日のサイクルの中にも包摂され得ることになる。十二地は元来直線的な時間軸の中において把握されるべき教理であるが、ここではそれが円環的なものとして把握されている。また、時間の輪の体系と同じくその性質上鉛管的（あるいはスパイラル的）な時間軸に基づく体系である十二支縁起の全ての段階も、同様に少なくとも理論上は 1 日のサイクルの中にも包摂され得るものとなる[8]。

(VI) 12 の家主の配置の方向

表 4–1 に示したように、『チャトゥシュピータ大要』の解釈によれば、12 の家主およびその対応要素は東を基点として左回り（つまり、日周運動とは逆の方向）に配置される。これに対して、表 4–2 と表 4–3 に示したように、『ヴァ

表 **4–4**　**12** の家主と心の発生

	『ヴァジュラダーカ・タントラ』	『ブリハッ・ジャータカ』
(1)	自身 (ātman) ＝ローヒター	身体 (tanu)
(2)	家族 (gṛha) ＝ブヴァネーシュヴァラ	家族 (kuṭumba)
(3)	兄弟 (bhrātṛ) ＝スヴァプニカー	兄弟 (sahottha)
(4)	親類 (bāndhava) ＝ヴァークリ	親類 (bandhu)
(5)	息子 (putra) ＝ビドリカ	息子 (putra)
(6)	敵 (śatru) ＝ミキラ	敵 (ari)
(7)	等しき結合 (samāyoga) ＝ランダー	妻 (patni)
(8)	生 (jīvita) ＝マカラ	死 (maraṇa)
(9)	ダルマとアルタ (dharmārtha) ＝クールマ	良きもの (śubha)
(10)	残忍な義務 (kāryaṃ sudāruṇam) ＝ヴィリシャバ	威厳 (āspada)
(11)	財産 (artha) ＝バドラ	獲得 (āya)
(12)	困惑あるいは飽和 (samākula) ＝モーヒター	損失 (riḥpha)

ジュラダーカ・タントラ』と『ダーカールナヴァ・タントラ』は、東を基点として右回り（つまり、日周運動と同じ方向）に配置される。この配置方向という点に関しては、『チャトゥシュピータ大要』の解釈が天文占術体系としてはより一般的である。

12 の家主の右回り配置は、『ヴァジュラダーカ・タントラ』において、12 の家主を用いた別の天文教理にも見出すことができる。『ヴァジュラダーカ・タントラ』は、12 の家主の概念に基づいて、心の発生に関する規定（cittotpādavidhi：いわゆる「発心」ではない）が説明される［Skt ms: Śāstrī 72, 31a(摩滅)–31b1,

Matsunami 343, 28b7–29a2]。

ここでは12の家主は、その人の状態・将来を方向付ける12の心の発生を表す。これら12の心の発生の教理は、表**4–4**にまとめたように、ヴァラーハミヒラの『ブリハッ・ジャータカ』(Bṛhajjātaka)に説かれる12の家(gṛha)の意味と何らかの関係があると言ってよい[Skt ed: 1.15]。この表において、『ヴァジュラダーカ・タントラ』の“自身”、“家族”、“兄弟”等は、“自身に関する思考”、“家族に関する思考”、“兄弟に関する思考”等をそれぞれ意味する。

『ブリハッ・ジャータカ』における12の家は左回り(つまり日周運動の逆方向)に区切られ、それぞれの家が有する意味もその通りの順に配置される。『ブリハッ・ジャータカ』におけるこれら家の意味と『ヴァジュラダーカ・タントラ』における心の発生の内容をそれぞれ対応させて並べた場合、『ヴァジュラダーカ・タントラ』における12の家の順は逆順(つまり、ローヒター、モーヒター、・・・、スヴァプニカー、ブヴァネーシュヴァラという順ではなく、ローヒター、ブヴァネーシュヴァラ、スヴァプニカー、・・・、モーヒターという順)になることが理解できよう。このように、『ヴァジュラダーカ・タントラ』における12の家主の右回り(つまり日周運動と同方向)配置は、心の発生に関する天文占術体系においても見られるのである。

2　暦と12の家主

2.1　時間の輪の体系に基づく暦

表4–1、表4–2、表4–3に示された時間の輪の体系は、ガティ数の対応を除外すれば、半月(つまり1ヵ月のうちの白分の半月と黒分の半月)のサイクル、1年のサイクル、12年のサイクルも表し得る。『チャトゥシュピータ大要』と『ヴァジュラダーカ・タントラ』と『ダーカールナヴァ・タントラ』は、特に1年のサイクル(つまり12ヶ月から成る1年の暦)と、半月のサイクル(つまり12あるいは15日から成る半月の暦)を、12の家主の概念に基づいて説明している。表**4–5**は『チャトゥシュピータ大要』[Skt ms: Kathmandu B112/4, 6a5–b1][9]、表**4–6**は『ヴァジュラダーカ・タントラ』[Skt ms: Śāstrī 72, 26b5–27b5、Matsunami 343, 24b3–25b4][10]と『ダーカールナヴァ・タント

表 **4–5**　チャトゥシュピータの **12** の家主と暦

	パウシャ月 ＝ローヒター	マーガ月 ＝モーヒター	パールグナ月 ＝バドラ	・・・ ・・・	マールガシラ月 ＝カーマ
第 1 日	ローヒター	モーヒター	バドラ	・・・	カーマ
第 2 日	モーヒター	バドラ	ヴリシャバ	・・・	ローヒター
第 3 日	バドラ	ヴリシャバ	クールマ	・・・	モーヒター
第 4 日	ヴリシャバ	クールマ	マカラ	・・・	バドラ
第 5 日	クールマ	マカラ	ランダー	・・・	ヴリシャバ
第 6 日	マカラ	ランダー	ミキラ	・・・	クールマ
第 7 日	ランダー	ミキラ	ビドリカ	・・・	マカラ
第 8 日	ミキラ	ビドリカ	ヴァークリ	・・・	ランダー
第 9 日	ビドリカ	ヴァークリ	スヴァプナ	・・・	ミキラ
第 10 日	ヴァークリ	スヴァプナ	カーマ	・・・	ビドリカ
第 11 日	スヴァプナ	カーマ	ローヒター	・・・	ヴァークリ
第 12 日	カーマ	ローヒター	モーヒター	・・・	スヴァプナ

表 **4–6**　サンヴァラの **12** の家主と暦

	パウシャ月 ＝ローヒター	マーガ月 ＝モーヒター	パールグナ月 ＝バドラ	・・・ ・・・	マールガシラ月 ＝ブヴァネーシュヴァラ
第 1 日	ローヒター	ブヴァネーシュヴァラ	スヴァプニカー	・・・	モーヒター
第 2 日	モーヒター	ローヒター	ブヴァネーシュヴァラ	・・・	バドラ
第 3 日	バドラ	モーヒター	ローヒター	・・・	ヴリシャバ
第 4 日	ヴリシャバ	バドラ	モーヒター	・・・	クールマ
第 5 日	クールマ	ヴリシャバ	バドラ	・・・	マカラ
第 6 日	マカラ	クールマ	ヴリシャバ	・・・	ランダー
第 7 日	ランダー	マカラ	クールマ	・・・	ミキラ
第 8 日	ミキラ	ランダー	マカラ	・・・	ビドリカ
第 9 日	ビドリカ	ミキラ	ランダー	・・・	ヴァークリ
第 10 日	ヴァークリ	ビドリカ	ミキラ	・・・	スヴァプニカー
第 11 日	スヴァプニカー	ヴァークリ	ビドリカ	・・・	ブヴァネーシュヴァラ
第 12 日	ブヴァネーシュヴァラ	スヴァプニカー	ヴァークリ	・・・	ローヒター
第 13 日	バドラ	モーヒター	ローヒター	・・・	ヴリシャバ
第 14 日	ヴリシャバ	バドラ	モーヒター	・・・	クールマ
第 15 日	クールマ	ヴリシャバ	バドラ	・・・	マカラ

ラ』[Skt ms: Kathmandu Reel B113/6, 120a2–a3、Kathmandu Reel A142/2, 78a8–a9, 78b4–b5、Kathmandu Reel D40/6, 74b3, 74b8–b9][11]の説明をまとめたものである。それぞれの表の縦一列の項目は暦月を、横一列の項目は暦日を表す。パウシャ月が1年の開始月である。また、これらの表は、12年のサイクルを表すより大きな暦としても理論上活用可能である（この場合、表の縦一列の項目は暦年、横一列の項目は暦月を表す）。したがって、いかなる暦年、暦月、暦日、そして1日のうちの時間帯をローヒターやモーヒターやバドラといった12の家主の個別名によって表現することが可能となる。(たとえば、「今は、カーマ年のローヒター月のランダー日のバドラという時間帯である」といったような表現が可能となる。）だが注意すべき点は、以下の暦は1日のサイクルを表すものではないということである（パウシャ月第1日を例として1日のサイクルを表したものは表4–1、表4–2、表4–3である)。たとえば表4–5においてパウシャ月の第2日は暦日としてはモーヒターであるが、この暦日の第一時間区分はモーヒターではなくローヒターである。この暦月の第3日は暦日としてはバドラであるが、この暦日の第一時間区分はバドラではなくやはりローヒターである。このように、パウシャ月は毎日ローヒターから始まる。同様に、表4–5においてはマーガ月は毎日モーヒターから始まり、パールグナ月は毎日バドラから始まる。家主それぞれがあてがわれる家はそれぞれ30°の広がりをもち、起点が1日1°ずつ移動していく（360° = 360日 = 1年）のだから、これは当然の帰結であろう。

表4–5と表4–6を比較すると、以下の4つの点を指摘できる。

(I) ずれの方向

12の家主が通常の順序で暦日と暦月にあてがわれるという点は上記の諸文献で共通している。1ヵ月経過する毎に、12の暦日それぞれにあてがわれる12の家主が1つずつ順にずれていく。だが、そのずれの方向は表4–5と表4–6の暦では相違している。つまり、各暦月の第1日にあてがわれる家主は、表4–5では順にローヒター、モーヒター、バドラといったように正順でシフトしていくのに対し、表4–6では順にローヒター、ブヴァネーシュヴァラ、スヴァプニカーといったように逆順にシフトしていく。要するに、後者のシフトの方向は前者のそれの逆なのである。これは、表4–6の『ヴァジュラダーカ・タントラ』と『ダーカールナヴァ・タントラ』における、12の家主は右回り（つまり日周運動と同方向）で 12 の家にあてがわれるという規定の必然的帰結である。

(II) 第 13 日、第 14 日、第 15 日の家主

表 4–5 に示したような、各半月を 12 に区分するという『チャトゥシュピータ大要』の文字通りの読みは問題を生じることになる。すなわち、半月が経つ毎に暦のうえでの日が徐々にずれていくという問題であるである。したがって、表 4–6 の『ヴァジュラダーカ・タントラ』と『ダーカールナヴァ・タントラ』といった後代の聖典は、各半月における第 13 日と第 14 日と第 15 日にあてがわれる家主を明記しなければならなかった。具体的には、第 13 日にはその同じ半月における第 3 日の家主を、同じような方法で第 14 日には第 4 日の家主を、第 15 日には第 5 日の家主をあてがったのである。洗練された手法とは言いがたいが、これによりこの暦体系は、半月を 15 日とする古典暦学の体系に接近することになったのである。

(III) 閏月

どの仏教文献も、閏月の概念には触れていない。しかし、『ヴェーダーンガジョーティシャ』の時代にはすでに閏月という発想は既に見られたし、またこの発想がなければ暦はうまく機能しないはずであるから、それら仏教文献も閏月の発想を前提にしていると推測するべきである。もし表 4–6 を 12 年のサイクルを表す大きな暦として見るならば、おそらく縦一列の第 13 区分等にあてがわれている家主が、特定の暦年における閏月の家主ということになるのだろう。

だが真実がどのようなものであれ、これら仏教文献における暦体系の趣旨は、12 の家主に基づいた暦の理論化であって、暦の詳細な数理的理論化ではないという点に注意しなければならない。だからこそ、その記述はどの暦月や暦日等にどの家主が当てはまるかという説明にほぼ限定されているのである。では、どうしてそれほどまでにそれら仏教文献は 12 の家主の配当の仕方に熱心なのだろうか。別の言い方をすれば、12 の家主という概念による暦体系の整備にはどのような意味があるのだろうか。

(IV) 家主の概念に基づく体系化の目的

基本的には、12の家主の意義は占術にある。たとえば、『チャトゥシュピータ・タントラ』は、ローヒターは息災儀礼（śānti）に適切な時であり、ヴリシャバは増益儀礼（puṣṭi）に適切であり、マカラは敬愛儀礼（vaśa = vaśīkaraṇa）に適切であり、バドラは調伏儀礼（abhicāraka）に適切であり、モーヒターは追放儀礼（uccāṭana）に適切であり、クールマは停止儀礼（stambhita = stambhana）に適切であり、ランダーは離間儀礼（vidveṣa）に適切であり、ヴァークリは治癒儀礼に適切であり、ローヒターとマカラとランダーとミキラは不死性獲得の実践に適切であると規定する［Skt ms: Kathmandu B26/23, 4a2–a3、Cambridge 1704, 5a4–b2、Kathmandu A138/10, 5a2–a3］。この聖典は、その他の宗教的あるいは世俗的行為をなすに適切な家主の規定もしている［Skt ms: Kathmandu B26/23, 4a4–b1、Cambridge 1704, 5b2–6a1、Kathmandu A138/10, 5a3–b2］。『ヴァジュラダーカ・タントラ』は、人が病気になった場合、病気になった暦日にあてがわれる家主の相違に基づいて、その人が何日で回復するか（あるいは回復しない場合は何日で死ぬか）を規定している［Skt ms: Śāstrī 72, 29b1–b5、Matsunami 343, 28a5–b1］。また、同聖典は身体に現れる死兆（その人に死が迫っていることを示す徴）を説く際に、その死兆が現れた日にあてがわれる家主の相違に基づいて、その死兆が当人の余命何日を示すものであるか（したがって、同じ死兆でもそれが現れる日にあてがわれる家主が異なれば、異なる結果をもたらすことになる）を説明する［Skt ms: Śāstrī 72, 32a2–33a1、Matsunami 343, 29b1–30a7］。後に見る出生占いも、その人が生まれた日にあてがわれる家主に基づいて行われる。

このように、12の家主という考え方に基づく暦体系の構築の目的は、その暦の数理学的側面ではなく、そのパフォーマティヴな側面——すなわち、占術——に求められるべきである。このことは、実は暦体系に比較的一般的なものでもある。暦がまだ世俗化していなかった時代、概して暦は祭りや儀礼を行うにあたってその日の吉凶を知る重要な手段として用いられていたことを思い起こしてもらいたい。

2.2　各暦月の昼と夜の長さ

『チャトゥシュピータ・タントラ』［Skt ms: Kathmandu Reel B26/23, 4b3–5a5、Cambridge Add.1704, 6a4–7b1、Kathmandu Reel A138/10, 5b5–6b3］、

表 **4–7**　各暦月の昼と夜の長さ

暦月	長さ	『チャトゥシュピータ大要』	『ヴァジュラダーカ語釈』
パウシャ	(昼) 24	3 + 4 + 5 + 5 + 4 + 3 = 24	3 + 4 + 5 + 5 + 4 + 3 = 24
	(夜) 36	5 + 7 + 6 + 6 + 7 + 5 = 36	5 + 7 + 6 + 6 + 7 + 5 = 36
マーガ	(昼) 26	4 + 5 + 5 + 4 + 3 + 5 = 26	5 + 3 + 4 + 5 + 5 + 4 = 26
	(夜) 34	7 + 6 + 6 + 7 + 5 + 3 = 34	3 + 5 + 7 + 6 + 6 + 7 = 34
パールグナ	(昼) 28	5 + 5 + 4 + 3 + 5 + 7 = 29	7 + 5 + 3 + 4 + 5 + 5 = 29
	(夜) 32	6 + 6 + 7 + 5 + 3 + 4 = 31	4 + 3 + 5 + 7 + 6 + 6 = 31
チャイトラ	(昼) 30	5 + 4 + 3 + 5 + 7 + 6 = 30	6 + 7 + 5 + 3 + 4 + 5 = 30
	(夜) 30	6 + 7 + 5 + 3 + 4 + 5 = 30	5 + 4 + 3 + 5 + 7 + 6 = 30
ヴァイシャーカ	(昼) 32	4 + 3 + 5 + 7 + 6 + 6 = 31	6 + 6 + 7 + 5 + 3 + 4 = 31
	(夜) 28	7 + 5 + 3 + 4 + 5 + 5 = 29	5 + 5 + 4 + 3 + 5 + 7 = 29
ジャイシュタ	(昼) 34	3 + 5 + 7 + 6 + 6 + 7 = 34	7 + 6 + 6 + 7 + 5 + 3 = 34
	(夜) 26	5 + 3 + 4 + 5 + 5 + 4 = 26	4 + 5 + 5 + 4 + 3 + 5 = 26
アーシャーダ	(昼) 36	5 + 7 + 6 + 6 + 7 + 5 = 36	5 + 7 + 6 + 6 + 7 + 5 = 36
	(夜) 24	3 + 4 + 5 + 5 + 4 + 3 = 24	3 + 4 + 5 + 5 + 4 + 3 = 24
シュラーヴァナ	(昼) 34	7 + 6 + 6 + 7 + 5 + 3 = 34	3 + 5 + 7 + 6 + 6 + 7 = 34
	(夜) 26	4 + 5 + 5 + 4 + 3 + 5 = 26	5 + 3 + 4 + 5 + 5 + 4 = 26
バードラパダ	(昼) 32	6 + 6 + 7 + 5 + 3 + 4 = 31	4 + 3 + 5 + 7 + 6 + 6 = 31
	(夜) 28	5 + 5 + 4 + 3 + 5 + 7 = 29	7 + 5 + 3 + 4 + 5 + 5 = 29
アーシュビナ	(昼) 30	6 + 7 + 5 + 3 + 4 + 5 = 30	5 + 4 + 3 + 5 + 7 + 6 = 30
	(夜) 30	5 + 4 + 3 + 5 + 7 + 6 = 30	6 + 7 + 5 + 3 + 4 + 5 = 30
カールッティカ	(昼) 28	7 + 5 + 3 + 4 + 5 + 5 = 29	5 + 5 + 4 + 3 + 5 + 7 = 29
	(夜) 32	4 + 3 + 5 + 7 + 6 + 6 = 31	6 + 6 + 7 + 5 + 3 + 4 = 31
マールガシラ	(昼) 26	5 + 3 + 4 + 5 + 5 + 4 = 26	4 + 5 + 5 + 4 + 3 + 5 = 26
	(夜) 34	3 + 5 + 7 + 6 + 6 + 7 = 34	7 + 6 + 6 + 7 + 5 + 3 = 34

『ヴァジュラダーカ・タントラ』[Skt ms: Śāstrī 72 (欠損および摩耗)、Matsunami 343, 27b6–28a7]、『ダーカールナヴァ・タントラ』[Skt ms: Kathmandu Reel B113/6, 121b5–122b1、Kathmandu Reel A142/2, 79b10–80a9、Kathmandu Reel D40/6, 76a2–b2] は、各暦月における第 1 日の昼と夜の長さについて規定する。これら 3 つの聖典の規定はほぼ一致しており、それは表 **4–7** のようにまとめることができる。表中の "長さ" とは、上記 3 つの聖典に規定された各暦月の第 1 日における昼と夜の長さを意味する。長さの単位はガティ (ghaṭi = ghaṭikā) である。"『チャトゥシュピータ大要』" とは、表 4–1 に示した『チャトゥシュピータ大要』によるガティ数の教示に基づく昼と夜の

長さの計算を意味する。"『ヴァジュラダーカ語釈』" とは、表 4–2 に示した『ヴァジュラダーカ語釈』によるガティ数の教示に基づく昼と夜の長さの計算を意味する。また、表 4–3 を見れば分かるように、『ヴォーヒター』はこの教示を記していない。これらの計算の際に、各暦月の第 1 日にあてがわれる起点としての家主は、表 4–5 と表 4–6 の暦に基づいている。

1 日における昼と夜のガティ数の合計はどの暦月も 60 ガティである。1 ヵ月経過すると、昼の長さと夜の長さがそれぞれ 2 ガティずつ変化していく。パウシャ月の第 1 日、すなわち冬至日では、昼の長さは 1 年で最も短く、夜の長さは 1 年で最も長く、その比は 2 : 3 である。アーシャーダ月の第 1 日、すなわち夏至日では、昼の長さは 1 年で最も長く、夜の長さは 1 年で最も短く、その比は 3 : 2 である。チャイトラ月の第 1 日とアーシュヴィナ月の第 1 日、すなわち春分日と秋分日では、昼の長さと夜の長さは等しく、その比はともに 1 : 1 である。なるほど春分日のある暦月と秋分日のある暦月の前後の暦月に関しては、『チャトゥシュピータ・タントラ』と『ヴァジュラダーカ・タントラ』と『ダーカールナヴァ・タントラ』といった 3 つの聖典に規定される昼夜の長さと、『チャトゥシュピータ大要』と『ヴァジュラダーカ語釈』に説かれるガティ数に基づく計算の間には 1 ガティの誤差があるが、昼夜の長さに関する上記の比は、『ヴェーダーンガジョーティシャ』と『パンチャシッダーンティカー』といった文献に見られるバビロニア起源の古典理論におけるそれ[12]と一致する。

3　出生占いと宿命死の構造

『チャトゥシュピータ・タントラ』、『ヴァジュラダーカ・タントラ』、『ダーカールナヴァ・タントラ』には、その人のパーソナリティーや能力や運勢（将来の職業、成功、死を迎える日）を占う出生占いが説かれる。ヴァラーハミヒラのホロスコープ占星術体系における占いでは、その人の誕生日における惑星の位置が重要な役割を果たす。これに対し、上記の仏教の占術体系では、惑星の位置は特に重要な役割を果たしていない。重要なのは、その人の誕生日にあてがわれる家主であり、この家主の相違に基づいて出生占いが行われる。

なお、『チャトゥシュピータ・タントラ』と『チャトゥシュピータ大要』は当該家主がここで暦日を指すのかあるいは 1 日における特定の時間帯を指すのか明記しない。『ヴァジュラダーカ語釈』は、ここでの家主は 1 日における特定の時間帯を指すとする。これに対して、『ヴァジュラダーカ・タントラ』と『ダーカールナヴァ・タントラ』は、ここでの家主は暦日を指す（したがって、それは表 4–6 の暦より知り得る）と明記する。家主は暦日のみならずその特定の暦日における特定の時間帯をも表し得るので、家主に基づくこの出生占いは、理論上時間帯に基づくものにもなり得る。現に、上述のように『ヴァジュラダーカ語釈』はそのように解釈している。だが聖典の所説であるという点と、通常出生占いは誕生日に即して行われるという点を考慮すれば、『ヴァジュラダーカ・タントラ』と『ダーカールナヴァ・タントラ』の規定が最も妥当であるのだろう。

以下、これら仏教聖典における出生占いの例をいくつか挙げよう。聖典における記述の乱れがひどい等の理由から注釈書がその読み方を特定し、かつ下記中そのような注釈書による読みを採用した箇所にはアステリスクを付した。各家主における “時外れの死” という項目は、時外れの死がその人に訪れ得る時を意味する。たとえばローヒターの日に生まれた人の場合、時外れの死は、彼が死ぬまでのあらゆる半月のサイクルのうちの第 9 日目毎に、あらゆる 1 年のサイクルのうちの第 9 月目毎に、そしてあらゆる 12 年のサイクルのうちの第 9 年目毎に彼に生じ得る。

(1) ローヒターの暦日に生まれた人

『チャトゥシュピータ・タントラ』[13]
その者は見た目麗しくなる / 主人になる / 残忍な心の者になる / 胃の消化力が弱い者となる / 他国を支配する者になる / 性交を好む者となる / いたるところで気持ちのよい言葉を語る者となる* / [神々への供養者となる* / もしその者が特殊な税等とともに富を手に入れるならば、その者は（自分が得られる）すべての愛情を失うことになる* / 身体のある箇所にできた傷は、その者に幸運をもたらす / ローヒターの日に寺院にとどまるならば、富と友人に恵まれる / ローヒターの日に出かければ、その者の望みが叶う / ローヒターの日の結婚式における護摩等の儀礼は、効果を発する*]（ブラケット内の文は、出生占いというよりも、ローヒターの日における行為がもたらす結果を

説明したものと解釈することも可能である）
（寿命）70 歳.
（運勢の要約）[14] その者は神々への供養者となる

『ヴァジュラダーカ・タントラ』[15]
その者は見た目麗しくなる / 主人になる / 残忍な心の者になる / 敵対心をもつ者になる / 胃の消化力が弱い者となる / 他国を支配する者になる / 性交を好む者となる / いたるところで気持ちのよい言葉を語る者となる / 幸運な者となる / 豊かになる / 健康な者になる
（時外れの死）第 9 日、第 9 月、第 9 年
（宿命死）ブヴァネーシュヴァラの暦日
（寿命）81 歳

『ダーカールナヴァ・タントラ』[16]
その者は王国を支える者になる
（時外れの死）第 9 日、第 9 月、第 9 年
（宿命死）ブヴァネーシュヴァラの暦日

(2) モーヒターの暦日に生まれた人

『チャトゥシュピータ・タントラ』[17]
[モーヒターは富に関連する] / その者はおしゃべりな者になる / 思考に乏しい者となる / 性交を好む者となる / 残忍な行為に耽る者となる / 耳障りな言葉を語る者となる / 虚偽の者となる / 怒りがちな者となる / 罪を犯す悪行の者となる / 綺語と悪口を語る者となる / (崩れた文, 意味不明) / いかなる富を得ようと、それを手放したらもはやそれが戻ってくることはない（ブラケット内のものはモーヒターの意味であると解釈することも可能である）
（寿命）65 あるいは 84 歳 / 武器による傷が死につながる
（運勢の要約）その者は富を蓄える

『ヴァジュラダーカ・タントラ』[18]
その者はおしゃべりな者になる / 思考に乏しい者となる / 性交を好む者となる / 残忍な行為に耽る者となる / 耳障りな言葉を語る者となる / 健康状態が良くない者となる / 怒りやすい者となる / 賢い者になる / 親族に愛される者

となる / 怒りっぽい者となる / 罪を犯す悪行の者となる / 綺語と悪口を語る者となる
（時外れの死）第 2 日、第 9 月、第 9 年
（宿命死）ローヒターの暦日 / 武器による傷が死につながる
（寿命）64 歳

『ダーカールナヴァ・タントラ』[19]
その者はすべての弱き者たちを殺害する者になる / 罪を本性とする者になる / 悪意の者になる
（時外れの死）第 2 あるいは第 9 月、第 2 あるいは第 9 年
（宿命死）ローヒターの暦日 / その者は盗人等により殺害される

(3) バドラの暦日に生まれた人

『チャトゥシュピータ・タントラ』[20]
[その者は農産物等の食物を bhadra に生産するべきである* / 息災等の吉なる儀礼を実践するべきである*] / その者は貧しい者になる / 自分のダルマを（きちんと）実践する者になる / 真実を語る者になる / 気持ちのよい言葉を語る者になる / 唯一の妻を愛する者になる / 身体と知識（＝心）と言葉に関する指導者になる / あらゆる種類の工芸の精通者になる / 親族を愛する者になる / 自分の親族を統率する者になる（ブラケット内のものは、バドラに行う行為の効果を説明したものであると解釈することもできる）
（寿命）100 歳 / その者は水死する
（運勢の要約）その者は吉なる食物を得る者になる

『ヴァジュラダーカ・タントラ』[21]
その者は貧しい者になる / 自分のダルマを（きちんと）実践する者になる / 真実を語る者になる / 気持ちのよい言葉を語る者になる / 唯一の妻を愛する者になる / 身体と知識（＝心）と言葉に関する指導者になる / あらゆる種類の工芸の精通者になる / 親族を愛する者になる / 自分の親族を統率する者になる
（時外れの死）第 5 日、第 9 月、第 10 年
（宿命死）モーヒターの暦日 / その者は水死する
（寿命）100 歳

『ダーカールナヴァ・タントラ』[22]
その者は貧しい者になる / 自分のダルマを成し遂げる者になる / すべての功徳をよろしく備えた者になる
（時外れの死）第 5 日、第 9 月、第 10 年[23]
（宿命死）モーヒターの暦日 / その者は水死する

(4) ヴリシャバの暦日に生まれた人

『チャトゥシュピータ・タントラ』[24]
その者は強力な敵たちに囲まれても勇敢である者になる / 見た目が麗しい者になる / 富の所有者になる / 多くの妻をもつ者になる / 多くの親族に恵まれる / 父を早くに亡くす / 商業で生計を立てる者になる / 怠惰な者になる / おしゃべりな者になる / 残忍な行為をする悪行の者になる
（寿命）60 歳 / その者は早朝の終わり頃、何らかの武器あるいは毒性の生物により死ぬ
（運勢の要約）その者は怒りやすい者になる

『ヴァジュラダーカ・タントラ』[25]
その者は勇敢で、活力あり、勇猛な者になる / 見た目が麗しい者になる / 富の所有者になる / 多くの妻をもつ者になる / 自分の親族に対するのと同じようにすべての者たちに愛情を示す者になる / 父を早くに亡くす / 商業で生計を立てる者になる / 性交を好む者になる / 怠惰な者になる / おしゃべりな者になる / 残忍な行為をする悪行の者になる
（時外れの死）第 9 日、第 2 あるいは第 8 あるいは第 9 年
（宿命死）バドラの暦日の早朝の終わり / その者は何らかの武器あるいは毒性の生物により死ぬ
（寿命）60 歳

『ダーカールナヴァ・タントラ』[26]
その者はすべてを主宰する者になる / 悪しき見識を持ち残忍な行為等を行う者になる
（時外れの死）第 2 あるいは第 8 あるいは第 9 年[27]
（宿命死）バドラの暦日 / 殺害による死を迎える

(5) クールマの暦日に生まれた人

『チャトゥシュピータ・タントラ』[28]

その者は思考が散漫な者になる / 些細なことに怒る者になる / 些細なことで満足する者になる / おしゃべりな者になる / 自分の親族を愛する者になる / 大いに怒れる者になる / 暴力的な者になる / すべてを与える主人になる / 妻と息子が自分よりも先に死ぬため、家長になった後は生涯を通して彼の土地の統率者であり続ける / 農業等で生計を立てる者になる / クシュタ病で苦しむ者になる

（寿命）80 歳 / その者は自分の土地で死ぬ

（運勢の要約）その者は思考が散漫な者になる

『ヴァジュラダーカ・タントラ』[29]

その者は思考がしっかりした者になる / （些細なことに）怒る者になる / 些細なことで満足する者になる / おしゃべりな者になる / 自分の親族を愛する者になる / 性的な喜びにつねに耽る / すべてを与える主人になる / 妻と息子が自分よりも先に死ぬ / 軽率な者になる / 悪心の者になる / 農業等で生計を立てる者になる / クシュタ病で苦しむ者になる

（時外れの死）第 9 日、第 2 あるいは第 8 あるいは第 9 月、第 9 年

（宿命死）ヴリシャバの暦日 / その者は自分の土地で死ぬ

（寿命）64 あるいは 80 歳

『ダーカールナヴァ・タントラ』[30]

その者は平均的な者になる / 弱い者たちの主人になる

（時外れの死）第 2 あるいは第 8 あるいは第 9 年[31]

（宿命死）ヴリシャバの暦日 / その者は自分の家で死ぬ

(6) マカラの暦日に生まれた人

『チャトゥシュピータ・タントラ』[32]

その者は福徳を備えた者になる / 善行（戒）を行う者になる / 自分の道徳的義務（律）を守る者になる / 豊かな者になる / 見た目が麗しい者になる / 幸運と名誉の者になる / すべての工芸の精通者になる / その者の唯一の妻となる女性は優れた女性である / 思考が緩慢な者になる / 物事を親族とともに成

し遂げることになる* / 気持ちよい言葉を皆に語る者になる
（寿命）96 あるいは 55 あるいは 60 あるいは 30 歳 / その者は戦死する
（運勢の要約）その者は語り部になる

『ヴァジュラダーカ・タントラ』[33]
その者は福徳を備えた者になる / 善行（戒）を行う者になる / 自分の道徳的義務（律）をよく守る者になる / 豊かな者になる / 見た目が麗しい者になる / 幸運と名誉と栄光の者になる / すべての工芸の精通者になる / 多くの息子と孫をもつことになる / 町の人々の間で卓越した者になる / 大いなる享楽と多くの従者を得ることになる / 多くの敵を打ち倒す者になる
（時外れの死）第 10 日、第 3 あるいは第 5 月、第 9 年
（宿命死）クールマの暦日 / その者は戦死する
（寿命）55 あるいは 64 歳

『ダーカールナヴァ・タントラ』[34]
その者は全ての福徳を備えた者になる / 農村群の長になる
（時外れの死）第 10 日、第 5 月、第 3 あるいは第 5 年
（宿命死）クールマの暦日

(7) ランダーの暦日に生まれた人

『チャトゥシュピータ・タントラ』[35]
その者は悪意の者になる / 綺語を人々に語る者になる / 貧しい者になる / 気持ちのよい言葉を語る者になる* / 病気がちな者になる / 王により懲罰される者になる / 性交を好む者になる / 他人を信用しない者になる / すべての女性たちの人気者になる / 情事や工芸等のあらゆる分野の精通者になる
（寿命）55 あるいは 60 あるいは 30 歳
（運勢の要約）その者は罪を犯すことを考える者になる

『ヴァジュラダーカ・タントラ』[36]
その者は悪意の者になる / 綺語を人々に語る者になる / 貧しい者になる / 無作法な者になる / 病気がちな者になる / 王により懲罰される者になる / すべての女性たちの人気者になる / 情事や工芸等のあらゆる分野の精通者になる
（時外れの死）第 2 あるいは第 10 日、第 2 あるいは第 8 月、第 8 年

（宿命死）マカラの暦日
（寿命）55 歳あるいは 36 歳

『ダーカールナヴァ・タントラ』[37]
その者は罪を犯す者になる / 病気がちな者になる / 男性たちと女性たちの人気者になる
（時外れの死）第 2 あるいは第 10 日、第 2 あるいは第 10 月、第 8 年[38]
（宿命死）マカラの暦日

(8) ミキラの暦日に生まれた人

『チャトゥシュピータ・タントラ』[39]
その者は自分のダルマを知る者（＝ダルマをよく守る者）になる / 自分の一族を繁栄させる者になる / 学問や様々な工芸とともに政治の聖典の精通者になる / 暴言と悪口を語る者になる / 大いに怒る、恐ろしい者になる / 貧しい者になる / 目的をすみやかに達成する者になる
（寿命）88 歳 / その者は王室の何らかの武器により水死する
（運勢の要約）その者は性交を好む者になる

『ヴァジュラダーカ・タントラ』[40]
その者は自分のダルマを知る者（＝ダルマをよく守る者）になる / 自分の一族を繁栄させる者になる / 学問や様々な工芸とともに政治の聖典の精通者になる / 高慢な者になる / 勇敢な者になる / 狡猾な者になる / 嫉妬深い者になる / 貧しい者になる / 目的をすみやかに達成する者になる / 幸運な者になる
（時外れの死）第 2 あるいは第 5 日、第 3 あるいは第 9 月、第 9 年
（宿命死）ランダーの暦日 / その者は水死する
（寿命）63 歳

『ダーカールナヴァ・タントラ』[41]
その者は一切知者と等しい者になる
（時外れの死）第 2 あるいは第 5 日、第 3 あるいは第 9 月、第 9 年[42]
（宿命死）ランダーの暦日 / その者は水死する

(9) ビドリカ（またはビドリ）の暦日に生まれた人

『チャトゥシュピータ・タントラ』[43]
母はその者が生まれて間もなく死に、父はその者が8歳の時に死ぬため、その者は人生の早い段階から家長になる / 貧しい者になる / 怒りやすい者になる / 悪行をなす愚か者になる / 意のままにすべての事柄を成し遂げる者になる / 勇敢な者になる / 強力な指導者になる / 自分の一族の者たちに対するのと同様にすべての人々に愛情を示す者になる / 弱い者たち、困難に苛まれる者たちに対する憐れみの心をもつ者になる
（寿命）108歳 / その者は自分の家で死ぬ
（運勢の要約）その者は眠りがちな者になる

『ヴァジュラダーカ・タントラ』[44]
母も父もその者の人生の早い段階で死ぬ / 貧しい者になる / 怒りやすい者になる / 愚かで罪の内心を有する悪意の者になる / 梵行を実践する者になる / 病気（がち）になる / 勇敢な者になる / 苦悩の者になる / 嫉妬深い者になる
（時外れの死）第5日、第2あるいは第4月、第8あるいは第10年
（宿命死）ミキラの暦日 / その者は自分の家で死ぬ
（寿命）64歳

『ダーカールナヴァ・タントラ』[45]
その者が望むものはほとんど叶わない / 母と父はその者の人生の早い段階で死ぬ / 苦悩の者になる
（時外れの死）第5日、第2あるいは第4月、第8あるいは第10年[46]
（宿命死）ミキラの暦日 / その者は自分の家で死ぬ

(10) ヴァークリ（またはヴァークリー）の暦日に生まれた人

『チャトゥシュピータ・タントラ』[47]
その者は耳障りな言葉を語る者になる / 知性に乏しい者になる / 知恵に乏しい者になる / 胃の消化力が弱い者になる / 友人に乏しい者になる / 自分の親族を思い、愛する者になる / 弱い者たちと苦しむ人たちに対する憐れみの心をもつ者になる / 財産と家畜の所有者になる / 自宅に3人の妻をもつ者になる* / 怒りっぽい等の（短気な性格の）者になる / 敵による恐ろしい攻撃を受ける者になる / 父と母は長生きする / 商業で生計を立てる者になる
（寿命）70歳 / 職業である商業がその者の死因になる

（運勢の要約）その者は他人を非難しがちな者になる

『ヴァジュラダーカ・タントラ』[48]
知性に乏しい者になる / 知恵に乏しい者になる / 胃の消化力が弱い者になる / 多くの敵をもつ者になる / 息子の寿命は短い / 多くの事に怯え、それにより消沈するが、後に豊かになる / 自分の親族に対するのと同じように全ての人々に対して愛情を示す / 弱い者たちと苦しむ人たちに対する憐れみの心をもつ者になる / 財産と家畜の所有者になる / 3 人の妻と 3 つの家をもつ者になる / 怒りっぽい等の（短気な性格の）者になる / 敵による恐ろしい攻撃を受ける者になる / 商業で生計を立てる者になる
（時外れの死）第 4 あるいは第 6 あるいは第 9 あるいは第 10 月
（宿命死）ビドリカの暦日
（寿命）91 歳

『ダーカールナヴァ・タントラ』[49]
その者は貧しい者になるが、後に豊かになる
（時外れの死）第 4 あるいは第 6 あるいは第 10 月[50]
（宿命死）ビドリの暦日

(11) スヴァプナ（またはスヴァプニカー）の暦日に生まれた人

『チャトゥシュピータ・タントラ』[51]
その者は勇敢で、活力あり、勇猛な者になる / すべての敵たちを焼き、破壊する者になる / 庇護なき者たちに対し親族のように振舞う者になる / つねに貧しい者になる / 悪意の者になる / ライオンのような気質の者になる / 全ての人々に悪口を語る者になる / 健康な者になる / つねに享楽を得る者になる / 奉仕行で生計を立てる者になる / 女性を強姦する者になる /
（寿命）50 歳 / その者は敵の武器で殺害される
（運勢の要約）その者は勇敢な心の持ち主になる*

『ヴァジュラダーカ・タントラ』[52]
その者は重い困難に苛まれる者になる / その者は勇敢で、活力あり、勇猛な者になる / すべての敵たちを破壊する者になる / 善き人々を喜ばせる者になる / 庇護なき者たちに対し親族のように振舞う者になる / すべての人々に悪

口を語る者になる / 悪意の者になる / 貧しい者になる / 無作法な者になる / 健康な者になる / つねに享楽を得る者になる / 奉仕行で生計を立てる者になる / いたる場所でライオンのような気質（で振舞う）者になる
（時外れの死）第 4 あるいは第 5 あるいは第 10 日、第 8 月、第 8 年
（宿命死）ヴァークリの暦日（寿命）64 歳

『ダーカールナヴァ・タントラ』[53]
その者は勇敢で、活力あり、勇猛な者になる / 福徳と罪の双方を積む者になる
（時外れの死）第 4 あるいは第 5 あるいは第 10 日、第 4 あるいは第 5 あるいは第 10 月、第 4 あるいは第 5 あるいは第 10 年[54]
（宿命死）ヴァークリの暦日 / その者は敵に殺害される

(12) カーマ（またはブヴァネーシュヴァラ）の暦日に生まれた人

『チャトゥシュピータ・タントラ』[55]
その者は財産と村と家畜の所有者になる / 馬等を駆る者になる / 真実を語る者になる / ダルマを知る者になる / 全ての人々に対する利益をなす者になる / 学識ある者になる / 気持ちよい言葉を語る者になる / 全ての聖典の精通者になる / 全ての人々の人気者になる
（寿命）68 歳 / その者は自分の土地で死ぬ
（運勢の要約）その者は聖句の暗唱者になる

『ヴァジュラダーカ・タントラ』[56]
その者は財産の所有者になる / 馬等を駆る者になる / 真実を語る者になる / 多くの友人に恵まれる者になる / 梵行を実践する者になる / ダルマを知る者になる / paṇḍita になる / 全ての人々に対する利益をなす者になる / 工芸の精通者になる / 気持ちよい言葉を語る者になる / 全ての聖典の精通者になる / 全ての人々の人気者になる
（時外れの死）第 8 日、第 8 月、第 8 年
（宿命死）スヴァプニカーの暦日
（寿命）88 歳

『ダーカールナヴァ・タントラ』[57]

その者は菩薩になる
（時外れの死）第 8 日、第 8 月、第 8 年
（宿命死）[スヴァプニカーの暦日][58]

上記 3 つの聖典の出生占いの内容を比較すると、以下の 4 つの議論点を指摘することができる。

(I) 3 つの仏教聖典間の関係

まず、『チャトゥシュピータ・タントラ』と『ヴァジュラダーカ・タントラ』の占い結果の内容の類似性を指摘することができる。また、『ダーカールナヴァ・タントラ』の占い結果の内容は極めて簡潔あるいは要約的なものであるが、これらの結果内容の大部分は『チャトゥシュピータ・タントラ』に説かれる運勢要約に依拠しているというよりも、『ヴァジュラダーカ・タントラ』の結果内容に依拠したものであると見るのが妥当である。『ダーカールナヴァ・タントラ』の内容が『チャトゥシュピータ・タントラ』の内容よりも『ヴァジュラダーカ・タントラ』のそれと比較的関連性が強いことは、以下の点からも窺い知ることができる。すなわち、『ヴァジュラダーカ・タントラ』と『ダーカールナヴァ・タントラ』が共に時外れの死と宿命死の暦日の特定をしているのに対し、『チャトゥシュピータ・タントラ』がそれを行っていない点や、またそれら時外れの死と宿命死の特定の内容は『ヴァジュラダーカ・タントラ』と『ダーカールナヴァ・タントラ』ではほぼ一致しているという点である。さらにこれら 3 つの仏教聖典の中では『チャトゥシュピータ・タントラ』が最も古く、『ダーカールナヴァ・タントラ』が最も新しいという点も考慮に入れれば、主に『チャトゥシュピータ・タントラ』の出生占いに基づいて『ヴァジュラダーカ・タントラ』のそれが作成され、続いて主に『ヴァジュラダーカ・タントラ』のそれに基づいて『ダーカールナヴァ・タントラ』のそれが作成されたという成立過程を導き出すことが可能である。

(II) 人の運勢の特徴

まず把握しておくべきことは、この占いの対象になっているのは在俗信徒であるという点である。占いの内容はその多くが家庭や何らかの世俗財産をもつことを述べているからである。

占いの結果の内容は比較的素朴なものが多いという点はさておき、上記の各出生を単純に良い運勢、悪い運勢というように分類することは困難である。確かに、カーマ（あるいはブヴァネーシュヴァラ）の暦日に生まれた人の運勢は他の生まれのものと比較するとかなりよいものであるように見える。しかしそんな彼も、サンスクリット文化ではヴェーダ期以来しばしば理想とされる100歳まで生きられるわけではない。また、100歳まで生きるとされるバドラ暦日生まれの人も、あるいは『チャトゥシュピータ・タントラ』によれば108歳まで生きるとされるビドリカ暦日生まれの人も、経済的には恵まれないようである。

もちろん、このような良い運勢と悪い運勢が混合した内容は、聖典成立の複雑な過程と関連している可能性もある。つまり、上記3つの仏教聖典のうち、特にその最古のものである『チャトゥシュピータ・タントラ』の文章が複数の何らかのソースに依拠して作成されたがために、結果として良い運勢と悪い運勢が混合した内容になっていると解釈する可能性である。

もしこのような複数のソースがあると仮定した場合、その複数のソースが何であるかの解明は今後の課題としなければならない。しかし、いかなる成立過程をもつとしても、上記3つの仏教聖典は現にできあがった形で受容されたはずであるので、できあがった形のものをどのように解釈すべきかと検討する意義はあろう。このような観点からすれば、上記3つの仏教聖典には以下のような人間存在のあり方が描かれていると解釈することができる。すなわち、人の生は概して良いことと悪いことの混合であり、また、たとえばスヴァプナ暦日生まれの人の運勢として「全ての者たちの庇護者のように振舞う」と同時に「女性を強姦する」者となるといったように、人間存在のあり方は複雑であるという人間観の主張である。

(III) 3つの仏教聖典間における出生占いの展開

『チャトゥシュピータ・タントラ』から『ヴァジュラダーカ・タントラ』へ、そして『ヴァジュラダーカ・タントラ』から『ダーカールナヴァ・タントラ』へという流れの過程は、単にそれら3つの仏教聖典の間で特に目ぼしい展開を欠いた伝言ゲームが行われたことを意味するものではない。既に論じたように、それら3つの仏教聖典の間には、この出生占いの基盤となる暦体系およびその暦体系の基盤となる時間の輪の体系の相違が存在していたことに加え、上記（I）で説明したように『ヴァジュラダーカ・タントラ』と『ダーカールナヴァ・タントラ』には時外れの死と宿命死の暦日の特定が新たなサンヴァラ的展開として付加されていたことを忘れてはならない。これが『チャトゥシュピータ・タントラ』の出生占いからサンヴァラのそれへの展開の主な内容である。だがこの展開は、実質的意味を欠いた機械的付加としての展開ではなく、実質的な意味を有する展開であると解釈するべきである。なぜなら、実はそこに仏教占術体系という観点からの死生観の新たな導入が意図されているからである。では、その死生観とは一体どのようなものなのか。

（IV）出生の暦日と宿命死および時外れの死の暦日の関係

『ヴァジュラダーカ・タントラ』と『ダーカールナヴァ・タントラ』における、出生の暦日と宿命死の暦日の関係を表にまとめると以下のようになる。ローヒターの暦日に生まれた人はブヴァネーシュヴァラの暦日に宿命死を迎え、ブヴァネーシュヴァラの暦日に生まれた人はスヴァプニカーの暦日に宿命死を迎えるといったように表を読んで頂きたい。

出生	宿命死	出生	宿命死
ローヒター	ブヴァネーシュヴァラ	ブヴァネーシュヴァラ	スヴァプニカー
スヴァプニカー	ヴァークリ	ヴァークリ	ビドリカ
ビドリカ	ミキラ	ミキラ	ランダー
ランダー	マカラ	マカラ	クールマ
クールマ	ヴリシャバ	ヴリシャバ	バドラ
バドラ	モーヒター	モーヒター	ローヒター

ここで注目すべきは、出生の暦日の家主と宿命死の暦日の家主が、互いに逆順で隣り合う家主間の関係になっているという点である。表 4–2 および表 4–3 で示したように、通常とは逆の右回り（つまり黄道における日周運動と同方向）に 12 の家に 12 の家主を配置する『ヴァジュラダーカ・タントラ』と『ダーカールナヴァ・タントラ』においては、12 の家主は通常の左回り（つまり日周運動と逆方向）の家の配置から見ればローヒター→ブヴァネーシュヴァラ→スヴァプニカー→ヴァークリ→ビドリカ→ミキラ→ランダー→マカラ→クールマ→ヴリシャバ→バドラ→モーヒターという逆順になっていた。この逆順は、表 4 に示した『ヴァジュラダーカ・タントラ』と『ダーカール

ナヴァ・タントラ』における暦体系にも反映されていた。同じように、出生の暦日と宿命死の暦日の関係においてもこの逆順は上記表のような形で反映されている。ローヒターの暦日に出生した者は、上記逆順により隣り合う家主であるブヴァネーシュヴァラの暦日に宿命死を迎え、同じように、ブヴァネーシュヴァラの暦日に出生した者は隣り合う家主であるスヴァップニカーに宿命死を迎え、スヴァプニカーの暦日に出生した者は隣り合う家主であるヴァークリに宿命死を迎えるのである。

このことは何を語っているのだろうか。『ヴァジュラダーカ・タントラ』と『ダーカールナヴァ・タントラ』における時間の輪の体系と暦体系をまとめた表4–2と表4–3および表4–6を再びご覧頂きたい。12の区分から構成される時間の輪における一周期がローヒターで始まる場合、その一周期はブヴァネーシュヴァラで終わる。ブヴァネーシュヴァラで始まる場合、一周期はスヴァプニカーで終わる。スヴァプニカーで始まる場合、一周期はヴァークリで終わる。以下の表は、時間の輪における一周期の最初と最後の家主の関係をまとめたものである。

最初の家主	最後の家主	最初の家主	最後の家主
ローヒター	ブヴァネーシュヴァラ	ブヴァネーシュヴァラ	スヴァプニカー
スヴァプニカー	ヴァークリ	ヴァークリ	ビドリカ
ビドリカ	ミキラ	ミキラ	ランダー
ランダー	マカラ	マカラ	クールマ
クールマ	ヴリシャバ	ヴリシャバ	バドラ
バドラ	モーヒター	モーヒター	ローヒター

このように、時間の輪における一周期の最初の家主と最後の家主は、上に見た出生の暦日の家主と宿命死の暦日の家主に完全に一致する。このことは、出生の暦日を時間の輪における第1番目の時間区分とした場合、宿命死——好ましい死——はその時間の輪における第12番目の時間区分に生じるということを意味する。これを平たく言えば、好ましい死としての宿命死は、時間の輪における周期の完了を意味するということである。これに対して、時外れの死——避けるべき好ましくない死——は、時間の輪における周期の完了を意味しない。『ヴァジュラダーカ・タントラ』と『ダーカールナヴァ・タントラ』における出生占いの内容紹介の中にそれぞれ記したように、時外れの

死は、出生の暦日を時間の輪における第一番目の時間区分とした場合、決して第 12 番目の時間区分においては生じない。それらはつねに、たとえば第 9 日や第 5 月や第 3 年といったように、決して第 12 日や第 12 月や第 12 年とはされていない。

以上から、好ましい死としての宿命死は時間の輪における周期の完了を意味し、好ましくない死としての時外れの死は時間の輪における周期の未完了を意味する、というのが、時外れの死と宿命死が生じる時を特定した『ヴァジュラダーカ・タントラ』と『ダーカールナヴァ・タントラ』が新たに導入しようとした死生観であることが理解できよう。この死生観は、この出生占いが依拠する暦体系、さらにその暦体系の基盤にある時間の輪の体系に即したものであることから、人間存在の生死を、『チャトゥシュピータ・タントラ』に始まり『ヴァジュラダーカ・タントラ』そして『ダーカールナヴァ・タントラ』へと展開していく時間の輪の体系の中に位置付けて理解しようというサンヴァラの試みの表れである。

結論

時間の輪の体系とは、輪廻を説明する方法の 1 つである。人間の様々な思考や行動がこの時間の輪の体系の中で説明されるのは、輪廻に生きる人々のあらゆる営みが時間の輪の中で行われるからである。今までの議論をまとめることにより、本稿の結論としたい。

サンヴァラ、ひいてはそれに先行するチャトゥシュピータにおける時間の輪の体系は、ヴァラーハミヒラの体系等の古典天文学体系が採用する 12 の家（＝ 360° の黄道を日周運動の逆の方向に 12 等分したもの）をベースにしている。1 日の長さ、暦月の変化に伴う昼と夜の長さの変化といった時間の流れの方についても、それら仏教聖典の体系は古典天文暦学体系と大枠では共通していると言ってよい。仏教聖典における時間の輪の体系は、サンスクリット文化において代表的な天文暦学体系と根底の部分では確かにつながっている。

しかし、仏教聖典における時間の輪の体系は、それら 12 の家にあてがわれる、時間の幅を表す 12 の家主（ローヒター、モーヒター、バドラ等）が重要な役割を果たすという点に大きな個性がある。この 12 の家主が時間の輪の体系の基本構成単位となる。時間の輪の体系はその性質上、大きな時間周期のみならずより小さな時間周期（たとえば1日の時間のサイクル）も包摂し得る体系である。大きな時間周期も12の家主により表現され、同時に小さな時間周期も同じ12の家主により表現されることにより、大きな時間周期と小さな時間周期は相即的なものとして把握される。この12の家主により暦は独自の占術的意味を付され、その暦に基づく様々な占術（すなわち、息災や増益等の護摩儀礼等の諸実践を行うに相応しい時の選定や、病気治癒の見通しに関する占いや、出生占い等）が行われる。この時間の輪の体系は生活の様々な側面への実用を視野に入れたものである。

12の家主を基本構成単位とする時間の輪の性質は、『チャトゥシュピータ・タントラ』からその後『チャトゥシュピータ・タントラ』の注釈書やサンヴァラ系諸文献に至って特徴的な展開をする。たとえば、十二宮や二十七宿といった天文学的諸要素との結びつきが進み、古典体系の一般的傾向との調和が試みられる。その一方、特にサンヴァラ系諸文献においては、古典体系の傾向に反するかのように、12の家に対する12の家主の逆順配置——つまり、12の家主および対応する十二宮・二十七宿等を、日周運動と同方向に12の家に順に配置する——が行われる。この逆順配置は、チャトゥシュピータとサンヴァラにおける暦の内容の相違へと帰結している。また、この時間の輪の体系はチャトゥシュピータの段階では伝統仏教教理との関連が希薄であったが、サンヴァラに到ると十二地や十二支縁起との関連が観念されるようになり、仏教としての時間論の体系への整備の意図をうかがうことができる。

この時間の輪の体系に基づいた出生占いは、主に在俗信徒を対象にしたものである。周知の通り伝統律の規定では比丘たち自身は占いに傾倒しないことになってはいるのだが、おそらく比丘の中でも比丘僧院の外に主な拠点を置く周辺の比丘たちの一部や脱俗の行者あるいは在俗の行者たちが在俗信徒を相手にこの出生占いを行っていたのだろう。その他、この時間の輪の体系に基づいた出生占いの中には興味深い以下の2つの特徴がある。

1つ目は、ある意味生々しい人間観である。すなわち、人の生は概して良いことと悪いことの混合であり、また、たとえばスヴァプナ暦日生まれの人の運勢として「全ての者たちの庇護者のように振舞う」と同時に「女性を強姦する」者になるといったように、人間存在のあり方は複雑であるという人間観である。

2 つ目は、独特の死学である。より具体的に言えば、2 種類の死——時外れの死と宿命死——が、ここでは時間の輪の体系の中に位置付けられる。好ましい死としての宿命死は、善き来世への転生とつながり得る死である。これに対して、避けられるべき死としての時外れの死は、善き転生には結びつくのが困難な死である。好ましい死としての宿命死は、12 の家主により表現される時間の輪の 1 つの周期の完了時点において個々人に生じるとされる。これに対して、好ましくない死としての時外れの死は、その周期の未完了時点において個々人に生じるとされる。これを理論的すぎて現実味に欠けると解釈するか、あるいはそこに深みを見出すかについての判断は保留したいが、少なくとも、人間の生を時間の輪という巨大な原理の中に位置付けて解釈しようという試みの 1 つの現れであることは理解できる。

注

1 「時間の輪」を意味する “kālacakra” というタームは、カーラチャクラ系のみならず、インド宗教の諸聖典においてよく見かけるものであるが、サンヴァラの文献に直接 “kālacakra” の語が登場するわけではない。だが『ヴァジュラダーカ・タントラ』の中に “cakraṃ kālātmakam” という表現が使用され、またその内容は明確に時間の輪であるため、本稿ではサンヴァラに関しても「時間の輪」というタームを使用した。

2 少し長くなるが、津田 1987（1976）の p.145–146 を引用しておこう。「文献上では、真夜中に、ヘールカと瑜伽していた中央の Vajravārāhīは南に移り、南にいた Lāmā が中央に行ってヘールカに瑜伽する。このように各更（sandhyā 1 日の 4 つの区切り）ごとに位置を移動し、5 人の瑜伽女が一わたりヘールカと平等に瑜伽するのに 5 昼夜かかる。これに対し、三輪上の 24 人の荼枳尼は各々男性を伴っているからヘールカの位置には移らず、円周の上を 1 時間ごとに位置を移してゆく。例えば心輪の東輻の Pracaṇḍā という瑜伽女は天竭宮が地平線上に現れると自分の配偶者たる Khaṇḍakapāla をすてて南輻に移り Mahākaṅkāla と瑜伽する。他の 3 人の瑜伽女、即ち Caṇḍākṣī（北）、Prabhāvatī（西）、Mahānāsā（南）も同時に右廻りに転位する。次の 1 時間には Pracaṇḍā は西輻において Kaṅkāla と、第 3 の 1 時間は北輻において Vikaṭadaṃṣṭra（ママ）と瑜伽し、磨竭宮が出現するまでの 1 時間は自己本来の配偶者 Khaṇḍakapāla（ママ）と東輻で瑜伽する。次の磨竭宮と宝瓶宮の 4 時間には心輪の四維の 4 瑜伽女、即ち Vīramatī（東北）、Kharparī（北西）、Laṅkeśvarī（西南）及び Drumacchāyā（南東）が左廻りに一巡する。双魚宮と白羊宮の 4 時間は語輪の四方の 4 瑜伽女が右廻り、金牛宮と双子宮の 4 時間には語輪の四維の 4 瑜伽女が左廻り、という風に、1 昼夜 24 時間に 24 人の荼枳尼が一巡することになっている。これら時間的配分は文献上のことであり、実際にその通りに実行されたかどうかは大いに疑問であるが、とにかく、大宇宙の回転に応じて、宇宙の縮図たる荼枳尼網も回転するのである。」

3 (a) 1 日の呼吸数と ghaṭi 数について：

『チャトゥシュピータ・タントラ』, (Skt ms) Kathmandu Reel B26/23 (= K1) 1b5, Cambridge Add.1704 (= C) 2a1, Kathmandu Reel A138/10 (= K2) 2a1–a2. —— *ayute dve sahasrāṇi śataṣaṣṭheti-m[= ayute dve sahasraṃ ṣaṭ śatānīty] aṅkathā /i) *ghaṭiṣaṣṭheti[= ghaṭiṣaṣṭīti] śvāsānām ahorātraṃ ca kīrtitam // —— [注] i) ayute] ayutaṃ — K1.K2.: -ti-m aṅkathā] bhim āṅkathā — K1./ bhim ākathā — C./ tim advadhā — K2. ii) ghaṭiṣaṣṭheti] ghaṭiṣaṣṭika — K1.: ahorātraṃ] ahorātraś — K2.

『チャトゥシュピータ大要』, (Skt ms) Kathmandu B112/4, 5a2–a3. —— ayutaṃ dve sahasrāṇi śataṣaṣṭheti ṣaṭ śatāni iti-m aṅkam iti /i) aṅkena gaṇayed ity arthaḥ //ii) ghaṭiṣaṣṭīti / ghaṭiśabdena daṇḍaḥ // ghaṭiṣaṣṭheti śvāsānām ahorātraś ca kīrtita iti / ayutadvayam, sahasrāṇīti sahasram ekam, [śata]ṣaṣṭheti ṣaṭ śatāni /iii) ṣaṣṭi iti ṣaṣṭiḥ / ṣaṭśatādhikaikaviṃśatisahasrāṇi śvāsānām // —— [注] i) [a]yutaṃ dve sahasrāṇi] damaged — Kathmandu B112/4. IASWR MBB-I-43, p.3, *l*.23 より復元. ii) gaṇayed] gaṇanayed — Kathmandu B112/4. iii) śataśaṣṭheti ṣaṭ śatāni] damaged — Kathmandu B112/4. IASWR MBB-I-43, p.4, *l*.2–5 より復元.

(b) 左回りに配置される 12 の家と暦日について：

『チャトゥシュピータ・タントラ』, (Skt ms) Kathmandu Reel B26/23 (= K1) 1b6, Cambridge Add.1704 (= C) 2a2–a3, Kathmandu Reel A138/10 (= K2) 2a3–a4. —— bāhyam aṅkita[= -taṃ] sthātavyaṃ bhuvanadvādaśaṃ tathā /i) yathā*dinābhim[= dinair] aṅkānāṃ dvādaśakoṣṭhasthāpanam /ii) —— [注] i) bāhye-m aṅkita] bāhyom aṅkita — K1./ bāhyām aṅkata — C.: -dvādaśaṃ] dvādaśe — C./ dvādaśakan — K2. ii) yathādinābhim aṅkānāṃ] yathādim aṅkānāṃ — K1./ yathādinabhim akānāṃ — C.K2./ Followd Nibandha.: -sthāpanam] sthāpayet — C.

『チャトゥシュピータ大要』, (Skt ms) Kathmandu B112/4, 5b1–b3. —— bāhyam aṅkitam iti / śvāsakarmato nyaset / aṅkitaṃ likhitam / kiṃ tad ity āha — bhuvanadvādaśaṃ tatheti /i) bhuvanaṃ koṣṭhakāni dvādaśa //ii) yathādinābhim aṅkānāṃ dvādaśakoṣṭhasthāpanam iti / teṣu koṣṭhakeṣu yasya māsasya yāni dināni teṣāṃ ye 'ṅkā likhanāni teṣām, sthāpanaṃ vāmāvartena pratipadādīr dvādaśyantās tithīr likhed ity arthaḥ //iii) —— [注] i) bhuvana-] bhuvanaṃ — Ms. ii) dvādaśa] dvādaśaḥ — Ms. iii) pratipadādīr] pratipadādīn — Ms.: dvādaśyantās] dvādasyāntās —

Ms.: tithīr] tithil — Ms.

(c) 左回りに配置される 12 の家と暦月について：

『チャトゥシュピータ・タントラ』, Skt ms: Kathmandu Reel B26/23 (= K1) 1b6, Cambridge Add.1704 (= C) 2a3, Kathmandu Reel A138/10 (= K2) 2a4. —— pūrvapauṣādi sthātavyaṃ dvādaśakramatatparam // —— [注] pūrvapauṣādi] (damaged)ṣādi — C.: dvādaśakramatatparam] blurred — K1.

『チャトゥシュピータ大要』, (Skt ms) Kathmandu B112/4, 5b3–b4. ——- pūrvaṃ pauṣādi sthātavyaṃ dvādaśaṃ kramatatparam iti / pūrvam asmin koṣṭhakeṣu aṅkeṣu puṣyamāsam ādau likhitvā śeṣeṣu koṣṭhakeṣu māghādimāsān vāmāvartataḥ krameṇa likhed ity arthaḥ /[i] tatparam iti bhaktiparo yogī / meṣādayo 'pi rāśayo 'tra draṣṭavyāḥ // —— [注] i) puṣyamāsam] ṣyamāsam — Ms.: ādau] ādo — Ms. —— 『チャトゥシュピータ大要』は最初の "pūrvaṃ" を pūrvoktakoṣṭhaka と解釈する.

(d) 暦日、暦月、十二宮が 12 の家主により表現されることについて：

『チャトゥシュピータ・タントラ』, (Skt ms) Kathmandu Reel B26/23 (= K1) 1b6–2a1, Cambridge Add.1704 (= C) 2a3–a4, Kathmandu Reel A138/10 (= K2) 2a4–a5. —— rohitā mohitā caiva bhadra-vṛṣabhas tathā /[i] kūrma-makara-raṇḍāś ca mikiraṃ[→-ro] bhidrikas tathā //[ii] vyākuli-svapna-kāmānāṃ[= -mā] dvādaśa bhuvaneśvarāḥ /[iii] —— [注] i) rohitā] damaged — K1.: mohitā] mohitāś — K2.: -vṛṣabhas] vṛṣambhas — C. ii) -raṇḍāś ca] raṇḍānāṃ — K1./ raṇḍā ca — C.: bhidrikas] bhadrikas — K. iii) vyākuli] vyākulī — K1.K2.: -kāmānāṃ] kā(damaged) — C.: dvādaśa bhuvaneśvarāḥ] dvādasabhuvane svaraṃ — K1./ (damaged)bhuvaneśvaraḥ — C./ dvādaśaṃ bhuvaneśvaraṃ — K2.

『チャトゥシュピータ大要』, (Skt ms) Kathmandu B112/4, 5b4–6a1. ——- rohitetyādi / pratimāsapratipadādīni dinādi puṣyādayo māsā meṣādayo rāśayo krameṇa rohitādiśabdavācyāḥ //[i] dvādaśabhuvaneśvaram iti / dvādaśabhuvanānāṃ koṣṭhakānām īśvarā rohitādayo bhavanti ity api draṣṭavyam // —— [注] i) pratimāsa-] pratimāsaṃ — Ms.: puṣyādayo māsā] puṣyādayo sā — Ms.

(e) それぞれの家主の長さ（時間の幅）について：

『チャトゥシュピータ大要』, (Skt ms) Kathmandu B112/4, 6a1–a2. ——- yathā rohitāmakarau tisro, catvāro moha-kūrmayoḥ, bhadra-vṛṣabhayoḥ pañca, raṇḍā[= -ṇḍāyāṃ] kāme ca pañcamaḥ, bhidri-vyākulibhyāṃ *ṣaṣṭha[→ṣaṭ], mikira-svapne ca saptama iti // —— [注] kāme ca] kāme ra — Ms.

『チャトゥシュピータ大要』, (Skt ms) Kathmandu B112/4, 6a2–a4. ——- prabhāte trayo daṇḍā rohitā /[i] tataḥ pare catvāro daṇḍā mohitā / tataḥ pare pañca daṇḍā bhadram / tataḥ pare tāvanto daṇḍā vṛṣabhaḥ / tataḥ pare catvāro daṇḍāḥ kūrmaḥ /[ii] tataḥ pare trayo daṇḍā makaraḥ / tataḥ pare pañca daṇḍā raṇḍā / tataḥ pare sapta daṇḍā mikiraḥ / tataḥ pare ṣaḍ daṇḍā bhidriḥ / tataḥ pare tāvanto daṇḍā vyākuliḥ / tataḥ pare sapta daṇḍāḥ svapnaḥ / tataḥ pare pañca daṇḍāḥ kāmaḥ //[iii] ittham ahorātreṇa ṣaṣṭir daṇḍāḥ /[iv] tithimāsarāśidaṇḍā militair yathoktaṃ niyamena bhavati //[v] —— [注] i) daṇḍā] raṇḍā — Ms. ii) kūrmaḥ] kūrmma — Ms. iii) daṇḍāḥ] daṇḍā — Ms. iv) ṣaṣṭir] ṣaṣṭī — Ms. v) -rāśi-] rāmi — Ms.

(f) それぞれの家主の長さと、12 の家主と十二宮・二十七宿の対応について：

『チャトゥシュピータ大要』, (Skt ms) Kathmandu B112/4, 12b4–13a4. ——- prabhāte daṇḍatraye meṣabhoge aśvinī bharaṇī kṛttipādabhāgaś ca jāyate /[i] tato daṇḍacatuṣṭaye vṛṣabhoge kṛttikāpādatrayaṃ[→-yo] rohiṇī tathā mṛgaśīrṣārdhaḥ / tato daṇḍapañcake mithunabhoge mṛgaśīrṣārdha ārdrā punarvasupādatrayaś ca /[ii] tato tāvatsu daṇḍeṣu karkaṭabhoge punarvasupāda-m-ekaḥ puṣya āśleṣā /[iii] tato daṇḍacatuṣṭaye siṃhabhoge maghā pūrvaphālguṇī uttaraphālguṇīpādaś ca /[iv] tato daṇḍatraye kanyābhoge uttaraphālguṇīpādatrayaṃ[→-yo] hastā citrārdhaṃ[→-rdhaś] ca /[v] tato daṇḍapañcake tulābhoge citrārdhaṃ[→-rdhaḥ] svātir viśākhāpādatrayaś ca /[vi] tato 'pi saptamadaṇḍeṣu vṛścikabhogeṣu viśākhāpādaḥ anurādhā jyeṣṭhā ca /[vii] tato daṇḍaṣaṭke dhanurbhoge mūlā pūrvāṣāḍhā uttarāṣāḍhāpādaś ca /[viii] tato 'pi tāvatsu daṇḍeṣu makarabhogeṣu uttarāṣāḍhāpādatrayaṃ[→-yo] śravaṇā dhaniṣṭhārdhaṃ[→-rdhaś] ca /[ix] tato 'pi daṇḍasaptake kumbhabhoge dhaniṣṭhārdhaṃ[→-rdhaḥ] śatabhiṣā pūrvabhādrapadāpādatrayaṃ[→-yaś] ca /[x] tato daṇḍapañcake mīnabhoge pūrvabhādrapadāpāda uttarabhādrapadā revatī ca /[xi] ittham api trīṇi nakṣatrāṇi jñāyante //[xii] —— [注] i) kṛtti-] kṛrtti — Ms. ii) ārdrā] ādrā — Ms.: punarvasu-] punarvasū — Ms. iii) tāvatsu] tāvat sa — Ms.: punarvasu-] punarvasū — Ms.: puṣya āśleṣā] puṣyāśleṣāḥ — Ms. iv) -catuṣṭaye] (three letters blurred)ye — Ms. v) uttaraphālguṇī-] utraphālguṇī — Ms. vi) citrārdhaṃ] citrārdha — Ms.: svātir] śveti — Ms.: viśākhā-] viśāṣā — Ms. vii) viśākhāpādaḥ] viśāṣāpādau — Ms.: anurādhā] anurāḍhā — Ms.: jyeṣṭhā] jeṣṭhā — Ms. viii) daṇḍaṣaṭke

] daṇḍaṣaṭkā —Ms.: dhanurbhoge] dhanubhoge — Ms.: uttarāṣāḍhā-] utrāṣāḍha — Ms. ix) uttarāṣāḍhā-] utrāṣāḍha — Ms. x) pūrvabhādrapadā-] pūrvabhadrāpadā — Ms. xi) pūrvabhādrapadā-] pūrvabhadra — Ms.:uttarabhādrapadā] utrabhadrapadā — Ms. xii) trīṇi] triṇī — Ms.

4 (a) 1 日の呼吸数とガティ数について：

『ヴァジュラダーカ・タントラ』, Skt ms: Śāstrī 72 (= C) 26b2, Matsunami 343 (= T) 24a7–b1. —— *ayute dve sahasrāṇi śataṣaṣṭhety abdāni tu /[i] ghaṭiṣaṣṭeti śvāsasya ahorātraṃ ca kīrtitam[= ayute dve sahasraṃ śatāni ṣaṭ śvāsā iti ghaṭīṇi ṣaṣṭir ity ahorātraṃ kīrtitam abde abde] //[ii) —— [注] i) -ty abdāni] tu śabdāni — T. ii) -ti śvāsasya] ti svāsasya — C./ svāsasya — T.

『ヴァジュラダーカ語釈』, (Tib: Ota) 71b8–72a3. —— ñi khri daṅ ni shes bya ba la sogs pa la / khri phrag gñis daṅ stoṅ phrag gcig daṅ brgya phrag drug ste brgya phrag drug daṅ bcas paḥi stoṅ phrag ñi śu rtsa gcig go // ciḥi graṅ shes na / dbugs rnams kyi shes bya ba daṅ sbyar te / dbugs ḥbyuṅ baḥiḥo // ji tsam shig gi she na / chu tshod drug cu shes bya ba ste / chu tshod drug cu po rnams kyaṅ ñin mtshan te / shag gcig gi yin no // ñin mtshan phrugs gcig po gcig kho nar ma zad kyi gshan dag gi yaṅ yin par bstan paḥi phyir / lo ru shes bya ba gsuṅs te / gñis paḥi don gyis bdun ba yin no // lo ru shes bya ba ni ñe bar mtshan pa ste / bskal pa graṅs med paḥi bar du yaṅ ñin mtshan gyi dbugs kyi graṅs ni de skad du śes par byaḥo //

(b) 占術を行うためのテーブルの描き方について：

『ヴァジュラダーカ語釈』, (Tib: Ota) 72a6–7. —— phan tshun du rim pa bshin thig gñis gñis btab la slar yaṅ gru bshi na thig re btab pas dbus kyi lte ba ma gtogs pa re mig bcu gñis su ḥgyur ro / phyi rol shes bya ba ni phyi rol gyi rtsibs te / dbud la sogs paḥi mtshan ma ri mor bri baḥo //

(c) 12 の家主の配置の方向と、それぞれの家主の長さについて：

『ヴァジュラダーカ語釈』, (Tib: Ota) 72a6–7. —— de[= table for fortune-telling] la ḥphel daṅ chu srin la ni chu tshod gsum gyiḥo / gti mug daṅ rus sbal la ni bshiḥo / bzaṅ po daṅ khyu mchog la ni lṅaḥo / yugs sa mo daṅ ḥdod pa la ḥaṅ lṅḥi ḥo / ḥbugs pa daṅ ḥphyo ba la ni drug giḥo / sme ba daṅ rmi lam la ni bdun gyi ste / śar phyogs kyi re ḥu cha la ni gsum mo / me mtshams su ni bshiḥo / yaṅ me mthams su ni lṅaḥo / lho phyogs su ni lṅaḥo / bden bral du ni bshiḥo / yaṅ bden bral du gsum mo / nub tu ni lṅaḥo / rluṅ mtshams su ni bdun no / yaṅ rluṅ mtshams su drug go / byaṅ du yaṅ drug go / dbaṅ ldan du bdun no / yaṅ dbaṅ ldan du lṅa ste / chu tshod kyi graṅs de dag ñid la ḥphel ba la sogs par brjod pa yin no //

(d) 12の家と様々な要素の対応について：

『ヴァジュラダーカ・タントラ』, (Skt ms) Śāstrī 72 (= C) 26b3–b4, Matsunami 343 (= T) 24b1–b2. —— bāhye tv aṅkita[= -taṃ] sthātavyaṃ bhuvanadvādaśaṃ tathā /[i] dinabhedaṃ yathā proktaṃ svarāṇāṃ tathaiva ca //[ii] nakṣatrāṇām udayaṃ cāpi grahāṇāṃ ca viśeṣataḥ / kālamaraṇaṃ tathā cānyat krama eṣa vidhīyate //[iii] —— [注] i) bāhye tv aṅkita] bāhyo 'ṅkita — T.: bhuvanadvādaśaṃ] bhuvanaṃ dvādaśan — C./ bhuvanadvādaśas — T. ii) yathā] tathā — C.: svarāṇāṃ] śvārāṇān — C. iii) -maraṇaṃ] garalaṃ — C.: cānyat] cānya — C./ cānyaṃ — T.: eṣa] eṣo — C.

『ヴァジュラダーカ語釈』, (Tib: Ota) 72b2–3. —— dbyaṅs kyi bye brag ces bya ba ni ma niṅ gi yi ge spaṅs paḥi a la sogs paḥi dbyaṅs kyi yi ge bcu gñis po ñid go rim bshin ḥphel ba la sogs pa miṅ du brjod paḥo //

『ヴァジュラダーカ語釈』, (Tib: Ota) 72b3. —— gzaḥ daṅ skar ma rnams kyi rgyu ba ni de rnams so sor rgyu baḥi rtsis so //

(e) 計算の起点について：

『ヴァジュラダーカ・タントラ』, (Skt ms) Śāstrī 72 (= C) 26b4–5, Matsunami 343 (= T) 24b3. —— pūrvasyā diśam ārabhya pūrvāhṇe gaṇitaṃ budhaḥ / —— [注] pūrvasyā diśam] pūrvasyāṃ diśim — C./ pūrvā disam — T.

(f) 十二宮との対応について：

『ヴァジュラダーカ語釈』, (Tib: Ota) 73a3–4. —— de la ḥphel ba ni lug go / gti mug ni khyu mchog go / bzaṅpo ni ḥkhrig paḥo / khyu mchog ni kār ti kaḥo / rus sbal ni seṅ geḥo / chu srin ni gshon nu maḥo / yugs sa mo ni sraṅ ṅo / sme ba ni sdig paḥo / ḥbugs pa ni gshuḥo / ḥphyo ba ni chu srin no / rmi lam ni bum paḥo / saḥ dbaṅ phyug ni ñaḥo //

(g) 十二宮と二十七宿の対応およびそれぞれの家主のガティ数について：

『ヴァジュラダーカ語釈』, (Tib: Ota) 73a4–b2. —— lug gi chu tshod gsum la tha skar daṅ bra ñe daṅ smin drug gi bshi cha gcig ste dguḥo / deḥi ḥog ma khyu mchog gi chu tshod bshi la smin drug bshi cha gsum daṅ snar ma daṅ mgoḥi phyed do / deḥi ḥog tu ḥkhrig paḥi chu tshod lṅa la mgoḥi phyed daṅ / lag daṅ nabs soḥi bshi cha sgum mo / deḥi ḥog tu kar ka ṭaḥi chu tshod de daṅ ḥdra ba la nabs soḥi bshi cha gcig daṅ rgyal daṅ skag go / deḥi ḥog tu seṅ geḥi chu tshod bshi la mchu daṅ gre daṅ dboḥi bshi cha gcig go / deḥi ḥog tu bu moḥi chu tshod gsum la dboḥi bshi cha gsum daṅ me bshi daṅ nag paḥi phyed do / deḥi ḥog tu sraṅ gi chu tshod lṅa la nag pa phyed daṅ sa ri daṅ sa gaḥi bshi cha gsum mo / deḥi ḥog tu sdig paḥi chu tshod bdun la sa gaḥi bshi cha gcig daṅ lha mtsams daṅ snon no / deḥi ḥog tu gshuḥi chu tshod drug la snubs daṅ chu stod daṅ chu smad kyi bshi cha gcig go / deḥi ḥog tu chu srin gyi chu tshod de daṅ ḥdra la chu smad kyi bshi cha gsum daṅ gro shun daṅ mon gruḥi phyed do / deḥi ḥog tu bum paḥi chu tshod bdun la mon gruḥi phyed daṅ mon gre daṅ khrums stod kyi bshi cha gsum mo / de nas ñaḥi chu tshod lṅa la khrums stod kyi bshi cha gcig daṅ khrums smad daṅ nam gruḥo // de ltar na lug la sogs paḥi ñi ma rnams ni skar ma gsum gsum la loṅs spyod par blta bar byaḥo //

5　『ヴァジュラダーカ語釈』, Tib: Ota, 79a4–6。

6　(a) 1 日における呼吸数とガティ数：

『ダーカールナヴァ・タントラ』, (Skt ms) Kathmandu Reel B113/6, Kathmandu Reel A142/2, 78a3–a4, Kathmandu Reel D40/6, 74a8. 『ヴァジュラダーカ・タントラ』とほぼ同じ文章である。

(b) 12 の家主と様々な要素の対応について：

『ダーカールナヴァ・タントラ』, (Skt ms) Kathmandu Reel B113/6, Kathmandu Reel A142/2, 78a6–a8, Kathmandu Reel D40/6, 74a10–b2. —— tayā bāhyeṣu aṅkānāṃ[= -ṅkāḥ] sthātavyā bhuvi dvādaśa /$^{i)}$ dinabhedaṃ yathā proktaṃ dvādaśaiḥ[= -śabhiḥ] sarvakālataḥ //$^{ii)}$ ekaikasya tu dhātuṣya[= -toḥ] svakāla udayaṃ tv api /$^{iii)}$ kālamaranaṃ tathānyat krama eṣo[= -ṣa] vidhīyate //$^{iv)}$ jñātaṃ dādyādiyogeṣu iha tu yogamātṛkā /$^{v)}$ pauṣādimāsam ārabhya sūryayānaṃ tu uttare //$^{vi)}$ —— ［注］ i) tayā] vayā — A./ omits — B.: bāhyeṣu] vāheṣu — All Mss./ phyi rol du — Tib.: aṅkānāṃ] adhyaṅkānā — A./ ardhakānā — B./ aṅkānā — C.: sthātavyā] sthītavyā — A./ sthitavyā — B.: dvādaśa] dvādaśam — A./ dvādaśakam — B./ dvādasai — C. ii) dinabhedaṃ] puna bhede — C.: proktaṃ] prokta — C.: dvādaśaiḥ] dvāda — C.: -kālataḥ] kārataḥ — A. iii) ekaikasya tu] omits tu — A.B./ ekekesya tu — C.: svakāla

] svakāre — A.C.: udayaṃ tv api] udayānty api — A./ udayaṃ svapi — B./ udayanty api — C. iv) -maraṇaṃ] maraṇa — C.: tathānyat] tathānyaḥ — A.C./ tathānye — B. v) jñātaṃ] jñānaṃ — B.: iha] ihan — A.C./ ihe — B.: -mātṛkā] mātrikāḥ — C. vi) pauṣādi-] omits — A.B./ yāpi — C./ rgyal gyi zla ba sogs — Tib.: ārabhya] ālabhya — B.: sūryayānaṃ tu uttare] sūryāyānaṃ tu uttaro — A.: sūryan tu yānan tu uttarā — B. / uttare の代わりに uttarā — C.

『ダーカールナヴァ・タントラ』, (Skt ms) Kathmandu Reel B113/6 (= A) 119b5–120a2, Kathmandu Reel A142/2 (= B) 78a9–b4, Kathmandu Reel D40/6 (= C) 74b3–b8. —— tatrāvidyā saṃskāraṃ[→-raś] ca vijñānaṃ nāmarūpakam // ṣaḍāyatana[= -naṃ] sparśaṃ[→-rśas] tu vedanā tṛṣṇayā tathā /[i)] upādānakaṃ bhavaṃ[= -vas] tu jātijarāmaraṇataḥ // evaṃ kramāt tu vijñeyā[= -yāni] tathā rohitādidinā[= -nāni] /[ii)] *makarādi tu [= makarādi]rāśīnāṃ dvādaśakas tu-m iṣyatām //[iii)] —— [注]i) -sparśaṃ tu] sparśeṃ tu — A.: tṛṣṇayā] ca tṛṣṇā — A.C. ii) -kramāt] krama — A./ kramā — B.C.: rohitādidinā] rohitādinā — A.B. iii) makarādi] maḥ karādiṃ — A./ mataḥ karādiṃ — B.: dvādaśakas] dvādaśavat — A./ dvādaśavas — B./ tu-m] ca tum — C. —— prathamāvidyā makaraṃ[= -ro] rohitā ca tathā parā /[i)] dvitīyā mohitā kumbhaḥ saṃskāraṃ[= -ro] jāyate sphuṭam //[ii)] tṛtīyā bhadrā mīnaś ca vijñānaṃ vidyate ca tu /[iii)] caturthyāṃ vṛṣabhe meṣaṃ[= -ṣaś] ca nāmarūpaṃ tu-m iṣyate //[iv)] pañcamyāṃ kūrme tu vṛṣaṃ[= ṣaḥ] ṣaḍāyatanaparā /[v)] ṣaṣṭhyāṃ makare mithunaṃ ca sparśaṃ[= -rśas] tu jāyate sadā //[vi)] saptamyāṃ raṇḍā karkaṭo vedanā ca parā tathā /[vii)] aṣṭamyāṃ mikire siṃhas tṛṣṇā ca varavallabhā[= -bhe] //[viii)] navamyāṃ bhidrike kanyā upādānakam iṣyatām /[ix)] daśamyāṃ vyākuli tu *tulaṃ[= tulā] bhavas tu pragīyate //[x)] ekādaśyāṃ svapnikā tu vṛścikaṃ[= -ko] jātikas tathā /[xi)] dvādaśyāṃ bhuvaneśvaraṃ[= -ro] dhanur jarāmaraṇakam //[xii)] —— [注] i) -vidyā] viṣṭhā — A.B./ bimbā — C.: makaraṃ] makāraṃ — A.B.: parā] parāṃ — B.C. ii) kumbhaḥ] kumbha — All Mss. iii) mīnaś ca vijñānaṃ] mīnasvavijñānaṃ — All Mss. iv) caturthyāṃ] caturtha — All Mss.: vṛṣabhe] vṛṣabha — A.C./ vṛṣa — B.: tu-m] cam — B. v) pañcamyāṃ] pañcamyā — ABCD.: kūrme] krame — A.B./ krama — C. vi) ṣaṣṭhyāṃ] ṣaṣṭhyā — All Mss.: makare] makara — All Mss.: mithunaṃ] mītunañ — C. vii) saptamyāṃ] saptamyā — A.: raṇḍā] caṇḍā — A.: karkaṭo] karkaṭā — All Mss.: tathā] tathā parāṃ — C. viii) aṣṭamyāṃ] aṣṭamyā — A.: mikire] mikira — A./ kimire mire — B.: siṃhas] siddhyaṃ — C.: tṣṇā] tṛṣpu — C.: ca] omits — A.C./ ra — B.: varavallabhā] varallabhā — B./ caravallabhā — C. ix) navamyāṃ] navamyā — A.C.: bhidrike] bhidriya — A./ bhadra — B./ bhidri — C.: kanyā] kanya — A.B./ kalpaṃ — C.: upādānakam] upādānekam — A.B./ upādānaṃ kaṃ — C. x) daśamyāṃ] daśamyā — A.: vyākuli] vyākulī — B.C.: tulaṃ] talaṃ — C.: bhavas] bhavan — B. xi) ekādaśyāṃ] ekādaśyā — A.C.: svapnikā] svapikā — A./ svavikā — B./ svanikā — C.: jātikas] jātikaṃ — A./ jātukaṃ — B. xii) dvādaśyāṃ] dvādaśyā — A.C.: bhuvaneśvaraṃ] bhuvane svaraṃ — A.C.: dhanur] dhanu — A.B./ dhantur — C.: -maraṇakam] maṇarakam — A./ manakaṃ — B.

(c) 計算の起点：

『ダーカールナヴァ・タントラ』, (Skt ms) Kathmandu Reel B113/6 (= A), Kathmandu Reel A142/2 (= B) 78a8, Kathmandu Reel D40/6 (= C) 74b2–b3. —— kramakrameṇa sthātavyā māsā dvādaśa-m eva ca /$^{i)}$ pūrvādidiśam ārabhya pūrvāhṇe gaṇitaṃ budhaḥ //$^{ii)}$ —— [注] i) kramakrameṇa] kramā krameṇa — A.C./ kramā krameṇa tu — B.: māsā] māsā māsā — A.B. ii) -diśam] diśim — A.C.: pūrvāhṇe] pūpūrvāhna — B.: gaṇitaṃ budhaḥ] ganita buga — C.

7 avidyādīni dvādaśāṅgāni rohitādibhiḥ paryāyāntarair abhihitā[ni], gurūpadeśaḥ /.

8 もっとも、これにより十二地や十二支縁起の伝統的な解釈方法が仏教内において完全に破棄されたわけではない。冒頭で述べたように、本稿が扱った時間の輪の体系を導入していない伝統も存在するからである。このような十二地や十二支縁起の解釈方法は、時間の輪の体系とのかかわりにおいて生じているものであることを忘れてはならない。

9 asya sthāpitakoṣṭhānāṃ pūrvādi*kramataṃ[→ kramato] nyased iti / eṣu koṣṭhakeṣu sthāpiteṣu pūrvādikramato nyāsaḥ kartavya ity arthaḥ // kiṃ tu māghādiṣu tithayo bhānti nāmabhedena / yathā māghe mohitā pratipad bhadrādayo rohitāntāḥ dvitīyādayo dvādaśāntāḥ, evam anyatrāpi bhadrādikramādīn kṛtvā pratipadādayo gaṇayitavyāḥ //$^{i)}$ —— [注] i) māghe] māgha — Ms.: bhadrādikramādīn] bhadrādikam ādīṃ — Ms.

なお、この箇所に対応する『チャトゥシュピータ・タントラ』の記述は以下の通り。Skt ms: Kathmandu Reel B26/23 (= K1) 2a1, Cambridge Add.1704 (= C) 2a4, Kathmandu Reel A138/10 (= K2). —— asya sthāpitakoṣṭhānāṃ pūrvādikramato nyeset // —— [注] -kramato] kramataṃ — K1./ kramata — C.

10 C = Śāstrī 72、T = Matsunami 343. —— (第 13 日と第 14 日と第 15 日に対応する家主について) tṛtīyā trayodaśī caiva caturthī caturdaśī tathā //$^{i)}$ pañcamī pañcadaśī cāpi /$^{ii)}$ —— [注] i) tṛtīyā] tṛtīyan — C./ tṛtīyaṃ — T. ii) pañcadaśī] pañcadaśīñ — T. —— (暦への 12 の家主の配当一般について) rohitā prathamā, dvitīyāyāṃ mohitā, tṛtīyāyāṃ bhadra, caturthyāṃ vṛṣabha, pañcamyāṃ kūrma, ṣaṣṭhyāṃ makara, saptamyāṃ raṇḍā, aṣṭamyāṃ mikira, navamyāṃ bhidrika, daśamyāṃ vyākuli, ekādaśyāṃ svapnikā, dvādaśyāṃ bhuvaneśvara // —— [注] dvitīyāyāṃ] dvitīyāṃ — T.: mohitā] mohitā tathā — C.: tṛtīyāyāṃ] tṛtīyaṃ — T.: caturthyāṃ] caturthyā — T.: pañcamyāṃ] pañcamyā — C.T.: kūrma] kurma — T.: bhidrika] bhidrikā — C.: vyākuli] vyākula — C.: ekādaśyāṃ] ekādasyāṃ — C./ ekādaśyā — T.: svapnikā] svapanikā — T.: -neśvara] neśvaraḥ — C. —— prathamaṃ bhuvaneśvara, dvitīyāyāṃ rohitā, tṛtīyāyāṃ mohitā, caturthyāṃ bhadra, pañcamyāṃ vṛṣabha, ṣaṣṭhyāṃ kūrma, saptamyāṃ makara, aṣṭamyāṃ raṇḍā, navamyāṃ mikira, daśamyāṃ bhidrika, ekādaśyāṃ vyākuli, dvādaśyāṃ svapnikā // —— [注] bhuvaneśvara] bhuvaneśvaram — C.: dvitīyāyāṃ] dvitīye — T.: caturthyāṃ] caturthyā — C.T.: pañcamyāṃ] pañcamyā — T.: ṣaṣṭhyāṃ] ṣaṣṭhyā — C.: kūrma] kurmi — T.: saptamyāṃ] saptamyā — T.: makara] omits — C.: aṣṭamyāṃ] omits — C.: raṇḍā] raṇḍa — T.: bhidrika] bhadrikā — C./ bhidrik — T.: ekādaśyāṃ] ekādasyāṃ — C.: vyākuli] vyākulī — C.: dvādaśyāṃ] dvādasyā — C.: svapnikā] svapanikā — T. —— prathamaṃ svapnikā, dvitīyāyāṃ bhuvaneśvara, tṛtīyāyāṃ rohitā, caturthyāṃ mohitā, pañcamyāṃ bhadra, ṣaṣṭhyāṃ vṛṣabha, saptamyāṃ kūrma, aṣṭamyāṃ makara, navamyāṃ raṇḍā, daśamyāṃ mikira, ekādaśyāṃ bhidrika, dvādaśyāṃ vyākuli // —— [注] prathamaṃ] prathama — C.: svapnikā] svapanikā — T.: dvitīyāyāṃ] dvitīye — C.: caturthyāṃ] caturthyā — C.T.: pañcamyāṃ] pañca — C.: saptamyāṃ] saptamyā — C.: kūrma] kurma — T.: aṣṭamyāṃ] aṣṭamyā — C.: daśamyāṃ] daśamyam — C./ daśamyā — T.: ekādaśyāṃ] ekādasyām — C.: bhidrika] bhidrikā — C./ bhidrik — T.: dvādaśyāṃ] dvādaśyā — C.: vyākuli] vyākula — C. —— prathamaṃ vyākuli, dvitīyāyāṃ svapnikā, tṛtīyāyāṃ bhuvaneśvara, caturthyāṃ rohitā, pañcamyāṃ mohitā, ṣaṣṭhyāṃ bhadra, saptamyāṃ vṛṣabha, aṣṭamyāṃ kūrma, navamyāṃ makara, daśamyāṃ raṇḍā, ekādaśyāṃ mikira, dvādaśyāṃ bhidrika // —— [注] svapnikā] svapanikā — T.: pañcamyāṃ] pañcamyāṃm — C.: bhadra] bhadrā — T.: kūrma] kurmma — T.: ekādaśyāṃ] ekādasyām — C.: bhidrika] bhidri — C./ bhadrika — T. —— prathamaṃ bhidrika, dvitīyāyāṃ vyākuli, tṛtīyāyāṃ svapnikā, caturthyāṃ bhuvaneśvara, pañcamyāṃ rohitā, ṣaṣṭhyāṃ mohitā, saptamyāṃ bhadra, aṣṭamyāṃ vṛṣabha, navamyāṃ kūrma, daśamyāṃ makara, ekādaśyāṃ raṇḍā, dvādaśyāṃ mikira // —— [注] prathamaṃ] prathama — C.: bhidrika] bhidrikā — C.: dvitīyāyāṃ vyākuli] dvitīye vyākula —

C.: tṛtīyāyāṃ] tṛtīye — C.: svapnikā] (ac) deleted (pc) svapanikā — T.: vṛṣabha] vṛṣabhi — T.: kūrma] kurma — T.: ekādaśyāṃ] ekādasyā — C. —— prathamaṃ mikira, dvitīyāyāṃ bhidrika, tṛtīyāyāṃ vyākuli, caturthyāṃ svapnikā, pañcamyāṃ bhuvaneśvara, ṣaṣṭhyāṃ rohitā, saptamyāṃ mohitā, aṣṭamyāṃ bhadra, navamyāṃ vṛṣabha, daśamyāṃ kūrma, ekādaśyāṃ makara, dvādaśyāṃ raṇḍā // —— [注] prathamaṃ] prathama — T.: dvitīyāyāṃ] dvitīye — C./ dvitīyā — T.: bhidrika] bhīdrikā — C./ bhadrika — T.: tṛtīyāyāṃ] tṛtīye — C.: vyākuli] omits — T.: svapnikā] svapanikā — T.: saptamyāṃ] saptamyāṃm — C.: bhadra] bhadrika — T.: kūrma] kurma — T.: ekādaśyāṃ] ekādasyāṃ — C.: dvādaśyāṃ] dvādasyāṃ — C. —— prathamaṃ raṇḍā, dvitīyāyāṃ mikira, tṛtīyāyāṃ bhidrika, caturthyāṃ vyākuli, pañcamyāṃ svapnikā, ṣaṣṭhyāṃ bhuvaneśvara, saptamyāṃ rohitā, aṣṭamyāṃ mohitā, navamyāṃ bhadra, daśamyāṃ vṛṣabha, ekādaśyāṃ kūrma, dvādaśyāṃ makara // —— [注] prathamaṃ] prathama — T.: bhidrika] bhidrikā — C.: svapnikā] svapanikā — T.: navamyāṃ] navamyā — C.: dvādaśyāṃ] dvādasyām — C. —— prathamaṃ makara, dvitīyāyāṃ raṇḍā, tṛtīyāyāṃ mikira, caturthyāṃ bhidrika, pañcamyāṃ vyākuli, ṣaṣṭhyāṃ svapnikā, saptamyāṃ bhuvaneśvara, aṣṭamyāṃ rohitā, navamyāṃ mohitā, daśamyāṃ bhadra, ekādaśyāṃ vṛṣabha, dvādaśyāṃ kūrma // —— [注] prathamaṃ] prathama — T.: caturthyāṃ] caturthyā — T.: bhidrika] bhidrikā — C.: ṣaṣṭhyāṃ] ṣaṣṭhyāmyāṃ — C.: svapnikā] svapanikā — T.: dvādaśyāṃ] dvādasyāṃ — C.: kūrma] kurma — T. —— prathamaṃ kūrma, dvitīyāyāṃ makara, tṛtīyāyāṃ raṇḍā, caturthyāṃ mikira, pañcamyāṃ bhidrika, ṣaṣṭhyāṃ vyākuli, saptamyāṃ svapnikā, aṣṭamyāṃ bhuvaneśvara, navamyāṃ rohitā, daśamyāṃ mohitā, ekādaśyāṃ bhadra, dvādaśyāṃ vṛṣabha // —— [注] kūrma] kurma — T.: dvitīyāyāṃ] dvitīye — C.: tṛtīyāyāṃ] tṛtīye — C.: caturthyāṃ] caturthyā — T.: pañcamyāṃ] pañcamyā — T.: bhidrika] bhidrikā — C.: ṣaṣṭhyāṃ] ṣaṣṭhyā — T.: svapnikā] svapanikā — T.: ekādaśyāṃ] ekādasyām — C.: dvādaśyāṃ] dvādasyāṃ — C.: vṛṣabha] (ac) deluted (pc) vṛṣabha — C. —— prathamaṃ vṛṣabha, dvitīyāyāṃ kūrma, tṛtīyāyāṃ makara, caturthyāṃ raṇḍā, pañcamyāṃ mikira, ṣaṣṭhyāṃ bhidrika, saptamyāṃ vyākuli, aṣṭamyāṃ svapnikā, navamyāṃ bhuvaneśvara, daśamyāṃ rohitā, ekādaśyāṃ mohitā, dvādaśyāṃ bhadra // —— [注] dvitīyāyāṃ] dvitīye — C.: kūrma] kurma — T.: caturthyāṃ] caturthyā — C.: pañcamyāṃ] pañcamyā — T.: bhidrika] bhidrikā — C.: svapnikā] vyākuli — C./ svapanikā — T.: ekādaśyāṃ] ekādasyāṃ — C.: mohitā] mohitātā — C.: dvādaśyāṃ] dvādasyāṃ — C. —— prathamaṃ bhadra, dvitīyāyāṃ vṛṣabha, tṛtīyāyāṃ kūrma, caturthyāṃ makara, pañcamyāṃ raṇḍā, ṣaṣṭhyāṃ mikira, saptamyāṃ bhidrika, aṣṭamyāṃ vyākuli, navamyāṃ svapnikā, daśamyāṃ bhuvaneśvara, ekādaśyāṃ rohitā, dvādaśyāṃ mohitā // —— ［注］ kūrma] kurma — T.: bhidrika] bhidri — C.: svapnikā] svapanikā — T.: ekādaśyāṃ] ekādaśyā — C.: dvādaśyāṃ] dvādasyām — C. —— prathamaṃ mohitā, dvitīyāyāṃ bhadra, tṛtīyāyāṃ vṛṣabha, caturthyāṃ kūrma, pañcamyāṃ makara, ṣaṣṭhyāṃ raṇḍā, saptamyāṃ mikira, aṣṭamyāṃ bhidrika, navamyāṃ vyākuli, daśamyāṃ svapnikā, ekādaśyāṃ bhuvaneśvara, dvādaśyāṃ rohitā // —— ［注］ caturthyāṃ] caturthyā — C.: kūrma] kurma — T.: aṣṭamyāṃ] aṣṭamyā — T.: bhidrika] bhidrikā — C.: svapnikā] svapanikā — T.: ekādaśyāṃ] ekādasyāṃ — C.: dvādaśyāṃ] dvādasyāṃ — C.: rohitā] rohi — C.

11 A = Kathmandu Reel B113/6、B = Kathmandu Reel A142/2、C = Kathmandu Reel D40/6. ——（第 13 日と第 14 日と第 15 日に対応する家主について）—— tṛtīyā trayodaśī caiva caturthī caturdaśī tathā /[i)] pañcamī pañcadaśī cāpi kathyate śṛṇu sāṃpratam // —— ［注］ i) tṛtīyā] tṛtīya — A.B./ triyā ca — C.: trayodaśī] trayovaśī — C.: caturthī] carttuthī ca — C.: tathā] omits — All Mss./ de bshin — Tib. ——（暦への 12 の家主の配当一般について） evaṃ (= rohitā などと第一暦月の各暦日と十二宮と無明などの対応を説明する文章を指す) bhuvaneśvarādiḥ svapnikādis tathā param /[i)] vyākulyādir bhidrikādis tathā mikirādis tataḥ //[ii)] raṇḍādir makarādinā kūrmādir vṛṣabhādikā /[iii)] bhadrādir mohitādis tu *māsānāṃ dvādaśas[= māsā dvādaśa] tataḥ //[iv)] —— ［注］ i) bhuvaneśvarādiḥ] bhuvane svarādi — A./ omits the last *visarga* — B./ bhuvane svarādiṃ — C.: svapnikādis] svapne kādis — A.C./ svapnakādis — B.: param] parām — All Mss. ii) vyākulyādir] vyākulābhi — A.C./ vyākulābhir — B.: bhidrikādis] omits the last “s” — A./ bhadrikādi — B./ bhidrikāvi — C.: mikirādis] kimiris — A./ mikiris — B.C. iii) raṇḍādir] caṇḍādi — A.B./ raṇḍādi — C.: makarādinā] mavarādinā — A./ makarādīnā — C.: kūrmādir] kūmādi — A./ omits the last “r” — B.C. iv) bhadrādir] omits the last “r” — All Mss.: tataḥ] tutaḥ — A./ tu vaḥ — B.

12 『ヴェーダーンガジョーティシャ』と『パンチャシッダーンティカー』においては、30 muhūrta（= 60 ghaṭikā）が 1 日であり、冬至日の昼の長さは 12 muhūrta（= 24 ghaṭikā）、夜の長さは 18 muhūrta（= 36 ghaṭikā）であり、夏至日の昼と夜の長さはその逆である。春分日と秋分日における昼と夜の長さはそれぞれ 15 muhūrta（= 30 ghaṭikā）と等しい。詳細は矢野 1976 を見よ。

13 Skt ms: Kathmandu Reel B26/23 (= K1) 2a2–a4, Cambridge Add.1704 (= C) 2a4–b2, Kathmandu Reel A138/10 (= K2) 2b1–b4.（ブラケット内のイタリック体の部分は『チャトゥシュピータ大要』による解釈を表す）—— rohitā[= -tāyāṃ] dārako jātaḥ *saubhāgya-m[= *priyadarśitaḥ*] īśvaras tathā /[i] *krūracittas[= *apakāraṃ smarati nopakāram*] tu *mandāgī[= *mandānalaḥ*] *videśaprabhu nityaśaḥ[= *viprakṛṣyadeśe rājyādirābhībhavati*] //[ii] *maithunapriya[= *suratārthasthānāsthānavicārako na bhavati*] *nityānāṃ prītivākyaṃ tu sarvavit[= *aparuṣābhidhāyī sarvatra nityam*] /[iii] *rohitā devatāpūjā-m[= *rohitāyāṃ jāto devatāpūjako bhavati*] āyuḥ*sattaribhis[= saptatibhis] tathā //[iv] *rohitā arthadā tasya prītisarve nivartati[= *rohitāyām arthaḥ karāntarādinā dattaḥ prītyāḥ sarvasmān nivartate*] /[v] *rohitā kṣatam aṅgasya[= *rohitājātasyāṅgakṣataṃ bhavati*] *śriyābhiś ca samāgamam[= *parasmāl lakṣmīm ākarṣayati*] //[vi] *rohitā sthānam āśritya dhanamitrābhivasthitam[= *rohitāyāṃ sthānam āśrayed dhanamitrādyavasthito bhavati*] /[vii] *rohitā vrajate yānaṃ sarvaṃ cintābhi sidhyate[= *rohitāyāṃ kvacid gantavyam, gataś cābhimataṃ sādhayati*] /[viii] *vivāhāgnikāryaṃ tu śāntikarma prayujyate[= *rohitāyāṃ vivāhahomādikaṃ phaladaṃ bhavati*] //[ix] —— ［注］i) jātaḥ] jātā — K1./ jāta — C.K2.: īśvaras] īśvaraṃ — K1.C.　ii) -cittas tu] citta — C.K2.: mandāgī] mandāgrī — C.K2..: videśa] videṣā — C./ videśā — T.: -prabhu nityaśaḥ] damaged — C./ prabhu nityasa — K2.　iii) -vākyaṃ] vākyān — K1./ vāktan — C./ vāktas — K2./『チャトゥシュピータ大要』に従う.: sarvavit] thams cad du — Tib.　iv) devatāpūjām] devatāpūjyām — K1./ daivatāpūjām — C.K2.: āyuḥ-] āyu — K1.C./ āya — K2./ Followd the Nibandha.　v) rohitā artha-] (damaged)rtha — C.　vi) kṣatam aṅgasya] kṣataṅgaṅgasya — K1.: śriyābhiś ca-] śriyo viśva — K2.　vii) -mitrābhivasthitam] nityābhivasthitam — K1./ nityābhivasthira — C./ mityābhivasthitam — K2./『チャトゥシュピータ大要』に従う.　viii) rohitā vrajate] rohitā varjate — K1./ (damaged)te — C.: yānaṃ] yānāṃ — C.: sarvaṃ] sarva — K1.C.K2.　ix) vivāhāgnikāryaṃ tu] vihārāgnikāryan tu — K1./ civāhāgnikāryan tu — C./ vivāgnikāryañ ca — K2.: śānti-] santi — K1.: prayujyate] prayuñjate — K1.C.

14　『チャトゥシュピータ・タントラ』はその者の運勢の要約を以下のように記している。(Skt ms) Kathmandu Reel B26/23 (= K1) 3b6–4a2, Cambridge Add.1704 (= C) 5a2–a4, Kathmandu Reel A138/10 (= K2) 4b5–5a2.（ブラケット内のイタリック体の部分は『チャトゥシュピータ大要』による解釈を表す）—— *rohitā devatāṃ pūjya[= *rohitāyāṃ jāto bālyataḥ devatāpūjakaḥ*] *mohitā arthalabdavān[= *arthalābhī mohitājātaḥ*] /[i] *bhadraśobhanam āhāraṃ[= *bhadrajātaḥ śobhanāhāralābhī*] *vṛṣabhaṃ bahukrodhakā[= *vṛṣabhajāto 'tiśayakrodhī*] //[ii] *kūrme cintāparā khyātā[= kūrmajātaś cintāparaḥ khyāto] *makaraṃ sakathālāpam[= *makare jātaḥ kathālāpī*] /[iii] *raṇḍā[= raṇḍāyāṃ jātaḥ] pāpa[= -paṃ] saṃcintya *mikiraṃ[= mikire jāto] maithunāyataḥ //[iv] *bhidrikā nidram āpnoti[= *bhidrikājāto nidrālur*] *vyākulī nindakas[= *vyākulījāto nindābhāṣādiyuktas*] tathā

/[v] *svapnaṃ cintā āpannā[= *svapnajātaś cintāsauryādiyuktaḥ*] *kāmānāṃ gītapāṭhakā[= *kāmajāto gandharvaḥ*] //[vi] —— [注] i) devatāṃ] devatā — K1./ -labdhavān] labdhavan — K1./ labdhatata — C./ vān yat — K2. ii) āhāraṃ] āhāre — K1./ āhāra — C.: vṛṣabhaṃ] vṛṣabha — K1. iii) kūrme] kūrmai — C./ kūrma — K1.K2.: cintāparā] cintāpara — K1.C.K2/ 『チャトゥシュピータ大要』に従う.: sakathālāpam] sakathālāyaṃ — K1.C./ sakathalāyam — K2. / 『チャトゥシュピータ大要』と Tib に従う. iv) raṇḍā] raṇḍānāṃ — T.: pāpa saṃcintya] pāpasya cintyā — K1./ pāpasya sañciṃtyā — C.: maithunāyataḥ] maithunāṃyat — K1./ maithunāyata — C./ methunāyakaṃ — K2. v) bhidrikā] bhidrikām — K2.: nidram āpnoti] indrim āptoni — K2.: nindakas tathā] damaged — C. vi) svapne cintā āpannā] svapnacintām āpanna — K1./ svapnaṃ cittam āpannā — C./ (bluured)raṇacintānāṃ — K2.

15 Skt ms: Śāstrī 72 (= C) 27b5–27b7, Matsunami 343 (= T) 25b4–b5. — — rohitādivase dārako jātaḥ saubhāgya-m īśvaras tathā krūracitto vidveṣī mandāgnir videśe prabhus tathā maithunapriya[= -yo] madhurālāpī sarvataḥ /[i] navame divase navame māse navame varṣe yadi cchalo na bhavati, tadā sukhino[= -khī] nityaṃ dhanavān nīrujo jīvati varṣāṇy ekāśīti /[ii] bhuvaneśvare mriyate //[iii] —— [注] i) krūracitto] kūracittā — C./ krūracitta — T.: -vidveṣī] vidvesi — T.: mandāgnir] mandāgni — C./ māndāgni — T.: madhurālāpī] madhurārāpī — C. ii) navame varṣe] cā navame varṣe — T.: cchalo] Tib. śi chad. The Vivṛti comments that this word means "dus ma yin par ḥchi ba" = "akālamṛtyu.": nīrujo] niruja — C.T.: ekāśīti] okāśīti — T. iii) bhuvaneśvare] bhuvaneśvara — C./ bhuvaneśvaro — T.

16 Skt ms: Kathmandu Reel B113/6 (= A) 120a6–b1, Kathmandu Reel A142/2 (= B) 78b10–b11, Kathmandu Reel D40/6 (= C) 75a3. —— navadivase māse ca varṣe na mriyate budhaḥ /[i] *rājyaṃbhara[→ rājyadharo] bhavet tasya evam eva na saṃśayaḥ //[ii] rohitādivase jātau[→-to] mriyate bhuvaneśvare /[iii] —— [注] i) -divase] divasa — A.: varṣe na] varṣeṇa — A.C.: mriyate] mṛte — D. ii) rājyaṃbhara] rāskambhara — C. iii) -divase] divasa — A.B.: -jātau] yātau — A./ krāntau — C.: mriyate] mṛyate — A.B.: bhuvaneśvare] bhuvaneśvaraṃ — B.

17 Skt ms: Kathmandu Reel B26/23 (= K1) 2a4–b1, Cambridge Add.1704 (= C) 2b2–b5, Kathmandu Reel A138/10 (= K2) 2b4–3a3. (ブラケット内のイタリック体の部分は『チャトゥシュピータ大要』による解釈を表す)—— *mohitā arthayogānāṃ gaṇitena tu jñāyate[= *mohitāyām arthasaṃgrahaḥ, sa ca dvādaśakoṣṭhagaṇayā kartavyaḥ*] /[i] mohitā[= -tāyāṃ] dārako jāta āyuḥ ṣaṣṭipañcabhi[= -bhiḥ] kīrtitam //[ii] bahubhāṣī alpacittas tu priyamaithuna[= -no] nityaśaḥ /[iii]

krūra*vyasanino[= vyasanī] nityam apriyāny api bhāṣate //[iv] niḥsatyaḥ krodhāhaṃkāraḥ pāpakārī durātmakaḥ /[v] saṃbhinnapāruṣyālāpaś cyutiḥ śastrābhicetanā //[vi] *varṣāśīticatvāri āyūnāṃ[= caturaśītivarṣāyus] tu prakīrtitam /[vii] *mucchājya yogabhūmyādi[= *dasohi ayogabhūmāv asthānaḥ*] *vicchājya yogabhūmya saḥ[= *vicchāhi yogabhūmau saṃsthānaḥ*](?) //[viii] kṣatam aṅgasya dehānāṃ mṛtyunā tu samāgamam /[ix] *yat kiṃcid artha dātavyaṃ gatasya na nivartate[= *ṛṇāni datto 'rthā na nivartate*(?)] //[x] —— [注]i) gaṇitena] garṇitena — C./ gaṇitona — K2. ii) ii) jāta] jātā — K1./ āyuḥ ṣaṣṭipañcabhi] āyu ṣaṣṭipañcābhi — K1./ (damaged)ṣaṣṭipañcābhi — C./ āyuḥ ṣaṣṭhīpañcabhi — K2. iii) bahubhāṣī] bahvāṣī — K1./ bahvāsi — C./ bhabhāṣī — K2.: -cittas] cittās — K1.K2.: -maithuna] methuna — C. iv) -vyasanino] vyasanina — K1.: apriyāny api] apriyānāpi — K1./ apriyān api — C.K2./『チャトゥシュピータ大要』に従う.: bhāṣate] bhāṣite — K1./ bhāṣyate — C. v) niḥsatyaḥ] niḥsatya — K1./ nisyatyaṃ — C./ nisatyaṃ — T.: krodhāhaṃkāraḥ] krodhahaṃkāraṃ — K1./ krodhaha(damaged) — C./ krodhāhaṃkāraṃ — K2.: durātmakaḥ] durātmakam — C./ durāsadaḥ — K2. vi) saṃbhinnapāruṣyālāpaś] saṃbhinnapārusolāpī — K1./ saṃbhināyurāsolāpa — C./ saṃbhinnā pāruṣālāpa — K2.: cyutiḥ śastrābhicetanā] cyuti śāstrābhicetanā — K1./ cyuti śastrābhicetanā — C./ mtshon gyis ṅes par ḥchi bar ḥgyur — Tib. vii) āyūnāṃ] āyunan — K1./ āyūnā — K2.: prakīrtitam] prakīrtitā — C. viii) mucchājya yogabhūmyādi] mucchājya yogyabhūmyādi — K1./ succhāduyogabhūmyādiṃ — C./ mucchājya の代わりに utsājya — K2./ Nibandha に従う.: vicchājya yogabhūmya saḥ] vicchāryā yogabhūmya saḥ — K1./ vicchā(damaged)saḥ — C./ vicchārya yogabhūmyagaḥ — K2./『チャトゥシュピータ大要』に従う. ix) kṣatam aṅgasya] kṛtamargasya — K2.: mṛtyunā tu samāgamam] mṛtyuma tu samāgamyaṃ — C. x) kiṃcid] kiñci — C.: dātavyaṃ] dātasya — K1.C./ dātavya — K2.: nivartate] nivartita — C.

18 Skt ms: Śāstrī 72 (= C) 29a6–b1, Matsunami 343 (= T) 27a3–a5. —— mohitāyāṃ dārako jātaḥ, dvitīye divase navame māse navame varṣe yadi cchalo na bhavati,[i] bahubhāṣī alpacittas tu priyamaithuna[= -no] nityaśaḥ /[ii] krūra*vyasanino[= vyasanī] nityam //[iii] lubdho glāno roṣaṇaḥ, medhāvī jñātipriyaḥ,[iv] nityakrodhādyahaṃkāraḥ pāpakārī durātmakaḥ /[v] saṃbhinnālāpapāruṣyaś ca cyutiḥ śastrābhicetanā //[vi] jīvati varṣāṇi catuḥṣaṣṭi /[vii] rohitādivase vā kṣatam aṅgasya dehānāṃ mṛtyūnāṃ tu na saṃśayaḥ //[viii] —— [注]i) mohitāyāṃ] mohitānān — C./ mohitā — T. ii) bahubhāṣī] bahvāśī — C./ bahubhāṣi — T.: [nityaśaḥ] prītiḥ — T. iii) krūravyasanino] (ac) kūrāvyasanano (pc) kūrāvyasanino — C./ kūravyasa — T. iv) lubdho]

labdho — T.: roṣaṇaḥ] roṣāṇo — C./ 'roṣaṇa — T. v) nityakrodhādyahaṃkāraḥ] "ahaṃkāraḥ" の代わりに "ahaṃkārī" — C./ nityaḥ krodhāvi ahaṃkāra — T.: [pāpakārī] pāpakāri — T. vi) -pāruṣyaś] pāruṣyañ — C.T.: cyutiḥ] cyuti — C./ vyati — T.: -cetanā] cetasā — C.T. vii) rohitā-] rohite — T. viii) vā] cā — T.: kṣatam aṅgasya] kṣata avaśasya — C./ kṣatāṃgamya — T.: dehānāṃ] dehināṃ — C.: tu] omits — T.: saṃśayaḥ] śaṃśayaḥ — C.

19 Skt ms: Kathmandu Reel B113/6 (= A) 121a3, Kathmandu Reel A142/2 (= B) 79a9–a10, Kathmandu Reel D40/6 (= C) 75b2–b3. —— tasmin[= mohitāyāṃ] *dineṣu [→dine su]jātakaḥ //[i)] dvinavame māse ca varṣe yadi na mriyate /[ii)] sarvahīnamārakaś ca pāpātmā tu durāśayaḥ //[iii)] rohitādivase mṛtyuś *caurādiṣu māritam[= caurādinā māritaḥ] /[iv)] —— [注] i) dineṣu jātakaḥ] dine jātakaḥ — A. ii) māse ca] māsa — A.B.: -varṣe] varṣa — B. iii) -mārakaś ca] mārakasva — A.B./ nārakaś ca — C.: durāśayaḥ] durāśayam — A.B./ durāsayā — C. iv) mṛtyuś] mṛtyu — All Mss.

20 Skt ms: Kathmandu Reel B26/23 (= K1) 2b1–b2, Cambridge Add.1704 (= C) 2b5–3a2, Kathmandu Reel A138/10 (= K2) 3a3–a4. (ブラケット内のイタリック体の部分は『チャトゥシュピータ大要』による解釈を表す) —— *bhadraśobhanam āhāraṃ[= *kṛṣyādika āhāraḥ, sa ca bhadre kāryaḥ*] *bhadrakarmādi kārayet[= *śāntikādikaṃ karma kārayet*] /[i)] bhadradārakajātānāṃ[= -taḥ] śatavarṣāṇi jīvati //[ii)] daridro dharmacārī tu satyavādī priyaṃ vadet /[iii)] ekapatnī ratā dehavidyāvākyaṃ[= *divyadehavākyo 'sau bhavati*] tu *nāyakaḥ[= *niyāmakaḥ*] //[iv)] sarvaśilpakalābhijñaḥ svajanaprīti[= -tir] nityaśaḥ /[v)] *kuladaṇḍena bhuñjīta[= *svakulaṃ daṇḍena bhogyatāṃ nayet, athavā kulamāhātmyena bhogaṃ karoti*] jaladehacyutis tathā // —— [注] i) āhāraṃ] āhārāṃ — C./ āhāra — K2.: kārayet] kāra(damaged) — C. ii) bhadradāraka-] (damaged)ka — C.: jātānāṃ] jātānā — K1. iii) daridro] darīdrā — K1./ daridrā — C.: tu] omits — C.K2. iv) -patnī] parṇṇī — K1./ parṇṇi — C./ panta — K2.: dehavidyāvākyaṃ] dehadivyavākyaṃ — Nibandha.: nāyakaḥ] nāyakā — K1.C.K2. v) -kalābhijñaḥ] kalābhiṃ jña — K1./ ka(damaged) — C./ kalābhijña — K2.: svajana-] (damaged)na — C./ svajanaḥ — K2.

21 Skt ms: Śāstrī 72 (= C) 29a4–a6, Matsunami 343 (= T) 27a1–a3. —— bhadre dārako jātaḥ, pañcame divase navame māse daśame varṣe yadi cchalo na bhavati,[i)] daridro dharmacārī tu satyavādī priyaṃvadaḥ /[ii)] ekapatnī ratā dehavidyāvākyaṃ[= -kye] tu nāyakaḥ //[iii)] sarvaśilpakalābhijñaḥ svajanapriya[= -yo] nityaśaḥ /[iv)] kuladaṇḍena bhuñjīta //[v)] jīvati varṣāṇi śatam /[vi)] tathā mohe jale cyutiḥ /[vii)] nānyathā // —— [注] i) pañcame] pañcama — T.: navame māse daśame] (ac) navame māse vaṣame (pc) navame māse daṣame — C./ omits — T. ii) daridro] dāridro — C.: dharma-] dhana —

C. iii) ratā] tadā — C./ ratnā — T. 『チャトゥシュピータ・タントラ』と Tib に従う.: -vidyāvākyaṃ] vidyādeha vidyāvākan — C.: nāyakaḥ] nāyakāḥ — T. iv) -bhijñaḥ] bhijña — T.: -priya] prīti — C.: nityaśaḥ] (ac) natyaśaḥ (pc) nityaśaḥ — C. v) bhuñjīta] tu bhuñjītu — T. vi) varṣāṇi śatam] varṣaśatas — C./ varṣāṇi śatas — T. vii) jale] 'nale — T.: [cyutiḥ] cyutir vā — C./ cyuti — T.

22 Skt ms: Kathmandu Reel B113/6 (= A) 121a2–a3, Kathmandu Reel A142/2 (= B) 79a8–a9, Kathmandu Reel D40/6 (= C) 75b1–b2. —— tasmin[= bhadre] *dineṣu [→ dine su]jātakaḥ / pañcanavadaśame tu na mriyate hi jantavaḥ[= -ntuḥ] //[i] daridra[→-dro] dharmasaṃpannaḥ sarvaguṇasvalaṃkṛtaḥ /[ii] jale ca mohe cyutiś ca //[iii] —— ［注］i) -daśame] daśaman — A. ii) -guṇa-] gunai — C.: -svalaṃkṛtaḥ] svalaṃkṛta — A./ svalaṃkṛte — B. iii) ca mohe] ce moha — B.: cyutiś ca] cyutisva — All Mss.

23 『ヴァジュラダーカ・タントラ』と同様の読みを採用する『ヴォーヒター』の解釈に従った。

24 Skt ms: Kathmandu Reel B26/23 (= K1) 2b2–b4, Cambridge Add.1704 (= C) 3a2–a4, Kathmandu Reel A138/10 (= K2) 3a4–b1.（ブラケット内のイタリック体の部分は『チャトゥシュピータ大要』による解釈を表す）—— vṛṣabhe dārako jāto vīryavān balaśatruṣu /[i] śṛṅgāraḥ artha-m aiśvaryaṃ bahupatnīṃ tu ānayet //[ii] *bāndhave bahu sarveṣāṃ[= *bāndhavair bahubhiḥ sarvadā yukto bhavati*] *pitarā āyu hanyate[= *jātamātraṃ pitur āyur haranti(→ hanyate)*] /[iii] *vāṇijyavṛttikalpasya[= *vāṇijyena vṛttiṃ karoti*] āyuḥṣaṣṭi tu kalpayet //[iv] *ālasyamukharaṃbhāṣī[= *ālasyo mukharaḥ*] krūrakarmadurātmakaḥ /[v] *mṛtyuḥ śastrasya kalyānte athavā viṣaprāṇakaiḥ[= *sa śastreṇa śaryaviṣeṇa vā mriyate*] //[vi] —— ［注］i) vṛṣabhe] vṛṣabhaṃ — K1./ vṛṣabha — C.K2.: jāto] jāta — K1.C.K2.: vīryavān] vīrya — K1./ vīryavā — C. ii) śṛṅgāraḥ] sṛṅgāra — K1./ sṛṅgārā — C. śṛgāro — K2.: aiśvaryaṃ] aiśvarya — K1.: -patnīṃ tu] parṇṇī tum — C./ patnī tum — K2. iii) bāndhave] (damaged)vai — C.: bahu] prabhu — K1.: sarveṣāṃ] sarveṣā — K2.: pitarā] pitarām — C.K2. iv) vāṇijya-] vanija — K1./ vāṇijā — C.K2.: āyuḥ-] āyu — K1.C.K2./ 『チャトゥシュピータ大要』に従う.: -ṣaṣṭi] ṣaṣṭiṃ — K2. v) mukharaṃ-] mukhara — C./ mukhala — K2.: -karma-] karmā — K1.K2. vi) mṛtyuḥ śastrasya] mṛtyuśatrusya — K1./ (damaged)sya — C./ mṛtyuśastrasya — T.: -prāṇakaiḥ] pāṇakaiḥ — K2.

25 Skt ms: Śāstrī 72 (= C) 29a2–a4, Matsunami 343 (= T) 26b6–27a1. —— vṛṣabhe dārako jātaḥ, navame divase dvitīye 'ṣṭame varṣe navame vā yadi cchalo na bhavati, vīryabalaparākramaḥ[i] dyutiśṛṅgārā[→-ro ']rtha aiśvaryaṃ bahupatnīṃ tu ānayet /[ii] bāndhave prīti[= -tiḥ] sarveṣāṃ *pitarāyu[= pitur āyur] hanyate //[iii] vāṇijyavṛttikalpasya maithunapriyo bhavati /[iv] ālasyo mukharaṃbhāṣī krūrakarmadurātmakaḥ //[v] jīvati varṣāṇi ṣaṣṭi /[vi] bhadre mṛtyuḥ śastrasya kalyānte athavā viṣaprāṇakaiḥ //[vii] —— [注] i) varṣe navame] omits — C.: -parākramaḥ] parākrama — C. ii) -śṛṅgārārtha] śṛṅgārā — T.: aiśvaryaṃ] aiśvarya — C.T.: -patnīṃ] panni — T.: tu] tum — C.T. iii) hanyate] hannyate — C. iv) vāṇijya-] vāṇijyā — C./ vaṇijā — T.: -kalpasya] 『チャトゥシュピータ・タントラ』より補う。だが、『ヴァジュラダーカ・タントラ』の Tib はこの語を支持しない. v) ālasyo] ālāsyam — C./ alasya — T.: mukharaṃbhāṣī] mukharabhāṣi — T.: krūrakarma-] kūrakarmā — C. vi) ṣaṣṭi] ṣaṣṭhi — C./ ṣaṣṭhiḥ — T. vii) mṛtyuḥ] mṛtyu — C.T.: ṣaṣṭi] ṣaṣṭiḥ — T.: śastrasya] śastra — C.: kalyānte] kalyante — T.: 'tha vā viṣa-] ardhiṣa — T.

26 Skt ms: Kathmandu Reel B113/6 (= A) 121a1–a2, Kathmandu Reel A142/2 (= B) 79a7–a8, Kathmandu Reel D40/6 (= C) 75a10–b1. —— tasmin[= vṛṣabhe] divasa[= -se] jātakaḥ // dvitīyāṣṭanavame tu varṣe na mriyate budhaḥ /[i] sarvaiśvaryasaṃpannas tu krūrādi tu kudṛṣṭayaḥ //[ii] bhadre mriyate māritaḥ /[iii] —— [注] i) dvitīyāṣṭa-] dvitīdṛṣṭa — A./ dvitīyāṣṭe — B.: -navame] name — B.: varṣe na] varṣeṇa — All Mss. ii) sarvaiśvarya-] sarvasvarya — A.B.: saṃpannas] sampannās — B.: krūrādi] kurādi — A./ kulādi — B./ krūrādir — C. iii) bhadre] bhadra — B.: māritaḥ] mānitas — All Mss.

27 『ヴォーヒター』によれば、時外れの死は第 2 あるいは第 8 日、第 2 あるいは第 8 月となる。『ヴォーヒター』はタントラに記されている navame や varṣe については何もコメントを施していない。

28 Skt ms: Kathmandu Reel B26/23 (= K1) 2b4–b5, Cambridge Add.1704 (= C) 3a4–b1, Kathmandu Reel A138/10 (= K2) 3b1–b3. (ブラケット内のイタリック体の部分は『チャトゥシュピータ大要』による解釈を表す) —— kūrmāṇāṃ[= -rme] dārako jāto nityaṃ *citte na vasthitaḥ[= *cintāparaḥ, citte vānavasthitaḥ*] /[i] *svalparoṣo[= *svalpe 'parādhe roṣaḥ*] 'lpatas tuṣṭo bahubhāṣī svajanapriyaḥ //[ii] atikrodhī tu *ugrasya[= *utkaṭaḥ*] īśvaraḥ sarvadāyakaḥ /[iii] *hanyā parṇikaputrāṇāṃ[= *patnī putraś cāhanti*] svadeśe prabhu[= -bhur] nityaśaḥ //[iv] *kṛṣikarmāṇi kalpasya[= *kṛṣikarmāṇi kalpayet*] vyādhikuṣṭhena gṛhyate /[v] *varṣāśīti-m-āyūnāṃ[= *aśītivarṣāyuḥ*] svadeśe mṛtyukas tathā //[vi] —— [注] i) jāto] jātā — K1.C./ jāta — K2.: nityaṃ cittena vasthitaḥ] nityacittena vasthita — K1./ vasthitaḥの代わりに vasthita — C./ nityacintena vasthitaṃ — K2. ii) svalparoṣo 'lpatas tuṣṭo] svalparoṣālpato tuṣṭa — K1.C./ svalparoṣālpato tuṣṭi — K2.: -priyaḥ] priyāḥ — C. iii) atikrodhī tu ugrasya] atikrodhādhi ugrasya — K1./ atikro(damaged)ryasya — C./ atikrodhaudiuyasya — T./ atikrodhī ugrasya — Nibandha.: īśvaraḥ sarvadāyakaḥ] īśvarasarvvadāyaka — K1./ īśvarasarvvadāyakā — C./ iśvarasarvvadāyakā — K2. iv) hanyā] haṃsā — C.K2./ hanyāt — Nibandha.: -putrāṇāṃ] trāṇāṃ — K2.: svadeśe] sadese — C. v) -karmāṇi] karmmādi — C.K2.: kalpasya] kalpasa — K1. vi) āyūnāṃ] āyūnā — C.: svadeśe] svagṛhe — Nibandha.

29 Skt ms: Śāstrī 72 (= C) 28b7–29a2, Matsunami 343 (= T) 26b4–b6. —— kūrmāṇāṃ[= -rme] dārako jātaḥ, navame divase dvitīye 'ṣṭame navame māse navame varṣe yadi cchalo na bhavati, nityaṃ cittātmā[i] saroṣaḥ alpasaṃtuṣṭo bahubhāṣī svajanapriyaḥ /[ii] nityaṃ ratiśīlaś ca īśvaraḥ sarvadāyakaḥ //[iii] *hanyāt patnīkaputrāṇāṃ[= hanyante patnīputrāḥ] laghucitto durāśayaḥ /[iv] kṛṣikarmādikalpasya vyādhikuṣṭhena gṛhyate // jīvati varṣāṇi catuḥṣaṣṭi athavā aśītyāyuḥ /[v] vṛṣabhe svadeśe mṛtyukas tathā //[vi] —— [注]i) dvitīye 'ṣṭame] dvitīyāṣṭame — T.: navame māse] omits — T. ii) saroṣaḥ alpasaṃtuṣṭo] suroṣā svalpasaṃtuṣṭa — C./ saroṣālpasaṃtuṣṭa — T. iii) -śīlaś] śīlañ — C./ śīle — T.: īśvaraḥ] īśvara — C./ īśvaro — T.: sarvadāyakaḥ] sarvādāyakaḥ — C./ sarvadāyakā — T. iv) hanyāt] hatnāt — C./ haneta — T.: patnīka-] pannika — C./ parṇṇika — T.: durāśayaḥ] (ac) duśaśayaḥ (pc) durāśayaḥ — C. v) catuḥṣaṣṭi] catuḥṣa(one letter damaged) — C./ catuḥṣaṣṭir — T.: aśītyāyuḥ] aśītyāyuṃ — C./ aśīti āyūnāṃ — T. vi) mṛtyukas] mṛtyukathan — C.

30 Skt ms: Kathmandu Reel B113/6 (= A) 120b6–121a1, Kathmandu Reel A142/2 (= B) 79a6–a7, Kathmandu Reel D40/6 (= C) 75a9–a10. —— jātas *tasmin[= kūrme] divasake /[i] dve 'ṣṭame navame varṣe mṛtyur na bhavate tataḥ //[ii] sāmānyasattva[= -ttvo] vijñeyā[= -yo] hīnajyeṣṭhas tu jāyate /[iii] vṛṣabhe mṛtyuḥ svagṛhe //[iv] —— [注] i) kūrme] kūrma — A.B./ kumbha — C.: mithune] mithuna — A.B./ methuṇa — C. ii) mṛtyur] mṛtyu — All Mss. iii) -jyeṣṭhas] sreṣṭhas — C. iv) mṛtyuḥ] mṛtyu — All Mss.

31 『ヴォーヒター』によれば、時外れの死は第 2 あるいは第 8 日、第 2 あるいは第 8 月、第 9 年。

32 Skt ms: Kathmandu Reel B26/23 (= K1) 2b6–3a1, Cambridge Add.1704 (= C) 3b1–b3, Kathmandu Reel A138/10 (= K2) 3b3–b5. (ブラケット内のイタリック体の部分は『チャトゥシュピータ大要』による解釈を表す) —— makare dārako jāta *āyunavatiṣaṣṭhavat[= *ṣaḍadhikanavativarṣāyuḥ*] /[i] puṇyavān śīlasaṃpanno *vinayācāra[= *indriyajaya + lokavyavahāra*]rakṣitam[→-taḥ] //[ii] arthavān rūpasaṃpannaḥ *saubhāgyayaśa rājate[= *saubhāgyayaśobhyāṃ rājate*] /[iii] sarvaśilpakalābhijña *ekapatnīprabhāsvaraḥ[= *ekā patnī śreṣṭhā*] //[iv] kusīdā cintā nityānāṃ[= -tyaṃ] *bāndhavair ekacchattrikā[= *bāndhavaiḥ saha sādhanaḥ*] /[v] prītivākyeti sarveṣāṃ raṇe mṛtyur dhruvaṃ tathā /[vi] *pañcapañcāśam āyūni[= pañcapañcāśadvarṣāyur] athavā ṣaṣṭitriṃśakaiḥ //vii) —— [注] i) makare] makaro — K1.C.: jāta] jātam — K2.: -navatiṣaṣṭha-] navatiṣaṣṭi — Nibandha. ii) puṇya-] puṇyā — K1.: -saṃpanno] saṃpanna — K1.C.: -rakṣitam] (damaged)m — C./ kṣitaṃ — K2. iii) -saṃpannaḥ] sampanna — K1.C.: saubhāgya-] śaubhāgyaṃ — K2.: rājate] rājā te — K1. iv) -bhijāa] bhijñām — K1./ bhijñam — C.K2.: -patnī-] paṇṇī — K1./ parṇṇi — C./ patni — K2.: -prabhāsvaraḥ] prabhāsvara — K1./ pratāsanaḥ — C.K2. v) cintya nityānāṃ] citya nityānāṃ — C./ nitya cintānāṃ — K2.: bāndhavair ekacchattrikā] bāndhavem ekacchattrikā — K1./ bandhavoṃ ekacchatri(damaged) — C./ pārtharaiṃ ekacchitrikā — K2./ 『チャトゥシュピータ大要』に従う. vi) raṇe] raṇa — K1.C.: mṛtyur] mṛtyu — K1.C.K2. vii) āyūni] āyūnim — K1.: ṣaṣṭitriṃśakaiḥ] ṣaṣṭikaiḥ — K1./ śaṣṭitriśakai — C./ ṣaṣṭitriśakaiḥ — K2.

33 Skt ms: Śāstrī 72 (= C) 28b5–b7, Matsunami 343 (= T) 26b2–b4. —— makare dārako jātaḥ, daśame divase tṛtīye pañcame māse navame varṣe yadi cchalo na bhavati, puṇyavān śīlasaṃpanno vinayācārasurakṣito bhavati, arthavān rūpasaṃpannaḥ saubhāgyayaśaḥśriyaḥ, bahuputrapautrau, nagaraśreṣṭho bhavati, mahābhogamahāparivārasaṃpanno bhavati, sarvaśilpakalābhijño bahuśatrukṣayaṃkaraḥ[= kṣayakaraḥ], jīvati varṣāṇi pañcapañcāśam[= -śad] athavā catuḥṣaṣṭi /i) kūrme ca raṇe mṛtyur dhruvaṃ tathā //ii) —— [注] i) daśame] daśa — T.: pañcame] pañcama — T.: varṣe] varṣo — C.: na bhavati] bhavati na — T.: puṇyavān] puṇyam vā — T.: śīlasaṃpanno] śīlasampanna — C./ śīlasampannaṃ — T.: -surakṣito] suśikṣoto — T.: arthavān] athavā — T.: rūpasaṃpannaḥ] rūpasampanna — C./ rūpasaṃpannā — T.: -yaśaḥśriyaḥ] yaśaśriyaḥ — C./ yaśaḥpriyaḥ — T.: -śreṣṭho] sreṣṭho — C./ śreṣto — T.: -parivārasaṃpanno] parivārasaṃpanna — C./ parivārā sampanno — T.: -kalābhijño] kalābhijña — T.: -kṣayaṃkaraḥ] kṣayaṃkarā — T. ii) kūrme ca] kurme ca ka — T.: mṛtyur] mṛtyu — C.T.: dhruvaṃ tathā] dhruvaṃ tathāṃ — C./ dhruvas tathā — T.

34 Skt ms: Kathmandu Reel B113/6 (= A) 120b6, Kathmandu Reel A142/2 (= B) 79a5–a6, Kathmandu Reel D40/6 (= C) 75a8–a9. —— jātā[= makare jāto] daśapañcatripañcakaiḥ // dinamāsavarṣeṣu na mriyate saṃkṣepataḥ /i) sarvaguṇaparipūrṇo māṇḍalikaḥ sa jāyate //ii) kūrme *mithune[→ vṛṣe?] mṛtyuś ca /iii) —— [注] i) saṃkṣepataḥ] saṃkepataḥ — A. ii) -paripūrṇaṃ] paripūrṇaṃ — A.B./ paripūrṇa — C.: māṇḍalikaṃ] maṇḍalīkaṃ — A./ māṇḍalīkaṃ — B. iii) kūrme] kūrma — A.B./ kumbha — C.: mithune] mithuna — A.B./ methuṇa — C.

35 Skt ms: Kathmandu Reel B26/23 (= K1) 3a1–a3, Cambridge Add.1704 (= C) 3b3–4a1, Kathmandu Reel A138/10 (= K2) omits. (ブラケット内のイタリック体の部分は『チャトゥシュピータ大要』による解釈を表す) —— raṇḍāyāṃ dārako jātaḥ *pāpabuddhis[= *ānantaryādikaraṇabuddhis*] tu nityaśaḥ /[i)] saṃbhinnalāpa[= -paḥ] sattvānāṃ daridro *nitya cāpalī(?)[= *nityaṃ vacasi paraḥ madhuraḥ*] //[ii)] rogī ca sarvakāleṣu rājadaṇḍahatātmakaḥ /[iii)] maithunapriya[= -yo] nityānāṃ viśvāsaṃ na paraiḥ saha //[iv)] saubhāgyaḥ sarvanārīṇāṃ viṭaśilpādisarvavit /[v)] *pañcapañcāśam āyūni[= pañpapañcāśadvarṣāyur] athavā ṣaṣṭitriṃśakaiḥ //[vi)] —— [注]K2 omits whole lines. i) raṇḍāyāṃ] raṇḍānāṃ — K1.C.: jātaḥ] jāta — K1.C.: -buddhis] buddhin — K1.C. ii) -lāpa sattvānāṃ] lā(damaged)tvānāṃ — C.: daridro] darīdrā — K1./ daridrā — C.: cāpalī] caṣpalī — K1./ cāṣpalī — C./ cappalī — Nibandha. iii) -hatātmakaḥ] tātmanaḥ — C.K2. iv) viśvāsaṃ] visvāsa — K1.: paraiḥ] parai — K1. v) saubhāgyaḥ] saubhāgyaṃ — K1./ saubhāgya — C.: sarvanārīṇāṃ] sa(damaged) — C.: viṭa-] damaged — C. vi) āyūni] āyūnāṃ — K1.: -triṃśakaiḥ] triśakaiḥ — C.

36 Skt ms: Śāstrī 72 (= C) 28b3–b5, Matsunami 343 (= T) 26b1–b2. —— raṇḍāyāṃ dārako jātaḥ, dvitīye daśame vā divase dvitīye 'ṣṭame māse 'ṣṭame varṣe yadi cchalo na bhavati,[i)] tadā pāpabuddhiḥ[ii)] saṃbhinnālāpa[= -paḥ] sattvānām alpadhane sa capalo vā /[iii)] rogī sarvakāleṣu rājadaṇḍahatātmakaḥ //[iv)] saubhāgyaḥ sarvanārīṇāṃ viṭaśilpādisarvavit /[v)] pañcapañcāśadāyūnām[= -yur] athavā ṣaṭtriṃśakaiḥ //[vi)] makare mriyate na saṃśayaḥ //[vii)] —— [注] i) raṇḍāyāṃ] raṇḍā — T.: dvitīye daśame vā] blurred — T.: dvitīye 'ṣṭame māse 'ṣṭame] dvitīyā aṣṭame māse aṣṭame — C./ dvitīyāṣṭame — T. ii) pāpabuddhiḥ] pāpabuddhi — C.T. iii) sattvānām] satvānā — T.: alpadhane] alpavacane — C.: vā] cā — T. iv) sarvakāleṣu] sarvakāleṣṭa — C.: -hatātmakaḥ] matātmanaḥ — C./ hatātmanaḥ — T. v) saubhāgyaḥ] saubhāgya — C.T.: viṭa-] viṭṭa — C.: sarvavit] sarvavat — T. vi) -pañcāśadāyūnām] pañcāsa āyūnāṃ — C./ pañcāśāyūnām: athavā] athā — C./ avā — T.: ṣaṭtriṃśakair makare] ṣaṭtriṃśatikau makarau — T. vii) mriyate] (ac) mrayite — C.: saṃśayaḥ] saśaya — C.

37 Skt ms: Kathmandu Reel B113/6 (= A) 120b5–b6, Kathmandu Reel A142/2 (= B) 79a4–a5, Kathmandu Reel D40/6 (= C) 75a7–a8. —— raṇḍā[= -ṇḍāyāṃ] jale mriyante[→-te] ca tasmin dine yo jātakaḥ /[i)] *dvā[= dvitīye] daśame 'ṣṭame varṣe ca na mriyate tu buddhimān //[ii)] pāpakartā *yoginā[→ roginā] ca saubhāgyo naranārīṇām /[iii)] makare tu mriyate ca //[iv)] —— [注] i) raṇḍā] caṇḍā — A.B.: jale] jala — All Mss.: dine] dina — A.B.: jātakaḥ] jātataḥ — A. ii) dvā daśame 'ṣṭame] dvādaśam aṣṭame — A.B./ dvādaśam aṣṭama — C./ gñis daṅ sgum gyi — Tib. iii) -nārīṇām] nārinā — C. iv) mriyate] mṛyayate — A.

38 『ヴォーヒター』の解釈に従う。タントラの文字通りの読み（つまり、第 12 年と第 8 年）は適切でないと思われる。

39 Skt ms: Kathmandu Reel B26/23 (= K1) 3a3–a5, Cambridge Add.1704 (= C) 4a1–a3, Kathmandu Reel A138/10 (= K2) 3b5–4a2.（ブラケット内のイタリック体の部分は『チャトゥシュピータ大要』による解釈を表す）—— mikire dārako jāto dharmajñaḥ svakuloccayaḥ /[i)] nītiśāstrāṇi[= -streṣu] saṃpanno vidyāvividhaśilpakaiḥ //[ii)] ghorapāruṣyavākyānām[= -kyaḥ] atikrodhabhayānakaḥ /[iii)] alpa-arthasvarūpas tu *laghu sarvasya kāryavān[= *śīghraṃ sarvakāryakārī*] //[iv)] *sahite jaladehānāṃ mṛtyūnāṃ tu[= *hasite prakṣipya jalajadehaṃ mriyate*] na saṃśayaḥ /[v)] *aśītim āyur aṣṭasya[= aṣṭāśītivarṣāyū] rājaśastracyutis tathā //[vi)] —— ［注］i) mikire] mikiran — K1./ mikira — C.: jāto] jāta — K1.: dharmajñaḥ] dharmājñā — K1./ dharmajña — C./ dharmajñaṃ — K2.: svakuloccayaḥ] sukuloccaya — C./ svakuloccayaṃ — K1.K2. ii) -śāstrāṇi] śāstrās tu — K2.: saṃpannno] sampanna — K1.C./ sampannaṃ — K2.: -śilpakaiḥ] śilpakai — C. iii) -pāruṣya-] pāraśu — K1./ paraśu — K2.: -bhayānakaḥ] bhayonaka — C./ bhayānakaṃ — K1.K2. iv) -rūpas] rūpās — K1.C.K2.: kāryavān] kāryavat — K2. v) sahite] suhite — K1./ sehite — K2./ sahite — Nibandha./ raṅ ñid kyis — Tib.: -dehānāṃ] devānāṃ — C.: mṛtyūnāṃ tu] mṛtyanān tu — C./ blurred — K2. vi) -śastracyutis] śāstracyutis — K1./ śastrātṛbhis — C./ śastratṛbhis — K2.

40 Skt ms: Śāstrī 72 (= C) 28b1–b3, Matsunami 343 (= T) 26a6–b1. —— mikire dārako jātaḥ, dvitīye pañcame divase tṛtīye navame māse navame varṣe yadi cchalo na bhavati, tadā dharmajñaḥ svakuloccayaḥ /[i)] nīti*śāstrāṇi tu[= śāstreṣu] saṃpanno vidyāvividhaśilpakaiḥ //[ii)] abhimānī śūro dhūrto vā īrṣyāluḥ, alpārthasvarūpas tu, laghuḥ sarvakāryataḥ, sukhino[= -khī] vā, triṣaṣṭi varṣāṇi jīvati /[iii)] raṇḍādivase jale dehināṃ mṛtyur na saṃśayaḥ //[iv)] —— ［注］i) dharmajñaḥ] dharmajña — T.: svakuloccayaḥ] svakulocaya — C./ svakuloccaya — T. ii) saṃpanno vidyā-] vidyā — C./ sampanna — T.: -śipakaiḥ] lilpakair — C. iii) abhimānī] abhimānīti — T.: dhūrto vā] mūrtto — T.: īrṣyāluḥ] irṣyāluḥ — C./ īrṣyāliḥ — T.: -svarūpas] svarūpās — C./ surūpas — T.: kāryataḥ] kāryata — C. iv) jale dehināṃ] cale dehikām — C./ 'hīṇāṃ — T./ chur — Tib.: mṛtyur] mṛtyu — C.T.: na saṃśayaḥ] nātra saṃśayaḥ — T.

41 Skt ms: Kathmandu Reel B113/6 (= A) 120b4–b5, Kathmandu Reel A142/2 (= B) 79a3–a4, Kathmandu Reel D40/6 (= C) 75a7. —— tasmin *dinajātāyāṃ[→ dine jāto yas] tu dvipañcatrinavavarṣake /[i] evaṃ yadi na mriyate tadā sarvajñatulyakaḥ //[ii] raṇḍā[= -ṇḍāyāṃ] jale mriyante[→-te] ca /[iii] —— [注] i) -navavarṣake] nakarṣake — A.B./ navarṣake — C./ dguḥi lo na — Tib. ii) mriyate] mṛyante — A.C./ mriyete — B.: sarvajña-] sarvājñān — A./ sarvājñāyan — B./ sarvajñā — C. iii) raṇḍā] caṇḍā — A.B.: jale] jala — All Mss.

42 タントラの文字通りの読み（つまり、第2あるいは第5あるいは第3あるいは第9年、もしくは第2あるいは第5あるいは第3年）は適当でないように思われる。『ヴォーヒター』の解釈は、第2あるいは第5日、第5あるいは第3月、第3年であるが、これは第9年をスキップした解釈である。ここでは『ヴァジュラダーカ・タントラ』の読みに従った。

43 Skt ms: Kathmandu Reel B26/23 (= K1) 3a5–a6, Cambridge Add.1704 (= C) 4a3–a5, Kathmandu Reel A138/10 (= K2) 4a2–a4. （ブラケット内のイタリック体の部分は『チャトゥシュピータ大要』による解釈を表す）—— bhidrike dārako jāto *jāte hanyate mātarā[= *jātamātreṇa mātaraṃ hanti*] /[i] *pitarā[= pitā] hanyate 'ṣṭa varṣāṇi[= *aṣṭame varṣe pitaraṃ hanti*] *prabhusvecchāgṛhas[= *mātāpitṛrahitaḥ svagṛhe svecchayā prabhus*] tathā //[ii] *alpadravyasya krodhasya[= *alpārthaḥ krodhanaḥ*] pāpakarmādi*mūrkhavat[= *mūrkhaḥ*] /[iii] *svayaṃ cittāni karmāṇi[= *svacittena sarvakarma karoti*] sauryavān balanāyakaḥ //[iv] *śatāni āyur aṣṭasya[= *aṣṭādhikaśatavarṣāyuḥ*] svagṛhe mṛtyuko dhruvam /[v] svajanaprīti[= -tiḥ] sarvasya hīnadīnānukampakaḥ //[vi] —— [注] i) bhidrike dārako jāto] bhidrikadārakajāta — K1./ bhidrikādārako jāta — C./ “jāto” の代わりに “jāta” — K2.: jāte] jāta — K1.C.K2.: hanyate] hanyata — K1./ hatyati — C./ hanyati — K2.: mātarā] mātarāṃ — C. ii) pitarā] pitara — C.: hanyate 'ṣṭa] hanyate aṣṭa — C./ hanyaṣṭa — K2.: -svecchāgṛhas] svecchāgṛhan — K1./ svecchāgṛhaṃ — C./ svetsagṛhas — K2. iii) -dravyasya krodhasya] dravyasvarūpā(blurred)s tu — K2. iv) svayaṃ] svapnā — K1./ svaya — C.K2.: cittāni] citāni — K2.: sauryavān] saurya vā — C.: balanāyakaḥ] balanāyakā — K1./ baladāryakāḥ — C./ balabalaśatruṣu — K2. v) āyur aṣṭasya] ṣaṣṭi āyu syāt — C./ varṣa āyuḥ syāt — K2.: mṛtyuko dhruvam] mṛtyuka dhruvam — K1./ mṛtyu(damaged) — C./ mṛtyukas tathā — K2. vi) svajana-] svajanā — K1./ damaged — C.: hīnadīnānukampakaḥ] “kampakaḥ” の代わりに “kampakan” — K1./ hīnā tu kaṣpakaḥ — C./ hīnadīne 'nukampakaḥ — K2.

44 Skt ms: Śāstrī 72 (= C) 28a6–b1, Matsunami 343 (= T) 26a5–a6. —— bhidrike dārako jātaḥ, pañcame divase dvitīye caturthe māse 'ṣṭame daśame varṣe yadi cchalo na bhavati, tadā hanyate mātā pitā ca, alpadhano bhavati, mūrkhapāpacittadurātmā brahmacārī vyādhitaḥ śūro duḥkhitaḥ tṛṣṇālur jīvati varṣāṇi catuḥṣaṣṭi /[i] mikire svagṛhe mriyate //[ii] —— [注] i) bhidrike] bhidri — T.: dvitīye] (ac) dvatīye — C.: pitā ca] pitā — C./ ca — T.: -pāpa-] pāpādi — T.: vyādhitaḥ] vyādhīna — C./ vyādhino — T.: duḥkhitaḥ] duḥkhita — C./ duḥkhito — T.: tṛṣṇālur] tṛṣṇālu — C./ tṛṣṇālaḥ — T.: varṣāṇi] (ac) varṣāṇa — C.: catuḥṣaṣṭi] catuḥṣaṣṭhi — C./ catuṣaṣṭi — T. ii) svagṛhe] omits — T.

45 Skt ms: Kathmandu Reel B113/6 (= A) 120b3–b4, Kathmandu Reel A142/2 (= B) 79a2–a3, Kathmandu Reel D40/6 (= C) 75a6–a7. —— tasmin[= bhidrau] divase jātakaḥ / pañca dve caturaṣṭame daśavarṣe na mriyate //[i) tadā sarva*padārtheṣu[→ kāmārtheṣu] dīno mātā pitā harau /[ii) tapasvivyāmiśrakaś ca mikire svagṛhe mṛtaḥ //[iii) —— [注]i) caturaṣṭame] cattaraṣṭame — A./ gsum gcig gi — Tib.: daśa-] daśe — C. ii) dīno] dīna — A.B./ dīśaṃ — C.: mātā] jātā — A.B.: harau] bharī — A./ daraṃ — B.: For this line, de la ḥdod don kun dman shiṅ, pha daṅ ma ni gsod pa ste — Tib. iii) -vyāmiśrakaś ca] vyāmiśraka ca — A./ vyāmiprekaya — B.

46 『ヴァジュラダーカ・タントラ』と一致する『ヴォーヒター』の読みに従った。

47 Skt ms: Kathmandu Reel B26/23 (= K1) 3a6–b3, Cambridge Add.1704 (= C) 4a5–b3, Kathmandu Reel A138/10 (= K2) 4a4–b1.（ブラケット内のイタリック体の部分は『チャトゥシュピータ大要』による解釈を表す）—— *vyākulī[= *vyākulau*] dārako jātaḥ kubhāṣī alpabuddhimān /[i) alpaprajñā tu mandāgī alpamitrāṇi nityaśaḥ //[ii) *svajanaprītisaubhāgyaḥ[= *svajane prītisaubhāgyaṃ*] hīnadīnānukampakaḥ /[iii) īśvaraḥ arthagavāṃ tu *tribhiḥ patnīgṛhādi vā[= *patnītritayaṃ gṛhe tasya*] //[iv) kṣaṇakrodhādyahaṃkāraḥ śatrupīḍā bhayānakā /[v) dīrghāyuḥ *pitaraṃ[= *pitā*] mātā āyuḥsaptatibhis tathā //[vi) *vaṇijena tu kalpasya mṛtyuyugalahetunā[= *vaṇikkriyā-m eva mṛtyunā saha tasya yugalaṃ bhavati, mṛtyunā yogo bhavati*] /[vii) yogāraṃbhāni cihnāni gaṇitena tu jñāninām //[viii) —— [注] i) jātaḥ] jāta — K1.C.K2.: kubhāṣī] abhāṣī — K2.: -buddhimān] buddhimāṃ — C. ii) mandāgī] mandrāgī — K2.: -mitrāṇi nityaśaḥ] mitrā(damaged) — C.: nityaśaḥ] nitya sa — K1. iii) saubhāgyaḥ] saubhāgya — K1.C.K2.: -nukampakaḥ] nukaṃpakaṃ — K1./ nukampaka — C. iv) -gavāṃ tu] gāvās tu — K1.C./ rāgās tus — K2./ gāva tu — Nibandha.: tribhiḥ] tribhi — C./ tṛbhi — K2.: patnī-] pañcā — C./ paṇyā — K2. v) -krodhādyahaṃkāraḥ] krodhādhihaṅkāraṃ — K1./ krodhādhihaṃkāraṃ — C./ krodhād ahaṃkāraṃ — K2.: śatru-] śakra — K2.: -pīḍā bhayānakā] pīḍā bhayānaka — K1./ pīḍabhayānakā — C./ pīḍabhayānakaṃ — K2. vi) dīrghāyuḥ pitaraṃ mātā] dīrghāyu pitarān mātā — K1./ dīrghāyu pitaraṃ mātā — C./ dī(blurred)mātām — K2.: āyuḥsaptatibhis] āyuḥsattaribhis — K1./ āyuḥsaptabhis — C./ āyusaptatibhis — K2. vii) kalpasya] kartavyaṃ — C./ kalpa(an unread-

able script) — K2.: -hetunā] hetukā — K1.K2. viii) yogāraṃbhāni] yogarambhāni — K1./ yomāratāni — K2.: jñāninām] jñāninam — C.

48 Skt ms: Śāstrī 72 (= C) 28a4–a6, Matsunami 343 (= T) 26a2–a5. —— vyākuli[= -lau] dārako jātaḥ, caturthe ṣaṣṭhe vā navame daśame vā māse yadi cchalo na bhavati,[i] tadālpaprajño mandabuddhir mandāgnir amitrabahulaḥ,[ii] putraś cālpaṃ jīvati,[iii] bahubhītaḥ pratiduḥkhitaḥ paścāt samṛddho bhavati,[iv] svajanaprīti[= -tiḥ] sarvatra hīnadīnānukampakaḥ / īśvaraḥ arthagavāṃ ca trīṇi patnīgṛhāṇi vā //[v] kṣaṇakrodhādyahaṃkāraḥ śatrupīḍā bhayānakā /[vi] vaṇijena tu bhoktavyam // jīvati varṣāṇy ekanavati / bhidridivase mriyate //[vii] —— [注] i) vyākuli-] vyākulī — C.: caturthe] caturtha — T.: navame] nava — T.: bhavati] mṛyate — T. ii) -prajño] prajñā — T.: mandabuddhir] mandabuddhi — C.T.: mandāgnir] mandāgni — C.T. iii) putraś] putrāś — T. cālpaṃ] cālpa — C.T.: jīvati] jīvatiḥ — C. iv) pratiduḥkhitaḥ] pratiḥ duḥkhitaḥ — T.: paścāt] (ac) paścāścāt — T. v) īśvaraḥ] īśvara — C.T.: -gavāṃ] gāvañ — C./ vāś — T.: vā] cā — C. vi) -krodhādyahaṃkāraḥ] krodhātyahaṃkāra — C./ krodhādi ahaṃkāra — T.: [bhayānakā] bhayānikāḥ — C./ bhayānikā — T. vii) ekanavati] ekonavati — T.

49 Skt ms: Kathmandu Reel B113/6 (= A) 120b2–b3, Kathmandu Reel A142/2 (= B) 79a1–a2, Kathmandu Reel D40/6 (= C) 75a5–a6. —— tasmin[= vyākulau] dine jātakaḥ //[i] catuḥṣaṣṭhadaśamāse yadi na mriyate sa ca /[ii] tadālpavibhavaṃ[= -vaḥ] paścāt sa samṛddho bhavanti[= -ti] ca //[iii] bhidridivase mriyante[= -te] /[iv] —— [注] i) vyākule] vyākula — A.: śatrotsāditas] śatronmārītaḥ — C.: jātakaḥ] jātakā — A./ jatakā — B./ jātakān — C. ii) catuḥṣaṣṭhadaśamāse] cattaḥṣaṣṭhadaśamāsamāse — A./ catahṣaṣṭhamāse māse — B./ catuḥṣaṣṭhaḥ daśe māse — C.: sa ca] sat tataḥ — A./ mataḥ — C. iii) tadālpa-] tadānya — B./ tatatma — C.: sa samṛddho] sa samuddhā — A./ asaṃbuddhā — B./ sa samūddho — C. iv) bhidri-] bhidvi — B.C.

50 『ヴォーヒター』は、第 4 あるいは第 4 日、第 4 あるいは第 6 月と解釈し、第 10 月をスキップする。

51 Skt ms: Kathmandu Reel B26/23 (= K1) 3b3–b5, Cambridge Add.1704 (= C) 4b3–b5, Kathmandu Reel A138/10 (= K2) 4b1–b3. (ブラケット内のイタリック体の部分は『チャトゥシュピータ大要』による解釈を表す) —— *svapnānāṃ[= *svapne*] dārako jātaḥ śūravīryaparākramaḥ /[i] *dahyate sarvaśatrūṇām[= *śatravaḥ sarve dahyante tasya*] anāthena tu bāndhavaḥ //[ii] daridro nityakālānāṃ[= -laṃ] pāpa*buddhiṃ tu tatparaḥ[= buddhitatparaḥ] /[iii] siṃhabhāvena ātmena paruṣālāpa[= -paḥ] *sarvavit[= sarvatra] //[iv] nīrujaḥ sarvakāleṣu bhogalābhas tu nityaśaḥ /v) sevakena tu bhoktavyaṃ striyām ākramya bhuñjati //vi) *varṣapañcāśati-āyus[= *pañcāśadvarṣāyus*] tasyaiva parikalpitam /vii) śatruśastreṇa *hanyasya[= *hatasya tasya*] mṛtyuś cāpi na saṃśayaḥ //viii) ——. [注] i) svapnānāṃ] svapānāṃ — K2.: dārako] darako — C.: jātaḥ] jāta — K1.C.K2.: -vīryaparākramaḥ] vīraprākramaḥ — K1./ "vīrya" の代わりに "vīra" — K2. ii) dahyate sarvaśatrūṇām] dahyete sarvaśatrunaṃ — C.: anāthena] arthena — C.: bāndhavaḥ] bāndhavām — K1./ bāndavā — C./ bāndhavān — K2. iii) daridro] darīdrā — K1./ daridrā — C.K2.: -kālānāṃ] kālānā — C.: -buddhiṃ] buddhis — K2. Tib. las.: tatparaḥ] tatparam — C. iv) -bhāvena] bhāvenam — K1.C.K2.: ātmena] atmena — K2. v) nīrujaḥ] niruja — C./ nirujaṃ — K1.K2.: -lābhas] lābha — C./ lābhaṃ — T.: nityaśaḥ] nityaśa — C. vi) bhoktavyaṃ] bhoktavya — K1.C. vii) varṣa-] damaged — C.: -pañcāśati-āyus] "āyus" の代わりに "āyu" — K1.: "pañcāśati" の代わりに "pañcāśate" — C./ pañcaśatem āyu āyu — K2.: parikalpitam] kalpitam — K1./ kalpyate — K2. viii) -śastreṇa] sāstreṇa — K1.: hanyasya] hansyasyā — K2.: saṃśayaḥ] sanśaya — K1.

52 Skt ms: Śāstrī 72 (= C) 28a2–a4, Matsunami 343 (= T) 25b7–26a2. —— svapnikāyāṃ dārako jātaḥ, catuḥpañcadaśame divase tadātyayenāṣṭame māse 'ṣṭame varṣe yadi cchalo na bhavati, tadā guruduḥkhito bhavati, śūravīryaparākramaḥ, *hanate sarvaśatrūṇām[= hanti sarvaśatrūn], satāṃ prītikaraḥ, anāthena tu bāndhavaḥ,i) pāruṣyālāpa[= -paḥ] sarveṣāṃ pāpa*buddhiṃ tu tatparaḥ[= buddhitatparaḥ] /ii) daridraś capalaś cāpi //iii) nīrujaḥ sarvakāleṣu bhogalābhas tu nityaśaḥ /iv) sevakena tu bhoktavyaṃ siṃhabhāvena sarvataḥ //v) jīvati varṣāṇi catuḥṣaṣṭi /vi) vyākulau ca śatruśastreṇa mṛtyuś cāpi na saṃśayaḥ //vii) —— [注] i) svapnikāyāṃ] svapanikāyāṃ — T.: divase] vā dinase — T.: yadi cchalo na bhavati] tadā cchalo na bhavati — C./ yadi cchalo bhavati — T.: -duḥkhito] duḥkhino — T.: -vīrya-] vīra — T.: -śatrūṇām] śatrūṇā — T.: satāṃ] śatām — C./ śatāṃ — T.: prītikaraḥ] prītikara — T. ii) pāruṣyā-] pāruṣā — C./ pāruṣāṃ — T.: -buddhiṃ tu] buddhiṃ — T. iii) daridraś capalaś] daridracapalañ — C.T. iv) nīrujaḥ] niruja — C./ nirujaṃ — T.: bhogalābhas] bhojalābhan — C./ bhogaṃ lābhan — T.: nityaśaḥ] omits — T. v) sevakena] seva — C.: bhoktavyaṃ] bhovyaktavyaṃ — C.: -bhāvena] lābhena — C. vi) -ṣaṣṭi] ṣaṣṭhi — C./ ṣaṣṭi varṣā — T. vii) vyākulau] vyākulī — C.: ṛtyuś cāpi] mṛtyañ ca — C.: saṃśayaḥ] saṃśaya — T.

53 Skt ms: Kathmandu Reel B113/6 (= A) 120b2, Kathmandu Reel A142/2 (= B) 78b11–79a1, Kathmandu Reel D40/6 (= C) 75a4–a5. —— *svapanaś[→ svapne or svapnikāyāṃ] cāra[= saṃcāra]kāle tu śūravīryaparākramaḥ //i) puṇyapāpena miśritaś catuḥpañcadaśe 'mṛtaḥ /ii) vyākule śatrotsāditaḥ //iii) —— [注] i) cārakāle tu] cārakāreke —A./ cārakārakāreka — B./ cārakāre tu — C.: śūra-] pūra — A.B.: -parākramaḥ] parākrama — A. ii) puṇya-] puna — A.C./ punaḥ — B./ bsod nams — Tib.: miśritaś] miśritta — A./ miśrite — B./ miśrita — C.: 'mṛtaḥ] mṛtaḥ — A.B./ smiteḥ — C. iii) vyākule] vyākula — A.: śatrotsāditaḥ] śatronmārītaḥ — C.

54 『ヴォーヒター』の解釈に従った。

55 Skt ms: Kathmandu Reel B26/23 (= K1) 3b5–b6, Cambridge Add.1704 (= C) 4b5–5a2, Kathmandu Reel A138/10 (= K2) 4b3–b5.（ブラケット内のイタリック体の部分は『チャトゥシュピータ大要』による解釈を表す）—— *kāmānāṃ[= *kāme*] dārako jāto varṣaṣaṣṭi-aṣṭāni[= *aṣṭaṣaṣṭivarṣāṇi*] jīvati /i) dhanavān *grāmagoṣṭheṣu[= *grāmavān gomāṃś ca*] aśvādīn tu sa vāhayet //ii) satyavādī tu dharmajñaḥ sarvasattvahitaṃkaraḥ /iii) vidyāvān priyavādī tu sarvaśāstraviśāradaḥ //iv) saubhāgyaḥ sarvasattveṣu yogacihnaṃ tu darśayet /v) svadeśe mṛtyum prāpnoti *ahaṃ[= *mama*] vākyaṃ na saṃśayaḥ //vi) —— [注] i) kāmānāṃ] kāmānā — K1./ kāmānaṃ — C./ kāmyanā — K2.: dārako] kārako — C.: jāto] jāta — K1.: -ṣaṣṭi-aṣṭāni] ṣaṣṭyāṣṭāni — K2. ii) dhanavān] dhanavā — C./ dhanavāṃ — K1.K2.: -goṣṭheṣu] goṣṭhe — C./ bhoṣṭeṣu — K2.: aśvādīn] āśvādīn — K1./ asvādī — K2. iii) dharmajñaḥ] dharmajñā — C./ dharmajña — K1.K2.: -sattvahitaṃ-] satvahitāṃ — K1./ satvāhitaṃ — C. iv) vidyāvān] vidyā — C./ vidyavān — K2.: -viśāradaḥ] visārada — K1./ viśāradā — K2. v) saubhāgyaḥ] saubhāgya — K1.C./ saubhāgyaṃ — K2.: yogacihnaṃ] yogacihnā — K1./ yogacihnāṃ — C./ yoge cihnan — K2. vi) mṛtyum] mṛtyu — K1.C. prāpnoti] āpnoti — K2.: vākyaṃ] vākya — K1.C.

56 Skt ms: Śāstrī 72 (= C) 27b7–28a2, Matsunami 343 (= T) 25b5–b7. —— bhuvaneśvare dārako jātaḥ, aṣṭame divase 'ṣṭame māse 'ṣṭame varṣe yadi cchalo na bhavati, tadā dhanavān aśvavāhakaḥ satyavādī bahumitro brahmacārī dharmajñaḥ paṇḍitaḥ sarvasattvahitaṃkaraḥi) śilpajñaḥ priyavādī sarvaśāstraviśāradaḥ /ii) saubhāgyaḥ sarvasattveṣu *ahaṃ[= mama] vākyaṃ na saṃśayaḥ //iii) jīvati varṣāṇy aṣṭāśīti /iv) sa ca svapnikāyāṃ mriyate //v) —— [注] i) bhuvaneśvare] bhuvane ca — T.: na bhavati] bhavati na — T.: aśva-] aśca — T.: satyavādī] satyavādi — T.: paṇḍitaḥ] (ac) paṇḍatas — C./ pāṇḍataḥ — T. ii) śilpajñaḥ] śilpajña — C.: priyavādī] priyavādi — T. iii) saubhāgyaḥ] saubhāgyaṃ — C./ saubhāgya — T.: vākyaṃ] vākye — T.: saṃśayaḥ] śasayaḥ — C. iv) varṣāṇy] varṣāny — C.: aṣṭāśīti] aṣṭānavati — T. v) svapnikāyāṃ] svapanikāyāṃ — T.

57 Skt ms: Kathmandu Reel B113/6 (= A) 120b1–b2, Kathmandu Reel A142/2

(= B) 78b11, Kathmandu Reel D40/6 (= C) 75a3–a4. —— bhuvane saṃcārakāle *jātā[→ jāto ']ṣṭadinamāsakaiḥ //[i] varṣake *yan[= yadi] na mriyate bodhisattvo na saṃśayaḥ /[ii] —— [注] i) bhuvane] bhuvane — B./ bhūvana — C.: saṃcārakāle] saṃcalakāle — B./ saṃcārakāleṣu — C.: -ṣṭadina-] ṣu dina — A./ jātā dina — B. ii) varṣake] varṣekye — A./ log cig na — Tib.: yan na] yatma — All Mss.: bodhisattvo] taga sarvapādārtheṣu dīnajātā bodhisatva — A./ bodhisatva — B.C.

58 この bhuvaneśvara の暦日に生まれた人に関しては、タントラはその者の宿命死の暦日がいつなのか明記していない。ここでは、宿命死の特定に関して『ダーカールナヴァ・タントラ』と同論理を有する『ヴァジュラダーカ・タントラ』の規定に基づいて補足した。

第5章　四輪三脈の多面的身体論

はじめに

およそ仏教、非仏教を問わず、タントラの伝統では人の身体には72000本の脈管（nāḍī）が通っており、さらに複数の脈管が収束するチャクラ（cakra,「輪」という意味）が多数存在するという身体論が説かれる。これらのチャクラと脈管のうちには主要なものとそうでないものが存在し、主要なチャクラと脈管は内的な実践において重視される。唯一ではないにしても、サンヴァラはこのような身体論の構築に最も積極的な伝統の1つである。

ヘーヴァジュラおよびサンヴァラに広く見られる主要なチャクラは4つ、主要な脈管は3本ある。津田真一氏はこれら4つのチャクラを「四輪」、3本の脈管を「三脈」と呼び、それらを合わせた「四輪三脈」説という用語でこの身体理論を表現した［津田 1973c］。本章でも便宜上これら「四輪」「三脈」「四輪三脈」という用語を用いることにしたい。

脈管は身体内の荼枳尼たちであり、チャクラとはそのような荼枳尼たちが収束した身体の重要箇所である。その他の身体要素は勇者たちの内的な姿である（本書第3章を見よ）。人間の身体は、脈管やチャクラという組織の姿の荼枳尼たちと各身体要素としての勇者たちの集合体に他ならない。実践者が自分の身体を荼枳尼たちと勇者たちの集合体であると観想する時、その身体にはサンヴァラ、つまり〈至福〉が生じる。これが〈荼枳尼たちの集合体の至福〉という真理体験である。四輪三脈とは、このような内的な荼枳尼たちと勇者たちの集合体の中核部分に相当するものであり、第3章で検討した内的曼荼羅同様、生来の身体の有功徳性をうたう倶生という真理観——生来の身体は悟りへと至る手段を完備しており、それを離れて悟りはないとする真理観——と密接な関連をもっている。

サンヴァラの文献が説く四輪三脈の体系には、『ヘーヴァジュラ・タントラ』のそれと共通する部分と共通しない部分がある。これから見ていくように、サンヴァラの四輪三脈の体系は『ヘーヴァジュラ・タントラ』のそれを土台として継承しつつも、それを発展させたものである。土台としているがゆえに共通部分が、発展させているがゆえに共通しない部分が見られるのである。津田氏は「SU（『サンヴァローダヤ・タントラ』）を例外として、サンヴァラの諸聖典に於ける〈四輪三脈説〉はHV（『ヘーヴァジュラ・タントラ』）或いはSUに於いてすでに固定されている対応関係を繰り返すのみで、精彩に乏しい」（丸括弧内は筆者の補足）と述べるが［津田 1973: 306］、これは主に共通部分に着目した見解であろう。だが共通しない部分にも眼差しを向けることにより、サンヴァラの様々な流れが生み出した四輪三脈の解釈の豊かさも理解する必要がある。

また、田中公明氏は四輪三脈など主要チャクラと主要脈管を用いた生理学的観想法の展開について、その解釈が実際には多様であるとしたうえで、おおまかな傾向としては死と性という大きく2つの意味において理解することができると分析している。具体的には、主にグヒヤサマージャ系のものが死、ヨーギニータントラ系のものが性であり、『カーラチャクラ・タントラ』に到るとそれらの統合が試みられるという［田中 1997］。死と性、そしてそれらの統合という素描は、主要チャクラと主要脈管の理論史の全体を理解する1つの有効かつ優れた視点であると言える。だが死と性という枠組みでは素直にはくくれないケースの存在も拾い上げる必要もある。死や性といった特定の原理的な意味に包摂させるのとは逆の観点、つまり、なぜ死や性を含めた多様な意味解釈が生じ得たのか、その構造を追究するという観点から四輪三脈の体系を眺める意義もあると思われる。

以上をふまえ、本章では、サンヴァラの四輪三脈の身体論を、周辺伝統の資料も合わせて用いながら概観し、その構造、諸相、展開を検討していきたい。また、多様な四輪三脈解釈の中に、内的な時間の輪の理論がある。内的な時間の輪といえば『カーラチャクラ・タントラ』のものがよく知られているが、サンヴァラにもその体系が存在していることは十分には知られていない。そこで、四輪三脈をめぐる多様な解釈のうち、特に内的な時間の輪については独立の節を設けて検討を加え、サンヴァラには 2 種類の時間論が並存していることも明らかにしていきたい。

1　内的曼荼羅と四輪三脈

この議論を開始する前に、本章が扱う四輪三脈の身体論と、本書第 3 章で扱った内的曼荼羅の身体論の位置の相違を述べておかなければならない。身体を巡る 72000 本の脈管のうち、主要な脈管（pradhāna/prādhānyanāḍī）は 3 本の脈管、つまり三脈であるが、内的曼荼羅を構成する 24 本等の脈管は（アヴァドゥーティー脈管を除いて）やや主要度の下がる脈管である。つまり、四輪三脈は主要な 3 本の脈管に着眼した身体論であるのに対し、内的曼荼羅は準主要な 24 本等の脈管を主要構成要素とした身体論である。この意味で、四輪三脈は身体の中核部分であり、奥義的実践である究竟次第の実践と結びつけられる傾向がある。これに対し、内的曼荼羅は身体の準中核部分であり、究竟次第より一歩前の実践である生起次第の実践と結びつけられる傾向がある[1]。

2　サンヴァラにおける四輪三脈の展開：概観

サンヴァラの聖典で、四輪三脈の全体像をまとめて説くものは『アビダーノーッタラ・タントラ』[Skt ms：IASWR I-100, 83b1–b5, 149b5–150a3、Matsunami 10, 78a1–5, 158a4–b2、Matsunami 12, 89b3–90a2, 186a2–b1][2] と『サンプトードバヴァ・タントラ』[Skt ms: 59a1–a2, 62a1–b2, 63a1–65b5–67a1][3] と『サンヴァローダヤ・タントラ』[Skt ed: 5.1–4, 7.16–23, 31.19–29][4] と『ジュニャーノーダヤ・タントラ』[Skt ed: p.5, l.9–p.6, l.19, p.6, l.21–p.7, l.11, p.10, l.18–p.11, l.6][5]（なお、同聖典は四輪三脈説と同時に、後述するように六輪三脈説も説く）と『ダーカールナヴァ・タントラ』[Skt ms: Kathmandu D40/6, 14a9–b9, 15b6–b9、Kathmandu A142/2, 14b9–15a10, 16a9–b2][6] と『ヴァジュラダーカ・

タントラ』[Skt ms: Śāstrī 72: 33a7–b5, 38a6–b3、Matsunami 343: 30b5–31a2, 35a5–b1][7]と『ヴァーラーヒーカルパ・タントラ』[Skt ms: Matsunami 346, 15b6–16a2][8]と『ヨーギニージャーラ・タントラ』[Skt ms: Baroda 13253, 15a2–a8, 23a9–24a3][9]である。流派文献のうちではクリシュナ流の諸文献、特に『四次第』[Tib: Toh, 355b7–356b1、Ota, 390b1–391a4]、『ヴァサンタティラカー』[Skt ed: 6.2–12, 10.2–17]が、四輪三脈の体系の構築に最も意欲的である。これらの聖典と流派文献の注釈書まで含めれば、四輪三脈の体系が説かれる範囲と内容はさらに広がる。

サンヴァラの最初の聖典である『チャクラサンヴァラ・タントラ』には四輪三脈の体系は説かれない。つまり、サンヴァラの最初期の段階では四輪三脈の体系は（少なくとも成文化聖典から知ることのできる限りでは）存在しなかったことになる。サンヴァラの伝統の実践者たちがそれを『ヘーヴァジュラ・タントラ』の伝統から継承し、独自に展開させていったと考えるべきである。したがって、分析を『ヘーヴァジュラ・タントラ』から始める必要がある。

2.1 基本形態の展開

『ヘーヴァジュラ・タントラ』には四輪三脈の基本形態が以下のように説かれる［Skt ed: I.1.14–15, I.1.23–30, II.3.49–63］。

身体の頭部から臍部に到る中線上に、4つの主要なチャクラが存在する。すなわち、身体の頭部（額の箇所とも表現される）には大楽輪（mahāsukhacakra）、喉の箇所には報輪（saṃbhogacakra）、心臓の箇所には法輪（dharmacakra）、臍の箇所には応輪（nirmāṇacakra）というチャクラがある。それぞれが順に三十二葉蓮華、十六葉蓮華、八葉蓮華、六十四葉蓮華の形をしている。また、それぞれの中央には順にHAṂ字、OṂ字、HŪṂ字、AṂ字が配置される。これら4つの主要なチャクラが「四輪」である。

これら四輪をアヴァドゥーティー（avadhūtī）という脈管が垂直に貫く。このアヴァドゥーティー脈管の左にはララナー（lalanā）という脈管が、右にはラサナー（rasanā）という脈管が垂直に通っている。ララナー脈管は下を向き、ラサナー脈管は上を向く脈管である。これらララナー脈管とラサナー脈管も四輪を貫いている。これら 3 本の脈管が「三脈」である。

三十二葉蓮華の姿の大楽輪の 32 枚の葉から 32 本の脈管が生えている。三脈はこれら 32 本の脈管のうちの 3 本である。

以上のような四輪三脈の基本形態は、サンヴァラにも概ね継承されていると言ってよい。たとえその形態が異なっていたとしても、いずれもこの基本形態の発展形と見なすことができる。

サンヴァラの最後期に属する聖典『ジュニャーノーダヤ・タントラ』では、四輪に新たに 2 つのチャクラが加わってチャクラが合計 6 つになり、四輪三脈は六輪三脈となる［Skt ed: p.10, l.1–l.7］[10]。周知の通り、『カーラチャクラ・タントラ』にも六輪の体系が説かれるが、『ジュニャーノーダヤ・タントラ』のそれとは異なる。『カーラチャクラ・タントラ』（『ヴィマラプラバー』の注釈による）の六輪は（1）頭頂の四葉蓮華の形のチャクラ、（2）額部の十六葉蓮華――さらにその中央に八葉蓮華がある――の形の清浄輪、（3）喉部の三十二葉蓮華――さらにその中央に八葉蓮華がある――の形の報輪、（4）心臓部の八葉蓮華の形の法輪、（5）臍部の六十四葉蓮華――その中央に十二葉蓮華、さらにその中央に八葉蓮華、さらにその中央に四葉蓮華がある――の形の応輪、（6）性器部の三十二葉蓮華――十六葉蓮華がベースにあり、その中央に十葉蓮華が、さらにその中央に六葉蓮華があるという構成になっている――の形のチャクラ、である［Skt ed: 2.2.27–28, 41, 46–47］。これに対し、『ジュニャーノーダヤ・タントラ』の六輪は（1）頭頂の四葉蓮華の形のチャクラ、（2）額部の三十二葉蓮華の形の大楽輪、（3）喉部の十六葉蓮華の形の報輪、（4）心臓部の八葉蓮華の形の法輪、（5）臍部の六十四葉蓮華の形の応輪、（6）性器部の三葉蓮華の形の秘密輪（guhyacakra）[11]、である。このように、チャクラの位置こそ同じであるが、チャクラの形態や名称が完全に一致するわけではない。また『カーラチャクラ・タントラ』の体系を六輪六脈説としてとらえることができるのに対し、『ジュニャーノーダヤ・タントラ』のそれはあくまで六輪三脈説――四輪が六輪になっても三脈の内容自体は変わらない――ととらえるべきである。『ジュニャーノーダヤ・タントラ』の六輪は『ヘーヴァジュラ・タントラ』以来の四輪に頭頂部のチャクラと性器部の

表 5–1　『ヘーヴァジュラ・タントラ』における四輪と各種教理の対応

	応輪	法輪	報輪	大楽輪
四刹那	多様	異熟	摩滅	離相
四支	親近法	準親近法	成就法	大成就法
四諦	苦	集	滅	道
四真実	自己	マントラ	尊格	智慧
四歓喜	歓喜	最高歓喜	離歓喜	倶生歓喜
四部派	上座部	説一切有部	経量部	大衆部
時間	64 ダンダ	16 サンクラーンティ	8 プラハラ[12]	32 ナーディー
三身	応身	法身	報身	大楽
四果	等流果	異熟果	士用果	無垢果

チャクラを加えたものであり、あくまで『ヘーヴァジュラ・タントラ』に説かれた基本形態の発展形として位置付けるべきものである。

2.2　意味の展開

既に述べたように、四輪三脈がもつ意味は、まず第一義的にはそれが個々の人間の身体、すなわち荼枳尼たちと勇者たちの集合体の中核部分であるというものである。だが、この意味付けは四輪三脈全体に対して与えられた意味であり、四輪のそれぞれのチャクラおよび三脈のそれぞれの脈管にも個別の意味が与えられている。

(1) 四輪の意味

よく知られているように、『ヘーヴァジュラ・タントラ』は四輪に対し、四刹那や四支や四諦など、4 つの要素より構成される、様々な観点からの教理を表 **5–1** にまとめたように対応させる［Skt ed: I.1.23–30, II.4.52–60］。四輪のそれぞれのチャクラにこのような多様な意味があることを実践者は理解する必要がある。「三身」の項目に多少の変更が加えられる——「三身」の項目が「四身」となり、大楽身という仏身が大楽輪にあてがわれる——こともあるが、この意味付けはサンヴァラの諸文献に概ね継承されている。

その他、表 5–1 にまとめた項目に限定されず、サンヴァラでは 4 つの要素から構成される——時に無理やり 4 要素構成にされているものもある——実に様々な教理や世間的な概念が次々と四輪との対応関係を得ていく。たとえば、四座（他者・自己・ヨーガ・真実）、四文字（E 字・VAṂ字・MA 字・YĀ 字）、四女尊（ローチャナー・マーマキー・パーンダラー・ターラー）、四印（羯磨印・法印・三昧耶印・大印）、四聖域（ガンガー・サーガラ・プラヤーガ・クルクシェートラ）、四聖地（ガヤー・ヴァーラーナシー・ジャガンナータ・カーシー、あるいはオーディヤーナ・ジャーランダラ・デーヴィーコータ・プッリーラマラヤ）、四ユガ（クリタ・トレーター・ドヴァーパラ・カリ）、四時（午前・真昼間・午後・真夜中）、四大（地・水・火・風）、四無量（慈・悲・喜・捨）、四姓（バラモン・クシャトリヤ・ヴァイシャ・シュードラ）、四世界（地下・地上・虚空・天）、四種護摩（増益・調伏・敬愛・息災）など、その他多数の対応関係がある（『四次第』［本書第 6 章を見よ］や『四次第解題』［次節および本書第 6 章を見よ］『ジュニャーノーダヤ・タントラ』［Skt ed: p.6, l.1–l.14］等）。四輪が様々な観点からの多様な対応関係を得ていくことは、仏教の様々な教理、世間的概念は身体の中核である四輪の中に収束されるという考えに基づいているのだろう。4 要素 1 組の（あるいは 4 要素 1 組になり得る）あらゆる教理・概念が四輪に包摂され得ると理解するべきである。要するに、四輪とは各人の身体がもつ生来的な功徳性を理論化するための一種の枠組みであり、それぞれの聖典や流派指導者たちが各自の観点からこの枠組みに様々な仏教教理や世間的概念を当てはめ、身体の全包摂性を主張しようとするものなのである。

『ジュニャーノーダヤ・タントラ』の六輪説では、各チャクラに与えられる教理・概念は 6 要素構成になっている。チャクラを 6 つ想定するからである。具体的には、［1］六仏（ヴァジュラサットヴァ・アクショービャ・アモーガシッディ・ヴァイローチャナ・ラトナサンバヴァ・アミターバ）、［2］六蘊（全ての蘊・識・行・色・受・想）、［3］六界（識・虚空・風・地・火・水）、［4］六根（意・耳・鼻・身・眼・舌）、［5］六境（音・法・触・香・味・色）、［6］六女尊（法界自在女・触自在女・ターラー・ローチャナー・マーマキー・パーンダラー）、［7］六宝（金・サファイア・珊瑚・真珠・水晶・ルビー）[13]

が（文章上明確ではないがおそらく頭頂輪・大楽輪・報輪・法輪・応輪・秘密輪という順で）対応する［Skt ed: p.10, l.7–l.14］。だがこれらの項目のみが六輪の意味体系として特別な地位を有しているというよりも、四輪の延長として、身体が有する功徳性を表わすために様々な6要素構成の教理・概念を当てはめる枠組みとして六輪が機能していると理解すべきだろう。

なお四輪三脈の解釈史において、大楽輪の中央にあるHAṂ字と、応輪の中央にあるAṂ字は、つねにというわけではないが、四輪三脈の観想において特別な役割を果たすことが多い。大楽輪のHAṂ字は男尊である最高尊ヘールカを表し、そこから（あるいはそれ自身が）菩提心（bodhicitta、精液と同一視される）あるいは甘露（amṛta）として、脈管内を通って身体内を流れる。この流れは、実践者に悟りの体験など特殊な宗教体験を引き起こすとされる。応輪のAṂ字は、最高女尊（ヴァーラーヒー、マハーマーヤー等）と同一視される。このAṂ字より発する（あるいはAṂ字そのものである）内的な火は、荼枳尼の名をとって「チャンダーリー」（caṇḍālī）や「ヴァーラーヒー」（vārāhī）や「マハーマーヤー」（mahāmāyā）や、あるいは「般若の火」（prajñāgni）や「智慧の火」（jñānāgni, jñānavahni）や「ブラフマンの火」（brahmāgni）や「ティラカー」（tilakā）といったように文献により様々な呼ばれ方をするが、いずれも実践者の身体の内外を移動し、現象世界の様々な分別を包み込んで焼き尽くすとされる。これら最高男尊としての大楽輪のHAṂ字の特徴と最高女尊としての応輪のAṂ字の特徴は、シヴァ教ならば内的なシヴァ（最も上のチャクラに住する）とそのシャクティ（妃：蛇の姿のクンダリニーとして実践者の身体内を移動するエネルギー）のそれに対応するものである。

(2) 三脈の意味

『ヘーヴァジュラ・タントラ』は三脈のうち、左側を通るララナー脈管を般若・精液・月・母音字と関連付け、右側を通るラサナー脈管を方便・血・太陽・子音字と関連付ける。そのうえで、中央のアヴァドゥーティー脈管を所取（客観）と能取（主観）という分別を離れた状態と関連付ける。つまり、ララナー脈管とラサナー脈管のそれぞれに配当される二項対立（般若と方便、精液と血、月と太陽、等）を止揚した状態がアヴァドゥーティー脈管がもつ意味である。

以上の見解は三脈の基本理念としてサンヴァラに継承される。この基本理念を土台にして、サンヴァラではさらに実に様々な二項対立が左右の脈管に当てはめられ、その止揚状態が中央脈管に当てはめられることになる。たとえば、静と動、奇数と偶数、長と短、勝利と敗北、入と出、昼と夜、日没と日の出、太陽の北方への移動（つまり冬至から夏至）と南方への移動（つまり夏至から冬至）、報身と応身、睡眠と覚醒、勝義と世俗、小と大、E 字と VAṂ 字、有と無といった二項対立とその止揚である（『ヴァジュラダーカ・タントラ』［本章第 4 節を見よ］、『ジュニャーノーダヤ・タントラ』［Skt ed: p.7, l.1–l.4］）。当てはめられる二項対立が増殖していくことは、現象世界のあらゆる二項対立とその止揚が身体の中核である三脈の中に収束されるという考えに基づいているのだろう。二項対立とその止揚という形で表わされるあらゆる教理・概念が三脈に包摂され得ると理解するべきである。要するに三脈とは、四輪（あるいは六輪）同様、各人の身体がもつ生来的な功徳性を理論化するための一種の枠組みであり、それぞれの聖典や流派指導者たちが各自の観点からこの枠組みに様々な仏教教理や世間的概念を当てはめ、身体の全包摂性を主張しようとするものなのである。ただその教理・概念が 4 要素 1 組である場合は四輪に（6 要素 1 組である場合は六輪に）、二項対立とその止揚という形のものであれば三脈に当てはめられるという相違はある。

また、三脈の解釈史を通して、アヴァドゥーティー脈管は最高女尊と同一視されることが多い。脈管が張り巡らされた人間の身体は荼枳尼たちの集合体であり、アヴァドゥーティー脈管はそれらの脈管の中でも最も主要な脈管である。ゆえに、アヴァドゥーティー脈管は荼枳尼たちの女主人、すなわち最高女尊と等しいのである。

3　重層・多様化する四輪三脈の形態と意味

前節では四輪三脈解釈の展開の全体の大まかな流れを検討した。本節では四輪三脈の形態と意味の解釈の多様な相（ただし前節でふれたものを除く）をまとめてみたい。なお、四輪のそれぞれについては (1) チャクラの色、(2)

チャクラに置かれる文字――チャクラを場とした文字鬘（複数の文字を環のように配置したもの）の観想において――、(3) チャクラの形、(4) チャクラの葉を通る脈管、という項目に、三脈に関しては (1) 脈管に置かれる文字――脈管を場とした文字鬘の観想において――、(2) 脈管の形態、という項目に分けてその内容をまとめた。なお、『ジュニャーノーダヤ・タントラ』の六輪説については、記述から知られる限りでの重要な特徴を前節で全て論じたため、ここでは必要以上の言及を避けることにする。

3.1 大楽輪

(1) チャクラの色

大楽輪の色には (i) 白色とする立場（『サンヴァローダヤ・タントラ』、『ジュニャーノーダヤ・タントラ』、『四次第解題』）と (ii) 暗青色とする立場（『ヴァジュラダーカ語釈』、カンバラパーダ作『チャクラサンヴァラ成就法』Cakrasaṃvarasādhana）と (iii) 雑色とする立場（『アームナーヤマンジャリー』）がある。大楽輪の色を白色とするのは、ここから白色の菩提心あるいは甘露が発せられることによるのだろう。『ジュニャーノーダヤ・タントラ』と『四次第解題』が白色とするのは、この大楽輪を 4 種類の護摩儀礼のうち白色により表される息災（禍を鎮め安息をもたらす護摩儀礼）に対応させるからである[14]。だがこの大楽輪と息災の結びつきは、菩提心あるいは甘露が実践者に安息をもたらすことと関連していよう。大楽輪を暗青色とするのは、主尊ヘールカの体の色を意識してのことであろう。雑色とするのは、大楽輪が三十二葉の雑色蓮華であるという発想に基づいているのだろう。

(2) チャクラに置かれる文字

中央に HAṂ字を抱く大楽輪の葉に布置される文字については、大きく (i) 母音字であるとする説、(ii) 子音字と母音字であるとする説がある。

(i) 母音字であるとする説には、(a) 16 の母音字（A[Ṃ], Ā[Ṃ], I[Ṃ], Ī[Ṃ], U[Ṃ], Ū[Ṃ], Ṛ[Ṃ], Ṝ[Ṃ], Ḷ[Ṃ], Ḹ[Ṃ], E[Ṃ], AI[Ṃ], O[Ṃ], AU[Ṃ], AṂ, AḤ）、つまり全ての母音字とする立場（『ヴァジュラダーカ語釈』、『アームナーヤマンジャリー』、『秘密灯火』）と、(b) Ā 字と Ī 字と Ū 字と AI 字と AU 字と AṂ

字に限定する立場（『四次第』、『四次第解題』、『サンヴァラ解説』）がある。(a)の立場のうち、『アームナーヤマンジャリー』はこれら16母音を32枚の葉に1つずつ空けて配置すると述べる。これに対し『秘密灯火』は、これら16の母音のそれぞれの文字を2回ずつ——つまり、合計32文字になる——32枚の葉に配置すると規定する。

(ii) 子音字と母音字であるとする説は『ジュニャーノーダヤ・タントラ』に見られる。KA字をはじめとする32の子音字——おそらく、合計34の子音字からṄA字とÑA字を除いたもの——が32枚の葉に1文字ずつ配置され、その上に16の母音字が右回りに配置——右回りであること以外、どのように配置されるかは不明——される[15]。

(3) チャクラの形

『サンプトードバヴァ・タントラ』と『ヴァサンタティラカー』によれば、三十二葉蓮華の姿のこの大楽輪はその全体がE字のような形、すなわち三角形になっているという。同様の見解は『ジュニャーノーダヤ・タントラ』に異説として紹介されている。だが同聖典の自説は円形である。また、『サンヴァローダヤ・タントラ』はこの大楽輪を三十二葉蓮華と四葉蓮華より成る二重構造——まず三十二葉蓮華があり、その中央部に小さな四葉蓮華が置かれるという構造——になっていると主張する。この四葉蓮華は「酔処」(madasthāna)と呼ばれる[16]。この四葉蓮華としての「酔処」を、『ジュニャーノーダヤ・タントラ』が説く、大楽輪から独立した頭頂部のチャクラの原型とみなすことは可能である。

(4) チャクラの葉を通る脈管

大楽輪——それは三十二葉蓮華の姿をしている——の葉の部分には合計32本の脈管が通っている。この32本の脈管に対し、『ダーカールナヴァ・タントラ』と『ヨーギニージャーラ・タントラ』は表**5–2**にまとめた名称を与える。前述のように『ヘーヴァジュラ・タントラ』は大楽輪の三十二葉から32本の脈管が生えているとし、さらにそれらの名称を表**5–3**にまとめたように述べる［Skt ed: I.1.16–18］。『ダーカールナヴァ・タントラ』と『ヨーギニー

表 5–2

『ダーカールナヴァ・タントラ』『ヨーギニージャーラ・タントラ』が説く、大楽輪の脈管名

(1) Kṛṣṇā (2) Karālī (3) Bhībhacchī (= Bībhatsī) (4) Nandātītā (5) Vināyakī (6) Cāmuṇḍā (7) Ghorarūpā (8) Umādevī (9) Sarasvatī (10) Bhadrakālī (11) Mahākālī (12) Sthūlakālī (13) Aparājitā (14) Jayā (15) Vijayā (16) Ajitā (17) Jayantī (18) Ghoraduṣṭī (19) Indrī (20) Candrī (21) Catuṣpathī (22) Grāmavāsanī (23) Raudrakī (24) Kambojī (25) Ḍombī (26) Caṇḍālī (27) Mātaṅgī (28) Brāhmaṇī (29) Śūdrikā (30) Rājaputrī (31) Maharddhikī (32) Divyamadapūrikā

表 5–3

『ヘーヴァジュラ・タントラ』が説く、大楽輪の脈管名 *

(1) abhedyā (2) sūkṣmarūpā (3) divyā (4) vāmā (5) vāminī (6) kūrmajā (7) bhāvakī (8) sekā (9) doṣā (10) viṣṭā (11) mātarī (12) śavarī (13) śītadā (14) ūṣmā (15) lalanā (16) avadhūtī (17) rasanā (18) pravaṇā (19) kṛṣṇavarṇā (20) surūpiṇī (21) sāmānyā (22) hetudāyikā (23) viyogā (24) premaṇī (25) siddhā (26) pāvakī (27) sumanās (28) traivṛttā (29) kāminī (30) gehā (31) caṇḍikā (32) māradārikā

* 『サンプトードバヴァ・タントラ』は (15)〜(17) と (28)〜(32) を除いた 24 本を、三輪の 24 人の荼枳尼たちとしての 24 本の脈管名とする。

表 5–4

『チャトゥシュピータ・タントラ』『ヴァジュラダーカ・タントラ』の 24 人の女尊たち *

(1) Kṛṣṇā (2) Karālī (3) Bībhatsā (4) Nandātītā (5) Vināyakī (6) Cāmuṇḍā (7) Ghorarūpī (8) Umā (9) Jayā (10) Vijayā (11) Ajitā (12) Aparājitā (13) Bhadrakālī (14) Mahākālī (15) Sthūlakālī (16) Indrī (17) Candrī (18) Ghorī (19) Duṣṭī (20) Lambakī (21) Tridaśeśvarī (22) Kambojī (23) Dīpinī (24) Cūṣiṇī

* 『ヴァジュラダーカ・タントラ』では彼女たちは 24 のホーラーを象徴する女尊でもある。

ジャーラ・タントラ』における 32 本の脈管の名称は、『ヘーヴァジュラ・タントラ』のそれらとは異なっている[17]。このように、大楽輪の 32 本の脈管名には、大きく (i) 表 5–2 のものと (ii) 表 5–3 のものの 2 種類が流布していたと考えるべきである。

『ダーカールナヴァ・タントラ』と『ヨーギニージャーラ・タントラ』の大楽輪の 32 本の脈管名は、『チャトゥシュピータ・タントラ』[Skt ms: Kathmandu B26/23, 31b3–b5、Cambridge 1704(12), 30b1–b3] に登場し、『ヴァジュラダーカ・タントラ』[Skt ed: 18.65–68] に継承される、尸林などで供養されるべき恐ろしい 24 人の女尊たち——『ヴァジュラダーカ・タントラ』では、彼女たちは 24 のホーラー（horā：時間の幅を表す単位で、現在の 1 時間に相当する）を象徴するともされる [Skt ms: Śāstrī 72, 62a5–a7、Matsunami 343, 54a4–a6] ——に由来すると考えられる。彼女たちの名は表 **5–4** にまとめた通りである。『チャトゥシュピータ・タントラ』と『ヴァジュラダーカ・タントラ』では、彼女たちは脈管と関連付けられていない。『ダーカールナヴァ・タントラ』の上記の脈管名は彼女たちの名を一部改編したり増殖させたりしたものである[18]。時間と結びついた恐ろしい女尊名に由来することから、32 本の脈管と何らかの時間論の関連が予想されるが、『ダーカールナヴァ・タントラ』は詳説をしない。

なお、『サンプトードバヴァ・タントラ』はこの大楽輪から内的曼荼羅における三輪の 24 人の荼枳尼たちとしての 24 本の脈管——これらの脈管の名称は『ヘーヴァジュラ・タントラ』の 32 本のうち (15) から (17) と (28) から (32) を除いた 24 本の名称とほぼ同じである（本書第 2 章を見よ）——が生えていると述べる。『秘密灯火』も同様の見解を述べるが、さらに、32 本のうち 3 本が三脈であり、20 本が両手両足へとつながる脈管であり、3 本が両腋と背中を巡る脈管であり、6 本が心臓へとつながる脈管であるとの見解も述べる。

3.2　報輪

(1) チャクラの色

報輪の色は赤色である（『ヴァジュラダーカ・タントラ』、『サンヴァローダヤ・タントラ』、『ジュニャーノーダヤ・タントラ』、『アームナーヤマンジャリー』、『四次第解題』、カンバラパーダ作『チャクラサンヴァラ成就法』)。『ジュニャーノーダヤ・タントラ』と『四次第解題』が赤色とするのは、この報輪を4種類の護摩儀礼のうち赤色により表される敬愛(女性など、意中の者を従わせること)に対応させるからである[19]。報輪と敬愛の結びつきは、(すぐ後にも述べるように)報輪が「享楽のチャクラ」という意味であることに基づく連想であろう。

(2) チャクラに置かれる文字

『サンプトードバヴァ・タントラ』と『ヴァジュラダーカ・タントラ』および『ヴァサンタティラカー』は、中央にOṂ字を抱く報輪の葉には4つの文字(具体的にどの文字なのかは明かされない)が置かれると述べる。『ヴァジュラダーカ・タントラ』には"Ṃ"(アヌスヴァーラ)を付した13の文字(これも具体的にどの文字なのかは明かされない)を置くとする説も述べられるが[20]、4つの文字を置くという説の方が優勢である。

この4つの文字については、(i) A字とI字とU字とE字とする見解(『サンヴァラ解説』)と、(ii) それらの階梯を1つ上げた文字(Ā[Ṃ], Ī[Ṃ], Ū[Ṃ], AI[Ṃ])とする見解(『ヴァジュラダーカ語釈』、『四次第』、『四次第解題』、『秘密灯火』)の、大きく2つの立場がある。後者の立場を採る文献の方が多い。だがその他、(iii) 4つの長母音字(Ā, Ī, Ū, AI)が四方を向く葉に置かれ、4つの半母音字(YA, RA, LA, VA)が四維を向く葉に置かれるという立場もある(『アームナーヤマンジャリー』)。その他、(iv) 16枚の葉にそれぞれ母音1文字ずつ、つまり16の母音字全てを置くとする立場もある(『ジュニャーノーダヤ・タントラ』)。いずれにせよ、報輪には何らかの母音字が置かれるのが一般的であると言える。

『秘密灯火』によれば、中央のOṂ字を含むこれら5つの長母音は五大(物質世界を構成する5つの元素:地・水・火・風・空)を表すという。OṂ字がブラフマンを表すことから、無規定の空間を表す空元素という連想が働き、最終的にこのOṂ字を含めた合計5つの長母音を五大と解釈するに至ったのだろう。これに対し、16の母音字全てを置くとする『ジュニャーノーダヤ・タントラ』は、それによって十六空性を象徴すると述べる。

表 **5–5**

『ダーカールナヴァ・タントラ』『ヨーギニージャーラ・タントラ』が説く、報輪の脈管名

(1) Raktā	(2) Śukrā	(3) Majjā	(4) Svedā	(5) Medā	(6) Carmaṇī	(7) Māṃsā	(8) Asthi
(9) Snāyu	(10) Pūyā	(11) Antrā	(12) Svayaṃbhū	(13) Viṣ	(14) Mūtrā	(15) Pittā	(16) Śleṣmikā

(3) チャクラの形

『サンプトードバヴァ・タントラ』と『ヴァサンタティラカー』によれば、十六葉蓮華の姿のこの報輪はその全体がVAṂ字のような形になっているという。『ジュニャーノーダヤ・タントラ』も異説としてこの見解を紹介するが、同聖典の自説は半月形である。カンバラパーダ作『チャクラサンヴァラ成就法』によれば、報輪は四葉蓮華と十二葉蓮華から成る二重構造——まず十二葉蓮華があり、その中央部に四葉蓮華が置かれるという構造（これで合計十六葉）——になっている。サンヴァラ系ではなくヘーヴァジュラ系の文献であるが、『ヨーガラトナマーラー』は十六葉蓮華の中央に四葉蓮華があるという二重構造を想定しており、この四葉蓮華の 4 枚の葉（四方を向く）に A 字と I 字と U 字と E 字（＝上述 (i) の立場）が左回りに置かれると述べる。

(4) チャクラの葉を通る脈管

報輪——それは十六葉蓮華の姿をしている——の葉の部分には合計 16 本の脈管が通っている。この 16 本の脈管に対し、『ダーカールナヴァ・タントラ』と『ヨーギニージャーラ・タントラ』は表 **5–5** にまとめた名称を与える。

これらの脈管名が順に、(1) 血、(2) 精液、(3) 髄、(4) 汗、(5) 脂肪、(6) 皮、(7) 肉、(8) 骨、(9) 腱、(10) 膿汁、(11) 腸、(12) 経血[21]、(13) 大便、(14) 尿、(15) 胆汁、(16) 粘液、といった 16 の身体要素（ṣoḍaśadhātu）を意味する単語に由来していることは一目瞭然である。これらは霊薬（rasāyana）の材料としてサンヴァラで好まれるものでもあり、またいくつかの密教聖典の冒頭の常套句を構成する 16 の文字（RA HA SYE RA MYE PA RA ME SA RVĀ TMA NI SA DĀ STHI TAḤ：16 文字全体で「秘密にして最高なる喜ばしい

一切我に住する」という意味）が象徴するものでもある。このように、報輪には霊薬という意味づけがされることがある。報輪は味覚を楽しむ喉部にあり、これとも関連して報輪の「報」は「享楽」を意味している。上記脈管名は、霊薬により長生や特殊体験を享楽するという発想と結びついているのだろう。

3.3　法輪

(1) チャクラの色

法輪の色には (i) 白色とする立場（『ヴァジュラダーカ語釈』、『アームナーヤマンジャリー』）と (ii) 黒色とする立場（『ジュニャーノーダヤ・タントラ』、『四次第解題』）あるいは暗青色とする立場（カンバラパーダ作『チャクラサンヴァラ成就法』）がある。『四次第解題』が黒色であるとするのは、この法輪を 4 種類の護摩儀礼のうち黒色で表される調伏（罪や悪を屈服させること）と対応させるからである。法輪と調伏の結びつきは、法輪の中央に配置される HŪṂ字が憤怒相のヘールカを象徴することに基づく発想だろう。

(2) チャクラに置かれる文字

中央に HŪṂ字を抱く法輪の葉に置かれる文字について、(i) 母音字と半母音字、(ii) 4 人の仏の種字と四女尊の種字という、大きく 2 つの立場がある。

(i) のうち、(a)『サンプトードバヴァ・タントラ』と『ヴァジュラダーカ・タントラ』と『ヴァサンタティラカー』は、法輪の葉に 4 つのカラー（kalā、「部分」：その内容は明かされない）と 4 つの半母音字（YA, RA, LA, VA）が置かれると述べる。(b) これらの文字について『ヴァジュラダーカ語釈』は、四方を向く葉に 4 つの母音字（AṂ, IṂ, UṂ, EṂ）を、四維を向く葉に 4 つの半母音字（YAṂ, RAṂ, LAṂ, VAṂ）を置くと説明する。(c) あるいは『アームナーヤマンジャリー』や『ヨーガラトナマーラー』は、四方を向く葉に置かれる 4 つの母音字をĀ、Ī、Ū、AI 字とし、四維を向く葉については同じように 4 つの半母音字（YA, RA, LA, VA）とする。

(ii) のうち、(a)『四次第』と『四次第解題』と『サンヴァラ解説』は、四方を向く葉に五智如来のうち 4 人の仏（ヴァイローチャナ、ラトナサンバヴァ、アミターバ、アモーガシッディ）の種字（OṂ, TRĀṂ, HRĪṂ, KHAṂ）を、四維を向く葉に四女尊（ブッダローチャナー、マーマキー、パーンダラヴァーシニー、ターラー）の種字（LĀṂ, MĀṂ, PĀṂ, TĀṂ）を置くと主張する。『秘密灯火』は四維を向く葉の文字については言及しないが、四方を向く葉については『四次第』と『四次第解題』と『サンヴァラ解説』と同じ立場に立つ。なお、四輪三脈の観想ではないが、心臓の輪に五智如来と四女尊の文字を置くという発想はガンターパーダ流の内的曼荼羅の観想体系にも見られる（本書第 3 章を見よ）。(b)『ジュニャーノーダヤ・タントラ』は、これら 4 人の仏と四女尊の種字の上にさらに AṂ字、KAṂ字、CAṂ字、ṬAṂ字、TAṂ字、PAṂ字、YAṂ字、ŚAṂ字を置くと述べる。

(ii) の立場の場合、(4 人の仏に中央の HŪṂ字が象徴するアクショービャを加えた）五智如来は五蘊（色・受・想・行・識）を表し、また四女尊は四大（地・水・火・風）を表すので、法輪は五蘊と四大を象徴するチャクラということになる。

(3) チャクラの形

『サンプトードバヴァ・タントラ』と『ヴァサンタティラカー』によれば、八葉蓮華の姿のこの法輪はその全体が VAṂ字のような形になっているという。同様の見解は『ジュニャーノーダヤ・タントラ』に異説として紹介されているが、同聖典の自説は四角形である。また、やはり四輪三脈の観想ではないが、ガンターパーダ流の内的曼荼羅の観想体系においては、この法輪は八葉蓮華と四葉蓮華より成る二重構造――まず八葉蓮華があり、その中央部に四葉蓮華が置かれるという構造――になっている（本書第 4 章）。法輪の形そのものに関することではないが、『サンヴァローダヤ・タントラ』はこの法輪の上に小さな蓮華が複数あり、そこにはブラフマンの卵のようなものがあると述べる。

(4) チャクラの葉を通る脈管

法輪――それは八葉蓮華の姿をしている――の葉の部分には合計 8 本の脈管が通っている。この 8 本の脈管に対し、『ダーカールナヴァ・タントラ』と

表 **5–6**

『ダーカールナヴァ・タントラ』『ヨーギニージャーラ・タントラ』が説く、法輪の脈管名

(1) Prayāgī	(2) Devīkoṭī	(3) Ujjayinī	(4) Mahālakṣmī	(5) Jvālāmukhī
(6) Siddhasimbhalī	(7) Māhilī	(8) Kaumārīpaurikī		

『ヨーギニージャーラ・タントラ』は表 **5–6** にまとめた名称を与える。

これらの脈管については、既に本書第 2 章で検討を加えている。その際に述べたように、これらの脈管の名称はインドに広がる各聖地の名称に由来する。法輪を通る脈管を聖地の荼枳尼たちとして意味付けようとする姿勢である。推測を働かせるならば、法輪の中央に位置する HŪṂ字が最高尊ヘールカを象徴することから、それを中心に聖地の荼枳尼たちを周囲に配置しようとの意図が働いているのかもしれない。

3.4 応輪

(1) チャクラの色

応輪を (i) 暗青色とする見解（『サンヴァローダヤ・タントラ』）と (ii) 黄色とする見解（『四次第解題』）と (iii) 赤色とする見解（『アームナーヤマンジャリー』）と (iv) 雑色とする見解（『ジュニャーノーダヤ・タントラ』、カンバラパーダ作『チャクラサンヴァラ成就法』）を見出すことができる。『四次第解題』が黄色とするのは、この応輪を 4 種類の護摩儀礼のうち黄色で表される増益（利益を生み出す護摩儀礼）と対応させるからである。応輪と増益の結びつきは、すぐ後に述べるように、応輪が子宮や創生のイメージと結びついていることと関連しているのだろう。

(2) チャクラに置かれる文字

中央に AṂ字を抱く応輪の葉に布置される文字について、それを 8 群の文字群——おそらくより具体的には 16 の母音字と 32 の子音字を指す——であるとする見解が最も広く見られる（『サンプトードバヴァ・タントラ』、『ヴァジュラダーカ・タントラ』、『ヴァジュラダーカ語釈』、『アームナーヤマンジャ

リー』、『ヴァサンタティラカー』、『四次第』、『四次第解題』、『サンヴァラ解説』、『秘密灯火』)。これに対し、『ジュニャーノーダヤ・タントラ』は母音字には言及せず、KA 字をはじめとする 32 の子音字が 64 枚のうち 32 枚の葉に右回りに、そして残りの 32 枚の葉に同じ 32 の子音字が左回りに配置されると述べる（子音字の配置法については『秘密灯火』もこれと同様の見解を述べる)。

一般的な見解として応輪に配置される文字が 16 の母音字と 32 の子音字という、サンスクリット語の基本アルファベットであることと、この応輪の中央に位置する文字が AṂ字であることは密接な関係があると考えられる。輪廻という現象世界は分別を特徴とする。分別は個々のものを差異化して認識することであるが、この差異化は言葉により行われるというのが大乗仏教（特にナーガールジュナ）以来の一般的な考え方である。言葉は全て基本アルファベットにより構成され、AṂ字の A はそのようなアルファベットの最初の文字である。いうなれば、応輪とは現象世界の創造の場、個々のものがまさに生まれようとする状態を象徴する身体内の箇所である。応輪が子宮――それは生命誕生の場である――とほぼ同じ位置にあることを忘れてはならない。応輪は子宮のイメージとも重なっている。応輪の「応」とは「創生」という意味であるが、個々のものが様々な姿形をとって現われるというニュアンスがそこには含まれている。

(3) チャクラの形

『サンプトードバヴァ・タントラ』と『ジュニャーノーダヤ・タントラ』と『ヴァサンタティラカー』によれば、六十四葉蓮華の姿のこの応輪はその全体が E 字のような形、すなわち三角形になっているという。これは応輪とほぼ同じ箇所に位置する子宮の形に由来する発想であろう。上に述べたように応輪には子宮同様、創造の場としての意味がある。

その他、カンバラパーダ作『チャクラサンヴァラ成就法』によれば、応輪は五十六葉蓮華と八葉蓮華より成る二重構造――まず五十六葉蓮華があり、その中央部に八葉蓮華が置かれるという構造（これで合計六十四葉）――になっているという。『ヴァジュラダーカ語釈』は別の二重構造を主張する。同

表 **5–7**

『ダーカールナヴァ・タントラ』『ヨーギニージャーラ・タントラ』が説く、応輪の脈管名

(1) Madhyadeśī (2) Kaliṅgī (3) Oḍrī (4) Karṇāṭakī (5) Marī (6) Saurāṣṭrī (7) Malayī (8) Vaṅgī (9) Draviḍī (10) Cataliṅgakī (11) Mālavī (12) Mahārabdhī (13) Varendrī (14) Kāmarūpiṇī (15) Ḍāhalī (16) Aṭavideśī (17) Bhaḍārī (18) Rāḍhamāgadhī (19) Tirasuttī (20) Daddaraṇḍī (21) Nepālī (22) Rasavāsinī (23) Rāḍhī (24) Ḍhikkarī (25) Vaṅgālī (26) Khāḍī (27) Harikelakī (28) Suvarṇadvīpī (29) Siṃhalī (30) Ḍāmaḍī (31) Kattorakī (32) Sindhuhimālayī (33) Buḍī (34) Kulūtī (35) Jaḍarī (36) Pathī (37) Jajjabutī (38) Varuṇī (39) Oḍiyānī (40) Lampākakī (41) Jālandharī (42) Arbudī (43) Kaśmīrī (44) Kauśalī (45) Kāñcī (46) Jayantī (47) Triśakunī (48) Cambhī (49) Luharī (50) Purarohikī (51) Munmunī (52) Kāmbojakī (53) Bhaṭṭolikī (54) Gṛhadevatī (55) Pretapurī (56) Babharī (57) Pelavī (58) Upapelavī (59) Śmaśānī (60) Upaśmaśānī (61) Mahodadhitaṭī (62) Khasī (63) Mlecchī (64) Sarvadeśakī

書によれば、応輪は六十四葉蓮華と八葉蓮華より成る二重構造——まず六十四葉蓮華があり、その中央部に八葉蓮華があるという構造——になっている。同書によれば、この八葉蓮華の 8 枚の葉のそれぞれに 8 群の文字群の最初の文字（A, KA, CA, ṬA, TA, PA, YA, ŚA）が置かれる。なお、同様の見解は、『ヨーガラトナマーラー』にも見られる［Skt ed: p.107, l.11–l.12］。

『サンヴァローダヤ・タントラ』によれば、この応輪の下には 72000 の微細な蓮華があるという。これらの微細な蓮華は「球根処」(kandasthāna) と呼ばれる。身体内をめぐる脈管の総数が 72000 本であることと、脈管は球根から生える根のような形をしていることを考え合わせれば、この合計 72000 の微細な蓮華の 1 つ 1 つが、身体内の 72000 本の脈管とそれぞれつながっていることが予想できる。

(4) チャクラの葉を通る脈管

応輪——それは六十四葉蓮華の姿をしている——の葉の部分には合計 64 本

の脈管が通っている。この 64 本の脈管に対し、『ダーカールナヴァ・タントラ』と『ヨーギニージャーラ・タントラ』は表 **5–7** にまとめた名称を与える。

これらの脈管についても、既に本書第 2 章で検討を加えている。その際に述べたように、これらの脈管の名称はインドに広がる各聖地の名称に由来する。なぜ応輪の脈管が聖地と関連するのか。推測を働かせるならば、既に述べたように応輪には子宮のイメージがあり、聖地もまた特定の女尊と結びついて子宮のイメージ——また聖地自身も実践者に各種成就をもたらす豊穣のイメージを有する——をもっていることによるのかもしれない。さらに、この応輪の 64 本の脈管のうち、60 本は内的な時間の輪の体系と結びつくことになる。既に第 2 章で述べたように、聖地と内的な時間の輪の結びつきは、外的な聖地巡礼と内的な生命風のリズミカルな転位（いわば生命風の内的巡礼）をパラレルにとらえようとする姿勢に由来するのかもしれない。

3.5　三脈

(1) 脈管に置かれる文字

四輪の中央を貫くアヴァドゥーティー脈管とその左右に位置するラライナー脈管とラサナー脈管のうち、ララナー脈管とラサナー脈管の内部には文字が配置される。

『サンヴァローダヤ・タントラ』はララナー脈管に母音字を、ラサナー脈管に子音字を配当するといったように、左右で母音字と子音字を分ける。『ヴァーラーヒーカルパ・タントラ』と『ジュニャーノーダヤ・タントラ』と『四次第』も同様である。この解釈は『ヘーヴァジュラ・タントラ』と同じである。『四次第解題』は、ララナー脈管内の母音字とについて、それを 16 の母音字であると『四次第』の説を注釈している。

これに対し、『ヴァジュラダーカ・タントラ』はララナー脈管とラサナー脈管の双方の内部に 12 の母音字（16 の母音字からR̥、R̥̄、L̥、L̥̄を除いたもの）と KA などの子音字があるとし、12 の母音字を KA などの子音字が囲む形になっているとの説を述べる。『サンプトードバヴァ・タントラ』と『ヴァサンタ・ティラカー』も同様の説を述べるが、12 の母音字を囲む文字を KA などの子音字と YA などの 4 つの半母音字とする。『秘密灯火』によれば、これら

KA などの子音字は合計 24[22] である。

このように、母音字と子音字の配置法には大きく 2 通り——(i) 左右の脈管のそれぞれに母音字と子音字を分割する方法と (ii) 左右の脈管双方に母音字と子音字を割り当てる方法——がある。後に詳細に論じるように、特に (ii) の立場の場合、左右の脈管とその内部に布置される文字群は、内的な時間の輪の体系と結びついている。

(2) 脈管の形態

ララナー脈管とラサナー脈管の形態には 2 つの立場がある。(i) ララナー脈管とラサナー脈管は頭部の大楽輪から臍部の応輪に至るまでの四輪をアヴァドゥーティー脈管とともに貫くという見解が広く見られる。だが、(ii)『サンプトードバヴァ・タントラ』と『サンヴァローダヤ・タントラ』と『ヴァーラーヒーカルパ・タントラ』と『ヴァサンタティラカー』と『ジュニャーノーダヤ・タントラ』にはそれら 2 本の脈管は喉部の報輪から臍部の応輪の間にのみつながっているとの説も説かれる。

『アームナーヤマンジャリー』は (ii) の説を否定し、(ii) の立場に立つ『サンプトードバヴァ・タントラ』の該当箇所を (i) の立場で注釈している。既に述べたように『ヘーヴァジュラ・タントラ』はララナー脈管とラサナー脈管を頭部の大楽輪から伸びる 32 本の脈管のうちの 3 本であると規定しており、またそれを踏襲する聖典も多いため、(i) の立場が正統なものであるとの考えに立っているのである。だがサンヴァラでは (ii) の立場が説かれることも多いことは上記の通りであり、これら 2 つの説が並存していたとの理解が重要である。

また、『アームナーヤマンジャリー』によれば、ララナー脈管とラサナー脈管とアヴァドゥーティー脈管は四輪のそれぞれの輪において互いに接合しているという。

4　内的な時間の輪

四輪三脈の身体論は内的な時間の輪の体系としばしば結びつく。前章では外的な時間の輪について検討したが、この時間の輪は人間の身体内にも存在する。身体の外にある天体の循環的な運行が身体の外の時間の輪を構成するように、生命風を中心とする様々な体内要素の体内循環が身体の内の時間の輪を構成する。これが内的な時間の輪である。

サンヴァラに見られる内的な時間の輪を大きく 2 つの類型に分けることができる。それらをここでは便宜上 (i) 〈1 日＝ 16 サンクラーンティ＝ 21600 シュヴァーサ〉とする内的な時間の輪、(ii) 〈1 日＝ 12 サンクラーンティ＝ 21600 シュヴァーサ〉とする内的な時間の輪、と呼んでおこう。

4.1　〈1 日＝ 16 サンクラーンティ＝ 21600 シュヴァーサ〉

内的な時間の輪の祖形と言えるものを『ヘーヴァジュラ・タントラ』に見出すことができる。既に見たように、三十二葉蓮華の大楽輪には 32 ナーディー、八葉蓮華の報輪には 8 プラハラ、十六葉蓮華の法輪には 16 サンクラーンティ、六十四葉蓮華の応輪には 64 ダンダという時間が配当されていた。サンヴァラでは、この祖形の継承を『四次第』および『四次第解題』に見出すことができる。

『サンヴァローダヤ・タントラ』[Skt ed: 5.5–15, 5.37][23]と『ヴァーラーヒーカルパ・タントラ』[Skt ms: Matsunami 346, 16a2–a5, 17b3–b4][24]（双方の聖典とも主張の内容は同じである）は、この祖形を展開させる。これらの聖典によれば、1 日の時間幅は以下のようになる。

1 日＝ 1 アホーラートラ（ahorātra）
　＝ 32 ガティ（ghaṭi）＝ 32 ナーディー／ナーディカー（nāḍikā）
　＝ 8 プラハラ＝ 8 ヤーマ（yāma）
　＝ 16 サンクラーンティ
　＝ 64 ダンダ
　＝ 3600 プラーナ（prāṇa）

= 21600 シュヴァーサ（= 21600 回の呼吸）

四輪のそれぞれの葉の数（32 枚・8 枚・16 枚・64 枚）と一致させるように、ガティやプラハラやサンクラーンティやダンダといった様々な時間単位が表わす時間幅を設定し、それを 21600 シュヴァーサ（= 21600 呼吸）と等しいとしている。人は 1 日に 21600 回の呼吸をするという発想はインドで広く見られる。呼吸行為を通して生命風が体内に入り、体内の脈管を移動し、内的な時間を進める。したがって、この呼吸（シュヴァーサ）は同時に時間の単位としても機能し、1 日は 21600 シュヴァーサという時間幅でも表現される。四輪の葉と数のうえでの一致を重視する時間論を、1 日を 21600 シュヴァーサとする広く見られる生理学的時間論と結びつけたのが、『サンヴァローダヤ・タントラ』と『ヴァーラーヒーカルパ・タントラ』の時間論である[25]。なお、この時間論が、各時間単位で表される時間の幅を四輪の葉の数と数字のうえで一致させるという“数合わせ”以外に、四輪と機能のうえでどのような具体的関連を有しているかについては、双方の聖典とも説明をしない。なるほど、四輪の葉それぞれを通る合計 120 本の脈管[26]を生命風が 1 日かけて転位する——つまり、大楽輪の三十二葉を通る 32 本の脈管を生命風が 32 ガティ（あるいはナーディー等）かけて転位し、報輪の八葉を通る 8 本の脈管を 8 プラハラ（あるいはヤーマ）かけて転位し、法輪の十六葉を通る 16 本の脈管を 16 サンクラーンティかけて転位し、応輪の六十四葉を通る 64 本の脈管を 64 ダンダかけて転位する——といった生命風の内的循環が予想されるが、このような明確な説明は与えられていない。

4.2 〈1 日 = 12 サンクラーンティ = 21600 シュヴァーサ〉

羊宮、牛宮、夫婦宮、蟹宮、獅子宮、女宮、秤宮、蠍宮、弓宮、磨竭宮、瓶宮、魚宮より構成される天体の十二宮は、黄道（天球上の太陽の通り道）の一周 360 度を 12 等分したものである。太陽や月やその他の惑星や星はこれら十二宮の 1 つ 1 つを順に転位していく（つまり 12 サンクラーンティ）。いわば、十二宮は天体の運行の場とも言える。

これら天体の運行は実践者の身体の外において繰り広げられる外的な時間

の輪を構成するのだが、それは実践者の身体の内においても内的な時間の輪として繰り広げられるというのが『ヴァジュラダーカ・タントラ』の以下の主張である。

> 身体内にあるものは、呼吸と結びついている。そして惑星と宮は [身体の] 外にある。外的な [運行] と対応する内的な運行を知った後、彼は成就する。数々の惑星は数々の文字であると知られるべきである。同様に、数々の文字のうちには、[十二] 宮 [としての文字] がある。文字としての宮のみならず、星としての数々の文字の姿を彼は見る。女神よ！ [外的なものと内的なものの] 結合がなければ、成就という結果を得ることはできない。[Skt ms: Śāstrī 72, 62b2–b4、Matsunami 343, 54b1–b2][27]

『ヴァジュラダーカ・タントラ』は外的な運行と内的な運行は互いに対応するものであり、この対応を知ってこそ成就を得ることができるとしている。この発想が、外的なものと内的なものの対応というサンヴァラの重要なパラダイムに基づいていることは想像に難くない。

上記引用文はその冒頭で、外的な天体の運行と対応する内的な運行は、何よりもまずは呼吸行為に即して理解されるべきことを示唆する。本書第4章で見たように、『チャトゥシュピータ・タントラ』にその祖形を見出せる『ヴァジュラダーカ・タントラ』の時間論においても、人は1日に21600回の呼吸をするとされ、1日は21600シュヴァーサであると定義される。このような呼吸行為を通して生命風が体内に入り、体内の脈管を移動し、様々な体内物質の循環を引き起こすのである。

さらに上記引用文は、十二宮、そしてそれを場とする様々な惑星や星を、数々の文字と対応・関連させようとする。これらの文字が内的な時間の輪の具体相の核になるのだが、この文字について『ヴァジュラダーカ・タントラ』はさらに以下のように説明する。

> A Ā KA CA ṬA TA PA YA ŚA といった9つの文字がこの [第1] 群である。I Ī KHA CHA ṬHA THA PHA RA ṢA が第2群であると言

われる。女神よ！ U Ū GA JA ḌA DA BA LA SA が第 3 群である。女神よ！ E AI GHA JHA ḌHA DHA BHA VA HA が第 4 群である。女神よ！ O AU AṂ AḤ ṄA ÑA ṆA NA MA といったこ [の第 5 群] は 9 つ [の文字] で構成される利益である。愛しい女よ！ [以上]45[文字] が説明された。このように、それらは全ての世界の破壊と誕生に安住している。これら（＝これらのうち）12[の文字] は生命の姿をもつ [12 の] 部分であると言われる。マハーマーヤーよ！それら [12 の文字] は全ての星を含む [天体の十二] 宮であると言われる。[それら十二宮としての 12 の文字は] 月と太陽の区別に即して、下と上を向いている。[それらに関して、] 静と動、奇数と偶数、長と短、勝利と敗北、といったように 2 つずつ説明される。女神よ！彼にとっては、上においては [死の] 克服があり、下においては死の到来がある。［Skt ms: Śāstrī 72, 61b5–62a2、Matsunami 343, 53b4–54a1］[28]

引用文中に「これら（＝これらのうち）12[の文字] は生命の姿をもつ [12 の] 部分であると言われる。それら [12 の文字] は全ての星を含む [天体の十二] 宮であると言われる」と記されている。数々の文字のうち 12 の文字とは、引用文中にリストされた 45 の文字のうち、12 の母音字（A、Ā、I、Ī、U、Ū、E、AI、O、AU、AṂ、AḤ）を指すと解釈するのが自然である。よって、内的な時間の輪は特に 12 の母音字を十二宮とすることにより具体化していると理解すべきである[29]。

それに続く「[それら十二宮としての 12 の文字は] 月と太陽の区別に即して、下と上を向いている」という表現は、これらの 12 の母音字がラランナー脈管とラサナー脈管の内部に存在する文字であることを暗示している。「月と太陽」はラランナー脈管とラサナー脈管を指す常套句である。その他の「静と動」「奇数と偶数」「長と短」「勝利と敗北」「死の到来と死の克服」といった様々な二項対立も、ラランナー脈管とラサナー脈管の特徴である。また、ラランナー脈管は下を向く脈管であり、ラサナー脈管は上を向く脈管であることから、ラランナー脈管の内部にある母音字は下を向いており、ラサナー脈管の内部にある母音字は上を向いているのである。下を向くラランナー脈管と上を向くラサナー脈管は互いに末端部で繋がって全体で円環になるのだから、それはちょうど 360 度の天体の黄道と対応し得るものであり、内的な十二宮という場になり得るのである。

要するに、天体の黄道と対応するララナー脈管とラサナー脈管の円環内の 12 の母音字を天体の十二宮と同一視することにより、呼吸行為を通してララナー脈管とラサナー脈管の中の十二宮のそれぞれを生命風が転位するというのが、『ヴァジュラダーカ・タントラ』における内的な時間の輪の姿である。

〈1 日＝ 12 サンクラーンティ＝ 21600 シュヴァーサ〉とする内的な時間の輪の別の例を、『ダーカールナヴァ・タントラ』に見出すことができる。本書第 2 章で検討した第 4 型伝承聖地群の体系がそれである。それは上記『ヴァジュラダーカ・タントラ』の理論——生命風の内的な転位の場としてララナー脈管とラサナー脈管が作り出す円環に焦点をあてる理論——を継承しつつ、それに加えて応輪の葉から手足の 12 の関節へとつながる 60 本の脈管を生命風の内的な転位の場として重視し、その生命風の一通りの転位を 1 日、すなわち 12 サンクラーンティ、つまり 60 ガティという時間単位でとらえるものであった。また、本書第 4 章で検討したように、『ダーカールナヴァ・タントラ』も 1 日を 21600 シュヴァーサとしていた。ここでは、応輪の葉から手足の 12 の関節へとつながる 60 本の脈管を場とした、1 日＝ 12 サンクラーンティ＝ 60 ガティ＝ 21600 シュヴァーサという時間の枠組みに基づく生命風の内的転位が主張されているのである。

応輪の葉を通る 64 本の脈管のうち 60 本を、60 ガティ（＝ 12 サンクラーンティ＝ 1 日＝ 21600 シュヴァーサ）かけての生命風の転位の場と見なして内的な時間の輪の一要素とする発想は、『カーラチャクラ・タントラ』にも見られる［Skt ed: 2.2.37］。応輪の 64 本の脈管のうち、残りの 4 本の脈管については、同聖典は特に内的な時間の輪における機能を明示しておらず、この点も『ダーカールナヴァ・タントラ』の見解と全く共通している。第 2 章で述べたように『カーラチャクラ・タントラ』のこの体系には聖地理論の要素が組み込まれていないという相違点や、また同聖典は四輪ではなく六輪の体系を掲げているという相違点はあるものの、サンヴァラの内的な時間の輪の体系は『ダーカールナヴァ・タントラ』においてカーラチャクラの伝統と共通する面を見せていると言うことはできよう。『ダーカールナヴァ・タントラ』も『カーラチャクラ・タントラ』も仏教最後期に成立した聖典であることを考えれば、上記の内的な時間の輪の理論は仏教の最後期に整備されて伝統の相違を超えて広まったアイデアであったと見なせる。

4.3 2種類の内的な時間の輪

以上のように、サンヴァラには (i)〈1日＝16サンクラーンティ＝21600シュヴァーサ〉とする内的な時間の輪、(ii)〈1日＝12サンクラーンティ＝21600シュヴァーサ〉とするそれという、2種類の内的な時間論が並存している。(i) はチャクラの葉の数と時間単位の幅に合わせたやや特殊な時間論である。本書第4章で検討を加えた外的な時間の輪と同系列のものは (ii) であり、それはカーラチャクラの伝統とも同系列であると言える。

結論

サンヴァラの伝統における四輪三脈の体系の展開を、大きく以下のように描くことができるだろう。サンヴァラの伝統の最初期、すなわち『チャクラサンヴァラ・タントラ』の段階では、四輪三脈の体系は存在しなかった。だが、それより後の聖典編纂者たちは、『ヘーヴァジュラ・タントラ』に説かれた四輪三脈の体系を継承した。こうして、サンヴァラの伝統内に四輪三脈の教理が広まる。四輪三脈の細部の形態や意味をめぐる解釈は、特に流派文献や後期の諸聖典において、すなわちサンヴァラの伝統の後期になるほど多様化していった。もともと『ヘーヴァジュラ・タントラ』では三脈はいずれも大楽輪からのびているとされていたが、サンヴァラではこの伝統説と同時に、三脈のうちララナー脈管とラサナー脈管は報輪からのびているとの説も流布した。また、四輪三脈の体系は『サンヴァローダヤ・タントラ』の酔処の発想を経て『ジュニャーノーダヤ・タントラ』において六輪三脈の体系——これは『カーラチャクラ・タントラ』のそれとは異なるものであり、『ヘーヴァジュラ・タントラ』以来の四輪三脈の体系の純粋な延長上にある——も生み出した。四輪三脈説とその特殊型としての六輪三脈説が並存するに至るのである。

今まで見てきたように、四輪（あるいは六輪、以下略）三脈の細部の形態と意味をめぐる解釈には実に様々なものが登場しており、そこには様々な観点・次元が錯綜している。だがこの錯綜とした様が、四輪三脈の何たるかを明らかにする鍵となっている。倶生の真理観に基づいて、7200 本の脈管としての荼枳尼たちの集合体である人の身体は、観想実践を通して〈荼枳尼たちの集会の至福〉という悟りの体験が実現する場であり、この場を離れて悟りは生じないとされる。四輪三脈は、そのような荼枳尼たちの集合体の中核部分である。このため、四輪三脈は、宇宙の全てがそこに収斂する一種の万能の枠組みとなり、それぞれの聖典や流派指導者たちが各自の観点からこの枠組みに様々な仏教教理や世間的概念を次々に当てはめ、それに相応しいように形態の細部を変更していくことになる。もしその教理・概念が 4 要素 1 組のものならば、その教理・概念は四輪に当てはめられ、その教理・概念が四輪の象徴するものとなる。同様に、6 要素 1 組のものならば六輪の、二項対立とその止揚を特徴とする教理・概念であるならば三脈の象徴するものとなる。また四輪や六輪といったチャクラの総体ではなく、大楽輪や報輪といった個別のチャクラに着目し、そこに様々な観点から、子宮性やら聖地性やら五蘊やら四大あるいは五大やら霊薬やら時間のサイクルなどといった様々な意味や機能が与えられていく。このような当てはめが徐々に増大していき、四輪三脈の象徴体系は、全体として見れば非常に複雑なものとなっていく。

このことを、以下のように言い換えることができる。曼荼羅同様（→本書第 2 章 4 節）、四輪三脈も“視点を変えればそれは様々な姿を映し出す”という方法で理解されなければならない。この宇宙は視点を変えれば様々に異なった姿を映し出す。だがそれらは畢竟不二であり、この不二性を、倶生の真理観に基づき、悟りが実現する身体という場の中核たる四輪三脈が担保するのである。ある観点からすれば、四輪は四歓喜を生じる場であり、別の観点からすればそれは四種護摩の意義を包摂するものである。ある観点からすれば各種元素を象徴するのは法輪であり、別の観点からすればそれは報輪である。ある観点からすれば最高男尊は大楽輪と関連付けられ、別の観点からすればそれは法輪と関連付けられる。ある観点からすればララナー脈管は女性と象徴的に結びつく般若を、ラサナー脈管は男性と象徴的に結びつく方便を象徴するが、別の観点からすれば男女の象徴は逆転し、ララナー脈管は男性と象徴的に結びつく精液を、ラサナー脈管は女性と象徴的に結びつく血を象徴するものとなる。こうして元来互いに別体系である様々な要素が、この四輪三脈の中に多重的に共存する。

注

1 これはあくまで傾向であり、つねにそうであるとは限らない。たとえば『ジュニャーノーダヤ・タントラ』では内的曼荼羅の特定の観想——ヘールカとしての菩提心がヘールカ曼荼羅を構成する荼枳尼たちとしての様々な脈管の中を流れていくと観想する——を究竟次第（utpannakrama）としている［Skt ed: p.4, l.12–l.16, l.20］。

2 IASWR I-100, 83b1–b5、Matsunami 10, 78a1–5、Matsunami 12, 89b3–90a2 のテキスト再構成は本書第 6 章注 12 に記す。IASWR I-100, 149b5–150a3、Matsunami 10, 158a4–b2、Matsunami 12, 186a2–b1 のテキスト再構成については、IASWR I-100 をベースに、必要な限りで Matsunami 10 および 12 の異読を記すという方針を採りたい—— catuḥsandhyānuṣṭheyaṃ caturānandanandanaṃ /i) nābhihṛtpadmas tanau madhye jihvāmūle śiropari // ānandaṃ paramam caiva *virajaṃ[→ viramaṃ] sahajaṃ tathā /ii) catuḥṣaṣṭidalam *ekaṃ[= prathamaṃ] dvitīyam aṣṭadalam uttamam //iii) tṛtīyaṃ ṣoḍaśadalaṃ caturthaṃ dvātriṃśaddalam / vārāhī nābhimūlasthaṃ[→-sthā] sahajaṃ herukottamam //iv) caturāryasatyatā bhāvyā sandhyākāleṣu yoginā /v) duḥkhaṃ nirmāṇacakraṃ tu samudayo dharmacakrayoḥ // nirodhaṃ saṃbhogacakraṃ mārgaṃ caiva mahāsukham /vi) evaṃ sandhyām anuṣṭhānaṃ kṛtaṃ yogasuniścitam // —— ［注］i) catuḥsandhyā-] catusandhyā — ms.: -nandanam] nandanāṃ — ms. ii) sahajaṃ] omits — ms. Matsunami 10 と 12 より補う. iii) catuḥṣaṣṭi-] catuṣaṣṭi — ms. iv) sahajaṃ] saha — ms. Matsunami 10 と 12 により訂正. v) -satyatā bhāvyā] satyatāṃ bhāvyaṃ — ms.: yoginā] yogināṃ — ms. vi) saṃbhoga-] saṃbhogika — ms. Matsunami 10 と 12 により訂正.

3 59a1–a2 —— *dvau[→dvi]nāḍī yonimadhye tu vāmadakṣiṇayos tathā / vāme śukraṃ vijānīyād dakṣiṇe raktam eva ca // tasya mīlanaṃ ca dharmadhātuḥ susaṃgrahaḥ / —— ［注］i) dharmadhātuḥ] dharmadhātu — ms.

62a1–b2 —— hṛnmadhyagataṃ padmaṃ aṣṭapattraṃ sakarṇikam / tasya madhyagatāṃ nāḍīṃ tailavahnisvarūpikām //i) kadalīpuṣpasaṃkāśāṃ lambamānāṃ tv adhomukhām / tasyāṃ madhye sthito vīraḥ sarṣapasthūlamātrakaḥ //ii) hūṃkāro 'nāhataṃ bījaṃ śravat tuṣārasaṃnibham / vasanta iti vikhyāto dehīnāṃ hṛdi nandanaḥ // vaḍavānalarūpā tu nairātmyā tilakā smṛtā /iii) karmamārutanirdhūtā jvalantīha nābhimaṇḍle // vasantaṃ prāpya saṃtuṣṭā samāpattyā vyavasthitā / eṣa śrīheruko vīro vasantatilakā matā // yoginīrūpam ādhāya saṃsthitā sacarācare /iv) kāyavākcittabhedena trividhadvāranirgame // gatyāgatiṃ karoty eṣa sarvadehe vyavasthitaḥ / nābhāv akārarūpeṇa hrasvas tu prakīrtitaḥ // hṛdaye 'pi ca hūṃkāro dīrghamātrādvayasthitaḥ /v) kaṇṭhe coṃkārarūpeṇa trimātraḥ pluta ucyate // lalāṭe tu haṃkāro nādo bindur anāhataḥ /vi) pṛthivyādimahābhūtaś catuścakraprabhedataḥ //vii) catuḥsandhyām adhiṣṭhāya catuḥ*padma[or kṣaṇa]samudbhavaḥ /viii) caturānandarūpeṇa caturyogaparāyaṇaḥ // ——

[注] i) nāḍīṃ] nāḍī — ms.: -vahni-] vidbhi — ms. ii) vīraḥ] vīra — ms.: -mātrakaḥ] mātrakaṃ — ms. iii) nairātmyā] nairātmā — ms.: tilakā smṛtā] tilakaḥ smṛtāḥ — ms. iv) saṃsthitā] saṃsthitaḥ — ms. v) hūṃkāro] hūṃkāraṃ — ms.: -sthitaḥ] sthitā — ms. vi) haṃkāro] hūṃkāro — ms.: bindur anāhataḥ] bindūr dvanāhataḥ — ms. vii) -bhūtaś] bhūta — ms. viii) adhiṣṭhāya] adhiṣṭhāpya – ms.

65b5–67a1 —— śironābhigataṃ cakram ekārākṛtisaṃsthitam / hṛdayakaṇṭhasaṃsthaṃ tu vakārasadṛśaṃ matam // hṛdaye tu tathā caiva padmam aṣṭadalaṃ smṛtam / nābhimadhye sthitaṃ padmaṃ catuḥṣaṣṭidalānvitam // dvātriṃśaddalapaṅkajaṃ mūrdhni madhye vyavasthitam / kaṇṭhamadhyagataṃ cāpi padmaṃ ṣoḍaśavat sadā // hṛdaye tu tathā caiva padmam aṣṭadalaṃ smṛtam / catuḥṣaṣṭidale caiva nirmāṇaṃ prakīrtitam // aṣṭadale mahāpadme dharmakāyaḥ pravartate / ṣoḍaśāre saṃbhogo dvātriṃśacchadake tathā // mahāsukhaṃ mahājñānaṃ samantāt saṃvyavasthitam / nirmāṇacakramadhye tu vargāṣṭakapariveṣṭitaḥ //i) varṇānām agrarūpeṇa akāraḥ paramākṣaraḥ /ii) dharmacakre tu vikhyāto hūṃkāro 'nāhato mataḥ // pañcasvarasamāyukto ya-ra-la-vair vibhūṣitaḥ / saṃbhogacakramadhyastham oṃkāro varṇadīpakaḥ // catasṛbhiḥ kalābhis tu samantāt parivāritaḥ /iii) mahāsukhamahācakre haṃkāro bindurūpakaḥ //iv) candrasūryau tu vikhyātau pārśve vāmadakṣiṇau / kaṇṭhād ārabhya vāmena nāḍī saṃbhogakāyikī // nābhimadhye tu viśrāntāpy adhomukhī madāvahā /v) nābher ūrdhvaṃ tu yā nāḍī vahaty ūrdhvamukhī tathā // kaṇṭhamadhye tu viśrāntā raktāvahā prakīrtitā / madaś candra iti khyāto raktaḥ sūrya iti smṛtaḥ // dvāradvayasamārūḍhāv adha-ūrdhvasamāśritau /vi) etau hi candrasūryau dvau *nāḍīdve[→ nāḍyau] prakīrtitau // vīrāṇāṃ ḍākinīnāṃ tu gatyāgatinibandhanau / astamanodayārthoditaḥ svapnaprabodhayor iva // vāmadakṣiṇapārśve tu svarāṇāṃ dvādaśa saṃsthitāḥ / ūrdhvamukhāḥ samākhyātāḥ kakārādibhir āvṛtāḥ //vii) adhomukhais tu pārśvastham adhokṛt ya-niyojitāḥ / kṣakāro rākṣasaḥ prokto hy adhobhāgeṣv adhiṣṭhitaḥ // —— ［注］ i) -pariveṣṭitaḥ] pariveṣṭitaṃ — ms. ii) akāraḥ] sā varaḥ — ms. iii) parivāritaḥ] paririvāritaḥ — ms. iv) haṃkāro] hūṃkāro — ms. v) madāvahā] mahāvahā — ms. vi) -samārūḍhāv] samārūḍham — ms. vii) ūrdhvamukhāḥ] ūrdhvamukhī — ms.

なお、後述の『ヴァサンタティラカー』[Skt ed: 6.2–12, 10.2–17] は上記『サンプトードバヴァ・タントラ』の 2 つの文章とそれぞれほぼ同じである。

4 Skt ed: 5.1–4 —— athātaḥ saṃpravakṣyāmi candrasūryau prabhedataḥ / vāmadakṣiṇayogena vahate ca yathākramam //i) kaṇṭhād ārabhya vāmena pravṛttā nābhimaṇḍale nāḍikādhomukhī candra āliś candrasamāvahā // nābher ārabhya savyena pravṛttā kaṇṭhadeśataḥ / nāḍikordhvamukhī sūryaḥ kāliś cārkasamāvahā // vāmānāḍī praveśādhvā savyā niṣkāsapaddhatiḥ nāsārandhradvayaṃ dvāraṃ dvayaṃ nāḍipramāṇataḥ // —— ［注］ i) vahate] vahete — Skt ed. Skt ed の全ての写本により訂正.

Skt ed: 7.16–23 —— teṣāṃ (=三輪の 24 人の荼枳尼たちとしての 24 本の脈管) madhye sthitā nāḍī lalanā mūtravāhinī dakṣiṇe rasanākhyātā nāḍī raktavāhinī // saṃvṛttā madhyabhāgena hṛtsaroruhamadhyagā / kadalīpuṣpasaṃkāśā lambamānā tv adhomukhī // tailavahnir ivādīptā bodhicittasamāvahā / sāvadhūtīti vijñeyā sahajānandadāyikā / pradhānyas tāḥ sarvanāḍīnāṃ lalanādyās tu nāḍikāḥ // ata evāśrayo 'nyāsāṃ gaṅgāsindhuparāpagāḥ / tā eva yoginādyaḥ syur ekībhūtāḥ khagānanāḥ // saṃbhogakāyarūpās tā jānīyād deham āśritāḥ / tisraḥ strīṇāṃ pradhānā yā lalanādyāś ca nāḍikāḥ // lalanā prajñāsvabhāvena rasanopāyena saṃsthitā / avadhūtī madhyadeśe tu grāhyagrāhakavarjitā // lalanā saṃbhogikaḥ kāyo rasanā nairmāṇikī tanuḥ / avadhūtī dharmakāyaḥ syād iti kāyatrayaṃ matam //

Skt ed: 31.19–30 —— śirasi mahāsukhacakre caturdalapadmaṃ sūkṣmaṃ madasthānaṃ sarvasyādhārarūpatvāt // bodhimaṇḍasvabhāvaṃ bījabhūtaṃ bāhye dvātriṃśaddalapadmam / tanmadhye haṃkāro 'dhomukhaṃ sravati // bodhicittātmikā candraḥ kalāpañcadaśātmakaḥ / mahādukhaṃ vahate nityaṃ yoginī ṣoḍaśī kalā // lalanā rasanā dvayoḥ pārśve ālikālisvarūpiṇī / kāryakāraṇarūpeṇa catvārānandarūpiṇī // sahajānandasvabhāvaṃ ca advayaṃ parameśvarī / saṃvṛtaṃ kundasaṃkāśaṃ vivṛtaṃ sukharūpiṇī / buddhānāṃ bodhisattvānām ādhāraṃ vajradhāriṇam // kaṇṭhe saṃbhogacakre ṣoḍaśadalaṃ raktam / tanmadhye oṃkāram / tasyordhve ghaṇṭikārandhramārgeṇāmṛtaṃ sravati nirantaram // hṛdaye dharmacakram aṣṭadalaṃ viśvapadmaṃ madhye hūṃkāram adhomukhasthitam / tadūrdhvaṃ sūkṣmapadmeṣu brahmāṇḍasadṛśākāram // tasya madhye vijñānaṃ nityoditaṃ vyāpakaṃ tathā / svayambhūjñānam ādhāraṃ vijñānaṃ parameśvaram // nābhau catuṣṣaṣṭidalaṃ padmaṃ nīlavarṇam / tanmadhye aṃkāraṃ dīpyate ca maṇir yathā // tasyādhaḥ sūkṣmapadmeṣu kandasthāneṣu sthāpayet / dvāsaptatisahasreṣu kanda ādhāram ucyate // lalanā prajñāsvarūpeṇa rasanopāyena saṃsthitā / tayor madhyagataṃ devī aṃkāraṃ viśvarūpiṇī // catuṣkāyātmakaṃ devī sarvasiddhipradāyinī / mahāsukhapradā sarve sadā samyaṅ namāmy aham //

5 Skt ed: p.5, l.9–p.6, l.19（なお後述の、同聖典における四輪に対応する 4 要素 1 組の教理・概念は、このうち p.6. l.1–p.6, l.1–l.14 に記されるが、単なる教理・概念の列挙であるため、ここではこの部分を除いて引用したい）—— jhaṭityātmānaṃ śrīherukaṃ vibhāvya nābhihṛtkaṇṭhaśīrṣeṣu catvāri cakraṃ[→-krāṇi] cintayet // tatra nābhimūle catuḥṣaṣṭidalaviśuddhyā caturdevīnāṃ ṣoḍaśaśūnyatādisvabhāvaṣoḍaśābdaviśuddhyā vā catuḥṣaṣṭidalaṃ trikoṇaṃ vicitraṃ nirmāṇacakram, daleṣv anulomataḥ kakārādīni dvātriṃśadvyañjanāni vilomatas tāni dvātriṃśadvyañjanāny eva ca madhye aṃkāraṃ prabhāsvaraṃ bhāvayet / hṛdaye 'ṣṭadalaṃ caturasraṃ kṛṣṇaṃ dharmacakram, tasya digdaleṣu oṃ trāṃ hrīṃ khaṃ, tadvidigdaleṣu lāṃ māṃ pāṃ tāṃ, tadūrdhvato a ka ca ṭa ta pa ya śaṃ, śāntabhūtabhautikarūpaṃ, madhye hūṃkāraṃ bhāvayet /[i)] kaṇṭhe ṣoḍaśaśūnyatāviśuddhyā ṣoḍaśam ardhacandrabhaṃ raktaṃ saṃbhogacakram, tasya daleṣu ṣoḍaśasvarā madhye oṃkāraṃ bhāvayet /[ii)] śirasi dvātriṃśannāḍīviśuddhyā dvātriṃśatpuruṣalakṣaṇaviśuddhyā dvātriṃśaddalaṃ vartulaṃ śukraṃ mahāsukhacakram, tasya daleṣu kakārādidvātriṃśadvyañjanāni, tadupari ṣoḍaśasvarān anulomataḥ, madhye haṃkāram anāhataṃ sravacittadharaṃ vibhāvayet //[iii)] athavāhuḥ / ūrdhvacakram adhaścakraṃ trikoṇam, madhye cakradvaye vaṃkāram iti //[iv)] ——［注］i) kṛṣṇaṃ] kṛṣṭaṃ — Skt ed. Skt ed の ṅa, ca, cha 写本により訂正.: oṃ trāṃ hrīṃ khaṃ] oṃ hūṃ trāṃ hrīṃ khaṃ —— Skt ed. Skt ed の ka, kha, ga, gha, ṅa, ja, jha 写本により訂正. ii) -viśuddhyā] viśuddhyā vā — Skt ed. Skt ed の ja, ña 写本により訂正.: oṃkāraṃ] vaṃkāraṃ — Skt ed. Skt ed の jha、bha 写本により訂正. iii) haṃkāram] hūṃkāram — Skt ed. Skt ed の ka, kha, ga, gha, ja, ña 写本により訂正.: anāhataṃ] anāhata — Skt ed.: srava-] śravaṃ — Skt ed. Skt ed の ga, gha, ṅa, ja, ña 写本を参考に訂正. iv) vaṃkāram] huṃkāraṃ — Skt ed.

Skt ed: p.6, l.21–p.7, l.11（p.6, l.21–l.23 の箇所のみここでは引用したい）—— atha nāḍītrayayoga ucyate / kaṇṭhād ārabhya vāmena pravṛttādhomukhī nābhimaṇḍalagatā mūtravahālivyāptā, nābher ārabhya savyena pravṛttordhvamukhī kaṇṭhaparyantagatā raktavahā kālivyāptā // なお、p.7, l.1–11

は、後述の、三脈に対応する二項対立とその止揚を性質とする教理・概念の列挙である。

Skt ed: p.10, l.18–p.11, l.6 は、前掲『サンヴァローダヤ・タントラ』の 7.16–23 と基本的に同一なので、引用を省略したい。

6 Kathmandu D40/6 (= A), 14a9–b9、Kathmandu A142/2 (= B), 14b9–15a10 —— (応輪と法輪に関する箇所のテキストは本書第 2 章注 44 を見よ) —— [報輪について] kaṇṭhacakrasya devī ca varṇyate varanāyakī /$^{i)}$ ṣoḍaśaiva mahābhāgā dhātūnāṃ ṣoḍaśaiva tu //$^{ii)}$ raktā śukrā majja[→-jjā] svedā medā carmamāṃsāsthi[= -sthiś] ca /$^{iii)}$ snāyuḥ pūyāntrasvayaṃbhū viṇmūtrapittaśleṣmikāḥ /$^{iv)}$ rahasyādipadair yā tu tābhir madavāhinī //$^{v)}$ —— [注] i) devī] devīś — A./ devīñ — B.: varṇyate] varṇāte — B.: -nāyakī] nāyakīṃ — B. ii) mahābhāgā] mahābhāge — A./ hābhāgā — B.: dhātūnāṃ] dhātaināṃ — B. iii) svedā] svavā — A.: medā] medhā — A.: -sthi] asthī — B. iv) pūyāntra-] pūyānta — A./ pūyā antra — B./ rnag daṅ sgyu ma — Tib.: -svayaṃbhū] svayambhū ca — B.: śleṣmikāḥ] 'śleṣmikāḥ — A./ śleṣmikā — B. v) rahasyādi-] rahasyā tu — B.: yā tu] khams — Tib.: tābhir mada-] tāsthibhi mada — A. —— [大楽輪について] mastake ca mahādevī[= -vi] cakre dvātriṃśanāḍikāḥ /$^{i)}$ horākrameṣu sarvatra sarvasandhi*mahadbhutā[→ mahādbhutā] //$^{ii)}$ kṛṣṇa[= -ṣṇā]karālī *bhībhacchī[= bībhatsā] nandātītā vināyakī /$^{iii)}$ cāmuṇḍā ghorarūpā tu umādevī sarasvatī //$^{iv)}$ bhadrakālī mahākālī sthūlakālī parājitā[= aparājitā] / jayā ca vijayā *ajitāyaṃ[→ ajitā] jayantī ghoraduṣṭī ca //$^{v)}$ indrī candrī catuṣpathī grāmavāsanī raudrakī /$^{vi)}$ kambojī ḍombī caṇḍālī mātaṅgī brāhmaṇī śūdrikā //$^{vii)}$ rājaputrī maharddhikī divyamadapūrikā / ity evaṃ nāḍi[= -ḍī] cakreṣu khaṇḍarohānugāminī //$^{viii)}$ —— [注] i) mastake ca] mastakeṣu — B.: -nāḍikāḥ] nālikāḥ — B. ii) horā] homa — B.: sarvasandhi-] sandhi — B. iii) nandātītā] nandītitā — A./ nandītītā — B.: vināyakī] vināyikī — A./ vināyakā — B. iv) cāmuṇḍā] cāmuṇḍī — A.: ghorarūpā] ghorarūpī — A. v) ajitāyaṃ] ajitāya — B. vi) candrī] omits — B. vii) ḍombī] ḍambī — A. viii) nāḍi] nāḍiṃ — A.: khaṇḍarohā-] khaṇḍamohā — A.: -nugāminī] ntaminī — B.

Kathmandu D40/6, 15b6–b9、Kathmandu A142/2, 16a9–b2 —— テキストは本書第 3 章注 45 を見よ。

7 Śāstrī 72 (= C) 33a7–b5、Matsunami 343 (= T) 30b5–31a2 —— ādau dharmodayaṃ dhyātvā paścān nyāsaṃ vidhīyate /$^{i)}$ ādisvaraṃ bindunā yuktaṃ padmasyopari saṃsthitam // śvasanaṃ tu bhaved devi ucchvāsaṃ kurute sadā /$^{ii)}$ jvālāmālārṇavaṃ śobhaṃ visphurantaṃ samantataḥ //$^{iii)}$ bhāvayec candramadhye tu viśvagranthimahodaye /$^{iv)}$ prāpnuyāt sarvagāmitvaṃ buddhatvam iha durlabham //$^{v)}$

tad eva rahitaṃ nityam anakṣaram anāvilam /vi) bodhicittam iti khyātaṃ śaṃkhakundendunirmalam //vii) svahṛnmadhyagataṃ padmam aṣṭapatrasuśobhanam /viii) tasya madhyagataṃ bījaṃ sravat tuṣārasannibham //ix) nyased akṣaravinyāsaṃ hakāraṃ paramaṃ śivam /x) ṣaṣṭhasvarasamāyuktaṃ bindunā ūrdhva bhūṣitam //xi) niśvāsaṃ kurute yogī bhāvābhāvavivarjitam /xii) kaṇṭhamadhye sthitaṃ padmaṃ raktavarṇasamaprabham //xiii) tasyendubindusaṃyuktam /xiv) trayodaśasvareṇāḍhyaṃ plutaṃ tat prakīrtitam //xv) mastakaṃ tu śiromadhye bindurūpo hy anāhataḥ /xvi) atasīpuṣpasaṃkāśaṃ lambamānam adhomukham /xvii) sravantam amṛtarūpeṇa vyavasthitam aharniśam //xviii) ādau cakraṃ dhyātvā viśiṣṭasvaravarṇaprayojitam /xix) svābhimudrābhisaṃyuktā buddhabodhipradāyikā //xx) —— [注] i) dharmodayaṃ] dharmodayān — C.: dhyātvā] jñātvā — T. ii) śvasanaṃ] svasanaṃ — C.T.: tu] omits — C.: bhaved] bhad — T.: ucchvāsaṃ] uta svāsaṃ — C./ usvāsaṃ — T. iii) jvālāmālārṇavaṃ śobhaṃ] dvālāmālārṇṇavasobhaṃ — C./ jvālāmālinaśobhaṃ — T.: visphurantaṃ] visphuranta — C./ vispharantam — T.: samantataḥ] iva sthitaṃ — T. iv) candra-] cakra — C. v) iha] iva — T. vi) tad eva rahitaṃ nityam anakṣaram anāvilam] nityam の代わりに nityamm — C./ omits — T. vii) -cittam iti] cittamati — Cac. viii) -patrasuśobhanam] patraṃ susobhanaṃ — C./ patrasuśobhanaṃ — T. ix) madhya-] madhye — C.: sravat] śravatya — Cac, śravanya — Cpc./ sravaṃ — T.: tuṣāra-] tusāra — T. x) ha-] haṃ — C.: paramaṃ] parama — C. xi) ṣaṣṭhasvara-] ṣaṣṭisvara — C./ ṣaṣṭaśvara — T. xii) niśvāsaṃ] nisvāsaṃ — C.T.: bhāvā-] bhācā — T.: -vivarjitam] vivajjitam — C. xiii) -madhye] madhya — T.: padmaṃ] padma — T. xiv) -bindu-] omits — C.: -saṃyuktam] saṃyukta — C. xv) -ṇāḍhyaṃ] ṇāḍhya — C. xvi) mastakaṃ] mastikaṃ — C.T.: -rūpo] rūpā — T. xvii) atasīpuṣpasaṃkāśaṃ] atasīpuspasaṃkāśaṃ — C./ atasipuṣpasaṃkāśa — T.: lambamānam adhomukham] lambamānām adhomukhā — T. xviii) sravantam] śravaṃttam — C./ śravantam — T.: vyavasthitam] vyavasthitaṃm — T.: aharniśam] arhanisaṃ — C./ aharniśaḥ — T. xix) -varṇaprayojitam] varṇṇaprayojitā — C./ varṇṇe prayojitaṃ — T. xx) -mudrābhi-] mudrā — T.: -pradāyikā] pradāyakā — C.

Śāstrī 72 (= C) 38a6–b3、Matsunami 343 (= T) 35a5–b1 —— varṇadūtyādi yan mantraṃ śaravegaparibhramam /i) nirmāṇacakramadhye tu vargāṣṭakasuveṣṭitam /ii) utpattiḥ sarvamantrāṇām anyāni yāni tāni ca //iii) pañcasvarasamāyuktaṃ ya-ra-la-vair vibhūṣitam /iv) dharmacakreti vikhyāto dehināṃ hṛdinandanaḥ //v) catuḥkalāsamāyuktaṃ samantāt parivāritam /vi) saṃbhogeti samākhyāto rasādhārasvarūpataḥ //vii) mahāsukhamahācakre dvātriṃśadbodhimānasaḥ /viii) candrasūryau tu vikhyātau pārśve tu vāmadakṣiṇau //ix) vīrāṇāṃ ḍākinīnāñ ca gatyāgatinibandhanau /x) pīṭhadvayasamārūḍhāv adhaūrdhvasamāśritau //xi) vāmadakṣiṇapārśve tu svarāṇāṃ dvādaśa tathā /xii) ūrdhvamukhāḥ samākhyātāḥ kakārādibhir āvṛtāḥ //xiii) adhomukhās tu pārśve tu madhyīkṛtya niyojitāḥ /xiv) ity evaṃ kathitaṃ devi nāḍīnādasvarūpataḥ // —— ［注］i) yan] tat — C./ yat — T.: mantraṃ] mantra — T.: śara-] saca — C. ii) -rgāṣṭaka-] rggāṣṭa — T. iii) utpattiḥ] utpatti — C.T.: yāni] kāni — T. iv) -svara-] śvara — T.: -samāyuktaṃ] samāyukte — C. v) -cakreti] cakre — T.: hṛdi-] hṛdaya — C. vi) catuḥ-] catur — T.: samantāt] samantrāt — T. vii) saṃbhogeti] sarvabhogeti — C. viii) dvātriṃśad] dvātriṃśat — C. ix) -sūryau] sūyau — C.: pārśve] pāśve — C. x) vīrāṇāṃ] vīrāṇā — C.: ca] omits — C. xi) -rūḍhāv] rūḍham — C./ rūḍhaṃ — T. xii) -dakṣiṇa-] dakṣiṇe — T.: svarāṇāṃ] svarāṇā — C.: dvādaśa] dvāpas — T. xiii) -mukhāḥ] mukhā — C./ sukhā — T.: samākhyātāḥ] samākhyāḥ — T. xiv) -mukhās] mukhais — T.: (Second) tu] omits — T.

8 その文章は上掲『サンヴァローダヤ・タントラ』のそれ［Skt ed: 5.1–4］とほぼ同じである。

9 15a2–a8 は前述『ジュニャーノーダヤ・タントラ』［Skt ed: p.10, l.18–p.11, l.8］と、23a9–24a3 は上掲『ダーカールナヴァ・タントラ』［Skt ms: Kathmandu D40/6, 14a9–b9、Kathmandu A142/2, 14b9–15a10］とほぼ同じである。

10 atha ṣaṭcakraviśuddhim āha / śikhāsthāne lalāṭe ca kaṇṭhe hṛdayanābhitaḥ / liṅgeṣu tridalaṃ padmaṃ catuḥṣaṣṭyaṣṭaṣoḍaśam // dvātriṃśaṃ caturdalaṃ caiva bodhibījena śobhitam / vyañjanaṃ ca svaraṃ teṣāṃ mātṛkāsvaravyañjanam // traye dale raṃ ca hrīṃkāraṃ vajrayoginī vaṃkāraṃ hūṃkāraṃ herukaṃ dhyātvā ṣaṭcakraṃ prakīrtitam //i) —— ［注］i) -cakraṃ] cakra — Skt ed.

11 『ジュニャーノーダヤ・タントラ』は、性器部の秘密輪の三葉にヴァジュラヨーギニー（つまりヴァジュラヴァーラーヒー）を象徴する RAṂ字と HRĪṂ字と、ヘールカを象徴する VAṂ字と HŪṂ字を配置すべきと述べている。前注も見よ。

12 8 プラハラについて、『ヘーヴァジュラ・タントラ』自身は記述上は 4 プラハラとしている。しかしその注釈『ムクターヴァリー』は、『ヘーヴァジュラ・タントラ』の 4 プラハラという記述に対し、これは昼の 4 プラハラと夜の 4 プラハラのことを言っているのであって、実際には 8 プラハラと解釈するべきであるとの旨の説明を行う［Skt ed: I.1.30］。他の注釈書も同様に解釈している。報輪の葉の数からすればこれは 8 プラハラであると考えるのが妥当であるし、実際『ヘーヴァジュラ・タントラ』のこの箇所はそのように解釈されてきたのだから、ここでは 8 プラハラとした。

13 Skt ed は hera-nīla-malpa-mukti-karketana-padmarāga とするが、hera は hiraṇya あるいは hema（= heman）のこと、malpa は galva の誤写で musāragalva のことだと思われる。

14 なお、『ジュニャーノーダヤ・タントラ』にははっきりそのように明記されているわけではない。だが、同聖典は大楽輪の形を円形としており、これは息災の火炉の形を思わせる。

15 なお、場面は異なるが、16 の母音字と 32 の子音字を配置するという方法は、『サマーヨーガ・タントラ』の続々タントラにおける月輪の文字鬘の観想法（アーナンダガルバĀnandagarbha の注釈による）にいち早く見られる［田中 1997: 86–88］。

16 津田はこの「酔処」にある菩提心を「いまだ（唯識の術語の）現行されざる」菩提心として、『サンヴァローダヤ・タントラ』31.21 の「第十六の kalā」に相当させる。しかし、この「第十六の kalā」とは要するにアヴァドゥーティー脈管を指しているのであって、菩提心それ自体を説明したものではない。津田の上記解釈は菩提心の流れとアヴァドゥーティー脈管を同一のものと前提したうえでのものである。先に述べたように、それらは全く同一というわけではなく、菩提心が流れようが流れまいがアヴァドゥーティー脈管は存在すると考えられているのであり、アヴァドゥーティー脈管は菩提心が流れる内的な管状組織であると理解するのが妥当である。

17 だが『ダーカールナヴァ・タントラ』は、『ヘーヴァジュラ・タントラ』に見られるこれらアベーディヤー（abhedyā）等の 32 本の脈管（表 5–3）と、表 5–2 の 32 本の脈管は畢竟同一であるという見解を採っていると解釈することも全く不可能というわけではない。この大楽輪の 32 本の脈管について、『ダーカールナヴァ・タントラ』は表 5–2 にまとめたような名称と並べて以下のようにも説明している—— dvātriṃśābhedyādayaś ca varṇitā bahutantrake // ([注] -dyādayaś] dyādayeś — Kathmandu A142/2.: bahu-] bahū — Kathmandu A142/2.)「アベーディヤーを始めとする 32 本 [の脈管] は、多くのタントラに説明されている」[Skt ms: Kathmandu D40/6, 15b9–b10、Kathmandu A142/2, 16b2]。だが、このように記述は極めて簡潔であり、また表 5–2 と表 5–3 の内容が並べて説明されていること以上の積極的な説明があるわけではないので、今は深読みを避けておきたい。

18 より詳細に言えば、表 5–4 にリストした 24 人の女尊のうち Lambakī と Tridaśeśvarī と Dīpinī と Cūṣiṇī を除き、また Ghorī と Duṣṭī を 1 つの Ghoraduṣṭī にし、Bībhatsā を Bhībhacchī にし、さらに、もともとは女尊名ではなく女尊の形容句であった “grāmāvasthitayoginī” と “maharddhikā” を女尊としての脈管名としたうえで、(9)、(17)、(21)、(22)、(23)、(25)、(27)、(28)、(29)、(30)、(31)、(32) を加えたものが、『ダーカールナヴァ・タントラ』および『ヨーギニージャーラ・タントラ』の大楽輪の脈管名である。

19 『ジュニャーノーダヤ・タントラ』にははっきりそのように明記されているわけではない。だが、同聖典は報輪の形を半月形としており、これは敬愛の火炉の一形態を思わせることから、そのように推定できるのである。

20 13 の母音字とする説は『ヴァジュラダーカ語釈』により結局は後述の 4 つの母音字（ĀṂ字とĪṂ字とŪṂ字と AIṂ字）に解消されている。

21 “Svayaṃbhū”（「自ら生じる」は身体要素としては精液も経血も意味しうるが、既に精液は (2) で登場しているため、ここでは経血の意味に解した。

22 数え方は不明。KA 段と CA 段とṬA 段と TA 段と PA 段の合計 25 文字からṄA 字とÑA 字を取り除き、KṢA 字を加えたものか？

23 Skt ed: 5.5–15 —— raver udayam ārabhya yāvad astamayo dinam / niśāstamayam ārabhya yāvat tasyodayo bhavet // aharniśam ahorātraḥ praharo yāma ucyate / caturyāmaṃ dinaṃ vidyāc caturyāmaṃ tathā niśam // saṃkrāntayo 'ṅgavāyoḥ syur ahorātreṇa ṣoḍaśa / ardhārdhayāmasaṃcārān nāsikārandhrayoḥ sadā // pratipadaṃ samārabhya sitāṃ vāyur dinatrayam / candre carati yāmārdhaṃ tataḥ sūryadinatrayam / paripāṭyānayā yāvat tithiḥ pañcadaśī sitā // kṛṣṇapratipadaṃ vāyur ārabhya divasatrayam / prāg vahati sūryākhye yāvat pañcadaśī tithiḥ // nāḍīr dvātriṃśataṃ vidyād ahorātreṇa nāḍikāḥ / praharasya caturthāṃśo nāḍī ghaṭīti cocyate // ahorātreṇa daṇḍāḥ syuś catuḥṣaṣṭiḥ pramāṇataḥ /[i] daṇḍo 'rdhanāḍī ghaṭyardhaṃ yāmāṣṭāṃśa iti smṛtaḥ // vāyor gatāgataṃ śvāso nāsayā parikīrtitaḥ / ṣaḍbhiḥ śvāsair viduḥ prāṇaṃ vāyuyogavicakṣaṇāḥ // prāṇaiḥ pañcāśatā śvāsais tribhis tatpādasaṃyutaiḥ / uttarāyanakālasya daṇḍaḥ prathamavāsare // dakṣiṇāyanakālasya niśādyāyāṃ tathā bhavet / daṇḍe daṇḍe kṣayovṛddhi jānīyāt kālabhedataḥ // śvāsaiḥ sapādarudraiḥ prati saṃkramam asya vṛddhinirhrāsau / śvāsatryaṃśena catuṣpādaṣaḍaṃśena cānudinam // ——［注］catuḥṣaṣṭiḥ] catuḥṣaṣṭi — Skt ed.

Skt ed: 5.37 —— adhikāni śataiḥ ṣaḍbhiḥ sahasrāṇy ekaviṃśatiḥ / ahorātreṇa sattvānāṃ śvāsasaṃkhyānayakramaḥ //

24 『ヴァーラーヒーカルパ・タントラ』の文章は、前注の『サンヴァローダヤ・タントラ』のそれと実質的に同じである。『サンヴァローダヤ・タントラ』の説を単純に継承したと見なせる。

25 他にも『サンヴァローダヤ・タントラ』は内的な時間の輪に発想に基づく菩提心の転位 (saṃkramaṇa）の観想を説くが、これは四輪三脈を必ずしも主要な場としたものではないので、本章の目的という観点から、ここでは詳細な検討を割愛したい。ちなみに、『サンヴァローダヤ・タントラ』におけるこの観想法の概容は以下の通りである［Skt ed: 31.33–35］—— 白分第 1 日から満月の日まで、そして黒分第 1 日から新月の日まで、点 (bindu）の姿の菩提心が以下に挙げる各身体部位を文字となって巡る。

（第 1 日）	親指：	A	（第 2 日）	脚：	Ā
（第 3 日）	腿：	I	（第 4 日）	生殖器部（yoni）：	Ī
（第 5 日）	臍：	U	（第 6 日）	心臓：	Ū
（第 7 日）	乳房：	Ṛ	（第 8 日）	喉：	Ṝ
（第 9 日）	手掌：	Ḷ	（第 10 日）	頬：	Ḹ
（第 11 日）	眼：	E	（第 12 日）	耳根：	AI
（第 13 日）	額：	O	（第 14 日）	頭：	AU
（第 15 日）	頭頂：	AṂ と AḤ			

なお、以上は特に白分に関しての転位をまとめたものであり、黒分に関しては『サンヴァローダヤ・タントラ』自身は「まさしく同じように」(tathaiva) と簡潔に述べているのみである。

26『サンヴァローダヤ・タントラ』は、人間の身体には 72000 本の脈管があり、それらのうち 120 本の脈管が重要な脈管であると説明する［Skt ed: 7.1–2］。この 120 本がどの脈管を指しているのかは明記されないが、三十二葉蓮華である大楽輪の葉に脈管が 1 本ずつ通っているとして合計 32 本、同じように八葉蓮華である報輪の葉に合計 8 本、十六葉蓮華である法輪の葉に合計 16 本、六十四葉蓮華である応輪の葉に合計 64 本、それらの総計は 120 本となるので、四輪のそれぞれの葉を通る脈管を指していると解釈することも可能である。また、既に述べたように、『ダーカールナヴァ・タントラ』と『ヨーギニージャーラ・タントラ』はこの見解を明確にし、これら 120 本の脈管に名称を与えていた。

27 "svara"（「音」）という語を、ここでは「文字」と訳した。なぜなら、「数々の "svara" の姿を彼は見る」とあるように、この体系では実質的にそれは視覚的な姿をもつ「文字」だからである。Śāstrī 72 = C、Matsunami 343 = T —— dehasthaṃ śvāsasaṃyuktaṃ bāhye ca graharāśayaḥ //i) sabāhyābhyantaraṃ caiva cāraṃ jñātvā prasidhyati / ye grahās te svarā jñeyā ye svarās teṣāṃ ca rāśayas tathā //ii) svararāśis tathā ṛkṣasvararūpāṇi paśyati /iii) saṃyogaṃ ca vinā devi na siddhiphalapradā bhavet //iv) —— ［注］i) śvāsasaṃyuktaṃ] svāsasaṃyuktaṃ — C./ svāsaṃ yuktaṃ — T. ii) ye svarās teṣāṃ ca rāśayas] ye sva(Some letters blurred)rāśayas — T. iii) -rāśis] rāsis — C.: ṛkṣa-] rīkṣyaṃ — T.: -svararūpāṇi] svarūpāṇi ca — C./ svarūpāṇi — T. iv) saṃyogaṃ] saṃyoge — T.: -pradā] dā — C.

28 Śāstrī 72 = C、Matsunami 343 = T —— akāra ākāraś caiva kakāra-ca-ṭa-saṃyutam /i) ta-paś caiva ya-śaś caiva eṣa vargo navākṣaram //ii) i-īkāraṃ punar devi kha-cha-ṭhaṃ tu tathā param /iii) tha-phaś caiva ra-ṣaś caiva dvitīyo varga ucyate //iv) u-ūkārau tathā devi ga-ja-ḍena samanvitam /v) da-baś caiva la-saś caiva eṣa vargas tṛtīyakaḥ //vi) e-aikāraṃ bhavet pūrvaṃ gha-jha-ḍhaṃ tu punas tathā /vii) dha-bha-va-haṃ tu punar devi vargam eva caturthakam //[viii] okāraṃ caiva aukāram aṃkāraṃ savisargakam /[ix] ṅa-ña-ṇa-na-mena punar eṣa navātmakaṃ hitam //[x] catvāriṃśat samākhyātāḥ pañcabhir adhikā priye /[xi] evaṃ te sarvalokasya kṣaye cābhyudaye sthitāḥ //[xii] dvādaśaite mahāmāyā[= -ye] jīvarūpāḥ kalāḥ smṛtāḥ /[xiii] rāśayas te samākhyātāḥ sarvarkṣasamanvitāḥ //[xiv] candrasūryavibhāgena adhaūrdhvamukhās tathā /[xv] sthiraś caiva calaś caiva dvayaṃ dvayam udāhṛtam //[xvi] ojayugmas tathā devi dīrghalaghu jayājayam /[xvii] ūrdhve tasya jayaṃ caiva adho mṛtyusamāgamam // —— [注] i) kakāra-ca-ṭa-] kārakacaṭa — T. ii) ya-śaś] yasaś — C.: vargo navākṣaram] vargga nevākṣaraṃ — T. iii) i-īkāraṃ punar] iikāra ṣunar — C. iv) tha-phaś caiva] thaphasthaiva — T.: ra-ṣaś caiva] raśreṣṭheva — C./ raṣāś caiva — T. v) u-ūkārau tathā] uūkāro tathā — C./ uūkārau mahā — T.: samanvitam] samanvitaḥ — T. vi) da-baś] badhaś — C.: la-saś] lavaś — T.: eṣa vargas tṛtīyakaḥ] eṣa vargā tṛtīyakaṃ — C./ varggam etat tṛtīyakaṃ — T. vii) pūrvaṃ] pūrva — C. viii) dha-bha-] vebha — C./ dharu — T.: devi] daivi — C. ix) okāraṃ] okāra — T.: aṃkāraṃ] akāra — T. x) -mena] me — C.: eṣa] eṣu — T.: hitam] omits — T. xi) catvāriṃśat samākhyātāḥ] catvārisat samākhyātāṃ — C./ catvāriṃśa(one letter damaged)mākhyātaṃ — T.: adhikā] ākā — T. xii) sthitāḥ] sthitā — C.T. xiii) jīvarūpāḥ kalāḥ smṛtāḥ] jīvarūpā kalā smṛtā — C.T. xiv) rāśayas] rāsayas — C.: samākhyātāḥ] samākhyātā — C.T.: sarvarkṣa-] sarvarikṣa — C./ sarvarīkṣa — T. xv) adha-] aparaṃ — C./ a(one letter damaged) — T.: -mukhās] mukhas — C. xvi) sthiraś] sthitaś — C.: (First) caiva] caivaś — T.: dvayaṃ dvayam] dvayadvayam — C. xvii) devi] devī — C.

29 詳細な対応こそ文章中に明記されていないが、それら以外の文字（つまり子音字）が惑星や星と同一視されるのかもしれない。注釈である『ヴァジュラダーカ語釈』の説明も詳細ではないが、ラーフを加えて太陽と月を除く 6 つの惑星と 27 宿（合計 33）が、33 の子音字（引用文中に記された、KṢA 字を含まない子音字）に相当するのかもしれない。惑星の中から太陽と月を除くのは、一般に太陽は血、月は精液として他の惑星と別立されるからである。しかし、これはあくまで推測の域を出ない。

第6章　クリシュナ流の四次第

はじめに

サンヴァラの主要流派の1つであるクリシュナ流は、四輪三脈の身体論に基づく四次第という観想法をもつ。この四次第はクリシュナ流の開祖クリシュナーチャーリヤに帰される『四次第』およびその自注『四次第解題』、そして同じくクリシュナーチャーリヤ作とされる『ヴァサンタティラカー』に説かれる。本章は、前章で検討した四輪三脈の身体論に基づく観想法の一例として、この四次第の構造を検討することを目的とする。前章での分析がサンヴァラの四輪三脈解釈の全体を明らかにするいう視点からの分析であったのに対し、本章のそれは特定の流派の視点に立った分析、いわば四輪三脈のケーススタディである。

四次第は(I)〈タントラの次第〉(tantroli)、(II)〈マントラの次第〉(mantroli)、(III)〈智慧の次第〉(jñānoli)、(IV)〈秘密の次第〉(guhyoli)と呼ばれる4つの過程から構成される。これら4つの過程から構成されるので、四次第と呼ばれるのである。そしてこの観想法は『四次第』型と『ヴァサンタティラカー』型に分けることができる。前者は『四次第』およびその注釈である『四次第解題』に、後者は『ヴァサンタティラカー』およびその注釈『秘密灯火』に説かれる。

以下、他のサンヴァラ系聖典との関係を視野に入れながら、『四次第』型の四次第と、『ヴァサンタティラカー』型の四次第の内容を順に検討していきたい。なお、『四次第』型の四次第は前章で論じた『四次第』『四次第解題』が説く四輪三脈の形態を、『ヴァサンタティラカー』型の四次第は同じく前章で論じた『ヴァサンタティラカー』『秘密灯火』が説く四輪三脈の形態と意味付けを前提として実践される。

1 『四次第』型の四次第

(I)〈タントラの次第〉

第1の〈タントラの次第〉では、以下の教理に関する簡潔な説明が与えられる（なお、それぞれの項目に付された数字は筆者による便宜的なものである）——(1) 4つの文字（E VAṂ MA YĀ）、(2) 四印（羯磨印・法印・大印・三昧耶印）、(3) 般若と方便、(4) 前章で述べた四輪三脈およびそれを核とする身体内部の諸形態、(5) 四大（火・風・地・水）の性質、(6) 三三昧（初瑜伽三昧・最勝曼荼羅王三昧・最勝羯磨王三昧）、(7) 三事業（鈎召・撥遣・滞在）、(8) 四支（親近法・準成就法・成就法・大成就法）、(9) 四諦（苦・集・滅・道）、(10) 四部派（上座部・説一切有部・経量部・大衆部）、(11) 四根（劣根・中根・利根・利根中の利根）、(12) 四刹那（多様・異熟・摩滅・離相）、(13) 四歓喜（歓喜・極歓喜・離歓喜・倶生歓喜）、(14) 四果（等流果・異熟果・士用果・離繋果）、(15) 4つの良いもの（自身・他者・時間・智慧）[1]、(16) 四真実（マントラ・尊格・曼荼羅・智慧）[2]、(17) 三輪（身輪・語輪・心輪）、(18) 2種類の般若（知覚対象を伴う般若・知覚対象を伴わない般若）、(19) 三身（法身・報身・応身）、(20) 五智如来（ヴァイローチャナ・ラトナサンバヴァ・アミターバ・アモーガシッディ・アクショービャ）と五蘊（色・受・想・行・識）と五智（円鏡智・平等性智・妙観察智・成所作智・極清浄法界智）、(21) 四女尊（ブッダローチャナー・マーマキー・パーンダラヴァーシニー・ターラー）と四大（地・水・火・風）、(22) 六菩薩（地蔵・金剛手・虚空蔵・世自在・除一切障・普賢）と六根（眼・耳・鼻・舌・身・意）[3]、(23) 時間（32ガティ・8ヤーマ・16サンクラーンティ・64ダンダ）、(24) 十波羅蜜多と十地と内的な10の聖地カテゴリーおよび内的な24の聖地。

これらのうち(1)(2)(4)(5)(8)(9)(10)(11)(12)(13)(14)(15)(16)(19)(23)は四輪に当てはめられる諸教理であると考えられる。だがここで説明される教理はそれに尽きず、内的曼荼羅の身体論に関する諸教理も含んでいる。文献は続いて菩提心の 3 種の活動としての内的曼荼羅の観想方法（本書第 3 章を見よ）を説明した後、〈マントラの次第〉と〈智慧の次第〉の実践方法の一部を極簡潔に言及し、最後に護摩や供養や念誦や禅定などの各種実践をこのような身体論に基づいて行うべき旨を述べて〈タントラの次第〉の説明を終える。［以上、Tib: Toh, 355b7–358a1、Tib: Ota, 390b1–393a1］[4]

この〈タントラの次第〉に大きく 2 つの意図を見出せる。

1 つ目は、四輪三脈の身体論と内的曼荼羅の身体論の概容を説明することにより、あらゆる実践をこれらの身体論に基づく内的な実践として行うべきことを実践者に規定するという意図である。この意味で、〈タントラの次第〉とはサンヴァラにおけるこれら 2 種類の身体論の内容と目的を理解する過程であると位置付けることができる。

2 つ目は、後続する〈マントラの次第〉と〈智慧の次第〉の前行として、四輪三脈の観想および内的曼荼羅の観想を実践者に規定するという意図である。四輪三脈は、〈マントラの次第〉と〈智慧の次第〉が実践される内的な場そのものである。内的曼荼羅の観想は、現象として化現した自分の身体の本来的な清浄さを自覚する方法である。実践者は〈マントラの次第〉と〈智慧の次第〉の実践へと進むために、内的曼荼羅の観想により現象としての自分の身体の清浄さを自覚した後、このような身体において、〈マントラの次第〉と〈智慧の次第〉の実践の場となる四輪三脈の観想を行うのである。〈マントラの次第〉と〈智慧の次第〉の実践の場の完成、これが〈タントラの次第〉の 2 つ目の意図である。

1 つ目の意図と 2 つ目の意図は相補的である。なぜなら、2 つ目の意図を実行するには 1 つ目の意図を受け入れておく必要があるからである。このように考えれば、〈タントラの次第〉とは、内的曼荼羅と四輪三脈という 2 種類の身体論の内容と目的を理解したうえで、後続する〈マントラの次第〉と〈智慧の次第〉の実践の場を完成するための観想過程であるとまとめることができよう。

(II) 〈マントラの次第〉

第 2 の〈マントラの次第〉では、毛髪の先端の 10 万分の 1 程の大きさの、肉眼ではとらえられない微細な智慧の火（ye śes kyi me）を用いた観想が以下の過程で行われる［Tib: Toh, 358a1–a4、Ota, 393a2–a5］[5]。

(1) 実践者は呼吸をコントロールし、ララナー脈管とラサナー脈管の中をめぐっている生命風を、臍部の応輪にある三脈の接合箇所に収束させる。これにより、あたかも燃料に空気をおくって火をつけるように、応輪のAM字を点火させる。するとAM字から、微細な「智慧の火」が生じる。
(2) この「智慧の火」はアヴァドゥーティー脈管を通って、応輪から心臓の法輪へと上昇していく。法輪にたどり着いた「智慧の火」は、五蘊を象徴する法輪の5つの文字（HŪṂ字、OṂ字、TRĀṂ字、HRĪṂ字、KHAṂ字）を燃やす。これにより、修行者は五蘊という分別を焼き滅ぼしたことになる。
(3) その後「智慧の火」はアヴァドゥーティー脈管を通ってさらに上昇し、喉の報輪へと至り、報輪のOM字のまわりを三回右回りにまわる。続いて「智慧の火」はアヴァドゥーティー脈管の中をさらに上昇し、頭の大楽輪へと至った後、眉間にある微細な穴（開節門 marmodghāṭanadvāra）と右耳の穴から実践者の身体外へと出て行く[6]。
(4) 修行者の身体の外へと飛び出たこの「智慧の火」は仏たちの頭頂にある微細な穴（金門 kanakadvāra）[7]から彼らの体内へと潜り込み、彼らの頭にある大楽輪のHAṂ字を燃やす。続いて、彼らの喉の報輪をへて、彼らの心臓にある、五蘊を象徴する法輪の五つの文字を燃やす。文献には明記されていないが、これにより実践者は仏という分別さえも焼き滅ぼしたことになるのだろう。
(5) その後「智慧の火」はそれら仏たちの頭頂穴（金門）から出て、再び実践者の頭頂穴（金門）から実践者の体内に入り、実践者の心臓の法輪を再び燃やす。なお、この(5)の過程は、次の〈智慧の次第〉の(1)から(4)までの過程と同時に行われる。

ここでは、法輪の象徴するものは特に五蘊とされている。「智慧の火」という修行者の体内に発生した微細な神秘的火によって、五蘊（すなわち“自分”や“仏”といった個の実在）という分別を焼き滅ぼすことが、この次第の目的であると言える[8]。

(III)〈智慧の次第〉

第 3 の〈智慧の次第〉では、毛髪の先端の 10 万分の 1 程の大きさの微細な法界智の甘露（chos dbyiṅs ye śes kyi bdud rtsi）を用いた観想が以下の過程で行われる。[Tib: Toh, 358a4–a6、Ota, 393a5–a8][9]。

(1) 〈マントラの次第〉の観想 (4) で、修行者の「智慧の火」が仏たちの頭にある大楽輪の HAṂ字を燃やした際に、この HAṂ字から「法界智の甘露」と呼ばれる微細な体液が分泌される。この「法界智の甘露」は、智慧を象徴し、真理の至福感を促す体内分泌物である。「法界智の甘露」は仏たちの体内を、アヴァドゥーティー脈管を通って彼らの心臓の法輪へと滴り落ちていく。

(2) 〈マントラの次第〉の観想 (4) で、実践者の「智慧の火」は仏たちの法輪の 5 つの文字を燃やした。この「智慧の火」はそれと同時に、仏たちの法輪で上述の「法界智の甘露」を待ち受けている。「智慧の火」がその仏たちの「法界智の甘露」を受け止めると、その「智慧の火」はその「法界智の甘露」とともに仏たちのアヴァドゥーティー脈管の中を今度は上昇し、彼らの頭頂にある微細な穴（金門）から彼らの体外へと出て行く。

(3) そして実践者のもとへと戻り、実践者の頭頂にある微細な穴（金門）から実践者の体内へと入り、再び実践者の頭にある大楽輪へと至る。こうして、実践者は「智慧の火」の働きにより、仏たちの「法界智の甘露」を自分の体内に取り込むことに成功する[10]。

(4) この「法界智の甘露」は実践者のアヴァドゥーティー脈管を通って実践者の喉の報輪へと至り、そこで至福の味を享楽した後、続いて、心臓の法輪へと至る。五蘊を象徴する法輪の 5 つの文字は、先の〈マントラの次第〉の観想 (2) と (5) の中で「智慧の火」によって焼かれてしまっている。「法界智の甘露」がこのような法輪に至ることは、五蘊という分別が焼き滅ぼされたことの至福が生じることを意味する。つまり、無分別という真理が至福の喜びとして修行者に体験されるのである。

(5) その後、「法界智の甘露」はアヴァドゥーティー脈管を通って実践者の応輪のAṂ字へと至り、そこに安住する。すると、無分別という真理の至福体験がますます確固としたものになっていく。

以上の〈智慧の次第〉の観想は、〈マントラの次第〉で五蘊という分別を消滅させた後に、宇宙に遍満する仏たちの至福性を促す「法界智の甘露」を実践者自身の身体の中に集めることにより、五蘊という分別が存在しないことの至福の境地を深めていくことを目的とする。

(IV)〈秘密の次第〉

〈秘密の次第〉の記述は、多くの密教の文献の冒頭に登場する「私はこのように聞いた。ある時、世尊は全ての如来たちの身体と言葉と心の心髄である金剛なる女性たちの女陰に住していた」(evaṃ mayā śrutam // ekasmin samaye bhagavān sarvatathāgatakāyavākcittahṛdayavajrayoṣidbhageṣu vijahāra //)という文章の注釈を通して、自分の心そのものに関する倶生智を説明するという体裁になっている。ここでの「世尊」は〈タントラの次第〉と〈マントラの次第〉と〈智慧の次第〉における分別を離れた、空を象徴する精液としての菩提心であり、「金剛なる女性たち」とは生身の女性としての荼枳尼たちである。そしてそれらが結びついた境地を倶生智としているのである。[以上、Tib: Toh, 358a6–359a1、Ota, 393b1–394a3][11]

このような〈秘密の次第〉をどのように解釈するべきであろうか。これを先行する〈タントラの次第〉と〈マントラの次第〉と〈智慧の次第〉に連続する一連の観想過程の最終局面であるととらえるならば、〈智慧の次第〉の(5)で応輪のAṂ字に「法界智の甘露」が安らぐ状態が深まり、その結果ついに実践者の意識から四輪三脈という〈タントラの次第〉と〈マントラの次第〉と〈智慧の次第〉における分別すら消滅し、完全な無分別の倶生智が実践者に体験される段階であるという解釈を導き出すことができる。ここでは、応輪に「法界智の甘露」が安らぐ状態を、世尊が女性たちの女陰に安らぐ状態と同一視するのである。応輪がもつ数々の意味のうち、ここでは子宮性が応輪の機能として重視されている。

なお、『四次第』における〈マントラの次第〉と〈智慧の次第〉の記述をやや簡潔にした類似記述を、『アビダーノーッタラ・タントラ』に見出すことができる。

> 攪拌対象と攪拌主体の結合（＝ラランナー脈管とラサナー脈管を通る生命風を応輪における3本の脈管の接合箇所に集めること）により、この臍の曼荼羅（＝応輪）で「智慧の火」が業の風によって促され、煙を立て、数々の光を放って燃え上がる。[「智慧の火」は] 観想された輪（＝法輪）にいる善逝たちを燃やした後、[実践者の喉の箇所にある] 如来たちの報輪にある方便（＝ OṂ字）を3回右回りにまわり、眉間毛にある開節門を通って [実践者の身体から] 出て、十方世界にいる如来たちの「智慧の甘露」を捕獲し、ジャーランダラという名の頭頂穴である金門を通って [実践者の身体内に再び] 入り、喉の穴を通って報輪に安らぎ、[法輪に到って] 燃やされた如来たちの歓喜を生じ、臍の曼荼羅（＝応輪）で確固となる。[Skt ms: IASWR I-100, 83b1–b5、Matsunami 10, 78a1–5、Matsunami 12, 89b3–90a2] [12]

この『アビダーノーッタラ・タントラ』の文章と類似のものは、『秘密灯火』にも典拠を明かされずに引用されている［Skt ed: p.87–88］[13]。また、『ジュニャーノーダヤ・タントラ』には「倶生なる般若のヨーガ」(sahajaprajñāyoga) という名称で類似の文章が掲載されている［Skt ed: p.7, l.13–p.8, l.1］[14]。〈マントラの次第〉と〈智慧の次第〉の内容と類似する、実践者と仏たちの四輪三脈と「智慧の火」と「法界智の甘露」を用いた内的観想は、サンヴァラに広く伝承されていたのだろう。

2　『ヴァサンタティラカー』型の四次第

『ヴァサンタティラカー』は4つの次第の名称を挙げはするが、各次第がどのように区分されるのかを明記しない。したがって、ここでは『四次第』型における区分と、『ヴァサンタティラカー』の注釈『秘密灯火』による区分を対比させつつ、考察を進めたい。

(I)〈マントラの次第〉

『四次第』型の〈タントラの次第〉の内容に相当するものが、『ヴァサンタティラカー』型の〈マントラの次第〉であると考えてよい。しかし、『秘密灯火』は特にララナー脈管とラサナー脈管に 12 の母音字とそれら母音字を囲むように子音字を観想することを指して〈マントラの次第〉としている［Skt ed: 10.1–30b］。

(II)〈タントラの次第〉

『四次第』型の〈マントラの次第〉の内容に相当するものが、『ヴァサンタティラカー』型の〈タントラの次第〉であると考えてよい。『四次第』型においては「智慧の火」と呼ばれた、毛端の 10 万分の 1 程の大きさの秘的な火は、ここではサンヴァラの最高女尊「ヴァーラーヒー」(Vārāhī)、あるいは「ティラカー」(tilakā) と呼ばれる。

この「ティラカー」を用いる観想の過程は以下のようになっている——業の風により「ティラカー」が実践者の臍部にある応輪で点火し、毛穴から出て 十方の神やアスラたちを脅かす。続いて「ティラカー」が実践者の法輪に至り、五蘊を象徴する 5 つの文字（HŪṂ字、OṂ字、TRĀṂ字、HRĪṂ字、KHAṂ字）を燃やす。法輪にある HŪṂ字はサンヴァラの最高尊ヘールカであると同時に「ヴァサンタ」(vasanta) と呼ばれており、この「ヴァサンタ」に「ティラカー」が到達し 1 つになることにより、「ティラカー」は「ヴァサンタティラカー」(vasantatilakā) と呼ばれるようになる。続いて、「ヴァサンタティラカー」は報輪で五元素を象徴する 5 つの文字（OṂ字、ĀṂ字、ĪṂ字、ŪṂ字、AIṂ）を燃やす。その後、「ヴァサンタティラカー」は右の鼻穴と眉間毛の穴から実践者の身体外へと出て、十方の仏菩薩たちの左の鼻穴から彼らの身体内に入り、彼らの大楽輪を燃やす。仏菩薩の大楽輪を燃やした「ヴァサンタティラカー」は、彼らの左の鼻穴から出る。［以上、Skt ed: 10.30c–36］

「ティラカー」や「ヴァサンタ」や「ヴァサンタティラカー」という呼称、「ティラカー」が応輪で発火後毛穴から出て十方の神やアスラたちを脅かすこと、報輪の OṂ字のまわりを 3 回まわるのではなく報輪を燃やしてしまうこと、また「ティラカー」が出入りする身体の穴としての左右の鼻穴、といった点は『四次第』型のものとは異なる。しかし、これらを除けば、この『ヴァサンタティラカー』型の〈タントラの次第〉は『四次第』型のそれと同意義を有すると考えてよいだろう。

(III)〈智慧の次第〉

「ヴァサンタティラカー」は、実践者の頭頂の穴を通って再び実践者の身体内に入る。「ヴァサンタティラカー」は先の〈タントラの次第〉において燃やされた五蘊などの歓喜を生じた後、実践者の応輪へと向い、応輪に到達する。［以上、Skt ed: 10.37］

『四次第型』のものとは異なり、ここでは『ヴァサンタティラカー』には「法界智の甘露」という語は登場しない。だがこの点を除けば、『ヴァサンタティラカー』型の〈智慧の次第〉は『四次第』型のそれとほぼ同じ観想過程を説いていると考えて差し支えない。『秘密灯火』は仏たちの甘露を実践者の身体に取り込むことを示唆するが、これは『秘密灯火』が先の『アビダーノーッタラ・タントラ』の文章と類似のものを用いて注釈を行っていることによる。この『秘密灯火』の解釈によるならば、この『ヴァサンタティラカー』型の〈智慧の次第〉がもつ観想上の意義は、『四次第』型のそれと同一であると見なし得る。

(IV)〈秘密の次第〉

先の〈智慧の次第〉において「ヴァサンタティラカー」は実践者の応輪に到達した。「ヴァサンタティラカー」が応輪に安住することが、ここでの〈秘密の次第〉に相当する［以上、Skt ed: 10.37］。おそらく「ヴァサンタティラカー」が応輪に安住することにより、実践者の智慧の体験が深まるのだろう。『四次第』型の〈秘密の次第〉と同意義を有していると見てよい。

なお、この『ヴァサンタティラカー』型における〈タントラの次第〉から〈秘密の次第〉までの記述は、『ヴァジュラダーカ・タントラ』の以下の一節（Śāstrī 72: 39a5–b1/Matsunami 343: 36a3–6）とほぼ同じである。

> まさしく彼（＝法輪のHŪṂ字）の倶生なる般若はその状態の姿で安住している。[彼女は] 業の風よって点火され、臍の曼荼羅（＝応輪）で燃え上がりつつある。[彼女は] 全ての行為を成し遂げる [最高女尊] マハーマーヤーと呼ばれる。彼女の身体は毛端の10万分の1[の大きさ] であり、雷光のように輝く。尊格とのヨーガをする時に、[彼女は] 数々の毛孔の先端の節目から十方全てに進み出て、神やアスラたちを脅かし、心臓の法輪を燃やした後、報輪に [辿り付く]。[彼女は実践者の] 右の鼻の穴からあらゆる方角に飛び出し、同様に眉間毛にある孔を通って十方に [飛び出し]、仏菩薩たちの左の鼻の穴を通って、[仏菩薩たちの] 頭頂の輪に入り、燃やした後、[仏菩薩たちの身体から] 飛び出す。前述の穴を通って [彼女は] 再び [実践者の] 頭頂に入る。続いて、彼女は燃やされた仏たちの歓喜を生じる。彼女は臍の曼荼羅（＝応輪）に到達し、以前のように [応輪に] 安住する。［Skt ms: Śāstrī 72, 39a5–b1、Matsunami 343, 36a3–6］[15]

『ヴァジュラダーカ・タントラ』には「ヴァサンタ」「ティラカー」「ヴァサンタティラカー」といった呼称は用いられない。実践者の応輪に発生する微細で秘的な火はここでは「マハーマーヤー」（Mahāmāyā）と呼ばれているが、これは女尊マハーマーヤーが同書におけるヘールカの妃である最高女尊だからである。四輪三脈の体系において、応輪に発生する秘的な火を「ティラカー」、法輪のHŪṂ字を「ヴァサンタ」、それらが結合したものを「ヴァサンタティラカー」と呼ぶ例を『サンプトードバヴァ・タントラ』にも見出すことができる［Skt ms: 62b2–b3］[16]。『ヴァサンタティラカー』の四輪三脈の観想体系は、『ヴァジュラダーカ・タントラ』の観想過程と『サンプトードバヴァ・タントラ』の用語を組み合わせたものになっている。

結論――四次第の構造

内的な火と菩提身あるいは甘露を用いた観想は、『ヘーヴァジュラ・タントラ』に祖形が現われると見なすことは可能である。応輪に発生した内的な火が実践者の身体内部を上昇し、大楽輪を燃やし、その結果大楽輪から菩提心が発生するという観想である［Skt ed: I.1.31］[17]。これと同一の内的な観想はサンヴァラの諸文献に広く説かれる。これは四輪三脈に基づく内的観想法の 1 つの典型であったと言える。

だがサンヴァラの伝統においては、この基本形の延長上にありつつ、その内容を発展させた内的観想法も広く流布した。『ヘーヴァジュラ・タントラ』以来の基本形の場合、内的な火と菩提心の動きはあくまで実践者の身体内のみで行われる。これに対し、既に見たように『アビダーノーッタラ・タントラ』や『ヴァジュラダーカ・タントラ』や『ジュニャーノーダヤ・タントラ』や、その他『秘密灯火』に引用された典拠不明の観想法においては、内的な火は実践者の身体を飛び出し、十方にいる仏たちの身体内に潜り込み、彼らの大楽輪を燃やして甘露（それは菩提心とここでは同意義である）を発生させ、その仏たちの甘露を実践者の身体内に取り込むという、より壮大なものとなっている。実践者自身の身体のみならず、宇宙に遍満する仏たちの身体をも巻き込んだ全宇宙的な火と甘露の観想法が上記のサンヴァラ系の複数の聖典に見られることから、この観想過程の壮大化を、『ヘーヴァジュラ・タントラ』からサンヴァラへの内的観想法の大きな展開の 1 つととらえることができる。そして、四次第という独自の実践解釈の枠組みを立て、この壮大化された観想過程にその枠組みを当てはめることにより、完全な無分別の倶生智を獲得する方法論を整備したのがクリシュナーチャーリヤの体系であったと言える。

既に述べたように、四次第には『四次第』型と『ヴァサンタティラカー』型という 2 種類のものがある。前者は『アビダーノーッタラ・タントラ』等の、後者は『ヴァジュラダーカ・タントラ』等の伝統のライン上で作成されたと言うことができる。それら 2 種類の四次第の間の相違点がどのようなものかは既に検討した通りである。ではこれら 2 種の四次第の共通構造はどのようなものであろうか。この問いは、様々な聖典の内的観想法に対して適用される四次第というクリシュナ流実践解釈学そのものの構造への問いである。

四次第を構成する 4 つの次第を順に（I）、（II）、（III）、（IV）としよう。迷いの認識を分別、そしてその分別を取り除くための手段としての分別（一種必要悪としての分別）をここでは象徴と呼んでおこう。(I) では、四輪三脈や身体曼荼羅といった象徴の姿を身体内に観想することにより、実践者は五蘊より構成される自分の身体が清浄なものへと変容したと自覚する。四輪三脈は以下に続く観想を行う内的な場でもあるので、この観想は (II) 以下の観想を行うための内的な場を準備するという前行としての意義ももつ。場が整ったら、(II) において火の象徴により五蘊などに関する分別の象徴的代替物としての内的な諸文字が焼却される。これにより五蘊などの分別が象徴媒介的に焼却されたことになる。このような分別の否定を経た後、(III) では無分別の楽の智慧が如来たちの甘露（あるいは引き続き火）の象徴により享受される。だが以上はあくまで四輪三脈や火や甘露といった象徴に依存した体験である。象徴自身もまた分別である。(IV) でついに行者は象徴主義から離れ、完全に無分別な倶生智を体験する。以上が四次第の構造である。

ここでは、心臓部の法輪が五蘊という個の実在に関する分別を象徴するものとの解釈をとっている。また、観想の最終局面において応輪に甘露が安らぐ状態は、多くの聖典の冒頭に描かれる、金剛なる女性たちの女陰に世尊が住するという状態、すなわち世尊が悟りを享受している状態と同一視されている。ここでは臍部に位置する応輪は——実践者が女性であろうと男性であろうと——金剛なる女性たちの女陰と等価である。金剛なる女性たちの女陰に世尊が住するという一種神話的な出来事を、個々の実践者は自分の身体内の応輪において再現し、その果てに世尊同様に倶生智を体験しようとするのである。応輪が子宮の意義をもち、その中央の AṂ字が最高女尊を象徴し、大楽輪より発する甘露が最高男尊を象徴するという、四輪三脈の体系に比較的広く見られる解釈の延長上にこの解釈はあると言える。

注

1 あるいは『四次第解題』によれば、自身・時間・智慧・風の 4 つ。

2 これに対し、『四次第解題』は「三真実」とし、自身・尊格・曼荼羅を挙げる。

3 『四次第解題』によれば、以上の (20) から (22) までによって蘊界処の尊格たちの観想による蘊界処の浄化の教理とする。

4 『四次第解題』では、Tib: Toh, 359a2–364a4、Ota, 394a7–401a6。

5 bsrub bya srub byed yaṅ dag par sbyor bas ye śes kyi me las kyi rluṅ gis sbar te / lte baḥi dkyil ḥkhor du du ba ḥthul ba daṅ ḥbar ba daṅ gnas pa daṅ gsal ba dag gi / dam tshig gi ḥkhor lor son paḥi bdag gi de bshin gśegs pa rnams bsregs pas / loṅs spyod kyi ḥkhor lor chud paḥi thabs la bskhor bar bya ste / mdsod spur soṅ nas gnad ḥbyed paḥi sgo o ḍa ya na gyi miṅ can byuṅ nas / ḥjig rten gyi khams rnams su son paḥi de bshin gśegs pa rnams kyi thugs kar bsdus te / spyi gtsug gi bug nas son nas gser sgo dsā la ndha raḥi miṅ can nas shugs te sṅa ma ltar dam tshig gi ḥkhor lo bsreg go // ḥbyuṅ va daṅ ḥjug pa ni mi mthoṅ ste / skraḥi rtse mo brgya stoṅ gi chaḥi tshad kyi phyir ro shes byaḥo // sṅags kyi rim paḥo //

『四次第解題』では、Tib: Toh, 364a4–b7、Ota, 401a6–402a4。

6 だが『四次第解題』は眉間の開節門から智慧の火が出ることを述べず、『四次第』における該当記述は智慧の火が大楽輪に至ったことを示すものと解釈している。ここでは『四次第』自身の説明を尊重したい。

7 これに対し『四次第解題』は金門をスヴァルナドヴィーパ（Suvarṇadvīpa)、つまり脛にある穴とする。だが金門はサンヴァラでは一般に頭頂穴の名称であるので、ここでは通説に従う『四次第』の説を尊重した。

8 なお、「智慧の火」のような内的な火が身体内を移動することにより五蘊という分別を焼き滅ぼすという発想自体は、『サンヴァローダヤ・タントラ』にも見出すことができるが（Skt ed: 31.32 —— caṇḍālī jvalitā prakāśavisaratsaṃvṛttir evāmalā / dagdhaskandhavikalpite sravati cānālambasaṃvedanam /)、『サンヴァローダヤ・タントラ』自身がその詳細をどのように意図していたのかは、記述が簡潔であるため明確ではない。

9 de nas de bshin gśegs pa rnams kyi thugs kar phyin paḥi dam tshig gi ḥkhor lo bsdus te / chos dbyiṅs ye śes kyi bdud rtsi blaṅs nas sṅar bstan paḥi sgo nas byuṅ ste / ḥo maḥi rgyun ltar ḥoṅs nas / sgo de ñid nas shugs te / so mtshams kyi naṅ du son paḥi bug nas loṅs skyod kyi ḥkhor lor ṅal bso te / bsregs paḥi de bshin gśegs pa dam tshig gi dkyil ḥkhor du soṅ pa rnams la dgaḥ ba bskyed nas / lte baḥi dkyil ḥkhor du gnas pa yin no // ḥdir yaṅ ḥbyuṅ ba daṅ ḥgro ba daṅ ḥoṅ ba yaṅ mi mthoṅ ste / skraḥi rtse mo brgya stoṅ gi tshad kyi phyir ro shes gsuṅs paḥi phyir ro shes byaḥo // ye śes kyi rim paḥo //

なお、『四次第解題』では、Tib: Toh, 364b7–365a7、Ota, 402a5–b6。

10 金門を脛の穴とする『四次第解題』は、「智慧の火」が仏たちの脛の穴から出て、実践者の頭頂穴から実践者の身体内に入り、実践者の身体内の輪を再び燃やすと解釈する。しかし、前述のように金門とは一般に頭頂穴の名称であるので、ここでは『四次第』の説明を尊重した。

11 『四次第解題』では、Tib: Toh, 365b5–最後、Ota, 402b6–最後。

12 IASWR 写本は摩滅とフィルム状態が悪いために判読困難な部分が多い。したがって、ここでは 2 本の Matsunami 写本に基づいてテキストを再構成するという方針を採りたい—— manth[y]amanthānayogena jñānaraśmir[→-vahnir] iha karmaṇā mārutena prerito nābhimaṇḍale dhūmāyati jvalati[i] dīptibhiḥ / samayacakre gatān sugatān dagdh[v]ā tathāgatānāṃ[ii] saṃbhogacakragatān[→-gatam] upāyaṃ tripradakṣṇīkṛtyorṇākośagatena[iii] marmodghāṭanadvāreṇa[iv] niśritya[→ niḥsṛtya] daśadiglokadhātusthitānāṃ tathāgatānāṃ jñānāmṛtaṃ gṛhītvā śikhārandhragatena kanakadvāreṇa jālandharasaṃjñakena praviśya dantasīmottaragatarandhreṇa saṃbhogacakre viśramya[v] dagdhānāṃ tathāgatānām ānandaṃ janayantī nā-bhimaṇḍale sthirībhavati // —— [注] i) jvalati] jvaranti — Matsunami 12. ii) tathāgatānāṃ] tānāṃ — Matsunami 10. iii) -gatena] gate — Matsunami 12. iv) marmodghāṭana-] rmodghāṭana — Matsunami 10./ mamodghāṭana — Matsunami 12. v) viśramya] viśamā — Matsunami 12.

13 manth[y]amanthānasaṃyogāj jñānavahnir iha karmamārutena prerito nābhimaṇḍale pralīyate jvalati dīptibhiḥ / samayacakragatān sugatān dagdhvā saṃbhogacakragatam upāyaṃ triḥpradakṣiṇīkṛtyorṇakoṣagatena marmodghāṭanadvāreṇoḍḍiyānasaṃjñakena daśadiksthitatathāgatānāṃ jālandharasaṃjñakena kanakadvāreṇa praviśya teṣāṃ pūrvacakracatuṣṭayaṃ dagdhvā pūrvoktadvāreṇa nirgatya kṣīradhārām avagamya dagdhānāṃ tathāgatānām ānandaṃ janayati //

14 atha sahajaprajñāyoga ucyate / nirmāṇacakramadhyasthā prajñā varṇāgrarūpiṇī /[i] karmamārutanirdhūtā jvalantī sahajātmikā // vidyucchaṭāpratīkāśā susūkṣmā bisatantuvat /[ii] vibhāvyotthāpayen mantrī sadgurūpadeśataḥ // tatas tān dharmasaṃbhogacakragāṃs tathāgatān sabodhisattvagaṇān dagdhvā niṣkāśamārgeṇa niṣkramya upāyaṃ triḥ pradakṣiṇīkṛtya ūrṇākośagatān bhāvayet / tato marmodghāṭakadvāreṇa niḥsṛtya daśadiggatānāṃ buddhabodhisattvānāṃ praveśamārgeṇa praviśya jālandharagatāṃś cakrasthān sasutān sarvasugatān dagdhvā gṛhītaṃ tatpīyūṣarasaṃ śikhārandhreṇa nirgatya svapraveśamārgeṇa praviśya dadghāṃs tathāgatādi[→-tāṃs triḥ] pradakṣiṇīkṛtya oḍiyānena nirgatya jālandhareṇa praviṣṭāṃś cintayet / tatra tatra sravantī kṣīradhārā vahantī sīmāntaragatān dagdhān tathāgatāṃs toṣayantī /[iii] punar api nirmāṇacakre sthitān paśyet // —— [注] i) prajñā varṇā-] prajñāvarṇā — Skt ed. ii) vidyucchaṭā-] vidyucchatā — Skt ed. iii) sravantī] śravantī — Skt ed.

15 Śāstrī 72 = C、Matsunami 343 = T —— asyaiva sahajā prajñā sthitā tadgatarūpiṇī /[i] karmamārutanirdhūtā jvalantī nābhimaṇḍale //[ii] mahāmāyeti vikhyātā sarvakarmaprasādhikā /[iii] vālāgraśatasahasrāṅgī vidyucchaṭāsamaprabhā //[iv] devatākālayogeṣu romakūpāgrasandhiṣu /[v] niścarantī diśo daśa sarvās tarjayantī surāsurān //[vi] hṛdaye dharmacakraṃ tu dagdhvā saṃbhogacakrataḥ /[vii] nāsārandhreṇa niṣkramya dakṣiṇena samantataḥ //[viii] ūrṇākośagatenāpi randhreṇa daśadikṣu vai /[ix] buddhānāṃ bodhisattvānāṃ nāsārandhreṇa vāmataḥ // praviśya śikhācakre samādahya viniṣkramet /[x] pūrvoktenaiva randhreṇa śikhāyāṃ praviśet punaḥ //[xi] dagdhānāṃ caiva buddhānām ānandañ janayet tataḥ /[xii] nābhimaṇḍalam āgatya sthitā bhavati pūrvavat //[xiii] —— [注] i) -rūpiṇī] rūpiṇi — C./ rūpinī — T. ii) jvalantī] jvalantīha — C. iii) -māyeti] māyā iti — C./ māyā i — T.: vikhyātā] khyātā — C. iv) vālā-] vāla — Cac.: -śata-] sata — C.: -srāṅgī] srāṃṇā — C.: vidyucchaṭā-] vidyutacchatā — C. v) -kāla-] kala — C.T. vi) niścarantī] niścaranti — C.T.: diśo daśa] daśo diśaḥ — C./ diśo daśaḥ — T.: sarvās] sarvā — C. vii) dagdhvā] dagdhā — C.T.: -cakrataḥ] cakragataḥ — C./ cakragātaḥ — T. viii) niṣkramya] niṣkrāmya — Cac. ix) -kośa-] koṣa — T.: -gatenāpi] tenāpi — Cac./ śatenāpi — T. x) -cakre] cakra — T.: viniṣkramet] viniṣkramāt — C. xi) praviśet] praveśayet — C. xii) dagdhānāṃ] dagdhāṇā — C.: buddhānām] buddhānāṃm — T.: ānandañ] ānanda — T. xiii) -maṇḍalam āgatya] maṇḍalāgatya — T.

16 hūṃkāro 'nāhataṃ bījaṃ sravat tuṣārasaṃnibham / vasanta iti vikhyāto dehīnāṃ hṛdi nandanaḥ // vaḍavānalarūpā tu nairātmyā tilakā smṛtā /[i] karmamārutanirdhūtā jvalantīha nābhimaṇḍale // vasantaṃ prāpya saṃtuṣṭā samāpattyā vyavasthitā / eṣa śrīheruko vīro vasantatilakā matā // —— [注] i) nairātmyā] nairātmā — ms.: tilakā] tilakaḥ — ms.: smṛtā] smṛtāḥ — ms. なお、この箇所を含む『サンプトードバヴァ・タントラ』の一連の文章［Skt ms: 61b5–63b1］は、『ヴァサンタティラカー』の第 6 章の前半部分［Skt ed: 6.1–17］とほぼ同じである。

17 caṇḍālī jvalitā nābhau dahati pañcatathāgatān / dahati ca locanādīr dagdhe haṃ sravate śaśī // なお、この箇潔な句に対し、実際にはこれに限定されず様々な解釈が施された。たとえば、『ヨーガラトナマーラー』［Skt ed: p.110, l.1–p.111, l.2］には複数の解釈が紹介されている。

第7章　死兆と死のヨーガ

はじめに

ヴェーダ期以降、インドでは宗教や医学などの諸体系の中で、死に関する様々な思考が試みられてきたことはよく知られている。近年では永ノ尾信吾氏が明らかにしているように、その試みの中で、ヴェーダ期、古典期を経て中世期までには、ある死の実践の体系が整備される［Eino 2004］。この体系は以下の三つの要素から構成される。

1. 死兆（[a]riṣṭa, mṛtyucihna, mrtyalakṣaṇa,）
2. 死の欺き / 克服（kālavañcana, mṛtyuvañcana, akāla/kālamṛtyuvañcana, mṛtyuñjaya）
3. 死のヨーガ（utkramaṇa, utkrāntiyoga）

死兆とは、死が迫っていることを示す徴である。死の欺きとは、望まない死を回避する実践である。死のヨーガとは迫り来る自分の死を正しく受け入れる実践である。死のヨーガの実践によって、死は良き転生や解脱を得る契機となる。この体系が、サンスクリット文化の人々の代表的な実存的願望とも言える長寿や良き来世あるいは解脱への切なる願いと密接であることは言うまでもない。永ノ尾氏が指摘するように、この体系は、細部の相違こそあれ、仏教やシヴァ教等の伝統の相違、タントラやプラーナといった文献ジャンルの相違を越えて、初期中世期の聖典に広く見い出され、さらに、インドに侵入した一部のムスリム（スーフィー）たちにも受け入れられた。最後期の仏教（密教）の大きな伝統であるサンヴァラも例外ではない。

諸文献の記述に従ってこれら三つの要素の関係を、実践のプロセスという観点からまとめるならば、以下の [A]、[B]、[C]、[D] といった 4 つの型にまとめることが可能である[1]。

死兆の出現
↓
［A］特に対策がない
［B］死を回避するために、死の欺きを実践する
［C］死を受け入れるために、死のヨーガを実践する
［D］死の欺きを実践しても死兆の出現が止まらない場合、
死のヨーガを実践する

これらのうち、［A］は特に医学的文献、［B］［C］［D］は特に宗教的文献の中に見出せる。［A］は、死兆の出現によって知り得る死の接近に対する特別な策が準備されていない体系である。［B］は死の欺きを実践することにより、死を回避する体系である。［C］および［D］は、死のヨーガの実践に即して死を受け入れることにより、良き来世あるいは解脱を得る体系である。

本章は特に死兆と死のヨーガに焦点を当て、サンヴァラにおけるそれらの体系の特徴を、初期中世期インドにおける同テーマの全体的傾向と対照させながら検討することを目的とする（なお、初期中世期インドにおける同テーマの全体的傾向については、筆者は Eino 2004 より多くの示唆を得た）。

1　実践者の職業と死兆の性格

『チャラカ・サンヒター』(Carakasaṃhitā)［Skt ed: indriyasthāna 2.4–5］、『チャトゥシュピータ・タントラ』[Skt ms: 73b4–b5]、『マールカンデーヤ・プラーナ』(Mārkaṇḍeyapurāṇa)［Skt ed: 40.1］、『ヴァジュラダーカ・タントラ』[Skt ms: 58b4]、『ヴァーユ・プラーナ』(Vāyupurāṇa)［Skt ed: 19.1］、『サンプトードバヴァ・タントラ』[Skt ms: 115b2]、『シャールンガダラパッダティ』(Śārṅgadharapaddhati)［Skt ed: 162.3］、『シヴァタットヴァラトナーカラ』

(Śivatattvaratnākara) [Skt ed: 5.62]、『スカンダ・プラーナ』(Skandhapurāṇa) [Skt ed: 4.1.42.2] 等によれば、人が死ぬ時には死兆が現れる。したがって、この体系に依拠するアーユルヴェーダの医師や、前近代ヒンドゥー教や仏教等の宗教的実践者にとっては、死兆が危篤判定の際の重要な目安となる。『チャラカ・サンヒター』では、死兆は当事者の心身の重度な不調の徴の一種であるという定義がなされる [Skt ed: indriyasthāna 1.6–7]。だが、以下で見るように、それは当事者のみならず、当事者の心身以外の人や物にも現れることがある。医学的・宗教的なそれぞれの文献による分類およびそれらの思考法を可能な限り尊重しつつ、死兆の包括的類型化を試みるならば、以下のように仮説的にまとめることが可能だろう。後述するように、以下の [1][2][3] は死兆判定の専門家たちのそれぞれの職業的地平あるいは職業的論理の相違に基づくものである。

[1] 本人の経験的出来事として現れる死兆
  (a) 覚醒時に現れる死兆
    (i) 身体の内に現れる死兆
    (ii) 身体の外に現れる死兆
  (b) 夢の中に現れる死兆
    (i) 身体の内に現れる死兆
    (ii) 身体の外に現れる死兆
  (c) 瞑想中に現れる死兆
    (i) 身体の内に現れる死兆
    (ii) 身体の外に現れる死兆
[2] 往診中に、医師の周囲に現れる不吉な出来事としての死兆
[3] 占術に基づく死兆

上記 3 つの類型のうち、[1] の (a)(b)(c) それぞれのサブカテゴリーである (i) 身体の内（adhyātma 等）と (ii) 身体の外（bāhya 等）という類型は、初期中世期、死兆のみならず広く宗教的実践においてしばしば重視される解釈学的分類である。身体の内とは、人の身体を覆う皮膚およびその内部（した

がって肉体のみならず精神も含まれる）の領域を指し、身体の外とは、その外部の領域を指す。議論を死兆に限定し、仏教・非仏教といった宗教の相違を越えて複数の文献に幅広く見られる具体例をいくつかあげれば、『クリトヤカルパタル』（Kṛtyakalpataru）［Skt ed: mokṣakanda 25, p.248, l.12–13］、『ダーカールナヴァ・タントラ』［Skt ms: Kathmandu D40/6, 23a7–a8］、『マールカンデーヤ・プラーナ』［Skt ed: 40.4］、『ヴァーユ・プラーナ』［Skt ed: 19.4］、『シャールンガダラパッダティ』［Skt ed: 162.6］、『サンヴァローダヤ・タントラ』［Skt ed: 19.3］の「覚醒時あるいは夢の中で金色あるいは銀色の大小便をしたり、大小便と同時にくしゃみが出れば死は近い」（上記の類型では［1］—(a) あるいは (b)—(i))、『ヴァーユ・プラーナ』［Skt ed: 19.8, 19.20］、『マールカンデーヤ・プラーナ』［Skt ed: 40.10, 40.23］、『シャールンガダラパッダティ』［Skt ed: 162.12］、『シヴァタットヴァラトナーカラ』［Skt ed: 5.78］、『サンヴァローダヤ・タントラ』［Skt ed: 19.11］の「夜に虹が見えるならば余命3ヶ月等である」（上記の類型では［1］—(a)—(ii))、『クブジカーマタ・タントラ』［Skt ed: 23.27］、『マールカンデーヤ・プラーナ』［Skt ed: 40.20］、『ヴァーユ・プラーナ』［Skt ed: 19.17］、『シャールンガダラパッダティ』［Skt ed: 162.22］の「夢の中で黒い男たちに囲まれたり杖で攻撃されるならば余命6ヶ月等である」（上記の類型では［1］—(b)—(ii))、『ジャヤドラタ・ヤーマラ』（Jayadrathayāmala）［Skt ms: ṣaṭka 3, 193a3–a8］、『マーリニーヴィジャヨーッタラ・タントラ』（Mālinīvijayottaratantra）［Skt ed: 16.48–52］の「瞑想の中でヴィジョンとして見える身体の各部が欠けていたら瞑想者の死は近い」（上記の類型では［1］—(c)—(i) あるいは (ii))[2]といったようになる。

上記3つの類型のうち、［2］は医師の往診というコンテクストに関連する死兆であり、特に『チャラカ・サンヒター』に詳細に説かれる。具体的には、患者自身ではなく、医師のもとに往診の依頼に来た使者の不吉相、医師が患者の家に往診に行く道中に見た不吉な出来事、医師の往診中に患者の家の中に生じた不吉な出来事を指す［Skt ed: indriyasthāna 12.9–24, 12.25–31, 12.32–39］。逆にそれらに吉相が現れれば、それらは患者の回復を示す徴である［Skt ed: indriyasthāna 12.67–70, 12.71–79, 12.80–86］。

上記3つの類型のうち、[3] は患者本人や医師といった当事者に生じる経験的出来事というよりも、惑星・星や暦やその他の占術的媒体に基づく占術理論から導き出される死兆である。

[1] と [2] の型の死兆は主にアーユルヴェーダ医学系の文献に、[1] と [3] の型の死兆は主に（仏教・非仏教を含めた）宗教系の文献に、[3] の型の死兆は主に占術系、そして宗教系のうちでも占術の体系を取り込んだ文献に説かれると言ってよい。このように、死兆というアイデアを共有するとはいえ、それぞれの分野の専門家の関心や職業内容との関連から、説かれる死兆の種類には相違が見られる。また、同じ種類の死兆を共有するとしても、異なる分野の間では、さらに同じ分野の専門家たちの間でさえ、死兆の判定の基準は完全には統一されていなかったと考えるのが現実的であろう。たとえば、「舌が黒くなる」「舌が麻痺する」「舌に激痛がはしる」ことは、『ダーカールナヴァ・タントラ』[Skt ms: 87a8]、『クブジカーマタ・タントラ』[Skt ed: 23.41]、『クリトヤカルパタル』[Skt ed: mokṣakanda 25, p.249, l.17–18]、『チャトゥシュピータ・タントラ』[Skt ms: Kathmandu B26/23, 6b1]、『ジャヤドラタ・ヤーマラ』[Skt ms: ṣaṭka 3, 192b4]、『マールカンデーヤ・プラーナ』[Skt ed: 40.26]、『ヴァジュラダーカ・タントラ』[Skt ms: Calcutta 72, 57b3]、『ヴァーユ・プラーナ』[Skt ed: 19.23]、『シャールンガダラパッダティ』[Skt ed: 162.25]、『シヴァタットヴァラトナーカラ』[Skt ed: 5.29.10] といった医学や宗教そして宗教間の相違を越えて様々な文献で死兆とみなされているが、ある者はそのような舌の異常をほぼ機械的に死兆と診断し、別の者はそれをケースによっては病因論的に説明可能な一時的異常であると診断したということもあり得るのである。

このような理由から単純な比較や分業の体系の解明はできないが、医学的文献と宗教的文献それぞれの分野の体系における、死兆の出現がもつ意義の相違を検討することは可能である。死兆とはただ死が近づいていることにより生じる、明白な病因論的説明のつかない現象であるという定義が、『チャラカ・サンヒター』[Skt ed: indriyasthāna 1.6–7]、『アシュターンガフリダヤ』（Aṣṭāṅgahṛdaya）[Skt ed: śarīrasthāna 5.4–5]、『シヴァタットヴァラトナーカラ』[Skt ed: 5.63–64] といった医学的文献および宗教的文献双方に見られる。死はしばしば「時間」と同義の人格神（Kāla）であり、人々それぞれの過去業と関連しながら時間の原理に基づいて人々を支配する。『アシュターンガフリダヤ』は、死に瀕した者の周囲に集う死の神ヤマ（Yama）の使者（yamadūta）や死霊（piśāca）たちは、医薬の諸効力を無にすると定義する［Skt ed: śarīrasthāna 5.129–130］。死およびそれを告げる死兆の出現それ自体は、病因学とは次元の異なる宗教的な出来事として考えられている。ゆえに、永ノ尾氏が指摘するように［Eino 2004: 876–877］、死兆の出現は、病因学の専門家であるアーユルヴェーダ医学の医師たちにとっては、治療の中止と患者の放棄を決定する契機であるのに対し、宗教的実践者にとっては、死を欺く実践や、死のヨーガの実践を開始する契機となる。

2　サンヴァラの3種の死兆伝承

サンヴァラが説く死兆は、前節で見たサンスクリット文化における死兆の傾向と照らし合わせれば、［1］本人の経験的出来事として現れる死兆と［3］占術に基づく死兆ということになる。このことは、サンヴァラ系の諸文献が宗教的文献であることと、これら［1］と［3］が宗教的文献に説かれる傾向があることとも合致する。サンヴァラ系が説く死兆の類型自体は、サンスクリット文化における死兆の傾向の中に収まると考えてよい。ではこの大枠の傾向の中において、サンヴァラ系の死兆はどのような独自の展開を見せたのだろうか。

サンヴァラの諸聖典のうち、まとまった死兆を説くのは『ダーカールナヴァ・タントラ』、『ヴァジュラダーカ・タントラ』、『ヴァーラーヒーカルパ・タントラ』、『サンヴァローダヤ・タントラ』である[3]。サンヴァラの伝統ではないが、それと密接な関連を有するものとして、『チャトゥシュピータ・タントラ』も重要である。断片的、突発的あるいは他の体系に付加的に死兆を説くものも含めるならば、上記の聖典に限定されず、その範囲はかなり広がる。しかし、今はまとまった独立の教説として記される死兆の教説に焦点を当て、死兆体系の大きな傾向を導き出したい。これらの聖典に説かれる死兆には、大きく以下の3つの流れがある。

(1) 因習型の死兆
(2) 外的な時間の輪の体系に基づく死兆
(3) 脈管論と内的な時間の輪の体系に基づく死兆

(1) と (3) は、本章第 1 節の［1］本人の経験的出来事として現れる死兆に相当する。より詳細に見れば、(1) は［1］内の様々なカテゴリーに当てはまる死兆を含んでいるのに対し、(3) は［1］の中の特殊な一形態、具体的には [1]–(a)–(i) に限定される。(2) は［3］占術に基づく死兆の一形態である。以下、これら (1) (2) (3) を順に検討していこう。

2.1　因習型の死兆

サンヴァラ系における死兆体系の一つの流れを、『サンヴァローダヤ・タントラ』[Skt ed: 19.1–25] と『ダーカールナヴァ・タントラ』[Skt ms: Kathmandu D40/6, 23a3–b6、Kathmandu A142/2, 24b3–25a8][4] と『ヴァーラーヒーカルパ・タントラ』[Skt ms: Matsunami 346, 68a5–69a6, 69b7–71a2、Matsunami 347, 58b6–59b6, 60a7–61b7][5] の中に確認することができる。『サンヴァローダヤ・タントラ』の死兆リストを受け、それを部分的に詳細にしたものが『ダーカールナヴァ・タントラ』の死兆リストであると見なせる[6]。さらにそれら双方の死兆リストを——表記の乱れによる些細な相違は多数あるとはいえ——実質的にほぼそのまま継承したものが『ヴァーラーヒーカルパ・タントラ』の死兆リストである[7]。したがって、『サンヴァローダヤ・タントラ』と『ダーカールナヴァ・タントラ』から『ヴァーラーヒーカルパ・タントラ』への継承には特に新展開は見られず、『サンヴァローダヤ・タントラ』から『ダーカールナヴァ・タントラ』への展開を検討すれば事足りる。ここでは、この伝承の出発点である『サンヴァローダヤ・タントラ』の死兆リストの内容のみを**表 6–1** としてまとめ、『ダーカールナヴァ・タントラ』と『ヴァーラーヒーカルパ・タントラ』の死兆の具体的内容については、展開の様子を明らかにするために必要最小限で触れるという方針で検討を進めたい。なお、表 6–1 の項目〈余命等〉とは、対応する〈死兆の内容〉が現れた者の余命年数・月数・日数や、あるいは本人以外の者の宿命等を意味する。単に年数・月数・日数のみ記してある項目は、本人の余命時間を表している。

表 **6–1**　『サンヴァローダヤ・タントラ』の死兆

	〈死兆の内容〉	〈余命〉
(1)	両足の裏に傷ができた後、臍に傷ができる	3日
(2)	大便と尿をする時と同時にくしゃみがでる	1年
(3)	男女の性の営みをしている時（女陰と男根が結合している最中および前戯・後戯中）に2人が同時にくしゃみをする	1ヶ月
(4)	胸部と喉の中央に同時に傷ができる	1ヶ月半
(5)	左眼に映る像の反映を鏡に見ない	7日
(6)	耳の付け根や眉間や頭頂に傷ができ、さらに傷が四支に行き渡る	その日のうちに死ぬ
(7)	突然に肥満になったり痩せたり怒ったり恐怖に困惑する	1年
(8)	白分第1日に精液が黒色になる	6ヶ月
	白分第1日に精液が赤色になる	病気を意味する
(9)	涙がつねに流れる / 姿形が揺れて見える / 鏡あるいは水に映る自分の姿が見えない / 夜に虹を、昼に天体の輪を見る / 南の空に雲を伴わない稲妻がきらめくのを見る / 昼に銀河を、流れ星が落ちるのを見る / ガチョウとカラスと孔雀が1ヶ所に集まっているのを見る / 月を2つと太陽を2つ見る / 自分の頭に炎を見る / 木の天辺や山頂にガンダルヴァの町を見る / プレータや、ピシャーチャや、本来見えるはずのないその他の恐ろしいものを見て、突然震え出したり、刹那刹那に卒倒したりする（以上を1つずつ見る）	1ヶ月
(10)	濁点がない月を見る / 光を放たない太陽を見る / 夜に太陽を、昼に月を見る / 自分の眼が燃え上がるのを見る / メール山ほどの大きさの星を見る / 海が川のように見える / 精液が大便・小便と同時に出る	半月
(11)	昼時、自分の影が白色に見えたり、自分の影の頭の部分が見えない	1年
	昼時、自分の影の左手の部分が見えない	息子と妻が死ぬ
	昼時、自分の影の右手の部分が見えない	父と母など年長の者たちが死ぬ
(12)	尿が5つに分かれて出る / 尿が左向きに出る / 尿がすっぱくなる等、尿の味の異常	6ヶ月
(13)	夢の最後に、堆積された砂や灰の上に、あるいは僧院の中心柱の上に登る	6ヶ月 (?)[i]

(14)	夢の最後に、驢馬や猿に乗り、蟻塚や堆積された砂の上を通って南方へと導かれる / 黒色の衣服をまとい、男への愛に耽る黒色のカーララートリー（Kālarātrī）女神を夢の中で見る	死ぬ（日数不明）
(15)	夢の中で犬・カラス・禿鷹・豹・熊・プレータ・ピシャーチャたちに食われる	1 年
(16)	夢の中で赤色の服をまとい、赤色の花環で飾られ、胡麻油で塗られる	6 ヶ月

i) 余命時間については、pūrvavat（以前のように）と記されているのみである。

以下の 3 つの観点から検討を加えたい。

(I) 仏教外聖典との関連

たとえば、表 6–1 中 (9) における「プレータ (preta) や、ピシャーチャ (piśāca) や、あるいは本来見えるはずのない他の恐ろしいものを見て、突然震え出したり、刹那刹那に卒倒したりするならば、・・・(中略)・・・彼は 1 ヶ月に至るまでに死ぬはずである」という死兆と類似のものを、『クブジカーマタ・タントラ』[Skt ed: 23.22][8]、『クリトヤカルパタル』[Skt ed: mokṣakāṇḍa, 25, p.248, l.10–11][9]、『マールカンデーヤ・プラーナ』[Skt ed: 40.5][10]、『シャールンガダラパッダティ』[Skt ed: 162.7][11]、『シヴァタットヴァラトナーカラ』[Skt ed: 5.81c–82b][12]といった仏教外の諸文献にも見出すことができる。このことは、サンヴァラ系の死兆が、広くサンスクリット文化の傾向の中で形成されていることの一つの具体的現れであろう。また、『サンヴァローダヤ・タントラ』[Skt ed: 19.1] と『ヴァーラーヒーカルパ・タントラ』[Skt ms: Matsunami 346, 69b7–70a1、Matsunami 347, 60a7] は死兆を説くにあたって「賢者は自分の身体と外部に兆（つまり死兆）を見るべきである」と明記している。これは身体の内と外という二分法の主張であり、サンスクリット文化の死兆の一般的傾向との合致の表れである。

(II)『サンヴァローダヤ・タントラ』から『ダーカールナヴァ・タントラ』への死兆の展開

たとえば、『サンヴァローダヤ・タントラ』に説かれる最初の死兆「両足の裏に傷ができた後、臍に傷ができた時は、3 日後に彼は死ぬ」は、『ダーカールナヴァ・タントラ』では「もし、ある時上顎の三箇所に傷ができたら、彼は 3 日で死ぬ」「もし、足の裏に傷ができた後、臍に傷ができれば、人々は 2 日で死ぬ」「もし、足の裏に傷ができた後、眼に傷ができれば、3 日で死に屈服する」「もし、足の裏に傷ができた後、鼻に傷ができれば、3 日で死ぬ」となっている。また、『サンヴァローダヤ・タントラ』の二番目の死兆「大便と小便をする時と同時にくしゃみをすれば、彼は 1 年で死ぬ」は、『ダーカールナヴァ・タントラ』では「もし大便と小便をする時にくしゃみが出れば、彼は 1 年で確実に死ぬ。午前時であれば 5 日、正午時であれば 10 日、午後時であれば半月、真夜中であれば 1 ヶ月である」となっている。『サンヴァローダヤ・タントラ』の死兆判定の規定をより緻密にしようという意図を、『ダーカールナヴァ・タントラ』に見て取ることができる。

『ダーカールナヴァ・タントラ』[Skt ms: Kathmandu D40/6, 23a3–a5、Kathmandu A142/2, 24b3–b5] には（したがって、それを継承した『ヴァーラーヒーカルパ・タントラ』[Skt ms: Matsunami 346, 68a6–a7、Matsunami 347, 59a1] にも）「急所の傷が軽度の [死の疑い] か、中程度 [の死の疑い] か、重度の死の疑いかを彼は見分けるべきである」という記述が見られる。この方針に基づいて、『サンヴァローダヤ・タントラ』が〈足の傷＋臍の傷〉を余命三日の徴と規定したのに対し、『ダーカールナヴァ・タントラ』（および『ヴァーラーヒーカルパ・タントラ』）はさらに〈足の傷＋ X〉として、X が臍の傷ではなく他の箇所の傷である場合の余命の個別規定を設けたとも考えられる。大便と小便とくしゃみに関する死兆も同様に理解すべきである。

(III) 死兆の原理

前述のように、死兆とは病因論的説明がつかない、ただ死が迫っていることにより出現するものであるという規定がなされる。とはいえ、このことは、死が迫っているという原因に対する "直接の" 結果として死兆が出現するということを必ずしも意味しない。つまり、死が迫っていることと死兆の出現の間に何らかの原理が介入することがある。後に検討する (2) 外的な時間の輪の体系に基づく死兆と（3）脈管論と内的な時間の輪の体系に基づく死兆においては、時間の輪の体系や脈管の異常がそのような原理として機能している。これらに対し、今検討中の（1）因習型の死兆にはそのような原理が明確化されていない。この死兆は数ある種類の死兆の中でも最も素朴な種類のものであり、さしたる原理も明確化されないまま、あるいは仮に最初期の段階では何らかの原理があったとしてもそれが長い時間の中で忘れ去られて、仏教の内外で半ば機械的に伝承されてきたのだろう。確かに、上記（II）で検討したように、『サンヴァローダヤ・タントラ』から『ダーカールナヴァ・タントラ』への伝承過程には内容の展開はあった。しかしそれは理論上の質的展開というよりも、問診内容を細かくする以上のものではない。また、先に述べたように、伝承（書写）の行き着く先である『ヴァーラーヒーカルパ・タントラ』においては何ら内容の展開はなく、さらに記述の乱れはひどくなっている。だが実際には、このような因習型の死兆は、サンスクリット文化における死兆の教義の中でも、最も多く見られる型の死兆である。

2.2　外的な時間の輪の体系に基づく死兆

『ヴァジュラダーカ・タントラ』は、占術に基づく死兆を説く。この死兆は、本書第 4 章で見た 12 の家主（bhuvaneśvara）の概念を用いた暦（表 4–6）に即して判定される。

死兆の教説は表 **6–2** の通りである [Skt ms: Śāstrī 72, 29b1–b5、Matsunami 343, 27a5–b1][13]。たとえば、ローヒターの暦日に病気による倦怠感（glāna：おそらく当事者はもちろん周囲にも死を感じさせるような病の重度の倦怠感を指すのだろう）を生じた者は、もし 15 日目に時外れの死を迎えなければ、それから 5 夜目にその病気から解放されることになる（表 6–2 中の（1））。ブヴァネーシュヴァラの暦日に倦怠感を生じた者は、もし 3 日目に時外れの死を迎えなければ、それから 7 夜目にその病気から解放されることになる（表 6–2 中の（2））。

12 の家主は時間の輪の基本単位として機能すると同時に、占術の基本要素でもある。ゆえに、12 の家主の概念に基づく暦が成立し、それに基づく占術が可能となる。それぞれの細かな数字の根拠や計算方法を知ることは困難で

表 **6–2**　『ヴァジュラダーカ・タントラ』の死兆

	倦怠感の発生	その後の症状の変化
(1)	ローヒターの暦日	もし 15 日目に時外れの死を迎えなければ、それから 5 夜目に病気から解放される。
(2)	ブヴァネーシュヴァラの暦日	もし 3 日目に時外れの死を迎えなければ、それから 7 夜目に病気から解放される。
(3)	スヴァプニカーの暦日	もし 3 日目に時外れの死を迎えなければ、それから 7 夜目に病気から解放される。
(4)	ヴァークリの暦日	もし 3 日目あるいは 5 日目に時外れの死を迎えなければ、それから 1 夜で病気から解放される。もし解放されなければ、死ぬ定めにある。
(5)	ビドリカの暦日	もし 3 日目あるいは第 4 日目に時外れの死を迎えなければ、それから 10 夜目に病気から解放される。
(6)	ミキラの暦日	3 日目に時外れの死を迎えなければ、それから 8 日目に病気から解放される。だが、病気がちな状態で長生きすることになる。
(7)	ランダーの暦日	5 日目に時外れの死を迎えなければ、それから 9 日目に起き上がり、それから 10 夜目に病気から解放される。
(8)	マカラの暦日	8 日目に時外れの死を迎えなければ、それから 21 日目に病気から解放される。もし解放されなければ、死ぬ定めにある。
(9)	クールマの暦日	8 日目に説く外れの死を迎えなければ、それから 10 日目に病気から解放される。
(10)	ヴィリシャバの暦日	3 日目あるいは 5 日目に時外れの死を迎えなければ、それから 8 日目に起き上がる。だが、やや病気がちな者になる。
(11)	バドラの暦日	8 日目あるいは 10 日目に時外れの死を迎えなければ、病気から解放される（日数は記されていない）。
(12)	モーヒターの暦日	3 日目あるいは 7 日目に時外れの死を迎えなければ、病気から解放される（日数は記されていない）。

表 **6–3**　『チャトゥシュピータ・タントラ』の死兆

	死兆と余命期間
(0)	早朝（pūrvāhṇa）のローヒターの時間帯（3 ghaṭi ＝約 72 分間）に、恐ろしいもの [やこと] を見 [聞きし] なくても呼吸が切れ切れに震えたり [＝ 異常に増減したり]、同様に頬がこけて [井戸の穴のような険しい] 皺が現れると、6 ヶ月で死ぬ。
(1)	[鼻の脈管が切れて] 鼻の肉が切れれば、7 日で死ぬ。
(2)	[眼の脈管が切れて] 涙が途切れれば、5 日で死ぬ。
(3)	[頬の側面の脈管が切れて] 頬の側面に長くけわしい皺が現れれば、1 晩で死ぬ。
(4)	[両耳の脈管が切れて] 耳のくぼみが切れれば、5 ガティ（＝約 2 時間）で死ぬ。
(5)	[舌の脈管が切れて] 舌の繊維が黒くなれば、2 晩で死ぬ。
(6)	[歯の隙間の脈管が切れて] 上下の歯の隙間が密になれば、3 夜で死ぬ。
(7)	首の側面の脈管が [切れて] 外に浮き出れば、半月で死ぬ。
(8)	[胸の籠の脈管が切れて] 胸の籠がくぼめば、半月で死ぬ。
(9)	[爪の脈管が切れて] 身体の爪の血の気がなくなれば、8 日で死ぬ。

ある。だが上記の教説の中に、人々に現れる病状の変化を、時間の輪という巨大な存在の原理との関連から理解しようとする態度を読み取ることができよう。

2.3　脈管論と内的な時間の輪の体系に基づく死兆

『チャトゥシュピータ・タントラ』[Skt ms: Kathmandu Reel B26/23, 6a5–b2、Cambridge Add.1704, 9a1–a5] が説く死兆の内容をまとめれば、表 **6–3** のようになる。なお、表中 [ ] 内は注釈書『チャトゥシュピータ大要』[Skt ms: 19a5–21a1] による補充であり、『チャトゥシュピータ・タントラ』自身には説かれていない。また、各項目に付した番号は、後の『ヴァジュラダーカ・タントラ』と『ダーカールナヴァ・タントラ』および『サンヴァローダヤ・タントラ』と『ヴァーラーヒーカルパ・タントラ』との比較のための便宜上のものである。

死兆の現れる箇所は上半身、それも首の箇所以上に集中している。また、『チャトゥシュピータ・タントラ』には明確ではないが、『チャトゥシュピータ大要』によれば、それらの死兆は各関連箇所に存する脈管が切れるという現象と結び付いている[14]。

次に、『ヴァジュラダーカ・タントラ』と『ダーカールナヴァ・タントラ』、および『サンヴァローダヤ・タントラ』と『ヴァーラーヒーカルパ・タントラ』が説く死兆の内容を見ていこう。

『ヴァジュラダーカ・タントラ』の死兆［Skt ms: Śāstrī 72, 55b2–57b7、Matsunami 343, 48b6–50a5］と『ダーカールナヴァ・タントラ』の死兆［Skt ms: Kathmandu D40/6, 86a7–87b3、Kathmandu A142/2, 89b7–91a6］の間には細部の相違こそあるものの実質的な相違はない[15]。『ヴァジュラダーカ・タントラ』の成立が『ダーカールナヴァ・タントラ』の成立に先行することを考えれば、後者の死兆は前者のそれを継承したものであると判断できる。したがって、ここでは主に『ヴァジュラダーカ・タントラ』の死兆を扱い、『ダーカールナヴァ・タントラ』のそれについては補足的に触れるに止めたい。

これら 2 つの聖典が説く死兆を、表 **6–4** のようにまとめることができる。なお、表中項目 (0) から (15) の［ ］内は、注釈書『ヴァジュラダーカ語釈』による補充である。また、“——” となっている箇所は、聖典に記載がないことを意味する。項目 (0) の内容は、呼気と吸気が右鼻穴のみを通り続け、かつその呼気と吸気が途切れ途切れに震え続ける（『ヴァジュラダーカ語釈』によれば異常に増減すること）期間と、それに基づく余命判断である（なお、呼吸気が右鼻穴のみを通ることを死兆の一つとする考え方は、『スカンダ・プラーナ』にも見出すことができる［Skt ed: 4.1.42.3–4]。たとえば (0–1) ならば「6 日間呼吸気が右鼻穴のみを通り続け、かつ途切れ途切れに震え続けるならば、彼は余命 2 年 9 ヶ月 18 日である」、(0–2) ならば「7 日間呼吸が右鼻穴のみを取り続け、かつ途切れ途切れに震え続けるならば、彼は余命 2 年 7 ヶ月 6 日である」という意味である。ここに記した余命数は、『ヴァジュラダーカ・タントラ』と『ダーカールナヴァ・タントラ』に記載されている余命計算法に基づく計算結果である。『ヴァジュラダーカ・タントラ』および『ダーカールナヴァ・タントラ』に記載されている計算結果そのものは（ ）内にそれぞれ “V” “Ḍ” として記した。項目 (1) から (15) に関しては、基本的に『ヴァジュラダーカ・タントラ』の記述を表中に記し、『ダーカールナヴァ・タントラ』における相違点は（Ḍ： ）として記した。これら項目 (1) から (15) の死兆は早朝の、ローヒターという家主があてがわれる時間帯に現れるとされる。また、これら項目 (1) から (13) に現れる「上を向き」という表現はすべて女性形単数（ūrdhvamukhī）であり、そして項目 (11) においてそれは脈管（nāḍī）であることが明記されていることを考え合わせるならば、それら「上を向き」という表現は脈管を指していると解釈するべきである。

記述は極簡潔ではあるが、表中項目 (0) の部分と同主旨の教説と見なせるものを、『サンヴァローダヤ・タントラ』［Skt ed: 5.26–32］と『ヴァーラーヒーカルパ・タントラ』［Skt ms: Tokyo 364, 17a3–b1］の中に見出せる。『サンヴァローダヤ・タントラ』と『ヴァーラーヒーカルパ・タントラ』の記述は同じであり、前者の方の成立が早いとするならば、後者が前者のそれを継承したと解釈することも可能である。表中項目 (1) から (15) の内容はこれらの聖典には説かれない。

表 6–4　サンヴァラにおける死兆の展開

	死兆と余命期間
(0)	(0–0) 5 日間 → 3 年（V と Ḍ：——）
	(0–1) 6 日間 → 2 年 9 ヶ月 18 日（V：2 年 6 ヶ月 18 日、Ḍ：——）
	(0–2) 7 日間 → 2 年 7 ヶ月 6 日（V：2 年 6 ヶ月 10 日、Ḍ：2 年 6 ヶ月 18 日）
	(0–3) 8 日間 → 2 年 4 ヶ月 24 日（V と Ḍ：2 年 4 ヶ月 24 日）
	(0–4) 9 日間 → 2 年 2 ヶ月 12 日（V：2 年 4 ヶ月 12 日、Ḍ：2 年 2 ヶ月 12 日）
	(0–5) 10 日間 → 2 年（V：——、Ḍ：2 年）
	(0–6) 11 日間 → 1 年 9 ヶ月 18 日（V と Ḍ：1 年 9 ヶ月 18 日）
	(0–7) 12 日間 → 1 年 7 ヶ月 6 日（V と Ḍ：1 年 7 ヶ月 6 日）
	(0–8) 13 日間 → 1 年 4 ヶ月 24 日（V と Ḍ：1 年 4 ヶ月 9 日）
	(0–9) 14 日間 → 1 年 2 ヶ月 12 日（V：1 年 2 ヶ月 5 日、Ḍ：1 年 2 ヶ月 10 日）
	(0–10) 15 日間 → 1 年（V と Ḍ：1 年）
	(0–11) 16 日間 → 10 ヶ月 24 日（V と Ḍ：10 ヶ月 24 日）
	(0–12) 17 日間 → 9 ヶ月 18 日（V と Ḍ：9 ヶ月 18 日）
	(0–13) 18 日間 → 8 ヶ月 12 日（V と Ḍ：8 ヶ月 12 日）
	(0–14) 19 日間 → 7 ヶ月 6 日（V と Ḍ：7 ヶ月 6 日）
	(0–15) 20 日間 → 6 ヶ月（V と Ḍ：6 ヶ月）
	(0–16) 21 日間 → 5 ヶ月 12 日（V と Ḍ：5 ヶ月 12 日）
	(0–17) 22 日間 → 4 ヶ月 24 日（V と Ḍ：4 ヶ月 24 日）
	(0–18) 23 日間 → 4 ヶ月 6 日（V と Ḍ：4 ヶ月 6 日）

	(0–19) 24 日間 → 3 ヶ月 18 日（V とḌ：3 ヶ月 11 日） (0–20) 25 日間 → 3 ヶ月（V：3 ヶ月、Ḍ：——）
(1)	[鼻の両穴の境目の肉の中にある脈管が切れて] 鼻の肉が切れたとき、[脈管は上を向き、鼻は曲がり、]7 日で死ぬ。
(2)	[眼にある脈管が切れたとき、脈管は] 上を向き、涙が止まり [眼が乾燥し]、5 日で死ぬ。
(3)	[左耳の下の] 頬の側面 [の先端の脈管が切れたとき]、[脈管は] 上を向き、[頬のつなぎ目が開いて皺がくっきりし、]1 日（Ḍ：10 日と 1 夜）で死ぬ。
(4)	右耳 [の下の頬の側面の先端の脈管が切れたとき]、[脈管は] 上を向き、[頬のつなぎ目が開いて皺がくっきりし、]18 日で死ぬ。
(5)	[舌の先端部分の上側の脈管が切れたとき、] 舌の [先端部分の上側の] 線が黒くなり、6 日（Ḍ：4 夜）で死ぬ。
(6)	[歯の隙間の脈管が切れたとき、脈管は] 上を向き、[上下の] 歯の隙間が密になって [開かなくなり]、6 日で死ぬ。
(7)	首の側面にある表面側の脈管（Ḍ：涙を運ぶ脈管）[が切れたとき]、上を向き、[生命風がそこに集まり、]5 日で死ぬ。
(8)	[胸の籠の脈管が切れたとき、脈管は] 上を向き、胸の籠はへこみ、半月で死ぬ。
(9)	臍の中央 [の脈管が切れることにより風が行かなくなり]、爪から血の気が失せたとき、10 日で死ぬ。
(10)	腿の上方 [の脈管が切れたとき]、[風が] 上へ行き、[動きが容易でなくなり、]24 日で死ぬ。
(11)	脹脛の脈管 [が切れたとき、脈管は] 上を向き、[脹脛が険しくなり、]12 日で死ぬ。
(12)	性器 [にある脈管が切れたとき、脈管は] 上を向き、[性器の梵紐が見えなくなり、] 即死する。
(13)	生殖器 [にある脈管]（Ḍ：リーラヴァティー [Līlāvatī] という脈管）[が切れたとき、脈管は] 上を向き、6 日で死ぬ。
(14)	頭頂部の何らか異常（異常内容および余命数は説明されない）。
(15)	呼吸が途切れ途切れになる（余命数は説明されない）。

各項目の冒頭に付した番号は、先の『チャトゥシュピータ・タントラ』の死兆の各項目に付した番号に対応している。『ヴァジュラダーカ・タントラ』および『ダーカールナヴァ・タントラ』の死兆が先に述べた『チャトゥシュピータ・タントラ』の説の延長上にあることは容易に理解できよう。だが、これは単なる延長にとどまるものではなく、死兆観の展開として積極的に理解されるべきである。その展開とは具体的にどのようなものなのか。以下、4 つの観点から検討したい。

(I) 問診範囲の拡大

『チャトゥシュピータ・タントラ』と比較すると、これらの聖典には、性器に関連する (12) と (13) が新たに加えられ、足に関連する (10) と (11) が加えられ、さらに (9) が述べる爪の血色の異常が、臍の箇所での異常と結び付けられている。つまり、『ヴァジュラダーカ・タントラ』と『ダーカールナヴァ・タントラ』は下半身に現れる死兆を項目の中に多く加えることにより、問診範囲を全身に拡大している。

(II) 2 種類の死兆

上掲『ヴァジュラダーカ・タントラ』と『ダーカールナヴァ・タントラ』の死兆リストでは、呼吸異常により知られる余命（表 6–4 中 (0)）が比較的長期のものであるのに対し、身体各部の異常により知られる余命（表 6–4 中 (1) から (13)）は比較的短期のものになっている。さらに、双方の聖典は「死兆にはしばらく先の死を知らせるものと間近の死を知らせるものがある」と述べ、呼吸のみの異常（表 6–4 中 (0)）を「しばらく先の死を知らせるもの」、身体各部の異常とそれとともに生じる呼吸異常（表 6–4 中 (1) から (15)）を「間近の死を知らせるもの」と明記している［『ヴァジュラダーカ・タントラ』, Skt ms: Śāstrī 72, 55b1–b4、Matsunami 343, 48b4–49a1］［『ダーカールナヴァ・タントラ』, Skt ms: Kathmandu D40/6, 86a8–86b1、Kathmandu A142/2, 89b9–90a1］[16]。このことから、『ヴァジュラダーカ・タントラ』と『ダーカールナヴァ・タントラ』は、まず呼吸異常が比較的先の死を知らせる死兆として現れ、死が一層間近に迫ると続いて呼吸異常とともに身体各部の異常が現れる、という体調変容のプロセスを想定していることが理解できる。

先の『チャトゥシュピータ・タントラ』の死兆リストにおける (0) から (9) も同様の趣旨をもつと解釈することは可能である。なぜなら、(0) が比較的先の死を知らせるものであり（6 ヶ月）、(1) から (9) は比較的間近な死を知らせるものになっているからである。したがって、『ヴァジュラダーカ・タントラ』と『ダーカールナヴァ・タントラ』における死兆の二分化の発想――つまり、しばらく先の死を知らせる死兆と間近の死を知らせる死兆――は、『チャトゥシュピータ・タントラ』のそれを継承していると見ることは可能である。だが、『ヴァジュラダーカ・タントラ』と『ダーカールナヴァ・タントラ』における死兆の二分化は新たな意義ももっており、それは以下（III）と（IV）の検討を経ることにより明確になる。

(III) 表 6–4 中 (0)「しばらく先の死を知らせる」死兆と時間の輪

呼吸異常という死兆に関して、『チャトゥシュピータ・タントラ』と異なり、『ヴァジュラダーカ・タントラ』は呼吸異常の期間を規定し、その期間の相違に基づく詳細な余命判定を試みている。余命判定をより緻密にするためだろう。その規定は呼吸異常の期間が長くなるほど余命が少なくなるというものであるが、これはどのような計算に基づくのだろうか。

『ヴァジュラダーカ・タントラ』[Skt ms: Śāstrī 72, 55b4、Matsunami 343, 49a1］も『ダーカールナヴァ・タントラ』[Skt ms: Kathmandu D40/6, 86b2、Kathmandu A142/2, 90a2］も共に 12 の時間区分から構成される時間を自体とする輪 (cakraṃ kālātmakaṃ)、つまり時間の輪に基づいて余命計算を行う。その計算は 3 年から始める[17]。『ヴァジュラダーカ・タントラ』と『ダーカールナヴァ・タントラ』が記載する計算方法は、1 ヶ月を 30 日と設定したうえで、余命 3 年から 1 年にかけては呼吸異常の日数が 1 日増える毎に余命が 72 日ずつ減少し（表 6–4 中の (0–0) から (0–10))、余命 1 年から 6 ヶ月にかけては 36 日ずつ減少し（表 6–4 中の (0–10) から (0–15))、余命 6 ヶ月から 0 日にかけては 18 日ずつ減少する（表 6–4 中の (0–15) から (0–25)）というものであり、余命 1 年と余命 6 ヶ月を区切りに減少日数が半分になっていく[18]。『ヴァジュラダーカ・タントラ』と『ダーカールナヴァ・タントラ』における計算結果の記述には（おそらく書写の過程で生じたと思われる）乱れがあるにしろ、双方の聖典の考え方は同一であると見なしてよい。なお、表中 (0) の項目と同主旨と見なせる教説を説く『サンヴァローダヤ・タントラ』と『ヴァーラーヒーカルパ・タントラ』にも、余命計算を 3 年から始めること、余命は 3 年から 1 年にかけて 72 日ずつ、1 年から 6 ヶ月にかけて 36 日ずつ、6 ヶ月から 0 日にかけて 18 日ずつ減少するという、同様の法則が見られる。

だが、それら減少日数としての 72 日、36 日、18 日自体が時間の輪の体系におけるどのような計算に基づいて導き出されるのかについては、いずれの聖典とも説明をしていない。詳細こそ不明であるが、特に呼吸異常という死兆に関して、これらの聖典が人の余命を時間の輪の体系の中で理解しようと試みていることは理解できよう。

(IV) 表 6–4 中 (1) から (15)「間近の死を知らせる」死兆と脈管

『チャトゥシュピータ・タントラ』自身は死兆と脈管の関連を明確に説かなかったのに対し、『ヴァジュラダーカ・タントラ』と『ダーカールナヴァ・タントラ』は死兆の出現と死兆が現れる身体の箇所を通る脈管が上を向くことを関連付けている。『ヴァジュラダーカ語釈』によれば、脈管が上を向くことは、その脈管が切れたことによるという。また、『ヴァジュラダーカ・タントラ』の死兆の教説は、以下のような女神の問いに対する世尊の答えとして記されている——「世尊よ！特に智慧の真実を私は拝聴したいのです。身体のこの [死] 兆はどのようなものですか。[それは] どのように "脈管に基づいている (nāḍīsamāśritam)" のですか。それらの詳細を私は知りません。最も優れた楽であるあなたはお説きください。」[Skt ms: Śāstrī 72, 55a6–b1、Matsunami 343, 48b3–b5][19]。同趣旨の文章は『ダーカールナヴァ・タントラ』にも見られる [Skt ms: Kathmandu D40/6, 86a7–a9、Kathmandu A142/2, 89b7–b10]。『チャトゥシュピータ・タントラ』も死兆を説く際に上記と類似する文章を述べるが、『チャトゥシュピータ・タントラ』の文章には脈管への言及はなく、また『ヴァジュラダーカ・タントラ』の「(身体に現れる徴は) どのように "脈管に基づいている" のですか」という箇所は、『チャトゥシュピータ・タントラ』では「(身体に現れる徴は) どのように "真実 (tattva) に基づいている" のですか」となっている [Skt ms: Kathmandu Reel B26/23, 6a4–a5、Cambridge Add.1704, 8b4–9a1][20]。『ヴァジュラダーカ・タントラ』および『ダーカールナヴァ・タントラ』が、『チャトゥシュピータ・タントラ』の死兆リストを継承しつつも、死兆出現と脈管異常の関連という新たな発想をそこに導入しようとしていることがここからも窺われる。死兆と脈管異常の関連という発想はこれらサンヴァラ系の聖典に止まらず、サンヴァラの伝統の枠を超えてチャトゥシュピータ系の後代の文献である『チャトゥシュピータ大要』にも見られ (先の『チャトゥシュピータ・タントラ』の死兆リストを見よ)、具体的内容こそ異なれ、『カーラチャクラ・タントラ』にも共有されている。

時間の輪とは人々を包摂するこの輪廻を支配する時間のメカニズムである。本書第3章で述べたように、脈管は養分を体中に運ぶことにより身体各部を養う、身体維持の重要組織であると見なされることもある。(II)(III)(IV)の考察から、『ヴァジュラダーカ・タントラ』と『ダーカールナヴァ・タントラ』における死兆の二分化は、人を支配する時間の流れがまず人に呼吸異常として死の接近を知らせ（＝比較的先の死を知らせる死兆の出現)、最終的には身体維持組織としての脈管の破壊を徐々にもたらす（＝間近に迫った死を知らせる死兆の出現）というプロセスを主張するものであることが理解できよう。時間の輪は内的な時間の輪として人間の身体内循環をも支配している。本書第5章で検討したように、時間の輪は、呼吸活動によりもたらされる脈管内の生命風の循環と密接である。『ヴァジュラダーカ・タントラ』と『ダーカールナヴァ・タントラ』は、内的な時間の輪の体系の中で死の接近の姿を理解しようとしたのである。これがチャトゥシュピータ系からサンヴァラ系への死兆観展開の質的側面である。

3　死のヨーガ——お迎え型と抜魂型

シヴァ教ヴィディヤーピータ系の聖典である『クブジカーマタ・タントラ』には死のヨーガが説かれる。同書の校訂テキストを作成したT.Goudriaan氏は同書が説く死のヨーガの内容について既に検討を加えているが［Goudriaan 1983]、ここでは『クブジカーマタ・タントラ』の教説を、死のヨーガを理解するための仮説的枠組み——死のヨーガの2つの型——として理解しなおすことにより、議論の導入としたい。同聖典が説く2種類の死のヨーガに着目することは、同聖典がサンヴァラの諸聖典と親しい関係をもつ聖典であるという理由だけでなく、サンヴァラにおける死のヨーガの理解に資する面があるからである。『クブジカーマタ・タントラ』から導き出せる2種類の死のヨーガをここでは以下のように名付けておこう。

(1) “お迎え型” の死のヨーガ
(2) “抜魂型” の死のヨーガ

3.1 “お迎え型” の死のヨーガ

(1) “お迎え型” の死のヨーガは、死に際して何らかの神的存在によるお迎えを重視する型の実践である。『クブジカーマタ・タントラ』はその内容を以下のように説く [Skt ed: 23.130c–145]。死兆が現れた実践者は自分自身と他者に対して心を怒らせながら、町や村の周縁に位置する恐ろしい雰囲気の漂う森の中へと進み、6角形で、シヴァの妃たちである7人の恐ろしい周縁的女神 (āṇimārī) たちを擁する赤い曼荼羅を描く。ここで実践者が心を怒らせるのは、これから対峙せんとする恐ろしい女神たちの慢性的な怒りの心に自身の心を同調させるためであろう。その曼荼羅の中央にはクスママーリニー (Kusumamālinī= Brāhmaṇī) が、曼荼羅の6つの角にはそれぞれヤクシニー (Yakṣiṇī)、シャンキニー (Śaṅkhinī=Śākinī)、カーキニー (Kākinī)、ラーキニー (Lākinī= Lāmā)、ラーキニー (Rākinī)、ダーキニー (Ḍākinī) が配置される。続いて、実践者はこれら恐ろしい7人の女神たちのそれぞれに対し、輪廻への悲嘆の思いを告げ、自身の肉体を食い尽くして死へと連れ去るよう懇願しつつ、マントラを唱えながら、自身の身体の各要素を始めとする供物を捧げる (と観想する)。具体的には、クスママーリニーには自身の最重要の身体要素 (pradhānadhātu、精液?) を、ヤクシニーには自身の骨を、シャンキニーには自身の骨髄を、カーキニーには自身の脂肪を、ラーキニー (Lākinī) には自身の肉を、ラーキニー (Rākinī) には自身の血を、ダーキニーには自身の皮を捧げる (と観想する)。このような実践を恐ろしい雰囲気漂う森の中で7日間行えば、光り輝くそれら7人の恐ろしい女神たちが7日目の夜の終わりまでには実践者のもとに姿を現し、実践者を死へと連れ去るという。

『クブジカーマタ・タントラ』の主張によれば、この (1) の型の死のヨーガは自派に伝統的な死のヨーガであるのに対し、後に検討する (2) の型の死のヨーガは他派より伝承した死のヨーガであるという [Skt ed: 23.130]。自派に伝統的であるという意味で、『クブジカーマタ・タントラ』の実践者たちにとって、この (1) の型の死のヨーガは重要な実践の一つであったろう。なお、同聖典は、この死のヨーガを罪悪者に対する死罰法としても応用している［Skt ed: 23.146–148］。

サンヴァラの『チャクラサンヴァラ・タントラ』や『アビダーノーッタラ・タントラ』や『ヨーギニーサンチャーラ・タントラ』および流派文献ではルーイーパーダ作『チャクラサンヴァラ現観』には、最高尊であるヘールカやその男女の神的な従者たちが様々な花や旗を手に持ち、様々な楽器と歌を奏でながら臨終の実践者を迎えに来て、ケーチャリー（虚空行女, khecarī）たちの住居へ連れて行くという、日本仏教における阿弥陀聖衆来迎のようなお迎え型の死が簡潔に説かれる。『チャクラサンヴァラ・タントラ』の文章を引用しよう。

> ヨーガ行者たちの臨終時、吉祥なるヘールカを始めとする勇者 [たち] や瑜伽女 [たち] が、様々な花を手に持ち、様々な旗と幟を掲げ、様々な歌詠に合わせて様々な楽器を奏でながら、死という分別 [を迎える彼] のもとに [やって来る]。彼はケーチャリーたちの住居へと導かれる。［Skt ed: 51.9–11、Skt ms: 38a1–a2］[21]

『アビダーノーッタラ・タントラ』［Skt ms: IASWR I-100, 84a2、Matsunami 10, 78b4–b5、Matsunami 12, 90b1–b3］と『ヨーギニーサンチャーラ・タントラ』［Skt ed: 17.10–14］と『チャクラサンヴァラ現観』［Skt ed: 42–43］の記述もほぼこれと同じである。『チャクラサンヴァラ・タントラ』からこれらの文献へと継承された教説だろう。

サンヴァラの最高尊であるヘールカによるお迎えは、同伝統の実践に励む多くの実践者たちにとってはおそらく喜ばしい死の迎え方の1つであったろう。『チャクラサンヴァラ・タントラ』の注釈書である『チャクラサンヴァラ語釈』（Cakrasaṃvaravivṛti）によれば、このようなお迎え型の死は、まだ修行が完成していない実践者に対して生じるものだという［Skt ed: p.591, l.19–22］。このお迎え型の死により死者が赴く先は涅槃ではなくケーチャリーたちの住居であるという点が、上記注釈書の解釈とも関連しているように思われる[22]。

『チャクラサンヴァラ語釈』の解釈のようにこれは修行未完成の実践者が迎える死のあり方であったためか、または次に検討する“抜魂型”の死のヨーガ——これは解脱を含めて死後の行き先を自分自身でコントロールすることが可能な優れた死の技術——に高い価値が置かれていたためか、サンヴァラの諸聖典はこのお迎え型の死の迎え方について上記以上の詳細な説明を与えてくれない。したがって、上記サンヴァラ系聖典におけるお迎え型の死が、『クブジカーマタ・タントラ』のように、実践者自身による何らかの次第的実践をともなう死のヨーガであるのか、あるいは単に修行未完成者が結果的に得る往生のあり方の素描であるのか、明確ではない[23]。サンヴァラにおける死のヨーガの検討は、『クブジカーマタ・タントラ』の場合とは異なり、次に検討する (2) “抜魂型” の死のヨーガに自然と焦点が絞られることになる。

3.2　“抜魂型” の死のヨーガ

(2) “抜魂型” の死のヨーガは、自身の身体内にある自分の魂（あるいはそれに相当する要素）を、呼吸の制御や観想といったヨーガの諸技術を用いて自ら身体の外に抜き出すことにより、死を迎えるという型の実践である。『クブジカーマタ・タントラ』はその内容を以下のように説く［Skt ed: 23.104c–128b］。死兆が現れた者は、5 種のアートマンを知り、死のヨーガの方法を弟子に教授する師のもとへと赴き、死のヨーガの実行に着手する。まず実践者は肛門部分を支えにして両足を腿と脛が水平になるようにし、両肘をその上に置き、顔を上に向けて背筋が後ろに反るようにし、両肩に両手の拳を押し付けるという座法で坐す。続いて肛門、性器、臍、口、鼻、耳、眼といった身体の各孔をある特殊な方法（「止め具をつけて鍵をかける」という方法）で塞ぐ。その後、実践者はある特殊な方法（「短剣」による方法）で自身の頭部にある孔（梵孔）を開く[24]。そして実践者は自分の身体のうち唯一開いている孔である梵孔から魂の抜き出しを試みる。継続的な試みの果てにこの実践が完成する時、実践者は死を迎え、解脱を得る。

このような (2) の型の死のヨーガは、サンスクリット文化で幅広い受容を見せた『バガヴァド・ギーター』(Bhagavadgītā) にも説かれている。詳細な伝播過程の検討は今後の課題としなければならないが、『バガヴァド・ギーター』が広く受容されてきた聖典であることを考慮すれば、(2) の型の死のヨーガの普及のうえで『バガヴァド・ギーター』が果たした役割は考察に値するのかもしれない。『バガヴァド・ギーター』(およびシャンカラ (Śaṅkara) 注) における死のヨーガの内容は以下の通りである [Skt ed: 8.5–16]。死に瀕した者は、まず身体の全ての門を閉じる。シャンカラの注釈によれば、これは外界に向けての全ての知覚作用を停止することであるという。次に、彼は揺れ動く自身の意識を心臓部に固定することにより、意識を不動の状態にする。続いて彼は体内の生命風を眉間部へと移動させる。シャンカラ注によれば、心臓部で制御された意識の助けにより、身体の中央を上下に貫く脈管 (仏教ならばアヴァドゥーティー脈管に相当する) を通して、この生命風の移動を行うのだという。続いて彼は集中力を以って生命風を眉間部に保ち、ブラフマンと等しいOṂ字を唱えながら、クリシュナ神を心に念じつつ、生命風を身体から抜き出す (つまり、死ぬ)。そうすれば、彼は最高の境地であるプルシャの本来の状態 (つまり、解脱) へと赴く。

永ノ尾氏は、『マハーバーラタ』(Mahābhārata) における上記『バガヴァド・ギーター』の章とは別の章に説かれる死のヨーガを紹介している。この死のヨーガの体系においては、死者が来世においてどの世界に生まれるかは、死の際に魂が身体のどの孔から抜け出るかと深く関連している。たとえば、足から魂が抜け出すならば、彼はヴィシュヌ界に転生する。脛ならばヴァスたちの世界に転生する。頭ならばブラフマン界に転生するという [Eino 2004: 877]。

魂が身体のどの孔から抜け出すかは、死に際して重要である。なぜなら、上述『マハーバーラタ』の例のように、それにより来世の境遇が決まるからである。上述『クブジカーマタ・タントラ』は頭頂からの魂の抜き出しを解脱と結びつけていた。上述『バガヴァド・ギーター』はこの点明確ではないが、死のヨーガの最終局面において生命風を眉間部に保つよう規定していた。上述『マハーバーラタ』では、頭部からの魂の抜き出しをブラフマン界と結び付けていた。全ての文献に明記されるわけではないが、頭頂にある孔からの魂の抜き出しを、解脱あるいは非常に好ましい境遇への転生に結びつけるという一つの傾向を見出すことが可能である[25]。

サンヴァラが説く死のヨーガの主流は、『ダーカールナヴァ・タントラ』、『ヴァジュラダーカ・タントラ』、『ヴァーラーヒーカルパ・タントラ』、『サンヴァローダヤ・タントラ』、『サンプトードバヴァ・タントラ』に見られる。これらの聖典が説く死のヨーガは明らかにグヒヤサマージャ（Guhyasamāja）系ジュニャーナパーダ（Jñānapāda）流の論書『大口伝書』(Dvikramatattva-bhāvanānāmamukhāgama）や、チャトゥシュピータ系の聖典『チャトゥシュピータ・タントラ』が説く死のヨーガの延長上にあり、かつそれらの発展形である。したがって、これらの聖典間の伝承を通して、仏教独自の死のヨーガの一つの大きな伝承の流れが形成されていると言ってよい。この伝承に属する死のヨーガの全ては、"お迎え型" ではなく "抜魂型" であり、以上に見てきた仏教外の抜魂型の死のヨーガとも共通点が多い。

3.3　荼毘儀礼への応用

抜魂型の死のヨーガは荼毘儀礼（死者の亡骸を荼毘に付す儀礼）と関連付けられることもある。死のヨーガと荼毘儀礼は、共に死に関する実践であるとはいえ、本来区別されねばならない。なぜなら、前者は瀕死者が自ら死に向かうために瀕死者自身が行う実践であるのに対し、後者は既に死んだ者の亡骸を荼毘に伏すために司祭等の他者が行う実践だからである。

周知の通り荼毘儀礼における魂や生命風の抜き出しは、サンスクリット文化においては広く見られる、比較的一般的な現象である。たとえば仏教（密教）には、タターガタヴァジュラ（Tathāgatavajra）に帰される荼毘儀礼『尸林儀軌』(Śmaśāneṣṣta）――これは一般の在俗信徒の葬送のためではなく、一定の灌頂を受けて師の位を得た行者（金剛師）の葬送のための儀礼である――がある。ここでは、亡骸を荼毘に付す前に、司祭を務める行者は「ヴァジュラムフ（vajra muḥ)」(解放のマントラ）というマントラを唱えることによって死者の識[26]をその亡骸から抜き出す［Tib: Toh, 284a3–a4］[27]。

この識の抜き出しに、抜魂型の死のヨーガの教理を当てはめるのが『クリヤーサムッチャヤ』(Kriyāsamuccaya）と『ムリタスガティニヨージャナ』(Mṛtasugatiniyojana）である。種村隆元氏が検討しているように、亡骸のどの穴から識[28]を抜き出せばその死者は理想的な来世あるいは解脱を得られるかがこれらの文献には説かれており、その教説に基づいて司祭行者は亡骸からの識の抜き出しを荼毘儀礼の一過程として行う［種村 2004］。死のヨーガはあくまで死に向かう者自身が自分の良き死のために行うヨーガの技術である。だが、魂の抜き出しという点に着眼することにより、その教理は既に死んだ者の魂を送るための儀礼技術として応用され得るのである。

4　サンヴァラにおける抜魂型の死のヨーガ

4.1　識の抜け出る孔と来世の境遇の関係

表 **6–5** は、サンヴァラの聖典のうち、死のヨーガを説く『サンヴァローダヤ・タントラ』[Skt ed: 19.35–38]、『ヴァジュラダーカ・タントラ』[Skt ms: Śāstrī 72, 59a3–a5、Matsunami 343, 51a6–b1][29]、『ヴァーラーヒーカルパ・タントラ』[Skt ms: Matsunami 346, 71b1–b3、Matsunami 347, 61b5–b7]、『サンプトードバヴァ・タントラ』[Skt ms: 115a4–b1]、『ダーカールナヴァ・タントラ』[Skt ms: Kathmandu D40/6, 53a1–a2、Kathmandu A142/2, 57a1–a2] の説と、関連文献として『大口伝書』[Tib: Ota, 16b4–b8] の説、『チャトゥシュピータ・タントラ』[Skt ms: Kathmandu B26/23, 73b3–b5、Cambridge 1704, 72a4–b1] の説、『クリヤーサムッチャヤ』の説 [Skt ms: 299b1–b5]、『ムリタスガティニヨージャナ』の説 [種村 2004: (30)、Skt ed (unpublished draft): 17–21] の比較をまとめたものである[30]。表中 “—” となっている箇所は、その文献においては身体の孔の場所の具体的な指定がされていないことを意味する。また、文献の配列順序は必ずしも成立順序に基づくものではなく、内容の比較の便宜を図ったものにしている。身体の孔の場所の配列順序も同様の意図に基づいている。

以下、表 6–5 に関して以下の 5 つの観点から検討を加えたい。

(I) 身体の孔

明記される身体の孔の数は、上記諸文献の中で成立が最も新しい部類に入る『ダーカールナヴァ・タントラ』(上記 (7)) では 36 個、その他の文献では 9 個 (上記 (1)(2)(3)(4)(5)(6)) あるいは 11 個 (上記 (8)(9)) とされている。だが、『ダーカールナヴァ・タントラ』は死のヨーガを説く際に孔の数を 36 個と規定

表 **6–5**　識の抜け出る穴と来世の境遇

(1)　『大口伝書』(グヒヤサマージャ系ジュニャーナパーダ流)
(2)　『サンヴァローダヤ・タントラ』(サンヴァラ系)
(3)　『ヴァーラーヒーカルパ・タントラ』(サンヴァラ系)
(4)　『ヴァジュラダーカ・タントラ』(サンヴァラ系)
(5)　『チャトゥシュピータ・タントラ』(チャトゥシュピータ系)
(6)　『サンプトードバヴァ・タントラ』(サンヴァラ系)
(7)　『ダーカールナヴァ・タントラ』(サンヴァラ系)
(8)　『クリヤーサムッチャヤ』
(9)　『ムリタスガティニヨーガジャナ』

<table>
<tr><th></th><th>(1)</th><th>(2)</th><th>(3)</th><th>(4)</th><th>(5)</th><th>(6)</th><th>(7)</th><th>(8)</th><th>(9)</th></tr>
<tr><td>上方 i)</td><td>——</td><td colspan="2">無色界</td><td colspan="4">上方の位 ii)</td><td colspan="2">解脱／仏国土／浄居天</td></tr>
<tr><td>頭</td><td>無色界</td><td colspan="6">——</td><td colspan="2">無色界</td></tr>
<tr><td>眉間</td><td>色界</td><td colspan="6">——</td><td colspan="2">色界</td></tr>
<tr><td>ビンドゥ iii)</td><td>——</td><td colspan="6">色界</td><td colspan="2">——</td></tr>
<tr><td>眼</td><td colspan="9">人々の王（人界）iv)</td></tr>
<tr><td>耳</td><td>持明仙 v)</td><td colspan="3">キンナラ</td><td colspan="5">成就神 vi)</td></tr>
<tr><td>鼻</td><td colspan="9">ヤクシャ</td></tr>
<tr><td>口</td><td colspan="3">餓鬼</td><td colspan="4">——</td><td colspan="2">ガンダルヴァ</td></tr>
<tr><td>臍</td><td colspan="9">欲界の天</td></tr>
<tr><td>尿道</td><td colspan="9">畜生</td></tr>
<tr><td>出生の門 vii)</td><td colspan="3">——</td><td colspan="6">餓鬼</td></tr>
<tr><td>肛門</td><td colspan="9">地獄</td></tr>
</table>

i) ūrdhva または ūrdhvādhvan。(4) の写本の一つである Kathmandu B26/23 は上方ではなく頭頂とする。ii) ūrdhvasthāna。(5) の注釈書『チャトゥシュピータ大要』によれば（漠然と）最上の位を（bla maḥi gnas [Tib: Ota, 402b2]），(6) の注釈書『アームナーヤマンジャリー』によれば菩薩等の様々な位を意味する（byaṅ chub sems dpaḥ la sogs paḥi gnas rnams [Tib: Ota, 130a8]）。iii) bindu。iv) narāṇāṃ nṛpa または単に manujatva。v) rig pa ḥdsin pa = vidyādhara。山野智恵氏によれば，持明仙はシヴァ教や仏教の文献の中で 8 つの世間的成就を得た者としてしばしば描かれるという [山野 2005: (188)–(191)]。vi) siddhadevatā または siddhadeva。田中公明氏によれば，世間的な 8 つの成就を得た神々と解釈される場合があるという [田中 1997: 213]。vii) bhavadvāra または retomārga（精液道）。

するとはいえ、来世の境遇を実質的に決定する孔は9個である[31]。したがって、死のヨーガの実践に際し実質的に重要な孔の数は、サンヴァラ系を含む仏教においては9あるいは11個であり、サンヴァラ系（上記(2)(3)(4)(6)(7)）に限定して言えば、9個である。

(II) 文献間の関係

そもそもこれら7つの文献とも互いに密接な関係にある。だが相違も見られる。「上方」「頭」に着目すれば(1) / (2)(3) / (4)(5)(6)(7) / (8)(9)となり、「耳」に着目すれば(1) / (2)(3)(4) / (5)(6)(7)(8)(9)となり、「口」「出生の門」に着目すれば(1)(2)(3) / (4)(5)(6)(7) / (8)(9)となる。その他、着目点によりさらに異なる分類を作ることも可能である。だが、着目点の如何にかかわらず、(2)(3)間、(5)(6)(7)間、(8)(9)間には緊密な伝承関係を見出し得る。

「出生の門」は本来精液道や産道を指し、「口」と区別されるべきである。上記のうち(1)(2)(5)(6)の比較検討を行った田中公明氏は、特に(5)を採り上げて、(1)の説に会通させるために、(5)の注釈書では「出生の門」が「口」と解されるようになったという解釈を提示している［田中 1997: 209］。(1)の説を解釈の基準にするという傾向は, (5)以外の他の文献においてもある程度当てはまると言ってよい。たとえば「上方」について、(4)と(5)と(6)の注釈書（それぞれ順に『ヴァジュラダーカ語釈』、『チャトゥシュピータ大要』、『アームナーヤマンジャリー』）はこの「上方」を(1)のように「頭」（金門kanakadvāra、すなわち頭頂の孔）の意に解している[32]。「ビンドゥ」について、(4)と(5)の注釈書（前述）はこの「ビンドゥ」を(1)(8)(9)のように「眉間」の意に解している[33]。さらに「口」「出生の門」について、(5)の注釈書（前述）のみならず(4)と(6)の注釈書（前述）もこの「出生の門」を(1)(2)(3)のように「口」と解している[34]。これらの点に加え、(1)が上記諸文献の中でも最古の部類に入ることを考慮すれば、(1)の説、つまりグヒヤサマージャ系ジュニャーナパーダ流の説が主に注釈書文献における死のヨーガの解釈の規範として仏教内で一定程度機能していたと言うことができよう。このことは、このジュニャーナパーダ流がインドにおける密教の最重要センターであるヴィクラマシーラ僧院——現にヴィクラマシーラ僧院は仏教教理の規範的

表 **6–6**　仏教の宇宙論と身体の孔

<table>
<tr><th>〈住処〉</th><th>〈三界〉</th><th>〈境遇の内容〉</th><th>〈身体の孔〉</th></tr>
<tr><td>非処</td><td>無色界</td><td></td><td>上方、頭</td></tr>
<tr><td rowspan="2">空居天</td><td>色界</td><td>四禅、三禅、二禅、初禅</td><td>眉間、ビンドゥ</td></tr>
<tr><td rowspan="6">欲界</td><td rowspan="2">六欲天</td><td rowspan="3">耳、眼、鼻、口、臍</td></tr>
<tr><td>地居天</td></tr>
<tr><td rowspan="2">地上</td><td>四大州（人界）</td></tr>
<tr><td>畜生界</td><td>尿道</td></tr>
<tr><td rowspan="2">地下</td><td>餓鬼界</td><td>出生の門（(1)(2)(3) は口）</td></tr>
<tr><td>地獄界</td><td>肛門</td></tr>
</table>

解釈の重要な発信地の一つであった——で大きな影響力を有していたことと関係があるのだろう。

(III) 来世観

死のヨーガの来世観の理解のためには、仏教の宇宙論と来世の境涯を決定する身体の孔の関連性に一旦は着目する必要がある。識が抜け出る身体の孔について、それが身体の下部から上部へいくほど来世で高位の転生（あるいは解脱）が得られるという考えが、“漠然とではあるが” 見られる。これは、垂直的に構成される仏教の宇宙論と身体の対応性、すなわち身体のミクロコスモス性を “ある程度” 前提にした考え方であろう。『倶舎論』の伝統的仏教宇宙論と来世の境涯を決定する身体の孔を対照させれば、表 **6–6** のようになる。

表 6–6 に見られる死のヨーガの来世観には複数の観点が混在している。

(i) 生が営まれる住処としての三界と（人界を除く）五趣という観点から、欲界のうち人界よりも下位の境涯（畜生界、餓鬼界、地獄界）は身体の臍より下の箇所に順に結び付けられ、人界よりも上位の境涯である欲界の天界（つまり六欲天）と色界と無色界は順に臍・眉間（あるいはビンドゥ）・頭（あるいは上方）に結び付けられる。三界と（人界を除く）五趣という観点からすれば、宇宙の垂直構成と身体の垂直構成はパラレルな関係を保つことになる。

(ii) 次に、仏教の守護神あるいはデモーニッシュな存在、あるいは優れた人間および単なる人間といった、欲界と関連の強い何らかの人格的存在という観点から、ヤクシャやキンナラやガンダルヴァや成就神や持明仙や人々（の王）が眉間より下の顔の各孔に結び付けられる。(i) の観点と敢えて照らし合わせるならば、これらヤクシャやガンダルヴァ等を色界未満で欲界の六欲天以上の住処の住民に匹敵する人格的存在として位置付けることを意味する。だが、六欲天（臍）と一口にいっても下はメール山の途中に位置する低位の四大王衆天から上はメール山のはるか上空に位置する高位の他化自在天までを含んでおり、これら全てがヤクシャやキンナラや人々の王等（額より下の顔の部分）のデモーニッシュな存在あるいは何らかの神性を帯びた人間存在より下位に位置付けられることは必ずしも妥当ではない。よって、この (ii) の結びつけは (i) の観点とは異なるものであると考えざるを得ない。

(iii) さらに、(1)(2)(3) の文献は餓鬼界への転生を身体の上部である「口」と結びつける解釈を提示することにより、来世観の根底に漠然と存在するこの身体のミクロコスモス性の発想を揺るがすものとなっている。おそらく、餓鬼は飢えに苦しむ存在であるという観点から、(1) は餓鬼への転生を口と結び付け、成立の時代が下る (2)(3) がそれを踏襲したのだろう。先の (II) で検討したように、この踏襲は、注釈書文献の中にも比較的広く見出される。

このように、死のヨーガの来世観は、仏教宇宙論における三界と五趣という観点からの身体のミクロコスモス性を 1 つの重要要素としつつも、そこに異なる複数の観点が混在した複雑なものになっている。

(IV) 解脱を得る死

解脱を得るための識の抜き出しについて、死のヨーガの体系の中に興味深い対立の痕跡を見出すことができる。

この死のヨーガにより解脱を得られると文献群は概して規定はするものの、(8)(9) 以外は解脱を得るための識の抜け出る孔を具体的に説明しない。特に (2)(3)(4) は、上記 9 個の孔からの識の離脱では解脱を得られないと明記している。これらの聖典は 9 個の孔からの識の離脱と来世の境遇の関係を列挙した直後、mokṣāṇāṃ gatir anyathā（「解脱をする者たち [の識] は [これらの孔への赴きとは] 異なった方法で行く」）と述べる［『サンヴァローダヤ・タントラ』, Skt ed: 38b］［『ヴァーラーヒーカルパ・タントラ』, Skt ms: Matsunami 346, 71b3、Matsunami 347, 61b7］［『ヴァジュラダーカ・タントラ』, Skt ms:

Śāstrī 72, 59a5、Matsunami 343, 51b1]。各注釈書群も同様の態度をとっていると考えてよい。だがこれらの諸聖典および諸文献の意図に反して、頭（金門、つまり、無色界に転生するのと実質的に同じ頭頂孔）から識が抜け出せば離脱を得られるという解釈もそれなりの流布を見せていたようである。なぜなら、(3) の注釈書『ヴァジュラダーカ語釈』がこのような解釈の批判を敢えて試みているからである［Tib: Ota, 154a8–b3］[35]。したがって死のヨーガという文脈においては、解脱を得る死は、(i) 頭の孔を含む記載の身体孔からの識の離脱とは異なる方法によるという立場と、(ii) 頭の孔からの識の離脱によるという立場、の大きく 2 つの立場があったと考えられる。(8)(9) が「上方」（上方の道）と「頭」を分け、それぞれを解脱に至る孔と無色界に到る孔としたのは、これら (i) と (ii) の説を折衷するという意図があったのかもしれない。

なお、先に見た『クブジカーマタ・タントラ』は肛門、性器、臍、口、鼻、耳、眼といった 7 種の孔を塞ぎ、頭頂の孔（梵孔）からの魂の離脱を理想としていた。その他の仏教外聖典も、概して頭部からの魂の離脱を理想としていた。解脱あるいは無色界という高位の世界への転生を頭頂の孔と結びつける仏教の説は、このような仏教外の諸聖典の傾向とも大枠では合致していると言ってよい。

4.2　識の動きをコントロールする方法

識の動きをコントロールする方法に関する各聖典の記述は概して曖昧である。よって、その詳細を知るには注釈書群に頼らなければならない。『チャトゥシュピータ大要』の説については既に川崎が検討を加えている［川崎 2002］。ここでは特に『ヴァジュラダーカ語釈』の説［Tib: Ota, 154b5–155b1］を採り上げ、識の動きをコントロールする方法を検討したい。

実践者はまずクンバカ（kumbhaka, 可能な限り息を吸い込んだ後に息を止め、体内に風を保つヨーガの技術の一種）を行い、身体のそれぞれの門（すなわち身体の各孔）に種字を置くと観想する。この種字が身体の各孔を塞ぎ、好ましくない孔から識が抜け出るのを防ぐ働きをする。『クブジカーマタ・タントラ』における「止め具をつけて鍵をかける」技術に機能上相当すると考えてよい。種字の内容は表 **6–7** の通りである。参考に、他の注釈文献におけ

表 6–7　身体の孔を塞ぐ種字

(A)　『チャトゥシュピータ大要』［Tib: Ota, 402b6–403a2］
(B)　『アームナーヤマンジャリー』［Tib: Ota, 310b6–311a3］
(C)　『ヴァジュラダーカ語釈』［Tib: Ota, 154b5–155a1］

<table>
<tr><th></th><th>(A)</th><th>(B)</th><th>(C)</th></tr>
<tr><td>金門 i)</td><td>KṢUṂ</td><td>KṢUṂ、その下に HŪṂ</td><td>KṢUṂまたは HŪṂ</td></tr>
<tr><td>眉間</td><td>HŪṂ</td><td>HŪṂ、その下に HAṂ</td><td>——</td></tr>
<tr><td>両眼</td><td colspan="3">HŪṂ</td></tr>
<tr><td>両耳孔</td><td>YUṂ</td><td>——</td><td>YUṂ</td></tr>
<tr><td>両鼻孔</td><td colspan="3">YUṂ</td></tr>
<tr><td>口</td><td>SUṂ</td><td>SUṂ（舌の先端）、SMRYUṂ（喉）</td><td>SUṂまたは SMRYUṂ</td></tr>
<tr><td>臍</td><td>SUṂ</td><td colspan="2">KṢMRYUṂ</td></tr>
<tr><td>尿道</td><td>KṢUṂ</td><td colspan="2">KṢMRYUṂ</td></tr>
<tr><td>肛門</td><td>KṢUṂ</td><td colspan="2">KṢMRYUṂ</td></tr>
<tr><td>両肩</td><td colspan="2">——</td><td>HMRYUṂ</td></tr>
<tr><td>心臓</td><td colspan="2">——</td><td>YMRYUṂ</td></tr>
</table>

i) kanakadvāra (gser gi sgo)。頭頂孔のこと。

る種字の内容も挙げておこう（表中、“——” となっている箇所は、文献に明記されていないことを意味する）。

表 6–7 中の (A) における種字は、『チャトゥシュピータ・タントラ』に登場する女尊の種字と一致している。すなわち、KṢUṂは女尊ゴーリー（Ghorī）の種字、HŪṂはジュニャーナダーキニー（Jñānaḍākinī）あるいはチャンダーリー（Caṇḍālī）の種字、YUṂはヴェーターリー（Vetālī）の種字、SUṂはヴァジュリー（Vajrī）の種字である。(A)(B)(C) に関して、一概には言えないが、身体の上から順に見た場合に隣合う孔には同じ種字を観想する傾向がある。(C) は両肩と心臓を孔に加えている点が特徴的である[36]。

次に、実践者は心臓に風輪を観想し、その中央に HŪṂ字を観想する。この HŪṂ字がその実践者の識である。続いて、この識を乗せた風輪のすぐ上とすぐ下の双方に YAṂ字を 1 つずつ観想する。この風輪（つまり、上から順に YAṂ→風輪に乗った HŪṂ→ YAṂという構成になっている）にさらに HI 字と KA 字を観想することにより、実践者はその動きをコントロールする。上昇させる時は、上から順に YAṂ→ HI →風輪の HŪṂ→ KA → YAṂという

表 **6–8**　臨終時の精神状態と来世の境遇

〈死の際の精神状態〉	〈来世の境涯〉
心（citta）の自性に即した状態	心そのものという真理の境涯
鏡（ādarśa）のような状態	神の境涯
怒り（krodha）の状態	阿修羅の境涯
困惑した（moha）状態	畜生の境涯
弱々しい（dīna）状態	餓鬼の境涯
嘆きと恐れ（bhayakranda）の状態	地獄の境涯

構成にし、「HI」「KA」と念誦する。下降させる時は、YAṂ→ KA →風輪のHŪṂ→ HI → YAṂという構成にし、「HI」「KA」と念誦する。念誦の回数は21 回である。このような方法で、実践者は自分の識を好みの孔へと誘導し、そこから抜き出す。

望まない身体の各孔を何らかの方法で塞ぎ、調息や観想といった何らかのヨーガの技術で識（つまり魂）の動きをコントロールし、望みの孔へと導くという方法は、細部の相違こそあれ、大枠としては先の『クブジカーマタ・タントラ』や『バガヴァド・ギーター』等の仏教外聖典における抜魂型の死のヨーガの方法の傾向と合致すると言ってよい。

5　死のヨーガとは別体系の臨終論

臨終の理論は今まで見てきた死のヨーガの体系のみであるわけではない。『ヴァジュラダーカ・タントラ』は、この死のヨーガの教説とは別の臨終論も展開する [Skt ms: Śāstrī 72, 66a4–a7、Matsunami 343, 57b6–b7][37]。それは、死の際の精神状態（原語では「智慧」あるいは「意識」: jñāna, manas）と来世で得られる境涯の対応関係を述べる教説である。その内容を表 **6–8** のようにまとめることができる。単なる人への転生については説明されていない。

この臨終論の根底には以下のような発想が存在している。たとえば、地獄へと堕した者たちは嘆きと恐れに苦しむ。よって、死の際の精神状態が嘆きと恐れであるならばその者は地獄に転生する。餓鬼は飢えに苦しむ弱々しい存在である。よって、死の際の精神状態が弱々しい状態であるならばその者は餓鬼に転生する。この臨終論においては、将来の転生先から生前最後の精神状態へと解釈上遡る形で、生前における最後の精神状態と来世の境涯の特性の間の類似性が転生の原理になっていると言える。ゆえに、心そのものという真理の境涯、つまり無住処涅槃という境涯へは、心そのものへと没入するという精神状態において赴くことになるのである。『バガヴァド・ギーター』は、死の時に心に思い描くものへと人は転生するという考え方を述べている［Skt ed: 8.6］。『ヴァジュラダーカ・タントラ』におけるこの臨終論は、転生先を決定する重要原理として臨終時の心的状態に着眼するという点において、『バガヴァド・ギーター』の発想と通じるものがある。

今まで見てきた死のヨーガの体系と上記の臨終論の相違点は今や明確である。まず、前者が三界・五趣の輪廻説を前提にしているのに対し、後者は六趣の輪廻説（いわゆる六道輪廻説）を前提にしている。さらに——精神的要素の何らかの作用に着眼するという点は前者と後者の間で共通しているが——、前者が曖昧な身体のミクロコスモス性という観点から死の際に識が抜け出る身体の孔の位置を転生の原理として重視する（その意味で即物的な転生観とも言える）のに対し、後者は生前における最後の精神状態と来世の境涯の特性の間の類似性を転生の原理として重視している。

6　死のヨーガの実践者

死のヨーガを誰が実践していたのだろうか。『チャトゥシュピータ・タントラ』［Skt ms: Kathmandu B26/23, 74b1–b2、Cambridge 1704, 73b2］、『ヴァジュラダーカ・タントラ』［Skt ms: Śāstrī 72, 59a7–b1、Matsunami 343, 51b3］、『ヴァーラーヒーカルパ・タントラ』［Skt ms: Matsunami 346, 71b3–b4、Matsunami 347, 61b7–62a1］、『サンヴァローダヤ・タントラ』［Skt ed: 19.38c–39］、『サンプトードバヴァ・タントラ』［Skt ms: 116b2］によれば、各自の宿命死の時に至った者、つまり死兆が確定的に現れた者と規定される。これらの仏教聖典およびおよびシヴァ教聖典『クブジカーマタ・タントラ』［Skt ed: 23.104ab, 23.111］によれば、死兆が出現していないにも関わらず、あるいは死兆が出現したとしても死の欺きの実践によりその死を回避できる余地があるにも関わらず、自ら死のヨーガを実践したり、あるいは他人にその実践を行わせたりする者は、殺生や最高神への冒涜を犯した大罪者として畜生界や地獄界に転生することになるという[38]。『チャトゥシュピータ・タントラ』[Skt ms: Kathmandu B26/23, 73b5–b6、Cambridge 1704, 72b2–b3]、『大口伝書』[Tib: Ota, 16b3–b4]、『ヴァジュラダーカ・タントラ』[Skt ms: Śāstrī 72, 58b4–b5、Matsunami 343, 51a1]、『サンプトードバヴァ・タントラ』[Skt ms: 115b2–b3]は、宿命死の時に至れば死兆が現れるので、当事者が単に老齢であるか否か、単に病に苦しんでいるか否かといった死兆出現以外の観点から死のヨーガの実践資格を判断するべきではないとも主張する[39]。

サンヴァラの文献およびその他の仏教伝統の文献からは上述以上の直接の情報——つまり、死兆が確定的に現れた者が死のヨーガを実践するということ以上の情報——を得ることができない。瞑想に熟練した専門的修行者としての現世放棄者の中に死のヨーガの実践者がいたことに疑問の余地はないだろう。では、在俗行者たちはどうなのか。おそらく、在俗行者の中でも熱心な、この死のヨーガを練習し、最後には実践していた者もいたと考えられる。そもそも聖典中に「死兆が現れた者」以外の規定がないことは、この実践が担い手の社会的身分とは無関係のものであったことを意味すると考えることも不可能ではない。おそらく、一定の灌頂儀礼を受け、死のヨーガの教令を師より受けた者には、彼が専門的現世放棄者であろうと在俗行者であろうと、死のヨーガの実践が許されていたのだろう。サンヴァラ以外の伝統に目を向けると、たとえば『クブジカーマタ・タントラ』が、死兆が現れた者は「息子と妻などの親類たちに」(putradārādibandhūnāṃ) 死兆が現れたことを告げ、死のヨーガを実行しなければならない旨を明記する[Skt ed: 23.98c–101]。このことは、『クブジカーマタ・タントラ』の教団において、一部の熱心な在俗の行者もこの死のヨーガを実践していたことを示唆していると考えてよい。この聖典では専門的現世放棄者であるか否かではなく、5 種のアートマンと 6 種の供犠を知り、死のヨーガの教令を師より授かった者のみが、死のヨーガの実践者として相応しいという旨の主張をしている[Skt ed: 23.129–139b]。

結論

今までの議論をまとめることにより、結論としたい。

永ノ尾氏が論じたように、死兆、あるいは死兆と死のヨーガの諸体系を、初期中世期インドの医学的・宗教的・天文学的文献の中に広く見出すことができる。それら諸体系が有する傾向には互いにいくつかの相違点が見られるが、それら相違点はそれぞれの体系の知識と実践を担う者たちの職業内容の相違と連続している。その担い手が特に宗教の行者である場合、死兆は死のヨーガを実行するタイミングを見極める役割をもち、死のヨーガは実践者を良き転生あるいは解脱へと導くものとされた。宗教の行者たちが主な担い手であるサンヴァラにおける死兆と死のヨーガの体系は、このような傾向の中にある。

(I) 死兆

サンヴァラにおける死兆の伝承を、その性質から大きく以下の3つの重要な型に分けることができる―― (i) 死兆出現の原理を明確にすることなく、「○○といった現象が現れたら死が近い」という結果部分の言い伝えを踏襲する、その意味で半ば形式的な、因習型の死兆。(ii) 個々の人間存在を包摂する時間の輪という巨大な原理に基づき、占術的に意味付けられた暦上の変化に即して個々の人の死期を見極めるという型の死兆、すなわち外的な時間の輪の体系に基づく死兆。(iii) 個々の人間存在を包括する時間の輪という原理が個々人の中に具体的に現れる脈管という場に着目することにより、体調異常とその原因となる脈管の異常に即して個々の人の死期を見極めるという型の死兆、すなわち脈管輪と内的な時間の輪の体系に基づく死兆。ここでは、最初は呼吸異常が生じ、死がより接近すると脈管破壊による各種体調異常が生じるという死へのプロセスが想定されている。

(i) がインドでは最も幅広く見られる。もともとは何らかの原理を伴っていたのかもしれないが、おそらく伝承の過程でその原理は忘れ去られ、結果のみが伝承されるようになったのだろう。(ii) は外的な時間の輪、(iii) は内的な時間の輪と脈管論に着目した死兆である。時間の輪と脈管論の導入に積極的であったサンヴァラの傾向がここに現れている。

(II) 死のヨーガ

死のヨーガ（あるいは死の迎え方）には、(i) 最高神などの神的な存在による救い上げを重要要素とするお迎え型のものと、(ii) 特殊なヨーガの技法により魂を身体から抜き出す抜魂型のものとがある。サンヴァラにも双方の型を見出すことができるが、前者よりも後者に重点が置かれる。また、サンヴァラにおける抜魂型の死のヨーガの具体的方法の大枠——身体の各穴を何らかの手段で塞ぎ、調息により体内の生命風の動きをコントロールし、その生命風に乗せて身体内にある魂（仏教の場合は識がそれに相当する）を身体から抜き出す——は仏教の内外の他の伝統のものと類似している。インド諸宗教の抜魂型の死のヨーガの大きな傾向の中でサンヴァラのそれが編み出されたことが理解できる。

この抜魂型の死のヨーガにおいては、魂がどのように身体から抜け出すかがしばしば重要である。身体のどの穴から魂が抜け出すかにより、来世の境遇が決定するからである。仏教においてこの転生観は、垂直的構成をもつ仏教宇宙論における三界・五趣というマクロコスモスに対応する個々人の身体のミクロコスモス性を土台として、そこに他の異なるいくつかの発想が混在した複雑なものになっている。このような複雑な転生観に基づき、サンヴァラでは身体に特に 9 つの魂の抜け穴を想定する。解脱を得る死に関しては、(a) 頭頂の穴からの識の抜き出しによる死、(b) これら 9 つの穴からの抜き出しとは異なる方法による死、という 2 種類の立場が唱えられる。頭頂穴からの魂の抜き出しが理想的な転生につながるという発想はインド諸宗教に見られる傾向ではある。だが、サンヴァラでは (b) の立場の方が優勢である。

また、このような身体のミクロコスモス性を始めとするいくつかの発想に基づく体穴論的転生観とは別に、臨終時の精神状態により来世の境遇が決定するという見解もサンヴァラには見られる。生前における最後の精神状態と来世の境涯の特徴の間の類似性への着眼がこの転生観の根底にある。この着眼は、『バガヴァド・ギーター』の中にも辿れるように、インド諸宗教の傾向の 1 つに沿ったものと言える。

自分の良き死を目的として行われる抜魂型の死のヨーガは、専門的現世放棄者のみならず、修行の進んだ在俗行者も実行していたと推定できる。死のヨーガは、彼らにとって解脱へと到る人生最後の出世間的実践である。そもそも本書第 1 章で述べたように、密教においては専門的現世放棄者と在俗行者の間には成道上における本質的相違はしばしば曖昧であるので、双方の型の実践者が死のヨーガを実践し、解脱へと向かうことができるのである。

注

1 永ノ尾氏は諸文献の記述のされ方という観点から、(1) 死兆の出現に対する特定の対策が講じられないケース、(2) 死兆の出現に対して、死の欺きを実践するケース、(3) 死を受け入れるために死のヨーガを実践するケース、(4) 上記 (2) と (3) の区別が曖昧なケースの四つのケースに分ける［Eino 2004: 876–878］。本稿の [A][B][C][D] はそれを参考にしつつ、さらに異なるデータを用いながら、諸文献の記述に基づいて理解できる実践のプロセスという観点から提示したものである。ゆえに、永ノ尾氏の (4) が本稿の [D] にそのまま相当しているわけではない。

2 その他の例としては、［Filippi 1996: 107］を見よ。

3 前述のように、死兆には死のヨーガを実践すべき時を見極める機能がある。したがって、上記諸聖典は死のヨーガも説く。後述するように『サンプトードバヴァ・タントラ』も死のヨーガを説くが、この聖典にはまとまった死兆は説かれない。注釈書『アームナーヤマンジャリー』は、『サンプトードバヴァ・タントラ』には死兆が説かれないため、死兆についてはその他の聖典を参照すべき旨を述べている［Tib: Ota, 310b3–b4］。

4 A = Kathmandu D40/6、B = Kathmandu A142/2 —— ekasmin yadi kāle tu vidhyati tālukātrayam / trayāhena tadā vidyān mriyate nātra saṃśayaḥ //$^{i)}$ pādasya *tālukāṃ[→ tālikāṃ] viddhvā yadi nābhiṃ ca vidhyati /$^{ii)}$ dvitīyāhe bhaved devi maraṇaṃ jantaveṣu ca //$^{iii)}$ viddhvā pādasya *tālukā[→ tālikāṃ] yadi cakṣuṣi vidhyati /$^{iv)}$ tadā māsatrayenāpi mṛtyukasya vaśaṃgataḥ // pādasya *tālukāṃ[→ tālikāṃ] viddhvā nāsikā[→-kāṃ] yadi vidhyati /$^{v)}$ trayāhena bhaven mṛtyur atrāpi na saṃśayaḥ //$^{vi)}$ kuṭṭi*praśāva[→ prasrāva]kāle tu *hañcchikā[= hañjikā] bhavate yadi /$^{vii)}$ tasyām eva tu velāyāṃ varṣeṇa mriyate dhruvam // pūrvāhne pañcavāsaraṃ madhyāhne daśakaṃ tathā / aparāhne pakṣaikaṃ tu ardharātre ca māsakam //$^{viii)}$ ekasminn eva kāle tu *hañcchikā[= hañjikā] yadi pūrvavat / kālaniyamena jīvet tu bhavati nātra saṃśayaḥ //$^{ix)}$ nāpitagartikāyāṃ ca vidhyet pañcabhiḥ saṃvatsaraiḥ /$^{x)}$ tasya mṛtyuṃ vijānīyād bhavate nātra saṃśayaḥ //$^{xi)}$ jihvāgrādarśanaṃ devī[→-vi] trayāhe maraṇaṃ tataḥ /$^{xii)}$ śravaṇāgrato vidhyet tu mṛtyur māsacatuṣṭayaiḥ //$^{xiii)}$ vāmacakṣuṣi puttalī[→-līṃ] paśyate na tu *darśanam[→ darpaṇe] /$^{xiv)}$ saptāhena tadā mṛtyuḥ kathitaṃ pūrvajanmani //$^{xv)}$ śuklapratipattithau ca śukraṃ yady asitaṃ bhavet /$^{xvi)}$ ṣaṇmāsena tasya mṛtyū rogāya lohitaṃ dhruvam //$^{xvii)}$ saṃyogā[→-ga]bhagaliṅgeṣu *hañcchi[= hañji] tasyāvasānataḥ / yadi bhavet tadā yāti pañcatvaṃ māsapañcakam //$^{xviii)}$ ghaṇṭānādaṃ milite tu karṇayoḥ syān mṛtyu[→-tyuḥ] sphuṭam /$^{xix)}$ pañcamāsair na saṃśaya[→-yo] yadi śakro bhaved iti //$^{xx)}$ ekasminn eva kāle tu yadi candradivākarau /$^{xxi)}$ vidhyati yasya sattvasya māsam ekaṃ sa jīvati //$^{xxii)}$ hastacaraṇayoś catuḥsandhīnāṃ kaniṣṭhāṅgule /$^{xxiii)}$ ekatra vid-

hyate yasya māsaike mriyate dhruvam //xxiv) ghaṭitrayena vidhyati yadi sāmarthyāhaṃ(?) samam /xxv) caraṇāṅguṣṭhayo[→-yor] dvāraṃ jantūnāṃ bhuvanatrayam // granthirājīva nayāś ca (?)daṃśya tena sadāhakāḥ(?) /xxvi) ṣaṇmāsena tadā mṛtyur yadi rudrasamo bhavet //xxvii) hṛdi madhyaṃ tathā pūrvam atrāpi kaṇṭhagocaram /xxviii) tripakṣeṇa bhaven mṛtyur nātra vicāragocaram // punar vidhyati śīrṣāgraṃ dahyatā[→-tāṃ] tripurārṇavaḥ / sadya[→-dyo] mṛtyur[→-tyuṃ] vijānīyāt kathitaṃ śarīrapañjare //xxix) karṇamūle tathā vidhyet sadyo mṛtyur[→-tyuṃ] vinirdiśet / bhrūmadhye tathā vidhyet tatkṣaṇān maraṇaṃ bhavet // nāsāgre tu bhaved vāyuḥ śītalaṃ[→-laḥ] pūrṇakālakam /xxx) ity evaṃ maraṇaṃ sarvaṃ vidhyate daṃṣṭriṇā padam //xxxi) —— [注] i) trayāhena] trayāhen — A.: vidyān] viṃdyāṃ — B. ii) viddhvā] vidvā — A./ viddhī — B.: nābhiṃ] nābhiś — A. iii) devi] devī —A. iv) viddhvā] vidvā — A./ vi — B. v) viddhvā] vidvā — A./ viddhā — B. vi) mṛtyur atrāpi] mṛtyū rudro pi —B. vii) hañcchikā] sbrid pa — Tib. viii) pakṣaikaṃ] pakṣekan — B. ix) kālaniyamena] kālanāṃ yamena — A.: tu] omits — A. x) nāpitagartikāyāṃ] nāśapite kāyāṃ — B./ lhag pa yi ni bdud khuṅ du — Tib.: vidhyet] viṃdhyet — B. xi) mṛtyuṃ] mṛtyu — A./ mṛtyur — B. xii) jihvāgrā-] jihvāgro — B.: trayāhe] trayāhya — A. xiii) vidhyet] vidhye — B.: mṛtyur] mṛtyu — A. xiv) vāma-] vāme — B.: puttalī] ḥbras bu — Tib.: darśanam] me loṅ la — Tib. xv) saptāhena] saptāhyana — A. xvi) -pratipattithau] patipattithai — A./ pratipattithai — B.: yady asitaṃ] yad yepsitaṃ — B. xvii) ṣaṇmāsena] padmāsena — A. xviii) pañcatvaṃ] omits — Tib. xix) milite] mibhite — B.: karṇayoḥ] karṇayo — A. xx) -māsair] māse — B.: śakro] śakra — A.: iti] omits — A. xxi) -divākarau] divākaraiḥ — A. xxii) vidhyati] vidyati — A. xxiii) -caraṇayoś] caraṇayo — B.: catuḥ-] ca tu — A./ yas tu — B./ bshi — Tib.: sandhīnāṃ] sīddhīnāṃ — B.: -ṅgule] ṅgula — B. xxiv) vidhyate] vidyate — A. xxv) sāmarthyāhaṃ samam] sāmarthāhaṃ samaṃ — A./ sāmarthāha sa caḥ — B./ nus stobs bdag mñam pa — Tib. xxvi) nayāś] nayāṃ — B.: daṃśya] daṃṣya — A./ daṃpya — B./ dpe — Tib.: sadāhakāḥ] rtag tu bśad pa — Tib. xxvii) ṣaṇmāsena] padmāsena — A. xxviii) madhyaṃ] madhyen — A.: atrāpi kaṇṭha-] atrādhikaś ca — A. xxix) śarīra-] śarī — A. xxx) bhaved] bhave — B.: -kālakam] kārakaṃ — B. xxxi) vidhyate] cyatedaṃ — A.: daṃṣṭriṇā padam] jināṃ sadā — A./ draṣṭrināṃ padāṃ — B./ mtshe gtsigs go ḥphaṅ gis — Tib.

5 後述するように、その内容は実質的に『サンヴァローダヤ・タントラ』の死兆と『ダーカールナヴァ・タントラ』の死兆の双方を合わせただけなので、原文の提示を割愛したい。

6 たとえば、『サンヴァローダヤ・タントラ』に説かれる最初の死兆「両足の裏に（pādayos tālikāṃ）傷ができた後、臍に傷ができた時は、3 日後に彼は死ぬ」は、『ダーカールナヴァ・タントラ』では「もし、ある時上顎の三箇所に（? tālukātrayam、Tib では足の裏の三箇所）傷ができたら、彼は 3 日で死ぬ」「もし、足の裏に（pādasya tālukām、直訳すれば足の上顎）傷ができた後、臍に傷ができれば、人々は 2 日で死ぬ」「もし、足の裏に（pādasya tālukā、直訳すれば足の上顎）傷ができた後、眼に傷ができれば、3 日で死に屈服する」「もし、足の裏に（pādasya tālukām、直訳すれば足の上顎）傷ができた後、鼻に傷ができれば、3 日で死ぬ」となっている。双方とも足の傷に関する死兆であり、『ダーカールナヴァ・タントラ』の方が内容に広がりがあることは一目瞭然である。写本学の観点に立てば、『ダーカールナヴァ・タントラ』の死兆が『サンヴァローダヤ・タントラ』のそれを増広したものであり、後者が前者から略出されたものではないことを推定することができる。前者における pādayos tālikām という表現と後者における pādasya tālukā[m] という表現を比較すると、後者の表現（直訳すれば「足の上顎」になる）が不自然であることから、後者の tālukā[m] が前者の tālikāṃを書写する際に生じたコラプションであると考えられるからである。『サンヴァローダヤ・タントラ』の二番目の死兆「大便と小便をする時と同時にくしゃみをすれば、彼は 1 年で死ぬ」は、『ダーカールナヴァ・タントラ』では「もし大便と小便をする時にくしゃみが出れば、彼は 1 年で確実に死ぬ。午前時であれば 5 日、正午時であれば 10 日、午後時であれば半月、真夜中であれば 1 ヶ月である」となっている。前段落での結論同様、この二番目の死兆についても、後者は前者に基づく増広であると考えるのが妥当であろう。

7 『ヴァーラーヒーカルパ・タントラ』, (Skt ms) Matsunami 346, 69b7–71a2、Matsunami 347, 60a7–61b7 が『サンヴァローダヤ・タントラ』, (Skt ed) 19.1–25 と、『ヴァーラーヒーカルパ・タントラ』, (Skt ms) Matsunami 346, 68a5–69a6、Matsunami 347, 58b6–59b6 が『ダーカールナヴァ・タントラ』, (Skt ms) Kathmandu D40/6, 23a3–b6、Kathmandu A142/2, 24b3–25a8 と、表記の乱れ等些細な相違があるにしろ、実質的に同じである。写本の書写という観点から『ダーカールナヴァ・タントラ』と『ヴァーラーヒーカルパ・タントラ』の聖典を比較すると、後者の方がリストの全体に渡ってコラプションが進んでいることから、『ダーカールナヴァ・タントラ』が『ヴァーラーヒーカルパ・タントラ』に先行すると解釈することは不可能ではない。また、この死兆のリストは女尊 Yamadaṃṣṭriṇīに関する教説の一環として双方の聖典で提示されているのだが、教説のこの特徴付けは『ダーカールナヴァ・タントラ』の文脈では機能しているのに対し、Vajra『ヴァーラーヒーカルパ・タントラ』では十分に機能していない。『ダーカールナヴァ・タントラ』は章の順に沿ってそれぞれの章の教説をサンヴァラ曼荼羅の尊格に順に関連付ける試みを行っており、この死兆リストが説かれる第 13 章はサンヴァラ曼荼羅の尊格の一人である Yamadaṃṣṭriṇīにちょうど関連付けられることになる。だが『ヴァーラーヒーカルパ・タントラ』ではこのような試みは積極的に行われていないため、Yamadaṃṣṭriṇīとの関連付けの記述が聖典全体の文脈の中で有効な機能を果たしていない。これは『ヴァーラーヒーカルパ・タントラ』が『ダーカールナヴァ・タントラ』の死兆の教説を剽窃したことにより生じた不機能性であろう。このことと、前注で明らかにした『サンヴァローダヤ・タントラ』の死兆リストと『ダーカールナヴァ・タントラ』の死兆リストの先後関係の結論を考慮すれば、『ヴァーラーヒーカルパ・タントラ』の死兆リストは、『サンヴァローダヤ・タントラ』の死兆リストと『ダーカールナヴァ・タントラ』のそれを継承したものであるという解釈を導き出すことができる。

8 「枝が [すべて] 折れた樹木とガンダルヴァの町とプレータたちやピシャーチャたちを見るならば、彼は 10 ヶ月で死ぬ」

9 「金色の枝のあまたの樹木を見、ガンダルヴァの町とプレータたちやピシャーチャたちを見るならば、彼は 10 ヶ月で死ぬ」

10 「プレータとピシャーチャなどと、ガンダルヴァの町と、金色の木々を見たら、彼は 9 ヶ月で死ぬ」

11 「プレータとピシャーチャなどと、ガンダルヴァの町と、金色の木々を見たら、彼は 9 ヶ月で死ぬ」

12 「夢の中で、枝のない樹木と、プレータと、ピシャーチャと、神の落下を見るならば、彼は 10 ヶ月を超えては生きられない」

13 C =Śāstrī 72、T = Matsunami 343 —— rohitādivase glānaḥ susṭhu rakṣitavyaḥ /$^{i)}$ yadi pañcadaśe chalo na bhavati tadā pañcarātrāt pramucyate // bhuvane tṛtīye chalaṃ na bhavati, tadā saptarātrāt pramucyate //$^{ii)}$ svapne tṛtīye chalaṃ na bhavati, tadā saptarātrāt pramucyate //$^{iii)}$ vyākulau ca tṛtīye pañcame vā, rātrau jīvati na vā //$^{iv)}$ bhidri tṛtīye caturthe vā chalaṃ, daśarātreṇa vyādhinā parimucyate //$^{v)}$ mikire tṛtīye chalam, aṣṭame mucyate / nityaṃ rogī ciraṃ jīvati na saṃśayaḥ // raṇḍāyāṃ pañcame chalaṃ, navama utthito bhavati daśarātrān mucyate //$^{vi)}$ makare 'ṣṭame chalam, ekaviṃśatidivase jīvati vā na vā //$^{vii)}$ kūrme 'ṣṭame chalaṃ na bhavati, tadā daśame mucyate //$^{viii)}$ vṛṣabhe tṛtīye chalaṃ pañcame vā, īṣadrogī bhavati, aṣṭama utthitaḥ //$^{ix)}$ bhadre 'ṣṭame daśame chalaṃ, tato mucyate //$^{x)}$ mohitāyāṃ tṛtīye saptame chalaṃ, tato mucyate //$^{xi)}$ —— ［注］ i) suṣṭhu] saṣṭu — T.: rakṣitavyaḥ] rakṣitavyaṃ — C. ii) tṛtīye] tṛtīyaṃ — T.: pramucyate] parimucyate — C. iii) tṛtīye] tṛtīyaṃ — T.: -rātrāt] rātreṇa — C.: pramucyate] parimucyate — C. iv) vyākulau] vyākulo — C.: rātrau] rātro — C.: jāvati na vā] jīvā na vā — T. v) chalaṃ] cchala — C.T.: -rātreṇa] rātraṃ — T. vi) raṇḍāyāṃ pañcame] raṇḍe pañca — T.: [-rātrān] rātrau — C. vii) ekaviṃśati-] ekoviṃśati — T.: jīvati] (ac) jīvata (pc) jīvati — C. viii) kūrme 'ṣṭa-] blurred — C. ix) vā] omits — T.: īṣad-] iṣad — C. x) chalaṃ tato mucyate] cchala tato mucyataḥ — C. xi) mohitāyāṃ] mohitāyā — T.: tṛtīye saptame chalaṃ tato] blurred — C.

14 なお、これらの死兆のうち (1)〜(9) が現れた場合、死を避けるために 2 種類の死の欺きの技法が『チャトゥシュピータ・タントラ』で説明される［Skt ms: Kathmandu Reel

B26/23, 6b2–b5、Cambridge Add.1704, 9a5–b3]。ここではそれらのうち、論の展開上関連のある一つをまとめれば、以下のようになる。各項目の [ ] 内は、『チャトゥシュピータ大要』による補充である。

(1) Jñānaḍākinī女神の種字 HŪṂを鼻に置き [、それにより切れた脈管を塞ぎ、種字が Jñānaḍākinī女神になると観想する]。
(2) Vajrī（あるいは Vajraḍākinī）女神の種字 SUṂを眼に置き [、それにより切れた脈管を塞ぎ、種字が Vajrī（あるいは Vajraḍākinī）女神になると観想する]。
(3) Ghorī（あるいは Ghoraḍākinī）女神の種字 KṢUṂを頬に置き [、それにより切れた脈管を塞ぎ、種字が Ghorī（あるいは Ghoraḍākinī）女神になると観想する]。
(4) Vetālī女神の種字 YŪṂを耳に置き [、それにより切れた脈管を塞ぎ、種字が Vetālī女神になると観想する]。
(5) Caṇḍālī女神の種字 HŪṂを舌に置き [、それにより切れた脈管を塞ぎ、種字が Caṇḍālī女神になると観想する]。
(6) Siṅghī（あるいは Siṅghinī）女神の種字 SMRYUṂを歯の隙間に置き [、それにより切れた脈管を塞ぎ、種字が Siṅghī（あるいは Siṅghinī）女神になると観想する]。
(7) Vyāghrī女神の種字 KMRYUṂを首の側面に置き [、それにより切れた脈管を塞ぎ、種字が Vyāghrī女神になると観想する]。
(8) Jambukī女神の種字 YMRYUṂを胸に置き [、それにより切れた脈管を塞ぎ、種字が Jambukī女神になると観想する]。
(9) Lūkī（あるいは Ulūkī）女神の種字 KṢMRYUṂを爪に置き [、それにより切れた脈管を塞ぎ、種字が Lūkī（あるいは Ulūkī）女神になると観想する]。

これらの方法は、死兆が現れた箇所に特定の女神の種字（bīja）を瞑想することにより、死兆を消そうとする技術である。先に述べたように、『チャトゥシュピータ大要』は死兆の出現と身体の関連箇所の脈管の切断を関連づけていた。同書はここでも脈管と関連付けようとする。つまり、死兆が現れる身体の箇所に女神の種字を置くことにより、切れた脈管を塞ぎ、それによって死兆を消すのである。

15 これら双方の聖典の原文テキストの提示は、かなりの長文になるためここでは割愛したい。

16 『ダーカールナヴァ・タントラ』の文章は『ヴァジュラダーカ・タントラ』の文章を継承したものなので、ここでは後者のテキストのみを提示したい（C =Śāstrī 72、T = Matsunami 343）—— navayaugatanaṃ(?) devi aṅgacihnasya lakṣaṇam //*i)* yena vijñātamātreṇa mṛtyukālam iva sthitam /*ii)* śvāsāvaisphuraṇa[=śvāsavisphuraṇa]mātreṇa ṣaḍ dve cyuti dehinaḥ //*iii)* pūrvāhṇe rohitābhāge nimittaṃ tasya lakṣayet /[iv) nāsikā[= -kāyāṃ] netradeśe ca kapole karṇamūle tu //[v) jihvā[= -hvāyāṃ] daśanasandhau ca grīvāpārśvau[= -rśve] tathā devi / hṛdi pañjara[= -re] nābhau ca ūrujaṅghā[= -ṅghayos] tathā param //[vi) meḍhraliṅgābhyām udāhṛtam /[vii) śikhā[= -khāyāṃ] mūrdhni pradeśe tu śvāsā[= -saś] cchijjati cchijjati / navacihnāni aṅgasya mṛtyukālaṃ tu darśitam // —— ［注］ i) -yauga-] yaurā — C./ yoga — T. Tib や注釈によれば、「長い時間」を意味する語であるようだ. ii) mṛtyu-] mṛtya — T. iii) -vaisphuraṇamātreṇa] vaispharaṇamātre — T. iv) nimittaṃ tasya] nimittasya — C. v) nāsikā] nāsi — C.: ca] omits — T.: kapole] kapāle — T. vi) -jaṅghā] jaṃgha — T. vii) meḍhra-] meḍhre — C. なお、最後の "navacihnāni" は「9 つの徴」ではなく「新しい徴」、つまり「近い死を知らせる徴」という意味である。

17 『ヴァジュラダーカ・タントラ』, Skt ms: Śāstrī 72, 55b4、Matsunami 343, 49a1。『ダーカールナヴァ・タントラ』, Skt ms: Kathmandu D40/6, 86b2、Kathmandu A142/2, 90a2。

18 『ヴァジュラダーカ・タントラ』, Skt ms: Śāstrī 72, 57b7–58a1、Matsunami 343, 50a5–a6。『ダーカールナヴァ・タントラ』, Skt ms: Kathmandu D40/6, 87b3–b4、Kathmandu A142/2, 81a6–a8。

19 C =Śāstrī 72、T = Matsunami 343 —— bhagavān[→-van] śrotum icchāmi jñānatattvaṃ viśeṣataḥ /[i) kathaṃ cihnam idam aṅge kathaṃ nāḍīsamāśritam //[ii) bhedaṃ teṣāṃ na jānāmi kathayasva mahāsukham /[iii) —— ［注］ i) jñānatattvaṃ] jñānatatva — T. ii) -samāśritam] samāśritaḥ — T. iii) jānāmi] jonāmo — C.

20 K = Kathmandu B26/23、C = Cambridge 1704 —— bhagavan śrotum icchāmi jñānatattvaṃ viśeṣataḥ /[i) kathaṃ cihnam idam aṅge kathaṃ tattvasamāśritam] //[ii) —— ［注］ i) bhagavan] bhagavāṃ — C.: -tattvaṃ] tatve — K. ii) cihnam] cihnām — C.: aṅge] aga — K2. tattvasamāśritam] tatrasyam āśritaṃ — K./ atvādi āśritaḥ — C./ tattvaṃ samāśritam — 『チャトゥシュピータ大要』.

21 cyutikāle tu yogināṃ śrīherukādivīrayoginī /[i) nānāpuṣpakaravyagrā nānādhvajapatākinam // nānātūryanirghoṣair nānāgītopahārataḥ / mṛtyur nāma vikalpasya nīyate khecarīpade // —— ［注］ i) yogināṃ] yogī nā — Skt ed, Skt ms により訂正.

22 また、何らかの神的存在によるお迎え型の死のあり方と修行未完成者の関連性という点は、『ガルダ・プラーナ』(Garuḍapurāṇa) 等に見られる、多くのインドの在俗の者たち（したがって、当然彼らの大部分は修行を完成していない）の死に際して、ヤマの従者である恐ろしいヤマドゥータたちによるお迎えがあり、あるいは死者の生前の行為が優れたものであるならばガンダルヴァやアプサラスたちによるお迎えがあるという、サンスクリット文化に広く流布した往生観［Filippi 1996: 191–192, 198］と通じる面がある。

23 なお、上記お迎え型の死が、これから見る抜魂型の死のヨーガの結果として得られるという解釈は、少なくとも聖典の記述上では成立しにくい。なぜなら、後に検討するように、サンヴァラにおける死のヨーガの転生先にはケーチャリーの住居が特に含まれていないからである。また、注釈書群もそれらの結びつきを主張していない。

24 これら「止め具をつけて鍵をかける」「短剣」の具体的内容の詳細は、聖典中では説明されていない。

25 細部こそ異なれ、以上のような一種の抜魂術としての死のヨーガは、『リンガ・プラーナ』(Liṅgapurāṇa)、『シャールンガダラパッダティ』にも説かれることを永ノ尾氏は指摘する。『リンガ・プラーナ』［Skt ed: 1.91.37–45b］［Eino 2004, pp.877］、『シャールンガダラパッダティ』［Skt ed: 163.1–7］［Eino 2004, pp.877］。

26 文献は識であるとは明記していないが、やはりここでも識が魂の機能を有しているのだと解釈した。

27 同書の内容全体を簡潔に紹介しておこう。同書はまず、仏や菩薩に知られることなく亡骸を荼毘に付す者は罪人でありと規定し［Tib: Toh, 283b7］、この儀礼の対象になるのは原則的に師の位を得た者（金剛師）である旨を述べた後［Tib: Toh, 284a1］、以下の儀礼過程を説く。

〈死者に対する諸実践〉［Tib: Toh, 284a1–a4］

まず金剛師の亡骸を供養した後、その亡骸を葬場に置く。司祭は葬場の大地をマントラで浄化し、そこに曼荼羅（曼荼羅の詳細は明記されない）を描く。続いて司祭は死者の魂に対して五種灌頂と金剛師灌頂を授けることにより、死者の魂を金剛界そのものである Akṣobhya 如来と等しい存在に高める。その後、各種供養と称賛を行い、最後に「vajra muḥ」（解放のマントラ）を唱えることにより、亡骸から魂を抜く。

↓

〈荼毘に付す〉［Tib: Toh, 284a4–b7］

次に火炉に点火する。司祭は火炉を無我であると思念した後、RAṂ字を観想し、そこから火神——顔と衣服が白く、右手が紺色で左手が赤色で、大小の冠を被り、左手に水瓶と杖を持ち、右手で施無畏印を結んで数珠を持つ——を、火炉で燃え上がる火の中に観想する（これにより、荼毘の火は火神としての意義をもつようになる）。その後、その火神の智慧サッタを引き寄せ、火の中の火神と一体化させる（これにより、その火神はリアルな神の身体をもつ者となる）。次に司祭はその火神の舌に RAṂ字を布置し、柄杓を用いるなどの方法で火神に各種供物を捧げる。その際、火神の胸部に自分の望みの尊格を観想する。司祭は柄杓によって捧げるバターを甘露と思い込みながらこの供養を行う（これにより、火神はますます燃え上がりつつ、不死性を得ることになる）。

亡骸が燃える最中、司祭は鈴を鳴らし、称賛し、供養をする。

最後に、司祭はこの荼毘儀礼を行う際に到らなかった点について（火神や仏たちに）

赦しを乞い、100 字のマントラを唱え、火神にお帰り頂き、火を消す。

↓

〈制多への埋葬〉[Tib: Toh, 284b7–285a3]

司祭は乳を注いで火を消し、燃え残った死者のすべての骨をとりまとめ、清浄な骨壷に入れ、制多を建て、その中に遺骨を安置する。残された者たちはその制多に団子などを備えて礼拝・供養を行う。

以上である。

28 同書では識ではなく智慧 (jñāna) とされるが、ここではそれは識と機能的には同じである。

29 『ヴァジュラダーカ・タントラ』は死のヨーガを広い視点で解釈しようとする。その結果、様々な実践が死のヨーガの拡大解釈型としてこの聖典に説かれることになる。

自分の識 (つまり心臓にある HŪṂ字) を自分の身体から離脱させ、他者の身体の中に入り込み、他者の身体に何らかの操作を加えるという実践がある。一種の幽体離脱と憑依の技術である。このような実践は、サンスクリット宗教ではしばしば入体 (āveśa や praveśa、文字通りの意味は「入ること」だが、ここでは「入体」と意訳したい) とも呼ばれる。原則的に死のヨーガ (utkrāntiyoga) とは別の実践である。前者が他者の身体への何らかの働きかけを目的とし、後者が自分の死を目的とする点からも、それらが性質上別カテゴリーに属することは理解できよう。だが『ヴァジュラダーカ・タントラ』は、この入体の実践を、「入体」という呼称を特に用いずに死のヨーガの一種として位置付ける。その理由は、(i) 入体も死のヨーガも自分の身体からの識の離脱という要素を共有していることと、(ii) 入体を完遂するにはまず死のヨーガの本質的部分である識の離脱を実践の第一段階として行わなければならないことにあると考えられる。

『ヴァジュラダーカ・タントラ』は 2 つの入体的な死のヨーガの教説を説く [Skt ms: Śāstrī 72, 58a7–b4 (=伝承 1), 59b5–b6 (=伝承 2)、Matsunami 343, 50b6–51a1 (=伝承 1), 51b7–51a1 (=伝承 2)]。それらを伝承 1、伝承 2 と呼ぶならば、たとえば、伝承 1 は識が身体から抜け出る孔を右の鼻孔、識が身体に入る孔を左の鼻孔とするのに対し、伝承 2 は身体の上方部 (ūrdhva) とするといった細部に相違が見られる。だが、その全体の傾向・趣旨は同じと考えてよい。それらの共通点に即して入体的な死のヨーガの教説を内容を簡潔にまとめれば、以下のようになる——実践者は自分の心臓にある自分の識 (つまり HŪṂ字) を死のヨーガと同じ方法で体外に出し、続いて対象者の身体の中に入れる。すると、実践者の識は対象者の心臓にある対象者の識 (つまり対象者の心臓にある HŪṂ字) を捕獲し、対象者の身体から対象者の識を抜き出す。これにより、対象者は識が身体から抜け出た状態になる。続いて、実践者の識はその対象者の識を実践者自身の身体の中へと取り込み、実践者の身体の下腹部にある火輪へと導き、そこで対象者の識を燃やし、破壊する。これにより、対象者の識は滅失したことになる。すると、対象者は痴呆者のようになったりその身体の振動が止まらなくなったりするという。対象者を殺害するとまでは明記されていないが、腑抜けの状態に対象者を追い込むことがこの実践の直接の目的であろう。

なお、入体的な死のヨーガを行う際に、実践者は「獅子と戯れるという印」(siṃhavikrīḍitamudrā) を結ぶことが規定されている [Skt ms: Matsunami 343, 58b5–b6、Matsunami 343, 51a1–a3]。注釈書『ヴァジュラダーカ語釈』によれば、これは身体の眼や耳や鼻や口の穴を指で塞いだり、あるいは知覚対象を執着なしに知覚することを指すという。

また、サンヴァラの聖典のうちでは他に『サンプトードバヴァ・タントラ』が、さらにチャトゥシュピータの『チャトゥシュピータ・タントラ』もこの体系を説くと解釈することも全く不可能ではない (たとえば『チャトゥシュピータ・タントラ』の注釈書である『チャトゥシュピータ大要』は、死のヨーガに関する『チャトゥシュピータ・タントラ』のあるパラグラフを『ヴァジュラダーカ・タントラ』と同様の入体的な死のヨーガとして解釈する)。だがそのように解釈する必然性もない。これらの聖典の記述は極簡潔で曖昧であるため、様々な解釈の余地を生み出している。したがって、入体的な死のヨーガという発想を『チャトゥシュピータ・タントラ』自身にまで遡らせることには慎重にならなければならない。また、いわゆるナーローの六法のトンジュクの技法は『ヴァジュラダーカ・タントラ』のこの入体の技法と、他人の体内に自分の識を入れるという点において類似している。

その他、『ヴァジュラダーカ・タントラ』は死のヨーガの別の拡大解釈型として、神通を獲得するためのヨーガを説く [Skt ms: Śāstrī 72, 58b7–59a2、Matsunami 343, 51a3–a6]。実践者はまず自分の身体中の下腹部にある応輪の火の (つまり応輪にある AṂ 字から発するチャンダーリーの火) を体外へと出す。注釈書『ヴァジュラダーカ語釈』によれば、実践者の心臓の識である HŪṂ字の光と混ぜて体外に出すという。続いて、実践者はその火が三界のいたるところをさすらい、三界の全ての音声を捕獲すると観想する。さらに、このような全ての音声を捕獲した火が再び自分のもとに戻り、自分の耳に入ると観想する。この実践を継続すれば、実践者は6ヶ月で天耳通 (どんなに遠くにあったとしてもあらゆる音声を聞き取る超能力) を得ることになるという。同様に、その火が三界の全ての映像を捕獲して自分の眼に入ると観想するならば、実践者は天眼通 (どんなに遠くにあったとしてもあらゆるモノや事柄を見通す超能力) を得るという。このような神通獲得のヨーガの技術が、自分の良き死のための技術である死のヨーガとは本来的には別カテゴリーの実践であることは言うまでもない。だが『ヴァジュラダーカ・タントラ』は、自分の身体要素が自分の身体から離脱するという点に共通点を見出し、この実践を死のヨーガの拡大解釈型として位置付けるのである。

なお、様相を異にするが、死のヨーガと超能力の獲得の関連性は『クブジカーマタ・タントラ』にも説かれる。死のヨーガの実践中に憤慨する者は、草や木や蔓などの植物や昆虫や鳥を破壊したり、実や花を落としたりする超能力を発揮することになるという [Skt ed: 23.123–124b]。

『ヴァジュラダーカ・タントラ』が説く、上記の死のヨーガの拡大解釈型は死のヨーガの体系の質的展開というよりも、「死のヨーガ」という用語の拡大適用として理解するのがよいだろう。

30 これらの聖典のうち、『ヴァジュラダーカ・タントラ』と『ダーカールナヴァ・タントラ』と

『ムリタスガティニヨージャナ』を抜いた 4 つの聖典間の簡潔な比較として、田中 1997: 208–209 がある。だが、同書はそれら 4 つの聖典のうち、『サンヴァローダヤ・タントラ』以外の聖典については Tib のみを使用したためか、いくつか筆者と見解が相違する点がある。

それぞれの文献の文章は、要所要所の単語が入れ替わっている他にはさほど大きな相違がない。ここではサンスクリット写本が現存している聖典のうち最古の『チャトゥシュピータ・タントラ』と最後期の聖典である『ダーカールナヴァ・タントラ』のテキストのみを提示しておこう。

『チャトゥシュピータ・タントラ』(K = Kathmandu B26/23、C = Cambridge 1704) —— nābhe kāmikasvargasya bindunā rūpadehinām /[i] ūrdhva ūrdhvasthānasya gatyāgatyā parītavat //[ii] yakṣabhavasya nāsāyāṃ karṇābhyāṃ siddhadevatā /[iii] cakṣur yadi gate jñānaṃ narāṇāṃ nṛpavartanaḥ //[iv] bhavadvārasya pretānāṃ mūtre tiryakas tathā / aṣṭau narakā bhāvānām apānavijñāna[= -nānāṃ] śīghrataḥ //[v] —— [注] i) nābhe] nābheḥ — C.: bindunā] bindūnāṃ — K./ bindūnā — C. ii) ūrdhva] mūrdhni — K./ ūrddhaṃ — C.: gatyāgatyā parītavat] gatyāgatyā parītavataḥ — K./ gatyāgatya parītavat — C./ mi gduṅ la sogs de ru ḥgro — Tib. 『サンプトードバヴァ・タントラ』は gatyāgati parikīrtitam とする。 iii) -bhavasya] bhavanasya — K. iv) jñānaṃ] jñānāṃ — K.: -vartanaḥ] vartināṃ — K. v) narakā] naraka — K.: bhāvānām] gatajñānām — K./ śes par bya — Tib.: -vijñāna śīghrataḥ] blurred — C.

『ダーカールナヴァ・タントラ』(A = Kathmandu D40/6、B = Kathmandu A142/2) —— nābhiḥ kāmikaṃ ca svargaṃ bindunā rūpadehinām /[i] ūrdhva ūrdhvakasthānasya gatyāgati prakīrtitam //[ii] yakṣā[→-kṣo] bhavati nāsānāṃ karṇābhyāṃ siddhadevatā /[iii] cakṣur yadi gataṃ jñānaṃ narāṇāṃ nṛpavartinām //[iv] bhavadvārasya pretānāṃ mūtre ca tiryakas tathā /[v] aṣṭau narakabhāvānām apāna[→-ne] sarvadehinām //[vi] —— [注] i) nābhiḥ] nābhi — A.: kāmikaṃ ca] kāmikaraṃ — A./ kāmikaṃ — C.: svargaṃ] svarga — A./ svasvargaṃ — C. ii) ūrdhvaka-] ūrddhakasya — A. iii) bhavati] bhāva — B./ bhava — C. iv) yadi] yati — C. v) bhavadvārasya] bhavuddhārasya — A./ saṃbaddhārasya — B./ srid paḥi sgo — Tib. vi) -bhāvānām] bhāvanām — C.

31　『ダーカールナヴァ・タントラ』におけるその他の 27 個の孔は 27 宿と結びついた孔であり、注釈書の『ヴォーヒター』によれば、来世の境遇を決定するこれら 9 個の孔と合わせて、アベーディヤー (abhedyā) を始めとする 36 本の脈管とつながっているという (『ダーカールナヴァ・タントラ』, Skt ms: Kathmandu D40/6, 52b8, 53a2–a3、Kathmandu A142/2, 56b8–b9, 57a3。『ヴォーヒター』, Tib: Ota, 254b4–b5)。来世の境涯の決定におけるこれら 27 宿の機能は記述上明確でない。さらに、これら 27 宿に対応する 27 の身体孔が具体的にどの孔なのかも明記されていない。この意味で、『ダーカールナヴァ・タントラ』におけるこの新たな発想は死のヨーガの理論上の積極的な質的展開であるとは言い難い。

32 『ヴァジュラダーカ語釈』, (Tib: Ota) 154a7–a8。『チャトゥシュピータ大要』, (Tib: Ota) 402b1–b2。『アームナーヤマンジャリー』, (Tib: Ota) 310a8。

33 『ヴァジュラダーカ語釈』, (Tib: Ota) 154a6–a7。『チャトゥシュピータ大要』, (Tib: Ota) 402a8。

34 『チャトゥシュピータ大要』, (Tib: Ota) 402b2。『ヴァジュラダーカ語釈』, (Tib: Ota) 154a8。『アームナーヤマンジャリー』, (Tib: Ota) 310b1。

35 同書の批判の内容は、「このような解釈が聖典自身の主張と矛盾することに加え、解脱とは無我の悟りであって、上記 9 個の身体孔は分別された存在だからである」(趣意) というものである。

36 だが、肩の孔や心臓の孔からの識の抜け出しがどのような転生を得るのかについては説明されていない。

37 C =Śāstrī 72、T = Matsunami 343 —— bhāvayati svasaṃvitticittena gacchati tadgatim /[i] bhavapāśabhayān nityaṃ na te paśyanti tadgatim //[ii] pañcadhā mānasaṃ jñānaṃ pañcadṛṣṭiparāyaṇam /[iii] devādarśajñānam asuraḥ krodhajñānataḥ //[iv] dīnāni pretajñānasya bhayakrandaṃ tu nārakī /[v] tiryaṅ moha[= -ho] mohena acetaḥ sthāvarādikam /[vi] pañca jñānāni bhedasya carāṇāṃ vijñānāni tu //[vii] —— [注] i) bhāvayati] bhāvayanti — C./ (Tap) bhāvaya (Tpc) bhāvayati.: -saṃvitticittena] saṃvittina — T. ii) -pāśabhayān] pāśabhayā — C./ pāsabhayān — T.: paśyanti] paśya — T.: tadgatim] tadgata — C. iii) pañca-] pañcā — C.: -parāyaṇam] parāyaṇa — C. iv) -darśajñānam] darśajñāna — C./ darśanaṃ guhyaṃ — T.: asuraḥ] asurā — C.T. v) dīnāni] hīnāni — C.: bhaya-] (Cac) bhāyaṃ (Cpc) bhayaṃ.: nārakī] nāyakī — C. vi) tiryaṅ-] tiryeg — C./ tiryaka — T.: acetaḥsthāvarādikam] acetyāsthāvarādikiṃ — C./ acetāsthāvarādikaṃ — T. vii) carāṇāṃ] varānāṃ — C.: vijñānāni] vijñānāṃni — C./ vijāna — T. なお、冒頭の “tadgatim” を注釈はそれ以下に記される神や阿修羅や畜生等の境涯への転生と解釈しているが、直前の “svasaṃvitticittena” とのかかわりおよび次の “bhavapāśabhayān nityaṃ na te paśyanti tadgatim” という文から、心そのものという真理の境涯（つまり涅槃）へと赴くことと解釈するのが正しいと思われる。

38 一例として、『ヴァジュラダーカ・タントラ』の文章を挙げよう—— utkrānti kālasaṃprāptam akāle devaghātanam /[i] devatāghātamātreṇa narake pacyate dhruvam /[ii] tasmān mṛtyucihnāni jñāyate tu vicakṣaṇaḥ // ([注] i) akāle] akāla — Śāstrī写本. ii) dhruvam] narāṃ — Śāstrī写本.)。他の聖典も同様の文章を述べている。逆に、Filippi は、死兆が出現したにも関わらず、死を受け入れたくないがためにそれを周囲の人々に隠したりするならば、息子が死に襲われることになるとい

う考え方を紹介している [Filippi 1996: 108–109, note 26)。だがこの考え方の引用文献あるいは調査対象は同書において明確ではない。

39 一例として、『サンプトードバヴァ・タントラ』の文章を挙げよう—— mṛtyukālasya prāptānāṃ mṛtyucihnaṃ tu darśitam / na bhedayej jarādīnām utkrāntiyogam uttamam //。他の聖典も同様の文章を述べている。なお、『大口伝書』の文章は以下の通り—— gaṅ shig dus ni phyi shig la / ḥchi baḥi mtshan ma bdag gis mthoṅ / ḥchi bar gyur paḥi dus byuṅ na / nad kyis yaṅ dag ma rñogs par / ḥpho baḥi sbyor ba yaṅ dag bya /。なお、当事者が単に老齢であるか否かで死の判定をすべきでないということは、必ずしも老齢を死兆と無関係と見ることを意味しない。老齢が死兆の 1 つに含まれることはあっても、単に老齢であることのみによって宿命死の判定をすべきではないという意味である。『スカンダ・プラーナ』(4.1.42.47–51) は、老いは第一の死兆であり、親類の者たちからの敬意すら失わせるものであり、これに匹敵する病気や苦しみはないという説明をする。だが、この説明はサンヴァラの見解と真っ向から対立するわけではない。

結論にかえて

以上、本書はサンヴァラという密教伝統の行者論、聖地論、身体論、時間論、死生論に焦点を合わせた検討を行ってきた。今までの議論を、章毎ではなくこれらのテーマ毎に簡潔にまとめなおすことにより、本書全体の締めくくりとしたい。

(I) 行者論

第1章では、サンヴァラの伝統が誕生・展開をするインド初期中世期密教界の姿の動態的なモデルの構築を試みた。このモデルは、いくつかの規範的な行者型とそれら行者間の関係、そしてこの関係が生み出す知識の伝達の流れを骨子的要素としている。

『八十四成就者伝』を中心に、いくつかの周辺資料を加味して明らかにできる限りでは、サンヴァラを生み出し、サンヴァラが展開した初期中世密教界は、比丘僧院内の比丘と、周辺の比丘と、脱俗の行者と、在俗の行者と類型化できる4つの価値典型的行者型が並存する世界であり、そこには七衆理念等、伝統的な仏教信仰体理念と重なる部分とずれる部分がある。4つの価値典型的行者型にそれぞれ依拠する実践者たちは互いに実践生活の規範の重点をどこに置くかで互いに異なる面があり、それぞれの論理からすれば、いずれも成道が可能な者たちである。

この意味で彼らは互いに対立する。だがそれと同時に、彼らの間には転身と師弟関係の構築がしばしば築かれることにより交渉も行われる。比丘僧院内の比丘は主に比丘僧院内の知識にかかわり、脱俗の行者と在俗の行者は比丘僧院外の知識――シヴァ教や民間信仰等の知識――にかかわりやすく、周辺の比丘はその双方にかかわりやすい。彼らの間に生じる転身と師弟関係の構築を通して比丘僧院内の知識と比丘僧院外の知識の交渉がさかんに生じ、その中で、比丘僧院内の知識はもちろん比丘僧院外の知識も多分に取り入れた、サンヴァラを含む後期密教の伝統が盛んに展開することになる。

また、比丘僧院内の比丘と、周辺の比丘と、脱俗の行者と、在俗の行者という4つの行者型は、サンスクリット文化におけるヴァルナ制やその他の世俗身分概念とある程度の連続性も保っている。それらの身分概念における高身分出自の者は、上記4つのいずれの型を選択する余地があった。だが、それ以外の出自の者は脱俗の行者と在俗の行者の型を選択する傾向があった。4つの行者型の並存という密教界の姿もまた、サンスクリット文化というコンテクストと無関係ではない。

(II) 聖地論

第2章では、他の密教伝統に比べてサンヴァラにおいて特に重要なトピックとなる聖地論の内容と展開の包括的かつ構造論的分析を試みた。起源と構造と聖地リストを互いに異にする4つの大きな伝承の流れと、聖地実践の3つの次元をそれぞれ類型化し、それらの関連を考察するという方法をここでは用いた。

4つの大きな聖地伝承はサンヴァラの伝統の中で自己完結しているのではなく、シヴァ教を含めたその仏教内外の周辺伝統とのかかわりの中でつねに展開をしている。その文化的背景の1つとして、上記 (I) で述べた密教界の構造に加え、聖地の異宗教間共有ならびに異宗教間雑居という寛容的慣習、さらにそれを支える「聖地それ自体は超セクト的である」との感性（そもそも聖地の中にはもともと仏教でもシヴァ教でもなくアボリジニたちの聖域であったものも多い）があった可能性を指摘できる。また、このことは、サンヴァラの聖地体系がもつ以下のような性格を形成していった。すなわち、聖地体系の基盤部分は意味を付与する象徴の枠組みとしての聖地名のリストにあり、この枠組みが各地の土地にはめこまれた時に (A)〈土地としての外的聖地群〉が、尊格群等にはめこまれた時に (B)〈土地から分離した外的聖地群〉が、人の身体構成にはめこまれた時に (C)〈内的聖地群〉が、すなわち聖地実践の 3 つの次元が切り開かれることになる。

4 つの聖地伝承（第 1 型、第 2 型、第 3 型、第 4 型）の中では、第 1 型伝承の体系がサンヴァラの中で最も重視され、その実践体系の中核部分の 1 つに位置していた。この第 1 型の聖地リストは特定のシヴァ教の比較的マイナーな聖地リストに由来するものの、サンヴァラの実践者たちはこのシヴァ教の聖地リストの順序を敢えて逆転させ、そこに伝統的な大乗仏教の教理等による意味付けを施すことにより、独自の聖地体系の構築を行った。第 2 型伝承はシヴァ教シャークタ派の四大聖地を聖地群の筆頭とする体系であるが、第 1 型伝承との積極的な交渉を行いつつ、仏教的な宇宙論・実践論による独自の意味付けを行っていった。第 3 型伝承の体系もシヴァ教に由来しており、それはサンヴァラの内部でさかんに伝承されるも、その理論的発展は乏しく、むしろシヴァ教において理論的発展が積極的に行われた。第 4 型伝承の体系は、聖地理論、チャクラの理論、内的な時間の輪の理論の統合体であり、このような理論的枠組みの中に仏教・非仏教の多くの聖地を包摂しようとするものであった。

第 1 型伝承聖地群には (A)(B)(C) の 3 つの次元がサンヴァラ初期の段階から全て備わっていた。サンヴァラの伝統では時代を経るにつれ (A) の次元をある程度は維持しつつも (B)(C) の次元での一層積極的な展開が見られるようになり、特に最後期に誕生した第 4 型伝承聖地群は (C) の次元のみを有する体系であった。

(III) 身体論

サンヴァラの身体論の検討は、主に第 3 章と第 5 章と第 6 章で行った。サンヴァラの身体論を構成する重要な体系は内的曼荼羅の体系と四輪三脈の体系である。

サンヴァラでは人に生来的な身体は人が生まれながらに得ている方便であると考える傾向をもつ。このことを知り、その身体が引き起こす様々な感覚や生理作用は畢竟空であることを理解する者にとって、それら身体の各種感覚や生理作用は自分を堕落させるものではなく、逆に真理体験へと自らを導く方便になり得る。さらに真理体験とは身体を有する個において生じるものであるのだから、自分の身体を離れて真理体験はないと主張される。後期密教、特にヘーヴァジュラの伝統で形を露にしたこのような倶生の真理観を継承し、サンヴァラは独自の身体論の構築を積極的に行った。

人の身体は 72000 本の脈管とその他の身体要素および各身体部位から構成される。脈管は身体内に存在する荼枳尼たちであり、その他の身体要素は勇者たちであり、各身体部位は聖地である。このような身体構成が内的曼荼羅である。また、荼枳尼たちとしての脈管が収束する 4 つの重要なチャクラと、これら 4 つのチャクラを通る 3 本の主要な脈管に着目した身体構成が四輪三脈の体系である。四輪三脈は、身体の中核部分と見なされる。

サンヴァラの内的曼荼羅の体系には大きく 5 つの型があり、さらに展開史に着目すれば大きく 2 段階――(i) 第 1 型・第 2 型から (ii) 第 3 型・第 4 型・第 5 型へ――がある。(i) は人の身体は十地・十波羅蜜多を具備しているという発想に基づくものであり、これらを象徴する 24 の聖地の身体内化を理論化する。これに対し (ii) は、身体は十地・十波羅蜜多に加えて三十七菩提分法の全体をも具備しているという発想に基づくものであり、これらを象徴する、24 の聖地を包摂した 37 尊ヘールカ曼荼羅の全体の身体内化を理論化する。時代が下るにつれその象徴内容は様々に増えていくが、この身体十地・十波羅蜜多論および身体三十七菩提分法論は、仏教に新たな身体論である。

サンヴァラは四輪三脈の基本体系をヘーヴァジュラから継承し、最後期には六輪三脈――これはカーラチャクラの六輪六脈とは区別されるべきである――の体系を生み出し、四輪三脈の体系と六輪三脈のそれを並存させるに至る。その形態と意味付けには実に多様な観点からの多様な解釈が行われたが、4 要素 1 組となる教理や世俗概念を四輪が、6 要素 1 組となるそれらを六輪が、二項対立とその止揚を内容とするそれらを三脈が象徴するという考えが一般的であった。人は身体を離れて悟りを得ることはできず、四輪（六輪）三脈はそのような身体の中核部分であるため、様々な視点から見える宇宙の諸相がこの中核部分に包摂されるとの発想が、四輪（六輪）三脈をめぐる解釈の多様性の根底にある。

(IV) 時間論

サンヴァラの時間論の検討は、主に第4章と第5章で行った。サンヴァラの特定の伝統においては、人間存在は円環的な時間という巨大な原理の中に置かれていることを実践者は自覚する。この時間という原理が、時間の輪の体系である。人の様々な思考や行動がこの時間の輪の体系の中で説明される。

サンヴァラにおいて、時間の輪の体系の基礎となる時間論には大きく2種類がある。すなわち、(A) ヘーヴァジュラの伝統にその祖形を見出せる〈1日＝16サンクラーンティ＝21600シュヴァーサ〉という時間論、(B) 仏教内ではチャトゥシュピータにその祖形を見出せる〈1日＝12サンクラーンティ＝21600シュヴァーサ〉という時間論、である。前者は、四輪のそれぞれの葉の数（三十二葉、八葉、十六葉、六十四葉）に合わせて各時間単位により表される時間の幅を設定し、それらの時間の幅を1日の呼吸数でもあり時間幅でもある21600シュヴァーサという、インドに広く見られる呼吸論・時間論と結びつけたものである。後者はカーラチャクラの伝統や、仏教外においても広く見られるものであり、より一般的な時間論である。

これら2つの時間論について、外的な時間の輪と内的な時間の輪がある。外的な時間の輪とは、人の身体の外で展開する、天体の動きと結びついた時間の周期である。内的な時間の輪とは、生命風の体内転位のリズムとも結びついた、人の身体の内で展開する時間の周期である。外的な時間の輪と内的な時間の輪は、呼吸活動を通して互いに連続している。サンヴァラはチャトゥシュピータからその原型を継承し、ある外的な時間の輪の体系を構築した。そこでは、時間の1周期を12に区分した、時間の幅を表す12の家主（ローヒター、モーヒター、バドラ等）が重要な役割を果たす。この12の家主が外的な時間の輪の体系の基本構成単位となり、それに基づいて様々な占術が行われる。時間の1周期を12に区分するという点において、この時間論はヴァラーハミヒラ等のバラモン古典天文暦学の典型と軌を一にする。だが12の家主により時間の意味付けを行う点に個性が見られる。12の家主を重要観念とする体系の原初形態はチャトゥシュピータに見られるが、サンヴァラはそれを継承しつつも、バラモン古典天文暦学の諸要素と仏教教理による意味付け——十二宮や二十七宿や、十二地や十二支縁起など——をそこに積極的に行う。また、12の家主を敢えて逆順配置することにより、一般的な時間論に対する挑戦も見せる。こうして、サンヴァラにおける外的な時間の輪は、一方では仏教内外に普遍的な性格を強めると同時に、一方ではそこから逸脱する性格を強めた、個性的なものとなっている。この体系は、上記2種類の時間論のうち（B）に基づくものである。

サンヴァラの内的な時間の輪の体系は四輪三脈の身体論と何らかの関連を有している。既に述べたように、上述の（A）は四輪のそれぞれの葉の数に合わせて各時間単位を設定したものである。(B) の立場においては、大きく以下の2種類の内的な時間の輪の体系の存在を確認できる。すなわち、(i) 三脈のうち左右2本の脈管の中を生命風が転位するというもの、(ii) それに加えて、四輪のうち臍部に位置する応輪を通る64本中60本の脈管内を生命風が転位し、この60本の脈管は身体の各関節部にもつながっているため、関節部においても同様の転位が生じているとするもの、である。

（V）死生論

サンヴァラの死生論の検討は、主に第4章と第7章で行った。サンヴァラの死の体系を構成する重要項目として、死兆と死のヨーガがある。死兆とは、死が迫っていることを示す徴である。死のヨーガとは、死兆によって自分に死が迫っていることを知り、それを正しく受け入れる実践である。そのような死は良き転生あるいは解脱をもたらすと考えられた。

この死の体系はインドのサンスクリット文化に広く見られるものであるが、特に死兆に関して、サンヴァラのそれには今まで述べてきた時間論や身体論との関連性が見られる。外的であれ内的であれ、時間の輪は人間存在を包摂する原理である。時が来れば、時間の輪は人に死の接近を知らせる。死には2種類——時外れの死と宿命死——あるが、これら双方の死とも、時間の輪の中に位置付けられている。好ましい死としての宿命死は、先に時間論の際に述べた12の家主により表現される時間の輪の1つの周期の完了時点において個々人に生じるとされる。これに対して、好ましくない死としての時外れの死は、その周期の未完了時点において個々人に生じるとされる。また、脈管は身体と生命を維持する役割をもつが、時が来ればそれは異常という形（脈管の切断による身体の節々の不調）で人に死の接近を知らせる。

サンヴァラにおいては、死の迎え方には大きく2種類がある。すなわち、(i) 最高尊による救い上げを重視するお迎え型の死、(ii) 自ら識を抜き出し死へと到る抜魂型の死、である。この2種類の死の迎え方は仏教外にも見出すことができるが、サンヴァラでは特に後者、つまり抜魂型の死を死のヨーガとして重視する。抜魂型の死のヨーガは幅広い受用を見せる『バガヴァド・ギーター』にも説かれるものであり、死に向かう者が自ら行うヨーガの技術である。だが、サンヴァラ以外では荼毘儀礼において司祭を務める行者が亡骸からの識の抜き出しを行う儀礼の技術として応用されることもあった。

この抜魂型の死のヨーガの根底には、垂直構成の仏教宇宙論と人の身体の対応という、身体のミクロコスモス性の発想が1つの要素として存在する。ゆえに、この抜魂型の死のヨーガにおいてより高位の来世あるいは解脱を得るには、識を身体のいくつかの穴のうち頭頂の穴から抜き出すべしとする見解があった。だが解脱を得るためには、それらの穴以外から抜き出しをするべしとする見解（その具体的方法は明かされない）が強かった。

その他、このような体穴的来世観とは異なる立場に立つ臨終論もサンヴァラには存在している。それは臨終時の精神状態が来世の境涯を決めるというものである。この臨終論は、垂直構成の仏教宇宙論ではなく、その人の臨終時の精神状態とそれぞれの境涯の特徴の類似性に着眼したものであり、『バガヴァド・ギーター』をはじめとするインドのサンスクリット宗教体系の1傾向に沿うものである。

資　料

一次資料

(1) 文献資料

『アームナーヤマンジャリー』 Abhayākaragupta, Śrīsaṃpuṭatantrarājaṭīkā Āmnāyamañjarī, Tib: Ota no.2328.

『アシュターンガフリダヤ』 Aṣṭāṅgahṛdaya, Skt ed: Murthy and K.R.Srikandha, *Vagbhata's Ashtangahrdayam: Text, English Translation, Notes, Appendix and Indices* vol.I, Krishnadas Academy, 1995.

アバヤーカラグプタ作『チャクラサンヴァラ現観』 Abhayākaragupta, Śrīcakrasaṃvarābhisamaya, Tib: Toh no.1498/ Ota no.2213.

『アビダーノーッタラ・タントラ』 Abhidhānottaratantra, Skt ms: IASWR I-100 (貝葉写本), the University of Tokyo Matsunami catalogue no.10 (紙写本) and no.12 (紙写本).

『ヴァーユ・プラーナ』 Vāyupurāṇa, Skt ed: *The Vāyupurāṇam*, Nag Publishers, 1983.

『ヴァーラーヒーカルパ・タントラ』 Vajravārāhīkalpamahātantrarāja, Skt ms: The University of Tokyo Matsunami no.346 (紙写本) and no.347 (紙写本).

『ヴァーラーヒャビダーナタントローッタラ』 Khyāvajravārāhyabhidhānatantrottaravārāhyabhibodhi, Tib: Ota no.22.

『ヴァサンタティラカー』 Kṛṣṇācārya, Vasantatilakā, Skt ed: Samdhong Rinpoche and Vrajvallabh Dwivedi, *Vasantatilakā by Caryāvratī ŚrīKṛṣṇācārya with Commentary: Rahasyadīpikā by Vanaratna*, Central Institute of Higher Tibetan Studies, 1990.

『ヴァジュラダーカ語釈』 Śrīvajraḍākanāmamahātantrarājasya vivṛti of Bhavavajra, Tib: Ota no.2131.

『ヴァジュラダーカ成就法』 Kalākapāda, Śrīvajraḍākanāmamahātantrarājoddhṛtasādhanopāyikā bodhicittāvalokamālā, Tib: Ota no.2218.

『ヴァジュラダーカ・タントラ』 Vajraḍākamahāyoginītantrarāja, Skt ms: the Royal Asiatic Society of Bengal Śāstrī catalogue no.72 (貝葉写本), the University of Tokyo Matsunami catalogue no.343 (貝葉写本). Skt ed (第1, 7, 8, 14, 18, 22, 36, 38, 42 章)：Sugiki 2002b および 2003b.

『ヴィマラプラバー』 Kalki Śrīpuṇḍarīka, Vimalaprabhā. (『カーラチャクラ・タントラ』を見よ)

『ヴォーヒター』 Padmavajra, Ḍākārṇavatantraṭīkā Vohitā, Tib: Ota no.2136.

『カーラチャクラ・タントラ』 Śrīlaghukālacakratantrarāja, Skt ed: Jagannatha

Upadhyaya, *Śrīlaghukālacakratantrarājaṭīkā Vimalaprabhā I*, Central Institute of Higher Tibetan Studies, 1986.

『カーリカー・プラーナ』 Kālikāpurāṇa, Skt ed: B.N. Shastri, *Kālikāpurāṇa Part III*, Nag Publisher, 1992.

ガンターパーダ作『チャクラサンヴァラ成就法』 Ghaṇṭāpāda, Śrīcakrasaṃvarasādhana, Tib: Toh no.1432, Ota no.2149.

カンバラパーダ作『チャクラサンヴァラ成就法』 Kambalapāda, Cakrasaṃvarasādhanaratnacūḍāmaṇi, Tib: Toh no., Ota no..

『行集灯火』 Āryadeva, Caryāmelāpakapradīpa, Skt ed: Janardan Shastri Pandey, *Caryāmelāpakapradīpam of Ācārya Āryadeva*, Central Institute of Higher Tibetan Studies, 2000.

『グヒヤサマージャ・タントラ』 Guhyasamājatantra, Skt ed: Yukei Matsunaga（松長有慶）, *The Guhyasamājatantra*, Toho Shuppan, 1978.

『クブジカーマタ・タントラ』 Kubjikāmatatantra, Skt ed: T. Goudriaan and J.A. Schoterman, *The Kubjikā-matatantra, Kulālikāmnāya Version*, Orientalia Rheno-Traiectina XXX, 1988.

クリシュナーチャーリヤ作『チャクラサンヴァラ成就法』 Kṛṣṇācārya, Śrīcakrasaṃvarasādhana, Skt ed: Sugiki 2000.

『クリトヤカルパタル』 Kṛtyakalpataru, Skt ed: Aiyangar 1945.

『クリヤーサムッチャヤ』 Darpaṇācārya, Ācāryakriyāsamuccaya, Skt ms: The University of Tokyo Matsunami catalogue no.111 (紙写本).

『現観解題』 Dīpaṅkaraśrījñāna, Abhisamayavibhaṅga, Tib: Toh no.1490/ Ota no.2205.

『現観語注』 Tathāgatavajra, Lūyīpādābhisamayavṛttisaṃvarodayanāma, Tib: Toh no.1509/ Ota no.2224.

『現観語注注釈』 Tathāgatavajra, Lūyīpādābhisamayavṛttiṭīkāviśeṣadyotanāma, Tib: Ota no.2225.

『現観釈』 Prajñārakṣita, Abhisamayanāmapañjikā, Tib: Toh no.1465/ Ota no.2182.

『現観の花房』 Śubhākaragupta, Abhisamayamañjarī, Skt ed: Janardan Shastri Pandey, "Abhisamayamañjarī," *Dhīḥ* 13, Central Institute of Higher Tibetan Studies, pp.125–154, 1992.

『五次第』 Nāgārjuna, Pañcakrama, Skt ed: Katsumi Mimaki and Tōru Tomabechi, *Pañcakrama: Sanskrit and Tibetan Texts Critically Edited with Verse Index and Facsimile Edition of the Sanskrit Manuscripts* (Bibliotheca Codicum Asiaticorum 8), The Centre for East Asian Cultural Studies for Unesco, 1994.

『五相』 Advayavajra, Pañcākāra, Skt ed: 大塚信夫, 「アドヴァヤヴァジュラ著作集——梵文テキスト・和訳 (2)——」, 『大正大綜仏研年報』 11, pp.(122)–(135), 1989.

『サマーヨーガ・タントラ』 Śrīsarvabuddhasamāyogaḍākinījālatantra, Tib: Toh no.366/ Ota no.8.

『サンヴァラ解説』 Kṛṣṇācārya, Saṃvaravyākhyā, Tib: Toh no.1460/ Ota no. 2177.

『サンヴァラの秘密という成就法』 Kumārakalahaṃsapāda, Ḍākinījālacakravartiśrīsaṃvararahasyaṃ nāma sādhanam, Skt ed: Janardan Shastri Pandey, "Śrīkumārakalahaṃsapādānāṃ ḍākinījālacakravartiśrīsaṃvararahasyaṃ nāma sādhanaṃ maṇḍalapūjāvidhiś ca," *Dhīḥ* 26, Central Institute of Higher Tibetan Studies, Sarnath, pp.107–137, 1998.

『サンヴァローダヤ・タントラ』 Saṃvarodayatantra, Skt ed: Shin'ichi Tsuda (津田真一), *The Saṃvarodayatantra — selected chapters*, The Hokuseido Press, 1974.

『サンプタティラカ注釈』 Indrabodhi, Śrīsaṃpuṭatilakanāmayoginītantrarājasya ṭīkāsmṛtisaṃdarśanālokanāma, Tib: Ota no.2327.

『サンプトードバヴァ・タントラ』 Saṃpuṭodbhavatantra, Skt ms: London Cowell・Eggeling no.37 (貝葉写本).

『シヴァタットヴァラトナーカラ』 Śivatattraratnākara, Skt ed: Vidwan S. Narayanaswamy Sastry, *Sivatattvaratnakara of Basavaraja of Kelada vol.1* (Oriental Research Institute Publications Sanskrit Series 108), Oriental Research Institute, University of Mysore, 1964.

『四次第』 Kṛṣṇācārya, Olicatuṣṭaya, Tib: Toh no.1451/ Ota no.2168.

『四次第解題』 Kṛṣṇācārya, Olicatuṣṭayavibhaṅga, Tib: Toh no.1452/ Ota no.2169.

『師に関する 50 頌』 Aśvaghośa, Gurupañcāśikā, Skt ed: Janardan Shastri Pandey, *Bauddhalaghugrantha Samgraha*, Central Institute of Higher Tibetan Studies, pp.33–53, 1997.

『シャールンガダラパッダティ』 Śārṅgadharapaddhati, Skt ed: Peter Peterson, Peter Peterson with an Introduction by Satkari Mukhopadhyaya, *Śārṅgadharapaddhati Being an Anthology of Sanskrit Verses Compiled by Śārṅgadhara* (The Vrajrajivan Prachyabharati Granthamala 25), Chaukhamba Sanskrit Pratishthan, 1987.

『ジャヤドラタ・ヤーマラ』 Jayadrathayāmala, Skt ms: The National Archives (Kathmandu) Reel No. A152/9 (紙写本).

ジャヤバドラ作『チャクラサンヴァラ成就法』 Jayabhadra, Cakrasaṃvarasādhana, Tib: Ota no.2191.

『ジュニャーノーダヤ・タントラ』 Jñānodayatantra, Skt ed: Samdhong Rinpoche and Vrajvallabh Dwivedi *Jñānodayatantram*, Central Institute of Higher Tibetan Studies, 1988.

『真実宝灯明』 Vagīśvarakīrti, Tattvaratnāvaloka, Skt ed: Janardan Shastri Pandey, *Bauddhalaghugrantha Saṃgraha*, Central Institute of Higher Tibetan Studies, pp.81–142, 1997.

『身体曼荼羅現観』 Ghaṇṭāpāda, Upadeśakāyamaṇḍalābhisamaya, Tib: Toh no. 1434/ Ota no.2151.

『尸林儀軌』 Tathāgatavajra, Śmaśāneṣṭa, Tib: Toh no.1329.

『スヴァヤンブー・プラーナ』 Bṛhatsvayaṃbhūpurāṇa, Skt ed: Paṇḍit Haraprasād Śāstrī, *The Vṛhat Svayambhū Purāṇam Containing the Traditions of the Svayambhū Kṣetra in Nepal*, Bibliotheca Indica, new series no.837, 1894.

『スカンダ・プラーナ』 Skandapurāṇa, Skt ed: *The Skandamahāpurāṇam*, Nag Publishers, 1987.

『ダーカールナヴァ・タントラ』 Ḍākārṇavamahāyoginītantrarāja, Skt ms: the National Archives Kathmandu Reel no.D40/6 (紙写本), Reel no.A142/2 (紙写本), and Reel no.B113/3 (紙写本).

『ダーカールナヴァ曼荼羅供養儀軌』 Ratnasena, Śrīḍākārṇavatantroddhṛtaśrīmahāsaṃvarasaparikaramaṇḍalārcanavidhi, Skt ms: the National Archives Kathmandu Reel no.B24/52 (貝葉写本), and Reel no.A921/3 (紙写本).

『ダーカールナヴァ曼荼羅成就法』 Jayasena, Śrīḍākārṇavatantramaṇḍalacakrasādhanaratnapadmarāganidhi, Tib: Ota no.2231.

ダーリカパーダ作『チャクラサンヴァラ成就法』 Dārikapāda, Śrīcakrasaṃvarasādhanatattvasaṃgraha, Tib: Toh no.1429/ Ota no.2145.

『大口伝書』 Jñānapāda, Dvikramatattvabhāvanānāmamukhāgama, Tib: Ota no.2716.

『タントラーローカ』 Abhinavagupta, Tantrāloka, Skt ed: R.C. Dvivedi and Navjivan Rastogi, *Tantrāloka of Abhinavagupta with the Commentary of Jayaratha*, 1987.

『タントラサドバーヴァ』 Tantrasadbhāva, Skt ms: the National Archives Kathmandu Reel no.A44/2 (貝葉写本).

『チャクラサンヴァラ語釈』 Bhavabhaṭṭa, Cakrasaṃvaravivṛti, Skt ed: Pandey 2002 (『チャクラサンヴァラ・タントラ』を見よ). Skt ms: IASWR I-33 (貝葉写本).

『チャクラサンヴァラ釈』 Jayabhadra, Śrīcakrasaṃvarapañjikā, Skt ms: Kathumandu Reel no.B30/41 (紙写本), no.B30/43 (紙写本), Skt ed (rough draft): 杉木 2001b.

『チャクラサンヴァラ・タントラ』 Cakrasaṃvaramahāyoginītantrarāja = Herukābhidhānatantra = Tantrarājaśrīlaghusaṃvara, Skt ed: Janardan Shastri Pandey, *Cakrasaṃvaratantram with Vivṛti Commentary of Bhavabhaṭṭa*, Central Institute of Higher Tibetan Studies, 2002、Skt ms: Oriental institute Baroda Accession no.13290 (貝葉写本).

『チャクラサンヴァラを成就させる甘露の流れ』 Durjayacandra, Śrīcakrasaṃvarasādhanāmṛtadrava, Tib: Toh no.1462.

『チャクラサンヴァラを成就させる如意宝珠』 Ghaṇṭāpāda, Śrībhagavaccakrasaṃvarasādhanaratnacintāmaṇi, Tib: Toh no.1437/ Ota no.2154.

『チャクラサンヴァラ神変』 Nāropāda, Śrīcakrasaṃvaravikurvaṇa, Tib: Ota no. 4628.

『チャクラサンヴァローダヤ曼荼羅法』 Dhīmat, Śrīcakrasaṃvarodayo nāma maṇḍalopāyikā, Skt ms: Tokyo Matsunami no.450.

『チャトゥシュピータ観照』 Kalyāṇavarman, Catuṣpīṭhāloka, Skt ms: Kathmandu Reel B30/37 (紙写本). Tib: Ota no.2479.

『チャトゥシュピータ大要』 Bhava, Catuṣpīṭhatantranibandha, Skt ms: The National Archives (Kathmandu) Reel No.B112/4 (紙写本), Tib: Ota, no.2478.

『チャトゥシュピータ・タントラ』 Catuṣpīṭhatantra, Skt ms: The National Archives (Kathmandu) Reel no.B26/23 (貝葉写本), Cambridge Add.1704 (貝葉写本), The National Archives (Kathmandu) Reel no.A138/10, Tib: Toh, no.428, Ota no.67.

『チャラカ・サンヒター』 Carakasaṃhitā, Skt ed: Priyavrat Sharma, *Caraka Saṃhitā: Agniveśa's treatise refined and annotated by Caraka and redacted by Dṛḍhabala* (Jaikrishnandas Ayurveda Series 36), Chaukhambha Orientalia, 1996 (Fourth edition).

『ドーハーの注釈付きの 84 人の成就者たちのアヴァダーナ』 Abhayadattaśrī, Dohāvṛttisahitacaturaśītisiddhāvadāna, Tib: Ota, 5092.

『ネーパーラマーハートミヤ』 Nepālamāhātmya, Skt ed: Jayaraj 1992 を見よ.

『バガヴァド・ギーター』 Bhagavadgītā, Skt ed: Swami Gambhirananda, *Bhagavadgītā with the Commentary of Śaṅkarācārya*, Advaita Ashrama, 1991.

『八十四成就者伝』 Abhayadattaśrī, Caturaśītisiddhapravṛtti, Tib: Rob, J.B. Robinson *Buddha's lion*, Dharma Publishing, 1979、Ota no.5091.

『ピータなどの確定』 Śākyarakṣita, Pīṭhādinirṇaya, Tib: Ota no.1606.

『秘密成就』 Padmavajrapāda, Guhyasiddhi, Skt ed: Samdhong Rinpoche and Vrajvallabh Dwivedi, "Guhyasiddhi," *Guhyādi-aṣṭasiddhi-saṅgraha*, Central Institute of Higher Tibetan Studies, 1987.

『秘密灯火』 Vanaratna, Rahasyadīpikā (『ヴァサンタティラカー』を見よ)

『ブッダカパーラ・タントラ』 Buddhakapālatantra, Tib: Ota no.63.

『ブリハッ・ジャータカ』 Varāhamihira, Bṛhajjātaka, Skt ed: Swami Vijnananda alias Hari Prasanna Chatterjee, *The Brihajjatakam of Varahamihira* (Sakred Books of the Hindus, vol.12), Panini office, 1912.

『ヘーヴァジュラ・タントラ』 Hevajratantra, Skt ed: Ram Shankar Tripathi and Thakur Sain Negi, *Hevajratantram with Muktāvalīpañjikā of Mahāpaṇḍitācārya Ratnākaraśānti*, Central Institute of Higher Tibetan Studies, 2001.

『ヘールカービダーナ釈』: Kambalapāda, Herukābhidhānasādhananidhipañjikā, Skt ms: the National Archives Kathmandu Reel no.B31/20 (貝葉写本).

『ヘールカービュダヤ・タントラ』 Herukābhyudayatantra, Tib: Ota no.21.

『マーリニーヴィジャヨーッタラ・タントラ』 Mālinīvijayottaratantra, Skt ed: Madhusudan Kaul, *Sri Malinīvijayottaratantram*, Butala, 1984.

『マールカンデーヤ・プラーナ』 Mārkaṇḍeyamahāpurāṇa, Skt ed: *The Mārkaṇḍeyamahāpurāṇam*, Nag Publishers, 1984.

『マハームドラーティラカ・タントラ』 The *Mahāmudrātilakatantra*, Ms, Staatsbibliothek zu Berlin, no.Hs.or.8711 (紙写本).

『ムクターヴァリー』 Ratnākaraśānti, Muktāvalī Hevajrapañjikā (『ヘーヴァジュラタントラ』を見よ).

『ムリタスガティニヨージャナ』 Śūnyasamādhivajra, Mṛtasugatiniyojana, Skt ed (unpublished Sanskrit draft): Ryugen Tanemura (種村隆元) 2004.

『ヨーガラトナマーラー』 Kāṅhapāda, Yogarantamālā Hevajrapañjikā, Skt ed: David L. Snellgrove, *The Hevajra Tantra: A Critical Study, Part I, Introduction and Translation, Part II, Sanskrit and Tibetan Texts*, Oxford University Press, London, 1959.

『ヨーギニーサンチャーラ大要』 Tathāgatarakṣita, Yoginīsaṃcāratantranibandha (『ヨーギニーサンチャーラ・タントラ』を見よ).

『ヨーギニーサンチャーラ・タントラ』 Yoginīsaṃcāratantra, Skt ed: Janardan Shastri Pandey, *Yoginīsañcāratantram with nibandha of Tathāgatarakṣita and Upadeśānusāriṇīvyākhyā of Alakakalaśa*, Central Institute of Higher Tibetan Studies, 1998.

『ヨーギニージャーラ・タントラ』 Yoginījālamahātantra, Skt ms: Oriental institute Baroda Accession no.13253 (紙写本), and the University of Tokyo Matsunami no.313 (紙写本).

『リンガ・プラーナ』 Liṅgapurāṇa, Skt ed: J.L. Sastri, *Liṅga Purāṇa with Sanskrit Commentary Śivatoṣaṇī of Gaṇeśa Natu*, Motilal Banarsidass, 1980.

ルーイーパーダ作『チャクラサンヴァラ現観』 Lūyīpāda, Cakrasaṃvarābhisamaya, Skt ed: 桜井宗信「Cakrasaṃvarābhisamayaの原典研究——梵文校訂テクスト——」，『智山学報』47, pp.(1)–(32), 1998.

(2) 碑文資料・旅行記

Ashrāfpur 碑文 1（7 世紀東インド） Skt ins: 塚本 1996, p.936.

Ashrāfpur 碑文 2（7 世紀東インド） Skt ins: 塚本 1996, p.936–938.

Ārmā 碑文（12 世紀？東インド） Skt ins: 塚本 1996, p.132.

Āmgāchi 碑文（11 世紀東インド） Skt ins: R.D.Benerji, "The Amgachhi Grant of Vigrahapala III," *Epigraphia Indica* Vol.XV, pp.293–301.

Khalimpur 碑文（9 世紀東インド） Skt ins: F.Kielhorn, "Khalimpur Plate of Dharmapaladeva," *Epigraphia Indica* Vol.IV, pp.243–254.

Gujarāṭ碑文 1（9 世紀西インド） Skt ins: 塚本 1996, p.398（Gujarāṭ 1）.

Gujarāṭ碑文 2（9 世紀西インド） Skt ins: 塚本 1996, p.398–399（Gujarāṭ 2）.

Guṇāighar 碑文（6 世紀東インド） Skt ins: 塚本 1996, p.168–172.

Jānībighā 碑文（11–12 世紀東インド） Skt ins: 塚本 1996, p.175–176（Jānībighā 1）.

Nālandā 碑文 1（8–9 世紀？東インド） Skt ins: P.N.Bhattacharyya, "Nalanda Plate of Dharmapaladeva," *Epigraphia Indica* Vol.XXIII, pp.290–292、塚本 1996, p.205（Nālandā 13）.

Nālandā 碑文 2（9 世紀東インド） Skt ins: Hirananda Shastri, "The Nalanda Copper-Plate of Devapaladeva," *Epigraphia Indica* Vol.XVII, pp.310–327、塚本 1996, p.202–204（Nālandā 10).

Neulpur 碑文（8 世紀東インド） Skt ins: R.D.Banerji, "Neulpur Grant of Subhakara," *Epigraphia Indica* Vol.XV, pp.1–8、塚本 1996, p.207–210.

Bangaon 碑文（11 世紀東インド） Skt ins: D.C.Sircar, "Bangaon Plate of Vigrahapala III," *Epigraphia Indica* Vol.XXIX, pp.48–57.

Bangarh 碑文（10 世紀東インド） Skt ins: R.D.Banerji, "The Bangarh Grant of Mahipala I," *Epigraphia Indica* Vol.XIV, pp.324–380.

Bāgh 碑文（5 世紀中インド） Skt ins: V.V.Mirashi, "Inscriptions of the Kalachuri-Chedi Era," *CII* Vol.IV, pp.19–21、塚本, p.545–546.

Belwa 碑文 1（10 世紀東インド） Skt ins: D.C.Sircar, "Two Pala Plates from Belwa," *Epigraphia Indica* Vol.XXIX, pp.1–13 中、pp.1–9.

Belwa 碑文 2（11 世紀東インド） Skt ins: D.C.Sircar, "Two Pala Plates from Belwa," *Epigraphia Indica* Vol.XXIX, pp.1–13 中、pp.9–13.

Bodh-Gayā 碑文（6–7 世紀東インド） Skt ins: 塚本 1996, p.140–141 (Bodh-Gayā

16）.

Mallār 碑文（7 世紀中インド） Skt ins: V.V.Mirashi and L.P.Pandeya, "Mallar Plate of Mahasivagupta," *Epigraphia Indica* Vol.XXIII, pp.113–122、塚本 1996, p.634–635.

Mungir 碑文（9 世紀東インド） Skt ins: Lionel D.Barnett, "The Mungir Plate of Devapaladeva," *Epigraphia Indica* Vol.XVIII, pp.304–307、塚本 1996, p.194 (Munger 1).

Rāmpāl 碑文（11–12 世紀？東インド） Skt ins: Radhagovinda Basak, "Rampal Copper-Plate Grant of Srichandradeva," *Epigraphia Indica* Vol.XII, pp.136–142、塚本 1996, p.221.

Vajrayoginī碑文（12 世紀？東インド） Skt ins: N.K.Bhattasali, "Two Grants of Varmans of Vanga (B)," *Epigraphia Indica* Vol.XXX, pp.259–263.

Saheṭh-Maheṭh 碑文（12 世紀中インド） Skt ins: Daya Ram Sahni, "Saheth-Maheth Plate of Govindachandra," *Epigraphia Indica* Vol.XI, pp.20–26、塚本 1996, p.705–709（Saheṭh-Maheṭh 7）.

Sirpur 碑文 1（7–8 世紀中インド） Skt ins: G.Dikshit, "Sirpur Inscription of the time of Balarjuna," *Epigraphia Indica* Vol.XXXI, pp.197–199、塚本 1996, p.936（Sirpur 1）.

Sirpur 碑文 2（7–8 世紀中インド） Skt ins: 塚本 1996, p.936–937（Sirpur 2）.

『大唐西域記』 玄奘撰『大唐西域記』.（水谷 1999 を見よ）

『南海寄帰内法伝』 義浄撰『南海寄帰内法伝』.（宮林・加藤 2004 を見よ）

二次資料

Aiyangar, K.V. Rangaswami. 1945. *Kṛtyakalpataru of Bhaṭṭalakṣmīdhara vol.XIV — Mokṣakaṇḍa* (Gaekwad's Oriental Series No.CII), Baroda Oriental Institute.

Chattopadhyaya, B. 1994. *The Making of Early Medieval India*, Oxford University Press, Delhi.

Das, Veena. 1977. *Structure and Cognition: Aspects of Hindu Caste and Ritual*, Oxford University Press.

Davidson, Ronald M. 2002. *Indian Esoteric Buddhism: A Social History of the Tantric Movement*, Columbia University Press, New York.

Dyczkowski, Mark S.G. 2001. "The Inner Pilgrimage of the Tantras: The Sacred Geography of the Kubjikā Tantras with reference to the Bhairava and Kaula Tantras," *Journal of the Nepal Research Center* Vol.XII, pp.43–77.

Eino, Shingo (永ノ尾信吾). 2004. "The Signs of Death and Their Contexts," Three Mountains and Seven Rivers: Prof. Musashi Tachikawa' s Felicitation Volume, Edited by Shoun Hino & Toshihiro Wada, Motilal Banarsidass, p.871–886.

Filippi, Gian Giuseppe. 1996. *Mṛtyu: Concept of Death in Indian Traditions — Transformation of the Body and Funeral Rites —*, translated by Antonio Rigopoulos, D.K.Printworld.

Gadkari, J. 1996. *SOCIETY AND RELIGION — From Rugveda to Puranas*, Popular Prakashan.

Gellner, David N. 1992 *Monk, Householder, and Tantric Priest: Newar Buddhism and its Hierarchy of Ritual*, Cambridge University Press.

——— 2001. *The Anthropology of Buddhism and Hinduism: Weberian Themes*, Oxford University Press.

Goudriaan, Teun. 1983. "Some Beliefs and Rituals concerning Time and Death in the Kubjikāmata," *Selected Studies on Ritual in the Indian Religions, Essays to D.J.Hoens* (*Studies in the History of Religions* XLV), pp.92–117.

Jayaraj Acharya. 1992. *The Nepāla-Mahātmya of the Skandapurāṇa: Legends on the Sacred Places and Deities of Nepal* (Nirala Series 27), Nirala Publications.

Mohapatra, Bimal Chandra. 1995. *Buddhism and Socio-Economic Life of Eastern India with special reference to Bengal and Orissa (8th–12th Century A.D.)*, D.K.Printworld (P) Ltd.

Owens, Bruce McCoy. 2000. "Envisioning Identity: Deity, Person, and Practice in the Kathmandu Valley," *American Ethnologist* 27 (3), pp.702–735.

Prakash, O. 1988–1989. "Rural regression in early medieval india and its historical explanation," *Journal of the Bihar Research Society* Vol. LXIX-LXX, Patna.

Ray, Reginald A. 1994. *Buddhist Saints in India: A Study in Buddhist Values and Orientations*, Oxford University Press.

Rochhill, W.Woodville. 1907 (1884) *The Life of the Buddha and the Early History of His Order derived from Tibetan works in the bKah-hgyur and bsTan-hgyur Followed by Notice on the Early History of Tibet and Khoten*, London.

Sanderson, Alexis. 1995. "Vajrayāna: Origin and Function," *Buddhist into the year 2000*, Dhammakaya Foundation, pp.87–102.

——— 2006. "The Śaiva Model of Post-initiatory Caryā in the Yoginītantras," 2006 年 9 月 14 日東京大学における講演のレジュメ.

Sharma, R.S. 1965. *INDIAN FEUDALISM*, Macmillan India Limited, Madras.

——— 1987a. "Meterial Milieu of Tāntricism," (ed) D.N.Jha, *Feudal Social Formation in Early India*, Canakya Publications.

——— 1987b. "The Kali Age: A Period of Social Crisis," *Feudal Social Formation in Early India*, Ed. D. N. Jha, Delhi, pp.45–63.

Singh, S.K. 1983–4. "The Study of Kali Age: Problems of Perspective," *Journal of the Bihar Research Society* Vol. LXIX-LXX, Patna.

Sugiki, Tsunehiko（杉木恒彦）. 2000. "Kṛṣṇācārya's *Śrīcakrasaṃvarasādhana*," *Journal of Chizan Studies*（『智山学報』）49, 2000, pp.45–62.

——— 2002a. "Eight *samaya*s in the *Cakrasaṃvara-tantra*," *Journal of Indian and Buddhist Studies*（『印度学佛教学研究』）50-1, Japanese Association of Indian and Buddhist Studies, 2002 年, pp.(54)–(56).

——— 2002b. "A Critical Study of the *Vajraḍākamahātantrarāja*(I) — Chapter.1 and 42," *Journal of Chizan Studies*（『智山学報』）51, Association of Chizan Studies, 2002 年, pp.(81)–(115).

——— 2003a. "Astrology in Mother-Tantric Literature," *Journal of Indian and Buddhist Studies*（『印度学佛教学研究』）51-2, Japanese Association of Indian and Buddhist Studies, 2003 年, pp.(23)–(26).

——— 2003b. "A Critical Study of the *Vajraḍākamahātantrarāja*(II) — Sacred Districts and Practices Concerned," *Journal of Chizan Studies*（『智山学報』）52, Association of Chizan Studies, 2003 年, pp.(53)–(106).

——— 2003c. "Five Types of Internal Maṇḍala Described in the Cakrasaṃvara Buddhist Literature — Somatic Representations of One's Innate Sacredness —," *The Memoirs of the Institute of Oriental Culture*（『東洋文化研究所紀要』）144, Institute of Oriental Culture, the University of Tokyo, 2003 年, pp.(157)–(231).

——— 2005a. "System and Historical Development of Secret Signs as Communication Media,"『遠藤祐純先生・吉田宏晳先生古稀記念　慈悲と智慧の世界』, 智山勧学会, pp.(207)–(234).

——— 2005b. "Cycle of Time, Calendars and Fortune-tellings in the Catuṣpīṭha and the Cakrasaṃvara Buddhist Literatures," *The Memoirs of the Institute of Oriental Culture*（『東洋文化研究所紀要』）146, Institute of Oriental Culture, the University of Tokyo, 2005 年, pp.(159)–(229).

Thakur, V.K. 1979–1980. "Recent Writings on Indian Feudalism: A Historiographical Critipue," *Journal of the Bihar Research Society* val. XLV-XLVI, Patna.

Wayman, Alex. 1995. "Twenty-four Tantric Places in 12th Century Indian

Geography," *Dhīḥ* 19, pp.135–162.

Yadava, B.N.S. 1987. "The Accounts of the Kali Age and the Social Transition from Antiquity to the Middle Ages," *Feudal Social Formation in Early India*, Ed. D.N. Jha, Delhi, p.65–111.

Zysk, Kenneth G. 1991. *Ascetism and Healing in Ancient India: Medicine in the Buddhist monastery*, Oxford University Press. (邦訳： 梶田昭訳『古代インドの苦行と癒し――仏教とアーユル・ヴェーダの間――』, 時空出版, 1993 年)

大塚信夫 2001. 「初期密教者の修行場所をめぐって――『蘇婆呼童子請問経』を中心として――」, 『豊山教学大会紀要』29, pp.91–124

川崎一洋 2002. 「Catuṣpīṭhatantra 所説の究竟次第――Catuṣpīṭha IV–iii を中心に――」, 『印度学仏教学研究』51-1, pp.(176)–(178).

桜井宗信 1996. 『インド密教儀礼研究――後期インド密教の灌頂次第――』, 法蔵館.

――― 1997. 「Cakrasaṃvarābhisamaya の大瑜伽をめぐって」, 『印度学佛教学研究』46, pp.(124)–(129).

――― 2001 「Tattvaratnāvaloka の基本構造」,『印度学佛教学研究』49–2, pp.(145)–(149).

静春樹 2002. 「ガナチャクラにおける三種のアジャリ」, 『密教文化』208, pp.46–70.

下田正弘 1996. 「〈さとり〉と〈救い〉――インド仏教類型論再考――」, 『宗教研究』70, 25–46.

――― 1997. 『涅槃経の研究――大乗経典の研究方法試論』, 春秋社.

杉木恒彦 1996. 「Jñānavajra の密教――序論的考察――」, 『宗教研究』 307, 日本宗教学会, pp.142–144.

―― 1999. 「Kṛṣṇācārya の四次第」, 『印度学仏教学研究』47-2, 日本印度学仏教学会, pp.880–883.

――― 2000. 『八十四人の密教行者』, 春秋社.

――― 2001a. 「『八十四成就者伝』に描かれるインド密教信仰共同体」, 『人間研究』6, 武蔵野女子大学人間学会, pp.103–136.

――― 2001b. 「『チャクラサンヴァラタントラ』の成立段階について」, 『智山学報』50, 智山勧学会, pp.(91)–(141).

――― 2006a. 「聖地と身体の宗教性」, 松長有慶編『インド後期密教』〔下巻〕, 春秋社, pp.91–114.

――― 2006b. 「ハイブリッドな聖地の多次元性」, 細田あや子・渡辺和子編『異界の交錯』〔下巻〕, LITHON, pp.55–84.

田中公明 1987. 『曼荼羅イコノロジー』, 春秋社.

――― 1997. 『性と死の密教』, 春秋社.

種村隆元 2004. 「インド密教の葬儀 — Śūnyasamādhivajra 作 Mṛtasugatiniyojana について —」, 『死生学研究 2004 年秋号』, pp.(26)–(47).

塚本啓祥 1996.　『インド仏教碑銘の研究 I ——TEXT, NOTE, 和訳』, 平楽寺書店.

津田真一 1971.　「サンヴァラ系密教に於ける pīṭha 説の研究 (I)」, 『豊山学報』16, pp.(26)–(48).

——— 1972.　「sañcāra (瑜伽女の転位)」, 『印度学仏教学研究』21–1, pp.277–381.

——— 1973a.　「サンヴァラ系密教に於ける pīṭha 説の研究 (II)」, 『豊山学報』17・18, pp.(11)–(35).

——— 1973b.　「ḍākinījāla の実態」, 『東方学』45, pp.86–101.

——— 1973c.　「四輪三脈の身体論」, 『中村元博士還暦記念論集　インド思想と仏教』, 春秋社, pp.293–308.

——— 1987（1976）.　「タントリズム瞥見」, 『反密教学』, リブロポート, p.133–152.（初出：「サンヴァラの儀礼と教義」, 『牧神』7, 1976.）

野口圭也 1984.　「Saṃpuṭodbhavatantra の基本的性格」, 『印度学仏教学研究』32-2, pp.168–169.

——— 1987.　「Indrabhūti の sahaja 説」, 『豊山教学大会紀要』15, pp.(25)–(43).

羽田野伯猷 1987(1958).　「Tāntric Buddhism における人間存在」, 『チベット・インド学集成』3, p.50–165.（初出：『東北大学文学部研究年報』9, 1958 年）

前田崇 1987.　「『ダーカールナヴァ』の成立について」, 『天台学報』30, pp.69–71.

松長有慶 1998.　「インド密教における旃陀羅観」, 『松長有慶著作集　第二巻　インド密教の構造』, pp.269–295.（初出：『密教文化研究所紀要』44, 1992 年.）

水谷真成 1999.　『大唐西域記』1–3（東洋文庫）, 平凡社, 1999.

宮林昭彦・加藤栄司 2004.　『義浄撰　南海寄帰内法伝　七世紀インド仏教僧伽の日常生活』, 法蔵館.

森雅秀 2001.　「『ヴァジュラーヴァリー』所説のマンダラ——尊名リストおよび配置図——」, 『高野山大学密教文化研究所紀要』14, pp.192–308.

矢野道夫 1976.　“The Early Indian Calendar — The Five Year Cycle of the *Vedāṅgajyotiṣa* —” (in Japanese), *Journal of the History of Science* II, 15, p.93–98.

——— 1986.　『密教占星術——宿曜道とインド占星術』, 東京美術出版.

山口しのぶ 2005.　『ネパール密教儀礼の研究』, 山喜房佛書林.

山野智恵 2005.　「ヴィドヤーダラの宗教」, 『遠藤祐純先生・吉田宏晢先生古稀記念　慈悲と智慧の世界』, 智山勧学会, pp.(187)–(206).

吉崎一美 1997.　「サンヴァラ・マンダラにおけるウパチャンドーハ／ヒマーラヤとしてのカトマンズ盆地」, 『仏教学』39, 仏教思想学会, pp.(1)–(21).

初出一覧

本書の各章の初出は次の通りである。

序章　——　書き下ろし。

第 1 章　——　書き下ろし（杉木 2001a はその祖形）。

第 2 章　——　書き下ろし（Sugiki［杉木］2003b と杉木 2006b はその祖形）。

第 3 章　——　Sugiki（杉木）2003c を翻訳して加筆・修正。

第 4 章　——　Sugiki（杉木）2005b を翻訳して加筆・修正。

第 5 章　——　書き下ろし。

第 6 章　——　書き下ろし（杉木 1999 はその祖形）。

第 7 章　——　書き下ろし。

結論にかえて　——　書き下ろし。

あとがき

本書は2000年頃から発表したいくつかの論文を大幅に加筆・修正し、かつ新たな論考をいくつか加えたものである。紙数の関係上本書ではほとんど扱うことができなかったが、サンヴァラの全体像を明らかにするには、この伝統がもつ儀礼的側面の考察も行わなければならない。不十分な点と将来の課題を多く残しつつも、果たして筆者の思惑通り、本書がサンヴァラという大きな密教伝統のいくつかの側面を明らかにできており、ひいてはインド仏教研究・南アジア宗教研究全体に対してわずかなりとも資するに値するものであるかどうかは他の研究者および読者の方々が最終的には決めることである。多くの方々のご意見とご指導を願ってやまない。

本書の出版へと辿り着くまでには実に多くの先生方の温かいご指導を頂いた。大乗仏教の論書『摂大乗論』とヨーガ学派の聖典『ヨーガスートラ』と中国のいくつかの禅語録における修行と慈悲の関係を比較するという規範逸脱的な卒業論文を仕上げた後、「中国・日本仏教の護国思想の研究をしたいです」と宣言して修士課程に進学し、島薗進先生に指導教官になって頂いた。しかし、修士課程進学後3ヵ月程で興味が変わり、「やっぱり、インド密教の研究がしたいです」と島薗先生に宣言した。この手前勝手な事態にも関わらず、先生はその後ずっと温かく筆者の研究を応援し、多くのご指導を与えて下さった。また、島薗先生が東京大学COE「死生学の構築」のメンバーに筆者を加えて下さったことは、筆者にとっては恵まれた研究環境と大きな知的刺激を得る結果となった。

筆者がサンヴァラの研究を志そうと決意した際、私に激励を下さったのは他ならぬサンヴァラの本格的研究のパイオニアである津田真一先生であった。その頃津田先生はサンヴァラの研究からより広い視野に基づく仏教思想研究へと研究関心をシフトされていたが、筆者に対して先達ならではのサンヴァラ研究のための心構えをはじめとする多くのアドヴァイスを下さった。筆者は10年近くサンヴァラを研究してきて、津田先生がパイオニアとして十分すぎるほどにサンヴァラの優れた研究をされたと実感している。煩雑かつ難解なサンヴァラの研究成果を拙いながらもこうして出版することができたのは、津田先生の卓越した先行研究があったからこそである。

筆者は宗教学宗教史学研究室の所属であったが、研究の関心上、同じ東京大学のインド哲学仏教学科の先生方からも多くのご指導を頂いた。故江島恵教先生がご存命の間、江島先生は他学科の筆者に対して折にふれ様々なアドヴァイスをして下さった。インド哲学仏教学科発行の雑誌にも投稿の機会を提供して下さるのみならず、筆者にインド留学の貴重な機会も与えて下さった。筆者のそれはまだまだ拙いながらも、インドの碑文学と歴史学の勉強はこのインド留学の際に得たものである。

筆者をインド宗教のサンスクリット語写本の世界へと導き、写本の読みに取り組む機会を与えてくださったのは、大正大学の高橋尚夫先生だった。高橋先生は筆者を大正大学密教聖典研究会に誘って下さった。高橋先生を含めたこの研究会のメンバーの先生方と温かい雰囲気の中で一緒にほぼ毎週写本を読む機会を得たことは、筆者の研究の大きな礎となった。

筆者はインド留学の後にイギリスへの留学を希望した。筆者のイギリス留学への希望を受け入れて下さったのは、Harunaga Isaacson 先生（当時オックスフォード大学）だった。Isaacson 先生の文献学のお力は筆舌を尽くしがたいもので、筆者はそこでカルチャーショックにも似た強烈なアカデミックショックを受けた。イギリス滞在中、Isaacson 先生は筆者に研究上の便宜を様々に取り計らって下さるのみならず、毎週2回ずつ先生のご自宅で筆者にマンツーマンの指導を半年に渡り施して下さった。出来の悪い筆者に対し、世界の密教研究をリードしていく Isaacson 先生がこのような手取り足取り的な指導をして下さったことは、研究のうえでも人生のうえでも筆者にとって生涯忘れられぬ貴重な時間であった。

その他、ネパールでのサンスクリット語写本を大量に収集するための便宜を図って下さった東京大学東洋文化研究所の永ノ尾信吾先生をはじめ、サンスクリット語写本や画像を提供して下さった各方面の先生方にも、深く感謝の気持ちをお伝えしたい。お礼を述べるべき先生方は無数にいらっしゃるが、ここでは各研究室に1人ずつ先生方のお名前を記させて頂いた。最後になったが、妻と、本書の出版企画を引き受け、それを形にして下さった学術出版東信堂の下田勝司社長に感謝の言葉を記し、本書を締めくくりたい。

2007年4月

杉木恒彦

(本書の刊行にあたって、平成18年度東京大学学術研究成果刊行助成制度による刊行費補助を受けた。)

索　引

ローマナイズされたサンスクリット語やチベット語その他インド諸語の用語は、サンスクリット語のアルファベット順に基づいて配置してある。

〔A 列〕

akālamṛtyuvañcana　311
Akṣobhya　94, 354
Agnika　104
agnicakra　102
Agnimukha　105
Agnivaktrā　104, 105
agnivadanā　171
Ajitā　266
Aṭavideśī　111, 274
Aṭṭahāsa　104, 105, 108
Advayavajra　189
adhimukticaryā　126
Anala　104, 105, 130
Aparājitā　266
Abhayākaragupta　32, 94, 155
abhicāra　208
Abhidhānatantra　13
Abhidhānottaratantra　12
Abhisamayapañjikā　155
Abhisamayamañjarī　155
Abhisamayavibhaṅga　154
Abhisamayavṛtti　155
abhedyā　91, 93, 119, 266, 291
Amitābha　91, 94, 140
amṛta　12
Amoghasiddhi　94
Ambikā　104, 105, 130
Araṇyeśa　88
ariṣṭa　311
Arbuda　88, 91, 95, 97, 99, 115, 120, 140
Arbudī　111, 274
Alipura　108
avadhūtī　11, 120, 164
Aṣṭāṅgahṛdaya　315
Ashrāfpur　43
Ākarṣaṇī　169, 188
Āmgāchi　58, 116
Āmnāyamañjarī　106
Āmraka　105
Āmratakeśvara　109
Āmrātikeśvara　104

Āmrāta 109
Ārmā 43
Āryadeva 15
Indrabhūti 180
Indrī 266
ugrā 171
uccāṭana 208
Ujjayinī 80, 104, 108, 111, 272
utkrāntiyoga 311, 355
udakacakra 102
unmattaka (vrata) 31
upakṣetra 83, 92
upacchandoha 92
upapīṭha 92
upapīlava 95
Upapelavī 111, 274
upamelāpaka 92
upaveśman 133
upaśmaśāna 92
Upaśmaśānī 111, 274
upasaṃdoha 92
Umā 80
Ulūkī 352
Ulkāmukha 104
Ūrdhvakeśa 105
Eḍābhī 108
Erudī 105
Elāpura 104
Airuḍī 104
Airuṇī 128
Oḍiyānī 111, 274
Oḍḍiyāna 97, 98
Oḍyāna 80, 88, 98, 99
Oḍyāyana 99, 105
Oḍra 80, 88, 89, 91, 95, 99
Oḍrī 111, 274
Olicatuṣṭaya 16, 143
Olicatuṣṭayavibhaṅga 143

〔Ka 列〕

Kattorakī 111, 274
kanakadvāra 298, 338, 342
kapāla (vrata) 31
Kambalapāda 191, 264
Kambojī 266
Karañjavāsinī 105, 130
Karāla 104, 105
Karālī 266
Karṇakubja 99
Karṇamotī 104, 105, 130
Karṇaripa 42
Karṇāṭakī 111, 274
Karṇāṭapāṭaka 99
Karmārapāṭaka 97, 99
Kalākapāda 188
Kaliṅga 80, 88, 89, 91, 95, 97, 99, 120, 140,
Kaliṅgī 111, 274
Kalyāṇavarman 194
Kaśmīra 79, 105
Kaśmīrī 111, 274
Kāṅhapa 34
Kāñcī 79, 88, 89, 91, 95, 111, 140, 274
kāma 195, 196
Kāmarūpa 79, 88, 89, 91, 95, 97, 99, 120, 140
Kāmarūpiṇī 111, 274
Kāminī 105
Kāmbojakī 111, 274

kāyacakra 6, 90, 102
Kāyamaṇḍalābhisamaya 161
Kāruṇyapāṭaka 97
Kālacakratantra 64
kālamṛtyuvañcana 311
kālavañcana 311
Kālikāpurāṇa 115
Kāśmarī 104
Kuṅkara 99
kucailin (vrata) 31
Kuḍyākeśī 108
Kubjikāmatatantra 84, 199
Kumārakalahaṃsapāda 147
Kumārapura 97, 99
Kumbha 105
Kumbhaka 104
kumbhaka 341
Kulatā 80, 89, 91, 95, 97, 99, 120, 140
Kulutā 88, 99
Kulūtī 111, 274
Kuhudī 104
kūrma 195
Kṛtyakalpataru 314, 315, 319
Kṛṣṇā 104, 266
Kṛṣṇācārya 16, 143, 161
Kairātakaṇḍala 99
Koṅkana 80, 117
Kolāgiri 104, 107
Kollagiri 105, 107
Kosala 80, 89, 91, 95, 99, 120, 140
Kaumārapura 99
Kaumārapaurikā 97, 126
Kaumārīpaurikī 111, 272
Kaulagiri 108
Kauśalī 111, 274
Kramaṇī 104, 105
kravyāda (vrata) 31
Kṣīraka 108
kṣīravahā 170
Kṣīrika 104, 105
kṣetra 92
kṣetrapāla 104
khaḍgadhārī 171
Khaṇḍarohā 91, 95
Kharasthā 105
Kharāsyā 104
Khalimpur 58
Khasamatantra 13, 81
Khasī 111
Khāḍī 111, 274
Gajakarṇa 104, 105
Guṇāighar 43, 58
Gurupañcāśikā 62
Guhyasiddhi 51
Guhyā 105, 131
guhyoli 295
Gṛhadevatā 79, 89, 91, 95, 119, 120, 140
Gṛhadevatī 111, 274
Gṛhadevī 99
Gokarṇa 108
Gokarṇā 104
Gokarṇī 105
Godāvarī 79, 88, 91, 95, 97, 99, 119, 120, 140
Gośruti 108
Grāmavāsinī 266
ghaṭi(kā) 112, 196, 277
Ghaṇṭāpāda 86, 161

Ghaṇṭārava　104, 105
Ghanarava　104
Ghoraḍākinī　352
Ghorarūpā　266
Ghorarūpī　266
ghorā　171
Ghorī　266, 352

〔Ca 列〕

Cakrasaṃvaratantra　13
Cakrasaṃvarapañjikā　20
Cakrasaṃvaravikurvaṇa
Cakrasaṃvaravivṛti　332
Cakrasaṃvarasādhana（Kambalapāda 作）264
Cakrasaṃvarasādhana（Kṛṣṇācārya 作）161
Cakrasaṃvarasādhana（Ghaṇṭāpāda 作）161
Cakrasaṃvarasādhana（Jayabhadra 作）142
Cakrasaṃvarasādhana（Dārikapāda 作）161
Cakrasaṃvarasādhanaratnacintāmaṇi　190
Cakrasaṃvarābhisamaya（Abhayākaragupta 作）155
Cakrasaṃvarābhisamaya（Lūyīpāda 作）16
Cakrasaṃvarasādhanāmṛtadrava　149
Cakrasaṃvarodayamaṇḍalopāyikā　149
cakrī　171
Caṇḍālī　11, 262, 266, 342, 352
Caṇḍālinī　105, 131
Catalingakī　111, 274
Caturaśītisiddhapravṛtti　23
Catuṣpaṭhī　266
Catuṣpīṭhatantra　194
Catuṣpīṭhanibandha　194
Catuṣpīṭhāloka　194
Candrī　266
Cambhī　111, 274
Carakasaṃhitā　312
Caritra　97, 99, 105, 108, 130
Caritrā　104
Caryāmelāpakapradīpa　15
Cāmīkaradvīpa　99
Cāmuṇḍā　104, 105, 266
cittacakra　6, 90, 102
Cūṣiṇī　266, 291
chandoha　92
chos dbyiṅs ye śes kyi bdud rtsi　299
Jajjabutī　111, 274
Jaḍarī　111, 274
Janeta　105, 131
Jambukī　352
Jayadrathayāmala　314
Jayantī　104, 105, 107, 108, 111, 266, 274
Jayasena　123
Jayā　266
jalacakra　102
Jānībighā　43
Jālandhara　80, 88, 91, 95–99, 105, 108, 120, 130, 131, 140
Jālandharapāda　54
Jālandharī　111, 274
jñānacakra　102

Jñānaḍākinī 352
Jñānapāda 335
jñānavatī 126, 151, 186
jñānoli 295
Jvālāmukhī 104, 105, 107, 272
Jhillīrava 105

〔Ṭa 列〕

Ḍākārṇavatantra 12
Ḍākārṇavatantramaṇḍalacakrasādhana 127
Ḍākārṇavatantroddhṛtamaṇḍalārcanavidhi 127
Ḍākinī 95, 146, 331
Ḍākinījālasaṃvarārṇavatantra 81
Ḍāmaḍī 111, 274
Ḍāhalī 111, 274
Ḍombī 266
Ḍhikkarī 111, 274

〔Ta 列〕

Taṭa 88
Tattvaratnāvaloka 32
Tattvasaṃgraha 14
Tathāgatavajra 155, 335
Tantrasadbhāva 83
Tantrāloka 108
tantroli 295
Tārā 165
Tirasuttī 111, 274
Tilopa 42
tejinī 171
tricakra 90, 183
Trijaṭa 104, 105
Tridaśeśvarī 266, 291
Triśakuni 79, 88, 89, 91, 95, 99, 120, 140
Triśakunī 111, 274
Tho liṅ 79
daṇḍa 198
Daddaraṇḍī 111, 274
Dārikapāda 161
Divyamadapūrikā 266
Dīpaṅkaraśrījñāna
Dīpinī 266
Duṣṭī 266
Devapāla 80
Devīkoṭa 80, 88, 91, 95, 105, 120, 140
Devīkoṭī 111, 272
Draviḍī 111, 274
Dvikramatattvabhāvanānāmamukhāgama 335
Dharaṇī 105, 131
dharmacakra 11, 110, 159, 258
Dhīmat 149
Nagara 79, 82, 89, 91, 95, 97, 99, 104, 105, 108, 120, 140
Nageśvara 88
nagna (vrata) 31
Nandātītā 266
Narteśvarī 169, 188
Nāḍījaṅgha 105
Nāropāda 64, 79
Nālandā 28, 43, 75
nirupamā 126
nirmāṇacakra 11, 110, 159, 258
Niśisaṃcāratantra 103
Nṛpasadmanī 109
Neulpur 58

Nepāla 82, 99
Nepālamāhātmya 80
Nepālī 111, 274

〔Pa 列〕

pañcapradīpa 31
Pañcākāra 189
pañcāmṛta 31
Pathī 111, 274
Padmajālinī 169
Padmaḍāka 94, 95
Padmanarteśvara 91, 94, 140
Padmavajra 51, 194
Paramāśva 94
Parastīra 104
Pavana 104
Pāṇḍaravāsinī 165
Pātanī 168, 188
Piṅgalā 105
Piṅgākṣī 104
Piśitāśa 104
Piśitāśanā 105
pīṭha 83, 92
pīṭhādi 84, 92, 95, 119
Pīṭhādinirṇaya 83
pīlava 95
Puṃsasvara 105
Puṇḍravardhana 104
Pura 105
Purarohikī 111, 274
Pullīramalaya 81, 88, 91, 95, 97, 99, 120, 138, 140, 182
puṣṭi 208
Pūtanā 104, 105
Pūrṇagiri 96–99
Pṛṣṭhāpura 104, 105
Pelavī 111, 274
Pauṇḍravardhana 80, 105, 108, 116
Paurṇagiri 98, 99
Prajñārakṣita 155
prabhāsvara 171
Prayāga 80, 104, 108
Prayāgī 111, 272
Prasannāsyā 104, 105
prāṇa 109, 277
Pretapurī 79, 88, 89, 91, 95, 99, 111, 120, 140, 274
Pretādhivāsinī 89
Bangaon 58
Bāgh 43
bālaka (vrata) 31
Bībhatsā 266
Bībhatsī 266
Buḍī 111, 274
Buddhakapālatantra 30
Buddhaḍāka 94, 95
buddhabhūmi 170
Buddhalocanā 120, 165
Bṛhajjātaka 204
Bṛhaddharmapurāṇa 74
Belwa 58
bodhicitta 12, 25, 135
Bodh-Gayā 43
Brāhmaṇī 266
Bhagavadgītā 333
Bhagnanāsā 104
Bhaṭṭolikī 111, 274
Bhaḍārī 111, 274
bhadra 195
Bhadrakālī 266

Bhavavajra 25, 194
bhidri(ka) 195
Bhībhacchī 266
Bhīma 105
Bhīmā 105
Bhīmānana 104
bhuvaneśvara 195, 196
Bhusuku 53
bhairava (vrata) 31
Bhoga 105
Bhoṭa 105, 108
makara 195
madhurā 170
Madhyadeśī 111, 274
mantroli 295
Marī 111, 274
Maru 79, 89, 91, 95, 99, 104, 105, 120, 140
Marukośa 108
Malayī 111, 274
malina (vrata) 31
Mallār 43, 58
Maharddhikī 266
Mahākarṇa 104, 105
Mahākāla 104
Mahākālī 266
Mahākrodha 104
Mahāghaṇṭa 104, 105, 130
Mahājaṅgha 104, 105
Mahānāda 105
Mahāpreta 104
Mahābala 91, 104, 105, 131, 140
Mahābalā 91, 104, 140
Mahāmāyā 91, 104, 262
Mahāmudrātilakatantra 82
Mahāmeru 104, 105
Mahārabdhī 111, 274
Mahālakṣmī 104, 105, 111, 272
Mahāvrata 105, 107
mahāvrata 31
mahāsukhacakra（四輪の） 11, 158, 159, 258
mahāsukhacakra（ヘールカ曼荼羅の） 6, 146, 184
Mahodadhītaṭī 111, 272
Mātaṅgī 266
Māmakī 165
Māyāpura 105
Māyāpurī 104, 108
Māyāpū 108
Māraṇī 169, 188
Mārkaṇḍeyapurāṇa 312
Mālava 79, 83, 88, 89, 91, 95, 97, 99, 105, 108, 120, 140
Mālavī 111, 274
Mālinīvijayottaratantra 314
Māhilī 111, 272
mikira 195
muktabhairava (vrata) 31
Muktāvalī 16, 96
muktibhukti 29
Mungir 58
Munmuni 97, 99
Munmunī 111, 274
mṛtyucihna 311
mṛtyulakṣaṇa 311
mṛtyuñjaya 311
mṛtyuvañcana 311
medinīcakra 102
melāpaka 92

mohitā 195
Mlecchī 111, 274

〔Ya 列〕

Yama 316
yāma 277
Yogaratnamālā 20, 96
Yoginīsaṃcāratantra 13
raṇḍā 195
Ratnaḍāka 94, 95
Ratnasaṃbhava 94
Ratnasena 127
Ratnākaraśānti 16
rasanā 11, 258
Rasavāsinī 111, 274
rasāyana 269
Rahasyadīpikā 168, 189
Rājagṛha 104, 105, 109
Rājaputrī 266
Rāḍhamāgadhī 211, 274
Rāḍhī 211, 274
Rāmeśvara 88, 91, 95, 120, 140
Rāmpāl 58
riṣṭa 311
Rūpiṇī 95, 119, 146
Romajaṅgha 104, 105
rohitā 195
Raudrakī 266
Lampāka 79, 88, 89, 91, 95, 97, 99, 120, 140
Lampākakī 111, 274
Lambakī 266
lalanā 11, 120, 258, 266
Lāmā 95, 146
Liṅgapurāṇa 354
Luharī 111, 274
Lūyīpāda 28, 119
Lokamātṛ 104, 105
Vagīśvarakīrti 32
Vaṅgālī 211, 274
Vaṅgī 211, 274
vajracakra 102
Vajraḍāka 94, 95
Vajraḍākatantra 13
Vajraḍākatantravivṛti 216
Vajraḍākatantroddhṛtasādhanopāyikā 188
Vajraḍākinī 352
vajradharabhūmi 126
Vajrapīṭha 98, 99
Vajrabhairava 15
Vajrayoginī 43, 58
Vajravārāhī 5, 227
Vajrasattva 91, 94, 95, 140
Vajrasūrya 91, 94
Vajrī 352
Vanaratna 168, 189
Varāhamihira 194
Varuṇī 111, 128, 274
Varendī 111, 274
Varendra 80
vardhamāna (vrata) 31
vaśīkaraṇa 208
Vasantatilakā 161, 167
vākcakra 6, 90, 102
Vāyupurāṇa 312
Vāyuvegā 91, 104, 140
Vārāhīkalpatantra 13
Vārāṇasī 80, 104, 108, 116
Vikramaśīla 28

Vijayā 266
Vidyāpīṭha 110
Vidyunmukhī 104, 105
vidveṣa 208
Vināyakī 266
Vindhya 97, 99, 126
Vipannā 105
Vimalaprabhā 25
Viraja 108, 130
Virajā 104–106
Virūpa 40
Viśvaḍāka 94, 95
vṛṣabha 195
Vetālā 105
Vetālī 342, 352
veśman 133
Vairiñcī 109
Vairocana 91, 94, 140
Vohitā 102
vyākuli 195
vyākulī 195
Vyāghrī 352

〔Śa 列〕

Śaṅkara 334
Śaṅkarī 105
śaśā 170, 171
Śākyarakṣita 83
Śāṅkara 104
Śāṅkarī 104
śānti 208
Śāntideva 53, 62
Śāntipa 42
Śārṅgadharapaddhati 312
Śivatattvaratnākara 313
Śubhākaragupta 155
Śūdrikā 266
śmaśāna 92
Śmaśānanī 111, 274
Śmaśāneṣṣta 335
Śrīkoṭa 104
Śrīpīṭha 108
Śrīśaila 109
śvāsa 198
ṣoḍaśaśūnyatā 102
saṃvara 4
Saṃvararahasyanāmasādhana 147
Saṃvaravyākhyā 145
Saṃvarodayatantra 12
saṃkrānti 112
samantaprabhā 126
samayacakra 6, 146, 184
Samudrakukṣi 88
Saṃpuṭatilakatantraṭīkā 130
Saṃpuṭodbhavatantra 12
saṃbhogacakra 11, 159, 258
Sarasvatī 266
Sarvadeśakī 111, 274
Sarvabuddhasamāyogatantra 20
sahaja 78, 101, 135
sahajaprajñāyoga 301
Sahajā 105
Saheṭh-Maheṭh 43, 58
Siṃhalī 111, 274
Siṅghala 99
Siṅgh[in ī]352
Siddhasimbhalī 111, 272
Sindhu 79, 88, 89, 91, 95, 97, 99, 120, 132, 140
Sindhuhimālayī 111, 274

Sirpur　43
Sudurjaya　105
Sudhārāma　88
suratasukhopamā　151
Suvarṇadvīpa　89, 91, 95, 97, 99, 120, 140, 307
Suvarṇadvīpī　111, 274
sūcīmukhā　171
Sekā　105
Sopāna　108
Sopāra　104, 105
Somapurī　28, 34
Saumyamukhā　105
Saumyāsyā　104
Saurāṣṭra　80, 83, 88, 98, 91, 95, 97, 99, 120, 140
Saurāṣṭrī　111, 274
Skandhapurāṇa　313
stambhana　208
Sthala　88
Sthūlakālī　266
snigdhā　170
svapna　195, 196, 199
svapnikā　195, 196
svabhāvakukṣi　171
Harikela　97, 99, 130
Harikelakī　111, 274
Hastināpura　104
Hālā　108
Himagiri　88
Himādri　97
Himālaya　97, 82, 88, 89, 91, 95, 120, 133, 140
hṛdayacakra　102
Hetuka　104, 105
Heruka　5
Herukābhidhānapañjikā　191
Herukābhyudayatantra　13
Hevajratantra　14

〔ア行〕

アーカルシャニー　169, 188
『アームナーヤマンジャリー』　106, 130, 264, 265, 268, 270, 272, 276, 337, 338, 342, 348, 358
アーユルヴェーダ　313, 315, 316
アーリヤデーヴァ　15
アヴァドゥーティー（脈管）　11, 12, 157, 158, 164–167, 169, 172, 174, 188, 192, 257, 258, 262, 263, 275, 276, 291, 298–300, 334
アクショービャ　94, 261, 271, 296
アグニヴァダナー（脈管）　171, 174
『アシュターンガフリダヤ』　315, 316
アドヴァヤヴァジュラ　189
アバヤーカラグプタ　32, 94, 155, 156, 158, 160
『アビダーノーッタラ・タントラ』　12, 13, 15, 16, 18, 19, 31, 87, 90, 94, 95, 119, 120, 142, 147, 149–151, 153, 163, 186, 257, 301, 303, 305, 332
アベーディヤー（脈管）　93, 291, 357
アミターバ　94, 189, 261, 271, 296
アモーガシッディ　94, 189, 261, 271, 296
アルブダ　88, 115, 143, 144, 185
「偉大な禁戒」（禁戒名）　31
5つの象徴物　30, 32, 65, 66, 164
インド的封建制　70–72
インドラブーティ　180
ヴァーラーナシー　80, 108, 116, 261
『ヴァーラーヒーカルパ・タントラ』　13, 17–19, 81, 95, 117, 125, 126, 258, 275, 276, 277, 278, 292,

316, 317, 319–321, 323–325, 328, 334, 336, 337, 340, 344, 350, 351
『ヴァーラーヒャビダーナタントローッタラ』 87, 120
ヴァイローチャナ 94, 189, 261, 270, 296
ヴァギーシュヴァラキールティ 32
『ヴァサンタティラカー』 86, 161, 166–168, 188, 191, 258, 265, 268–271, 273, 276, 286, 295, 296, 301–305, 309
ヴァジュラサットヴァ 94, 192, 261
『ヴァジュラダーカ語釈』 25, 194, 195, 197, 199, 201, 209–211, 231–233, 264, 268, 270, 272, 273, 292, 294, 324, 329, 338, 341, 342, 356, 358
『ヴァジュラダーカ成就法』 188
『ヴァジュラダーカ・タントラ』 13, 15–20, 24, 25, 27, 90, 103–107, 130, 131, 142, 180, 182–184, 188, 194–197, 199, 201, 203, 204, 207–225, 227, 231–233, 243, 244, 249, 250, 254, 263, 266–268, 270, 272, 275, 279, 281, 303–305, 312, 315, 316, 321–324, 326–330, 334, 336, 337, 340, 343–345, 352, 353, 355, 356, 358
『ヴァジュラバイラヴァ・タントラ』 15
ヴァナラトナ 176
ヴァラーハミヒラ 194–196, 201, 204, 210, 225, 365
ヴァルナ制 74, 362
ヴィクラマシーラ 28, 32, 40, 46, 126, 155, 338
ヴィシュヌ 66, 116
ヴィシュヌ界 334
ヴィシュヌ教 58
ヴィディヤーピータ 88, 330
『ヴィマラプラバー』 25–27, 55, 64, 110, 133, 160, 259
ヴィルーパ 40–43, 69, 116
ヴェーシュマン 133
『ヴォーヒター』 102, 125, 127, 132, 194, 197, 199, 200, 210, 243–245, 248–251, 253, 357
ウグラー（脈管） 171, 172, 174
ウッジャイニー 80, 108, 117
ウパヴェーシュマン 133
ウパクシェートラ 83, 91, 92, 97, 99, 101, 133, 138, 139
ウパサンドーハ 92
ウパシュマシャーナ 91, 92, 97, 99, 101, 110, 125, 133, 138, 139
ウパチャンドーハ 91, 92, 97, 99, 100, 101, 133, 138, 139, 380
ウパピータ 91, 92, 96, 97, 99, 101, 103, 122, 125, 133, 138–141
ウパピーラヴァ 95, 97, 99–101, 110, 125, 126, 133
ウパメーラーパカ 91, 92, 97–99, 101, 133
ウマー 80,
ヴァークリ（ー） 195, 197–200, 203, 205, 208, 218, 220, 223, 224, 322
ヴリシャバ 195, 198–200, 205, 208, 214, 215, 223, 224
閏 月 207
応 輪 11, 12, 110–113, 159, 167, 169, 192, 258, 259, 262, 272–278, 281, 288, 293, 298, 300–304, 306, 356, 366
オーディヤーナ 80, 82, 88, 98, 116, 126, 143, 144, 185, 261
オードラ 80, 88, 89, 116, 185
お迎え型 330–333, 335, 346, 353, 354, 367

〔カ行〕

カーマ（家主の）　195–198, 200, 205, 206, 220, 222
カーマルーパ　79, 88, 89, 96, 98, 115, 116, 185
カーラチャクラ（伝統名）　28, 64, 160, 227, 281, 282, 364, 365
『カーラチャクラ・タントラ』　25, 64, 110, 133, 160, 193, 256, 257, 259, 281, 282, 330
『カーリカー・プラーナ』　115
カーンチー　79, 88, 89, 185
カーンハパ　34, 54, 55, 57
外的な時間の輪　193, 277, 282, 317, 320, 321, 346, 365, 366
カイラーサ山　79, 82, 118
カシュミーラ　79, 80, 83, 116
ガティ（カー）　112, 113, 196, 198–201, 204, 209, 210, 231–233, 277, 278, 281, 296, 323
カドガダーリー（脈管）　171, 174
カトマンドゥ渓谷　82, 84, 85, 118
「花鬘を纏う者」（禁戒名）　31, 65
カラーカパーダ　188
カリ・ユガ　5, 72, 81
火 輪（ダーカールナヴァ曼荼羅の）　101, 102
カリンガ　80, 88, 89, 117
カルナリパ　42, 70
カルヤーナヴァルマン　194
灌 頂　8, 9, 24, 25, 30, 32, 41, 49, 63, 64, 90, 335, 345, 354
ガンターパ（ーダ）　34, 68, 69, 86, 161, 164–167, 170, 172, 176, 180, 184, 188–190, 271
カンバラ（パーダ）　42, 43, 46, 57, 70, 191, 264, 268–270, 272, 273
甘 露　12, 188, 262, 264, 303–306, 354
「犠牲獣」（禁戒名）　31, 66
「狂気の者」（禁戒名）　31, 51, 66
『行集灯火』　15, 20
金 門　298, 299, 301, 307, 338, 341, 342
クールマ　195, 198–200, 203, 205, 208, 215, 216, 223, 224, 322
究竟次第　48, 50, 257, 284
クシーラヴァハー（脈管）　170, 174
クシェートラ　91, 92, 97, 99, 101, 133, 138–140
倶生（真理観）　78, 101, 114, 135, 136, 141, 152, 178, 180, 185, 192, 255, 283, 284, 304, 364
倶生歓喜　260, 296
倶生身　101, 103
倶智地　126, 150, 151
功徳輪　101, 102
『クブジカーマタ・タントラ』　84, 87, 103–107, 109, 130, 314, 315, 319, 330, 331, 333, 334, 341, 343–345, 356
グヒヤサマージャ（伝統名）　17, 28, 165, 256, 335, 337, 338
『グヒヤサマージャ・タントラ』　135
クラター（＝クルター）　80, 88, 89, 116, 143, 185
クリシュナーチャーリヤ　16, 86, 143, 145, 161, 166, 167, 169, 172, 176, 188, 191, 295, 305
『クリトヤカルパタル』　314, 315, 319
グリハデーヴァター　79, 83, 88, 89, 118, 185
クルクシェートラ　261
敬 愛　208, 261, 268, 292
経 血　269, 292
夏 至　210, 238, 263
『現観解題』　154, 155, 158, 160, 161, 173
『現観語注』　155–159, 161
『現観語注注釈』　157
『現観釈』　155, 157–159, 161
『現観の花房』　155, 157–159, 187
五 蘊　169, 271, 283, 296, 298–300, 302, 303, 306, 307

コーサラ　80, 89, 117, 185
ゴーダーヴァリー　79, 88, 143, 185
コータン　79, 83, 117
ゴーラー（脈管）　171, 174
コーンカナ　80, 117
五甘露　31, 32, 146, 162, 163, 168, 188
呼吸（21600回の）　9, 198–200, 278, 279, 365
虚空輪　101, 102
『五次第』　15
『五相』　189
五 族　165, 190
五 大　268, 283
五 智　172, 296
五智如来　30, 170, 189, 270, 271, 296
五灯明　31, 32
護 摩　211, 226, 261, 264, 268, 270, 272, 283, 297
金剛座　98, 126, 157–159
金剛輪　101, 102

〔サ行〕

在俗の行者　29, 35, 37–39, 47, 48, 50–57, 59–62, 68, 69, 74, 226, 345, 361, 362
サウラーシュトラ　80, 83, 88, 89, 117, 185
『サマーヨーガ・タントラ』　14, 20, 291
『サンヴァラ解説』　145, 146, 169, 170, 191, 265, 268, 270, 271, 273
サンヴァラ誕生神話　5, 81
『サンヴァラの秘密という成就法』　147, 149–151, 153
『サンヴァローダヤ・タントラ』　12, 15, 17–21, 63, 81, 87, 88, 117, 142, 144, 180, 183, 184, 190, 256, 257, 264, 265, 267, 271, 272, 274–278, 282, 288, 290–293, 307, 314, 316–321, 323–325, 328, 336, 337, 340, 344, 349–351, 357
サンクラーンティ　112, 113, 260, 277, 278, 281, 282, 296, 365,
三三昧　296
37尊（ヘールカ）曼荼羅　6, 21, 146–149, 151, 153, 154, 158–161, 169, 177, 179, 184, 186, 187, 193, 364
三十七菩提分法　6, 7, 147–149, 151, 154, 159, 177–179, 188, 364
サンドーハ　92
『サンプタティラカ注釈』　130
『サンプトードバヴァ・タントラ』　12, 15–19, 87, 93, 106, 119, 120, 130, 131, 142, 166, 180, 181, 183, 184, 191, 192, 257, 265–273, 275, 276, 286, 304, 309, 312, 335–337, 344, 345, 348, 356, 357, 359
三昧耶輪　6–8, 146–149, 151–154, 157, 159–163, 165–173, 175–177, 179, 181, 184, 186
三 輪　84, 90, 92, 93, 119, 146–149, 151, 153, 156, 157, 160, 162, 164, 166, 168, 169, 171–173, 175–177, 179, 183, 184, 186, 227, 266, 267, 286, 296
四 印　261, 296
シヴァ　5, 12, 66, 67, 80, 81, 262, 331
シヴァ教　3, 7, 10, 31, 32, 38, 58, 60, 61, 80–84, 87–90, 92, 96, 98, 103–105, 108, 109, 113–116, 262, 311, 330, 337, 344, 362, 363
シヴァリンガ　79, 80, 115
四 果　260, 296
四歓喜　260, 283, 296
色究竟天　5, 81
子 宮　272, 273, 275, 283, 300, 306
持金剛地　126
四 座　261

四支（実践名）　260, 296
四次第（実践名）　295, 296, 301, 304–306
『四次第』　16, 143–145, 169, 191, 258, 261, 265, 268, 270, 271, 273, 275, 277, 295, 296, 301–303, 305, 307
『四次第解題』　143, 169, 170, 185, 191, 261, 264, 265, 268, 270–273, 275, 277, 295, 306–308
四衆　24
四生　101
四身　101, 103, 260
四真実　260, 296
四姓　261
四刹那　260, 296
四族曼荼羅　120
四諦　260, 296
四大　261, 271, 283, 296
四大聖地　96, 98, 363
七衆　23–27, 32, 33, 35, 36, 38, 46, 47, 52, 59, 60, 64, 361
死兆　17, 208, 311–331, 333, 335, 337, 339, 341, 343–346, 348–353, 355, 358, 359, 366
十智　6, 92, 147, 173, 177
十波羅蜜多　92, 93, 119, 139–141, 147–149, 154, 159, 173, 177–179, 183, 184, 296, 364
『師に関する 50 頌』　62
四女尊（四明妃）　120, 165, 166, 170, 189, 261, 270, 271, 296
死のヨーガ　311, 312, 316, 330–336, 338–341, 343–348, 354–356, 358, 366, 367
シャーキャラクシタ　83
ジャーランダラ　79–81, 83, 88, 96, 98, 116, 143, 144, 185, 261, 301
ジャーランダラパーダ　54, 63
シャーンティデーヴァ　53, 62
シャーンティパ　42, 43, 46, 57, 73
シャシャー（脈管）　170–172, 174
ジャヤセーナ　101, 127
『ジャヤドラタ・ヤーマラ』　314, 315
シュヴァーサ（21600 の）　277–279, 281, 282, 365
十三地　6, 96, 103, 126, 147, 151, 177
十地　6, 7, 81, 91–93, 95, 96, 100, 103, 114, 119, 122, 123, 126, 139–141, 147–149, 151, 154, 159, 173, 177–179, 183, 184, 296, 364
十二宮　197–201, 226, 229, 230, 232, 238, 278–281, 366
十二支縁起　202, 226, 235, 366
十二地　96, 102, 123, 126, 133, 197, 200–202, 226, 235, 366
周辺の比丘　29, 32–34, 38–40, 45–47, 53–57, 59–62, 67, 226, 361, 362
十六空性　101, 102, 268
宿命死　210, 212–221, 223–225, 227, 254, 344, 345, 359, 366
出生占い　194, 206, 210–212, 221–223, 225, 226
ジュニャーナパーダ　335, 337, 338
シュマシャーナ　91, 92, 97, 99, 101, 110, 125, 133, 138, 139
巡礼　78, 81, 83, 84, 86, 87, 105, 109, 113, 117, 145, 275
生起次第　48, 50, 145, 257
聖者流　15, 17
尸林　32, 33, 35, 36, 67, 267
『尸林儀軌』　335
四輪三脈　10–12, 14, 18, 255–260, 262, 263, 271, 277, 282–284, 292, 295–297, 300, 301, 304–306, 363, 364, 366
信解行地　101, 126, 200
『真実摂経』　14
『真実宝灯明』　32
心髄輪　101, 102
身体維持　158, 330

『身体曼荼羅現観』 161, 164, 166
シンドゥ 79, 80, 88, 89, 117, 143, 185
水 輪（ダーカールナヴァ曼荼羅の） 101, 102
スヴァバーヴァククシ（脈管） 171, 174
スヴァプナ 195, 198, 200, 205, 219, 222, 226
スヴァプニカー 195, 197, 199, 200, 203–206, 219–221, 223, 224, 322
『スヴァヤンブー・プラーナ』 82
スヴァルナドヴィーパ 89, 185, 307
スーチームカー（脈管） 171, 174
スニグダー（脈管） 170, 174
精 液 25, 120, 262, 269, 283, 292, 294, 300, 318, 331, 337, 338
聖 石 79, 80, 83
制 多 33, 60, 355
生命風 9, 11, 17, 109, 112, 113, 115, 144, 145, 162, 275, 277–279, 281, 298, 301, 326, 330, 334, 335, 347, 365, 366
誓 約 6, 30–33, 36, 38, 51, 59, 60, 146, 147, 170,
「粗衣を纏う者」（禁戒名） 31, 65
増 益 208, 226, 261, 272
ソーマプリー 28, 34, 40, 41, 54, 57
息 災 208, 213, 226, 261, 264, 291

〔タ行〕

『ダーカールナヴァ・タントラ』 12, 17–20, 95, 98–103, 106, 109–112, 125–127, 130, 185, 194–197, 200, 201, 203, 204, 206, 207, 209–225, 233–235, 254, 257, 265–267, 269, 271, 272, 274, 275, 281, 282, 290–293, 314–317, 319–321, 323, 324, 326–330, 334, 336, 337, 349–353, 356–358
『ダーカールナヴァ曼荼羅供養儀軌』 127
『ダーカールナヴァ曼荼羅成就法』 127
ターラー 120, 165, 190, 261, 271, 296
ダーリカパーダ 161–163, 172, 175, 176, 188
第１型伝承（聖地群） 87, 88, 90, 91, 93–96, 100, 103, 108, 109, 114, 115, 116, 118, 119, 121, 123, 125, 126, 131, 136, 137, 363
第１型内的曼荼羅 137, 138, 140–142, 146, 178
『大口伝書』 335–337, 345, 359
第５型内的曼荼羅 137, 141, 149, 160–163, 166, 169, 174–176, 178, 180, 184
第３型伝承（聖地群） 87, 103–109, 111, 114, 115, 131, 363
第３型内的曼荼羅 137, 146, 149, 150, 153, 154, 161, 163, 178
第十三地 101, 102, 126
『大唐西域記』 80, 89, 96, 108, 115, 116, 117
第２型伝承（聖地群） 87, 95–100, 103, 106, 108, 109, 114, 115, 118, 123, 133, 363
第２型内的曼荼羅 137, 141, 142, 146, 149, 151, 153, 154, 160–162, 168, 169, 175, 178, 180, 184
第４型伝承（聖地群） 87, 109–115, 133, 281, 363
第４型内的曼荼羅 137, 154, 155, 157–161, 163, 175, 176, 178, 186
大楽輪（四輪の） 11, 12, 126, 158–160, 192, 258–260, 262, 264–267, 276–278, 282, 283, 288, 291–293, 298, 299, 302, 305, 306, 307
大楽輪（ヘールカ曼荼羅の） 6–8, 146–149, 151–154, 157, 159, 160–173, 175–177, 179, 184, 186, 188–190

タターガタヴァジュラ　155, 157, 158, 335
脱俗の行者　29, 34–40, 42–49, 51–54, 56, 57, 59–63, 67–69, 74, 361, 362
茶毘儀礼　335, 354, 367
ダンダ（時間単位の）　198, 199, 260, 277, 278, 296
『タントラーローカ』　103, 108
『タントラサドバーヴァ』　83, 87–89, 119
〈タントラの次第〉　295–297, 300, 302, 303
〈智慧の次第〉　295, 297–301, 303
チベット　5, 14, 79, 84, 108,
チャクラ　10, 11, 87, 109, 110, 111, 112, 115, 126, 158–161, 175, 255, 256, 258–274, 282, 283, 330, 363, 364
『チャクラサンヴァラ現観』（アバヤーカラグプタ作）　155, 156, 158, 160
『チャクラサンヴァラ現観』（ルーイーパーダ作）　16, 19, 119, 142, 147, 154, 161, 184, 187, 332
『チャクラサンヴァラ語釈』　180, 183, 332
『チャクラサンヴァラ三三昧』　92, 147
『チャクラサンヴァラ釈』　20
『チャクラサンヴァラ成就法』（ガンターパーダ作）　161, 164, 189
『チャクラサンヴァラ成就法』（カンバラパーダ作）　264, 268–270, 272, 273
『チャクラサンヴァラ成就法』（クリシュナーチャーリヤ作）　161, 166, 167, 188, 191
『チャクラサンヴァラ成就法』（ジャヤバドラ作）　142, 184
『チャクラサンヴァラ成就法』（ダーリカパーダ作）　161–163, 169, 175, 188
『チャクラサンヴァラ・タントラ』　13–15, 17, 19, 21, 31, 81, 87, 93, 137–139, 141, 147, 181–183, 258, 282, 332
『チャクラサンヴァラ神変』　79–85, 90, 115
『チャクラサンヴァローダヤ曼荼羅法』　149, 151, 153, 154, 172, 181
『チャクラサンヴァラを成就させる甘露の流れ』　149–151
『チャクラサンヴァラを成就させる如意宝珠』　190
チャクリー（脈管）　171, 174
『チャトゥシュピータ観照』　194, 202
『チャトゥシュピータ大要』　194, 197, 198, 201–204, 207, 209–211, 228–230, 239–251, 253, 323, 329, 337, 338, 341, 342, 352, 353, 356, 358
『チャトゥシュピータ・タントラ』　194–198, 201, 208, 210–223, 225, 226, 228, 229, 235, 239, 243, 244, 266, 267, 279, 312, 315, 316, 323, 326–329, 335–337, 342, 344, 345, 351, 356, 357
『チャラカ・サンヒター』　312–315
チャンドーハ　91, 92, 97, 99, 100, 101, 133, 138, 139
治 癒　208, 226
中 国　84, 115
調伏（護摩としての）　208, 261, 270
地 輪（ダーカールナヴァ曼荼羅の）　101, 102
智 輪　101, 102
追放（護摩としての）　208
ディーパンカラシュリージュニャーナ　15, 16, 154, 158
ディーマト　149, 151
停止（護摩としての）　208
ティローパ　42, 70
デーヴィーコータ　41, 80, 88, 116, 185, 261
テージニー（脈管）　171, 174
転 位　109, 112, 113, 193, 227, 275,

278, 281, 292, 293, 365, 366
冬 至　196, 197, 201, 210, 238, 263
時外れの死　211–221, 223, 225, 227, 244, 245, 321, 322, 366
「髑髏」（禁戒名）　31, 66
〈土地から分離した外的聖地群〉　78, 86, 114
土地寄進　58, 70, 72, 75
〈土地としての外的聖地群〉　78, 85, 86, 97, 114, 362
トリシャクニ　79, 88, 89, 185

〔ナ行〕

ナーディー（時間単位）　268, 277, 278
ナーディカー（時間単位）　277
ナーランダー　28, 40, 53, 70, 74, 75
ナーローパ（ーダ）　64, 79, 115
〈内的聖地群〉　78, 86, 114, 363
内的な時間の輪　17, 87, 109, 115, 256, 257, 275–277, 279–282, 292, 317, 321, 323, 330, 346, 363, 365, 366
ナガラ　79, 82, 83, 89, 108, 185
ナルテーシュヴァリー　169, 188
『南海寄帰内法伝』　34, 43, 69, 75
二十七宿　197–200, 226, 230, 232, 366
入 体　355, 356
ニランジャナー川　157–159
『ネーパーラマーハートミヤ』　80

〔ハ行〕

パータニー　168, 169, 188
パーンダラヴァーシニー　120, 165, 189, 271, 296
「バイラヴァ」（禁戒名）　31, 66
バヴァヴァジュラ　25, 194
パウンドラヴァルダナ　108, 116
「馬鹿者」（禁戒名）　31, 66
「裸の者」（禁戒名）　31, 65
八尸林　102
抜魂型　330–333, 335–336, 343, 347, 354, 367
パドマヴァジュラ　51, 194
バドラ　43, 56, 74, 142, 184, 195–200, 203, 205, 206, 213–215, 222–224, 226, 322, 365
「繁栄者」（禁戒名）　31, 66
『ピータなどの確定』　83, 85, 86, 100, 126, 130, 131, 145, 146, 157
ピータをはじめとする　84, 92, 95, 103, 131, 140, 173
ピーラヴァ　95, 97, 99–101, 110, 125, 126, 133
ビドリ（カ）　195, 198–200, 203, 205, 218, 219, 222–224, 322
ヒマーラヤ　79, 82, 84, 88, 89, 118, 185
『秘密成就』　51
『秘密灯火』　168, 169, 189, 190, 264–268, 271, 273, 275, 295, 296, 301–303, 305
〈秘密の次第〉　295, 300, 303
100 歳　213, 214, 222,
ブータン　5
風 輪（ダーカールナヴァ曼荼羅の）　101, 102
普光地　101, 126
ブスク　53, 54, 57, 74
『ブッダカパーラ・タントラ』　30
ブッダローチャナー　120, 165, 189, 271, 296
仏 地　170, 173, 174, 200
仏 塔　33, 60
プッリーラマラヤ　81, 88, 138, 141, 143, 144, 185, 261
プラーナ（時間単位）　277
プラジュニャーラクシタ　154, 158
プラハラ　260, 277, 278, 291
『ブラフマ・ヤーマラ』　31
プラヤーガ　80, 108, 116, 261
『ブリハッ・ジャータカ』　203, 204

プレータプリー　79, 88, 89, 185
ヘーヴァジュラ（伝統名）　14, 28, 78, 96, 98, 100, 120, 133, 184, 255, 269, 361, 364, 365
『ヘーヴァジュラ・タントラ』　14, 30, 31, 95–98, 100, 106, 118, 119, 122, 123, 126, 135, 180, 184, 192, 256, 258, 259, 260, 262, 265–267, 275–277, 282, 291, 304, 305
『ヘールカービダーナ釈』　191
『ヘールカービュダヤ・タントラ』　13, 17, 19
母音字（12 の）　197–200, 275, 280, 281, 302
母音字（16 の）　264, 265, 268, 272, 273, 275, 291
法蔵　79, 80
法輪　11, 110–113, 159, 164–169, 190, 258–260, 262, 270–272, 277, 278, 283, 288, 293, 298, 299, 301, 302, 304, 306
報輪　11, 159, 169, 258–260, 262, 267–270, 276–278, 282, 283, 288, 291–293, 298, 299, 301, 302, 304
菩提心　10–12, 25, 86, 126, 135, 143–146, 151, 156, 169, 170, 172, 174, 185, 187, 192, 262, 264, 284, 291–293, 297, 300, 305
法界智の甘露　299–301, 303

〔マ行〕

マーマキー　120, 165, 189, 261, 271, 296
マーラヴァ　79, 80, 83, 88, 89, 108, 117, 119, 185
マーラニー　169, 188
『マーリニーヴィジャヨーッタラ・タントラ』　314
『マールカンデーヤ・プラーナ』　312, 314, 315, 319
マカラ　195, 198–200, 203, 205, 208, 215, 217, 223, 224, 322
マドゥラー（脈管）　170, 174
『マハームドラーティラカ・タントラ』　82, 95, 98, 99, 126
マル　79, 89, 143
〈マントラの次第〉　295, 297, 299, 300–302
ミキラ　195, 198–200, 203, 205, 208, 217, 218, 223, 224, 322
脈管（3 本）　10, 11, 99, 171–173, 255, 257, 259, 267, 301, 364
脈管（4 本）　112, 113, 162, 163, 165, 166, 168, 169, 172, 173, 176, 188, 189, 281
脈管（5 本）　188
脈管（8 本）　110, 111, 113, 163, 165, 166, 168, 169, 172, 173, 176, 271, 272, 278, 293
脈管（9 本）　189
脈管（16 本）　269, 278, 293
脈管（24 本）　10, 91, 93, 119, 131, 144, 156, 157, 160, 168, 173, 176–179, 183, 184, 186, 257, 266, 267, 286
脈管（32 本）　119, 184, 192, 259, 265, 267, 276, 278, 291, 293
脈管（36 本）　171, 172
脈管（37 本）　10, 163, 176, 178, 179, 189
脈管（37 本と多数）　175, 176, 179, 192
脈管（41 本）　165, 166, 169, 176, 179, 189
脈管（60 本）　112, 113, 281, 366
脈管（64 本）　110, 111, 112, 274, 275, 278, 281, 293, 366
脈管（72 本）　111, 113
脈管（120 本）　278, 293
脈管（準脈管、1000 本）　170, 172, 173,

176
脈管（1037 本） 175, 176, 179, 192
脈管（72000 本） 9, 11, 255, 257, 274, 283, 293, 364
脈管（の）異常 321, 329, 346
脈管の切断 352, 367
妙楽楽地 151
『ムクターヴァリー』 16, 18, 96, 100, 119, 120, 126, 291
無比地 126, 150, 151
メーラーパカ 91, 92, 97–101, 133
メール山 5, 81, 318, 340
モーヒター 195–200, 203–206, 208, 212–214, 223, 224, 226, 322, 365

〔ヤ行〕

ヤーマ 277, 278, 296
家 主 195–208, 210, 211, 223, 224, 226, 227, 229–233, 236, 238, 321, 325, 365, 366
ヤ マ 316
『ヨーガラトナマーラー』 20, 96, 97, 100, 126, 269, 270, 274, 309
『ヨーギニーサンチャーラ大要』 184
『ヨーギニーサンチャーラ・タントラ』 13, 15, 16, 19, 87, 90, 155, 179, 184, 332
『ヨーギニージャーラ・タントラ』 13, 17, 18, 19, 63, 83, 109, 110, 112, 131, 258, 265–267, 269, 272, 274, 275, 292, 293
良き死 336, 347, 356

〔ラ行〕

ラーメーシュヴァラ 35, 88, 185
ラサナー（脈管） 11, 258, 259, 262, 275, 276, 280–283, 298, 301, 302
ラトナーカラシャーンティ 16, 18, 119
ラトナサンバヴァ 94, 189, 261, 270, 296
ラトナセーナ 126
ララナー（脈管） 11, 258, 259, 262, 275, 276, 280–283, 298, 301, 302
ランダー 195, 198–200, 203, 205, 206, 208, 216, 217, 223, 224, 322
ランパーカ 79, 80, 88, 89, 116, 185
離 間 208
『リンガ・プラーナ』 354
ルーイーパ（ーダ） 16, 19, 28, 35, 36, 40, 119, 126, 142, 147, 155, 161, 184, 187, 188, 332
霊 薬 269, 270, 283
ローヒター 195–200, 202–206, 208, 211–213, 223, 224, 226, 321–323, 325, 365
六 蘊 261
六 界 102, 261
六 境 172, 261
六 根 261, 296
六 族 49, 50, 81, 94, 95
六族主の曼荼羅 94, 95
六女尊 261
六 仏 261
六 宝 261
六輪三脈 257, 259, 282, 364
六輪六脈 259, 364

■著者紹介

杉木　恒彦（すぎき　つねひこ）

1969年生まれ。東京大学大学院博士課程単位取得退学。文学博士。

デリー大学とオックスフォード大学への留学、日本学術振興会特別研究員、東京大学ＣＯＥ特任研究員を経て、現在早稲田大学助教。

専門は、南アジア密教文化研究、宗教学。

著訳書・論文として、『八十四人の密教行者』（春秋社 2000年）、“System and Historical Development of Secret Signs as Communication Media”（『遠藤祐純先生・吉田宏晢先生古稀記念　慈悲と智慧の世界』 智山勧学会 2005年）「聖地と身体の宗教性」（松長有慶編『インド後期密教』春秋社　2006年）、『世界の宗教を学ぶ――その発生から近代まで――』（角川学芸出版 2007年）等がある。

Aspects of Saṃvara Esoteric Buddhism:

Practitioner, Holy Site, Body, Time, and Death and Life

サンヴァラ系密教の諸相――行者・聖地・身体・時間・死生

2007年6月30日　初版　第1刷発行　〔検印省略〕

＊定価はカバーに表示してあります

著者©杉木恒彦　発行者　下田勝司　印刷・製本　中央精版印刷

東京都文京区向丘1-20-6　郵便振替 00110-6-37828

〒113-0023　TEL 03-3818-5521(代)　FAX 03-3818-5514

E-Mail tk203444@fsinet.or.jp

発行所　株式会社 東信堂

Published by TOSHINDO PUBLISHING CO.,LTD.

1-20-6,Mukougaoka, Bunkyo-ku, Tokyo, 113-0023, Japan

ISBN978-4-88713-773-8　C3036　

東信堂

グローバル化と知的様式—社会科学方法論についての七つのエッセー	J・ガルトゥング 矢澤修次郎・大重光太郎 訳	二八〇〇円
社会階層と集団形成の変容—集合行為と「物象化」のメカニズム	丹辺宣彦	六五〇〇円
世界システムの新世紀—グローバル化とマレーシア	山田信行	三六〇〇円
階級・ジェンダー・再生産—現代資本主義社会の存続メカニズム	橋本健二	三二〇〇円
現代日本の階級構造—理論・方法・計量分析	橋本健二	四五〇〇円
人間諸科学の形成と制度化—社会諸科学との比較研究	長谷川幸一	三八〇〇円
現代社会と権威主義—フランクフルト学派権威論の再構成	保坂稔	三六〇〇円
現代社会学における歴史と批判（上巻）—グローバル化の社会学	武川正吾・山田信行 編	二八〇〇円
現代社会学における歴史と批判（下巻）—近代資本制と主体性	片桐新自・丹辺宣彦 編	二八〇〇円
〔改訂版〕ボランティア活動の論理—ボランタリズムとサブシステンス	西山志保	三六〇〇円
捕鯨問題の歴史社会学—近代日本におけるクジラと人間	渡邊洋之	二八〇〇円
覚醒剤の社会史—ドラッグ・ディスコース・統治技術	佐藤哲彦	五六〇〇円
現代環境問題論—理論と方法の再定置のために	井上孝夫	二三〇〇円
情報・メディア・教育の社会学—カルチュラル・スタディーズしてみませんか？	井口博充	二三〇〇円
BBCイギリス放送協会（第二版）	簑葉信弘	二五〇〇円
記憶の不確定性—社会学的探求	松浦雄介	二五〇〇円
日常という審級—アルフレッド・シュッツにおける他者・リアリティ・超越	李晟台	三六〇〇円
日本の社会参加仏教—法音寺と立正佼成会の社会活動と社会倫理	ランジャナ・ムコパディヤーヤ	四七六二円
現代タイにおける仏教運動—タンマガーイ式瞑想とタイ社会の変容	矢野秀武	五六〇〇円
サンヴァラ系密教の諸相—行者・聖地・身体・時間・死生	杉木恒彦	五八〇〇円

東信堂

書名	著者・編者	定価
〔シリーズ　社会学のアクチュアリティ：批判と創造　全12巻＋2〕		
クリティークとしての社会学―現代を批判的に見る眼	西原和久・宇都宮京子編	一八〇〇円
都市社会とリスク―豊かな生活をもとめて	藤田弘夫・浦野正樹編	二〇〇〇円
言説分析の可能性―社会学的方法の迷宮から	佐藤俊樹・友枝敏雄編	二〇〇〇円
グローバル化とアジア社会―ポストコロニアルの地平	新津晃一・吉原直樹編	二三〇〇円
〔地域社会学講座　全3巻〕		
地域社会学の視座と方法	似田貝香門監修	二五〇〇円
グローバリゼーション／ポスト・モダンと地域社会	古城利明監修	二五〇〇円
地域社会の政策とガバナンス	岩崎信彦・矢澤澄子監修	二七〇〇円
〔シリーズ世界の社会学・日本の社会学〕		
タルコット・パーソンズ―最後の近代主義者	中野秀一郎	一八〇〇円
ゲオルグ・ジンメル―現代分化社会における個人と社会	居安　正	一八〇〇円
ジョージ・H・ミード―社会的自我論の展開	船津　衛	一八〇〇円
アラン・トゥーレーヌ―現代社会のゆくえと新しい社会運動	杉山光信	一八〇〇円
アルフレッド・シュッツ―主観的時間と社会的空間	森　元孝	一八〇〇円
エミール・デュルケム―社会の道徳的再建と社会学	中島道男	一八〇〇円
レイモン・アロン―危機の時代の透徹した警世家	岩城完之	一八〇〇円
フェルディナンド・テンニエス―ゲマインシャフトとゲゼルシャフト	吉田　浩	一八〇〇円
カール・マンハイム―時代を診断する亡命者	澤井　敦	一八〇〇円
費孝通―民族自省の社会学	佐々木衞	一八〇〇円
奥井復太郎―都市社会学と生活論の創始者	藤田弘夫	一八〇〇円
新明正道―綜合社会学の探究	山本鎮雄	一八〇〇円
米田庄太郎―新総合社会学の先駆者	中　久郎	一八〇〇円
高田保馬―理論と政策の無媒介的統一	北島　滋	一八〇〇円
戸田貞三―家族研究・実証社会学の軌跡	川合隆男	一八〇〇円
〔中野　卓著作集・生活史シリーズ　全12巻〕		
生活史の研究	中野　卓	二五〇〇円
先行者たちの生活史	中野　卓	三二〇〇円

〒113-0023　東京都文京区向丘 1-20-6　TEL 03-3818-5521　FAX03-3818-5514　振替 00110-6-37828
Email tk203444@fsinet.or.jp　URL:http://www.toshindo-pub.com/

※定価：表示価格（本体）＋税